古文观止
配套练习与专题研读

田圆　刘伊超 主编

中華書局

图书在版编目(CIP)数据

古文观止配套练习与专题研读/田圆,刘伊超主编. —北京:中华书局,2025. 9. —ISBN 978-7-101-17134-1

Ⅰ. G634. 303

中国国家版本馆 CIP 数据核字第 2025Y2S767 号

书　　名	古文观止配套练习与专题研读
主　　编	田　圆　刘伊超
责任编辑	刘　三　刘晶晶　杨旭峰
文字编辑	贾晰涵
封面设计	毛　淳
责任印制	管　斌
出版发行	中华书局 (北京市丰台区太平桥西里 38 号　100073) http://www. zhbc. com. cn E-mail:zhbc@ zhbc. com. cn
印　　刷	北京中科印刷有限公司
版　　次	2025 年 9 月第 1 版 2025 年 9 月第 1 次印刷
规　　格	开本/889×1194 毫米　1/16 印张 29¾　插页 2　字数 772 千字
印　　数	1-5000 册
国际书号	ISBN 978-7-101-17134-1
定　　价	69.00 元

本书编委会

主编

田　圆　刘伊超（北京大学附属中学）

编委

按姓氏音序排列：

房春草（清华大学附属中学）

高嘉敏（北京大学附属中学）

李杭媛（北京大学附属中学）

刘　倩（中国人民大学附属中学）

刘小争（北京一零一中学）

裴德明（北京一零一中学）

茹　菲（北京大学附属中学）

谢　玄（清华大学附属中学）

徐翔宇（中国人民大学附属中学）

闫长伟（北京一零一中学）

杨梦醒（首都师范大学附属中学）

周明鉴（首都师范大学附属中学）

朱　倩（北京大学附属中学）

序言一

古文之典范，教学之津梁

在中学语文学习中，文言文学习是重点，也是难点。不少学生对文言文学习有畏难情绪，其根本原因就是缺乏足够的文言文阅读实践，没能真正进入文言文的语境和场景。因此，依托古文的经典选本，加强文言文阅读的基础训练和方法指导，消除学生对文言文的陌生感和畏惧感，激发学生阅读文言文的兴趣，是解决这一问题的有效路径。《古文观止配套练习与专题研读》一书正是基于这样的初衷而编写的。

《古文观止》是清代康熙年间，吴楚材和吴调侯编选的古文读本，汇集先秦至明代的经典古文二百二十二篇。吴楚材和吴调侯是浙江山阴（今绍兴）人，叔侄二人饱读经史，潜心力学，“日以古学相砥砺”（《古文观止》吴乘权序），一起在家乡开馆授徒，《古文观止》就是他们为初学的学子编选的教材。该书以精选严校、评注精当而为后世学者所重，是迄今为止流传最广、影响最大的古文选本，书名“观止”，可以说是名副其实。

《古文观止》虽为清代的古文选本，对于今天的中学文言教学，仍具有不可替代的典范价值。其价值主要体现在以下三个方面：

一是汇集“正统”的古文。朱自清、叶圣陶和吕叔湘三位先生在合编的《文言读本》导言中提出“正统文言”的说法，即“见之于晚周两汉的哲学家和历史家的著作以及唐宋以来模仿他们的所谓古文家的文章”。《古文观止》精选《左传》《国语》《战国策》《史记》以及唐宋八大家散文等经典中的名篇佳作，收百世之美文，“采千载之遗韵”（陆机《文赋》），是学生学习文言的典范读本。熟读《古文观止》，既可了解古文的源流和发展脉络，又能感受不同时代、不同作家的才情与品味，体悟“文以载道”的文教传统和“辞达而理举”的语言艺术。

二是文体兼备。《古文观止》选文以时代为经，以经典作家作品为纬，兼顾各种文体的不同特点。编选的文章主要有史传、论说、书、记、序等常见文体，可能考虑到文章修辞的需要，也选取了《滕王阁序》《吊古战场文》等几篇骈文。明代徐师曾说“文章以体制为先”（《文章明体序》），《古文观止》众体咸集，是学生把握不同文体特征，进而更好地提升阅读鉴赏与批评能力的桥梁。

三是评注精当。《古文观止》编者在“例言”中指出“古文须评注兼有方能豁然”。其评点立足于字音训诂、章法结构、义理阐发等方面，博稽群议，考订得失，论断精警，片言居要，往往是寥寥数语就点明了文章关键。今天尤其值得称道的是，对于文章结构章法的分析，如《曹刿论战》中“可”字之呼应,《宫之奇谏假道》中“论势”“论情”“论理”三番递进之层次剖析，皆能于字里行间或文末总评中点明诀窍，让人有豁然开朗之感。此种对文章肌理的精细把握，于今日文言教学中，尤显珍贵。厘清文章的结构是整体把握文意的必由之路，也是学生学习写作的终南捷径。

诚然,《古文观止》成书于特定的历史语境，其选文标准、篇目取舍，都有一定的时代局限，且不免有遗珠之憾（如没有选录诸子之文等）。然历经时间淬炼，其所录的大多数文章，仍能历久而弥新。最新部编本中学语文教材，初高中古文选篇取自《古文观止》者达二十五篇之多，足见其经典地位。近年来，一些名校更将其作为深化课内文言学习的重要补充，引领优秀学生通读全书，取得了很好的效果。

然《古文观止》原书之注评，虽经精心考校，但也有个别疏误；其文本对于今日中学生而言，也有一定的阅读障碍。北京市海淀区诸位深耕教学一线的骨干教师，深谙学生古文学习的症结与痛点，结合自身教读《古文观止》的实践经验，本着启发更多学生走进经典的宏大心愿，合作编写了《古文观止配套练习与专题研读》。这本书作为《古文观止》的中学生精练与研读版，在充分吸收历代评注精华与当前学术研究成果的基础上，针对中学生认知特点与学习需求，对《古文观止》进行了深度教学化开发。其最大特色在于“读练并重”：一方面，由名师执笔，紧扣文本重要字词和章法特点，融读书心得和教学智慧于一体，撰写深入浅出的研读文章；另一方面，精心命制层级分明、指向核心素养的每课练习，题目既契合《普通高中语文课程标准》，亦参酌高考（如全国新课标卷、北京卷等）文言命题之趋势与特点，突出中学生阅读整本书的实操性和系统性。

这本书由北京市骨干教师、原海淀区高中语文教研员田圆老师和北京大学附属中学高三语文学科首席刘伊超老师领衔创作，团队成员多是毕业于北大、北师大古代汉语或古代文学专业的硕士、博士研究生，有着深厚的专业学养和丰富的教学经验，在《古文观止》整本书研读方面也进行过长期的探索。现在他们把成果结集出版，实为沟通学术研究与基础教育，拉近经典文本与当代中学生距离的有益尝试。

在当前中学语文教学与考试改革的背景下，在繁忙的教学之余，老师们能够静下心来，带领学生潜心读经典，是非常难得的。教和学本是一事，在教中学，在学中教，学而不厌，方能诲人不倦。这本书从写作到出版历时三年，是他们志同道合、孜孜以求的见证。相信这本书的出版，会带动更多的老师和同学流连于文言文的殿堂。

王立军

（北京师范大学文学院院长、博士生导师）

序言二

训练文章读法，加强文言储备

《古文观止》的文化价值毋庸多言，以“经世致用”的儒家精神为核心，体现“修齐治平”的士大夫人生追求，致力于君子人格的养成以及家国情怀的涵养，这些内容对处于“三观”形成关键期的中学生而言尤为重要。但对于多数中学生而言，阅读《古文观止》的文章存在一定挑战，部分文章的思想内涵尚有疏离之感，因此，这本由一线优秀教师针对《古文观止》具体篇目而作的精练设计与专项阅读，很好地解决了中学生的阅读困难。本书既有较为统一的任务形式，又有针对具体篇目的个性化设计，让学生在适切的训练指导中，形成自己对文本核心价值的理解与判断，在鉴别与吸纳中，形成对传统文化的正确态度和观念。

本书在帮助学生形成文体意识以及训练文章读法方面，作了积极探索。《古文观止》精选了中国古代大部分时代的经典文章，在文体示范方面具有重要意义，骈文与散文，宏大叙事与个人抒怀，因循旧制的规范行文与自由挥洒的灵动表达，呈现了古代文体的多种样态与发展脉络，对中学生形成文体认知与阅读模型具有范本价值。本书在引导学生精读精练方面，常常通过体现文本特质的“主问题”来驱动学生进入深度阅读，诸如，史传类文本的人物形象分析鉴定，论述类文本的观点释放以及过程论证，文章风格及行文妙处的赏析，另有一些开放性问题的设计，为读者打开思路，拓展思维，还有些题目为读者提供了阅读链接，形成了对同一历史人物、历史事件的多元视角与不同评价。本书在引导学生理解文本特质的基础上，帮助学生形成文章的读法甚至是可资借鉴的写法，既形成文体样式“类文本”的共性轮廓，又强化对每一篇“个文本”的个性策略，让学生掌握相对固定的程序性知识与随时生成的策略性知识，在“变与不变”的读写实践场景中，适时调整策略，自如应对问题。

在文言储备及备考方面，本书以经典文本为依托，帮助学生规范和巩固词法句法基本知识，综合提高应对阅读陌生文言文本的能力。本书在一词多义、词类活用、虚词用法、特殊句式、翻译断句等多方面，随文设计了富有针对性的知识训练，并且穿插积累相关作家作品的文学常识，以及称谓、历法、职官、地理、礼仪、科举、宗法等文化常识。近几年高考的文言考查，对于文意的整体理解有所加强，本书在综合阅读训练方面，注重语境价值，引导学生关注“文中段”“段中句”“句中词”，进而实现文意理解、文脉梳理、行文赏析和主旨概括等。

另外，本书还附有诸多“专题研读”，涵盖人物塑造、叙事技巧、外交辞令、劝谏艺术、文人情怀、价值追求、生命感悟、行文气象、文章读法、文体创新等方面，为读者提供了审视经典文本与文化现象的多元视角，启发读者以研究者的目光来观照和思考，进而实现古为今用和文化赓续创新。

史建筑

（特级教师、北京十一学校语文正高级教师）

前　言

《古文观止配套练习与专题研读》是《古文观止》的中学生精练与研读版，和中华书局“语文课推荐阅读丛书”的《古文观止（上、下）》配套使用。

这本书由北京市海淀区人大附中、北大附中、清华附中、首师附中、北京一零一中学等校的中青年骨干教师联合创作，编写的初衷是引领中学生通读、读通《古文观止》，系统训练文言文阅读的核心能力；同时通过整本书的阅读，以文培根，以文化人，提高学生的传统文化修养。

本书由配套练习和专题研读两部分构成，下面分别对这两部分内容做一些介绍。

一、配套练习部分

坚持《古文观止》整本书每一篇都命题且每一篇都是原创命题的原则。虽然《古文观止》一些篇目被出过高考题或模拟题，但是我们更希望从中学生文言学习的角度去命制练习，希望能帮助到更多在文言文学习上遇到瓶颈的学生。再者，命题我们是专业的，创作团队的老师都是参与北京市海淀区统考模拟试题命制的骨干教师，会根据每篇文本的文体特点和自己的读书理解、教学心得，参考历代评注和相关赏析，从学生文言学习的痛点和难点出发，针对性地命制试题。

同时，命题不只是简单地出几道练习，而是以引导学生读懂整篇文言文为目的。文言阅读中的重点字词、典型语言现象、层次脉络、篇章结构、文意主旨、重点难点等，都有机地融合在试题之中，使学生在练习中能够借梯跃高，由题通文。试题命制具体分工如下：

卷一：徐翔宇（人大附中）

卷二：朱　倩（北大附中）

卷三：刘　倩（人大附中）　刘伊超（北大附中）

卷四：刘小争（一零一中）

卷五：周明鉴（首师附中）

卷六：杨梦醒（首师附中）

卷七：李杭媛（北大附中）

卷八：房春草（清华附中）

卷九：闫长伟（一零一中）

卷十：高嘉敏（北大附中） 谢　玄（清华附中）

卷十一：裴德明（一零一中）

卷十二：茹　菲（北大附中）

试题体例、全书总稿由田圆、刘伊超统一审读校定。

试题题型参考全国高考新课标卷的文言文阅读题命题，兼顾北京卷、上海卷等高考题的特点。每篇命制六道练习题，包括四道选择题，一道翻译题和一道简答题，并在后面附上详细的答案解析。

第1题：断句。给文中画线处断句，主要选取文中关键语句或有重要语法现象的句子。

第2题：实词。文中重点动词的含义理解与推断以及文化、文学常识解说。

第3题：虚词。文中重点虚词的意义和用法，也会关联部编版高中语文教材中的相关例句。

第4题：文意理解。文中重要句子的意思理解或文意分析与推断。

第5题：句子翻译。文中两个画线句子的翻译，重点练习核心动词、重要虚词及常用句式等。

第6题：简答题。内容概括或文意理解、分析探究。

我们命制的试题有三个特点：

1.重视对常用实词（特别是动词）和虚词的考查

在文言文阅读中，对关键实词和虚词的理解，是把握文意的基础和根本。本书练习中出现的重要实词，涵盖了常考的120个文言实词，这些实词在高考试卷中也多有考到，如2025年全国新课标I卷文言文阅读第11题选项：如，往、去，与《屈原列传》“使使如秦受地”“臣请往如楚”的“如”意义相同。本书练习中两次涉及“如”字的考查：卷二《吕相绝秦》选项：如，去、往，与《鸿门宴》中“沛公起如厕”的“如”意思相同；卷八韩愈《与陈给事书》选项：如，是“去，往”的意思。《赤壁赋》中“纵一苇之所如”的“如”与之同义。

为每一篇练习都设置了虚词题。虚词是理解文意、体味作者情感的关键。2025年全国新课标I卷11题考查了“曷”和“若”两个虚词，北京卷每年都考查虚词。本书练习中出现的虚词，涵盖了高考常考18个虚词“而、何、乎、乃、其、且、若、所、为、焉、也、以、因、于、与、则、者、之”，以及一些常用的虚词，如“虽、曾、胡、莫、使、是、夫、用、曷、犹、然、唯、亟”等等。此外，每篇练习都有两句翻译题，强化在语境中理解重要实词和虚词的训练。

2.简答题依文命题，题型丰富，且契合高考考查方向

全国新课标卷和北京卷、上海卷在文言文阅读中均设置了简答题，简答题是未来的考查方向。《古文观止配套练习与专题研读》中，每一篇练习都设置了简答题，从题目考查的能力点来看，主要有以下三种类型：

（1）概括类

概括文章内容。如卷三《王孙圉论楚宝》：用自己的话概括“国家的六种珍宝”应具有怎样的

特点；卷十《留侯论》：请举出文中豪杰之士“所挟持者甚大”的表现。

概括人物形象。如卷二《楚归晋知罃》：请用四字成语概括知罃的形象特点；卷十二《报刘一丈书》：文章生动形象地刻画了三类反面人物——守门人、钻营者和权臣，请用自己的话分别概括这三类人的性格特征。

概括作者观点。2025年全国新课标I卷文言文阅读第14题：“崔述运用三则材料说明了什么观点？请概括他的观点并谈谈你的认识。”我们在命题中也注重对观点概括的训练，如卷二《子产论政宽猛》：概括孔子和子产关于施政方案观点的异同；卷八《送孟东野序》：诠释“不平则鸣”在文章中的含义及作用。

（2）分析类

分析观点或特点。如卷五《报任安书》：用自己的话谈谈对“发愤著书”的理解；卷十《梅圣俞诗集序》：欧阳修提出了“殆穷者而后工”的诗歌创作观点，请结合第一段的内容，谈谈作者是如何阐发这一观点的。

分析观点和材料之间的关联是高考考查的重点。2024年全国新课标I卷文言文阅读第14题：“王夫之强调李陵‘大节丧，则余无可浣也’，材料一有哪些事实可以支持王夫之的观点？请简要概括。”我们在命题中也设计了这样的题目：如卷一《子鱼论战》结合《春秋繁露》《史记》和《淮南子》的相关材料，谈谈对宋襄公的认识；卷三《里革断罟匡君》勾连《孟子》《道德经》和《论语》的相关内容，分析哪则材料可以作为里革劝说鲁宣公的依据。

分析论证层次、论证方法。如卷一《宫之奇谏假道》：具体说明宫之奇是如何展开劝谏的；卷六《论贵粟疏》：阅读文章前三段，阐述作者是如何提出“贵五谷贱金玉”这个观点的；卷九《朋党论》：请简要分析在第三段中作者是怎样论证自己的观点的。

（3）赏析类

对写作手法的赏析。如卷五《高祖功臣侯年表》：本文多处运用对比，请结合文章内容简析其作用；卷八《祭十二郎文》：虚实相生是本文谋篇布局的重要手法，试结合本文前五段对此加以论述；卷十《管仲论》：文章结尾使用了史鳝和萧何的典故，请分析其用意。

对文章结构的赏析。如卷三《祭公谏征犬戎》：本文结尾提到周穆王此次征伐犬戎收获的战利品是四匹白狼和四只白鹿，结合文章内容分析这一细节起到的作用；卷七《谏太宗十思疏》：第二段是否多余？可否删去？请结合文本简要分析；卷十二《吴山图记》：本文行文以何为线索贯穿全篇？请简要说明。

对题目的赏析。如卷三《曾子易箦》：“易”字出现了四次，请分别解释其内涵；卷十《丰乐亭记》：作者以“丰乐”为亭子命名，请结合全文，简要分析作者之“乐”；卷十一《黄州快哉亭记》：此文一篇之中“快”字总共出现了七次，有何作用？

（4）探究类

探究类题目是对学生分析概括、辨析推断等高阶思维能力的综合考查，多在诗歌或散文阅读中出现，我们根据文本的特点，也在练习中设计了此类题目。如卷一《曹刿论战》：有同学认为故事里的鲁庄公是一个愚蠢的国君，你是否认同这一看法，请结合全文简要分析；卷十一《前赤壁赋》：结合苏轼书法真迹，探究“沧海一粟”还是“浮海一粟”更好；卷十《五代史伶官传序》：本文总结了后唐庄宗得天下而后失天下的历史教训，以史鉴今，有哪些现实意义？

我们坚持依文命题，依体命题，既依据文章的文脉文法、内容主旨、观点和材料的勾连等高考重点考查方向，又考虑到学生阅读的难点及突破口，更关注梳理概括、分析综合等基本阅读能力，把简答题作为学生整体把握文本、深化思维训练的重要途径。

3. 命制对比阅读的创新题型

我们还在练习里精心命制了不同文本对比阅读的题目。有《古文观止》内相关篇目的对比阅读，如卷七《兰亭集序》和《春夜宴桃李园序》，卷七《原道》和《原毁》，卷十一《喜雨亭记》和《放鹤亭记》等。更多的是《古文观止》篇目和内容相关的其他文本之间的对比，主要有以下四类：

（1）《古文观止》篇目联读部编版语文教材篇目

如卷三《召公谏厉王止谤》联读《谏太宗十思疏》和《邹忌讽齐王纳谏》；卷八《圬者王承福传》联读《种树郭橐驼传》，分析作者如何借人物传记以讽喻时世；卷九《黄冈竹楼记》联读《陋室铭》，找出两篇文章内容上的共性；卷九《小石城山记》联读《小石潭记》，分析所抒发的“情”的不同。

（2）同一话题不同文本的比较阅读

如卷一《介之推不言禄》篇，链接北宋吕祖谦《议介之推不言禄》，要求分析作者认为介之推的做法是“借理而逞怨也”的理由；卷三《春王正月》和《穀梁传》中同一内容的对比；卷七《陈情表》和《晋书·李密传》的对比阅读；卷九《严先生祠堂记》联读《后汉书·严光传》，分析“先生之高”表现在哪些方面。

（3）有相同切入点的对比阅读

我们在命题时也关注了两则材料异同的比较。如卷三《杜蒉扬觯》和《韩非子》片段的对比：同是劝谏晋平公，比较杜蒉和师旷的劝谏方式有何不同；卷六《武帝求茂材异等诏》和《全唐文·求贤诏》的对比：两则材料都提出了求贤不应“求全责备”的观点，比较侧重点的不同；卷六《上书谏猎》和《全唐文·谏畋猎表》的对比：同是针对君王畋猎的劝谏文章，比较劝谏理由的异同；卷八《送石处士序》链接《送石处士赴河阳幕》的诗，要求分析韩愈对石处士出山的态度。

（4）联读评注材料

有联读《论语》《红楼梦》等高中必读经典相关内容的。如卷二《晏子不死君难》联读《论语·宪问》评价管仲的章节，分析晏子和孔子关于“为君殉难”观点的异同；卷二《子产论尹何为邑》联读《论语·先进》“子路使子羔为费宰”，分析在任用人才问题上孔子会支持子产还是子皮；卷九

《愚溪诗序》联读《红楼梦》，引贾宝玉的“顽愚”来帮助分析“愚溪”之“愚”。

也有结合评注或评价进行分析的。如卷一《齐桓下拜受胙》，分析《论语》对齐桓公“正而不谲”的评价；卷四《邹忌讽齐王纳谏》，清代林云铭和余诚均评价此文用了“三叠法”，结合文本分析“三叠法”是如何体现的。

二、专题研读部分

本书编写的目的是希望学生通过每篇练习，“横读”《古文观止》；通过专题研读，“纵读”《古文观止》。专题研读就是聚焦一个主题，勾连两三篇文章或相关高考试题，通过对比阅读，深化学生对文本的分析和理解，为学生提供解读文言文的通法通则和深入研读的方法路径。

专题研读以高中语文核心素养为根本，以学生为本位。以核心素养立意，就是老师们结合自己的命题实践，从语言、审美、思辨、文化等角度切入，提炼有能力增长点或有研究价值的问题，引领学生在字词句段、篇章结构、不同文本之间切磋琢磨，反复沉潜，在专题研读的浸润下，在“学而时习之”的过程中，提升文言文阅读的感受力、思辨力和表达力。以学生为本位就是专题的设置从学生学习文言文的难点和文章的关键点出发，通过系统梳理和方法引领，帮助学生破除阅读障碍，提升文言文阅读素养和综合理解能力。

本书的专题研读有三大特点：一是内容丰富，既涵盖了《古文观止》整本书的主要方面，也包含了学生在学习、考试中遇到的不同特点的文本类型；二是系统性，每一个专题就是一个小系统，彼此之间互相照应，参差百态又协同为一，共同构建起《古文观止》整本书阅读的体系；三是实践性，学生在做题中疏通文本，在专题中探究问题，在动态的文言学习情境中，比较文本做梳理，跟着老师学分析，在读写实践中提升思维品质，增强自信。

本书汇聚二十四个专题，每一卷都有一个或两个，由负责每卷命题的老师设计完成。有聚焦专书研究的，如“《左传》专题研读”，从《左传》的叙事技巧、人物塑造、外交辞令等角度切入，给同学们指引了阅读《左传》的方法路径。如人大附中徐翔宇老师的《探索〈左传〉中的叙事机巧》一文，从情节的精心、细节的用心等角度，分析情节设置和语言表达的精妙之处，挖掘《左传》的叙事技巧，既能指引学生在咀嚼词句中提升鉴赏能力，又能获得对于写作的启迪。

也有围绕重要作家展开的专题研究，如“韩愈散文专题研读”，从说理、语言、艺术风格等三个方面进行分析，其中清华附中房春草老师《唯陈言之务去——韩愈散文的语言革新》一文，从语言形式的骈散结合、遣词造句的不拘常格、善用修辞等角度，结合韩愈的多篇散文展开讨论，既立足于字词句式，分析韩文“陈言务去”的语言风格，也着眼于结构修辞，为学生打开了阅读韩愈散文的新视角。

基于近几年全国高考文言文试题的特点，本书还重点讨论了史传文和论说文。如《〈国语〉中的劝谏艺术》《〈战国策〉中士人的功利主义价值追求》，都是围绕语文核心素养，立足史传文文本特点而展开的，析事理于史实之中，辨法度于字里行间，在字斟句酌中，实现对史传文阅读根本问题的系统把握和深层探求。再如论说文，有对西汉政论文笔力的分析，也有对苏洵文章纵横之风的探讨，还有针对柳宗元驳论文的赏读等。其中北大附中刘伊超老师的《辨以明道，驳以成文——柳宗元驳论文浅读》一文，深入探讨了驳论文阅读的三个基本问题，特别是对柳宗元《驳复仇议》《桐叶封弟辨》及2019年北京市高考文言文试题《非国语》辨驳层次的分析，对学生把握说理类文章的特点具有指导意义。

此外，还有立足于文体的专题阅读，如关于书、记、诏令、寓言等不同文体的专题探究，如北京一零一中学裴德明老师《“书”体文言文的读法》等；还有关于经典名篇主题探究的，如北大附中李杭媛老师的《王羲之：俯仰之间的生命感怀》等。

专题研读的文章出自不同老师之手，有的条分缕析，头头是道；有的幽默轻松，娓娓道来。虽风格各异，角度不同，但对于专题的思考和见识都是自己在阅读和教学中体悟出来的。不同于学者的鉴赏文章，老师们的研究心得立足于学生阅读的“痛点”，特别适合学生文言文学习进阶，并且在强化文言阅读素养的同时，也有系统性的阅读方法指引。相信通过系统的专题研读训练，学生的文言学习定会事半功倍、渐入佳境。

三、怎么用好这本书

本书是为在文言学习上遇到困难，且有志于提升文言学习能力的中学生量身打造的，是北京市海淀区名师开发的、系统的文言素养进阶教程。我们的建议是从初二或高一开始，配合《古文观止》整本书的阅读，每天一文一题，读练结合，日拱一卒，持之以恒，大概两年的时间就可以完成整本书的通读。

专题研读的出发点是经典重读、文本细读，因此我们的建议是在专题引领下，下些“笨功夫”，围绕基本问题，聚焦经典文本，把文言、文法理清楚，把文气、文心读出来，练好文言基本功，提升语文核心竞争力。

唐代诗人刘长卿有诗云“古调虽自爱，今人多不弹”(《听弹琴》)。我们在教学中深切地感受到语文学习的根本在古诗文、在经典之中。我们也在带领自己学生精读《古文观止》的实践中，真切地领悟到经典对于学生学习、成长的奠基作用和感发价值。我们也真诚地希望这本书的出版，能影响到更多的同仁和学生，生发更多读书的种子。

田　圆　刘伊超

配套练习目录

卷五 汉文

卷六 汉文

卷七 六朝唐文

卷八 唐文

卷九　唐宋文

卷十　宋文

卷十一　宋文

卷十二　明文

专题研读目录

卷一　周文

郑伯克段于鄢

《左传》

初，郑武公娶于申，曰武姜，生庄公及共叔段。庄公寤生，惊姜氏，故名曰寤生，遂恶之。爱共叔段，欲立之，亟请于武公，公弗许。

及庄公即位，为之请制。公曰："制，岩邑也，虢叔死焉，他邑唯命。"请京，使居之，谓之京城大叔。祭仲曰："都城过百雉，国之害也。先王之制：大都不过参国之一，中五之一，小九之一。今京不度，非制也，君将不堪。"公曰："姜氏欲之，焉辟害？"对曰："姜氏何厌之有！不如早为之所，无使滋蔓，蔓，难图也。蔓草犹不可除，况君之宠弟乎！"公曰："多行不义必自毙。子姑待之。"

既而大叔命西鄙、北鄙贰于己。公子吕曰："国不堪贰，君将若之何？欲与大叔，臣请事之；若弗与，则请除之，无生民心。"公曰："无庸，将自及。"大叔又收贰以为己邑，至于廪延。子封曰："可矣。厚将得众。"公曰："不义不昵，厚将崩。"

大叔完聚，缮甲兵，具卒乘，将袭郑。夫人将启之。公闻其期，曰："可矣！"命子封帅车二百乘以伐京。京叛大叔段，段入于鄢。公伐诸鄢。五月辛丑，大叔出奔共。

书曰："郑伯克段于鄢。"段不弟，故不言"弟"。如二君，故曰"克"。称"郑伯"，讥失教也，谓之郑志。不言"出奔"，难之也。

遂置姜氏于城颍而誓之曰："不及黄泉，无相见也！"既而悔之。颍考叔为颍谷封人，闻之，有献于公。公赐之食。食舍肉。公问之，对曰："小人有母，皆尝小人之食矣，未尝君之羹，请以遗之。"公曰："尔有母遗，繄我独无！"颍考叔曰："敢问何谓也？"公语之故，且告之悔。对曰："君何患焉若阙地及泉隧而相见其谁曰不然？"公从之。公入而赋："大隧之中，其乐也融融。"姜出而赋："大隧之外，其乐也泄泄。"遂为母子如初。

君子曰："颍考叔，纯孝也。爱其母，施及庄公。《诗》曰：'孝子不匮，永锡尔类。'其是之谓乎！"

1. 文中画波浪线的部分有三处需要断句，请将相应位置的答案标号涂黑。

君何患Ⓐ焉Ⓑ若阙地Ⓒ及泉Ⓓ隧Ⓔ而相见Ⓕ其谁Ⓖ曰Ⓗ不然？

2. 下列对文中加点的词语及相关内容的解说，不正确的一项是（　　）

A. 图，指对付。与《陈情表》中"本图宦达，不矜名节"的"图"意思相同。

B. 贰，指有二心。与《烛之武退秦师》中"且贰于楚也"的"贰"意思相同。

C. 具，指准备、备办。与《过秦论》中"修守战之具"的"具"意思不同。

D. 伯，是以爵位来称诸侯国国君，在文章中又含有讥讽庄公失为兄责任之意。

3. 下列各组语句中，加点词的意义和用法都相同的一组是（　　）

A. 郑武公娶于申　　段入于鄢　　B. 为之请制　　不如早为之所

C. 谓之郑志　　且告之悔　　D. 其谁曰不然　　其是之谓乎

4. 下列对原文有关内容的概述，不正确的一项是（　　）

A. 文章第一段主写武姜偏爱共叔段，这是造成矛盾冲突的原因，也为后文庄公即位后郑国国内发生权力争夺埋下伏笔。

B. 文章第二段中祭仲从京邑城墙不合法度的理由出发指出国家不能忍受两面听命的情况，从而劝说庄公早点除掉大叔。

C. 文章结尾花费笔墨对颍考叔孝道纯正的品质发出赞美，也隐含着与庄公形象的对比，以此来展现真正的孝道与仁义。

D. 文章略写庄公“克段于鄢”的战争过程，详写这次战争的起因及矛盾不断激化的过程。这样详略安排，有利于突出主题。

5. 把文中画横线的句子翻译成现代汉语。

（1）多行不义必自毙。子姑待之。

（2）段不弟，故不言“弟”。如二君，故曰“克”。

6. 用恰当的熟语（包括成语）描述下列人物各自的处事为人。要求任选两人，每个人物用两个熟语描述。

① 郑庄公　　　　② 共叔段　　　　③ 姜氏

周郑交质

《左传》

郑武公、庄公为平王卿士。王贰于虢，郑伯怨王。王曰：“无之。”故周郑交质！王子狐为质于郑，郑公子忽为质于周。王崩，周人将畀虢公政。四月，郑祭足帅师取温之麦。秋，又取成周之禾。周郑交恶。

君子曰：“信不由中，质无益也。明恕而行要之以礼虽无有质谁能间之？苟有明信，涧、溪、沼、沚之毛，蘋、蘩、薀、藻之菜，筐、筥、锜、釜之器，潢污、行潦之水，可荐于鬼神，可羞于王公，而况君子结二国之信，行之以礼，又焉用质？《风》有《采蘩》《采蘋》，《雅》有《行苇》《泂酌》，昭忠信也。”

1. 文中画波浪线的部分有三处需要断句，请将相应位置的答案标号涂黑。

明Ⓐ恕而行Ⓑ要之Ⓒ以礼Ⓓ虽无Ⓔ有质Ⓕ谁能Ⓖ间之？

2. 下列对文中加点的词语及相关内容的解说，不正确的一项是（　　）

A. 质，为人质意。与《论语》中“质胜文则野，文胜质则史”的“质”含义不同。

B. 师，指军队。与《过秦论》中“九国之师，逡巡而不敢进”的“师”含义相同。

C.《风》，为《国风》，是《诗经》的一部分，共包含十五个不同地区的乐调民歌。

D. 昭，为显著意。与《出师表》中“以昭陛下平明之理”的“昭”含义不同。

3. 下列各组词句中，加点词的意义和用法都相同的一组是（　　）

A. 王贰于虢　　郑公子忽为质于周　　B. 周郑交质　　周郑交恶

C. 可羞于王公　　玉盘珍羞值万钱　　D. 又焉用质　　焉用亡郑以陪邻

4. 把文中画横线的句子翻译成现代汉语。

（1）信不由中，质无益也。

（2）而况君子结二国之信，行之以礼。

5. 文章第二段说“信不由中，质无益也”，第一段哪里可以体现这一观点？请用自己的话加以说明。

石碏谏宠州吁

《左传》

卫庄公娶于齐东宫得臣之妹，曰庄姜，美而无子，卫人所为赋《硕人》也。又娶于陈，曰厉妫，生孝伯，蚤死。其娣戴妫生桓公，庄姜以为己子。公子州吁，嬖人之子也，有宠而好兵，公弗禁，庄姜恶之。

石碏谏曰："臣闻爱子，教之以义方，弗纳于邪。骄、奢、淫、佚，所自邪也，四者之来，宠禄过也。将立州吁，乃定之矣，若犹未也，阶之为祸。夫宠而不骄，骄而能降，降而不憾，憾而能眕者，鲜矣。且夫贱妨贵，少陵长，远间亲，新间旧，小加大，淫破义，所谓六逆也；君义，臣行，父慈，子孝，兄爱，弟敬，所谓六顺也；去顺效逆，所以速祸也。君人者将祸是务去而速之无乃不可乎？"弗听。其子厚与州吁游，禁之，不可。桓公立，乃老。

1. 文中画波浪线的部分有三处需要断句，请将相应位置的答案标号涂黑。

君人者Ⓐ将祸Ⓑ是Ⓒ务去Ⓓ而速之Ⓔ无乃Ⓕ不Ⓖ可乎？

2. 下列对文中加点的词语及相关内容的解说，不正确的一项是（　　）

A. 方，指准则。与《孔雀东南飞》“磐石方且厚”中“方”的含义不同。

B. 过，指过度。与《促织》“未必不过此已忘”中“过”的意思相同。

C. 加，为欺侮意。与《劝学》“声非加疾也”中“加”的含义不同。

D. 游，为交往意。与《梦游天姥吟留别》标题中的“游”的含义不同。

3. 下列各组语句中，加点词的意义和用法都相同的一组是（　　）

A. 庄姜以为己子　　所以速祸也　　B. 有宠而好兵　　降而不憾

C. 四者之来　　禁之，不可　　D. 乃定之矣　　桓公立，乃老

4. 下列对原文有关内容的概述，不正确的一项是（　　）

A. 开篇简洁地交代了人物背景及关系，有侧重地交代了庄公对州吁好兵的纵容，隐含了国君偏爱会关系到社会治乱的旨意。

B. 不同于寻常谏言的委婉，石碏单刀直入、开门见山地提出了“爱子要用正确的礼法来教育他，不要让他走上邪路”的观点。

C. 第二段中石碏在断定州吁决不会心甘情愿地屈居人下时，连用了四个顶真句，使得语言更有韵律感，论说更为严密。

D. 石碏着重从“教之以义方”的现实性、重要性和紧迫性出发进行劝谏，最终被庄公重视，推动了长子桓公顺利继位。

5. 把文中画横线的句子翻译成现代汉语。

（1）骄、奢、淫、佚，所自邪也。

（2）若犹未也，阶之为祸。

6. 石碏认为宠爱太过会加速祸端，文章第二段中是如何逐层得出这一结论的？请用自己的话加以说明。

臧僖伯谏观鱼

《左传》

春，公将如棠观鱼者。

臧僖伯谏曰：“凡物不足以讲大事，其材不足以备器用，则君不举焉。君将纳民于轨物者也，故讲事以度轨量谓之‘轨’，取材以章物采谓之‘物’。不轨不物谓之乱政乱政亟行所以败也。故春蒐、夏苗、秋狝、冬狩，皆于农隙以讲事也。三年而治兵，入而振旅，归而饮至，以数军实。昭文章，明贵贱，辨等列，顺少长，习威仪也。鸟兽之肉不登于俎，皮革、齿牙、骨角、毛羽不登于器，则君不射，古之制也。若夫山林川泽之实，器用之资，皂隶之事，官司之守，非君所及也。”

公曰：“吾将略地焉。”遂往，陈鱼而观之。僖伯称疾不从。

书曰：“公矢鱼于棠。”非礼也，且言远地也。

1. 文中画波浪线的部分有三处需要断句，请将相应位置的答案标号涂黑。

不轨Ⓐ不物Ⓑ谓之乱Ⓒ政Ⓓ乱政亟Ⓔ行Ⓕ所Ⓖ以败也。

2. 下列对文中加点的词语及相关内容的解说，不正确的一项是（　　）

A. 大事，指祭祀和战争。《左传》中记载“国之大事，在祀与戎”，反映了古人对天地与祖先的敬畏。

B. 轨物，既指规范和准则，也指对事物或人进行规范和管理，文中指前者。

C. 讲事，既指谋议军政大事，也指讲习经典之事，在文中指后者以凸显法度。

D. 皂隶，通常身穿黑色衣服，因此得名。既指古代的贱役，也指衙门的差役。文中指地位低下的人。

3. 下列各组语句中，加点词的意义和用法都相同的一组是（　　）

A. 则君不举焉　　且焉置土石　　　　B. 故讲事以度轨量谓之‘轨’　　宫之奇以其族行

C. 归而饮至　　学而时习之　　　　D. 古之制也　　陈鱼而观之

4. 下列选项中不符合臧僖伯劝阻鲁隐公观鱼理由的一项是（　　）

A. 不是祭祀和军事此类大事，国君不应亲自去做。

B. 国君为臣民的表率，一举一动均要符合法度与礼制，不可“乱政”。

C. 贱役劳作、官吏职守之事，国君无需亲自过问。

D. 离开国都，到远离国都的棠邑去观鱼，是危险的。

5. 把文中画横线的句子翻译成现代汉语。

（1）凡物不足以讲大事，其材不足以备器用。

（2）非礼也，且言远地也。

6. 臧僖伯劝谏的缘起是“公将如棠观鱼者”，谏词中对于此事却不着一语。请结合文章分析这样劝谏的好处。

郑庄公戒饬守臣

《左传》

秋七月，公会齐侯、郑伯伐许。庚辰，傅于许。颍考叔取郑伯之旗蝥弧以先登，子都自下射之，颠。瑕叔盈又以蝥弧登，周麾而呼曰：“君登矣！”郑师毕登。壬午，遂入许。许庄公奔卫。齐侯以许让公。公曰：“君谓许不共，故从君讨之。许既伏其罪矣，虽君有命，寡人弗敢与闻。”乃与郑人。

郑伯使许大夫百里奉许叔以居许东偏，曰：“天祸许国，鬼神实不逞于许君，而假手于我寡人，寡人唯是一二父兄不能共亿，其敢以许自为功乎？寡人有弟不能和协而使糊其口于四方其况能久有许乎？吾子其奉许叔以抚柔此民也，吾将使获也佐吾子。若寡人得没于地，天其以礼悔祸于许，无宁兹许公复奉其社稷。唯我郑国之有请谒焉，如旧昏媾，其能降以相从也。无滋他族实逼处此，以与我郑国争此土也。吾子孙其覆亡之不暇，而况能禋祀许乎？寡人之使吾子处此，不惟许国之为，亦聊以固吾圉也。”乃使公孙获处许西偏，曰：“凡而器用财贿，无置于许。我死，乃亟去之。吾先君新邑于此，王室而既卑矣，周之子孙日失其序。夫许，大岳之胤也。天而既厌周德矣，吾其能与许争乎？”

君子谓郑庄公“于是乎有礼。礼，经国家，定社稷，序人民，利后嗣者也。许无刑而伐之，服而舍之，度德而处之，量力而行之，相时而动，无累后人，可谓知礼矣”。

1. 文中画波浪线的部分有三处需要断句，请将相应位置的答案标号涂黑。

寡人有弟Ⓐ不能和Ⓑ协Ⓒ而使Ⓓ糊其口Ⓔ于四方Ⓕ其况Ⓖ能久Ⓗ有许乎？

2. 下列对文中加点的词语及相关内容的解说，不正确的一项是（　　）

A. 庚辰，庚为十天干之一，辰为十二地支之一，干支相配以纪年月日，文中是纪日。

B. 寡人，即为寡德之人，指在道德方面做得不足的人。文中是鲁隐公对自己的敬称。

C. 社稷，是土神“太社”和谷神“太稷”的合称，也常用来代指国家或朝廷。

D. 禋祀，是古代的一种祭天礼仪，指先燔柴升烟以祭天，意为让天帝嗅味以享祭。

3. 下列各组语句中，加点词的意义和用法都相同的一组是（　　）

A. 齐侯以许让公　　以残年余力

B. 若寡人得没于地　　若夫淫雨霏霏

C. 乃亟去之　　桑之未落

A. 许无刑而伐之　　赂秦而力亏

4. 下列对原文有关内容的概述，不正确一项是（　　）

A. 首段对郑军攻城的描写全用直叙，虽着墨不多，但将战斗渲染得十分传神。

B. 伐许之后，郑国表面上保留了许国的“君”臣，实际也返还了许国的实权。

C. 郑庄公的两次“戒饬”之辞，可见其为人的精明能干与为政的深谋远虑。

D. 君子认为，郑庄公讨伐了违背法度的许国且能妥善处理战后之事，是合礼的。

5. 把文中画横线的句子翻译成现代汉语。

（1）君谓许不共，故从君讨之。

（2）服而舍之，度德而处之。

6. 郑庄公对许大夫百里及郑大夫公孙获两位守臣的“戒饬”之辞，用意是否相同？请结合文本说明。

臧哀伯谏纳郜鼎

《左传》

夏四月，取郜大鼎于宋。纳于大庙，非礼也。

臧哀伯谏曰：“君人者将昭德塞违以临照百官犹惧或失之故昭令德以示子孙。是以清庙茅屋，大路越席，大羹不致，粢食不凿，昭其俭也。衮、冕、黻、珽，带、裳、幅、舄，衡、紞、纮、綖，昭其度也。藻、率、鞞、鞛，鞶、厉、游、缨，昭其数也。火、龙、黼、黻，昭其文也。五色比象，昭其物也。钖、鸾、和、铃，昭其声也。三辰旂旗，昭其明也。夫德，俭而有度，登降有数。文物以纪之，声明以发之，以临照百官，百官于是乎戒惧，而不敢易纪律。今灭德立违，而置其赂器于大庙，以明示百官。百官象之，其又何诛焉？国家之败，由官邪也；官之失德，宠赂章也。郜鼎在庙，章孰甚焉？武王克商，迁九鼎于雒邑，义士犹或非之，而况将昭违乱之赂器于大庙，其若之何？”公不听。

周内史闻之，曰：“臧孙达其有后于鲁乎！君违，不忘谏之以德。”

1. 文中画波浪线的部分有四处需要断句，请将相应位置的答案标号涂黑。

君人者Ⓐ将昭德Ⓑ塞违Ⓒ以临照Ⓓ百官Ⓔ犹惧Ⓕ或失之Ⓖ故Ⓗ昭令德以示子孙。

2. 下列对文中加点的词语及相关内容的解说，不正确的一项是（　　）

A. 文物，既指礼乐制度和文献古物，也指文彩物色。文中指后者，活用为状语。

B. 声明，既指公开的表态和文告，也指声音光亮。文中指后者，活用为状语。

C. 纪律，既指纲纪法度，也指规矩。文中指后者，强调做事的规矩。

D. 义士，既指守义不苟的人，也指侠义之士。文中指前者。

3. 下列各组语句中，加点词语的意义和用法都相同的一组是（　　）

A. 纳于大庙　　告之于帝

B. 昭其数也　　路漫漫其修远兮

C. 其又何诛焉　　章孰甚焉

D. 其若之何　　辍耕之垄上

4. 下列对原文有关内容的概述，不正确的一项是（　　）

A. “非礼”二字，为一篇之纲领。从臧哀伯的谏词来看，前一层次详细介绍了国君美好的品德，是言“非”；后半部分痛斥纳鼎，是言“礼”。

B. 论证中严正指出纳郜鼎于太庙的危害，这是谏辞的主要部分。臧哀伯强调置赂器于太庙，是给百官做了“灭德立违”的坏榜样。

C. 文章最后，周内史有感于臧哀伯以德劝谏的事件，这是作者借周朝内史之口表明对臧哀伯的赞赏。

D. 这篇谏辞略叙事而详议论。起手只一笔点过，下以议论代叙事。不仅条理清楚，颇具逻辑，而且气势恢弘，艺术感染足。

5. 把文中画横线的句子翻译成现代汉语。

（1）今灭德立违，而置其赂器于大庙，以明示百官。

（2）君违，不忘谏之以德。

6. 臧哀伯劝说国君不应纳郜鼎于大庙，却一一叙述了国君应从哪些方面昭示美德，是否赘余？请谈谈你的看法。

季梁谏追楚师

《左传》

楚武王侵随，使薳章求成焉，军于瑕以待之。随人使少师董成。斗伯比言于楚子曰："吾不得志于汉东也，我则使然。我张吾三军而被吾甲兵以武临之彼则惧而协以谋我故难间也。汉东之国，随为大。随张，必弃小国。小国离，楚之利也。少师侈，请羸师以张之。"熊率且比曰："季梁在，何益？"斗伯比曰："以为后图。少师得其君。"王毁军而纳少师。

少师归，请追楚师。随侯将许之。季梁止之曰："天方授楚。楚之羸，其诱我也，君何急焉？臣闻小之能敌大也，小道大淫。所谓道，忠于民而信于神也。上思利民，忠也；祝史正辞，信也。今民馁而君逞欲，祝史矫举以祭，臣不知其可也。"公曰："吾牲牷肥腯，粢盛丰备，何则不信？"对曰："夫民，神之主也，是以圣王先成民而后致力于神。故奉牲以告曰'博硕肥腯'，谓民力之普存也，谓其畜之硕大蕃滋也，谓其不疾瘯蠡也，谓其备腯咸有也。奉盛以告曰'洁粢丰盛'，谓其三时不害而民和年丰也。奉酒醴以告曰'嘉栗旨酒'，谓其上下皆有嘉德而无违心也。所谓馨香，无谗慝也。故务其三时，修其五教，亲其九族，以致其禋祀。于是乎民和而神降之福，故动则有成。今民各有心，而鬼神乏主，君虽独丰，其何福之有？君姑修政而亲兄弟之国，庶免于难。"随侯惧而修政，楚不敢伐。

1. 文中画波浪线的部分有四处需要断句，请将相应位置的答案标号涂黑。

我张Ⓐ吾三军Ⓑ而被Ⓒ吾甲兵Ⓓ以武临之Ⓔ彼Ⓕ则惧而协以谋Ⓖ我Ⓗ故难间也。

2. 下列对文中加点的词语及相关内容的解说，不正确的一项是（　　）

A. 成，指和谈。与《劝学》中"积土成山"的"成"字含义不同。

B. 图，指图谋。与《逍遥游》中"而后乃今将图南"的"图"字含义相同。

C. 淫，指过度。与《屈原列传》中"好色而不淫"的"淫"字含义不同。

D. 务，指从事。与《过秦论》中"内立法度，务耕织"的"务"字含义相同。

3. 下列各组语句中，加点词语的意义和用法都相同的一组是（　　）

A. 斗伯比言于楚子曰　　忠于民而信于神也

B. 而被吾甲兵　　随侯惧而修政

C. 季梁在，何益　　何则不信

D. 臣不知其可也　　其何福之有

4. 以下各组中，全部说明"季梁止之曰"原因的一项是（　　）

①楚之羸，其诱我也　　②所谓道，忠于民而信于神也

③今民馁而君逞欲，祝史矫举以祭　　④吾牲牷肥腯，粢盛丰备，何则不信

⑤所谓馨香，无谗慝也　　⑥今民各有心，而鬼神乏主

A. ①③⑤　　B. ①③⑥　　C. ②④⑥　　D. ③⑤⑥

5. 把文中画横线的句子翻译成现代汉语。

（1）吾不得志于汉东也，我则使然。

（2）谓其上下皆有嘉德而无违心也。

6. 随侯与季梁对取信于鬼神的看法有何不同？请结合文章内容简要分析。

曹刿论战

《左传》

齐师伐我。公将战，曹刿请见其乡人曰肉食者谋之又何间焉？”刿曰：“肉食者鄙，未能远谋。”遂入见。

问：“何以战？”公曰：“衣食所安，弗敢专也，必以分人。”对曰：“小惠未遍，民弗从也。”公曰：“牺牲玉帛，弗敢加也，必以信。”对曰：“小信未孚，神弗福也。”公曰：“小大之狱，虽不能察，必以情。”对曰：“忠之属也。可以一战。战则请从。”

公与之乘，战于长勺。公将鼓之。刿曰：“未可。”齐人三鼓。刿曰：“可矣。”齐师败绩。公将驰之。刿曰：“未可。”下视其辙，登轼而望之，曰：“可矣。”遂逐齐师。

既克，公问其故。对曰：“夫战，勇气也。一鼓作气，再而衰，三而竭。彼竭我盈，故克之。夫大国，难测也，惧有伏焉。吾视其辙乱，望其旗靡，故逐之。”

1. 文中画波浪线的部分有三处需要断句，请将相应位置的答案标号涂黑。

曹刿请Ⓐ见Ⓑ其乡人Ⓒ曰Ⓓ肉食者Ⓔ谋之Ⓕ又何Ⓖ间Ⓗ焉？

2. 下列对文中加点词语及相关内容的解说，不正确的一项是（　　）

A. 鄙，指目光短浅。与《孔雀东南飞》中“人贱物亦鄙，不足迎后人”的“鄙”意思不同。

B. 信，指诚信。与《谏太宗十思疏》中“仁者播其惠，信者效其忠”的“信”意思不同。

C. 伏，指埋伏。与《过秦论》中“追亡逐北，伏尸百万”的“伏”意思不同。

D. 靡，指倒下。与《促织》中“探石发穴，靡计不施”的“靡”意思不同。

3. 下列各组语句中，加点词的意义和用法都相同的一组是（　　）

A. 虽不能察　　虽无丝竹管弦之盛

B. 可以一战　　不以物喜，不以己悲

C. 公将鼓之　　桑之未落

D. 下视其辙　　吾其还也

4. 下列对原文有关内容的概括和分析，不正确的一项是（　　）

A. 开头先点明事态的发生时间，接着指出战争发起方为齐国，为曹刿的请见、论战交代了必要的背景。

B. 曹刿与“乡人”的对话，一方面揭示了鲁国当权者尸位素餐的情况，另一方面显示了曹刿关心国事。

C.“将鼓”“将驰”刻画出鲁庄公的不畏强敌；“未可”“可矣”体现了曹刿对战况的精准把握。

D. 末段用补叙法写曹刿论证战术的选择和克敌制胜的原因，其展示了曹刿作战指挥智勇双全的特点。

5. 把文中画横线的句子翻译成现代汉语。

（1）小信未孚，神弗福也。

（2）彼竭我盈，故克之。

6. 有同学认为故事里的鲁庄公是一个愚蠢的国君。你是否认同这一看法，请结合全文简要分析。

齐桓公伐楚盟屈完

《左传》

春，齐侯以诸侯之师侵蔡，蔡溃，遂伐楚。楚子使与师言曰："君处北海，寡人处南海，唯是风马牛不相及也，不虞君之涉吾地也，何故？"管仲对曰："昔召康公命我先君太公曰：'五侯九伯，女实征之，以夹辅周室！'赐我先君履：东至于海，西至于河，南至于穆陵，北至于无棣。尔贡包茅不入，王祭不共，无以缩酒，寡人是征。昭王南征而不复，寡人是问。"对曰："贡之不入，寡君之罪也，敢不共给？昭王之不复，君其问诸水滨！"师进，次于陉。

夏，楚子使屈完如师。师退，次于召陵。齐侯陈诸侯之师，与屈完乘而观之。齐侯曰："岂不穀是为？先君之好是继，与不穀同好，如何？"对曰："君惠徼福于敝邑之社稷，辱收寡君，寡君之愿也。"齐侯曰："以此众战，谁能御之？以此攻城，何城不克？"对曰："君若以德绥诸侯，谁敢不服？君若以力楚国方城以为城汉水以为池虽众无所用之。"

屈完及诸侯盟。

1. 文中画波浪线的部分有四处需要断句，请将相应位置的答案标号涂黑。

君若以力Ⓐ楚国Ⓑ方城Ⓒ以为城Ⓓ汉水以为Ⓔ池Ⓕ虽众Ⓖ无所Ⓗ用之。

2. 下列对文中加点的词语及相关内容的解说，不正确的一项是（　　）

A. 风，走失，与《琵琶行》中"秋月春风等闲度"的"风"字含义不同。

B. 履，指征伐的范围，与《过秦论》中"履至尊而制六合"的"履"含义不同。

C. 敢，指有胆量，与《齐国佐不辱命》中"敢不唯命是听"的"敢"字含义不同。

D. 盟，指订立盟约，与标题"齐桓公伐楚盟屈完"中的"盟"字都是名词作动词。

3 下列各组语句中，加点词的意义和用法都相同的一组是（　　）

A. 齐侯以诸侯之师侵蔡　　以夹辅周室　　B. 楚子使与师言曰　　与不穀同好

C. 唯是风马牛不相及也　　岂不穀是为　　D. 贡之不入　　昭王之不复

4. 下列加点字不是通假字的一项是（　　）

A. 女实征之　　B. 王祭不共

C. 楚子使屈完如师　　　　　　　　D. 君惠徼福于敝邑之社稷

5. 把文中画横线的句子翻译成现代汉语。

（1）不虞君之涉吾地也。

（2）君若以德绥诸侯，谁敢不服？

6. 屈完是如何成功劝说齐国与楚国结盟的？请结合文章，用自己的话简要说明。

宫之奇谏假道

《左传》

晋侯复假道于虞以伐虢。宫之奇谏曰："虢，虞之表也；虢亡，虞必从之。晋不可启，寇不可玩，一之为甚，其可再乎？谚所谓'辅车相依，唇亡齿寒'者，其虞、虢之谓也。"

公曰："晋，吾宗也，岂害我哉？"对曰："大伯、虞仲，大王之昭也，大伯不从，是以不嗣。虢仲、虢叔，王季之穆也，为文王卿士，勋在王室，藏于盟府。将虢是灭，何爱于虞？且虞能亲于桓、庄乎？其爱之也？桓、庄之族何罪，而以为戮，不唯逼乎？亲以宠逼，犹尚害之，况以国乎？"

公曰："吾享祀丰洁，神必据我。"对曰："臣闻之，鬼神非人实亲，惟德是依。故《周书》曰：'皇天无亲，惟德是辅。'又曰：'黍稷非馨，明德惟馨。'又曰：'民不易物，惟德繄物。'如是，则非德，民不和，神不享矣。神所冯依将在德矣若晋取虞而明德以荐馨香神其吐之乎？"

弗听，许晋使。宫之奇以其族行，曰："虞不腊矣。在此行也，晋不更举矣。"冬，晋灭虢。师还，馆于虞，遂袭虞，灭之。执虞公。

1. 文中画波浪线的部分有四处需要断句，请将相应位置的答案标号涂黑。

神所冯依Ⓐ将Ⓑ在德矣Ⓒ若晋Ⓓ取虞Ⓔ而明德Ⓕ以荐馨香Ⓖ神Ⓗ其吐之乎？

2. 下列对文中加点的词语及相关内容的解说，不正确的一项是（　　）

A. 假，指借助。与《劝学》中"善假于物也"的"假"意思不同。

B. 藏，指收藏。与《赤壁赋》中"是造物者之无尽藏也"的"藏"意思不同。

C. 据，指保佑。与《过秦论》中"据崤函之固"的"据"意思不同。

D. 举，指调动军队，与《阿房宫赋》中"函谷举"的"举"意思不同。

3. 下列各组语句中，加点词的意义和用法都相同的一组是（　　）

A. 藏于盟府　　师还，馆于虞　　　　B. 虞之表也　　虞必从之

C. 一之为甚，其可再乎　　宫之奇以其族行　　D. 将虢是灭　　如是，则非德

4. 下列对原文有关内容的概括和分析，不正确的一项是（　　）

A. 宫之奇忠心耿耿辅佐虞公。从当前虢、虞的关系出发，指出晋对虞国的野心。

B. 虞公认为虞国和晋国都是周王室后裔，彼此为手足关系，晋国不会伤害虞国。

C. 宫之奇在虞公答应借路后，带领着族人与晋国相抗争，体现了他的忠心耿耿。

D. 虞公没有听宫之奇的劝告，结果晋国攻下虢国后，接着偷袭并灭掉了虞国。

5. 把文中画横线的句子翻译成现代汉语。

（1）谚所谓“辅车相依，唇亡齿寒”者，其虞、虢之谓也。

（2）亲以宠逼，犹尚害之，况以国乎？

6. 文章中宫之奇对虞公进行了谏诤，请具体说明他是如何逐层展开劝谏的。

齐桓下拜受胙

《左传》

会于葵丘，寻盟，且修好，礼也。王使宰孔赐齐侯胙，曰：“天子有事于文、武，使孔赐伯舅胙。”齐侯将下拜。孔曰：“且有后命。天子使孔曰：‘以伯舅耋老加劳赐一级无下拜。’”对曰：“天威不违颜咫尺，小白，余敢贪天子之命，无下拜？恐陨越于下，以遗天子羞。敢不下拜？”下，拜，登，受。

1. 文中画波浪线的部分有三处需要断句，请将相应位置的答案标号涂黑。

以伯舅Ⓐ耋老Ⓑ加劳Ⓒ赐Ⓓ一Ⓔ级Ⓕ无Ⓖ下拜。

2. 下列对文中加点的词语及相关内容的解说，正确的一项是（　　）

A. 会，会集，与《兰亭集序》中“会于会稽山阴之兰亭”的“会”字含义相同。

B. 寻，重温、重申，与《陈情表》中“寻蒙国恩”的“寻”字含义相同。

C. 有事，指有事情，与《归去来兮辞》中“将有事于西畴”的“有事”含义相同。

D. 陨越，指摔倒，“陨”与《晏子春秋》中“而陨失其国者”的“陨”含义相同。

3. 下列各组语句中，加点词的意义和用法都相同的一组是（　　）

A. 且修好　　且有后命

B. 天子有事于文、武　　恐陨越于下

C. 以伯舅耋老　　以遗天子羞

D. 余敢贪天子之命　　敢不下拜

4. 把文中画横线的句子翻译成现代汉语。

（1）天威不违颜咫尺，小白，余敢贪天子之命，无下拜？

（2）下，拜，登，受。

5.《论语》中孔子曾评价齐桓公“正而不谲”，本文所举事例是否符合这一评价？请给出你的看法，并结合文章内容具体分析。

阴饴甥对秦伯

《左传》

十月，晋阴饴甥会秦伯，盟于王城。

秦伯曰：“晋国和乎？”对曰：“不和。小人耻失其君而悼丧其亲，不惮征缮以立圉也，曰：‘必报仇宁事戎狄君子爱其君而知其罪不惮征缮以待秦命，曰：‘必报德，有死无二。’以此不和。”秦伯曰：“国谓君何？”对曰：“小人戚，谓之不免。君子恕，以为必归。小人曰：‘我毒秦，秦岂归君？’君子曰：‘我知罪矣，秦必归君。贰而执之，服而舍之，德莫厚焉，刑莫威焉。服者怀德，贰者畏刑，此一役也，秦可以霸。纳而不定，废而不立，以德为怨，秦不其然。’”秦伯曰：“是吾心也。”改馆晋侯，馈七牢焉。

1. 文中画波浪线的部分有三处需要断句，请将相应位置的答案标号涂黑。

必报仇Ⓐ宁Ⓑ事戎狄Ⓒ君子爱其君Ⓓ而知Ⓔ其罪Ⓕ不惮Ⓖ征缮以待秦命。

2. 下列对文中加点的词语及相关内容的解说，不正确的一项是（　　）

A. 小人，既指地位低下的人，也指品行卑劣的人，文中指后者。

B. 惮，指害怕。与《论语》中“过则不惮改”的“惮”意思相同。

C. 戚，指忧愁。与《归去来兮辞》中“悦亲戚之情话”的“戚”意思不同。

D. 毒，指危害。与《捕蛇者说》中“若毒之乎”的“毒”意思不同。

3. 下列各组语句中，加点词的意义和用法不相同的一组是（　　）

A. 小人耻失其君而悼丧其亲　　其势弱于秦

B. 以此不和　　不以物喜

C. 国谓君何　　而又何羡乎

D. 刑莫威焉　　盘盘焉，囷囷焉

4. 下列对原文有关内容的概括和分析，不正确的一项是（　　）

A. 阴饴甥巧妙地将国人分为“君子”“小人”两部分，既承认晋侯过错，向秦服罪；又表明晋国的士气不可轻侮。

B. 根据文段内容，可以推知，如果晋国国君晋惠公不能如愿归来，晋国会拥立晋国的外甥继位。

C. 阴饴甥的一番说辞打动了秦穆公，秦穆公最终改变态度，决定善待晋惠公，将晋惠公安置在宾馆里。

D. 阴饴甥气节凛然、才智纵横，既赢得了秦穆公的尊重，又不辱使命，达到了营救自己国君的目的。

5. 把文中画横线的句子翻译成现代汉语。

（1）贰而执之，服而舍之。

（2）以德为怨，秦不其然。

6. 请结合本文和以下链接材料，具体说明秦穆公放归晋惠公的原因。

（秦）穆公归，至于王城，合大夫而谋曰："杀晋君与逐出之，与以归之，与复之，孰利？"公子縶曰："杀之利。逐之恐构诸侯，以归则国家多慝，复之则君臣合作，恐为君忧，不若杀之。"公孙枝曰："不可。耻大国之士于中原，又杀其君以重之，子思报父之仇，臣思报君之雠，虽微秦国，天下孰弗患？"公子縶曰："吾岂将徒杀之？吾将以公子重耳代之。晋君之无道莫不闻，公子重耳之仁莫不知。战胜大国，武也。杀无道而立有道，仁也。胜无后害，智也。"公孙枝曰："耻一国之士，又曰余纳有道以临女，无乃不可乎？若不可，必为诸侯笑。战而取笑诸侯，不可谓武。杀其弟而立其兄，兄德我而忘其亲，不可谓仁。若弗忘，是再施不遂也，不可谓智。"君曰："然则若何？"公孙枝曰："不若以归，以要晋国之成，复其君而质其嫡子，使子父代处秦，国可以无害。"是故归惠公而质子圉，秦始知河东之政。

（选自《国语·晋语》）

子鱼论战

《左传》

楚人伐宋以救郑。宋公将战，大司马固谏曰："天之弃商久矣，君将兴之，弗可赦也已。"弗听。

及楚人战于泓。宋人既成列，楚人未既济。司马曰："彼众我寡，及其未既济也，请击之。"公曰："不可。"既济而未成列，又以告。公曰："未可。"既陈，而后击之，宋师败绩。公伤股，门官歼焉。

国人皆咎公。公曰："君子不重伤，不禽二毛。古之为军也，不以阻隘也。寡人虽亡国之余，不鼓不成列。"

子鱼曰："君未知战。勍敌之人隘而不列天赞我也阻而鼓之不亦可乎？犹有惧焉。且今之勍者，皆吾敌也，虽及胡耇，获则取之，何有于二毛？明耻，教战，求杀敌也。伤未及死，如何勿重？若爱重伤，则如勿伤，爱其二毛，则如服焉。三军以利用也，金鼓以声气也，利而用之，阻隘可也，声盛致志，鼓儳可也。"

1. 文中画波浪线的部分有四处需要断句，请将相应位置的答案标号涂黑。

勍敌之人Ⓐ隘Ⓑ而不列Ⓒ天Ⓓ赞我也Ⓔ阻Ⓕ而鼓之Ⓖ不Ⓗ亦可乎？

2. 下列对加点词语的理解，不正确的一项是（ ）

A. 弗可赦也已　　赦：赦免，饶恕　　B. 楚人未既济　　济：渡河

C. 君子不重伤　　重：加重　　D. 则如服焉　　服：归服，投降

3. 下列各组语句中，加点词的意义和用法都相同的一组是（ ）

A. 楚人伐宋以救郑　　又以告　　B. 及楚人战于泓　　伤未及死

C. 既陈，而后击之　　学而不思则罔　　D. 门官歼焉　　犹有惧焉

4. 下列对原文有关内容的概括和分析，不正确的一项是（ ）

A. 泓水之战中，宋襄公两次拒绝子鱼的请求，坚持要等楚军渡过泓水、摆好阵势才开战，最终受伤失败。

B. 面对国人的指责，宋襄公以不伤害受伤很重的人，不捉拿孩童是君子行为作借口，丝毫不认错。

C. 本文前三段重在记叙宋国与楚国泓水之战的经过及结果，这三段为最后一段的批驳提供了有力的根据。

D. 最后一段是子鱼对宋襄公谬论的反驳，层层深入，两个“可也”与战斗开始时宋襄公的“不可”“未可”相照应。

5. 把文中画横线的句子翻译成现代汉语。

（1）古之为军也，不以阻隘也。

（2）三军以利用也，金鼓以声气也。

6. 请结合本文与以下链接材料，谈谈你对宋襄公的认识。

“故善宋襄公不厄人，不由其道而胜，不如由其道而败，《春秋》贵之，将以变习俗而成王化也。”

（选自董仲舒《春秋繁露》）

“襄公既败于泓，而君子或以为多，伤中国阙礼义，褒之也，宋襄之有礼让也。”

（选自司马迁《史记·宋微子世家》）

“古之伐国，不杀黄口，不获二毛，于古为义，于今为笑，古之所以为荣者，今之所以为辱也。”

（选自刘向《淮南子》）

寺人披见文公

《左传》

吕、郤畏逼，将焚公宫而弑晋侯。寺人披请见。公使让之，且辞焉，曰：“蒲城之役，君命一宿，女即至。其后余从狄君以田渭滨，女为惠公来求杀余，命女三宿，女中宿至。虽有君命，何其速也？夫祛犹在，女其行乎！”对曰：“臣谓君之入也，其知之矣，若犹未也，又将及难。君命无二古之制也除君

之恶唯力是视蒲人狄人余何有焉？即位，其无蒲、狄乎！齐桓公置射钩，而使管仲相，君若易之，何辱命焉？行者甚众，岂唯刑臣！”公见之，以难告。

晋侯潜会秦伯于王城。己丑晦，公宫火。瑕甥、郤芮不获公，乃如河上，秦伯诱而杀之。

1. 文中画波浪线的部分有四处需要断句，请将相应位置的答案标号涂黑。

君命无二Ⓐ古之制也Ⓑ除Ⓒ君之恶Ⓓ唯力Ⓔ是视Ⓕ蒲人狄人余Ⓖ何有焉？

2. 下列对文中加点的词语及相关内容的解说，正确的一项是（　　）

A. 辞，指拒绝，与陶渊明《桃花源记》中“停数日，辞去”的“辞”意思相同。

B. 从，指跟从，与贾谊《过秦论》中“赢粮而景从”的“从”意思相同。

C. 易，指改变，与《廉颇蔺相如列传》中“易寡人之璧”的“易”意思相同。

D. 会，指会晤，与《陈涉世家》中“会天大雨，道不通”的“会”意思相同。

3. 下列各组语句中，加点词的意义和用法都相同的一组是（　　）

A. 虽有君命，何其速也　　虽与之天下，不能一朝居也

B. 女其行乎　　吾其还也

C. 何辱命焉　　而又何羡乎

D. 乃如河上　　不见子都，乃见狂且

4. 下列对原文有关内容的理解和分析，不正确的一项是（　　）

A. 晋文公开始听说寺人披来，虽动怒但没有报复，只是劝其逃走，胸襟的容量已见端倪。

B. 寺人披和晋文公原为仇人，所以关系不可能亲厚无间，晋文公的不见是在情在理的。

C. 寺人披在与新主有嫌隙的情况下，敢于出言辩解且成功说服君主，足见其机智勇敢、善辩。

D. 晋文公得到密报后，秘密在王城会见秦伯，从中可以见其阴险一面。

5. 把文中画横线的句子翻译成现代汉语。

（1）臣谓君之入也，其知之矣。

（2）行者甚众，岂唯刑臣！

6. 请结合本文所记寺人披见晋文公之事，阅读以下链接材料，分析二者在对待这一事件的态度和观点上有何不同。

或曰：齐、晋绝祀，不亦宜乎？桓公能用管仲之功而忘射钩之怨，文公能听寺人之言而弃斩祛之罪，桓公、文公能容二子者也。后世之君，明不及二公；后世之臣，贤不如二子。不忠之臣以事不明之君，君不知，则有燕操、子罕、田常之贼；知之，则以管仲、寺人自解。君必不诛而自以为有桓、文之德，是臣仇而明不可烛，多假之资，自以为贤而不戒，则虽无后嗣，不亦可乎？且寺人之言也，直饰君令而不贰者，则是贞于君也。死君后生，臣不愧，而后为贞。今惠公朝卒而暮事文公，寺人之不贰何如？

（选自《韩非子·难三》）

介之推不言禄

《左传》

晋侯赏从亡者，介之推不言禄，禄亦弗及。

推曰："献公之子九人，唯君在矣。惠、怀无亲，外内弃之。天未绝晋，必将有主。主晋祀者，非君而谁？天实置之而二三子以为己力不亦诬乎窃人之财犹谓之盗，况贪天之功以为己力乎？下义其罪，上赏其奸，上下相蒙，难与处矣。"其母曰："盍亦求之？以死，谁怼？"对曰："尤而效之，罪又甚焉。且出怨言，不食其食。"其母曰："亦使知之，若何！"对曰："言，身之文也，身将隐，焉用文之？是求显也。"其母曰："能如是乎？与汝偕隐。"遂隐而死。

晋侯求之不获，以绵上为之田，曰："以志吾过，且旌善人。"

1. 文中画波浪线的部分有四处需要断句，请将相应位置的答案标号涂黑。

天实置之Ⓐ而二Ⓑ三子Ⓒ以为己Ⓓ力Ⓔ不亦诬乎Ⓕ窃人之财Ⓖ犹谓之盗。

2. 下列对文中加点的词语及相关内容的解说，不正确的一项是（　　）

A. 绝，指断绝，与荀子《劝学》中"非能水也，而绝江河"的"绝"意思不同。

B. 蒙，指蒙骗，与李密《陈情表》中"寻蒙国恩，除臣洗马"的"蒙"意思不同。

C. 尤，指责备，与孔子《论语》中"不怨天，不尤人"的"尤"意思不同。

D. 文，指纹饰，与《谏太宗十思疏》中"文武并用，垂拱而治"的"文"意思不同。

3. 下列各组语句中，加点词的意义和用法都相同的一组是（　　）

A. 以死，谁怼　　一鸡瞥来，径进以啄

B. 且出怨言　　且君尝为晋君赐矣

C. 遂隐而死　　蟹六跪而二螯

D. 以绵上为之田　　庖丁为文惠君解牛

4. 下列对原文有关内容的理解和分析，不正确的一项是（　　）

A. 全文采用对话的形式叙事写人，细致入微地揭示了介之推不言禄、隐而死的前因后果。

B. 介之推选择隐，直接起因是晋侯赏赐未及介之推，也可看出介之推未免有些意气用事。

C. 介母的三次设问，是对儿子心意是否坚决的试探和考验。

D. 全文语言凝练，概括性强，但亦不失生动，刻画出功成身退、正直清高的介之推形象。

5. 把文中画横线的句子翻译成现代汉语。

（1）主晋祀者，非君而谁？

（2）身将隐，焉用文之？

6. 在下面《议介之推不言禄》一文中，吕祖谦认为介之推不过是"借理而逞怨也"，请具体说明作者这样评价的理由。

居争夺奔竞之中，而见旷逸高世之举。嚣尘滞虑一扫而空，心开目明，顿还旧观。暑风旱雨不足以喻其快也，渴浆饥炙不足以喻其美也，沂浴雩游不足以喻其清也。

晋文公反国之初，从行诸臣骈首争功，……有市人之所不忍为者。而介之推独超然处众纷之外，孰谓此时而有此人乎？是宜百世之后，闻其风者犹咨嗟叹颂而不能已也。

虽然盗跖之风不足以误后世，而伯夷之风反可以误后世。……凡人之情，既恶之则必戒之，其所以陷溺而不知非者，皆移于所慕也。……推尤诸臣之贪功，其言未必非也；其言之所自发，则非也。使晋文赋之以禄，推以此为辞禄之言，虽不尽中理，犹不失为狷介也。……推之言不在于禄方赋之初，而在于禄不及之后。吾固疑推之不主于理，而主于怨也。……推，高士也。未易以凡心窥、利心量也。事固有外似而中实相远者，安知推之果出于怨也？……以怨断推之罪，非吾之言也，乃推之言也，非推之言也，推母之言也。推自谓："既出怨言，不食其食。"其母亦曰："盍亦求之，以死，谁怼？"母子之间，真实底蕴，举皆披露，推安所逃情乎？推若果以从亡之臣为不当赏，则狐、赵从亡之臣也，己亦从亡之臣也，其不赏，均也。文公之赏狐、赵，固滥而可责也。赏者为滥，则不赏者乃理之常也。

是文公失之于狐、赵，而得之于我也。君待我以常，我自安其常，怨何为而生？身何为而隐乎？是非无两立之理。赏者是，则不赏者非；赏者非，则不赏者是。

今推既咎文公之滥赏，又咎文公之不赏，此近于人情乎？吾是以知推之言，特借理而逞怨也。

（节选自吕祖谦《议介之推不言禄》）

展喜犒师

《左传》

齐孝公伐我北鄙。公使展喜犒师，使受命于展禽。

齐侯未入竟，展喜从之，曰："寡君闻君亲举玉趾，将辱于敝邑，使下臣犒执事。"齐侯曰："鲁人恐乎？"对曰："小人恐矣，君子则否。"齐侯曰："室如县罄，野无青草，何恃而不恐？"对曰："恃先王之命。昔周公、大公股肱周室，夹辅成王，成王劳之，而赐之盟，曰：'世世子孙无相害也！'载在盟府，太师职之。桓公是以纠合诸侯，而谋其不协，弥缝其阙，而匡救其灾，昭旧职也。及君即位，诸侯之望曰：'其率桓之功！'我敝邑用不敢保聚，曰：'岂其嗣世九年而弃命废职其若先君何君必不然。'恃此而不恐。"齐侯乃还。

1. 文中画波浪线的部分有三处需要断句，请将相应位置的答案标号涂黑。

岂其嗣世九年Ⓐ而弃Ⓑ命Ⓒ废职Ⓓ其若Ⓔ先君何Ⓕ君Ⓖ必不然。

2. 下列对文中加点的词语及相关内容的解说，不正确的一项是（　　）

A. 鄙，指边疆。与《曹刿论战》中"肉食者鄙，未能远谋"的"鄙"意思不同。

B. 执事，指仆从。与《烛之武退秦师》中"敢以烦执事"的"执事"意思不同。

C. 劳，指慰劳。与刘禹锡《陋室铭》中"无案牍之劳形"的"劳"意思相同。

D. 昭，指彰显，与《阿房宫赋》中"以昭陛下平明之理"的"昭"意思相同。

3. 下列各组语句中，加点词的意义和用法都相同的一组是（　　）

A. 使受命于展禽　　问政于孔子

B. 恃先王之命　　加之以师旅

C. 而匡救其灾　　夜缒而出

D. 其率桓之功　　其可怪也欤

4. 下列对原文有关内容的理解和分析，不正确的一项是（　　）

A. 齐军虽未入境，但隐隐已有进犯之气。展喜不提对方进犯一事，而称对方此行是来访，体现了鲁国一方的卑微示弱。

B. “鲁人恐乎”这一句话，表明齐侯不仅未被展喜言辞所动，反而赤裸裸地声称自己此行并非来访，而是侵略。

C. “室如县罄，野无青草，何恃而不恐？”在这种反问中，视对方若无物的狂傲之气咄咄逼人，但也或多或少地夹杂着齐侯对展喜的从容镇定之困惑。

D. 展喜一席言说，乍看貌似谦恭平淡，但细细品来，却柔中带刚，绵里含针，辛辣有力，具有丰富的潜台词。

5. 把文中画横线的句子翻译成现代汉语。

（1）而谋其不协，弥缝其阙。

（2）我敝邑用不敢保聚。

6. 结合文章分析展喜是如何成功劝退齐侯的，请用自己的话加以说明。

烛之武退秦师

《左传》

晋侯、秦伯围郑，以其无礼于晋，且贰于楚也。晋军函陵，秦军氾南。

佚之狐言于郑伯曰：“国危矣，若使烛之武见秦君，师必退。”公从之。辞曰：“臣之壮也，犹不如人；今老矣，无能为也已。”公曰：“吾不能早用子，今急而求子，是寡人之过也。然郑亡，子亦有不利焉。”许之。

夜缒而出，见秦伯，曰：“秦、晋围郑，郑既知亡矣。若亡郑而有益于君敢以烦执事越国以鄙远君知其难也。焉用亡郑以陪邻？邻之厚，君之薄也。若舍郑以为东道主，行李之往来，共其乏困，君亦无所害。且君尝为晋君赐矣，许君焦、瑕，朝济而夕设版焉，君之所知也。夫晋，何厌之有？既东封郑，又欲肆其西封，若不阙秦，将焉取之？阙秦以利晋，唯君图之。”秦伯说，与郑人盟。使杞子、逢孙、杨孙戍之，乃还。

子犯请击之，公曰："不可。微夫人之力不及此。因人之力而敝之，不仁；失其所与，不知；以乱易整，不武。吾其还也。"亦去之。

1. 文中画波浪线的部分有三处需要断句，请将相应位置的答案标号涂黑。

若亡郑而有益Ⓐ于君Ⓑ敢Ⓒ以烦Ⓓ执事Ⓔ越国Ⓕ以鄙远Ⓖ君知其难也。

2. 下列对文中加点的词语的解说，不正确的一项是（　　）

A. 无能，指无法做到，是烛之武自谦的委婉表达。

B. 东道主，指东方道路上的主人，也泛指接待或宴客的主人。文中指前者。

C. 行李，指出使的人，也指外出之人随身携带的物品。文中指后者。

D. 夫人，既指那个人，也是对一般人妻子的敬称。文中指前者。

3. 下列各组语句中，加点词的意义和用法都相同的一组是（　　）

A. 臣之壮也　　微夫人之力不及此　　B. 焉用亡郑以陪邻　　将焉取之

C. 若舍郑以为东道主　　若不阙秦　　D. 共其乏困　　失其所与

4. 下列对原文有关内容的概括和分析，不正确的一项是（　　）

A. 文章开篇就造成一种紧张的气氛：秦晋两大国联合起来围攻郑国，战争一触即发，为下文烛之武临危受命埋下伏笔。

B. 第二段写烛之武面对请求，立即抛开个人感伤和利益，承担起关系国家生死存亡的重任，体现烛之武的深明大义。

C. 秦国退兵后，子犯建议攻打秦军，秦、晋关系顿时又紧张起来。晋公讲了一番"仁""知""武"的道理，才平息了一场虚惊。

D. 这篇文章，中心是烛之武说秦君。全部说辞只有短短的125个字，却说了多层意思，说得委婉曲折，面面俱到。

5. 把文中画横线的句子翻译成现代汉语。

（1）朝济而夕设版焉，君之所知也。

（2）因人之力而敝之，不仁。

6. 根据文章内容，简要分析烛之武的形象特点。

蹇叔哭师

《左传》

杞子自郑使告于秦曰："郑人使我掌其北门之管，若潜师以来，国可得也。"穆公访诸蹇叔。蹇叔曰："劳师以袭远，非所闻也。师劳力竭，远主备之，无乃不可乎？师之所为，郑必知之，勤而无所，必有悖心。且行千里，其谁不知？”公辞焉，召孟明、西乞、白乙，使出师于东门之外。蹇叔哭之，曰：“孟子！吾见师之出而不见其入也！”公使谓之曰：“尔何知！中寿，尔墓之木拱矣！”

蹇叔之子与师哭而送之曰晋人御师必于殽。殽有二陵焉。其南陵，夏后皋之墓也；其北陵，文王之所辟风雨也。必死是间，余收尔骨焉！”秦师遂东。

1. 文中画波浪线的部分有三处需要断句，请将相应位置的答案标号涂黑。

蹇叔之子Ⓐ与Ⓑ师Ⓒ哭Ⓓ而送之Ⓔ曰Ⓕ晋人御Ⓖ师必于殽。

2. 下列对文中加点的词语及相关内容的解说，不正确的一项是（　　）

A. 叔，是兄弟姐妹排行次序，一般称伯、仲、叔、季。“叔”是排序第三位。

B. 劳，指疲劳。与《伶官传序》中“忧劳可以兴国”的“劳”意思不同。

C. 中寿：指六七十岁。中国人把生日也叫寿辰，而寿分三种：上寿，中寿，下寿。

D. 辟，指躲避。与《项脊轩志》中“前辟四窗，垣墙周庭”的“辟”意思不同。

3. 下列各组语句中，加点词的意义和用法不同的一组是（　　）

A. 若潜师以来　　若舍郑以为东道主

B. 勤而无所　　而刀刃若新发于硎

C. 公辞焉　　且焉置土石

D. 必死是间　　是寡人之过也

4. 下列对原文有关内容的概括和分析，不正确的一项是（　　）

A. 蹇叔谏阻秦穆公切勿冒险行事。总述一方疲劳力竭，一方以逸待劳，必定不会成功。但秦穆公依旧坚持伐郑。

B. 文章记事上井井有条，渲染了悲壮的场景。蹇叔深忧痛伤，秦穆公骄怒无状，都声口毕肖，令人身临目见。

C. 由于秦国作战失败，蹇叔只好“哭子”以寄托悲哀。“必死是间，余收尔骨焉”道出了战争的结局。

D. 末句的“秦师遂东”，在结构上又回应开篇的“潜师以来”。因此，全文短则短矣，然首尾呼应，浑然一体。

5. 把文中画横线的句子翻译成现代汉语。

（1）师劳力竭，远主备之，无乃不可乎？

（2）吾见师之出而不见其入也！

6. 用恰当的熟语描述下列人物。要求每个人物用一个熟语（包括成语）描述。

（1）秦穆公　　　　（2）蹇叔

郑子家告赵宣子

《左传》

晋侯合诸侯于扈，平宋也。于是晋侯不见郑伯，以为贰于楚也。

郑子家使执讯而与之书，以告赵宣子，曰："寡君即位三年，召蔡侯而与之事君。九月，蔡侯入于敝邑以行，敝邑以侯宣多之难，寡君是以不得与蔡侯偕。十一月，克减侯宣多，而随蔡侯以朝于执事。十二年六月，归生佐寡君之嫡夷，以请陈侯于楚，而朝诸君。十四年七月，寡君又朝以蒇陈事。十五年五月，陈侯自敝邑往朝于君。往年正月，烛之武往朝夷也。八月，寡君又往朝。以陈、蔡之密迩于楚，而不敢贰焉，则敝邑之故也。虽敝邑之事君，何以不免？在位之中，一朝于襄，而再见于君。夷与孤之二三臣相及于绛，虽我小国，则蔑以过之矣。今大国曰：'尔未逞吾志。'敝邑有亡，无以加焉。古人有言曰：'畏首畏尾，身其余几？'又曰：'鹿死不择音。'小国之事大国也，德，则其人也；不德，则其鹿也。铤而走险，急何能择？命之罔极亦知亡矣将悉敝赋以待于鯈唯执事命之。文公二年，朝于齐。四年，为齐侵蔡，亦获成于楚。居大国之间，而从于强令，岂有罪也？大国若弗图，无所逃命。"

晋巩朔行成于郑，赵穿、公婿池为质焉。

1. 文中画波浪线的部分有三处需要断句，请将相应位置的答案标号涂黑。

命之罔Ⓐ极Ⓑ亦知亡矣Ⓒ将悉敝赋以待Ⓓ于鯈Ⓔ唯执事Ⓕ命之。

2. 下列对文中加点的词语及相关内容的解说，不正确的一项是（　　）

A. 伯，周天子设立公、侯、伯、子、男五等爵位以区别尊卑，其中，伯爵低于侯爵。

B. 书，指信函，与《送东阳马生序》中"无以致书以观"的"书"意思相同。

C. 嫡，中国古代实行一夫一妻多妾制，"嫡"指正妻子女，与姬妾子女的"庶"相对。

D. 志，指意愿、欲望，用法与《桃花源记》中"处处志之"的"志"不同。

3. 下列各组语句中，加点词的意义和用法都相同的一组是（　　）

A. 敝邑以侯宣多之难　　赵王岂以一璧之故欺秦邪

B. 而随蔡侯以朝于执事　　而不知太守之乐其乐也

C. 以陈、蔡之密迩于楚　　苛政猛于虎也

D. 则敝邑之故也　　处江湖之远则忧其君

4. 下列对原文有关内容的概述或赏析，不正确的一项是（　　）

A. 郑国与楚国勾结，对晋国有二心，所以，晋灵公在扈地会合诸侯，目的是讨伐郑国。

B. 郑子家认为，陈、蔡二国虽紧邻楚国，但不敢对晋国有二心，是由于郑国起了作用的缘故。

C. 郑子家引用两句古人的话，是为了申明如果晋国继续逼迫郑国，郑国只能铤而走险。

D. 晋国在收到郑子家的这封信后，改变了对郑国的态度，并派来两位晋国大夫作人质。

5. 把文中画横线的句子翻译成现代汉语。

（1）夷与孤之二三臣相及于绛，虽我小国，则蔑以过之矣。

（2）敝邑有亡，无以加焉。

6. 郑子家提到“为齐侵蔡，亦获成于楚”的往事，其有何用意？请结合文本加以分析。

王孙满对楚子

《左传》

楚子伐陆浑之戎，遂至于雒，观兵于周疆。定王使王孙满劳楚子。楚子问鼎之大小轻重焉，对曰：“在德不在鼎。昔夏之方有德也，远方图物，贡金九牧，铸鼎象物，百物而为之备，使民知神、奸。故民入川泽山林不逢不若，螭魅罔两，莫能逢之。用能协于上下，以承天休。桀有昏德，鼎迁于商，载祀六百。商纣暴虐，鼎迁于周。德之休明，虽小，重也；其奸回昏乱，虽大，轻也。天祚明德，有所厎止。成王定鼎于郏鄏卜世三十卜年七百天所命也。周德虽衰，天命未改。鼎之轻重，未可问也。”

1. 文中画波浪线的部分有三处需要断句，请将相应位置的答案标号涂黑。

成王定鼎Ⓐ于郏鄏Ⓑ卜世Ⓒ三十Ⓓ卜年Ⓔ七百Ⓕ天所命也。

2. 下列对文中加点的词语及相关内容的解说，不正确的一项是（　　）

A. 伐，指正式公开的攻击，通常伴随着宣战和钟鼓，区别于“侵”“袭”。

B. 劳，意思是慰劳，与《廉颇蔺相如列传》中“而蔺相如徒以口舌为劳”的“劳”意思相同。

C. 方，意思是正当，与《邹忌讽齐王纳谏》中“今齐地方千里”的“方”意思不同。

D. 牧，本义指放牧，因牧民牧养牲畜同君主统治民众相似，后引申为君主、州郡长官。

3. 下列各组语句中，加点词的意义和用法都相同的一组是（　　）

A. 昔夏之方有德也　　辍耕之垄上　　　　B. 百物而为之备　　蟹六跪而二螯

C. 鼎迁于商　　今吾使人于周　　　　D. 有所厎止　　得无教我猎虫所耶

4. 下列对原文有关内容的概述或赏析，不正确的一项是（　　）

A. 鼎上绘有各地奇异之物，能让百姓知道鬼神邪恶，从而避免遇到有害之物。

B. 鼎创造于夏朝，但因夏桀无道，被迁到商；后又因商纣王无道，被迁到周。

C. 楚子问鼎，并非一时兴起，而是早有预谋，大有觊觎王位、篡逆作乱之心。

D. 楚子观兵不敢用兵，问鼎不敢取鼎，是因为敬畏王孙满的威权，谨守礼分。

5. 把文中画横线的句子翻译成现代汉语。

（1）用能协于上下，以承天休。

（2）德之休明，虽小，重也；其奸回昏乱，虽大，轻也。

6. 王孙满为什么说“鼎之轻重，未可问也”？请根据文本内容回答。

齐国佐不辱命

《左传》

晋师从齐师，入自丘舆，击马陉。齐侯使宾媚人赂以纪甗、玉磬与地。“不可，则听客之所为。”

宾媚人致赂，晋人不可，曰：“必以萧同叔子为质，而使齐之封内尽东其亩。”对曰：“萧同叔子非他，寡君之母也。若以匹敌，则亦晋君之母也。吾子布大命于诸侯，而曰必质其母以为信，其若王命何？且是以不孝令也。《诗》曰：‘孝子不匮，永锡尔类。’若以不孝令于诸侯，其无乃非德类也乎？先王疆理天下，物土之宜，而布其利。故《诗》曰：‘我疆我理，南东其亩。’今吾子疆理诸侯，而曰‘尽东其亩’而已，唯吾子戎车是利，无顾土宜，其无乃非先王之命也乎？反先王则不义，何以为盟主？其晋实有阙！四王之王也，树德而济同欲焉；五伯之霸也，勤而抚之，以役王命。今吾子求合诸侯，以逞无疆之欲，《诗》曰：‘敷政优优，百禄是遒。’子实不优，而弃百禄，诸侯何害焉？不然，寡君之命使臣，则有辞矣，曰：‘子以君师辱于敝邑，不腆敝赋，以犒从者，畏君之震，师徒挠败。吾子惠徼齐国之福，不泯其社稷，使继旧好，唯是先君之敝器、土地不敢爱。子又不许，请收合余烬，背城借一。敝邑之幸亦云从也况其不幸敢不唯命是听？’”

1. 文中画波浪线的部分有三处需要断句，请将相应位置的答案标号涂黑。

敝邑Ⓐ之幸Ⓑ亦云Ⓒ从也Ⓓ况其Ⓔ不幸Ⓕ敢不Ⓖ唯命是听？

2. 下列对文中加点的词语及相关内容的解说，不正确的一项是（　　）

A. 致，送给，与《送东阳马生序》中“家贫，无从致书以观”的“致”意思相同。

B. 质，春秋战国时期，诸侯将子女、妻子等近亲送到其他国家，以此形成外交妥协关系。

C. 封，疆域，与《史记・李斯列传》中“书已封，未授使者，始皇崩”的“封”意思不同。

D. 爱，吝惜，与《过秦论》中“不爱珍器重宝肥饶之地”的“爱”意思相同。

3. 下列各组语句中，加点词的意义和用法都相同的一组是（　　）

A. 吾子布大命于诸侯　　受任于败军之际

B. 其若王命何　　其如土石何

C. 而曰“尽东其亩”而已　　拔剑撞而破之

D. 唯是先君之敝器　　蚓无爪牙之利

4. 下列对原文有关内容的概述或赏析，不正确的一项是（　　）

A. 齐侯谈和的条件是赂以纪甗、玉磬与土地，否则不惜一战。

B. 晋人开出的议和条件之一是以萧国国君同叔的儿子为人质。

C. 齐国境内土地田垄改成东西向的要求是不符合先王政令的。

D. 国佐的驳斥先动之以情，继而说之以理，最后晓之以利害。

5. 把文中画横线的句子翻译成现代汉语。

（1）若以不孝令于诸侯，其无乃非德类也乎？

（2）子实不优，而弃百禄，诸侯何害焉？

6. 晋军大兵压境，晋人向齐国提出不合理的谈和条件。对此，国佐如何不辱使命？

楚归晋知罃

《左传》

晋人归楚公子穀臣与连尹襄老之尸于楚，以求知罃。于是荀首佐中军矣，故楚人许之。

王送知罃，曰："子其怨我乎？"对曰："二国治戎，臣不才，不胜其任，以为俘馘。执事不以衅鼓，使归即戮，君之惠也。臣实不才，又谁敢怨？"王曰："然则德我乎？"对曰："二国图其社稷，而求纾其民，各惩其忿，以相宥也，两释累囚，以成其好。二国有好，臣不与及，其谁敢德？"王曰："子归，何以报我？"对曰："臣不任受怨，君亦不任受德。无怨无德，不知所报。"王曰："虽然，必告不穀。"对曰："以君之灵累臣得归骨于晋寡君之以为戮死且不朽。若从君惠而免之，以赐君之外臣首，首其请于寡君，而以戮于宗，亦死且不朽。若不获命，而使嗣宗职，次及于事，而帅偏师以修封疆，虽遇执事，其弗敢违。其竭力致死，无有二心，以尽臣礼，所以报也。"王曰："晋未可与争。"重为之礼而归之。

1. 文中画波浪线的部分有三处需要断句，请将相应位置的答案标号涂黑。

以君之灵Ⓐ累臣Ⓑ得归骨Ⓒ于晋Ⓓ寡君Ⓔ之以为戮Ⓕ死Ⓖ且不朽。

2. 下列对文中加点的词语及相关内容的解说，不正确的一项是（　　）

A. 衅鼓，古人用动物的血液涂抹在战鼓上，以表达对神灵的敬畏和祈求胜利。

B. 德，感激，用法与《诗经·氓》中"士也罔极，二三其德"的"德"相同。

C. 帅，率领，用法与《论语》中"三军可夺帅也，匹夫不可夺志也"的"帅"不同。

D. 偏师，指在主力军翼侧协助作战的部队，隶属于副统帅、副将军，这里是自谦之词。

3. 下列各组语句中，加点词的意义和用法都相同的一组是（　　）

A. 于是荀首佐中军矣　　觉今是而昨非

B. 子其怨我乎　　于乱石间择其一二扣之

C. 虽遇执事　　故虽有名马

D. 以尽臣礼　　皆以美于徐公

4. 下列对原文有关内容的概述或赏析，不正确的一项是（　　）

A. 楚人答应释放知罃，是因为知罃的父亲荀首这个时候正担任晋国中军副帅。

B. 楚王担心知罃心怀怨恨，知罃却回答说是因为自己无能而受俘，因而不怨。

C. 为报答楚王送归之德，知罃表示若疆场相遇，必不敢违抗，对楚王无二心。

D. 面对楚王的咄咄逼问，知罃和缓中不失刚毅，最终赢得了楚王的尊重赞佩。

5. 把文中画横线的句子翻译成现代汉语。

（1）二国治戎，臣不才，不胜其任，以为俘馘。

（2）二国图其社稷，而求纾其民，各惩其忿，以相宥也，两释累囚，以成其好。

6. 根据文本内容，请用四字成语概括知罃的形象特点。

吕相绝秦

《左传》

晋侯使吕相绝秦，曰：

“昔逮我献公及穆公相好，戮力同心，申之以盟誓，重之以昏姻。天祸晋国，文公如齐，惠公如秦。无禄，献公即世。穆公不忘旧德，俾我惠公用能奉祀于晋。又不能成大勋，而为韩之师。亦悔于厥心，用集我文公，是穆之成也。

“文公躬擐甲胄，跋履山川，逾越险阻，征东之诸侯，虞、夏、商、周之胤而朝诸秦，则亦既报旧德矣。郑人怒君之疆埸，我文公帅诸侯及秦围郑。秦大夫不询于我寡君，擅及郑盟，诸侯疾之，将致命于秦。文公恐惧绥靖诸侯秦师克还无害则是我有大造于西也。

“无禄，文公即世，穆为不吊，蔑死我君，寡我襄公，迭我殽地，奸绝我好，伐我保城，殄灭我费滑，散离我兄弟，挠乱我同盟，倾覆我国家。我襄公未忘君之旧勋，而惧社稷之陨，是以有殽之师。犹愿赦罪于穆公。穆公弗听，而即楚谋我。天诱其衷，成王陨命，穆公是以不克逞志于我。

“穆、襄即世，康、灵即位。康公，我之自出，又欲阙翦我公室，倾覆我社稷，帅我蝥贼，以来荡摇我边疆，我是以有令狐之役。康犹不悛，入我河曲，伐我涑川，俘我王官，翦我羁马，我是以有河曲之战。东道之不通，则是康公绝我好也。

“及君之嗣也，我君景公引领西望曰：‘庶抚我乎！’君亦不惠称盟，利吾有狄难，入我河县，焚我箕、郜，芟夷我农功，虔刘我边陲，我是以有辅氏之聚。君亦悔祸之延，而欲徼福于先君献、穆，使伯车来命我景公曰：‘吾与女同好弃恶，复修旧德，以追念前勋。’言誓未就，景公即世，我寡君是以有令狐之会。君又不祥，背弃盟誓。白狄及君同州，君之仇雠，而我之昏姻也。君来赐命曰：‘吾与女伐狄。’寡君不敢顾昏姻，畏君之威，而受命于使。君有二心于狄，曰：‘晋将伐女。’狄应且憎，是用告我。楚人恶君之二三其德也，亦来告我曰：‘秦背令狐之盟，而来求盟于我，昭告昊天上帝、秦三公、楚三王曰：“余虽与晋出入，余唯利是视。”不穀恶其无成德，是用宣之，以惩不一。’诸侯备闻此言，斯是用痛心疾首，昵就寡人。寡人帅以听命，唯好是求。君若惠顾诸侯，矜哀寡人，而赐之盟，则寡人之愿也，其承宁诸侯以退，岂敢徼乱？君若不施大惠，寡人不佞，其不能以诸侯退矣。敢尽布之执事，俾执事实图利之。”

1. 文中画波浪线的部分有三处需要断句，请将相应位置的答案标号涂黑。

文公恐惧Ⓐ绥靖Ⓑ诸侯Ⓒ秦师Ⓓ克还Ⓔ无害Ⓕ则是我有Ⓖ大造于西也。

2. 下列对文中加点的词语及相关内容的解说，不正确的一项是（　　）

A. 如，去、往，与《鸿门宴》中“沛公起如厕”的“如”意思相同。

B. 女，通“汝”，指你，与《诗经·氓》中“女也不爽，士贰其行”的“女”意思相同。

C. 昊天上帝，即“在天上的帝王”，意味着最高的主宰，是历代王朝的至高神。

D. 穀，本义是粮食作物，“不穀”即不结粮食，比喻人没有德行而绝后，后来成为周天子及诸侯霸主的谦称。

3. 下列各组语句中，加点词的意义和用法都相同的一组是（　　）

A. 是以有殽之师　　醒能述以文者

B. 及君之嗣也　　六艺经传皆通习之

C. 而我之昏姻也　　人不知而不愠

D. 而来求盟于我　　且立石于其墓之门

4. 下列对原文有关内容的概述或赏析，不正确的一项是（　　）

A. 秦穆公与晋献公交好，献公去世后，穆公不忘过去情谊，相继辅助惠公、文公继位。

B. 晋文公继位后，通过征伐东方诸侯，让虞、夏、商、周的后代向秦国朝见，以此报答秦国过去恩德。

C. 吕相引述楚人的话，意在指责秦人三心二意、反复无常，导致众叛亲离、自绝诸侯。

D. 本文使用排比、反复等修辞手法，叙事详尽周密、言辞委婉恳切，深受后人的推崇。

5. 把文中画横线的句子翻译成现代汉语。

（1）天诱其衷，成王陨命，穆公是以不克逞志于我。

（2）君若惠顾诸侯，矜哀寡人，而赐之盟，则寡人之愿也，其承宁诸侯以退，岂敢徼乱？

6. 文章历数秦国罪状，以示晋国绝交之意。那么，在晋国来看，秦国有哪些不义之举呢？请你从文中举出三例回答。

驹支不屈于晋

《左传》

会于向。将执戎子驹支。

范宣子亲数诸朝。曰："来！姜戎氏！昔秦人迫逐乃祖吾离于瓜州，乃祖吾离被苫盖、蒙荆棘以来归我先君，我先君惠公有不腆之田，与女剖分而食之。今诸侯之事我寡君不如昔者，盖言语漏泄，则职女之由。诘朝之事，尔无与焉。与，将执女。"

对曰："昔秦人负恃其众，贪于土地，逐我诸戎。惠公蠲其大德，谓我诸戎是四岳之裔胄也，毋是翦弃。赐我南鄙之田，狐狸所居，豺狼所嗥。我诸戎除翦其荆棘驱其狐狸豺狼以为先君不侵不叛之臣至于今不贰。昔文公与秦伐郑，秦人窃与郑盟，而舍戍焉，于是乎有殽之师。晋御其上，戎亢其下，秦师不复，我诸戎实然。譬如捕鹿，晋人角之，诸戎掎之，与晋踣之。戎何以不免？自是以来，晋之百役，与我诸戎相继于时，以从执政，犹殽志也，岂敢离逷？今官之师旅无乃实有所阙，以携诸侯，而罪我诸戎。我诸戎饮食衣服不与华同，贽币不通，言语不达，何恶之能为？不与于会，亦无瞢焉。"赋《青蝇》而退。

宣子辞焉，使即事于会，成恺悌也。

1. 文中画波浪线的部分有三处需要断句，请将相应位置的答案标号涂黑。

我诸戎除翦Ⓐ其荆棘Ⓑ驱其狐狸Ⓒ豺狼Ⓓ以为先君Ⓔ不侵Ⓕ不叛之臣Ⓖ至于今不贰。

2. 下列对文中加点的词语及相关内容的解说，不正确的一项是（　　）

A. 戎，本义是兵器的总称，引申指兵器的使用者，又用以指称中国西部的少数民族。

B. 被，同"披"，意思是搭衣于肩背，与《促织》中"如被冰雪"的"被"意思相同。

C. 鄙，边疆，与《曹刿论战》中"肉食者鄙"的"鄙"意思不同。

D. 华，本义是草木的花，引申为光彩、华丽，后来成了古代汉民族的代名词。

3. 下列各组语句中，加点词的意义和用法都相同的一组是（　　）

A. 我先君惠公有不腆之田　　欲人之无惑也难矣

B. 贪于土地　　善假于物也

C. 而舍戍焉　　或师焉，或否焉

D. 而罪我诸戎　　若夫日出而林霏开

4. 下列对原文有关内容的概述或赏析，不正确的一项是（　　）

A. 范宣子数说驹支，先说晋恩，再说戎罪，两相对照，恩怨分明。

B. 驹支以捕鹿为譬喻，生动展现了诸戎和晋国在战役中的合作关系。

C. 驹支临退而赋《诗经·青蝇》，是在委婉劝诫范宣子不要听信谗言。

D. 范宣子听完驹支辩护后，辞去了自己执政职位，邀请驹支参加盟会。

5. 把文中画横线的句子翻译成现代汉语。

（1）今诸侯之事我寡君不如昔者，盖言语漏泄，则职女之由。

（2）自是以来，晋之百役，与我诸戎相继于时，以从执政，犹殽志也，岂敢离逷？

6. 面对范宣子的责难，驹支是如何辩驳的呢？请结合文本内容分析。

祁奚请免叔向

《左传》

栾盈出奔楚。宣子杀羊舌虎，囚叔向。

人谓叔向曰："子离于罪，其为不知乎？"叔向曰："与其死亡若何？《诗》曰：'优哉游哉，聊以卒岁。'知也。"

乐王鲋见叔向，曰："吾为子请。"叔向弗应。出，不拜。其人皆咎叔向。叔向曰："必祁大夫。"室老闻之，曰："乐王鲋言于君无不行，求赦吾子，吾子不许。祁大夫所不能也，而曰必由之，何也？"叔向曰："乐王鲋，从君者也，何能行？祁大夫外举不弃仇，内举不失亲，其独遗我乎？《诗》曰：'有觉德行，四国顺之。'夫子，觉者也。"

晋侯问叔向之罪于乐王鲋对曰不弃其亲其有焉。

于是祁奚老矣，闻之，乘驲而见宣子，曰："《诗》曰：'惠我无疆，子孙保之。'《书》曰：'圣有谟勋，明征定保。'夫谋而鲜过、惠训不倦者，叔向有焉。社稷之固也，犹将十世宥之，以劝能者。今壹不免其身，以弃社稷，不亦惑乎？鲧殛而禹兴，伊尹放大甲而相之，卒无怨色。管、蔡为戮，周公右王。若之何其以虎也弃社稷？子为善，谁敢不勉？多杀何为？"宣子说，与之乘，以言诸公而免之。不见叔向而归，叔向亦不告免焉而朝。

1. 文中画波浪线的部分有三处需要断句，请将相应位置的答案标号涂黑。

晋侯问叔向Ⓐ之罪Ⓑ于乐王鲋Ⓒ对曰Ⓓ不弃Ⓔ其亲Ⓕ其有焉。

2. 下列对文中加点的词语及相关内容的解说，不正确的一项是（　　）

A. 亡，逃亡，与《泊秦淮》中"商女不知亡国恨"的"亡"意思不同。

B.《书》，指《尚书》，是中国最早的一部历史文献汇编，被列为儒家经典之一。

C. 劝，规劝，与《送元二使安西》中"劝君更尽一杯酒"的"劝"意思相同。

D. 周公，姬姓，名旦，周武王姬发之弟，是西周开国元勋，主张以礼治国。

3. 下列各组语句中，加点词的意义和用法都相同的一组是（　　）

A. 吾为子请　　若属皆且为所虏　　B. 而曰必由之　　拔剑撞而破之

C. 从君者也　　今者项庄拔剑舞　　D. 社稷之固也　　古仁人之心

4. 下列对原文有关内容的概述或赏析，不正确的一项是（　　）

A. 人们认为叔向不亲附范氏是不明智的，叔向却以不介入晋国各大家族斗争为智。

B. 叔向拒绝乐王鲋的营救，看似不近人情，实则是因为洞察了乐王鲋的伪善本质。

C. 祁奚引用《诗经》《尚书》，又以史实为譬，意在证明叔向不可能参与策划叛乱。

D. 范宣子心悦诚服地接受了祁奚的建议，劝说国君赦免了叔向，可见其从谏如流。

5. 把文中画横线的句子翻译成现代汉语。

（1）祁大夫外举不弃仇，内举不失亲，其独遗我乎？

（2）不见叔向而归，叔向亦不告免焉而朝。

6. 文章塑造了乐王鲋、祁奚、叔向三位鲜明生动的人物形象，请根据文本内容分别概括其形象特点。

子产告范宣子轻币

《左传》

范宣子为政，诸侯之币重，郑人病之。

二月，郑伯如晋。子产寓书于子西，以告宣子，曰："子为晋国，四邻诸侯不闻令德，而闻重币，侨也惑之。侨闻君子长国家者，非无贿之患，而无令名之难。夫诸侯之贿聚于公室，则诸侯贰。若吾子赖之，则晋国贰。诸侯贰，则晋国坏；晋国贰，则子之家坏，何没没也？将焉用贿？夫令名德之舆也德国家之基也。有基无坏，无亦是务乎？有德则乐，乐则能久。《诗》云'乐只君子，邦家之基'，有令德也夫！'上帝临女，无贰尔心'，有令名也夫！恕思以明德，则令名载而行之，是以远至迩安。毋宁使人谓子'子实生我'，而谓'子浚我以生'乎？象有齿以焚其身，贿也。"宣子说，乃轻币。

联读材料

以圭璋聘[①]，重礼也；已聘而还圭璋，此轻财而重礼之义也。诸侯相厉以轻财重礼，则民作让矣。主国待客，出入三积[②]，饩客[③]于舍，五牢之具陈于内，米三十车，禾三十车，刍薪倍禾，皆陈于外，乘禽[④]日五双，群介皆有饩牢，壹食再飨，燕与时赐无数，所以厚重礼也。古之用财者不能均如此，然而用财如此其厚者，言尽之于礼也。尽之于礼，则内君臣不相陵，而外不相侵。故天子制之，而诸侯务焉尔。

（选自《礼记·聘义》）

注：①圭璋：圭是聘君王的礼物，璋是聘夫人的礼物。②积：谓米之类物品，用以供给聘宾道路之所需。③饩客：以肉食之类款待宾客。④乘禽：成双而群居的鸟。

1. 文中画波浪线的部分有三处需要断句，请将相应位置的答案标号涂黑。

夫令Ⓐ名Ⓑ德之Ⓒ舆也Ⓓ德Ⓔ国家Ⓕ之基也。

2. 下列对文中加点的词语及相关内容的解说，不正确的一项是（　　）

A. 病，忧虑，与《揠苗助长》中“今日病矣，予助苗长矣”的“病”意思相同。

B. 公室，指君王之家，即王室，是国君的家庭成员，具体包括国君近亲三代之内的亲属。

C. 作，兴起，与《桃花源记》中“其中往来种作”的“作”意思不同。

D. 五牢，周代宾礼中有牢礼，按照宾客等级而陈献牢物，“五牢”即牛、羊、豕各五头。

3. 下列各组语句中，加点词的意义和用法都相同的一组是（　　）

A. 何没没也　　然则何时而乐耶

B. 将焉用贿　　犹且从师而问焉

C. 乃轻币　　乃不知有汉

D. 五牢之具陈于内　　徘徊于斗牛之间

4. 下列对原文有关内容的概述或赏析，不正确的一项是（　　）

A. 范宣子执政期间，加重了诸侯国进献给晋国的贡品，使得诸侯国怨声载道。

B. 子产运用对比、比喻、道理等多种论证方法，劝谏范宣子应减轻诸侯贡物。

C. 子产从晋国、郑国两方面分别阐述“重币”的危害，希望范宣子引以为戒。

D.《礼记》认为古人并非每件事都花费很多财物，正因对礼的极其重视，才愿意如此花费。

5. 把文中画横线的句子翻译成现代汉语。

（1）恕思以明德，则令名载而行之，是以远至迩安。

（2）尽之于礼，则内君臣不相陵，而外不相侵。

6. 两则材料都围绕诸侯之间的外交宗旨展开论述，但各有侧重，试分别简要概括。

晏子不死君难

《左传》

崔武子见棠姜而美之，遂取之。庄公通焉，崔子弑之。

晏子立于崔氏之门外，其人曰：“死乎？”曰：“独吾君也乎哉？吾死也。”曰：“行乎？”曰：“吾罪也乎哉？吾亡也。”曰：“归乎？”曰：“君死，安归？君民者，岂以陵民，社稷是主。臣君者，岂为其口实，社稷是养。故君为社稷死，则死之，为社稷亡，则亡之。若为己死，而为己亡，非其私昵，谁敢任之？且人有君而弑之吾焉得死之而焉得亡之将庸何归？”门启而入，枕尸股而哭。兴，三踊而出。人谓崔子：“必杀之！”崔子曰：“民之望也，舍之，得民。”

联读材料

子路曰："桓公杀公子纠[①]，召忽死之，管仲不死。"曰："未仁乎？"子曰："桓公九合诸侯[②]，不以兵车，管仲之力也。如[③]其仁，如其仁！"

子贡曰："管仲非仁者与？桓公杀公子纠，不能死，又相之。"子曰："管仲相桓公，霸诸侯，一匡天下，民到于今受其赐。微管仲，吾其被发左衽矣。岂若匹夫匹妇之为谅[④]也，自经于沟渎[⑤]而莫之知也？"

（选自《论语·宪问》）

注：①公子纠：齐桓公的哥哥，齐桓公曾与其争位，杀掉了他。②九合诸侯：指齐桓公多次召集诸侯盟会。③如：乃，就。④谅：这里指小节小信。⑤自经：自缢。渎（dú）：小沟。

1. 文中画波浪线的部分有三处需要断句，请将相应位置的答案标号涂黑。

   且人有君Ⓐ而弑之Ⓑ吾焉得Ⓒ死之Ⓓ而焉得Ⓔ亡之Ⓕ将庸Ⓖ何归？

2. 下列对文中加点的词语及相关内容的解说，不正确的一项是（　　）

   A. 美，意动用法，与《邹忌讽齐王纳谏》中"吾妻之美我者"的"美"用法相同。

   B. 弑，《春秋》常以一字寓褒贬之义，"诛"指有罪有理而杀，"弑"则指以下犯上。

   C. 口实，话柄、谈话的资料，与成语"贻人口实"的"口实"意思相同。

   D. 相，辅助，用法与《论语》中"愿为小相焉"的"相"不同。

3. 下列各组语句中，加点词的意义和用法都相同的一组是（　　）

   A. 故君为社稷死　　窃为大王不取也

   B. 门启而入　　君子博学而日参省乎己

   C. 桓公九合诸侯不以兵车　　臣具以表闻

   D. 民到于今受其赐　　其远而无所至极邪

4. 下列对原文有关内容的概述或赏析，不正确的一项是（　　）

   A. 齐庄公因与崔武子之妻私通而被杀，晏子认为齐庄公淫乱无道，不值得为其哀悼。

   B. 崔武子不杀晏子，是因为晏子深受百姓爱戴，杀之，恐失去民心，不利政权稳固。

   C. 孔子的两位学生子路、子贡都认为臣子应该为国君殉难，因而不赞同管仲的行为。

   D. 孔子认为，真正的仁者不必像匹夫匹妇一样，仅仅为了守小节小信而自我了断。

5. 把文中画横线的句子翻译成现代汉语。

   （1）若为己死，而为己亡，非其私昵，谁敢任之？

   （2）微管仲，吾其被发左衽矣。

6. 两则材料都就人臣是否应该为君殉难的话题展开争辩，对此，晏子和孔子怎么看？请概述两人观点及其原因。

季札观周乐

《左传》

吴公子札来聘，请观于周乐。使工为之歌《周南》《召南》，曰："美哉！始基之矣，犹未也，然勤而不怨矣。"为之歌《邶》《鄘》《卫》，曰："美哉，渊乎！忧而不困者也。吾闻卫康叔、武公之德如是，是其《卫风》乎？"为之歌《王》，曰："美哉，思而不惧，其周之东乎？"为之歌《郑》，曰："美哉其细已甚民弗堪也是其先亡乎？"为之歌《齐》，曰："美哉，泱泱乎！大风也哉！表东海者，其大公乎？国未可量也。"

为之歌《豳》，曰："美哉，荡乎！乐而不淫，其周公之东乎？"为之歌《秦》，曰："此之谓夏声。夫能夏则大，大之至也，其周之旧乎？"为之歌《魏》，曰："美哉，沨沨乎！大而婉，险而易行。以德辅此，则明主也。"为之歌《唐》，曰："思深哉，其有陶唐氏之遗民乎！不然，何忧之远也？非令德之后，谁能若是？"为之歌《陈》，曰："国无主，其能久乎？"自《郐》以下无讥焉。

为之歌《小雅》，曰："美哉，思而不贰，怨而不言。其周德之衰乎？犹有先王之遗民焉。"为之歌《大雅》，曰："广哉，熙熙乎！曲而有直体，其文王之德乎？"

为之歌《颂》，曰："至矣哉！直而不倨，曲而不屈，迩而不逼，远而不携，迁而不淫，复而不厌，哀而不愁，乐而不荒，用而不匮，广而不宣，施而不费，取而不贪，处而不底，行而不流。五声和，八风平，节有度，守有序，盛德之所同也。"

见舞《象箾》《南籥》者，曰："美哉，犹有憾。"见舞《大武》者，曰："美哉，周之盛也，其若此乎？"见舞《韶濩》者，曰："圣人之弘也。而犹有惭德，圣人之难也。"见舞《大夏》者，曰："美哉，勤而不德，非禹，其谁能修之？"见舞《韶箾》者，曰："德至矣哉！大矣如天之无不帱也，如地之无不载也，虽甚盛德，其蔑以加于此矣。观止矣。若有他乐，吾不敢请已。"

1. 文中画波浪线的部分有三处需要断句，请将相应位置的答案标号涂黑。

美哉Ⓐ其细Ⓑ已甚Ⓒ民弗堪Ⓓ也Ⓔ是其先Ⓕ亡乎？

2. 下列对文中加点的词语及相关内容的解说，不正确的一项是（　　）

A. 思，忧愁，与《归园田居》中"池鱼思故渊"的"思"意思不同。

B. 雅，即正，指朝廷正乐，西周王畿的乐调，在《诗经》中与地方乐调"颂"相对。

C. 迁，变化、变动，与《岳阳楼记》中"迁客骚人"的"迁"意思不同。

D. 观止，指看到这里就可以休止了，用来赞美所见事物好到极点，达到无以复加的程度。

3. 下列各组语句中，加点词的意义和用法都相同的一组是（　　）

A. 忧而不困者也　　吾妻之美我者，私我也

B. 以德辅此　　举所佩玉玦以示之者三

C. 其文王之德乎　　其皆出于此乎

D. 而犹有惭德　　侣鱼虾而友麋鹿

4. 下列对原文有关内容的概述或赏析，不正确的一项是（　　）

A. 季札观乐，既关注音乐的艺术美，同时也关注音乐的思想性。

B. 季札评乐，多罗列对立的风格，可见其追求极致的艺术思想。

C. 季札观乐，推知当地的政教风俗，可见其认为乐能影响世教。

D. 季札对周乐有如此准确的理解，可见吴地已受中原影响较深。

5. 把文中画横线的句子翻译成现代汉语。

（1）思深哉，其有陶唐氏之遗民乎！不然，何忧之远也？非令德之后，谁能若是？

（2）大矣如天之无不帱也，如地之无不载也，虽甚盛德，其蔑以加于此矣。

6. 吴公子札来聘，请“观”于周乐。聆听音乐，何以谓“观”？在众多的周乐中，吴公子札最为推崇的是什么？请根据文本内容回答。

子产坏晋馆垣

《左传》

子产相郑伯以如晋，晋侯以我丧故，未之见也。子产使尽坏其馆之垣而纳车马焉。士文伯让之，曰：“敝邑以政刑之不修，寇盗充斥，无若诸侯之属辱在寡君者何，是以令吏人完客所馆，高其闬闳，厚其墙垣，以无忧客使。今吾子坏之，虽从者能戒，其若异客何？以敝邑之为盟主，缮完葺墙，以待宾客，若皆毁之，其何以共命？寡君使匄请命。”对曰：“以敝邑褊小，介于大国，诛求无时，是以不敢宁居，悉索敝赋，以来会时事。逢执事之不闲，而未得见，又不获闻命，未知见时，不敢输币，亦不敢暴露。其输之，则君之府实也，非荐陈之，不敢输也；其暴露之，则恐燥湿之不时而朽蠹，以重敝邑之罪。侨闻文公之为盟主也，宫室卑庳，无观台榭，以崇大诸侯之馆，馆如公寝。库厩缮修，司空以时平易道路，圬人以时塓馆宫室；诸侯宾至，甸设庭燎，仆人巡宫；车马有所，宾从有代，巾车脂辖，隶人、牧、圉，各瞻其事，百官之属各展其物。公不留宾，而亦无废事，忧乐同之，事则巡之，教其不知，而恤其不足。宾至如归，无宁菑患，不畏寇盗，而亦不患燥湿。今铜鞮之宫数里，而诸侯舍于隶人，门不容车，而不可逾越；盗贼公行，而夭厉不戒，宾见无时，命不可知，若又勿坏，是无所藏币以重罪也。敢请执事，将何所命之？虽君之有鲁丧，亦敝邑之忧也，若获荐币，修垣而行，君之惠也，敢惮勤劳！”文伯复命。赵文子曰：“信，我实不德，而以隶人之垣以赢诸侯，是吾罪也。”使士文伯谢不敏焉。

晋侯见郑伯，有加礼，厚其宴，好而归之。乃筑诸侯之馆。

叔向曰：“辞之不可以已也如是夫子产有辞诸侯赖之若之何其释辞也？《诗》曰：‘辞之辑矣，民之协矣；辞之怿矣，民之莫矣。’其知之矣。”

1. 文中画波浪线的部分有三处需要断句，请将相应位置的答案标号涂黑。

辞之不可以已Ⓐ也如是夫Ⓑ子产Ⓒ有辞Ⓓ诸侯Ⓔ赖之Ⓕ若之何Ⓖ其释辞也？

2. 下列对文中加点的词语及相关内容的解说，不正确的一项是（　　）

A. 让，责备、责问，与《鸿门宴》中“大礼不辞小让”的“让”意思相同。

B. 盟主，春秋战国时代，诸侯列国常常举行会盟，会盟的领袖或主持者就是盟主。

C. 请命，指请示，表示愿意听从指导，与成语“为民请命”的“请命”意思不同。

D. 谢，道歉，与《孔雀东南飞》中“多谢后世人”的“谢”意思不同。

3. 下列各组语句中，加点词的意义和用法都相同的一组是（　　）

A. 晋侯以我丧故　　秦亦不以城予赵

B. 其何以共命　　徐公何能及君也

C. 则恐燥湿之不时而朽蠹　　人非生而知之者

D. 乃筑诸侯之馆　　乃不知有汉

4. 下列对原文有关内容的概述或赏析，不正确的一项是（　　）

A. 本文记录士文伯、赵文子、叔向之言，意在通过烘托凸显子产长于辞令。

B. 子产指责晋国身为霸主却向小国勒索贡品，诛求无时，致使晋国不敢安居。

C. 子产极力铺张晋文公担任霸主时接待宾客的种种措施和作为，意在借古讽今。

D. 晋侯最终礼遇郑伯，并重新修筑诸侯宾馆，这一切都是子产据理力争的结果。

5. 把文中画横线的句子翻译成现代汉语。

（1）今吾子坏之，虽从者能戒，其若异客何？

（2）信，我实不德，而以隶人之垣以赢诸侯，是吾罪也。

6. 子产为什么要毁坏晋国宾馆的围墙？请结合文本内容概括回答。

子产论尹何为邑

《左传》

子皮欲使尹何为邑。子产曰：“少，未知可否。”子皮曰：“愿，吾爱之，不吾叛也。使夫往而学焉，夫亦愈知治矣。”子产曰：“不可。人之爱人，求利之也。今吾子爱人则以政，犹未能操刀而使割也，其伤实多。子之爱人，伤之而已，其谁敢求爱于子？子于郑国，栋也。栋折榱崩，侨将厌焉，敢不尽言？子有美锦，不使人学制焉，大官、大邑，身之所庇也，而使学者制焉，其为美锦不亦多乎？侨闻学而后入政，未闻以政学者也。若果行此，必有所害。譬如田猎，射御贯，则能获禽，若未尝登车射御，则败绩厌覆是惧，何暇思获？”子皮曰：“善哉！虎不敏。吾闻君子务知大者、远者，小人务知小者、近者。我，小人也。衣服附在吾身，我知而慎之，大官、大邑，所以庇身也，我远而慢之。微子之言，吾不知也。他日我曰：‘子为郑国，我为吾家，以庇焉，其可也。’今而后知不足。自今请虽吾家，听子而行。”子产曰：“人心之不同如其面焉吾岂敢谓子面如吾面乎抑心所谓危亦以告也。”子皮以为忠，故委政焉。子产是以能为郑国。

联读材料

子路使子羔为费宰。子曰："贼夫人之子。"子路曰："有民人焉，有社稷焉，何必读书，然后为学？"子曰："是故恶夫佞者。"

（选自《论语·先进》）

1. 文中画波浪线的部分有三处需要断句，请将相应位置的答案标号涂黑。

人心之不同如其面Ⓐ焉Ⓑ吾岂敢谓Ⓒ子面如吾面Ⓓ乎Ⓔ抑心所谓Ⓕ危Ⓖ亦以告也。

2. 下列对文中加点的词语及相关内容的解说，不正确的一项是（　　）

A. 厌，同"压"，指倾覆，与《烛之武退秦师》中"何厌之有"的"厌"意思不同。

B. 家，"家"是与"国"相对的概念，专指卿大夫根据诸侯分封的土地建立的采邑。

C. 宰，会意字，本义是屋内劳作的奴隶，因其接近奴隶主，后引申为管家、官员的通称。

D. 贼，伤害，用法与《茅屋为秋风所破歌》中"忍能对面为盗贼"的"贼"相同。

3. 下列各组语句中，加点词的意义和用法都相同的一组是（　　）

A. 使夫往而学焉　　逝者如斯夫

B. 其谁敢求爱于子　　箕畚运于渤海之尾

C. 必有所害　　此人一一为具言所闻

D. 吾闻君子务知大者、远者　　安见方六七十如五六十而非邦也者

4. 下列对原文有关内容的概述或赏析，不正确的一项是（　　）

A. 尹何谨慎老实，对子皮忠心耿耿，深受子皮宠爱，因此被子皮派往邑地从政历练。

B. 子产连举操刀使割、美锦学制、田猎射御三个事例，意在论证实际经验的重要性。

C. 子皮听完子产的劝诫后，将郑国的政事委托给子产，可见其从善如流、知错能改。

D. 面对子路的辩解，孔子责备其利口强辩，并表达了对这种行径的不满态度。

5. 把文中画横线的句子翻译成现代汉语。

（1）譬如田猎，射御贯，则能获禽，若未尝登车射御，则败绩厌覆是惧，何暇思获？

（2）子路曰："有民人焉，有社稷焉，何必读书，然后为学？"

6. 就如何任用人才的问题，子皮和子产的意见有何不同？对此，孔子又会支持谁的观点呢？请根据两则材料加以概括并推测。

子产却楚逆女以兵

《左传》

楚公子围聘于郑，且娶于公孙段氏，伍举为介。将入馆，郑人恶之，使行人子羽与之言，乃馆于外。

既聘，将以众逆，子产患之，使子羽辞，曰："以敝邑褊小，不足以容从者，请墠听命。"令尹使太宰伯州犁对曰："君辱贶寡大夫围，谓围：'将使丰氏抚有而室。'围布几筵，告于庄、共之庙而来。若野赐之，是委君贶于草莽也，是寡大夫不得列于诸卿也。不宁唯是又使围蒙其先君将不得为寡君老其蔑以复矣。唯大夫图之。"子羽曰："小国无罪，恃实其罪。将恃大国之安靖己，而无乃包藏祸心以图之？小国失恃，而惩诸侯，使莫不憾者，距违君命，而有所壅塞不行是惧。不然，敝邑，馆人之属也，其敢爱丰氏之祧。"

伍举知其有备也，请垂橐而入。许之。

1. 文中画波浪线的部分有三处需要断句，请将相应位置的答案标号涂黑。

不宁Ⓐ唯是Ⓑ又使围蒙Ⓒ其先君Ⓓ将不得为Ⓔ寡君老Ⓕ其蔑Ⓖ以复矣。

2. 下列对文中加点的词语及相关内容的解说，不正确的一项是（　　）

A. 聘，指代表国家访问友邦，古代两国的聘使往来有着一套严格且详细的礼仪制度。

B. 逆，迎接，与《唐雎不辱使命》中"而君逆寡人者"的"逆"意思相同。

C. 唯，表希望，与《廉颇蔺相如列传》中"唯大王与群臣孰计议之"的"唯"意思相同。

D. 祧，偏旁是"礻"，表示与宗教、祭祀、礼仪等相关，具体指祭祀远古先祖的庙。

3. 下列各组语句中，加点词的意义和用法都相同的一组是（　　）

A. 乃馆于外　　当立者乃公子扶苏

B. 而有所壅塞不行是惧　　觉今是而昨非

C. 伍举知其有备也　　授之书而习其句读者

D. 请垂橐而入　　夜缒而出

4. 下列对原文有关内容的概述或赏析，不正确的一项是（　　）

A. 楚公子围想利用婚娶队伍袭取郑国，这一阴谋被子产看穿，子产于是派子羽去斡旋。

B. 子羽提出权变之策，希望在城外设一墠场来代替丰氏之庙，由此阻止楚国军队进城。

C. 太宰伯州犁反对子羽的建议，认为这既欺蒙先君，又鄙视君赐，也使得自己无颜归国。

D. 经过子羽一番斡旋，楚公子围最终放弃了偷袭郑国，由此一场兵祸的浩劫得以化解。

5. 把文中画横线的句子翻译成现代汉语。

（1）若野赐之，是委君贶于草莽也，是寡大夫不得列于诸卿也。

（2）将恃大国之安靖己，而无乃包藏祸心以图之？

6. 面对太宰伯州犁的非难，子羽是如何回应的？请根据文本内容概括回答。

子革对灵王

《左传》

楚子狩于州来，次于颍尾，使荡侯、潘子、司马督、嚣尹午、陵尹喜帅师围徐以惧吴。楚子次于乾谿，以为之援。雨雪，王皮冠，秦复陶，翠被，豹舄，执鞭以出。仆析父从。

右尹子革夕。王见之。去冠、被，舍鞭，与之语，曰："昔我先王熊绎与吕伋、王孙牟、燮父、禽父并事康王，四国皆有分，我独无有。今吾使人于周，求鼎以为分，王其与我乎？"对曰："与君王哉！昔我先王熊绎辟在荆山筚路蓝缕以处草莽跋涉山林以事天子唯是桃弧棘矢以共御王事。齐，王舅也，晋及鲁、卫，王母弟也。楚是以无分，而彼皆有。今周与四国服事君王，将唯命是从，岂其爱鼎？"王曰："昔我皇祖伯父昆吾，旧许是宅。今郑人贪赖其田，而不我与。我若求之，其与我乎？"对曰："与君王哉！周不爱鼎，郑敢爱田？"王曰："昔诸侯远我而畏晋，今我大城陈、蔡、不羹，赋皆千乘，子与有劳焉，诸侯其畏我乎？"对曰："畏君王哉！是四国者，专足畏也。又加之以楚，敢不畏君王哉？"

工尹路请曰："君王命剥圭以为鏚柲，敢请命。"王入视之。

析父谓子革："吾子，楚国之望也。今与王言如响，国其若之何？"子革曰："摩厉以须，王出，吾刃将斩矣。"

王出，复语。左史倚相趋过，王曰："是良史也，子善视之！是能读三坟、五典、八索、九丘。"对曰："臣尝问焉，昔穆王欲肆其心，周行天下，将皆必有车辙马迹焉。祭公谋父作《祈招》之诗以止王心，王是以获没于祗宫。臣问其诗，而不知也，若问远焉，其焉能知之？"王曰："子能乎？"对曰："能。其《诗》曰：'祈招之愔愔，式昭德音。思我王度，式如玉，式如金。形民之力，而无醉饱之心。'"

王揖而入，馈不食，寝不寐，数日，不能自克，以及于难。

仲尼曰："古也有志：'克己复礼，仁也。'信善哉！楚灵王若能如是，岂其辱于乾谿？"

1. 文中画波浪线的部分有三处需要断句，请将相应位置的答案标号涂黑。

   昔我先王熊绎辟Ⓐ在荆山Ⓑ筚路蓝缕以处Ⓒ草莽Ⓓ跋涉山林以事Ⓔ天子Ⓕ唯是桃弧棘矢以Ⓖ共御王事。

2. 下列对文中加点的词语及相关内容的解说，不正确的一项是（　　）

   A. 次，指军队临时驻扎，与《陈涉世家》中"陈胜、吴广皆次当行"的"次"意思相同。

   B. 爱，吝惜、舍不得，与《爱莲说》中"晋陶渊明独爱菊"的"爱"意思不同。

   C. 千乘，读音为qiān shèng，古代用四匹马拉的一辆兵车叫一乘，常用千乘为诸侯代称。

   D. 圭，指古代帝王诸侯朝聘、祭祀、丧葬等举行隆重仪式时所用的长条形的玉制礼器。

3. 下列各组语句中，加点词的意义和用法都相同的一组是（　　）

   A. 楚子狩于州来　　万钟于我何加焉

   B. 昔诸侯远我而畏晋　　莲之出淤泥而不染

   C. 臣尝问焉　　焉用亡郑以陪邻

D. 子能乎　　在乎山水之间也

4. 下列对原文有关内容的概述或赏析，不正确的一项是（　　）

A. 楚灵王以冬猎为名，借机派兵包围徐国，意在威胁恫吓吴国。

B. 本文描绘楚灵王衣着服饰，意在凸显其踌躇满志的精神状态。

C. 析父赞赏子革的三次回答，认为其不愧是楚国有名望的大臣。

D. 楚灵王听完劝诫后，对子革拱手作揖，可见其对子革的尊重。

5. 把文中画横线的句子翻译成现代汉语。

（1）今吾使人于周，求鼎以为分，王其与我乎？

（2）臣问其诗，而不知也，若问远焉，其焉能知之？

6. 面对骄矜自满的楚灵王，子革是如何成功讽谏的？请根据文本内容概括回答。

子产论政宽猛

《左传》

郑子产有疾，谓子大叔曰："我死，子必为政。唯有德者能以宽服民，其次莫如猛。夫火烈，民望而畏之，故鲜死焉；水懦弱，民狎而玩之，则多死焉，故宽难。"疾数月而卒。

大叔为政，不忍猛而宽。郑国多盗，取人于萑苻之泽。大叔悔之，曰："吾早从夫子，不及此。"兴徒兵以攻萑苻之盗，尽杀之，盗少止。

仲尼曰："善哉！政宽则民慢慢则纠之以猛猛则民残残则施之以宽。宽以济猛，猛以济宽，政是以和。《诗》曰：'民亦劳止，汔可小康。惠此中国，以绥四方。'施之以宽也。'毋从诡随，以谨无良。式遏寇虐，惨不畏明。'纠之以猛也。'柔远能迩，以定我王。'平之以和也。又曰：'不竞不絿，不刚不柔。布政优优，百禄是遒。'和之至也。"及子产卒，仲尼闻之，出涕曰："古之遗爱也。"

1. 文中画波浪线的部分有三处需要断句，请将相应位置的答案标号涂黑。

政宽Ⓐ则民慢Ⓑ慢则纠之Ⓒ以猛Ⓓ猛则民残Ⓔ残则施之Ⓕ以宽。

2. 下列对文中加点的词语及相关内容的解说，不正确的一项是（　　）

A. 疾，泛指疾病，用法与《三峡》中"虽乘奔御风，不以疾也"的"疾"不同。

B. 夫子，对年长而学问好的人的尊称，这里指郑国的大夫子产。

C. 小康，指介于温饱和富裕之间的比较殷实安定的生活状态，这个词最早出自《诗经》。

D. 从，指放纵，用法与《鸿门宴》中"沛公旦日从百余骑来见项王"的"从"相同。

3. 下列各组语句中，加点词的意义和用法都相同的一组是（　　）

A. 子必为政　　请以赵十五城为秦王寿

B. 故鲜死焉　　风雨兴焉

C. 取人于萑苻之泽　　师不必贤于弟子

D. 纠之以猛也　　忽魂悸以魄动

4. 下列对原文有关内容的概述或赏析，不正确的一项是（　　）

A. 子产病重后仍牵挂国政，对继承者大叔面授机宜，可见其忧国之心。

B. 子产举水火为譬，形象生动地说明了宽政和猛政的不同的施政效果。

C. 大叔早早地听从了子产的建议，厉行猛政，全歼盗贼，效果立竿见影。

D. 孔子听闻子产去世的消息后，为其哀悼并赞其具有古人仁者的遗风。

5. 把文中画横线的句子翻译成现代汉语。

（1）兴徒兵以攻萑苻之盗，尽杀之，盗少止。

（2）及子产卒，仲尼闻之，出涕曰："古之遗爱也。"

6. 关于施政方案，子产和孔子的观点是否完全一致？请根据文本内容概括回答。

吴许越成

《左传》

吴王夫差败越于夫椒，报槜李也。遂入越。越子以甲楯五千保于会稽，使大夫种因吴太宰嚭以行成。吴子将许之。

伍员曰："不可。臣闻之：'树德莫如滋，去疾莫如尽。'昔有过浇杀斟灌以伐斟鄩，灭夏后相，后缗方娠，逃出自窦，归于有仍，生少康焉。为仍牧正，惎浇能戒之。浇使椒求之逃奔有虞为之庖正以除其害。虞思于是妻之以二姚，而邑诸纶，有田一成，有众一旅。能布其德，而兆其谋，以收夏众，抚其官职。使女艾谍浇，使季杼诱豷，遂灭过、戈。复禹之绩，祀夏配天，不失旧物。今吴不如过，而越大于少康，或将丰之，不亦难乎！勾践能亲而务施，施不失人，亲不弃劳，与我同壤，而世为仇雠。于是乎克而弗取，将又存之，违天而长寇雠，后虽悔之，不可食已。姬之衰也，日可俟也。介在蛮夷，而长寇雠，以是求伯，必不行矣。"

弗听。退而告人曰："越十年生聚，而十年教训，二十年之外，吴其为沼乎！"

1. 文中画波浪线的部分有三处需要断句，请将相应位置的答案标号涂黑。

浇使椒Ⓐ求之Ⓑ逃奔Ⓒ有虞Ⓓ为之Ⓔ庖正Ⓕ以除其害。

2. 下列对文中加点的词语及相关内容的解说，不正确的一项是（　　）

A. 报，打击仇敌，与《鸿门宴》中“具以沛公言报项王”的“报”意思相同。

B. 行成，读音为xíng chéng，在这里指通过协商达成和解，与《礼记》中“是故德成而上，艺成而下，行成而先，事成而后”的“行成”意思不同。

C. 俟，等待，与《捕蛇者说》中“以俟夫观人风者得焉”的“俟”意思相同。

D. 伯，读音为bà，春秋战国时期诸侯争霸，“伯”在这里即指称霸、做诸侯的盟主。

3. 下列各组语句中，加点词的意义和用法都相同的一组是（　　）

A. 越子以甲楯五千保于会稽　　皆以美于徐公

B. 使大夫种因吴太宰嚭以行成　　因宾客至蔺相如门谢罪

C. 为仍牧正　　或异二者之为

D. 吴其为沼乎　　其闻道也固先乎吾

4. 下列对原文有关内容的概述或赏析，不正确的一项是（　　）

A. 越国战败后，越王勾践派大夫文种贿赂吴太宰嚭，以便向吴王夫差求和。

B. 吴王夫差打算应允越王勾践的媾和要求，对此，吴国大夫伍员极力劝阻。

C. 大夫伍员的谏辞简略叙述了少康中兴的曲折过程，详细描述了勾践事迹。

D. 吴王夫差最终并未接纳伍员的忠告，伍员的一片赤诚只能流于成败预测。

5. 把文中画横线的句子翻译成现代汉语。

（1）能布其德，而兆其谋，以收夏众，抚其官职。

（2）于是乎克而弗取，将又存之，违天而长寇雠，后虽悔之，不可食已。

6. 伍员是如何对吴王夫差展开劝谏的？请根据文本内容概括分析。

祭公谏征犬戎

《国语》

穆王将征犬戎，祭公谋父谏曰："不可！先王耀德不观兵。夫兵戢而时动，动则威；观则玩，玩则无震。是故周文公之《颂》曰：'载戢干戈，载櫜弓矢。我求懿德，肆于时夏，允王保之。'先王之于民也，茂正其德而厚其性，阜其财求而利其器用，明利害之乡，以文修之，使务利而避害，怀德而畏威，故能保世以滋大。

"昔我先世后稷，以服事虞、夏。及夏之衰也，弃稷弗务，我先王不窋用失其官，而自窜于戎、翟之间，不敢怠业，时序其德，纂修其绪，修其训典，朝夕恪勤，守以惇笃，奉以忠信，奕世载德，不忝前人。至于武王，昭前之光明而加之以慈和，事神保民，莫不欣喜。商王帝辛，大恶于民，庶民弗忍，欣戴武王，以致戎于商牧。是先王非务武也，勤恤民隐而除其害也。

"夫先王之制：邦内甸服，邦外侯服，侯、卫宾服，夷、蛮要服，戎、翟荒服。甸服者祭，侯服者祀，宾服者享，要服者贡，荒服者王。日祭，月祀，时享，岁贡，终王，先王之训也。有不祭则修意，有不祀则修言，有不享则修文，有不贡则修名，有不王则修德，序成而有不至则修刑。于是乎有刑不祭，伐不祀，征不享，让不贡，告不王。于是乎有刑罚之辟，有攻伐之兵，有征讨之备，有威让之令，有文告之辞。布令陈辞而又不至则又增修于德无勤民于远是以近无不听远无不服。

"今自大毕、伯士之终也，犬戎氏以其职来王。天子曰：'予必以不享征之，且观之兵。'其无乃废先王之训而王几顿乎？吾闻夫犬戎树惇，能帅旧德而守终纯固，其有以御我矣！"

王不听，遂征之，得四白狼、四白鹿以归。自是荒服者不至。

1. 文中画波浪线的部分有四处需要断句，请将相应位置的答案标号涂黑。

布令Ⓐ陈辞而又不至Ⓑ则又增修Ⓒ于德Ⓓ无勤民Ⓔ于远Ⓕ是以近Ⓖ无不听Ⓗ远无不服。

2. 下列对文中加点的词语及相关内容的解说，不正确的一项是（　　）

A. 用，因此，与《劝学》中"非蛇鳝之穴无可寄托者，用心躁也"的"用"意思相同。

B. 忍，忍受，与《孟子》中"人皆有不忍人之心"的"忍"意思不同。

C. 岁，年，与《诗经·采葛》中"一日不见，如三岁兮"的"岁"意思相同。

D. 归，回来，与《诗经·静女》中"自牧归荑"的"归"意思不同。

3. 下列各组语句中，加点词的意义和用法不相同的一组是（　　）

A. 使务利而避害　　使我不得开心颜

B. 及夏之衰也　　及还，须发尽白

C. 予必以不享征之　　得四白狼、四白鹿以归

D. 其无乃废先王之训而王几顿乎　　居简而行简，无乃大简乎

4. 下列对原文有关内容的概述或赏析，不正确的一项是（　　）

A. 祭公向周穆王陈述他们的先王世世代代担任后稷这一掌管农业的官职，曾侍奉过虞、夏两朝。

B. 先王的制度，周王直辖的地区是甸服，甸服之外五百里是侯服，侯服以外五百里是宾服，蛮、夷所居住的地区是要服，戎、狄所居住的地区是荒服。

C. 如果发现有不供应日祭的诸侯，天子就要让该诸侯反思自己对国家的意志是否坚定；如果发现有不供应月祀的，天子就要让他反思自己的言语。

D. 周穆王不听祭公的劝谏，执意征伐无罪的犬戎。从此以后那些荒服的诸侯再也不来朝见周天子了。

5. 把文中画横线的句子翻译成现代汉语。

（1）茂正其德而厚其性，阜其财求而利其器用。

（2）是先王非务武也，勤恤民隐而除其害也。

6. 根据本文内容回答下列问题。

本文结尾提到周穆王此次征伐犬戎收获的战利品是四匹白狼和四只白鹿，结合文章内容分析这一细节起到的作用。

召公谏厉王止谤

《国语》

厉王虐，国人谤王。召公告曰："民不堪命矣！"王怒，得卫巫，使监谤者，以告，则杀之。国人莫敢言，道路以目。

王喜，告召公曰："吾能弭谤矣，乃不敢言。"召公曰："是鄣之也。防民之口，甚于防川。川壅而溃，伤人必多，民亦如之。是故为川者决之使导，为民者宣之使言。故天子听政，使公卿至于列士献诗，瞽献典，史献书，师箴，瞍赋，矇诵，百工谏，庶人传语，近臣尽规，亲戚补察，瞽、史教诲，耆、艾修之，而后王斟酌焉，是以事行而不悖。民之有口也，犹土之有山川也，财用于是乎出；犹其有原隰、衍沃也，衣食于是乎生。口之宣言也善败于是乎兴行善而备败所以阜财用衣食者也。夫民虑之于心而宣之于口，成而行之，胡可壅也？若壅其口，其与能几何？"

王弗听，于是国人莫敢出言。三年，乃流王于彘。

1. 文中画波浪线的部分有三处需要断句，请将相应位置的答案标号涂黑。

口之宣Ⓐ言也Ⓑ善败于是Ⓒ乎兴Ⓓ行善而备败Ⓔ所以阜Ⓕ财用衣食者也。

2. 下列对文中加点的词语及相关内容的解说，不正确的一项是（　　）

A. 堪，意思是忍受，与《声声慢》中"如今有谁堪摘"的"堪"意思相同。

B. 巫，指巫师，与《师说》中"巫医乐师百工之人"的"巫"意思相同。古人治病往往求助于鬼神，故有时巫、医并提。

C. 宣，意思是疏导，与《三峡》中“或王命急宣”的“宣”意思不同。

D. 与，意思是赞成，与《岳阳楼记》中“微斯人，吾谁与归”的“与”意思不同。

3. 下列各组语句中，加点词的意义和用法都相同的一组是（　　）

A. 道路以目　　是以事行而不悖

B. 乃不敢言　　尔其无忘乃父之志

C. 甚于防川　　青，取之于蓝而青于蓝

D. 民之有口也　　成而行之

4. 下列对原文有关内容的概述或赏析，不正确的一项是（　　）

A. 周厉王听召公说有百姓指责他暴虐，便把一个批评过他的卫巫给杀了。

B. 召公否定了周厉王“阻塞百姓言路”的做法，认为这样做会带来危害。

C. 召公为周厉王列举了一些广开言路的做法，例如让盲乐官进献乐曲来分辨邪正，让史官进献史书来做鉴戒等。

D. 周厉王不听从召公的劝谏，最终被驱逐到了彘地。

5. 把文中画横线的句子翻译成现代汉语。

（1）川壅而溃，伤人必多，民亦如之。

（2）王弗听，于是国人莫敢出言。

6. 根据本文内容回答下列问题。

（1）《谏太宗十思疏》中“________，________”两句表达了与本文类似的想法，即不要阻塞言路，要允许国人讲话。

（2）本文与《邹忌讽齐王纳谏》都是劝君主广开言路的文章，试分析本文的劝谏方式与《邹忌讽齐王纳谏》有何区别。

襄王不许请隧

《国语》

晋文公既定襄王于郏，王劳之以地，辞，请隧焉。

王弗许，曰：“昔我先王之有天下也，规方千里以为甸服，以供上帝山川百神之祀，以备百姓兆民之用，以待不庭、不虞之患。其余以均分公侯伯子男使各有宁宇以顺及天地无逢其灾害。先王岂有赖焉？内官不过九御，外官不过九品，足以供给神祇而已，岂敢厌纵其耳目心腹以乱百度？亦唯是死生之服物采章，以临长百姓而轻重布之，王何异之有？

“今天降祸灾于周室，余一人仅亦守府，又不佞以勤叔父，而班先王之大物以赏私德，其叔父实应且憎，以非余一人。余一人岂敢有爱也？先民有言曰：'改玉改行。'叔父若能光裕大德，更姓改物，以创制天下，自显庸也，而缩取备物以镇抚百姓，余一人其流辟于裔土，何辞之有与？若犹是姬姓也，尚将列为公侯，以复先王之职，大物其未可改也。叔父其茂昭明德，物将自至，余敢以私劳变前之大章，以忝天下？其若先王与百姓何？何政令之为也？若不然，叔父有地而隧焉，余安能知之？"

文公遂不敢请，受地而还。

1. 文中画波浪线的部分有三处需要断句，请将相应位置的答案标号涂黑。

其余以均Ⓐ分公侯伯子男Ⓑ使各有Ⓒ宁宇Ⓓ以顺及天地Ⓔ无逢其灾害。

2. 下列对文中加点的词语及相关内容的解说，不正确的一项是（　　）

A. 劳，意思是犒劳，与《蹇叔哭师》中"劳师以袭远"的"劳"意思不同。

B. 虞，意思是料想，与《齐桓公伐楚盟屈完》中"不虞君之涉吾地也"的"虞"意思不同。

C. 度，意思法度，与《过秦论》中"内立法度"的"度"意思相同。

D. 更，意思是改，与《赤壁赋》中"洗盏更酌"的"更"意思不同。

3. 下列各组语句中，加点词的意义和用法都相同的一组是（　　）

A. 以供上帝山川百神之祀　　余敢以私劳变前之大章

B. 王何异之有　　以复先王之职

C. 以非余一人　　臂非加长也

D. 若不然　　虽然，每至于族，吾见其难为

4. 下列对原文有关内容的概述或赏析，不正确的一项是（　　）

A. 晋文公帮助周襄王复位以后，提出想在自己去世后使用天子丧礼"隧葬"的要求。

B. 周襄王在回应晋文公时提到了周先王的事迹，是为了说明身为天子，必须要在各个方面都与百姓、百官大有不同。

C. 周襄王提出，晋文公如果可以发扬自己的美德，改换朝代，开创一统天下的大业，自然可以采用天子的礼制。

D. 周襄王给晋文公的答复义正理直，不卑不亢，很好地驳回了晋文公无礼的要求。

5. 把文中画横线的句子翻译成现代汉语。

（1）余一人其流辟于裔土，何辞之有与？

（2）文公遂不敢请，受地而还。

6. 根据本文内容回答下列问题。

（1）孔子评价晋文公"谲而不正"，意思是晋文公是个诡诈而不正派的人。本文中哪个事件可以证明孔子的评价？是如何证明的？

（2）周襄王拒绝晋文公的话语柔中带刚。结合本文内容，具体分析周襄王的“柔”与“刚”体现在哪些方面。

单子知陈必亡

《国语》

定王使单襄公聘于宋，遂假道于陈，以聘于楚。火朝觌矣，道茀不可行也。候不在疆，司空不视涂，泽不陂，川不梁；野有庾积，场功未毕，道无列树，垦田若蓺；膳宰不致饩，司里不授馆，国无寄寓，县无旅舍；民将筑台于夏氏。及陈，陈灵公与孔宁、仪行父南冠以如夏氏，留宾弗见。

单子归，告王曰：“陈侯不有大咎，国必亡。”王曰：“何故？”对曰：“夫辰角见而雨毕，天根见而水涸，本见而草木节解，驷见而陨霜，火见而清风戒寒。故先王之教曰：‘雨毕而除道，水涸而成梁，草木节解而备藏，陨霜而冬裘具，清风至而修城郭宫室。’故《夏令》曰：‘九月除道，十月成梁。’其时儆曰：‘收而场功，偫而畚挶，营室之中，土功其始。火之初见，期于司里。’此先王之所以不用财贿，而广施德于天下者也。今陈国，火朝觌矣，而道路若塞，野场若弃，泽不陂障，川无舟梁，是废先王之教也。

“周制有之曰：‘列树以表道，立鄙食以守路。国有郊牧，畺有寓望，薮有圃草，囿有林池，所以御灾也。其余无非谷土，民无悬耜，野无奥草。不夺农时，不蔑民功。有优无匮，有逸无罢，国有班事，县有序民。’今陈国道路不可知，田在草间，功成而不收，民罢于逸乐，是弃先王之法制也。

“周之《秩官》有之曰：‘敌国宾至，关尹以告，行理以节逆之，候人为导，卿出郊劳，门尹除门，宗祝执祀，司里授馆，司徒具徒，司空视涂，司寇诘奸，虞人入材，甸人积薪，火师监燎，水师监濯，膳宰致飧，廪人献饩，司马陈刍，工人展车，百官各以物至，宾入如归，是故小大莫不怀爱。其贵国之宾至，则以班加一等，益虔。至于王使，则皆官正莅事，上卿监之。若王巡守，则君亲监之。’今虽朝也不才有分族于周承王命以为过宾于陈而司事莫至是蔑先王之官也。

“先王之令有之曰：‘天道赏善而罚淫，故凡我造国，无从匪彝，无即慆淫，各守尔典，以承天休。’今陈侯不念胤续之常，弃其伉俪妃嫔，而帅其卿佐以淫于夏氏，不亦渎姓矣乎？陈，我大姬之后也，弃衮冕而南冠以出，不亦简彝乎？是又犯先王之令也。

“昔先王之教，茂帅其德也，犹恐陨越，若废其教而弃其制，蔑其官而犯其令，将何以守国？居大国之间，而无此四者，其能久乎？”

六年，单子如楚。八年，陈侯杀于夏氏。九年，楚子入陈。

1. 文中画波浪线的部分有四处需要断句，请将相应位置的答案标号涂黑。

今虽朝也Ⓐ不才Ⓑ有分族于周Ⓒ承王命Ⓓ以为过宾Ⓔ于陈Ⓕ而司事莫至Ⓖ是蔑先王之官也。

2. 下列对文中加点的词语及相关内容的解说，不正确的一项是（　　）

A. 假，意思是借，与《孟子》中“久假而不归”的“假”意思相同。

B. 角，与后文中的“天根”“本”“驷”“火”都是星宿名，与《赤壁赋》中“徘徊于斗牛之间”的“斗牛”一样都属于“二十八宿”。

C. 行理，即行李，意思是外交使者，与《烛之武退秦师》中“行李之往来”的“行李”意思相同。

D. 益，意思是有益处，与《论语》中“益者三友”的“益”意思相同。

3. 下列各组语句中，加点词的意义和用法都相同的一组是（　　）

A. 陈灵公与孔宁、仪行父南冠以如夏氏　　如其礼乐，以俟君子

B. 是故小大莫不怀爱　　朝廷之臣莫不畏王

C. 将何以守国　　是以圣人无为，故无败

D. 其能久乎　　秦有余力而制其弊

4. 下列对原文有关内容的概述或赏析，不正确的一项是（　　）

A. 单子路过陈国，看到陈国司空不巡查道路、湖泽不筑堤岸、河流不架桥梁等种种乱象，便预言陈国必亡国。

B. 单子认为先王不耗费财物却能广施恩德于天下的原因是能顺应时令做益民之事。

C.《秩官》中指出，即使是敌对的国家派人来访，也要对该国的使臣讲礼节，让使臣怀恋东道主国家。

D. 单子的论述条理清晰，逻辑井然。单子其人亦能见微知著，是一位有远见的政治家。

5. 把文中画横线的句子翻译成现代汉语。

（1）陈侯不有大咎，国必亡。

（2）弃衮冕而南冠以出。

6. 单子在预言陈国必亡时曾说“无此四者，其能久乎”，请结合文章内容，指出“此四者”分别指什么。

展禽论祀爰居

《国语》

海鸟曰“爰居”，止于鲁东门之外二日。臧文仲使国人祭之。展禽曰：“越哉，臧孙之为政也！夫祀国之大节也而节政之所成也故慎制祀以为国典。今无故而加典，非政之宜也。

“夫圣王之制祀也，法施于民则祀之，以死勤事则祀之，以劳定国则祀之，能御大灾则祀之，能捍大患则祀之。非是族也，不在祀典。昔烈山氏之有天下也，其子曰柱，能植百谷百蔬，夏之兴也，周弃继之，故祀以为稷。共工氏之伯九有也，其子曰后土，能平九土，故祀以为社。黄帝能成命百物，以明民共财，颛顼能修之。帝喾能序三辰以固民，尧能单均刑法以仪民，舜勤民事而野死，鲧障洪水而殛死，禹能以德修鲧之功，契为司徒而民辑，冥勤其官而水死，汤以宽治民而除其邪，稷勤百谷而山死，文王以文昭，武王去民之秽。故有虞氏禘黄帝而祖颛顼，郊尧而宗舜；夏后氏禘黄帝而祖颛顼，郊鲧而宗禹；商人禘舜而祖契，郊冥而宗汤；周人禘喾而郊稷，祖文王而宗武王。幕，能帅颛顼者也，有虞氏

报焉；杼，能帅禹者也，夏后氏报焉；上甲微，能帅契者也，商人报焉；高圉、太王，能帅稷者也，周人报焉。凡禘、郊、祖、宗、报，此五者国之典祀也。

“加之以社稷山川之神，皆有功烈于民者也；及前哲令德之人，所以为明质也；及天之三辰，民所以瞻仰也；及地之五行，所以生殖也；及九州名山川泽，所以出财用也。非是不在祀典。

“今海鸟至，己不知而祀之，以为国典，难以为仁且知矣。夫仁者讲功，而知者处物，无功而祀之，非仁也；不知而不问，非知也。今兹海其有灾乎？夫广川之鸟兽，恒知而避其灾也。”

是岁也，海多大风，冬暖。文仲闻柳下季之言，曰：“信吾过也，季子之言不可不法也。”使书以为三策。

1. 文中画波浪线的部分有四处需要断句，请将相应位置的答案标号涂黑。

夫祀Ⓐ国之大节也Ⓑ而节Ⓒ政Ⓓ之所成也Ⓔ故慎Ⓕ制祀以为国典。

2. 下列对文中加点的词语及相关内容的解说，正确的一项是（　　）

A. 水，名词活用作状语，意思是在水中，与《劝学》中“非能水也”的“水”意义和用法均相同。

B. 令，意思是美好，与《论语》中“巧言令色”的“令”意思不同。

C. 恒，意思是总是、常常，与《孟子》中“人恒过，然后能改”的“恒”意思相同。

D. 信，意思是相信，与《兰亭集序》中“信可乐也”的“信”意思不同。

3. 下列各组语句中，加点词的意义和用法不相同的一组是（　　）

A. 非是族也　　当是时也，商君佐之

B. 契为司徒而民辑　　如今人方为刀俎

C. 皆有功烈于民者也　　于其身也，则耻师焉

D. 夫仁者讲功，而知者处物　　蟹六跪而二螯

4. 下列对原文有关内容的概述或赏析，不正确的一项是（　　）

A. 有一只名叫爰居的海鸟在鲁国附近徘徊不走，臧文仲让国人都去祭祀这只海鸟。展禽（柳下惠）对此表示反对。

B. 在展禽看来，祭祀是隆重而庄严的大事，是对天地山川恩德的报答，更是对古代先贤功绩的纪念，不可随意为之。

C. 展禽认为，臧文仲率领鲁国百姓祭祀一只海鸟是越礼的行为，因而鲁国周围的海域将要有大灾发生了。

D. 臧文仲最终认识到了自己的过错，选择听从展禽的话，让人把他的话写成三份简策。

5. 把文中画横线的句子翻译成现代汉语。

（1）越哉，臧孙之为政也！

（2）无功而祀之，非仁也；不知而不问，非知也。

6. 根据展禽的论述，能被祭祀的人和物是要符合一定条件的。请结合所学与阅读积累，举出一个可以被祭祀的例子（本文中的例子除外），并结合本文内容，用自己的话说说其为什么能被祭祀。

里革断罟匡君

《国语》

宣公夏滥于泗渊，里革断其罟而弃之，曰："古者大寒降，土蛰发，水虞于是乎讲罛罶，取名鱼，登川禽，而尝之寝庙，行诸国人，助宣气也。鸟兽孕，水虫成，兽虞于是乎禁罝罗，矠鱼鳖以为夏犒，助生阜也。鸟兽成，水虫孕，水虞于是乎禁罜䍡，设阱鄂，以实庙庖，畜功用也。且夫山不槎蘖，泽不伐夭，鱼禁鲲鲕，兽长麑麌，鸟翼鷇卵，虫舍蚳蝝，蕃庶物也，古之训也。今鱼方别孕不教鱼长又行网罟贪无艺也。"

公闻之曰："吾过而里革匡我，不亦善乎！是良罟也，为我得法。使有司藏之，使吾无忘谂。"师存侍，曰："藏罟不如置里革于侧之不忘也。"

1. 文中画波浪线的部分有三处需要断句，请将相应位置的答案标号涂黑。

今Ⓐ鱼Ⓑ方别Ⓒ孕Ⓓ不教鱼Ⓔ长Ⓕ又行网罟Ⓖ贪无艺也。

2. 下列对文中加点的词语及相关内容的解说，正确的一项是（　　）

A. 罟，意思是渔网，与《孟子》中"数罟不入洿池，鱼鳖不可胜食也"的"罟"意思相同。

B. 水虞，古代官职名，掌管水产，下文中的"兽虞"也是官职名称，负责给鸟兽治病。

C. 夭，意思是初生的草木，与《逍遥游》中"背负青天，而莫之夭阏者"的"夭"意思不同。

D. 蕃，意思是使……生长，与《种树郭橐驼传》中"早实以蕃"的"蕃"意思不同。

3. 下列各组语句中，加点词的意义和用法都相同的一组是（　　）

A. 宣公夏滥于泗渊　　俟我于城隅

B. 古之训也　　佯狂不知所之者

C. 吾过而里革匡我　　取之于蓝，而青于蓝

D. 为我得法　　斩木为兵，揭竿为旗

4. 下列对原文有关内容的概述或赏析，不正确的一项是（　　）

A. 鲁宣公不顾时令，设网捕鱼，里革割断渔网，并直言劝谏。

B. 里革在劝谏时列举了掌管水产的官员、管理山林鸟兽的官员的正确做法，以此明示鲁宣公应该如何做。

C. 里革认为，不能捕捉孕期的鸟兽、鱼鳖和尚未长大的小虫、小兽。从今人的角度来看，古人的这一做法可以维系生态平衡。

D. 鲁宣公并未听从里革的劝谏，依然一意孤行，以至于师存也来进谏。

5. 把文中画横线的句子翻译成现代汉语。

（1）使有司藏之，使吾无忘谂。

（2）藏罟不如置里革于侧之不忘也。

6. 以下哪则链接材料与文中里革劝说鲁宣公的言语更相似？请结合本文和链接材料中的内容进行分析。

【链接材料】

①不违农时，谷不可胜食也；数罟不入洿池，鱼鳖不可胜食也；斧斤以时入山林，材木不可胜用也。

（选自《孟子》）

②小国寡民。使有什伯之器而不用；使民重死而不远徙；虽有舟舆，无所乘之；虽有甲兵，无所陈之。……甘其食，美其服，安其居，乐其俗。邻国相望，鸡犬之声相闻，民至老死不相往来。

（选自《道德经》）

③子钓而不纲，弋不射宿。（选自《论语》）

敬姜论劳逸

《国语》

公父文伯退朝，朝其母，其母方绩。文伯曰："以歜之家而主犹绩，惧干季孙之怒也，其以歜为不能事主乎！"

其母叹曰："鲁其亡乎！使僮子备官而未之闻邪？居，吾语女。昔圣王之处民也，择瘠土而处之，劳其民而用之，故长王天下。夫民劳则思，思则善心生；逸则淫，淫则忘善，忘善则恶心生。沃土之民不材，淫也；瘠土之民莫不向义，劳也。是故天子大采朝日，与三公、九卿祖识地德；日中考政，与百官之政事，师尹惟旅、牧、相宣序民事。少采夕月，与太史、司载纠虔天刑，日入监九御，使洁奉禘、郊之粢盛，而后即安。诸侯朝修天子之业命昼考其国职夕省其典刑夜儆百工，使无慆淫，而后即安。卿大夫朝考其职，昼讲其庶政，夕序其业，夜庀其家事，而后即安。士朝受业，昼而讲贯，夕而习复，夜而计过无憾，而后即安。自庶人以下，明而动，晦而休，无日以怠。王后亲织玄紞，公侯之夫人加之纮、綖，卿之内子为大带，命妇成祭服，列士之妻加之以朝服。自庶士以下，皆衣其夫。社而赋事，烝而献功，男女效绩，愆则有辟，古之制也。君子劳心，小人劳力，先王之训也。自上以下，谁敢淫心舍力？

"今我，寡也，尔又在下位，朝夕处事，犹恐忘先人之业，况有怠惰，其何以避辟？吾冀而朝夕修我曰：'必无废先人。'尔今曰：'胡不自安？'以是承君之官，余惧穆伯之绝祀也。"

仲尼闻之曰："弟子志之，季氏之妇不淫矣。"

1. 文中画波浪线的部分有三处需要断句，请将相应位置的答案标号涂黑。

诸侯朝Ⓐ修天子之业Ⓑ命Ⓒ昼考其国Ⓓ职Ⓔ夕省其典Ⓕ刑Ⓖ夜儆百工。

2. 下列对文中加点的词语及相关内容的解说，不正确的一项是（　　）

A. 朝，意思是拜见，与《过秦论》中"序八州而朝同列"的"朝"意思不同。古时候拜见君王叫朝，拜谒尊敬的人也可以叫朝。

B. 绩，意思是把麻绳搓捻成线或绳，也即纺织，与《四时田园杂兴》中"昼出耘田夜绩麻"的"绩"

意思相同。

C. 晦，意思是晚上，与《登泰山记》中“戊申晦”的“晦”意思相同。

D. 愆，意思是过错，与《窦娥冤》中“念窦娥葫芦提当罪愆”的“愆”意思相同。

3. 下列各组语句中，加点词的意义和用法不相同的一组是（　　）

A. 鲁其亡乎　　其皆出于此乎

B. 夫民劳则思　　居庙堂之高则忧其民

C. 卿之内子为大带　　君为我呼入

D. 况有怠惰　　虽有槁暴

4. 下列对原文有关内容的概述或赏析，不正确的一项是（　　）

A. 公父文伯认为其母敬姜身为贵族，不必每天亲自做纺绩一类的活儿，敬姜却因此教训了公父文伯一番。

B. 敬姜教育儿子时，分别举出了周代天子、诸侯、卿大夫、士和庶人各自的职责所在和修身原则。

C. 敬姜认为不仅男子要各司其职、勤勉工作，女子也应亲自参与纺织，产出自己的劳动成果。

D. 公父文伯认真记下了母亲的教导，并对他的弟子们称赞母亲的勤劳。

5. 把文中画横线的句子翻译成现代汉语。

（1）其以歜为不能事主乎！

（2）瘠土之民莫不向义，劳也。

6. 敬姜告诫其子公父文伯“劳则思，思则善心生”；欧阳修也在《伶官传序》中提到“忧劳可以兴国”。请结合本文内容，谈谈天子之“忧劳”的具体体现。

叔向贺贫

《国语》

叔向见韩宣子，宣子忧贫，叔向贺之。宣子曰：“吾有卿之名而无其实无以从二三子吾是以忧子贺我何故？”

对曰：“昔栾武子无一卒之田，其宫不备其宗器，宣其德行，顺其宪则，使越于诸侯。诸侯亲之，戎、狄怀之，以正晋国。行刑不疚，以免于难。及桓子，骄泰奢侈，贪欲无艺，略则行志，假贷居贿，宜及于难，而赖武之德，以没其身。及怀子，改桓之行，而修武之德，可以免于难，而离桓之罪，以亡于楚。夫郤昭子，其富半公室，其家半三军，恃其富宠，以泰于国。其身尸于朝，其宗灭于绛。不然，夫八郤，五大夫三卿，其宠大矣。一朝而灭，莫之哀也，惟无德也。

“今吾子有栾武子之贫，吾以为能其德矣，是以贺。若不忧德之不建，而患货之不足，将吊不暇，何贺之有？”

宣子拜稽首焉，曰：“起也将亡，赖子存之。非起也敢专承之，其自桓叔以下嘉吾子之赐。”

1. 文中画波浪线的部分有四处需要断句，请将相应位置的答案标号涂黑。

吾有卿之Ⓐ名Ⓑ而无Ⓒ其实Ⓓ无以从Ⓔ二三子Ⓕ吾是以忧Ⓖ子Ⓗ贺我何故？

2. 下列对文中加点的词语及相关内容的解说，正确的一项是（　　）

A. 艺，意思是技艺，与“礼乐射御书数”这“六艺”的“艺”意思相同。

B. 修，意思是研究、学习，与《过秦论》中“修守战之具”的“修”意思相同。

C. 离，意思是离开，与《屈原列传》中“离骚者，犹离忧也”的“离”意思不同。

D. 稽首，是古代最庄重的一种跪拜礼，叩头至地。

3. 下列各组语句中，加点词的意义和用法都相同的一组是（　　）

A. 不然　　奏刀騞然

B. 莫之哀也　　保民而王，莫之能御也

C. 而患货之不足　　剑阁峥嵘而崔嵬

D. 何贺之有　　大学之道，在明明德

4. 下列对原文有关内容的概述或赏析，不正确的一项是（　　）

A. 晋国正卿韩起忧虑贫困，大夫叔向却向他道贺。这种看似反常的举动，实际上透露出叔向强烈的忧患意识。

B. 叔向通过回顾晋国两大家族兴亡的历史，透过血淋淋的教训，向韩起传达出应“忧德不忧贫”的治国理念。

C. 从叔向的讲述中我们知道，武子的儿子桓子因为没有依赖武子的德行，最终落得惨死的下场。

D. 韩起能够做到从善如流，并且表示他不敢独自承受叔向的教诲，从他的始祖桓叔以下的族人，都应该感谢叔向的恩德。

5. 把文中画横线的句子翻译成现代汉语。

（1）其身尸于朝，其宗灭于绛。

（2）今吾子有栾武子之贫，吾以为能其德矣，是以贺。

6. 面对韩宣子担忧贫困，叔向本可以直接告诫他“忧德不忧贫”，但叔向却向韩宣子“贺贫”。请分析“贺贫”这一劝谏方式的好处。

王孙圉论楚宝

《国语》

王孙圉聘于晋，定公飨之。赵简子鸣玉以相，问于王孙圉曰："楚之白珩犹在乎？"对曰："然。"简子曰："其为宝也，几何矣？"

曰："未尝为宝。楚之所宝者，曰观射父，能作训辞，以行事于诸侯，使无以寡君为口实。又有左史倚相，能道训典，以叙百物，以朝夕献善败于寡君，使寡君无忘先王之业；又能上下说乎鬼神，顺道其欲恶，使神无有怨痛于楚国。又有薮曰云连徒洲，金、木、竹、箭之所生也，龟、珠、角、齿、皮、革、羽、毛，所以备赋，以戒不虞者也，所以共币帛，以宾享于诸侯者也。若诸侯之好币具，而导之以训辞，有不虞之备，而皇神相之，寡君其可以免罪于诸侯，而国民保焉。此楚国之宝也若夫白珩先王之玩也何宝焉？

"圉闻国之宝，六而已：圣能制议百物，以辅相国家，则宝之；玉足以庇荫嘉谷，使无水旱之灾，则宝之；龟足以宪臧否，则宝之；珠足以御火灾，则宝之；金足以御兵乱，则宝之；山林薮泽足以备财用，则宝之。若夫哗嚣之美，楚虽蛮夷，不能宝也。"

1. 文中画波浪线的部分有三处需要断句，请将相应位置的答案标号涂黑。

   此楚国Ⓐ之宝Ⓑ也Ⓒ若夫Ⓓ白珩Ⓔ先王之Ⓕ玩也Ⓖ何宝焉？

2. 下列对文中加点的词语及相关内容的解说，不正确的一项是（　　）

   A. 聘，意思是访问，与《陈丞相世家》中"乃假贷币以聘，予酒肉之资以内妇"的"聘"意思不相同。

   B. 左史，史官名，《汉书·艺文志》载"左史记言，右史记事"。

   C. 相，意思是互相，与《孔雀东南飞》中"便可白公姥，及时相遣归"的"相"意思相同。

   D. 龟，指的是占卜用的龟壳，《诗经·氓》中"尔卜尔筮，体无咎言"的"卜"也是用龟壳占卜。

3. 下列各组语句中，加点词的意义和用法不相同的一组是（　　）

   A. 若诸侯之好币具　　臣之所好者，道也

   B. 寡君其可以免罪于诸侯　　尔其无忘乃父之志

   C. 而国民保焉　　寒暑易节，始一反焉

   D. 楚虽蛮夷　　渔工水师虽知而不能言

4. 下列对原文有关内容的概述或赏析，正确的一项是（　　）

   A. 晋国的赵简子不仅在平日佩戴着玉器，还主动向外国使者询问其他国家的宝物，可见赵简子对珍宝美物格外关注。

   B. 在王孙圉看来，作为一名大国的执政者，虽然也可以关注玉器等珍宝美物，但更应该把精力放在选拔贤才与战略储备这些国家大事上。

   C. 楚国所珍视的"观射父"是一本对君主很有教益的书籍；"倚相"是一位官员；"云连徒洲"是一片水域。

   D. 赵简子听完王孙圉的一番话，对其非常认同，并决心要改变自己只关注珍宝美物的毛病。

5. 把文中画横线的句子翻译成现代汉语。

   （1）赵简子鸣玉以相。

（2）山林薮泽足以备财用，则宝之。

6. 根据本文内容回答下列问题。

用自己的话概括“国家的六种珍宝”应具有怎样的特点。

诸稽郢行成于吴

《国语》

吴王夫差起师伐越，越王勾践起师逆之江。

大夫种乃献谋曰：“夫吴之与越，唯天所授，王其无庸战。夫申胥、华登简服吴国之士于甲兵，而未尝有所挫也。夫一人善射，百夫决拾，胜未可成。夫谋必素见成事焉，而后履之，不可以授命。王不如设戎，约辞行成，以喜其民，以广侈吴王之心。吾以卜之于天，天若弃吴，必许吾成而不吾足也，将必宽然有伯诸侯之心焉。既罢弊其民而天夺之食安受其烬乃无有命矣。”

越王许诺，乃命诸稽郢行成于吴，曰：“寡君勾践使下臣郢不敢显然布币行礼，敢私告于下执事曰：‘昔者越国见祸，得罪于天王，天王亲趋玉趾，以心孤勾践，而又宥赦之。君王之于越也，繄起死人而肉白骨也。孤不敢忘天灾，其敢忘君王之大赐乎？今勾践申祸无良，草鄙之人，敢忘天王之大德，而思边陲之小怨，以重得罪于下执事？勾践用帅二三之老，亲委重罪，顿颡于边。今君王不察，盛怒属兵，将残伐越国。越国固贡献之邑也，君王不以鞭箠使之，而辱军士使寇令焉。勾践请盟：一介嫡女，执箕帚以晐姓于王宫；一介嫡男，奉槃匜以随诸御；春秋贡献，不解于王府。天王岂辱裁之？亦征诸侯之礼也。’

“夫谚曰：‘狐埋之而狐搰之，是以无成功。’今天王既封殖越国，以明闻于天下，而又刈亡之，是天王之无成劳也。虽四方之诸侯，则何实以事吴？敢使下臣尽辞，唯天王秉利度义焉！”

1. 文中画波浪线的部分有三处需要断句，请将相应位置的答案标号涂黑。

既罢Ⓐ弊Ⓑ其民Ⓒ而天夺之Ⓓ食Ⓔ安Ⓕ受其烬Ⓖ乃无有命矣。

2. 下列对文中加点的词语及相关内容的解说，不正确的一项是（　　）

A. 履，意思是实行，与《过秦论》中“履至尊而制六合”的“履”意思不同。

B. 币，钱币；“布币”是春秋战国时期流行于中原各国的一种钱币，其外形来源于农耕用具。

C. 属，意思是会集，与《岳阳楼记》中“属予作文以记之”的“属”意思不同。

D. 度，意思是衡量，与《陈涉世家》中“道不通，度已失期”的“度”意思不同。

3. 下列各组语句中，加点词的意义和用法都相同的一组是（　　）

A. 以喜其民　　君王不以鞭箠使之

B. 昔者越国见祸　　君既若见录

C. 勾践用帅二三之老　　无如寡人之用心者

D. 敢使下臣尽辞　　敢以烦执事

4. 下列对原文有关内容的概述或赏析，不正确的一项是（　　）

A. 越王勾践听从大夫文种的建议，不正面与吴国开战，而是派遣诸稽郢前去吴国求和。

B. 大夫文种认为，谋划事情必须预见到能成功，再践行，不可以轻易地接受他人的命令。

C. 诸稽郢在求和时，用极其谦卑的语气和极低的身段，极大地满足了夫差的虚荣心、好胜心。

D. 诸稽郢的游说可谓晓之以利、动之以情，吴王夫差丧失了警惕，最终接受了越国的求和。

5. 把文中画横线的句子翻译成现代汉语。

（1）天若弃吴，必许吾成而不吾足也。

（2）虽四方之诸侯，则何实以事吴？

6. 诸稽郢对吴王说“唯天王秉利度义”，意思是希望吴王从“利”和“义”两个方面权衡（该不该攻打越国）。诸稽郢说的“利”和“义”分别指什么？

申胥谏许越成

《国语》

吴王夫差乃告诸大夫曰：“孤将有大志于齐，吾将许越成，而无拂吾虑。若越既改，吾又何求？若其不改，反行，吾振旅焉。”

申胥谏曰：“不可许也。夫越非实忠心好吴也，又非慑畏吾甲兵之强也。大夫种勇而善谋，将还玩吴国于股掌之上，以得其志。夫固知君王之盖威以好胜也故婉约其辞以从逸王志使淫乐于诸夏之国，以自伤也。使吾甲兵钝弊，民人离落，而日以憔悴，然后安受吾烬。夫越王好信以爱民，四方归之，年谷时熟，日长炎炎。及吾犹可以战也，为虺弗摧，为蛇将若何？”

吴王曰：“大夫奚隆于越，越曾足以为大虞乎？若无越，则吾何以春秋曜吾军士？”乃许之成。

将盟，越王又使诸稽郢辞曰：“以盟为有益乎？前盟口血未干，足以结信矣。以盟为无益乎？君王舍甲兵之威以临使之，而胡重于鬼神而自轻也。”吴王乃许之，荒成不盟。

1. 文中画波浪线的部分有三处需要断句，请将相应位置的答案标号涂黑。

夫固知Ⓐ君王之盖威以好胜也Ⓑ故婉约Ⓒ其辞Ⓓ以从逸Ⓔ王志Ⓕ使淫Ⓖ乐于诸夏之国。

2. 下列对文中加点的词语及相关内容的解说，不正确的一项是（　　）

A. 而，意思是你们，与《种树郭橐驼传》中“早缫而绪”的“而”同为第二人称代词。

B. 振旅，意思是整顿军队，与《臧僖伯谏观鱼》中“入而振旅，归而饮至”的“振旅”意思相同。

C. 虺，读音为huǐ，是毒蛇的一种。文中将“为虺”与“为蛇”对比，可以推测出“虺”是小蛇，“蛇”是长蛇。

D. 虞，意思是料想，与“虞美人”中的“虞”意思相同。

3. 下列各组语句中，加点词的意义和用法都相同的一组是（　　）

A. 将还玩吴国于股掌之上　　不拘于时

B. 以自伤也　　生以乡人子谒余

C. 越曾足以为大虞乎　　则天地曾不能以一瞬

D. 而胡重于鬼神而自轻也　　田园将芜胡不归

4. 下列对原文有关内容的概述或赏析，不正确的一项是（　　）

A. 吴王夫差好高骛远，他想攻打齐国，实现自己的伟大宏愿，也不把越国放在眼里。

B. 伍子胥苦苦劝谏，告诫吴王不可轻视越国。吴王也认识到了越国终是吴国的一大隐患，并同意和越国讲和。

C. 诸稽郢精明睿智，他的话哄骗了吴王，让吴国与越国只达成了和议，并不举行盟誓仪式。

D. 伍子胥的睿智深沉与吴王夫差的浅薄、刚愎自用形成了鲜明的对比，二人的不同观点也深化了本文的冲突性。

5. 把文中画横线的句子翻译成现代汉语。

（1）夫越王好信以爱民，四方归之。

（2）吴王乃许之，荒成不盟。

6. 结合本文内容回答下列问题：

（1）伍子胥极力劝说吴王不要同意越国的议和请求，请具体说明伍子胥是如何逐层展开劝谏的。

（2）试说明伍子胥劝谏没有成功的原因。

春王正月

《公羊传》

“元年”者何？君之始年也。“春”者何？岁之始也。“王”者孰谓？谓文王也。曷为先言“王”而后言“正月”？王正月也。何言乎“王正月”？大一统也。

公何以不言“即位”？成公意也。何成乎公之意？公将平国而反之桓。曷为反之桓？桓幼而贵，隐长而卑，其为尊卑也微，国人莫知。隐长又贤，诸大夫扳隐而立之，隐于是焉而辞立，则未知桓之将必得立也。且如桓立，则恐诸大夫之不能相幼君也。故凡隐之立，为桓立也。隐长又贤何以不宜立立適以长不以贤；立子，以贵不以长。桓何以贵？母贵也。母贵则子何以贵？子以母贵，母以子贵。

联读材料

虽无事，必举正月，谨始也。公何以不言即位？成公志也。焉成之？言君之不取为公也。君之不取为公，何也？将以让桓也。让桓正乎？曰，不正。《春秋》成人之美，不成人之恶。隐不正而成之，何也？将以恶桓也。其恶桓何也？隐将让而桓弑之，则桓恶矣。桓弑而隐让，则隐善矣。善则其不正焉，何也？《春秋》贵义而不贵惠，信道而不信邪。孝子扬父之美，不扬父之恶。先君之欲与桓，非正也，邪也。虽然，既胜其邪心以与隐矣，已探先君之邪志而遂以与桓，则是成父之恶也。兄弟，天伦也。为子受之父，为诸侯受之君，已废天伦而忘君父，以行小惠，曰小道也。若隐者，可谓轻千乘之国，蹈道则未也。

（选自《穀梁传》）

1. 文中画波浪线的部分有三处需要断句，请将相应位置的答案标号涂黑。

隐长Ⓐ又贤Ⓑ何以Ⓒ不宜Ⓓ立Ⓔ立適Ⓕ以长Ⓖ不Ⓗ以贤。

2. 下列对文中加点的词语及相关内容的解说，不正确的一项是（　　）

A. 王正月，指周历正月。古代王者受命，必改正朔。正月为岁首，朔指每月初一。

B 平，治理，与《愚公移山》中“山不加增，何苦而不平”的“平”意思不同。

C. 辞，辞让，推却，与《孙权劝学》中“蒙辞以军中多务”的“辞”意思相同。

D. 让，推辞，拒绝，与《谏逐客书》中“是以太山不让土壤，故能成其大”的“让”意思相同。

3. 下列各组语句中，加点词的意义和用法都相同的一组是（　　）

A. 曷为先言“王”而后言“正月”　　隐将让而桓弑之

B. 公何以不言“即位”　　隐不正而成之，何也

C. 曷为反之桓　　为子受之父

D. 则未知桓之将必得立也　　孝子扬父之美

4. 下列对原文有关内容的分析，不正确的一项是（　　）

A. 材料一第一段逐句解释了《春秋经》鲁隐公元年首句“春，王正月”的含义。

B. 材料一第二段以层层设问的方式，说明了隐公不宜立，且要还位于桓公的原因。

C. 材料一隐公长而卑，桓公幼而贵，体现了“辨尊卑，别嫡庶”的封建宗法思想。

D. 材料一中不说“即位”是因为鲁隐公地位卑贱，不能成为国君。

5. 把文中画横线的句子翻译成现代汉语。

（1）何言乎“王正月”？大一统也。

（2）《春秋》贵义而不贵惠，信道而不信邪。

6. 鲁隐公“何以不言‘即位’”？两则材料的说法不同，请结合材料具体分析。

宋人及楚人平

《公羊传》

外平不书，此何以书？大其平乎己也。何大其平乎己？庄王围宋，军有七日之粮尔，尽此不胜，将去而归尔。于是使司马子反乘堙而窥宋城，宋华元亦乘堙而出见之。司马子反曰：“子之国何如？”华元曰：“惫矣！”曰：“何如？”曰：“易子而食之，析骸而炊之。”司马子反曰：“嘻！甚矣惫！虽然，吾闻之也，围者柑马而秣之，使肥者应客。是何子之情也？”华元曰：“吾闻之，君子见人之厄则矜之，小人见人之厄则幸之。吾见子之君子也，是以告情于子也。”司马子反曰：“诺，勉之矣。吾军亦有七日之粮尔！尽此不胜，将去而归尔。”揖而去之。

反于庄王。庄王曰：“何如？”司马子反曰：“惫矣！”曰：“何如？”曰：“易子而食之，析骸而炊之。”庄王曰：“嘻！甚矣惫虽然吾今取此然后而归尔。”司马子反曰：“不可。臣已告之矣，军有七日之粮尔。”庄王怒曰：“吾使子往视之，子曷为告之？”司马子反曰：“以区区之宋，犹有不欺人之臣，可以楚而无乎？是以告之也。”庄王曰：“诺。舍而止。虽然，吾犹取此，然后归尔。”司马子反曰：“然则君请处于此，臣请归尔。”庄王曰：“子去我而归，吾孰与处于此？吾亦从子而归尔。”引师而去之。故君子大其平乎己也。此皆大夫也。其称“人”何？贬。曷为贬？平者在下也。

1. 文中画波浪线的部分有三处需要断句，请将相应位置的答案标号涂黑。

甚矣Ⓐ惫Ⓑ虽然Ⓒ吾Ⓓ今Ⓔ取此Ⓕ然Ⓖ后Ⓗ而归尔。

2. 下列对文中加点的词语及相关内容的解说，不正确的一项是（　　）

A. 外，指鲁国以外的国家，“外平不书”意思是《春秋》不记载其他诸侯之间停战讲和。

B. 乘，登上，与《过秦论》中“因利乘便，宰割天下，分裂山河”的“乘”意思相同。

C. 君子和小人有就地位而言，有就道德而言，画线句中的“君子”和“小人”指后者。

D. 区区，形容地方小，与《陈情表》中“是以区区不能废远”的“区区”意思不同。

3. 下列各组语句中，加点词的意义和用法都不相同的一组是（　　）

A. 军有七日之粮尔　　子之国何如　　B. 将去而归尔　　宋华元亦乘堙而出见之

C. 子曷为告之　　曷为贬　　D. 犹有不欺人之臣　　吾犹取此，然后归尔

4. 下列对原文有关内容的分析，不正确的一项是（　　）

A. “平”指双方停战讲和，文章肯定了楚宋两国在臣子的促成下达成和谈的结果。

B. “易子而食”反映战争的惨烈，文章赞扬了两国主动止战，避免更大损失的做法。

C. 华元以“君子”感动子反，子反以“不欺”说服庄王，体现两位大夫的君子风范。

D. 结尾“贬”字，意在批评华元私自向楚国子反求和，而没有提前得到国君的授意。

5. 把文中画横线的句子翻译成现代汉语。

（1）君子见人之厄则矜之，小人见人之厄则幸之。

（2）故君子大其平乎己也。

6. 文章以对话形式展开，有些话前后重复出现，起到了独特的表达效果。请举一例简要分析。

吴子使札来聘

《公羊传》

吴无君、无大夫，此何以有君、有大夫？贤季子也。何贤乎季子？让国也。其让国奈何？谒也，余祭也，夷昧也，与季子同母者四。季子弱而才，兄弟皆爱之，同欲立之以为君。谒曰："今若是迮而与季子国，季子犹不受也。请无与子而与弟，弟兄迭为君，而致国乎季子。"皆曰："诺"。故诸为君者，皆轻死为勇，饮食必祝曰："天苟有吴国，尚速有悔于予身。"故谒也死，余祭也立；余祭也死，夷昧也立；夷昧也死，则国宜之季子者也。

季子使而亡焉。僚者，长庶也，即之。季子使而反，至而君之尔。阖庐曰："先君之所以不与子国而与弟者，凡为季子故也。将从先君之命与则国宜之季子者也如不从先君之命与则我宜立者也。僚恶得为君？"于是使专诸刺僚，而致国乎季子。季子不受曰："尔杀吾君，吾受尔国，是吾与尔为篡也；尔杀吾兄，吾又杀尔，是父子兄弟相杀，终身无已也。"去之延陵，终身不入吴国。故君子以其不受为义，以其不杀为仁。

贤季子，则吴何以有君、有大夫？以季子为臣，则宜有君者也。"札"者何？吴季子之名也。《春秋》贤者不名，此何以名？许夷、狄者，不壹而足也。季子者，所贤也，曷为不足乎季子？许人臣者必使臣，许人子者必使子也。

1. 文中画波浪线的部分有三处需要断句，请将相应位置的答案标号涂黑。

将从先君之命Ⓐ与Ⓑ则国宜之Ⓒ季子者也Ⓓ如不从Ⓔ先君之命Ⓕ与Ⓖ则我宜Ⓗ立者也。

2. 下列对文中加点的词语及相关内容的解说，不正确的一项是（　　）

A. 题目中的"聘"是指古代诸侯国之间派使者互相问候的一种礼节。

B. "贤季子也"的"贤"为意动用法，意思是"认为……贤良"。

C. 季子，吴王最小的儿子，名札，古代以伯仲叔季排行，因此称季札。

D. "至而君之尔"的"君"是使动用法，意思是"使……为国君"。

3. 下列各组语句中，加点词的意义和用法都相同的一组是（　　）

A. 此何以有君　　何贤乎季子　　B. 同欲立之以为君　　去之延陵

C. 今若是迮而与季子国　　季子使而反　　D. 弟兄迭为君　　曷为不足乎季子

4. 下列对原文有关内容的概述或赏析，不正确的一项是（　　）

A. 文章称吴王为吴子，是对吴王的尊称，因为他派季札访问鲁国，学习中原文化，所以尊称他为“吴子”，而不称他为“吴人”。

B. 诸兄弟爱惜季子之才，决定传弟不传子，想把君位让给他，表现了兄弟的真诚和担当。

C. 季子拒绝接受君位，体现了他的仁，但也因此导致了后来僚被杀。

D. 文章结尾直书季子之名“札”，是因为作者认为季札虽是贤者，但由于他是“夷狄”之人，所以不依“贤者不名”的惯例，而直写其名。

5. 把文中画横线的句子翻译成现代汉语。

（1）先君之所以不与子国而与弟者，凡为季子故也。

（2）故君子以其不受为义，以其不杀为仁。

6. 季子之贤体现在哪些方面？请结合文章内容进行概括。

郑伯克段于鄢

《穀梁传》

“克”者何？能也。何能也？能杀也。何以不言杀？见段之有徒众也。

段，郑伯弟也。何以知其为弟也？杀世子、母弟目君；以其目君，知其为弟也。段弟也而弗谓弟公子也而弗谓公子贬之也。段失子弟之道矣。贱段而甚郑伯也。何甚乎郑伯？甚郑伯之处心积虑，成于杀也。

“于鄢”，远也，犹曰取之其母之怀中而杀之云尔，甚之也。然则为郑伯者宜奈何？缓追逸贼，亲亲之道也。

联读材料

钓者负鱼，鱼何负于钓？猎者负兽，兽何负于猎？庄公负叔段，叔段何负于庄公？且为钩饵以诱鱼者，钓也；为陷阱以诱兽者，猎也。不责钓者而责鱼之吞饵，不责猎者而责兽之投阱，天下宁有是耶？

庄公雄猜阴狠，视同气如寇雠，而欲必致之死，故匿其机而使之狎，纵其欲而使之放，养其恶而使之成。甲兵之强，卒乘之富，庄公之钓饵也；百雉之城，两鄙之地，庄公之陷阱也。彼叔段之冥顽不灵，鱼耳！兽耳！岂有见钓饵而不吞，过陷阱而不投者哉？导之以逆，而反诛其逆，教之以叛，而反讨其叛，庄公之用心亦险矣！

庄公之心，以谓亟治之则其恶未显，人必不服；缓治之则其恶已暴，人必无辞。其始不问者，盖将多叔段之罪而毙之也。殊不知叔段之恶日长，而庄公之恶与之俱长；叔段之罪日深，而庄公之罪与之俱深。人徒见庄公欲杀一叔段而已！吾独以谓封京之后，伐鄢之前，其处心积虑，曷尝须臾而忘叔段哉？苟兴一念，是杀一弟也；苟兴百念，是杀百弟也。由初暨末，其杀段之念，殆不可千万计，是亦杀千万弟而不可计也。一人之身，杀其同气，至于千万而不可计，天所不覆，地所不载，翻四海之波亦不足以湔其恶矣。庄公之罪顾不大于叔段耶？

（节选自吕祖谦《东莱博议》）

1. 文中画波浪线的部分有三处需要断句，请将相应位置的答案标号涂黑。

段Ⓐ弟也Ⓑ而弗谓Ⓒ弟Ⓓ公子也Ⓔ而弗谓Ⓕ公子Ⓖ贬之也。

2. 下列对文中加点的词语及相关内容的解说，不正确的一项是（　　）

A. 材料一第一段加点的“见”和《邹忌讽齐王纳谏》中“于是入朝见威王”的“见”意思相同。

B. 郑伯，春秋时代郑国国君郑庄公，文章称郑伯而不说郑庄公，含有贬义。

C.“世子”是天子及诸侯的嫡长子，是君位的继承者，世子之外的兄弟称公子。

D. 联读材料第三段加点的“兴”和《劝学》中“积土成山，风雨兴焉”的“兴”意思相同。

3. 下列各组语句中，加点词的意义和用法都相同的一组是（　　）

A. 何以知其为弟也　　而反讨其叛　　B. 以其目君，知其为弟也　　且为钩饵以诱鱼者

C. 贱段而甚郑伯也　　盖将多叔段之罪而毙之也　　D.“于鄢”，远也　　庄公之罪顾不大于叔段耶

4. 下列对原文有关内容的概述和分析，不正确的一项是（　　）

A. 郑伯和段是兄弟，为君臣，郑伯杀段，不说“杀”说“克”，体现“微言大义”。

B. 文中批评段更甚于郑伯，不称呼段为弟，为公子，也是贬损段“失子弟之道”。

C. 材料一尾段作者责备郑伯想要斩草除根的狠毒，提出“缓追逸贼”才是亲亲之道。

D. 联读材料认为完全是庄公用心险恶，千方百计想杀掉段，相较没有材料一立论公允。

5. 把文中画横线的句子翻译成现代汉语。

（1）缓追逸贼，亲亲之道也。

（2）故匿其机而使之狎，纵其欲而使之放，养其恶而使之成。

6. 两则材料都提到了郑伯“处心积虑”，请概述郑伯“处心积虑”的表现。

虞师晋师灭夏阳

《穀梁传》

非国而曰“灭”，重夏阳也。虞无师，其曰师，何也？以其先晋，不可以不言师也。其先晋何也？为主乎灭夏阳也。夏阳者，虞、虢之塞邑也，灭夏阳而虞、虢举矣。

虞之为主乎灭夏阳，何也？晋献公欲伐虢，荀息曰：“君何不以屈产之乘、垂棘之璧，而借道乎虞也？”公曰：“此晋国之宝也。如受吾币，而不借吾道，则如之何？”荀息曰：“此小国之所以事大国也。彼不借吾道，必不敢受吾币。如受吾币而借吾道则是我取之中府而藏之外府取之中厩而置之外厩也。”公曰：“宫之奇存焉，必不使受之也。”荀息曰：“宫之奇之为人也，达心而懦，又少长于君。达心则其言略，懦则不能强谏，少长于君，则君轻之。且夫玩好在耳目之前，而患在一国之后，此中知以上乃能虑之。臣料虞君，中知以下也。”公遂借道而伐虢。

宫之奇谏曰：“晋国之使者，其辞卑而币重，必不便于虞。”虞公弗听，遂受其币而借之道。宫之奇又谏曰：“语曰：‘唇亡则齿寒。’其斯之谓与？”挈其妻子以奔曹。

献公亡虢，五年，而后举虞。荀息牵马操璧而前曰：“璧则犹是也，而马齿加长矣。”

1. 文中画波浪线的部分有三处需要断句，请将相应位置的答案标号涂黑。

如受Ⓐ吾币Ⓑ而借Ⓒ吾道Ⓓ则是我取之Ⓔ中府Ⓕ而藏之外府Ⓖ取之中厩Ⓗ而置之外厩也。

2. 下列对文中加点的词语及相关内容的解说，不正确的一项是（　　）

A. 举，攻占，与《过秦论》中“南取汉中，西举巴、蜀”的“举”意思相同。

B. 事，侍奉，与《六国论》中“以地事秦，犹抱薪救火”的“事”意思不同。

C. 中知以上，“知”通“智”，意思是中等智慧以上的人。

D.“唇亡则齿寒”即“唇亡齿寒”，比喻双方休戚相关，荣辱与共。

3. 下列各组语句中，加点词的意义和用法都相同的一组是（　　）

A. 以其先晋　　挈其妻子以奔曹

B. 其先晋何也　　其斯之谓与

C. 此晋国之宝也　　必不使受之也

D. 如受吾币，而不借吾道　　青，取之于蓝，而青于蓝

4. 下列对原文有关内容的概述和分析，不正确的一项是（　　）

A. 虞国并未出兵，文中称“虞师”，意在批评虞国受晋国贿赂而残害兄弟之国，并自取灭亡。

B. 荀息深谋远虑，客观分析国家间的形势，洞见虞国君臣的弱点，预判假道于虞的计策能够成功。

C. 宫之奇劝谏国君不可接受晋国好处，借道于晋，被拒绝后一气之下带领家人投奔曹国。

D. 结尾句表明晋国除了复得良马和美玉外，还多得了两国土地，表现出荀息的谋略和智慧。

5. 把文中画横线的句子翻译成现代汉语。

（1）宫之奇之为人也，达心而懦，又少长于君。

（2）晋国之使者，其辞卑而币重，必不便于虞。

6. 有人说“篇中写献公，写荀息，写宫之奇，无非写虞公也”，请据此提示，用四字词语概括虞公的性格特征。

晋献公杀世子申生

《礼记》

晋献公将杀其世子申生。公子重耳谓之曰："子盖言子之志于公乎？"世子曰："不可。君安骊姬，是我伤公之心也。"曰："然则盖行乎？"世子曰："不可。君谓我欲弑君也，天下岂有无父之国哉？吾何行如之？"

使人辞于狐突曰："申生有罪，不念伯氏之言也，以至于死。申生不敢爱其死。虽然，吾君老矣，子少，国家多难。伯氏不出而图吾君，伯氏苟出而图吾君，申生受赐而死。"再拜稽首乃卒。是以为恭世子也。

联读材料

晋侯使大子申生伐东山皋落氏。里克谏曰："大子奉冢祀，社稷之粢盛，以朝夕视君膳者也，故曰冢子。君行则守，有守则从。从曰抚军，守曰监国，古之制也。夫帅师，专行谋，誓军旅，君与国政之所图也，非大子之事也。师在制命而已。禀命则不威，专命则不孝，故君之嗣適不可以帅师。君失其官，帅师不威，将焉用之？且臣闻皋落氏将战，君其舍之。"公曰："寡人有子，未知其谁立焉。"不对而退。见大子，大子曰："吾其废乎？"对曰："告之以临民教之以军旅不共是惧何故废乎？且子惧不孝，无惧弗得立。修己而不责人，则免于难。"

（选自《左传》）

1. 联读材料画波浪线的部分有三处需要断句，请将相应位置的答案标号涂黑。

告之Ⓐ以临民Ⓑ教之Ⓒ以军旅Ⓓ不共Ⓔ是惧Ⓕ何Ⓖ故Ⓗ废乎？

2. 下列对文中加点的词语及相关内容的解说，不正确的一项是（　　）

A. 如，动词，到……去，与《鸿门宴》中"沛公起如厕"的"如"意思相同。

B. 爱，喜爱，与《师说》中"爱其子，择师而教之"的"爱"意思相同。

C. 稽首，跪拜叩首至地，是古时最恭敬的跪拜礼，常为臣子拜见君父时所用。

D. 恭，申生死后的谥号，本是敬顺事上的意思，谥申生为"恭"，含有批评晋献公的意味。

3. 下列各组语句中，加点词的意义和用法都相同的一组是（　　）

A. 晋献公将杀其世子申生　　君其舍之　　　B. 子盖言子之志于公乎　　以至于死

C. 不念伯氏之言也　　古之制也　　　D. 不对而退　　修己而不责人

4. 下列对原文有关内容的概述和分析，不正确的一项是（　　）

A. 重耳劝申生向国君表明清白或逃走，申生不愿意伤君父之心，婉言拒绝。

B. 申生向狐突诀别，仍念念不忘国家多难，恳求狐突为国谋划，可见其一片忠心。

C. 材料一记述申生和重耳及狐突的对话，表现了申生忠于国家，怨恨而死的心境。

D. 联读材料晋献公命太子申生出征，拒绝里克的谏言，申生已开始担忧自己的处境。

5. 把文中画横线的句子翻译成现代汉语。

（1）伯氏苟出而图吾君，申生受赐而死。

（2）君失其官，帅师不威，将焉用之？

6. 材料一结句“是以为恭世子也”，有人认为含有责备申生的意思，你是否同意？请结合两则材料简要分析。

曾子易箦

《礼记》

曾子寝疾，病。乐正子春坐于床下，曾元、曾申坐于足，童子隅坐而执烛。

童子曰：“华而睆，大夫之箦与？”子春曰：“止！”曾子闻之，瞿然曰：“呼！”曰：“华而睆，大夫之箦与？”曾子曰：“然。斯季孙之赐也，我未之能易也。元，起易箦。”曾元曰：“夫子之病革矣不可以变幸而至于旦请敬易之。”曾子曰：“尔之爱我也不如彼！君子之爱人也以德，细人之爱人也以姑息。吾何求哉？吾得正而毙焉，斯已矣。”举扶而易之，反席未安而没。

联读材料

曾子耘瓜，误斩其根。曾皙怒，建大杖以击其背，曾子仆地而不知人久之。有顷，乃苏，欣然而起，进于曾皙曰：“向也，参得罪于大人，大人用力教参，得无疾乎？”退而就房，援琴而歌，欲令曾皙而闻之，知其体康也。孔子闻之而怒，告门弟子曰：“参来，勿内。”

曾参自以为无罪，使人请于孔子。子曰：“汝不闻乎？昔瞽瞍有子曰舜，舜之事瞽瞍，欲使之，未尝不在于侧；索而杀之，未尝可得。小棰则待过，大杖则逃走，故瞽瞍不犯不父之罪，而舜不失烝烝之孝。今参事父，委身以待暴怒，殪而不避，既身死而陷父于不义，其不孝孰大焉！汝非天子之民也，杀天子之民，其罪奚若？”曾参闻之，曰：“参罪大矣！”遂造孔子而谢过。

（选自《孔子家语》）

1. 材料一画波浪线的部分有三处需要断句，请将相应位置的答案标号涂黑。

夫子之病Ⓐ革矣Ⓑ不可Ⓒ以变Ⓓ幸而至Ⓔ于旦Ⓕ请敬Ⓖ易之。

2. 下列对文中加点的词语及相关内容的解说，不正确的一项是（　　）

A. 曾子，名参，字子舆，和其父曾皙同为孔子弟子，以孝著称。

B. 疾、病都是生病，区别是“疾”是轻微的病，“病”则指病重。

C. 反，翻转，与《诗经·关雎》中“辗转反侧”的“反”意思相同。

D. 仆，倒下，与《五人墓碑记》中“挟而仆之”的“仆”意思相同。

3. 下列各组语句中，加点词的意义和用法都相同的一组是（　　）

A. 乐正子春坐于床下　　向也参得罪于大人　　B. 瞿然曰：“呼！”　　曾子曰：“然。”

C. 我未之能易也　　尔之爱我也不如彼　　D. 吾得正而毙焉　　退而就房

4. 下列对原文有关内容的概述和分析，不正确的一项是（　　）

A. 童子天真无心的感叹揭示了曾子所用席子不合身份。

B. 曾子在病危时因童子之问，坚决要求改换竹席，体现了他对礼制的恪守。

C. 材料一以对话的形式展开，生动地刻画了曾子病危的场景及众人的形象。

D. 联读材料孔子引用舜的故事，批评了曾参的做法，但高度赞扬了他的孝顺。

5. 把文中画横线的句子翻译成现代汉语。

（1）华而睆，大夫之箦与？

（2）君子之爱人也以德，细人之爱人也以姑息。

6. 材料一中“易”字出现了四次，请分别解释其内涵。

有子之言似夫子

《礼记》

有子问于曾子曰：“问丧于夫子乎？”曰：“闻之矣。‘丧欲速贫，死欲速朽。’”有子曰：“是非君子之言也。”曾子曰：“参也闻诸夫子也。”有子又曰：“是非君子之言也。”曾子曰：“参也与子游闻之。”有子曰：“然。然则夫子有为言之也。”

曾子以斯言告于子游。子游曰：“甚哉，有子之言似夫子也！昔者夫子居于宋，见桓司马自为石椁，三年而不成，夫子曰：‘若是其靡也，死不如速朽之愈也。’死之欲速朽，为桓司马言之也。南宫敬叔反，必载宝而朝。夫子曰：‘若是其货也，丧不如速贫之愈也。’丧之欲速贫，为敬叔言之也。”

曾子以子游之言告于有子。有子曰：“然。吾固曰非夫子之言也。”曾子曰：“子何以知之？”有子曰：“夫子制于中都四寸之棺五寸之椁以斯知不欲速朽也。昔者夫子失鲁司寇，将之荆，盖先之以子夏，又申之以冉有，以斯知不欲速贫也。”

联读材料

《史记·有若传》云：“孔子没，弟子以若状似孔子，立以为师。他日，进问曰：‘昔夫子当行，使弟子持雨具，已而果雨。弟子问何以知之，夫子曰：《诗》不云乎？月离于毕，俾滂沱矣。昨暮月不宿毕乎，他日，月宿毕，竟不雨。商瞿年长无子，孔子曰瞿年四十后当有五丈夫子，已而果然。敢问何以知此？’有若无以应。弟子起，曰：‘有子避之，此非子之座也！’”予谓此两事殆近于星历卜祝之学，何足以为圣人，而谓孔子言之乎？有若不能知，何所加损，而弟子遽以是斥退之乎？

孟子称“子夏、子张、子游，以若似圣人，欲以所事孔子事之，曾子不可”，但言“江、汉秋阳不可尚”[①]而已。未尝深诋也。《论语》记诸善言，以有子之言为第二章，在曾子之前，使有避坐之事，弟子肯如是哉？《檀弓》载有子闻曾子“丧欲速贫，死欲速朽”两语，以为“非君子之言”，又以为“夫子有为言之”。子游曰：“甚哉！有子之言似夫子也。”则其为门弟子所敬久矣。太史公之书，于是为失矣。且门人所传者道也，岂应以状貌之似而师之邪？世所图《七十二贤画像》，其画有若遂与孔子略等，此又可笑也。

（选自〔宋〕洪迈《容斋随笔》）

注：①江、汉秋阳不可尚：曾子不同意以事孔子礼事有子，认为老师孔子是没有谁还能够相比的，“就像曾经用江汉的水清洗过，又在夏天的太阳下曝晒过，洁白无瑕”。

1. 材料一画波浪线的部分有三处需要断句，请将相应位置的答案标号涂黑。

夫子制Ⓐ于中都Ⓑ四寸Ⓒ之棺Ⓓ五寸Ⓔ之椁Ⓕ以斯知Ⓖ不欲速朽也。

2. 下列对文中加点的词语及相关内容的解说，不正确的一项是（　　）

A. 有子，名若，字子有，因品学兼优，且状似孔子，孔子死后，子有被推举为师，世称有子。

B. 丧，指失去官位，与《论语·八佾》中“二三子何患于丧乎”的“丧”意思相同。

C. 速，迅速，与《六国论》中“至丹以荆卿为计，始速祸焉”的“速”意思相同。

D. 子游，姓言名偃，字子游，孔子弟子，春秋末吴国人，以文学著称。

3. 下列各组语句中，加点词的意义和用法都相同的一组是（　　）

A. 有子问于曾子曰　　夫子居于宋　　　B. 是非君子之言也　　然则夫子有为言之也

C. 三年而不成　　温故而知新　　　D. 子何以知之　　岂应以状貌之似而师之邪

4. 下列对原文有关内容的概述和分析，不正确的一项是（　　）

A. 材料一曾子向子游求证，证实了有子的判断，孔子的两句话是分别针对不同情形而言的。

B. 材料一孔子说“死之欲速朽”是针对南宫敬叔耗时三年，花费巨资为自己打造石棺而言的。

C. 材料一有子以孔子自身的做法，证明了孔子并不主张“丧欲速贫，死欲速朽”的观点。

D. 材料二依据《论语》和《礼记》的材料，认为《史记》的相关说法有失偏颇。

5. 把文中画横线的句子翻译成现代汉语。

（1）甚哉，有子之言似夫子也！

（2）盖先之以子夏，又申之以冉有，以斯知不欲速贫也。

6. 两则材料传达了深刻的道理，给了你哪些启示？请结合内容具体说明。

公子重耳对秦客

《礼记》

晋献公之丧，秦穆公使人吊公子重耳，且曰："寡人闻之：'亡国恒于斯，得国恒于斯。'虽吾子俨然在忧服之中丧亦不可久也时亦不可失也孺子其图之。"以告舅犯。舅犯曰："孺子其辞焉。丧人无宝，仁亲以为宝。父死之谓何？又因以为利，而天下其孰能说之？孺子其辞焉。"

公子重耳对客曰："君惠吊亡臣重耳。身丧父死，不得与于哭泣之哀，以为君忧。父死之谓何？或敢有他志，以辱君义？"稽颡而不拜，哭而起，起而不私。

子显以致命于穆公，穆公曰："仁夫，公子重耳！夫稽颡而不拜，则未为后也，故不成拜；哭而起，则爱父也；起而不私，则远利也。"

联读材料

秦伯纳女五人，怀嬴与焉。奉匜沃盥，既而挥之，怒曰："秦晋匹也，何以卑我？"公子惧，降服而囚。他日，公享之。子犯曰："吾不如衰之文也，请使衰从。"公子赋《河水》，公赋《六月》。赵衰曰："重耳拜赐。"公子降，拜，稽首。公降一级而辞焉。衰曰："君称所以佐天子者命重耳，重耳敢不拜？"

（选自《左传》）

1. 材料一画波浪线的部分有三处需要断句，请将相应位置的答案标号涂黑。

虽吾子俨然Ⓐ在忧服Ⓑ之中Ⓒ丧亦不可Ⓓ久也Ⓔ时亦不可Ⓕ失也Ⓖ孺子Ⓗ其图之。

2. 下列对文中加点的词语及相关内容的解说，不正确的一项是（　　）

A. 吊，安慰，与《陈情表》中"茕茕孑立，形影相吊"的"吊"意思相同。

B. 辞，推辞、辞谢，与联读材料中"公降一级而辞焉"的"辞"意思相同。

C. 稽颡，跪而以额触地，古代在服丧期间答拜宾客的一种礼节。

D. 拜，这里指主丧人对前来吊唁的人先磕头后拜谢，是古代丧礼之一。

3. 下列各组语句中，加点词的意义和用法都相同的一组是（　　）

A. 寡人闻之　　吾不如衰之文也　　B. 亡国恒于斯　　子显以致命于穆公

C. 以告舅犯　　何以卑我　　D. 哭而起　　公降一级而辞焉

4. 下列对原文有关内容的概述和分析，不正确的一项是（　　）

A. 重耳"稽颡而不拜"，意在表明自己不是君位继承人，不能主丧，故行此礼。

B. 舅犯反复叮嘱重耳不可接受秦穆公的建议，在父丧期间返国会使自己陷于不义。

C. 秦穆公称赞重耳是仁人，是因为重耳不以得国为利，识破了自己有意助其回国即位的意图。

D. 两则材料都表现了重耳在面对挑战时能冷静沉着，随机应变。

5. 把文中画横线的句子翻译成现代汉语。

（1）又因以为利，而天下其孰能说之？

（2）或敢有他志，以辱君义？

6. 请结合材料一，分析重耳是如何婉拒秦客的。

杜蒉扬觯

《礼记》

知悼子卒，未葬，平公饮酒，师旷、李调侍，鼓钟。杜蒉自外来，闻钟声，曰："安在？"曰："在寝。"杜蒉入寝，历阶而升。酌曰："旷饮斯。"又酌曰："调饮斯。"又酌，堂上北面坐饮之。降，趋而出。

平公呼而进之，曰："蒉！曩者尔心或开予，是以不与尔言。尔饮旷，何也？"曰："子卯不乐。知悼子在堂，斯其为子卯也大矣。旷也，太师也，不以诏，是以饮之也。""尔饮调，何也？"曰："调也君之亵臣也为一饮一食忘君之疾是以饮之也。""尔饮，何也？"曰："蒉也，宰夫也，非刀匕是共，又敢与知防，是以饮之也。"平公曰："寡人亦有过焉，酌而饮寡人。"杜蒉洗而扬觯。公谓侍者曰："如我死，则必毋废斯爵也。"

至于今，既毕献，斯扬觯，谓之"杜举"。

联读材料

晋平公与群臣饮，饮酣，乃喟然叹曰："莫乐为人君，惟其言而莫之违。"师旷侍坐于前，援琴撞之。公披衽而避，琴坏于壁。公曰："太师谁撞？"师旷曰："今者有小人言于侧者，故撞之。"公曰："寡人也。"师旷曰："哑！是非君人者之言也。"左右请除之，公曰："释之，以为寡人戒。"

（选自《韩非子》）

1. 材料一画波浪线的部分有三处需要断句，请将相应位置的答案标号涂黑。

调也Ⓐ君之Ⓑ亵臣也Ⓒ为一饮一食忘Ⓓ君Ⓔ之疾Ⓕ是以Ⓖ饮之也。

2. 下列对文中加点的词语及相关内容的解说，不正确的一项是（　　）

A. 寝，寝宫，君王所住的内宫。堂，殿堂，是举行吉凶大礼的地方。

B. 坐，两膝着地，臀部在脚跟上。趋，疾行，小步快走。

C. 共，供应，与《烛之武退秦师》中"行李之往来，共其乏困"的"共"意思相同。

D. 扬，高举，与《登泰山记》中"大风扬积雪击面"的"扬"意思相同。

3. 下列各组语句中，加点词的意义和用法都相同的一组是（　　）

A. 趋而出　　公披衽而避　　B. 是以饮之也　　以为寡人戒

C. 又敢与知防　　晋平公与群臣饮　　D. 公谓侍者曰　　今者有小人言于侧者

4. 下列对原文有关内容的概述和分析，不正确的一项是（　　）

A. 杜蒉进入寝宫，斟酒罚师旷、李调，并自罚一杯，快步离开，表现了他的勇敢和决心。

B. 晋平公注意到杜蒉异常的举动，并让其说明其中缘由，意识到自己的错误后平公主动承认错误。

C. 材料一谓之“杜举”，意思是这个酒杯是杜蒉曾经举起的，有对杜蒉勇于进谏的赞美之意。

D. 两则材料中师旷的表现大不相同，材料一师旷没有进谏是因为没有意识到晋平公失礼。

5. 把文中画横线的句子翻译成现代汉语。

（1）曩者尔心或开予，是以不与尔言。

（2）如我死，则必毋废斯爵也。

6. 材料一杜蒉和联读材料师旷劝谏晋平公的方式有何不同？请结合相关内容，具体说明。

晋献文子成室

《礼记》

晋献文子成室，晋大夫发焉。张老曰：“美哉轮焉。美哉奂焉。歌于斯，哭于斯，聚国族于斯。”

文子曰：“武也，得歌于斯，哭于斯，聚国族于斯，是全要领以从先大夫于九京也！”北面再拜稽首。君子谓之善颂、善祷。

联读材料

晋景公之三年，大夫屠岸贾欲诛赵氏。……屠岸贾者，始有宠于灵公，及至于景公而贾为司寇，将作难，乃治灵公之贼以致赵盾。遍告诸将曰：“盾虽不知，犹为贼首。以臣弑君，子孙在朝，何以惩罪？请诛之。”……韩厥告赵朔趣亡。朔不肯，曰：“子必不绝赵祀，朔死不恨。”……贾不请而擅与诸将攻赵氏于下宫，杀赵朔、赵同、赵括、赵婴齐，皆灭其族。

赵朔妻成公姊，有遗腹，走公宫匿。赵朔客曰公孙杵臼，杵臼谓朔友人程婴曰：“胡不死？”程婴曰：“朔之妇有遗腹，若幸而男，吾奉之；即女也，吾徐死耳。”居无何，而朔妇免身，生男。屠岸贾闻之，索于宫中。夫人置儿绔中，祝曰：“赵宗灭乎，若号；即不灭，若无声。”及索，儿竟无声。已脱，程婴谓公孙杵臼曰：“今一索不得，后必且复索之，奈何？”公孙杵臼曰：“立孤与死孰难？”程婴曰：“死易，立孤难耳。”公孙杵臼曰：“赵氏先君遇子厚，子强为其难者，吾为其易者，请先死。”乃二人谋取他人婴儿负之，衣以文葆，匿山中。程婴出，谬谓诸将军曰：“婴不肖，不能立赵孤。谁能与我千金，吾告赵氏孤处。”诸将皆喜，许之，发师随程婴攻公孙杵臼。杵臼谬曰：“小人哉程婴！昔下宫之难不能死，与我谋匿赵氏孤儿，今又卖我。纵不能立，而忍卖之乎！”抱儿呼曰：“天乎天乎！赵氏孤儿何罪？请活之，独杀杵臼可也。”诸将不许，遂杀杵臼与孤儿。诸将以为赵氏孤儿良已死皆喜然赵氏真孤乃反在程婴卒与俱匿山中。

居十五年，晋景公疾，卜之，大业之后不遂者为祟。景公问韩厥，厥知赵孤在，乃曰：“大业之后在晋绝祀者，其赵氏乎？……景公问："赵尚有后子孙乎？"韩厥具以实告。于是景公乃与韩厥谋立赵孤儿，召而匿之宫中。诸将入问疾，景公因韩厥之众以胁诸将而见赵孤。赵孤名曰武。诸将不得已，乃曰："昔下宫之难，屠岸贾为之，矫以君命，并命群臣。非然，孰敢作难！微君之疾，群臣固且请立赵后。今君有命，群臣之愿也。"于是召赵武、程婴遍拜诸将，遂反与程婴、赵武攻屠岸贾，灭其族。复与赵武田邑如故。

（选自《史记》）

1. 联读材料画波浪线的部分有三处需要断句，请将相应位置的答案标号涂黑。

诸将以为赵氏孤儿良Ⓐ已死Ⓑ皆喜Ⓒ然赵氏真孤Ⓓ乃反Ⓔ在Ⓕ程婴卒Ⓖ与俱匿山中。

2. 下列对文中加点的词语及相关内容的解说，不正确的一项是（　　）

A. 轮，高大，与《九歌·国殇》中"霾两轮兮絷四马"的"轮"意思不同。

B. 颂，赞美成功，祝福的意思；祷，祈福的意思。

C. 谬，错误，与《谏太宗十思疏》中"恩所加则思无因喜以谬赏"的"谬"意思相同。

D. 矫，假传，与《归去来兮辞》中"时矫首而遐观"的"矫"意思不同。

3. 下列各组语句中，加点词的意义和用法都相同的一组是（　　）

A. 歌于斯　　索于宫中

B. 君子谓之善颂、善祷　　朔之妇有遗腹

C. 立孤与死孰难　　谁能与我千金

D. 衣以文葆，匿山中　　韩厥具以实告

4. 下列对原文有关内容的概述和分析，不正确的一项是（　　）

A. 赵武新屋落成，晋国的大夫们纷纷赠送礼物，赵武恳请大夫张老发表贺词。

B. 张老的颂词称赞了新屋的华美，表达了对赵武的美好祝福，也隐含劝勉的意味。

C. 赵武祷词中特别增加了保全性命、祈求善终的内容，体现了他居安思危的意识。

D. 联读材料记述了赵武的悲惨身世，及其在程婴等人的帮助下报仇雪恨，恢复地位的故事。

5. 把文中画横线的句子翻译成现代汉语。

（1）得歌于斯，哭于斯，聚国族于斯，是全要领以从先大夫于九京也！

（2）贾不请而擅与诸将攻赵氏于下宫。

6. 结合联读材料赵氏孤儿的故事，分析材料一君子评价赵文子（赵武）"善祷"的原因。

苏秦以连横说秦

《战国策》

苏秦始将连横说秦惠王曰："大王之国，西有巴、蜀、汉中之利，北有胡貉、代马之用，南有巫山、黔中之限，东有殽、函之固。田肥美，民殷富，战车万乘，奋击百万，沃野千里，蓄积饶多，地势形便，此所谓天府，天下之雄国也。以大王之贤，士民之众，车骑之用，兵法之教，可以并诸侯，吞天下，称帝而治。愿大王少留意，臣请奏其效。"

秦王曰："寡人闻之，毛羽不丰满者不可以高飞，文章不成者不可以诛罚，道德不厚者不可以使民，政教不顺者不可以烦大臣。今先生俨然不远千里而庭教之，愿以异日。"

苏秦曰："臣固疑大王之不能用也。昔者神农伐补遂，黄帝伐涿鹿而禽蚩尤，尧伐驩兜，舜伐三苗，禹伐共工，汤伐有夏，文王伐崇，武王伐纣，齐桓任战而霸天下。由此观之，恶有不战者乎？古者使车毂击驰，言语相结，天下为一。约从连横，兵革不藏，文士并饬，诸侯乱惑，万端俱起，不可胜理！科条既备，民多伪态；书策稠浊，百姓不足；上下相愁，民无所聊！明言章理，兵甲愈起；辩言伟服，战攻不息；繁称文辞，天下不治；舌敝耳聋，不见成功；行义约信，天下不亲。于是，乃废文任武，厚养死士，缀甲厉兵，效胜于战场。夫徒处而致利，安坐而广地，虽古五帝、三王、五霸，明主贤君，常欲坐而致之，其势不能，故以战续之。宽则两军相攻，迫则杖戟相撞，然后可建大功。是故兵胜于外，义强于内；威立于上，民服于下。今欲并天下，凌万乘，诎敌国，制海内，子元元，臣诸侯，非兵不可！今之嗣主，忽于至道，皆惛于教，乱于治，迷于言，惑于语，沉于辩，溺于辞。以此论之，王固不能行也。"

说秦王书十上而说不行。黑貂之裘敝，黄金百斤尽，资用乏绝，去秦而归。羸縢履蹻，负书担橐，形容枯槁，面目黧黑，状有愧色。归至家，妻不下纴，嫂不为炊，父母不与言。苏秦喟然叹曰："妻不以我为夫，嫂不以我为叔，父母不以我为子，是皆秦之罪也。"乃夜发书，陈箧数十，得太公《阴符》之谋，伏而诵之，简练以为揣摩。读书欲睡，引锥自刺其股，血流至足。曰："安有说人主不能出其金玉锦绣，取卿相之尊者乎？"期年，揣摩成，曰："此真可以说当世之君矣！"

于是乃摩燕乌集阙，见说赵王于华屋之下，抵掌而谈。赵王大说，封为武安君，受相印，革车百乘，锦绣千纯，白璧百双，黄金万镒，以随其后，约从散横，以抑强秦。故苏秦相于赵而关不通。

当此之时，天下之大，万民之众，王侯之威，谋臣之权，皆欲决于苏秦之策。不费斗粮，未烦一兵，未战一士，未绝一弦，未折一矢，诸侯相亲，贤于兄弟。夫贤人任而天下服，一人用而天下从。故曰：式于政，不式于勇；式于廊庙之内，不式于四境之外。当秦之隆，黄金万镒为用，转毂连骑，炫熿于道；山东之国，从风而服，使赵大重。且夫苏秦特穷巷掘门、桑户棬枢之士耳，伏轼撙衔，横历天下，庭说诸侯之主，杜左右之口，天下莫之伉。

将说楚王，路过洛阳。父母闻之，清宫除道，张乐设饮，郊迎三十里。妻侧目而视侧耳而听嫂蛇行匍伏四拜自跪而谢。苏秦曰："嫂，何前倨而后卑也？"嫂曰："以季子位尊而多金。"苏秦曰："嗟乎！贫穷则父母不子，富贵则亲戚畏惧。人生世上，势位富厚，盖可以忽乎哉！"

1. 文中画波浪线的部分有三处需要断句，请将相应位置的答案标号涂黑。

妻侧Ⓐ目而视Ⓑ侧耳Ⓒ而Ⓓ听Ⓔ嫂蛇行Ⓕ匍伏Ⓖ四拜自Ⓗ跪而谢。

2. 下列对文中加点的词语及相关内容的解说，不正确的一项是（　　）

A. 成，完备，与《劝学》中“无以成江海”的“成”词义不同。

B. 效，实现，与《苏武传》中“今得杀身自效”的“效”词义不同。

C. 简练，意思是择取精要、反复练习，与现代汉语中的“简练”词义相同。

D. 山东，意思是崤山以东，与现在是我国省级行政区的“山东”词义不同。

3. 下列各组语句中，加点词的意义和用法都相同的一组是（　　）

A. 以大王之贤　　嫂不以我为叔

B. 臣固疑大王之不能用也　　见说赵王于华屋之下

C. 常欲坐而致之　　以季子位尊而多金

D. 故苏秦相于赵而关不通　　式于廊庙之内

4. 下列对原文有关内容的概述或赏析，不正确的一项是（　　）

A. 苏秦来到秦国游说秦惠王，希望秦王用连横策略兼并诸侯，统一天下称帝。他先夸了秦国国家富强，而后也夸赞了秦惠王的贤能。

B. 秦惠王以时机还不够成熟为由婉拒了苏秦的建议，但是苏秦仍不死心继续强调征伐的必要性，他并未想到秦王会拒绝自己的建议。

C. 苏秦用连横的策略游说秦王，最终还是失败。他很落魄地回到家中，家人都很看不起他，但是他认真进行了自我反思并刻苦研读兵书。

D. 苏秦因成功游说赵王被授予相印，他也积极践行新策略，约纵散横。通过家人对其成功前后不同的态度，我们可看出文章的讽刺性。

5. 把文中画横线的句子翻译成现代汉语。

（1）安有说人主不能出其金玉锦绣，取卿相之尊者乎？

（2）嗟乎！贫穷则父母不子，富贵则亲戚畏惧。

6. 苏秦先以连横之策游说秦王而失败，后以合纵之策游说赵王终获成功。对此你如何评价苏秦这个人？请谈谈你的看法。

司马错论伐蜀

《战国策》

司马错与张仪争论于秦惠王前。司马错欲伐蜀，张仪曰：“不如伐韩。”王曰：“请闻其说。”

对曰：“亲魏善楚，下兵三川，塞轘辕、缑氏之口，当屯留之道；魏绝南阳，楚临南郑，秦攻新城、宜阳，以临二周之郊，诛周主之罪，侵楚、魏之地。周自知不救，九鼎宝器必出。据九鼎，按图籍挟天子以令天下天下莫敢不听此王业也。今夫蜀，西僻之国，而戎狄之长也。敝兵劳众不足以成名，得其地不足以为利。臣闻：'争名者于朝，争利者于市。'今三川、周室，天下之市朝也，而王不争焉，顾争于戎狄，去王业远矣。"

司马错曰："不然。臣闻之，欲富国者，务广其地；欲强兵者，务富其民；欲王者，务博其德。三资者备，而王随之矣。今王之地小民贫，故臣愿从事于易。夫蜀，西僻之国也，而戎狄之长也，而有桀、纣之乱。以秦攻之，譬如使豺狼逐群羊也。取其地，足以广国也；得其财，足以富民。缮兵不伤众，而彼已服矣。故拔一国，而天下不以为暴；利尽西海，诸侯不以为贪。是我一举而名实两附，而又有禁暴止乱之名。今攻韩劫天子，劫天子，恶名也，而未必利也，又有不义之名。而攻天下之所不欲，危！臣请谒其故：周，天下之宗室也；韩，周之与国也。周自知失九鼎，韩自知亡三川，则必将二国并力合谋，以因乎齐、赵，而求解乎楚、魏。以鼎与楚，以地与魏，王不能禁。此臣所谓'危'，不如伐蜀之完也。"惠王曰："善！寡人听子。"

卒起兵伐蜀，十月取之，遂定蜀。蜀主更号为侯，而使陈庄相蜀。蜀既属，秦益强富厚，轻诸侯。

1. 文中画波浪线的部分有三处需要断句，请将相应位置的答案标号涂黑。

按图Ⓐ籍Ⓑ挟天子Ⓒ以令天下Ⓓ天下Ⓔ莫敢Ⓕ不听Ⓖ此王Ⓗ业也。

2. 下列对文中加点的词语及相关内容的解说，不正确的一项是（　　）

A. 诛，声讨，与《六国论》中"洎牧以谗诛"的"诛"词义不同。

B. 劳，使劳苦，与《屈原列传》中"故劳苦倦极"的"劳"词义不同。

C. 譬如，意思是比如，与《论语十二章》中"譬如为山"的"譬如"词义不同。

D. 并力，共同出力，与《六国论》"并力西向"中的"并力"词义相同。

3. 下列各组语句中，加点词的意义和用法都相同的一组是（　　）

A. 而戎狄之长也　　十月取之

B. 而王不争焉　　而使陈庄相蜀

C. 以秦攻之　　足以富民

D. 以因乎齐、赵　　因人之力而敝之

4. 下列对原文有关内容的概述或赏析，不正确的一项是（　　）

A. 司马错和张仪在秦惠王面前展开争论，司马错主张阀蜀，而张仪主张先率兵伐韩，张仪先列出理由，而后司马错表达了反对意见。

B. 张仪认为应该出兵伐韩，他虽然也同意伐蜀可以带来很大的名声和利益，但是认为当务之急应该先努力做到挟持天子以号令天下。

C. 在司马错看来，秦国现在的疆域和整体实力还不够直接成就号令天下的王者伟业，他认为征伐蜀国可以一箭双雕，实现名利双收。

D. 司马错的分析非常到位，既分析了伐蜀之利，又分析了伐韩之弊。在利弊对比后，秦王选择了伐蜀，伐蜀后秦国果然更加强大。

5. 把文中画横线的句子翻译成现代汉语。

（1）欲强兵者，务富其民；欲王者，务博其德。

（2）蜀既属，秦益强富厚，轻诸侯。

6. 阅读全文，我们可知秦王选择了伐蜀。大家都认为司马错的主张比张仪的高明，请分析出高明在哪些地方？

范雎说秦王

《战国策》

范雎至，秦王庭迎范雎，敬执宾主之礼，范雎辞让。是日见范雎，见者无不变色易容者。秦王屏左右，宫中虚无人。秦王跪而进曰："先生何以幸教寡人？"范雎曰："唯唯。"有间，秦王复请，范雎曰："唯唯。"若是者三。秦王跽曰："先生不幸教寡人乎？"

范雎谢曰："非敢然也。臣闻昔者吕尚之遇文王也，身为渔父而钓于渭阳之滨耳。若是者，交疏也。已一说而立为太师，载与俱归者，其言深也。故文王果收功于吕尚，卒擅天下而身立为帝王。即使文王疏吕望而弗与深言，是周无天子之德，而文、武无与成其王也。今臣，羁旅之臣也，交疏于王，而所愿陈者，皆匡君臣之事，处人骨肉之间。愿以陈臣之陋忠，而未知王心也，所以王三问而不对者是也。

"臣非有所畏而不敢言也知今日言之于前而明日伏诛于后然臣弗敢畏也。大王信行臣之言，死不足以为臣患，亡不足以为臣忧，漆身而为厉，被发而为狂，不足以为臣耻。五帝之圣而死，三王之仁而死，五霸之贤而死，乌获之力而死，奔、育之勇而死。死者，人之所必不免。处必然之势，可以少有补于秦，此臣之所大愿也，臣何患乎？

"伍子胥橐载而出昭关，夜行而昼伏，至于蔆水，无以糊其口，膝行蒲伏，乞食于吴市，卒兴吴国，阖闾为霸。使臣得进谋如伍子胥，加之以幽囚不复见，是臣说之行也，臣何忧乎？箕子、接舆，漆身而为厉，被发而为狂，无益于殷、楚。使臣得同行于箕子、接舆，可以补所贤之主，是臣之大荣也，臣又何耻乎？

"臣之所恐者，独恐臣死之后，天下见臣尽忠而身蹶也，是以杜口裹足，莫肯即秦耳。足下上畏太后之严，下惑奸臣之态；居深宫之中，不离保傅之手，终身暗惑，无与照奸，大者宗庙灭覆，小者身以孤危，此臣之所恐耳！若夫穷辱之事，死亡之患，臣弗敢畏也。臣死而秦治，贤于生也。"

秦王跪曰："先生是何言也！夫秦国僻远，寡人愚不肖，先生乃幸至此，此天以寡人慁先生，而存先王之庙也。寡人得受命于先生，此天所以幸先王而不弃其孤也。先生奈何而言若此！事无大小，上及太后，下至大臣，愿先生悉以教寡人，无疑寡人也。"范雎再拜，秦王亦再拜。

1. 文中画波浪线的部分有三处需要断句，请将相应位置的答案标号涂黑。

臣非Ⓐ有所畏Ⓑ而不敢言也Ⓒ知今日Ⓓ言之于前Ⓔ而明日Ⓕ伏诛于后Ⓖ然臣弗敢Ⓗ畏也。

2. 下列对文中加点的词语及相关内容的解说，不正确的一项是（　　）

A. 易，改变，与《六国论》中"当与秦相较，或未易量"的"易"词义不同。

B. 陈，陈述，与《过秦论》中"信臣精卒陈利兵而谁何"的"陈"词义相同。

C. 灭覆，意思跟"覆灭"一样，本义都是指宗庙毁灭，可以理解为嬴姓政权垮台。

D. 不肖，意思是没有出息、无能，跟成语"不肖子孙"中的"不肖"一样。

3. 下列各组语句中，加点词的意义和用法都相同的一组是（　　）

A. 先生何以幸教寡人　　是以杜口裹足　　B. 而未知王心也　　天下见臣尽忠而身蹶也

C. 可以少有补于秦　　寡人得受命于先生　　D. 是臣说之行也　　而存先王之庙也

4. 下列对原文有关内容的概述或赏析，不正确的一项是（　　）

A. 秦昭王在宫廷中恭敬地对范雎行宾主之礼，后来还把左右的人支开，想单独向范雎请教，表现了很大的诚意，但是范雎以“唯唯”作答，有以退为进之意。

B. 范雎从吕尚和周文王相遇的历史故事讲起，以“交疏言深”的具体例子来试探秦王真实的意愿，接着也说出了秦王三问而自己没有回答的原因。

C. 范雎思维缜密，小心谨慎，步步为营，向秦王层层举例分析自己死不足患，亡不足忧，狂不足耻，可以理解为他通过反复陈言来表明自己对秦王的忠心诚意。

D. 范雎其实内心深知当时秦国内政外交的痼疾，最后他还是情非得已、言不由衷地说出了太后、奸臣擅权的弊害，秦王再次向他表达诚意，他终得秦王的信任。

5. 把文中画横线的句子翻译成现代汉语。

（1）可以补所贤之主，是臣之大荣也，臣又何耻乎？

（2）若夫穷辱之事，死亡之患，臣弗敢畏也。

6. 阅读全文，我们可以感受到范雎的语言艺术和游说智慧。请用自己的话来简要分析。

邹忌讽齐王纳谏

《战国策》

邹忌修八尺有余，而形貌昳丽。朝服衣冠，窥镜，谓其妻曰：“我孰与城北徐公美？”其妻曰：“君美甚，徐公何能及君也？”城北徐公，齐国之美丽者也。忌不自信，而复问其妾曰：“吾孰与徐公美？”妾曰：“徐公何能及君也？”旦日，客从外来，与坐谈，问之：“吾与徐公孰美？”客曰：“徐公不若君之美也。”明日徐公来，熟视之，自以为不如；窥镜而自视，又弗如远甚。暮寝而思之，曰：“吾妻之美我者，私我也；妾之美我者，畏我也；客之美我者，欲有求于我也。”

于是入朝见威王，曰：“臣诚知不如徐公美，臣之妻私臣，臣之妾畏臣，臣之客欲有求于臣，皆以美于徐公。今齐地方千里百二十城宫妇左右莫不私王，朝廷之臣莫不畏王，四境之内莫不有求于王：由此观之，王之蔽甚矣！”

王曰：“善。”乃下令：“群臣吏民能面刺寡人之过者，受上赏；上书谏寡人者，受中赏；能谤议于市朝，闻寡人之耳者，受下赏。”令初下，群臣进谏，门庭若市。数月之后，时时而间进；期年之后，虽欲言，无可进者。燕、赵、韩、魏闻之，皆朝于齐。此所谓战胜于朝廷。

1. 文中画波浪线的部分有三处需要断句，请将相应位置的答案标号涂黑。

今齐地Ⓐ方千里Ⓑ百二Ⓒ十城Ⓓ宫妇Ⓔ左右Ⓕ莫不Ⓖ私王。

2. 下列对文中加点的词语及相关内容的解说，不正确的一项是（　　）

A. 服，穿或戴，与《过秦论》中“强国请服”的“服”的词义不同。

B. 寝，躺在床上休息，与《六国论》中“然后得一夕安寝”的“寝”词义相同。

C. 四境，国土四周边境，与《六国论》中“起视四境”的“四境”的意思相同。

D. 谤议，指责、批评、议论，跟成语“分损谤议”的“谤议”意思不同。

3. 下列各组语句中，加点词的意义和用法都相同的一组是（　　）

A. 而形貌昳丽　　窥镜而自视　　B. 齐国之美丽者也　　吾妻之美我者

C. 自以为不如　　皆以美于徐公　　D. 臣之客欲有求于臣　　皆朝于齐

4. 下列对原文有关内容的概述或分析，不正确的一项是（　　）

A. 邹忌本身长得高大英俊，他想知道自己和徐公谁更美，他的妻妾都认为邹忌更美。

B. 前来拜访邹忌的宾客也认为邹忌更美。但邹忌见到徐公本人后，发现自己远不如徐公美。

C. 邹忌认真反思了为何妻妾宾客都夸自己。他进朝拜见齐王，认为齐王同样会被蒙蔽。

D. 齐王虽内心不快，但认为邹忌的进谏对国家有利，于是下令鼓励臣子向自己提意见。

5. 把文中画横线的句子翻译成现代汉语。

（1）忌不自信，而复问其妾曰：“吾孰与徐公美？”妾曰：“徐公何能及君也？”

（2）令初下，群臣进谏，门庭若市。数月之后，时时而间进。期年之后，虽欲言，无可进者。

6. 清朝林云铭和余诚均评价此文用了三叠法。三叠法，可以指在文本中用三次比较明显的重复或三次比较大的波折来展开行文，有助于传情达意，增强表达效果。请结合文本分析三叠法是如何体现的。

颜斶说齐王

《战国策》

齐宣王见颜斶，曰：“斶前！”斶亦曰：“王前！”宣王不说。左右曰：“王，人君也；斶，人臣也。王曰‘斶前’，斶亦曰‘王前’，可乎？”斶对曰：“夫斶前为慕势王前为趋士与使斶为慕势不如使王为趋士。”王忿然作色曰：“王者贵乎？士贵乎？”对曰：“士贵耳，王者不贵。”王曰：“有说乎？”斶曰：“有。昔者秦攻齐，令曰：‘有敢去柳下季垄五十步而樵采者，死不赦。’令曰：‘有能得齐王头者，封万户侯，赐金千镒。’由是观之，生王之头，曾不若死士之垄也。”

宣王曰：“嗟乎！君子焉可侮哉？寡人自取病耳！愿请受为弟子。且颜先生与寡人游，食必太牢，出必乘车，妻子衣服丽都。”颜斶辞去曰：“夫玉生于山，制则破焉，非弗宝贵矣，然太璞不完。士生乎鄙野，推选则禄焉，非不尊遂也，然而形神不全。斶愿得归，晚食以当肉，安步以当车，无罪以当贵，清净贞正以自虞。”则再拜而辞去。

君子曰：“斶知足矣，归真反璞，则终身不辱。”

1. 文中画波浪线的部分有三处需要断句，请将相应位置的答案标号涂黑。

夫斶Ⓐ前为慕势Ⓑ王前Ⓒ为趋士Ⓓ与使Ⓔ斶为慕势Ⓕ不如Ⓖ使王Ⓗ为趋士。

2. 下列对文中加点的词语及相关内容的解说，不正确的一项是（　　）

A. 说，开心，与《念奴娇・过洞庭》中“妙处难与君说”的“说”词义不同。

B. 去，空间的距离，与《蜀道难》中“连峰去天不盈尺”的“去”词义相同。

C. 太牢，指祭祀时牛羊猪三牲俱备，比“少牢”规格更高，指上等美食也指地位很高。

D. 自虞，意思是娱乐自己，让自己快乐，跟成语“尔虞我诈”中的“虞”意思相同。

3. 下列各组语句中，加点词的意义和用法都相同的一组是（　　）

A. 斶亦曰“王前”，可乎　　士生乎鄙野　　B. 昔者秦攻齐　　有能得齐王头者

C. 君子焉可侮哉　　制则破焉　　D. 非弗宝贵矣　　斶知足矣

4. 下列对原文有关内容的概述或赏析，不正确的一项是（　　）

A. 齐宣王在接见颜斶时，一开始就摆国君的架子，让颜斶到自己面前来，颜斶也让齐王走到自己面前来，齐王未料颜斶这么对待自己，内心很不开心。

B. 齐王身边的人带着指责的口吻表示颜斶没有尊敬齐王，而颜斶虽然自己内心里希望得到重用，但是依然神态镇定，表达出自己希望齐王成为趋士之君。

C. 颜斶面对齐王的大怒，镇定自若，他举出秦国攻打齐国时对柳下季和齐王分别颁布出两个差别特别大的命令这样的例子来证明士比国君更尊贵的观点。

D. 齐王听了颜斶的话语后，用功名利禄来笼络他，表示如果颜斶收自己为徒的话，定会让其享受荣华富贵，但颜斶坚守本心，拒绝并辞别了齐王。

5. 把文中画横线的句子翻译成现代汉语。

（1）寡人自取病耳！愿请受为弟子。

（2）推选则禄焉，非不尊遂也，然而形神不全。

6. 阅读全文，请问你如何评价颜斶这个人？结合文本简要分析。

冯煖客孟尝君

《战国策》

齐人有冯煖者，贫乏不能自存，使人属孟尝君，愿寄食门下。孟尝君曰："客何好？"曰："客无好也。"曰："客何能？"曰："客无能也。"孟尝君笑而受之曰："诺。"

左右以君贱之也，食以草具。居有顷，倚柱弹其剑，歌曰："长铗归来乎！食无鱼！"左右以告。孟尝君曰："食之，比门下之客。"居有顷，复弹其铗，歌曰："长铗归来乎！出无车！"左右皆笑之，以告。孟尝君曰："为之驾，比门下之车客。"于是乘其车，揭其剑，过其友曰："孟尝君客我。"后有顷，复弹其剑铗，歌曰："长铗归来乎！无以为家！"左右皆恶之，以为贪而不知足。孟尝君问："冯公有亲乎？"对曰："有老母。"孟尝君使人给其食用，无使乏。于是冯煖不复歌。

后孟尝君出记，问门下诸客："谁习计会，能为文收责于薛者乎？"冯煖署曰："能。"孟尝君怪之，曰："此谁也？"左右曰："乃歌夫'长铗归来'者也。"孟尝君笑曰："客果有能也，吾负之，未尝见也。"请而见之，谢曰："文倦于是，愦于忧，而性懧愚，沉于国家之事，开罪于先生。先生不羞，乃有意欲为收责于薛乎？"冯煖曰："愿之。"于是约车治装，载券契而行，辞曰："责毕收，以何市而反？"孟尝君曰："视吾家所寡有者。"

驱而之薛使吏召诸民当偿者悉来合券券遍合，起矫命以责赐诸民，因烧其券。民称万岁。

长驱到齐，晨而求见。孟尝君怪其疾也，衣冠而见之，曰："责毕收乎？来何疾也！"曰："收毕矣。""以何市而反？"冯煖曰："君云'视吾家所寡有者'。臣窃计，君宫中积珍宝，狗马实外厩，美人充下陈。君家所寡有者以义耳！窃以为君市义。"孟尝君曰："市义奈何？"曰："今君有区区之薛，不拊爱子其民，因而贾利之。臣窃矫君命，以责赐诸民，因烧其券，民称万岁。乃臣所以为君市义也。"孟尝君不说，曰："诺，先生休矣！"

后期年，齐王谓孟尝君曰："寡人不敢以先王之臣为臣。"孟尝君就国于薛。未至百里，民扶老携幼，迎君道中，终日。孟尝君顾谓冯煖："先生所为文市义者，乃今日见之。"

冯煖曰："狡兔有三窟，仅得免其死耳。今有一窟，未得高枕而卧也，请为君复凿二窟。"孟尝君予车五十乘，金五百斤，西游于梁。谓梁王曰："齐放其大臣孟尝君于诸侯，先迎之者，富而兵强。"于是，梁王虚上位，以故相为上将军，遣使者、黄金千斤、车百乘，往聘孟尝君。冯煖先驱诫孟尝君曰："千金，重币也；百乘，显使也。齐其闻之矣。"梁使三反，孟尝君固辞不往也。

齐王闻之，君臣恐惧，遣太傅赍黄金千斤、文车二驷、服剑一，封书谢孟尝君曰："寡人不祥，被于宗庙之祟，沉于谄谀之臣，开罪于君。寡人不足为也，愿君顾先王之宗庙，姑反国统万人乎！"冯煖诫孟尝君曰："愿请先王之祭器，立宗庙于薛。"庙成，还报孟尝君曰："三窟已就，君姑高枕为乐矣！"

孟尝君为相数十年，无纤介之祸者，冯煖之计也。

1. 文中画波浪线的部分有三处需要断句，请将相应位置的答案标号涂黑。

驱而Ⓐ之薛Ⓑ使吏Ⓒ召诸民Ⓓ当偿者Ⓔ悉来Ⓕ合券Ⓖ券Ⓗ遍合。

2. 下列对文中加点的词语及相关内容的解说，不正确的一项是（　　）

A. 揭，高举，与《过秦论》中"斩木为兵，揭竿为旗"的"揭"词义相同。

B. 过，拜访，与《阿房宫赋》中"雷霆乍惊，宫车过也"的"过"词义相同。

C. 开罪，指因冒犯而得罪，在文中，可以看出孟尝君的谦虚。"开罪"一词，古今同义。

D. 谄谀，意思是谄媚、阿谀奉承，跟成语“谄谀取容”中的“谄谀”意思基本相同。

3. 下列各组语句中，加点词的意义和用法都相同的一组是（　　）

A. 过其友曰　　齐其闻之矣

B. 能为文收责于薛者乎　　寡人不敢以先王之臣为臣

C. 请而见之　　衣冠而见之

D. 西游于梁　　沉于谄谀之臣

4. 下列对原文有关内容的概述或赏析，不正确的一项是（　　）

A. 冯煖特别贫穷，主动请别人介绍，想寄食在孟尝君的门下，孟尝君问他有什么爱好和才能，他都回答说自己没有，但是孟尝君还是收留了他。

B. 冯煖不满足于寄食在孟尝君门下的生活状态，分别以食无鱼、出无车、无以为家为由一再弹剑铗而歌，想得到这些待遇，结果孟尝君都满足了他。

C. 孟尝君想让门客替自己收债，冯煖主动请缨。孟尝君心里记挂着此人，知道他与常人不同。冯煖揣摩到孟尝君的用意，免除百姓之债并烧掉债券。

D. 冯煖在薛地帮孟尝君市义之后继续献计，愿帮其再凿两窟。最终孟尝君凭借着冯煖打造的三窟，当了几十年国相而无灾祸，由此看出冯煖才能之高。

5. 把文中画横线的句子翻译成现代汉语。

（1）贫乏不能自存，使人属孟尝君，愿寄食门下。

（2）寡人不足为也，愿君顾先王之宗庙，姑反国统万人乎！

6. 清代余诚评价此文妙处时感慨“真有武夷九曲，步步引人入胜之致”，请结合全文，分析余诚在作出此等评价时所称赞的妙处表现在什么地方。

赵威后问齐使

《战国策》

齐王使使者问赵威后。书未发，威后问使者曰：“岁亦无恙耶？民亦无恙耶？王亦无恙耶？”使者不说，曰：“臣奉使使威后今不问王而先问岁与民岂先贱而后尊贵者乎？”威后曰：“不然。苟无岁，何有民？苟无民，何有君？故有问舍本而问末者耶？”

乃进而问之曰：“齐有处士曰钟离子，无恙耶？是其为人也，有粮者亦食，无粮者亦食；有衣者亦衣，无衣者亦衣。是助王养其民者也，何以至今不业也？叶阳子无恙乎？是其为人，哀鳏寡，恤孤独，振困穷，补不足。是助王息其民者也，何以至今不业也？北宫之女婴儿子无恙耶？撤其环瑱，至老不嫁，以养父母。是皆率民而出于孝情者也，胡为至今不朝也？此二士弗业，一女不朝，何以王齐国、子万民乎？於陵子仲尚存乎？是其为人也，上不臣于王，下不治其家，中不索交诸侯。此率民而出于无用者，何为至今不杀乎？”

联读材料

孟子曰："民为贵，社稷次之，君为轻。是故得乎丘民而为天子，得乎天子为诸侯，得乎诸侯为大夫。诸侯危社稷，则变置。牺牲既成，粢盛既洁，祭祀以时，然而旱干水溢，则变置社稷。”

（选自《孟子·尽心篇下》）

1. 文中画波浪线的部分有三处需要断句，请将相应位置的答案标号涂黑。

臣奉使Ⓐ使威后Ⓑ今不问Ⓒ王Ⓓ而先问Ⓔ岁与Ⓕ民Ⓖ岂先贱而后尊Ⓗ贵者乎？

2. 下列对文中加点的词语及相关内容的解说，不正确的一项是（　　）

A. 发，打开，与《念奴娇·赤壁怀古》中“雄姿英发”的“发”词义不同。

B. 业，成就功业，与《过秦论》中“蒙故业，因遗策”的“业”词义相同。

C. 索交，谋求结交，赵威后带着指责的口吻批评於陵子仲在建功立业上没有追求。

D. 社稷，原指土地神和谷神，后泛指国家，我们今天也可以用“社稷”一词来指国家。

3. 下列各组语句中，加点词的意义和用法都相同的一组是（　　）

A. 故有问舍本而问末者耶　　是故得乎丘民而为天子

B. 是助王养其民者也　　是皆率民而出于孝情者也

C. 以养父母　　祭祀以时

D. 胡为至今不朝也　　得乎天子为诸侯

4. 下列对原文有关内容的概述或赏析，不正确的一项是（　　）

A. 赵威后还没有打开齐王写给自己的信，就开始依次询问使者齐国的年岁和老百姓是否还好，最后才问齐王是否还好，令齐国的使者感到不开心。

B. 面对齐国使者的怒气，赵威后娓娓道来，回答得比较有条理，她说如果没有好的年成，那么就“无民”，而若“无民”就会“无君”，她认为君为末。

C. 赵威后后来又进一步向齐国的使者发问，分别问了钟离子、叶阳子和婴儿子的现状，委婉表达了对齐王的批评，认为齐王没有赏识重用这些贤能之士。

D. 赵威后问到於陵子仲，她认为齐王应该尽早杀掉他，原因除了不臣于王和不治家以外，最重要的是子仲没有结交诸侯，暗指他太追求隐逸，没有结交自己。

5. 把文中画横线的句子翻译成现代汉语。

（1）是其为人，哀鳏寡，恤孤独，振困穷，补不足。

（2）得乎诸侯为大夫。诸侯危社稷，则变置。

6. 结合两则材料，请问可以从哪里体现出赵威后的“民本”思想？和孟子的“民本”思想有何异同？

庄辛论幸臣

《战国策》

臣闻鄙语曰："见兔而顾犬，未为晚也；亡羊而补牢，未为迟也。"臣闻昔汤、武以百里昌，桀、纣以天下亡。今楚国虽小绝长续短犹以数千里岂特百里哉？

王独不见夫蜻蛉乎？六足四翼，飞翔乎天地之间，俛啄蚊虻而食之，仰承甘露而饮之，自以为无患，与人无争也，不知夫五尺童子，方将调饴胶丝，加己乎四仞之上，而下为蝼蚁食也！

夫蜻蛉其小者也，黄雀因是以。俯噣白粒，仰栖茂树，鼓翅奋翼，自以为无患，与人无争也，不知夫公子王孙，左挟弹，右摄丸，将加己乎十仞之上，以其类为招。昼游乎茂树，夕调乎酸咸，倏忽之间，坠于公子之手。

夫雀其小者也，黄鹄因是以。游乎江海，淹乎大沼，俯噣鳝鲤，仰啮蔆衡，奋其六翮，而凌清风，飘摇乎高翔。自以为无患，与人无争也，不知夫射者，方将修其碆卢，治其矰缴，将加己乎百仞之上，被劙磻，引微缴，折清风而抎矣。故昼游乎江湖，夕调乎鼎鼐。

夫黄鹄其小者也，蔡灵侯之事因是以。南游乎高陂，北陵乎巫山，饮茹溪流，食湘波之鱼，左抱幼妾，右拥嬖女，与之驰骋乎高蔡之中，而不以国家为事。不知夫子发方受命乎灵王，系己以朱丝而见之也。

蔡灵侯之事其小者也，君王之事因是以。左州侯，右夏侯，辇从鄢陵君与寿陵君，饭封禄之粟，而载方府[①]之金，与之驰骋乎云梦之中，而不以天下国家为事。而不知夫穰侯方受命乎秦王，填黾塞之内，而投己乎黾塞之外！

注：①方府：国库。

1. 文中画波浪线的部分有三处需要断句，请将相应位置的答案标号涂黑。

今楚Ⓐ国虽小Ⓑ绝Ⓒ长续Ⓓ短Ⓔ犹以Ⓕ数千里Ⓖ岂特Ⓗ百里哉？

2. 下列对文中加点的词语及相关内容的解说，不正确的一项是（　　）

A. 顾，看，与《涉江采芙蓉》中"还顾望旧乡"的"顾"词义不同。

B. 食，吃，与《劝学》中"上食埃土，下饮黄泉"的"食"词义相同。

C. 六翮，翅膀，跟文中"仰栖茂树，鼓翅奋翼"中的"翅""翼"意思相同。

D. 右拥，右手搂抱，在文中与"左抱"形成"互文"关系，两词意思相同。

3. 下列各组语句中，加点词的意义和用法都相同的一组是（　　）

A. 亡羊而补牢　　而不以国家为事　　B. 臣闻昔汤、武以百里昌　　君王之事因是以

C. 仰承甘露而饮之　　饭封禄之粟　　D. 将加己乎十仞之上　　淹乎大沼

4. 下列对原文有关内容的概述或赏析，不正确的一项是（　　）

A. 庄辛对楚王说看到兔子再唤猎犬，走失了羊再修补羊圈，都不算晚，目的也很明显，劝楚王不要失去信心，还可以重振国家。

B. 庄辛分别列举分析了"蜻蛉""黄雀""黄鹄"的遭遇，指出了它们自己一直觉得没有危险，不担心自身安危，结果都丧命。

C. 蔡灵侯不觉得国家会发生什么事，喜欢吃喝玩乐，四处游玩，未料楚国已派兵攻打蔡国。

D. 庄辛说楚王身边带着很多宠臣游玩，而这些宠臣享用着进贡来的粮食，挥霍着国库里的钱财，进而借以提醒楚王可能会亡国。

5. 把文中画横线的句子翻译成现代汉语。

（1）昼游乎茂树，夕调乎酸咸，倏忽之间，坠于公子之手。

（2）而载方府之金，与之驰骋乎云梦之中，而不以天下国家为事。

6. 很多人在赏析这篇文章时，都认为本篇文章的游说艺术高超。请结合全文，分析其游说艺术体现在哪些地方。

触詟说赵太后

《战国策》

赵太后新用事，秦急攻之。赵氏求救于齐，齐曰："必以长安君为质，兵乃出。"太后不肯，大臣强谏。太后明谓左右："有复言令长安君为质者，老妇必唾其面！"

左师触詟愿见。太后盛气而揖之。入而徐趋，至而自谢，曰："老臣病足，曾不能疾走，不得见久矣，窃自恕。恐太后玉体之有所郄也，故愿望见。"太后曰："老妇恃辇而行。"曰："日食饮得无衰乎？"曰："恃鬻耳。"曰："老臣今者殊不欲食，乃自强步，日三四里，少益嗜食，和于身。"曰："老妇不能。"太后之色少解。

左师公曰："老臣贱息舒祺，最少，不肖。而臣衰，窃爱怜之。愿令补黑衣之数，以卫王宫，没死以闻。"太后曰："敬诺。年几何矣？"对曰："十五岁矣。虽少，愿及未填沟壑而托之。"太后曰："丈夫亦爱怜其少子乎？"对曰："甚于妇人。"太后曰："妇人异甚。"对曰："老臣窃以为媪之爱燕后贤于长安君。"曰："君过矣，不若长安君之甚。"左师公曰："父母之爱子，则为之计深远。媪之送燕后也持其踵为之泣念悲其远也亦哀之矣。已行，非弗思也，祭祀必祝之，祝曰：'必勿使反。'岂非计久长，有子孙相继为王也哉？"太后曰："然。"

左师公曰："今三世以前，至于赵之为赵，赵王之子孙侯者，其继有在者乎？"曰："无有。"曰："微独赵，诸侯有在者乎？"曰："老妇不闻也。""此其近者祸及身，远者及其子孙。岂人主之子孙则必不善哉？位尊而无功，奉厚而无劳，而挟重器多也。今媪尊长安之位，而封以膏腴之地，多予之重器，而不及今令有功于国。一旦山陵崩，长安君何以自托于赵？老臣以媪为长安君计短也，故以为其爱不若燕后。"太后曰："诺。恣君之所使之。"于是为长安君约车百乘质于齐，齐兵乃出。

子义闻之曰："人主之子也，骨肉之亲也，犹不能恃无功之尊，无劳之奉，以守金玉之重也，而况人臣乎！"

1. 文中画波浪线的部分有三处需要断句，请将相应位置的答案标号涂黑。

媪Ⓐ之送燕Ⓑ后也Ⓒ持其踵Ⓓ为之泣Ⓔ念悲Ⓕ其远也Ⓖ亦Ⓗ哀之矣。

2. 下列对文中加点的词语及相关内容的解说，不正确的一项是（　　）

A. 谢，道歉，与《鸿门宴》中“不可不蚤自来谢项王”的“谢”词义相同。

B. 少，稍微，与《赤壁赋》中“少焉，月出于东山之上”的“少”词义不同。

C. 贱息，指卑贱的儿子，说话者在对别人指称自己儿子时用的谦称，跟“犬子”相近。

D. 重器，指珍贵的财富宝物，与《谏太宗十思疏》中“人君当神器之重”的“神器”相近。

3. 下列各组语句中，加点词的意义和用法都相同的一组是（　　）

A. 兵乃出　　乃自强步

B. 太后盛气而揖之　　而不及今令有功于国

C. 甚于妇人　　于是为长安君约车百乘质于齐

D. 老臣窃以为媪之爱燕后贤于长安君　　至于赵之为赵

4. 下列对原文有关内容的概述或赏析，不正确的一项是（　　）

A. 赵国因被秦国攻打而情势危急，齐国提出条件，让长安君当人质才出兵，但赵太后却特别执着，不愿意把长安君送过去。

B. 触詟拜见赵太后，赵太后知道他为什么要来见自己，开始时特别生气，触詟并未着急说出自己的意见，而是先缓和紧张气氛。

C. 触詟向赵太后指出自己的小儿子不肖，并且认为赵太后对燕后的疼爱胜过了对长安君，其实暗指长安君也跟自己儿子差不多。

D. 赵太后随着触詟引出的父母对子女之爱的话题，渐渐理解了他的看法，后来她被触詟说服，醒悟过来，把长安君送到齐国为质。

5. 把文中画横线的句子翻译成现代汉语。

（1）不得见久矣，窃自恕。恐太后玉体之有所郄也，故愿望见。

（2）岂人主之子孙则必不善哉？位尊而无功，奉厚而无劳，而挟重器多也。

6. 清代唐德宜曾这样评价本文：“从一爱字迎机而入，语语说向太后心坎里来。故并不露出必要长安君出质，而太后早已死心塌地。进言之妙，莫过于此。”你是否从“爱”字感受到进言的妙处？请分析这妙处的具体表现。

鲁仲连义不帝秦

《战国策》

秦围赵之邯郸。魏安釐王使将军晋鄙救赵。畏秦，止于荡阴，不进。

魏王使客将军辛垣衍间入邯郸，因平原君谓赵王曰："秦所以急围赵者，前与齐闵王争强为帝，已而复归帝，以齐故。今齐闵王益弱。方今唯秦雄天下，此非必贪邯郸，其意欲求为帝。赵诚发使尊秦昭王为帝，秦必喜，罢兵去。"平原君犹豫未有所决。

此时鲁仲连适游赵，会秦围赵，闻魏将欲令赵尊秦为帝，乃见平原君曰："事将奈何矣？"平原君曰："胜也何敢言事？百万之众折于外，今又内围邯郸而不去。魏王使客将军辛垣衍令赵帝秦，今其人在是，胜也何敢言事？"鲁连曰："始吾以君为天下之贤公子也，吾乃今然后知君非天下之贤公子也。梁客辛垣衍安在？吾请为君责而归之。"平原君曰："胜请为召而见之于先生。"

平原君遂见辛垣衍曰："东国有鲁连先生，其人在此，胜请为绍介而见之于将军。"辛垣衍曰："吾闻鲁连先生，齐国之高士也。衍，人臣也，使事有职。吾不愿见鲁连先生也。"平原君曰："胜已泄之矣。"辛垣衍许诺。

鲁连见辛垣衍而无言。辛垣衍曰："吾视居此围城之中者，皆有求于平原君者也。今吾视先生之玉貌，非有求于平原君者，曷为久居此围城之中而不去也？"鲁连曰："世以鲍焦无从容而死者，皆非也，今众人不知，则为一身。彼秦，弃礼义、上首功之国也。权使其士，虏使其民。彼则肆然而为帝，过而遂正于天下，则连有赴东海而死耳，吾不忍为之民也！所为见将军者，欲以助赵也！"辛垣衍曰："先生助之奈何？"鲁连曰："吾将使梁及燕助之。齐、楚固助之矣。"辛垣衍曰："燕则吾请以从矣。若乃梁，则吾乃梁人也，先生恶能使梁助之耶？"鲁连曰："梁未睹秦称帝之害故也！使梁睹秦称帝之害，则必助赵矣。"辛垣衍曰："秦称帝之害将奈何？"鲁仲连曰："昔齐威王尝为仁义矣，率天下诸侯而朝周。周贫且微，诸侯莫朝，而齐独朝之。居岁余，周烈王崩，诸侯皆吊，齐后往。周怒，赴于齐曰：'天崩地坼，天子下席。东藩之臣田婴齐后至，则斮之。'威王勃然怒曰：'叱嗟！而母婢也！'卒为天下笑。故生则朝周，死则叱之，诚不忍其求也。彼天子固然，其无足怪。"

辛垣衍曰："先生独未见夫仆乎？十人而从一人者，宁力不胜，智不若邪？畏之也！"鲁仲连曰："然梁之比于秦若仆邪？"辛垣衍曰："然。"鲁仲连曰："然则吾将使秦王烹醢梁王。"辛垣衍快然不说，曰："嘻！亦太甚矣，先生之言也！先生又恶能使秦王烹醢梁王？"鲁仲连曰："固也，待吾言之。昔者，鬼侯、鄂侯、文王，纣之三公也。鬼侯有子而好，故入之于纣，纣以为恶，醢鬼侯。鄂侯争之急，辨之疾，故脯鄂侯。文王闻之喟然而叹故拘之于牖里之库百日而欲令之死。曷为与人俱称帝王，卒就脯醢之地也？

"齐闵王将之鲁，夷维子执策而从，谓鲁人曰：'子将何以待吾君？'鲁人曰：'吾将以十太牢待子之君。'夷维子曰：'子安取礼而来待吾君？彼吾君者，天子也！天子巡狩，诸侯避舍，纳筦键，摄衽抱几，视膳于堂下。天子已食，退而听朝也。'鲁人投其籥，不果纳，不得入于鲁。将之薛，假涂于邹。当是时，邹君死，闵王欲入吊，夷维子谓邹之孤曰：'天子吊，主人必将倍殡柩，设北面于南方，然后天子南面吊也。'邹之群臣曰：'必若此，吾将伏剑而死。'故不敢入于邹。邹、鲁之臣，生则不得事养，死则不得饭含。然且欲行天子之礼于邹、鲁之臣，不果纳。今秦万乘之国，梁亦万乘之国，俱据万乘之国，交有称王之名。睹其一战而胜，欲从而帝之，是使三晋之大臣不如邹、鲁之仆妾也。

"且秦无已而帝，则且变易诸侯之大臣；彼将夺其所谓不肖，而予其所谓贤；夺其所憎，而予其所爱；彼又将使其子女谗妾为诸侯妃姬，处梁之宫，梁王安得晏然而已乎？而将军又何以得故宠乎？”

于是，辛垣衍起，再拜谢曰：“始以先生为庸人，吾乃今日而知，先生为天下之士也！吾请去，不敢复言帝秦。”

秦将闻之，为却军五十里。适会公子无忌夺晋鄙军以救赵击秦，秦军引而去。

于是平原君欲封鲁仲连。鲁仲连辞让者三，终不肯受。平原君乃置酒，酒酣，起，前，以千金为鲁连寿。鲁连笑曰：“所贵于天下之士者，为人排患、释难、解纷乱而无所取也。即有所取者，是商贾之人也，仲连不忍为也。”遂辞平原君而去，终身不复见。

1. 文中画波浪线的部分有三处需要断句，请将相应位置的答案标号涂黑。

文王闻之Ⓐ喟然Ⓑ而叹Ⓒ故拘之Ⓓ于牖里Ⓔ之库Ⓕ百日Ⓖ而欲Ⓗ令之死。

2. 下列对文中加点的词语及相关内容的解说，不正确的一项是（　　）

A. 适，恰逢、恰巧，与《归园田居（其一）》中“少无适俗韵”的“适”词义不同。

B. 固，原本、本来，与《过秦论》中“君臣固守以窥周室”的“固”词义相同。

C. 怏然，不满意、不高兴的样子，与成语“怏怏不乐”中的“怏怏”的意思相近。

D. 不肖，不成器、没有出息的人，跟成语“不肖子孙”中的“不肖”意思接近。

3. 下列各组语句中，加点词的意义和用法都相同的一组是（　　）

A. 以齐故　　以千金为鲁连寿　　B. 吾请为君责而归之　　昔齐威王尝为仁义矣

C. 鲁连见辛垣衍而无言　　而齐独朝之　　D. 彼则肆然而为帝　　然则吾将使秦王烹醢梁王

4. 下列对原文有关内容的概述或赏析，不正确的一项是（　　）

A. 赵国的邯郸被秦军包围。魏国此时虽派兵来救，但是还是希望赵国能尊秦为帝。

B. 鲁仲连先批评了平原君，而后让他把自己介绍给辛垣衍见面，说去责备辛一顿。

C. 鲁仲连对辛垣衍分析尊秦为帝的坏处，列举史实，驳斥对方，后来让辛心服口服。

D. 秦将听鲁仲连说服辛垣衍，于是带兵撤退回秦。后鲁仲连拒绝赏赐，终不复见。

5. 把文中画横线的句子翻译成现代汉语。

（1）彼秦，弃礼义、上首功之国也。权使其士，虏使其民。

（2）所贵于天下之士者，为人排患、释难、解纷乱而无所取也。即有所取者，是商贾之人也，仲连不忍为也。

6. 清人吴楚材、吴调侯在评本文时赞赏鲁仲连“自是战国第一人”。请结合文本，试分析该赞赏的理由。

鲁共公择言

《战国策》

梁王魏婴觞诸侯于范台，酒酣，请鲁君举觞。鲁君兴，避席择言曰："昔者，帝女令仪狄作酒而美，进之禹，禹饮而甘之，遂疏仪狄，绝旨酒，曰：'后世必有以酒亡其国者。'齐桓公夜半不嗛，易牙乃煎、熬、燔、炙，和调五味而进之，桓公食之而饱，至旦不觉，曰：'后世必有以味亡其国者。'晋文公得南之威，三日不听朝，遂推南之威而远之，曰：'后世必有以色亡其国者。'楚王登强台而望崩山，左江而右湖，以临彷徨，其乐忘死，遂盟强台而弗登，曰：'后世必有以高台、陂池亡其国者。'今主君之尊，仪狄之酒也；主君之味，易牙之调也；左白台而右闾须[①]，南威之美也；前夹林而后兰台，强台之乐也。有一于此足以亡其国今主君兼此四者可无戒与？"梁王称善相属。

注：①白台、闾须：均为美女姓名。

1. 文中画波浪线的部分有三处需要断句，请将相应位置的答案标号涂黑。

有一Ⓐ于此Ⓑ足以亡Ⓒ其国Ⓓ今主君Ⓔ兼Ⓕ此四者Ⓖ可无Ⓗ戒与？

2. 下列对文中加点的词语及相关内容的解说，不正确的一项是（　　）

A. 兴，起身，与《赤壁赋》中"清风徐来，水波不兴"的"兴"词义不同。

B. 疏，疏远，与《屈原列传》中"王怒而疏屈平"的"疏"词义相同。

C. 彷徨，流连忘返的样子，与成语"彷徨四顾"中的"彷徨"意思不同。

D. 相属，接连，与《赤壁赋》中"举匏樽以相属"的"相属"意思相同。

3. 下列各组语句中，加点词的意义和用法都相同的一组是（　　）

A. 昔者　　后世必有以酒亡其国者

B. 进之禹　　桓公食之而饱

C. 遂推南之威而远之　　左江而右湖

D. 后世必有以味亡其国者　　后世必有以色亡其国者

4. 下列对原文有关内容的概述或赏析，不正确的一项是（　　）

A. 魏国梁惠王在范台宴请诸侯，在酒兴酣畅的时候，梁惠王让鲁共公举杯敬酒致辞。

B. 鲁共公先举了夏禹戒酒一例来规劝梁惠王要明白美酒的危害，以此来警醒梁惠王。

C. 鲁共公总共列举四位春秋战国时期的国君的例子，劝说梁王戒掉美酒和美色。

D. 鲁共公在举觞祝酒过程中娓娓道来，经过举例排比，颇具说服力，又有劝诫之效。

5. 把文中画横线的句子翻译成现代汉语。

（1）遂盟强台而弗登，曰："后世必有以高台、陂池亡其国者。"

（2）左白台而右闾须，南威之美也；前夹林而后兰台，强台之乐也。

6. 清代唐德宜评价此文时说“直举四事，峰峦特起。入后层层环抱，神致天然，可称隽品”，请结合全文回答，“峰峦特起。入后层层环抱”这两句在文中是如何体现的。

唐雎说信陵君

《战国策》

信陵君杀晋鄙，救邯郸，破秦人，存赵国，赵王自郊迎唐雎谓信陵君曰臣闻之曰事有不可知者，有不可不知者；有不可忘者，有不可不忘者。”信陵君曰：“何谓也？”对曰：“人之憎我也，不可不知也；我憎人也，不可得而知也。人之有德于我也，不可忘也；吾有德于人也，不可不忘也。今君杀晋鄙，救邯郸，破秦人，存赵国，此大德也。今赵王自郊迎，卒然见赵王，愿君之忘之也。”信陵君曰：“无忌谨受教。”

联读材料

魏公叔痤为魏将，而与韩、赵战浍北，禽乐祚。魏王说，迎郊，以赏田百万禄之。公叔痤反走，再拜辞曰：“夫使士卒不崩，直而不倚，挠而不辟者，此吴起余教也，臣不能为也。前脉地形之险阻，决利害之备，使三军之士不迷惑者，巴宁、爨襄之力也。县赏罚于前，使民昭然信之于后者，王之明法也。见敌之可也鼓之，不敢怠倦者，臣也。王特为臣之右手不倦赏臣，何也？若以臣之有功，臣何力之有乎？”王曰：“善。”于是索吴起之后，赐之田二十万。巴宁、爨襄田各十万。

王曰：“公叔岂非长者哉！既为寡人胜强敌矣，又不遗贤者之后，不掩能士之迹，公叔何可无益乎？”故又与田四十万，加之百万之上，使百四十万。故《老子》曰：“圣人无积，既以为人，己愈有；既以与人，己愈多。”公叔当之矣。

（选自《战国策 · 魏策》）

1. 文中画波浪线的部分有三处需要断句，请将相应位置的答案标号涂黑。

赵王自Ⓐ郊迎Ⓑ唐雎谓Ⓒ信陵君曰Ⓓ臣Ⓔ闻之曰Ⓕ事有Ⓖ不可Ⓗ知者。

2. 下列对文中加点的词语及相关内容的解说，不正确的一项是（　　）

A. 存，保住，与《短歌行》中“越陌度阡，枉用相存”的“存”词义相同。

B. 受，领受，与《师说》中“师者，所以传道受业解惑也”的“受”词义不同。

C. 怠倦，懒惰、懈怠，与我们现在所说的“疲惫怠倦”中的“怠倦”意思接近。

D. 寡人，国君自身，是国君的自我谦称，此外，国君还可以用“孤”表自称。

3. 下列各组语句中，加点词的意义和用法都相同的一组是（　　）

A. 有不可不忘者　　公叔岂非长者哉　　B. 人之憎我也　　以赏田百万禄之

C. 人之有德于我也　　县赏罚于前　　D. 卒然见赵王　　使民昭然信之于后者

4. 下列对原文有关内容的概述或赏析，不正确的一项是（　　）

A. 信陵君带领救兵打败了围攻邯郸的秦军，保住了赵国，赵王亲自在郊外迎接信陵君。

B. 信陵君开始不明白唐雎的话，后来明白了他在提醒自己勿因有德于人而居功自傲。

C. 公叔痤面对魏惠王的奖赏并未接受，而是先夸赞别人的功劳，其实他想得到更多赏赐。

D. 魏王内心是赞赏公叔痤的功劳的，肯定了他的功绩，且后来追加了对公叔痤的奖赏。

5. 把文中画横线的句子翻译成现代汉语。

（1）今君杀晋鄙，救邯郸，破秦人，存赵国，此大德也。

（2）又不遗贤者之后，不掩能士之迹，公叔何可无益乎？

6. 结合两则材料，根据唐雎和公叔痤的话语，请分析他们这样表达有什么共通之处，对你有什么启示？

唐雎不辱使命

《战国策》

秦王使人谓安陵君曰：“寡人欲以五百里之地易安陵，安陵君其许寡人！”安陵君曰：“大王加惠，以大易小，甚善；虽然，受地于先王，愿终守之，弗敢易！”秦王不说。安陵君因使唐雎使于秦。

秦王谓唐雎曰：“寡人以五百里之地易安陵，安陵君不听寡人，何也？且秦灭韩亡魏而君以五十里之地存者以君为长者故不错意也。今吾以十倍之地，请广于君，而君逆寡人者，轻寡人与？”唐雎对曰：“否，非若是也。安陵君受地于先王而守之，虽千里不敢易也，岂直五百里哉？”

秦王怫然怒，谓唐雎曰：“公亦尝闻天子之怒乎？”唐雎对曰：“臣未尝闻也。”秦王曰：“天子之怒，伏尸百万，流血千里。”唐雎曰：“大王尝闻布衣之怒乎？”秦王曰：“布衣之怒，亦免冠徒跣，以头抢地耳。”唐雎曰：“此庸夫之怒也，非士之怒也。夫专诸之刺王僚也，彗星袭月；聂政之刺韩傀也，白虹贯日；要离之刺庆忌也，苍鹰击于殿上。此三子皆布衣之士也，怀怒未发，休祲降于天，与臣而将四矣。若士必怒，伏尸二人，流血五步，天下缟素，今日是也！”挺剑而起。

秦王色挠，长跪而谢之曰：“先生坐！何至于此！寡人谕矣：夫韩、魏灭亡，而安陵以五十里之地存者，徒以有先生也。”

1. 文中画波浪线的部分有三处需要断句，请将相应位置的答案标号涂黑。

且秦Ⓐ灭韩亡魏Ⓑ而君Ⓒ以五十里之地Ⓓ存者Ⓔ以君为Ⓕ长者Ⓖ故Ⓗ不错意也。

2. 下列对文中加点的词语及相关内容的解说，不正确的一项是（　　）

A. 易，交换、更换，与《六国论》中“或未易量”的“易”词义不同。

B. 广，扩充，与《屈原列传》中“明道德之广崇”的“广”词义不同。

C. 布衣，即平民，与《廉颇蔺相如列传》中“布衣之交尚不相欺”的“布衣”意思不同。

D. 缟素，文中为穿白色丧服，与《圆圆曲》中“恸哭六军俱缟素”的“缟素”意思相同。

3. 下列各组语句中，加点词的意义和用法都相同的一组是（　　）

A. 寡人欲以五百里之地易安陵　　徒以有先生也

B. 虽然，受地于先王　　虽千里不敢易也

C. 而君逆寡人者　　挺剑而起

D. 否，非若是也　　此三子皆布衣之士也

4. 下列对原文有关内容的概述或分析，不正确的一项是（　　）

A. 面对秦王的易地请求，安陵君婉拒了，但其内心还是不踏实，派遣唐雎出使秦国。

B. 秦王面对来使唐雎，展现客套虚伪的一面，言语中带有比较明显的责备和逼迫意味。

C. 唐雎面对秦王的恐吓，虽然内心恐惧但镇定，列举专诸、聂政等刺客，反让秦王感到了害怕。

D. 秦王面对着唐雎的言行，挺直身子向唐雎道歉。前后反差十足，文笔生动。

5. 把文中画横线的句子翻译成现代汉语。

（1）受地于先王，愿终守之，弗敢易。

（2）秦王曰："布衣之怒，亦免冠徒跣，以头抢地耳。"

6. 清代余诚在《古文释义》中这样评价此文："以吕政之暴横，而雎仗剑数语，至使竦惧谢罪，妙人、妙事、妙文！"请结合文本分析妙在何处。

乐毅报燕王书

《战国策》

昌国君乐毅为燕昭王合五国之兵而攻齐，下七十余城，尽郡县之以属燕。三城未下，而燕昭王死。惠王即位，用齐人反间，疑乐毅，而使骑劫代之将。乐毅奔赵，赵封以为望诸君。齐田单诈骑劫，卒败燕军，复收七十余城以复齐。

燕王悔，惧赵用乐毅乘燕之敝以伐燕。燕王乃使人让乐毅，且谢之曰："先王举国而委将军，将军为燕破齐，报先王之仇，天下莫不振动，寡人岂敢一日而忘将军之功哉？会先王弃群臣，寡人新即位，左右误寡人。寡人之使骑劫代将军，为将军久暴露于外，故召将军且休计事。将军过听，以与寡人有隙，遂捐燕而归赵。将军自为计则可矣，而亦何以报先王之所以遇将军之意乎？"

望诸君乃使人献书报燕王曰："臣不佞，不能奉承先王之教，以顺左右之心，恐抵斧质之罪以伤先王之明而又害于足下之义故遁逃奔赵。自负以不肖之罪，故不敢为辞说。今王使使者数之罪，臣恐侍御者之不察先王之所以畜幸臣之理，而又不白于臣之所以事先王之心，故敢书以对。

"臣闻贤圣之君，不以禄私其亲，功多者授之；不以官随其爱，能当者处之。故察能而授官者，成功之君也；论行而结交者，立名之士也。臣以所学者观之，先王之举错，有高世之心，故假节于魏王，

而以身得察于燕。先王过举，擢之乎宾客之中，而立之乎群臣之上，不谋于父兄，而使臣为亚卿。臣自以为奉令承教，可以幸无罪矣，故受命而不辞。

“先王命之曰：‘我有积怨深怒于齐，不量轻弱，而欲以齐为事。’臣对曰：‘夫齐，霸国之余教而骤胜之遗事也，闲于甲兵，习于战攻。王若欲伐之，则必举天下而图之。举天下而图之，莫径于结赵矣。且又淮北、宋地，楚、魏之所同愿也，赵若许约，楚、魏尽力，四国攻之，齐可大破也。’先王曰：‘善！’臣乃口受令，具符节，南使臣于赵。顾反命，起兵随而攻齐。以天之道、先王之灵，河北之地，随先王举而有之于济上。济上之军，奉令击齐，大胜之。轻卒锐兵，长驱至国。齐王逃遁走莒，仅以身免。珠玉财宝，车甲珍器，尽收入燕。大吕陈于元英，故鼎反乎历室，齐器设于宁台。蓟丘之植，植于汶篁。自五伯以来，功未有及先王者也。先王以为顺于其志，以臣为不顿命，故裂地而封之，使之得比乎小国诸侯。臣不佞，自以为奉令承教，可以幸无罪矣，故受命而弗辞。

“臣闻贤明之君，功立而不废，故著于《春秋》；蚤知之士，名成而不毁，故称于后世。若先王之报怨雪耻，夷万乘之强国，收八百岁之蓄积，及至弃群臣之日，遗令诏后嗣之余义。执政任事之臣，所以能循法令、顺庶孽者，施及萌隶，皆可以教于后世。臣闻善作者，不必善成；善始者，不必善终。昔者伍子胥说听乎阖闾，故吴王远迹至于郢。夫差弗是也，赐之鸱夷而浮之江。故吴王夫差不悟先论之可以立功，故沉子胥而弗悔。子胥不蚤见主之不同量，故入江而不改。

“夫免身全功，以明先王之迹者，臣之上计也。离毁辱之非，堕先王之名者，臣之所大恐也。临不测之罪，以幸为利者，义之所不敢出也。

“臣闻古之君子交绝不出恶声；忠臣之去也，不洁其名。臣虽不佞，数奉教于君子矣。恐侍御者之亲左右之说，而不察疏远之行也，故敢以书报，唯君之留意焉。”

1. 文中画波浪线的部分有三处需要断句，请将相应位置的答案标号涂黑。

恐抵斧A质之罪B以伤C先王之明D而又害E于足下F之义G故遁H逃奔赵。

2. 下列对文中加点的词语及相关内容的解说，不正确的一项是（　　）

A. 属，归属、隶属，与《琵琶行》中“名属教坊第一部”的“属”词义相同。

B. 报，报答，与《过秦论》中“士不敢弯弓而报怨”的“报”词义相同。

C. 不佞，可译为无才，谦辞，与《论语》中“雍也，仁而不佞”的“不佞”意思不同。

D. 蓄积，在文中为积蓄的贵重东西，词义为积攒聚存，跟今天说的“积蓄”意思相同。

3. 下列各组语句中，加点词的意义和用法都相同的一组是（　　）

A. 惧赵用乐毅乘燕之敝以伐燕　　臣以所学者观之　　B. 将军为燕破齐　　而使臣为亚卿

C. 擢之乎宾客之中　　故裂地而封之　　D. 不谋于父兄　　莫径于结赵矣

4. 下列对原文有关内容的概述或赏析，不正确的一项是（　　）

A. 燕惠王中了齐国的反间计，用骑劫来替代乐毅，乐毅感觉到危险，被迫逃到赵国。

B. 燕惠王后来后悔，派人去找乐毅道歉，同时也责备他，期望他切勿帮助赵来伐燕。

C. 乐毅向燕王回信，明示自己侍奉先王之忠心，解释被先王器重的原因，称颂先王。

D. 乐毅举伍子胥之例来让燕王放心，自己不会助赵伐燕，强调即便死去也不改主张。

5. 把文中画横线的句子翻译成现代汉语。

（1）故察能而授官者，成功之君也；论行而结交者，立名之士也。

（2）臣闻古之君子交绝不出恶声；忠臣之去也，不洁其名。

6. 面对同一篇文章，不同的评论家有不同的评价。请根据以下两段链接材料，尤其是画线句子部分，来说说你更认同哪一种评价。

清人浦起龙这样评价道："来书谓：捐燕而去，何以报先王之知？答书则云：归赵身存，正以全先王之义。无一语遮盖，一字粉饰，浑厚平直；昌明磊落，战国第一流人，第一等文。"（《古文眉诠》）

而清人过珙这样评价道："此一篇叙功文也。句句推美先王，即句句归功于己。处处自明所以去燕之由，即处处自明不敢背燕之意，何等委曲，何等婉切！功大罪小，诚有如所云云者。后毅不闻辅赵以图燕，亦可谓善全君臣之谊矣。"（《古文评注全集》）

谏逐客书

李斯

秦宗室大臣皆言秦王曰："诸侯人来事秦者，大抵为其主游间于秦耳，请一切逐客。"李斯议亦在逐中。

斯乃上书曰："臣闻吏议逐客，窃以为过矣。

"昔穆公求士，西取由余于戎，东得百里奚于宛，迎蹇叔于宋，求丕豹、公孙支于晋。此五子者，不产于秦，而穆公用之，并国二十，遂霸西戎。孝公用商鞅之法，移风易俗，民以殷盛，国以富强，百姓乐用，诸侯亲服，获楚、魏之师，举地千里，至今治强。惠王用张仪之计，拔三川之地，西并巴、蜀，北收上郡，南取汉中，包九夷，制鄢、郢，东据成皋之险，割膏腴之壤，遂散六国之从，使之西面事秦，功施到今。昭王得范雎，废穰侯，逐华阳，强公室，杜私门，蚕食诸侯，使秦成帝业。此四君者，皆以客之功。由此观之，客何负于秦哉！向使四君却客而不内疏士而不用是使国无富利之实而秦无强大之名也。

"今陛下致昆山之玉，有随、和之宝，垂明月之珠，服太阿之剑，乘纤离之马，建翠凤之旗，树灵鼍之鼓。此数宝者，秦不生一焉，而陛下说之，何也？必秦国之所生然后可，则是夜光之璧不饰朝廷，犀象之器不为玩好，郑、魏之女不充后宫，而骏马駃騠不实外厩，江南金锡不为用，西蜀丹青不为采。所以饰后宫、充下陈、娱心意、说耳目者，必出于秦然后可，则是宛珠之簪、傅玑之珥、阿缟之衣、锦绣之饰，不进于前，而随俗雅化、佳冶窈窕赵女不立于侧也。夫击瓮叩缶，弹筝搏髀，而歌呼呜呜快耳目者，真秦之声也；《郑》《卫》《桑间》《韶》《虞》《武》《象》者，异国之乐也。今弃击瓮而就《郑》《卫》，退弹筝而取《韶》《虞》，若是者何也？快意当前，适观而已矣。今取人则不然。不问可否，不论曲直，非秦者去，为客者逐。然则是所重者在乎色、乐、珠玉，而所轻者在乎人民也。此非所以跨海内、制诸侯之术也！

"臣闻地广者粟多，国大者人众，兵强则士勇。是以泰山不让土壤，故能成其大；河海不择细流，故能就其深；王者不却众庶，故能明其德。是以地无四方，民无异国，四时充美，鬼神降福，此五帝三王之所以无敌也。今乃弃黔首以资敌国，却宾客以业诸侯，使天下之士退而不敢西向，裹足不入秦，此所谓‘藉寇兵而赍盗粮’者也。

“夫物不产于秦，可宝者多；士不产于秦，而愿忠者众。今逐客以资敌国，损民以益仇，内自虚而外树怨于诸侯，求国之无危，不可得也。”

秦王乃除逐客之令，复李斯官。

1. 文中画波浪线的部分有三处需要断句，请将相应位置的答案标号涂黑。

向使Ⓐ四君却客Ⓑ而不内Ⓒ疏士而不用Ⓓ是使国Ⓔ无富Ⓕ利之实Ⓖ而秦无强Ⓗ大之名也。

2 下列对文中加点的词语及相关内容的解说，不正确的一项是（　　）

A. 游，游说、劝说，与《屈原列传》中“以浮游尘埃之外”的“游”词义不同。

B. 据，占据、据守，与《过秦论》中“孝公据崤函之固”的“据”词义相同。

C. 曲直，是非对错、无理有理，与成语“是非曲直”中的“曲直”意思不同。

D. 黔首，老百姓，汉语词汇“黎庶”“黎元”词义与“黔首”意思相同。

3. 下列各组语句中，加点词的意义和用法都相同的一组是（　　）

A. 斯乃上书曰　　今乃弃黔首以资敌国　　B. 而穆公用之　　藉寇兵而赍盗粮

C. 皆以客之功　　今逐客以资敌国　　D. 郑、魏之女不充后宫　　真秦之声也

4. 下列对原文有关内容的概述或赏析，不正确的一项是（　　）

A. 李斯先列举秦国四位贤君重用客卿来使秦国变富强的历史事实，来阐释客卿的功用，指出逐客政令的不当。

B. 李斯指出秦王珍爱的器物玩好和美女都来自异国，并非产自秦国本地，再次表达了逐客之令的不合适。

C. 李斯用音乐来设喻，指出秦王重视异国的美妙音乐，却轻视异国的人才，认为这样不会帮助秦国统一天下。

D. 李斯为让秦王收回逐客令，故意夸大危害，添油加醋地说驱逐客卿去助敌国，损民益仇，且国家有灭亡危险。

5. 把文中画横线的句子翻译成现代汉语。

（1）此数宝者，秦不生一焉，而陛下说之，何也?

（2）是以泰山不让土壤，故能成其大；河海不择细流，故能就其深；王者不却众庶，故能明其德。

6. 清人过珙曾这样高度评价此文：“斯论逐客，起句便见实事，最妙在中间论物不出于秦而秦用之，独人才不出于秦而秦不用。一反一复，略加转换，而意思愈明。其通篇为顺为逆，为连为断，为正为喻，为整为散，无法不备。”请结合全文谈谈本文的“无法不备”具体体现在哪些地方。

卜居

《楚辞》

屈原既放，三年不得复见。竭智尽忠，而蔽障于谗，心烦虑乱，不知所从乃往见太卜郑詹尹曰余有所疑愿因先生决之。詹尹乃端策拂龟曰："君将何以教之？"

屈原曰："吾宁悃悃款款，朴以忠乎，将送往劳来，斯无穷乎？宁诛锄草茅以力耕乎，将游大人以成名乎？宁正言不讳以危身乎，将从俗富贵以媮生乎？宁超然高举以保真乎，将哫訾栗斯，喔咿嚅唲以事妇人乎？宁廉洁正直以自清乎，将突梯滑稽、如脂如韦，以絜楹乎？宁昂昂若千里之驹乎，将氾氾若水中之凫乎，与波上下，偷以全吾躯乎？宁与骐骥亢轭乎，将随驽马之迹乎？宁与黄鹄比翼乎，将与鸡鹜争食乎？此孰吉孰凶，何去何从？世溷浊而不清，蝉翼为重，千钧为轻；黄钟毁弃，瓦釜雷鸣；谗人高张，贤士无名。吁嗟默默兮，谁知吾之廉贞？"

詹尹乃释策而谢曰："夫尺有所短，寸有所长，物有所不足，智有所不明，数有所不逮，神有所不通。用君之心，行君之意。龟策诚不能知此事。"

宋玉对楚王问

《楚辞》

楚襄王问于宋玉曰："先生其有遗行与？何士民众庶不誉之甚也？"

宋玉对曰："唯，然。有之。愿大王宽其罪，使得毕其辞。

"客有歌于郢中者，其始曰《下里》《巴人》，国中属而和者数千人。其为《阳阿》《薤露》，国中属而和者数百人。其为《阳春》《白雪》，国中属而和者不过数十人。引商刻羽，杂以流徵，国中属而和者不过数人而已。是其曲弥高，其和弥寡。

"故鸟有凤而鱼有鲲。凤凰上击九千里，绝云霓，负苍天，足乱浮云，翱翔乎杳冥之上；夫藩篱之，岂能与之料天地之高哉！鲲鱼朝发昆仑之墟，暴鬐于碣石，暮宿于孟诸，夫尺泽之鲵，岂能与之量江海之大哉！

"故非独鸟有凤而鱼有鲲也，士亦有之。夫圣人瑰意琦行，超然独处，世俗之民，又安知臣之所为哉！"

1. 文中画波浪线的部分有三处需要断句，请将相应位置的答案标号涂黑。

不知所从Ⓐ乃往Ⓑ见太卜Ⓒ郑詹尹曰Ⓓ余Ⓔ有Ⓕ所疑Ⓖ愿因Ⓗ先生决之。

2. 下列对文中加点的词语及相关内容的解说，不正确的一项是（　　）

A. 穷，困窘、困境，与《赤壁赋》中"羡长江之无穷"的"穷"词义不同。

B. 絜，度量、衡量，与《过秦论》中"与陈涉度长絜大"的"絜"词义不同。

C. 黄鹄，神鸟、天鹅，象征美好品质的事物，跟"骐骥""千里之驹"的寓意一致。

D. 杳冥，高远的天空，跟文中的"苍天"表示的意思一致。

3. 下列各组语句中，加点词的意义和用法都相同的一组是（　　）

A. 而蔽障于谗　　客有歌于郢中者　　　　B. 将游大人以成名乎　　杂以流徵

C. 世溷浊而不清　　故非独鸟有凤而鱼有鲲也　　D. 谁知吾之廉贞　　岂能与之量江海之大哉

4. 下列对原文有关内容的概述或赏析，不正确的一项是（　　）

A. 屈原被楚王放逐，许久未被召见，心烦意乱而不知怎么办，于是向郑詹尹占卜请教。

B. 屈原向郑詹尹畅诉心中疑惑。郑詹尹听后拒绝帮屈原占卜，并说占卜不能给他答案。

C. 楚襄王开始就连发两问，不当预设，对宋玉意在责难，可看出话语中多少带着狡黠。

D. 宋玉面对楚王的恶意，除了正面直接辩解外，更从侧面多次设譬取喻来明己志。

5. 把文中画横线的句子翻译成现代汉语。

（1）数有所不逮，神有所不通。用君之心，行君之意。龟策诚不能知此事。

（2）夫圣人瑰意琦行，超然独处，世俗之民，又安知臣之所为哉！

6. 清代过珙曾有过这样的评论："谗人高张，贤士无名，其师屈原之言也。然屈原之言近怨，而宋玉之言近傲。"请结合《卜居》和《宋玉对楚王问》两篇文章，回答屈原的"怨"和宋玉的"傲"分别体现在什么地方，二人有何共通之处。

五帝本纪赞

《史记》

太史公曰：学者多称五帝，尚矣。然《尚书》独载尧以来，而百家言黄帝，其文不雅驯，荐绅先生难言之。孔子所传《宰予问五帝德》及《帝系姓》，儒者或不传。余尝西至空峒，北过涿鹿，东渐于海，南浮江淮矣，至长老皆各往往称黄帝、尧、舜之处，风教固殊焉。总之，不离古文者近是。予观《春秋》《国语》，其发明《五帝德》《帝系姓》章矣，顾弟弗深考，其所表见皆不虚。《书》缺有间矣，其轶乃时时见于他说。非好学深思，心知其意，固难为浅见寡闻道也。余并论次，择其言尤雅者，故著为本纪书首。

联读材料

此是《史记》开卷第一篇文字。龙门欲以五帝为本纪之冠，以夫子删《书》断自唐、虞，则尧、舜以前不可考，少不得参择百家之言。奈百家之言，多涉神怪，即有载孔子"五德""系姓"之语者，世儒又疑其非真，似乎难以考信矣。然以平日涉历所至，其见闻不但与《尚书》相合，亦与百家言不甚相悖，又不得执《尚书》之所有，而概疑其所无也。今试就百家之言论之，如"五德""系姓"之说，《春秋》《国语》发明甚详，且不必深究其旨，但其事迹风教，表见于长老之口者，既凿凿可据，在《尚书》、尧、舜以前虽有缺略不全，而散见于百家者甚多。大约非神明其意者，不能辨其醇疵而采择。若浅见寡闻者流非事事轻信则置不复道耳此作者之大旨也。文之古奥曲折，时解多不能通其脉络，殊为恨恨。

（选自林云铭《古文析义》）

1. 文中画波浪线的部分有三处需要断句，请将相应位置的答案标号涂黑。

若浅见Ⓐ寡闻者Ⓑ流Ⓒ非事事Ⓓ轻信Ⓔ则置Ⓕ不复道耳Ⓖ此作者之大Ⓗ旨也。

2. 下列对文中加点的词语及相关内容的解说，不正确的一项是（　　）

A. 百家，即春秋战国时期的诸子百家，与《过秦论》中"焚百家之言"的"百家"意思相同。

B. 荐绅，指官员。荐，同"搢"，插。绅，腰带。古时官吏会将上朝所持的手板插在腰带间。

C. 雅，正确，与《前出师表》中"察纳雅言"的"雅"意思不同。

D. 考，探究、研究。与成语"如丧考妣"中的"考"意思不同。

3. 下列各组语句中，加点词的意义和用法都相同的一组是（　　）

A. 风教固殊焉　　其闻道也固先乎吾　　B. 顾弟弗深考　　君臣相顾，不知所归

C. 以夫子删《书》断自唐、虞　　以有尺寸之地　　D. 世儒又疑其非真　　吾其还也

4. 下列对原文有关内容的概述，不正确的一项是（　　）

A.《五帝本纪》是《史记》本纪的开篇。其赞语交代了该篇的史料来源和编撰方法。

B. 五帝指黄帝、颛顼、帝喾、尧、舜。孔子删减《尚书》，只保留了尧、舜的史料。

C. 司马迁认为各地长老关于五帝的事迹说法有很大差异，因而五帝之事不可信。

D. 林云铭认为《五帝本纪赞》难于理解，很多人不能理清文章脉络，他深表遗憾。

5. 把文中画横线的句子翻译成现代汉语。

（1）总之，不离古文者近是。

（2）《书》缺有间矣，其轶乃时时见于他说。

6. 请根据两则材料，简述司马迁编撰《五帝本纪》时遇到的困难，及其解决措施。

项羽本纪赞

《史记》

太史公曰：吾闻之周生曰“舜目盖重瞳子”，又闻项羽亦重瞳子。羽岂其苗裔邪？何兴之暴也！夫秦失其政，陈涉首难，豪杰蜂起，相与并争，不可胜数。然羽非有尺寸，乘势起陇亩之中，三年，遂将五诸侯灭秦，分裂天下而封王侯，政由羽出，号为“霸王”。位虽不终，近古以来未尝有也。及羽背关怀楚，放逐义帝而自立，怨王侯叛己，难矣。自矜功伐，奋其私智而不师古，谓霸王之业欲以力征经营天下，五年卒亡其国，身死东城，尚不觉寤而不自责，过矣。乃引“天亡我，非用兵之罪也”，岂不谬哉！

联读材料

然臣尝事之，请言项王之为人也。项王喑噁叱咤千人皆废然不能任属贤将此特匹夫之勇耳。项王见人恭敬慈爱，言语呕呕，人有疾病，涕泣分食饮，至使人有功当封爵者，印刓敝，忍不能予，此所谓妇人之仁也。项王虽霸天下而臣诸侯，不居关中而都彭城。有背义帝之约，而以亲爱王，诸侯不平。诸侯之见项王迁逐义帝置江南，亦皆归逐其主而自王善地。项王所过无不残灭者，天下多怨，百姓不亲附，特劫于威强耳。名虽为霸，实失天下心。故曰其强易弱。

（选自《史记·淮阴侯列传》）

1. 文中画波浪线的部分有三处需要断句，请将相应位置的答案标号涂黑。

项王喑噁Ⓐ叱咤Ⓑ千人Ⓒ皆废Ⓓ然不能任Ⓔ属贤将Ⓕ此特Ⓖ匹夫Ⓗ之勇耳。

2. 下列对文中加点的词语及相关内容的解说，不正确的一项是（　　）

A. 暴，凶狠、残暴，与成语“暴戾恣睢”中的“暴”意思相同。

B. 陇亩，即田亩，与《三国志·诸葛亮传》中“亮躬耕陇亩”的“陇亩”意思相同。

C. 经营，统治，与《阿房宫赋》中“韩魏之经营”的“经营”意思不同。

D. 妇人之仁，妇女的软心肠。这里指处事姑息优柔，施小惠而不识大体。

3. 下列各组语句中，加点词的意义和用法都相同的一组是（　　）

A. 舜目盖重瞳子　　技盖至此乎　　B. 欲以力征经营天下　　成以其小，劣之

C. 项王虽霸天下而臣诸侯　　字而幼孩　　D. 特劫于威强耳　　不拘于时

4. 下列对原文有关内容的概述和赏析，不正确的一项是（　　）

A. 材料一重在评价项羽一生功过，材料二主要介绍项羽的为人处世。

B. 材料一以舜和项羽皆为重瞳开头，为项羽形象增加了几分神秘色彩。

C. 材料一赞颂项羽面对秦朝的残暴统治，首先起义，功成而称霸天下。

D. 结合两则材料可知，项羽灭亡的根本原因不在于天意，而在其自身。

5. 把文中画横线的句子翻译成现代汉语。

（1）自矜功伐，奋其私智而不师古。

（2）有背义帝之约，而以亲爱王，诸侯不平。

6. 司马迁以冷静而客观的史学眼光对项羽进行了评价，既肯定项羽的丰功伟绩，同时又对项羽的错误作出严肃的批评，可谓“抑扬尽致”。请结合两则材料，分别概括司马迁“扬”项羽与“抑”项羽的原因。

秦楚之际月表

《史记》

太史公读秦楚之际，曰：初作难，发于陈涉；虐戾灭秦，自项氏；拨乱诛暴，平定海内，卒践帝祚，成于汉家。五年之间，号令三嬗，自生民以来，未始有受命若斯之亟也。

昔虞、夏之兴，积善累功数十年，德洽百姓，摄行政事，考之于天，然后在位。汤、武之王，乃由契、后稷，修仁行义十余世。不期而会孟津八百诸侯，犹以为未可，其后乃放弑。秦起襄公章于文缪献孝之后稍以蚕食六国，百有余载，至始皇乃能并冠带之伦。以德若彼，用力如此，盖一统若斯之难也。

秦既称帝，患兵革不休，以有诸侯也，于是无尺土之封，堕坏名城，销锋镝，鉏豪杰，维万世之安。然王迹之兴，起于闾巷，合从讨伐，轶于三代。乡秦之禁，适足以资贤者为驱除难耳。故愤发其所为天下雄，安在无土不王？此乃传之所谓大圣乎？岂非天哉？岂非天哉？非大圣孰能当此受命而帝者乎？

1. 文中画波浪线的部分有三处需要断句，请将相应位置的答案标号涂黑。

秦Ⓐ起襄Ⓑ公Ⓒ章于Ⓓ文缪Ⓔ献孝之Ⓕ后Ⓖ稍以蚕Ⓗ食六国。

2. 下列对文中加点的词语及相关内容的解说，不正确的一项是（　　）

A. 作难，指发动起义，与《过秦论》中"一夫作难而七庙隳"中的"作难"意思相同。

B. 祚，指皇位，与《陈情表》中"门衰祚薄"中的"祚"意思不同。

C. 不期，不料、想不到，与成语"不期而遇"中的"不期"意思相同。

D. 弑，古代特指子杀父、臣杀君，这里指周武王讨伐殷商并杀死纣王。

3. 下列各组语句中，加点词的意义和用法都相同的一组是（　　）

A. 卒践帝祚　　卒获有所闻　　B. 乃由契、后稷，修仁行义十余世　　今其智乃反不能及

C. 至始皇乃能并冠带之伦　　焚百家之言　　D. 安在无土不王？　　沛公安在

4. 下列对原文有关内容的概述和赏析，不正确的一项是（　　）

A. 第一段以简约的笔法写秦楚之际政权的三次嬗变，文字虽短，却叙清了演变的脉络，突出了重点人物。

B. 第一段中"虐戾灭秦""拨乱诛暴"两句，既是在陈述史实，同时也暗含着褒贬，隐藏着作者的情感态度。

C. 第二段追述夏、商、周、秦的历史，先对比，再总评。三代与秦一统天下的历程，既有本质区别，也有相似处。

D. 秦始皇的系列举措为刘邦建国设置了障碍，但汉最终受命于天。结尾连用五个问号，表达了司马迁对汉朝的赞颂。

5. 把文中画横线的句子翻译成现代汉语。

（1）以德若彼，用力如此，盖一统若斯之难也。

（2）然王迹之兴，起于闾巷，合从讨伐，轶于三代。

6. 清代李晚芳在《读史管见》中评价"此篇章法颇易晓，太史公最郑重谨慎之文"。请简要梳理本文的写作思路。

高祖功臣侯年表

《史记》

太史公曰：古者人臣功有五品：以德立宗庙、定社稷曰勋，以言曰劳，用力曰功，明其等曰伐，积日曰阅。封爵之誓曰："使河如带，泰山若厉，国以永宁，爰及苗裔。"始未尝不欲固其根本，而枝叶稍陵夷衰微也。

余读高祖侯功臣，察其首封，所以失之者，曰：异哉所闻！《书》曰"协和万国"，迁于夏、商，或数千岁。盖周封八百，幽、厉之后，见于《春秋》。《尚书》有唐、虞之侯、伯，历三代千有余载，自

全以蕃卫天子，岂非笃于仁义、奉上法哉？汉兴，功臣受封者百有余人。天下初定，故大城名都散亡户口可得而数者十二三是以大侯不过万家小者五六百户。后数世，民咸归乡里，户益息，萧、曹、绛、灌之属或至四万，小侯自倍，富厚如之。子孙骄溢，忘其先，淫嬖。至太初，百年之间，见侯五，余皆坐法陨命亡国，耗矣。罔亦少密焉，然皆身无兢兢于当世之禁云。

居今之世，志古之道，所以自镜也，未必尽同。帝王者各殊礼而异务，要以成功为统纪，岂可绲乎？观所以得尊宠及所以废辱，亦当世得失之林也，何必旧闻？于是谨其终始，表见其文，颇有所不尽本末，著其明，疑者阙之。后有君子，欲推而列之，得以览焉。

注：《高祖功臣侯者年表》以侯者为经，年代为纬，记载了汉初封侯功臣及其子孙后代一百多年的尊宠废辱。本文是该表的序文，收入《古文观止》时删去了“者”字。

1. 文中画波浪线的部分有三处需要断句，请将相应位置的答案标号涂黑。

故大城名都Ⓐ散亡Ⓑ户口Ⓒ可得而数者Ⓓ十二三Ⓔ是以大侯Ⓕ不过Ⓖ万家Ⓗ小者五六百户。

2. 下列对文中加点的词语及相关内容的解说，不正确的一项是（　　）

A. 社稷，本指土神和谷神，古时君主都要祭祀社稷，故社稷常用来代指国家、天下。

B. 国，指国都、京城，与《岳阳楼记》中的“去国怀乡”的“国”意思相同。

C. 侯，本是古时封建制度五等爵位的第二等，这里用作动词，分封王侯。

D. 兢兢，小心谨慎的样子，与成语“兢兢业业”中的“兢兢”意思相同。

3. 下列各组语句中，加点词的意义和用法都相同的一组是（　　）

A. 而枝叶稍陵夷衰微也　　青，取之于蓝，而青于蓝　　B. 所以失之者　　所以动心忍性

C. 萧、曹、绛、灌之属或至四万　　而或长烟一空　　D. 要以成功为统纪　　不足为外人道也

4. 下列对原文有关内容的分析，不正确的一项是（　　）

A. 开篇介绍了肇始于汉代的功臣封赏制度及其誓言、目的。

B. 第二段对汉初受封功臣“陨命亡国”的原因进行了剖析。

C. 第三段说明了作此表的目的，即希望当世君臣有所借鉴。

D. 司马迁有感而发，意深情长，文章层次清楚，发人深省。

5. 把文中画横线的句子翻译成现代汉语。

（1）自全以蕃卫天子，岂非笃于仁义、奉上法哉？

（2）居今之世，志古之道，所以自镜也，未必尽同。

6. 本文多处运用对比，请结合文章内容简析其作用。

孔子世家赞

《史记》

太史公曰：《诗》有之："高山仰止，景行行止。"虽不能至，然心乡往之。余读孔氏书，想见其为人。适鲁，观仲尼庙堂、车服、礼器，诸生以时习礼其家，余低回留之，不能去云。天下君王至于贤人众矣，当时则荣，没则已焉。孔子布衣，传十余世，学者宗之。自天子王侯，中国言六艺者折中于夫子，可谓至圣矣！

联读材料

鲁襄公二十二年而孔子生。生而首上圩顶，故因名曰丘云。字仲尼，姓孔氏。

孔子贫且贱。及长，尝为季氏史，料量平；尝为司职吏而畜蕃息。由是为司空。已而去鲁，斥乎齐，逐乎宋、卫，困于陈蔡之间。孔子之去鲁凡十四岁而反乎鲁。然鲁终不能用孔子，孔子亦不求仕。

孔子之时，周室微而礼乐废，《诗》《书》缺。追迹三代之礼，序《书传》，上纪唐虞之际，下至秦缪，编次其事。曰："夏礼吾能言之，杞不足征也。殷礼吾能言之，宋不足征也。足，则吾能征之矣。"观殷、夏所损益，曰："后虽百世可知也，以一文一质。周监二代，郁郁乎文哉。吾从周。"故《书传》《礼记》自孔氏。

古者《诗》三千余篇，及至孔子，去其重取可施于礼义上采契后稷中述殷周之盛，至幽厉之缺，始于衽席，故曰"《关雎》之乱以为《风》始，《鹿鸣》为《小雅》始，《文王》为《大雅》始，《清庙》为《颂》始"。三百五篇孔子皆弦歌之，以求合《韶》《武》《雅》《颂》之音。礼乐自此可得而述，以备王道，成"六艺"。

子曰："弗乎弗乎，君子病没世而名不称焉。吾道不行矣，吾何以自见于后世哉？"乃因史记作《春秋》，上至隐公，下讫哀公十四年，十二公。据鲁，亲周，故殷，运之三代。约其文辞而指博。故吴、楚之君自称王，而《春秋》贬之曰"子"；践土之会实召周天子，而《春秋》讳之曰"天王狩于河阳"：推此类以绳当世。贬损之义，后有王者举而开之。《春秋》之义行，则天下乱臣贼子惧焉。

孔子在位听讼，文辞有可与人共者，弗独有也。至于为《春秋》，笔则笔，削则削，子夏之徒不能赞一辞。弟子受《春秋》，孔子曰："后世知丘者以《春秋》，而罪丘者亦以《春秋》。"

孔子年七十三，以鲁哀公十六年四月己丑卒。

孔子葬鲁城北泗上，弟子皆服三年。三年心丧毕，相诀而去，则哭，各复尽哀；或复留。唯子赣庐于冢上，凡六年，然后去。弟子及鲁人往从冢而家者百有余室，因命曰孔里。鲁世世相传以岁时奉祠孔子冢，而诸儒亦讲礼乡饮大射于孔子冢。孔子冢大一顷。故所居堂弟子内，后世因庙，藏孔子衣冠琴车书，至于汉二百余年不绝。高皇帝过鲁，以太牢祠焉。诸侯卿相至，常先谒，然后从政。

（选自《史记·孔子世家》，有删改）

1. 文中画波浪线的部分有三处需要断句，请将相应位置的答案标号涂黑。

去其重Ⓐ取Ⓑ可施于礼Ⓒ义Ⓓ上采契Ⓔ后稷Ⓕ中述Ⓖ殷Ⓗ周之盛。

2. 下列对文中加点的词语及相关内容的解说，不正确的一项是（　　）

A.《诗》，是我国最早的诗歌总集，由孔子整理编订，收录西周初年至春秋中叶的诗歌三百多篇，又称《诗三百》。西汉时被尊为"经"。

B. 六艺，古代指礼、乐、射、御、书、数等六种技能，又指《诗》《书》《礼》《乐》《易》《春秋》等儒家经书。文中指前者。

C. 唐虞，是古代唐尧与虞舜的并称。相传唐虞执政时天下太平，于是很多史籍常用唐虞代指太平盛世。

D. 高皇帝，古代开国皇帝的谥号，简称“高帝”。根据谥法，德覆万物曰高、功德盛大曰高、覆帱同天曰高。文中特指西汉皇帝刘邦。

3. 下列各组语句中，加点词的意义和用法都相同的一组是（　　）

A. 然心乡往之　　凡六年，然后去　　B. 诸生以时习礼其家　　以鲁哀公十六年四月己丑卒

C. 没则已焉　　笔则笔　　D. 可谓至圣矣　　诸侯卿相至

4. 下列对原文有关内容的分析，不正确的一项是（　　）

A. 孔子出身低微，有政治才能，曾在鲁国任职。被迫离开鲁国后，他周游列国，最还鲁而终，著书立说，泽被后世。

B. 面对周王室衰微、礼崩乐坏的社会现实，孔子整理和编纂了《书》《礼》《诗》《春秋》等古代典籍。

C.《春秋》依史书而作，其作用却超出史学范畴。其文辞精简，旨意深广，常常一字寓褒贬，蕴含着孔子的政治态度。

D. 孔子为人平和，但治学严谨。其编写《春秋》时一丝不苟，原则性极强，子夏等人不赞同他的这种做法。

5. 把文中画横线的句子翻译成现代汉语。

（1）孔子在位听讼，文辞有可与人共者，弗独有也。

（2）弟子及鲁人往从冢而家者百有余室，因命曰孔里。

6. 金圣叹点评此赞：“一若想之不尽、说之不尽也者，所谓观海难言也。”可见为孔子作赞之难。请简要分析材料一中司马迁是如何赞孔子的。

外戚世家序

《史记》

自古受命帝王及继体守文之君，非独内德茂也，盖亦有外戚之助焉。夏之兴也以涂山，而桀之放也以妺喜。殷之兴也以有娀，纣之杀也嬖妲己。周之兴也以姜原及大任，而幽王之禽也淫于褒姒。故《易》基《乾》《坤》，《诗》始《关雎》，《书》美釐降，《春秋》讥不亲迎。夫妇之际，人道之大伦也。礼之用，唯婚姻为兢兢。夫乐调而四时和。阴阳之变，万物之统也，可不慎与？人能弘道，无如命何。甚哉，妃匹之爱，君不能得之于臣，父不能得之于子，况卑下乎！既合矣，或不能成子姓，能成子姓

矣，或不能要其终，岂非命也哉？孔子罕称命，盖难言之也。非通幽明之变，恶能识乎性命哉？

联读材料

西汉之业以外戚亡，愚尝惜成、哀之君，纵不能远取前世事以为规鉴，胡不以祖宗之得失、耳目未远者观之乎？始文帝以后弟窦广国贤有行，欲相之，既而曰“恐天下以吾私广国”，卒拜申屠嘉；元帝以冯野王行能第一，欲用为御史大夫，既而曰“后世必谓我私后宫”，卒用张谭。是二帝者，矫私徇公若此其早也，遏绝外戚之乱若此其甚也，继其后者若之何不循而行乎？异时吕氏盗朝，产、禄肆乱，不有太尉主兵而北军助顺，则海内危矣。霍氏继起，禹、山专制，肆行非度，阴有异谋，非宣皇帝毅然加兵，则宗庙恐矣。彼二氏者柄朝未几，而产害已若此，继其后者若之何不矫而变乎？悲夫！

建始以后，政柄旁落，归于王氏，五侯群弟，更迭弄权，威势翕习，青紫充满，排摈宗室，孤弱公族，诛戮亡忌，击断不请。而当时之君琐琐碌碌，曾不敢举手开喙以预天下事。自王章以直言诛，刘向以正谏黜，而忠谠之士卷舌矣。杜钦、谷永之朋方且逆望风旨，揄扬赞颂，而张禹、孔光共为持禄计，不肯吐忠实于上由是汉室雕弱不振至于贼莽则大事去矣。彼且文饰休符，招致琛赆，作为石匮大诰之书，以愚弄天下，则汉欲不亡得乎？

（选自葛胜仲《外戚论》）

1. 文中画波浪线的部分有三处需要断句，请将相应位置的答案标号涂黑。

不肯Ⓐ吐忠实Ⓑ于上Ⓒ由是汉室Ⓓ雕弱不振Ⓔ至于贼Ⓕ莽Ⓖ则大Ⓗ事去矣。

2. 下列对文中加点的语句及相关内容的解说，不正确的一项是（　　）

A.《易》基《乾》《坤》，意思是《易经》以《乾卦》《坤卦》为根本。乾为阴，坤为阳。乾坤象征天地，又象征阴阳、男女、夫妻等，是自然万物的基础。

B.《诗》始《关雎》，意思是《诗经》以《关雎》为开篇。《毛诗序》指出该篇要义为“后妃之德也，风之始也，所以风天下而正夫妇也”，即端正夫妇之道。

C.《书》美釐降，意思是《尚书》赞美唐尧亲自办理婚事，将女儿娥皇、女英下嫁给舜。《书》，《尚书》；美，动词，赞美；釐，料理；降，下嫁。

D.《春秋》讥不亲迎，意思是《春秋》批判纪君娶妻时不亲自迎接。亲迎，按照古礼规定，不论贵族、平民，迎娶之时新婿都应亲自到女家迎接新娘。

3. 下列各组语句中，加点词的意义和用法都不相同的一组是（　　）

A. 诸夏之兴也以涂山　　其闻道也固先乎吾　　B. 可不慎与　　与嬴而不助五国也

C. 况卑下乎　　而况大軱乎　　D. 恶能识乎性命哉　　彼恶知之

4. 下列对原文有关内容的分析，不正确的一项是（　　）

A. 材料一以夏、商、周三代有代表性的实例来证明自己的观点，一兴一亡，对比鲜明。

B. 材料一结合六艺的经典宗旨，强调了婚姻关系是人伦的根本，对此必须持慎重态度。

C. 根据材料二，窦广国、冯野王、王章、刘向、杜钦、谷永、张禹、孔光等均为外戚。

D. 根据材料二，作者赞美汉文帝、汉元帝的做法，感慨汉成帝、汉哀帝不能以史为鉴。

5. 把文中画横线的句子翻译成现代汉语。

（1）异时吕氏盗朝，产、禄肆乱，不有太尉主兵而北军助顺，则海内危矣。

（2）彼二氏者柄朝未几，而产害已若此，继其后者若之何不矫而变乎？

6. 请分别概括司马迁《外戚世家序》和葛胜仲《外戚论》对外戚的态度。

伯夷列传（节选）

《史记》

孔子曰：“伯夷、叔齐，不念旧恶，怨是用希。”“求仁得仁，又何怨乎？”余悲伯夷之意，睹轶诗可异焉。其传曰：伯夷、叔齐，孤竹君之二子也。父欲立叔齐，及父卒，叔齐让伯夷。伯夷曰：“父命也。”遂逃去。叔齐亦不肯立而逃之。国人立其中子。于是伯夷、叔齐闻西伯昌善养老，“盍往归焉！”及至，西伯卒，武王载木主，号为文王，东伐纣。伯夷、叔齐叩马而谏曰：“父死不葬，爰及干戈，可谓孝乎？以臣弑君，可谓仁乎？”左右欲兵之，太公曰：“此义人也。”扶而去之。武王已平殷乱天下宗周而伯夷叔齐耻之义不食周粟，隐于首阳山，采薇而食之。及饿且死，作歌，其辞曰：“登彼西山兮，采其薇矣。以暴易暴兮，不知其非矣。神农、虞、夏忽焉没兮，我安适归矣？于嗟徂兮，命之衰矣！”遂饿死于首阳山。由此观之，怨邪非邪？

或曰：“天道无亲，常与善人。”若伯夷、叔齐，可谓善人者非邪？积仁絜行如此而饿死！且七十子之徒，仲尼独荐颜渊为好学，然回也屡空，糟糠不厌，而卒蚤夭。天之报施善人，其何如哉？盗跖日杀不辜，肝人之肉，暴戾恣睢，聚党数千人，横行天下，竟以寿终，是遵何德哉？此其尤大彰明较著者也。若至近世，操行不轨，专犯忌讳，而终身逸乐，富厚累世不绝。或择地而蹈之，时然后出言，行不由径，非公正不发愤，而遇祸灾者，不可胜数也。余甚惑焉，傥所谓天道，是邪非邪？

子曰：“道不同，不相为谋。”亦各从其志也。故曰：“富贵如可求，虽执鞭之士，吾亦为之。如不可求，从吾所好。”“岁寒，然后知松柏之后凋。”举世混浊，清士乃见。岂以其重若彼，其轻若此哉？

“君子疾没世而名不称焉。”贾子曰：“贪夫徇财，烈士徇名，夸者死权，众庶冯生。”同明相照，同类相求。“云从龙，风从虎，圣人作而万物睹。”伯夷、叔齐虽贤，得夫子而名益彰；颜渊虽笃学，附骥尾而行益显。

1. 文中画波浪线的部分有三处需要断句，请将相应位置的答案标号涂黑。

武王已平Ⓐ殷乱Ⓑ天下Ⓒ宗周Ⓓ而伯夷叔齐耻Ⓔ之Ⓕ义Ⓖ不食Ⓗ周粟。

2. 下列对文中加点的词语及相关内容的解说，不正确的一项是（　　）

A. 伯，“伯夷叔齐”中的“伯”为兄弟排行的次序，完整的次序是伯、仲、叔、季；“伯”还是爵位的名称，有公、侯、伯、子、男五等。

B. 干戈，干和戈是古代常用武器，因以“干戈”用作兵器的通称，这里代指战争。与文天祥《过零丁洋》中“干戈寥落四周星”的“干戈”意思相同。

C. 木主，即木制的神位，在其上书写死者姓名，以供祭祀，俗称“牌位”。这一做法与中国古代的祖先崇拜有极为强烈的关联。

D. 糟糠，穷人用来充饥的酒渣、米糠等粗劣食物，文中“糟糠不厌”的“糟糠”则代指共过患难的妻子。

3. 下列各组语句中，加点词的意义和用法都相同的一组是（　　）

A. 盍往归焉　　盍各言尔志　　B. 及饿且死　　臣死且不避，卮酒安足辞

C. 以暴易暴兮　　余以乾隆三十九年十二月　　D. 常与善人　　孰与君少长

4. 下列对原文有关内容的分析，不正确的一项是（　　）

A. 伯夷、叔齐两兄弟十分仰慕西伯昌的大名，因此宁可放弃国君之位，也要前去投奔追随。

B. 伯夷、叔齐认为周武王讨伐商纣王是以暴易暴的行为，与他们“求仁”的政治主张相违。

C. 伯夷、叔齐隐居首阳山，食不果腹，却慷慨作歌，将上古帝王时代视为自己的精神归宿。

D. 本文以记叙为辅，以议论、抒情为主，杂引经传，纵横变化，含蓄地提出了尖锐的问题。

5. 把文中画横线的句子翻译成现代汉语。

（1）盗跖日杀不辜，肝人之肉，暴戾恣睢。

（2）或择地而蹈之，时然后出言，行不由径，非公正不发愤。

6. 第二段中，作者对比善人（伯夷、叔齐、颜渊）和恶人（盗跖）的不同结局，发出“傥所谓天道，是邪非邪”的疑问。请结合第三、四段内容，谈谈司马迁自己是如何回答这个问题的。

管晏列传

《史记》

管仲夷吾者，颍上人也。少时常与鲍叔牙游，鲍叔知其贤。管仲贫困，常欺鲍叔，鲍叔终善遇之，不以为言。已而鲍叔事齐公子小白，管仲事公子纠。及小白立为桓公，公子纠死，管仲囚焉。鲍叔遂进管仲。管仲既用，任政于齐，齐桓公以霸，九合诸侯，一匡天下，管仲之谋也。

管仲曰：“吾始困时，尝与鲍叔贾，分财利多自与，鲍叔不以我为贪，知我贫也。吾尝为鲍叔谋事而更穷困，鲍叔不以我为愚，知时有利不利也。吾尝三仕三见逐于君，鲍叔不以我为不肖，知我不遭时也。吾尝三战三走，鲍叔不以我为怯，知我有老母也。公子纠败，召忽死之，吾幽囚受辱，鲍叔不以我为无耻，知我不羞小节而耻功名不显于天下也。生我者父母，知我者鲍子也。”

鲍叔既进管仲，以身下之，子孙世禄于齐，有封邑者十余世，常为名大夫。天下不多管仲之贤而多鲍叔能知人也。

管仲既任政相齐，以区区之齐在海滨，通货积财，富国强兵，与俗同好恶。故其称曰：“仓廪实而知礼节，衣食足而知荣辱，上服度则六亲固。”“四维不张，国乃灭亡。”“下令如流水之源，令顺民心。”

故论卑而易行，俗之所欲，因而予之，俗之所否，因而去之。其为政也，善因祸而为福，转败而为功。贵轻重，慎权衡。桓公实怒少姬，南袭蔡，管仲因而伐楚，责包茅不入贡于周室。桓公实北征山戎，而管仲因而令燕修召公之政。于柯之会，桓公欲背曹沫之约，管仲因而信之，诸侯由是归齐。故曰："知与之为取，政之宝也。"

管仲富拟于公室，有三归、反坫，齐人不以为侈。管仲卒，齐国遵其政，常强于诸侯。后百余年而有晏子焉。

晏平仲婴者，莱之夷维人也。事齐灵公、庄公、景公，以节俭力行重于齐。既相齐，食不重肉，妾不衣帛。其在朝，君语及之，即危言；语不及之，即危行。国有道，即顺命；无道，即衡命。以此三世显名于诸侯。

越石父贤，在缧绁中。晏子出，遭之途，解左骖赎之，载归。弗谢，入闺，久之。越石父请绝。晏子戄然，摄衣冠谢曰："婴虽不仁，免子于厄，何子求绝之速也？"石父曰："不然。吾闻君子诎于不知己而信于知己者。方吾在缧绁中，彼不知我也。夫子既已感寤而赎我是知己知己而无礼固不如在缧绁之中。"晏子于是延入为上客。

晏子为齐相，出，其御之妻从门间而窥其夫。其夫为相御，拥大盖，策驷马，意气扬扬，甚自得也。既而归，其妻请去。夫问其故，妻曰："晏子长不满六尺，身相齐国，名显诸侯。今者妾观其出，志念深矣，常有以自下者。今子长八尺，乃为人仆御，然子之意自以为足，妾是以求去也。"其后夫自抑损。晏子怪而问之，御以实对，晏子荐以为大夫。

太史公曰：吾读管氏《牧民》《山高》《乘马》《轻重》《九府》，及《晏子春秋》，详哉其言之也。既见其著书，欲观其行事，故次其传。至其书，世多有之，是以不论，论其轶事。

管仲世所谓贤臣，然孔子小之。岂以为周道衰微，桓公既贤，而不勉之至王，乃称霸哉？语曰："将顺其美，匡救其恶，故上下能相亲也。"岂管仲之谓乎？方晏子伏庄公尸哭之，成礼然后去，岂所谓"见义不为，无勇"者邪？至其谏说，犯君之颜，此所谓"进思尽忠，退思补过"者哉？假令晏子而在，余虽为之执鞭，所忻慕焉。

1. 文中画波浪线的部分有三处需要断句，请将相应位置的答案标号涂黑。

夫子既已Ⓐ感寤Ⓑ而赎Ⓒ我Ⓓ是知己Ⓔ知己而无Ⓕ礼Ⓖ固不如Ⓗ在缧绁之中。

2. 下列对文中加点的词语及相关内容的解说，不正确的一项是（　　）

A. 四维，古代指礼、义、廉、耻这四种维系国家、社会的道德。

B. 缧绁，本义是用来捆绑犯人的绳索，在本段中代指监狱，囚禁。

C. 骖，古代驾在车前两侧的马称"骖马"，在中间的马称"服马"。

D. 谢，告辞、告别，与成语"闭门谢客"中的"谢"字意思相同。

3. 下列各组语句中，加点词的意义和用法都相同的一组是（　　）

A. 及小白立为桓公　吾尝为鲍叔谋事而更穷困　B. 齐桓公以霸　鲍叔不以我为贪

C. 莱之夷维人也　然子之意自以为足　D. 其御之妻从门间而窥其夫　假令晏子而在

4. 下列对原文有关内容的概述，不正确的一项是（　　）

A. 管仲因地制宜发展经济，富国强兵，辅佐齐桓公成为春秋时期第一个霸主。

B. 比管仲晚一百多的晏婴厉行节俭，严于律己，辅佐三代国君，显名于诸侯。

C. 管仲、晏婴的事迹大都记载在二人著作中，故《史记》只要对此排序即可。

D. 本文精选管晏二人事迹，叙事简洁生动，多抒情和议论语句，特色显著。

5. 把文中画横线的句子翻译成现代汉语。

（1）鲍叔不以我为无耻，知我不羞小节而耻功名不显于天下也。

（2）其夫为相御，拥大盖，策驷马，意气扬扬，甚自得也。

6. 对于为何要将管仲和晏婴合传，有人提出这样的看法："两传皆以志友道交情，曰'知我'，曰'知己'，两篇合叙联结之真谛也。"请结合《管晏列传》，谈谈这种看法的依据。

屈原列传（节选）

《史记》

屈原者，名平，楚之同姓也。为楚怀王左徒。博闻强志，明于治乱，娴于辞令。入则与王图议国事，以出号令；出则接遇宾客，应对诸侯。王甚任之。

上官大夫与之同列，争宠而心害其能。怀王使屈原造为宪令，屈平属草稿未定，上官大夫见而欲夺之，屈平不与。因谗之曰："王使屈平为令，众莫不知。每一令出，平伐其功，曰以为'非我莫能为'也。"王怒而疏屈平。

屈平既绌，其后秦欲伐齐，齐与楚从亲。惠王患之，乃令张仪详去秦，厚币委质事楚，曰："秦甚憎齐齐与楚从亲楚诚能绝齐秦愿献商於之地六百里。"楚怀王贪而信张仪，遂绝齐，使使如秦受地。张仪诈之曰："仪与王约六里，不闻六百里。"楚使怒去，归告怀王。怀王怒，大兴师伐秦。秦发兵击之，大破楚师于丹、淅，斩首八万，虏楚将屈匄，遂取楚之汉中地。怀王乃悉发国中兵，以深入击秦，战于蓝田。魏闻之，袭楚至邓。楚兵惧，自秦归。而齐竟怒不救楚，楚大困。

明年，秦割汉中地与楚以和。楚王曰："不愿得地，愿得张仪而甘心焉。"张仪闻，乃曰："以一仪而当汉中地，臣请往如楚。"如楚，又因厚币用事者臣靳尚，而设诡辩于怀王之宠姬郑袖。怀王竟听郑袖，复释去张仪。是时屈原既疏，不复在位，使于齐，顾反，谏怀王曰："何不杀张仪？"怀王悔，追张仪，不及。

其后诸侯共击楚，大破之，杀其将唐眛。

时秦昭王与楚婚，欲与怀王会。怀王欲行，屈平曰："秦，虎狼之国，不可信。不如无行。"怀王稚子子兰劝王行："奈何绝秦欢？"怀王卒行。入武关，秦伏兵绝其后，因留怀王，以求割地。怀王怒，不听。亡走赵，赵不内。复之秦，竟死于秦而归葬。

长子顷襄王立，以其弟子兰为令尹。楚人既咎子兰以劝怀王入秦而不反也。屈平既嫉之，虽放流，眷顾楚国，系心怀王，不忘欲反，冀幸君之一悟，俗之一改也。其存君兴国而欲反覆之，一篇之中三致意焉。然终无可奈何，故不可以反。卒以此见怀王之终不悟也。

令尹子兰闻之，大怒，卒使上官大夫短屈原于顷襄王，顷襄王怒而迁之。

屈原至于江滨，被发行吟泽畔，颜色憔悴，形容枯槁。渔父见而问之曰：“子非三闾大夫欤？何故而至此？”屈原曰：“举世混浊而我独清，众人皆醉而我独醒，是以见放。”渔父曰：“夫圣人者，不凝滞于物，而能与世推移。举世混浊，何不随其流而扬其波？众人皆醉，何不餔其糟而啜其醨？何故怀瑾握瑜，而自令见放为？”屈原曰：“吾闻之，新沐者必弹冠，新浴者必振衣。人又谁能以身之察察，受物之汶汶者乎？宁赴常流而葬乎江鱼腹中耳，又安能以皓皓之白，而蒙世之温蠖乎？”乃作《怀沙》之赋。于是怀石，遂自投汨罗以死。

屈原既死之后，楚有宋玉、唐勒、景差之徒者，皆好辞而以赋见称；然皆祖屈原之从容辞令，终莫敢直谏。其后楚日以削，数十年，竟为秦所灭。

1. 文中画波浪线的部分有三处需要断句，请将相应位置的答案标号涂黑。

秦甚Ⓐ憎齐Ⓑ齐与楚Ⓒ从亲Ⓓ楚诚能绝Ⓔ齐Ⓕ秦愿献Ⓖ商於之Ⓗ地六百里。

2. 下列对文中加点的词语及相关内容的解说，不正确的一项是（　　）

A. 治乱，指治理国家的道理。治，政治安定；乱，社会动荡。

B. 伐，指炫耀，与《燕歌行并序》中“摐金伐鼓下榆关”的“伐”不同。

C. 咎，怪罪、责怪，与成语“既往不咎”中的“咎”意思相同。

D. 从容，悠闲舒缓，与《庄子》中“鲦鱼出游从容”中的“从容”同义。

3. 下列各组语句中，加点词的意义和用法都相同的一组是（　　）

A. 非我莫能为　　而自令见放为　　B. 渔父见而问之曰　　是以见放

C. 战于蓝田　　不凝滞于物　　D. 怀王卒行　　卒以此见怀王之终不悟也

4. 下列对原文有关内容的概述，不正确的一项是（　　）

A. 屈原出身高贵，学识丰富，能力超群，擅长内政外交，曾受到楚怀王的赏识和信任。

B. 上官大夫想夺屈原草拟宪令的功劳，被屈原拒绝，于是发怒，并从此疏远了屈原。

C. 屈原目光敏锐，洞察势态。他识破秦的骗局，反对怀王赴秦。怀王不听，果然遇险。

D. 屈原品行高洁，为避免蒙受世俗玷污，他毅然自沉汨罗江，宁死守义，以身殉道。

5. 把文中画横线的句子翻译成现代汉语。

（1）其存君兴国而欲反覆之，一篇之中三致意焉。

（2）屈原至于江滨，被发行吟泽畔，颜色憔悴，形容枯槁。

6.《屈原列传》中为了突出主要人物屈原，写了其他不同类型的人物作为对比。请简要说明。

酷吏列传序

《史记》

孔子曰："道之以政，齐之以刑，民免而无耻。道之以德，齐之以礼，有耻且格。"老氏称："上德不德，是以有德；下德不失德，是以无德。""法令滋章，盗贼多有。"太史公曰：信哉是言也！法令者治之具，而非制治清浊之源也。昔天下之网尝密矣，然奸伪萌起，其极也，上下相遁，至于不振。当是之时，吏治若救火扬沸，非武健严酷，恶能胜其任而愉快乎？言道德者，溺其职矣。故曰："听讼，吾犹人也，必也使无讼乎"，"下士闻道大笑之"。非虚言也。汉兴，破觚而为圜，斫雕而为朴，网漏于吞舟之鱼，而吏治烝烝，不至于奸，黎民艾安。由是观之，在彼不在此。

联读材料一

道德不足以化民，然后不得已用酷吏。但传内郅都（编者注："郅"应为"郅"）等十人皆汉臣也，岂可直言汉德之衰，故序中只两引孔、老，而以秦法繁苛汉初宽简其治效相形一番轻重自见。玩"法令者治之具"二句，可谓要言不烦。

（选自林云铭《古文析义》）

联读材料二

意只是当任德而不当任刑，两引孔、老之言便见。又以秦法苛刻、汉治宽仁两两相较，明示去取。叹昔日汉德之盛，则今日汉德之衰，隐然自见于言外。语不多而意深厚也。

（选自吴楚材、吴调侯评注《古文观止·酷吏列传序》）

1. 文中画波浪线的部分有三处需要断句，请将相应位置的答案标号涂黑。

   而以秦Ⓐ法Ⓑ繁苛Ⓒ汉初宽Ⓓ简Ⓔ其治效相形Ⓕ一番Ⓖ轻重Ⓗ自见。

2. 下列对文中加点的词语及相关内容的解说，不正确的一项是（　　）

   A. 格，至，引申为归服。与"格物致知"中的"格"字意思相同。

   B. 觚，本是有棱角的酒器，这里取其"棱角"，用来比喻严刑峻法。

   C. 烝烝，指兴盛的样子，与"蒸蒸日上"中的"蒸蒸"意思相同。

   D. 化，教化、改变民心，与"人文化成"中的"化"字意思相同。

3. 下列各组语句中，加点词的意义和用法都相同的一组是（　　）

   A. 上下相遁　　移船相近邀相见　　B. 吏治若救火扬沸　　若为佣耕

   C. 恶能胜其任而愉快乎　　彼恶知之　　D. 隐然自见于言外　　辍使之然也

4. 下列对原文有关内容的概述，不正确的一项是（　　）

   A. 老子认为，治理国家的关键在于宣扬道德，而非用严刑峻法。

   B. 用严刑峻法治理百姓，如同负薪救火、扬汤止沸，于事无补。

   C. 司马迁运用引用、举例、对比等方法，观点明确，条理分明。

   D. 材料二与材料三均指出《酷吏列传序》中有借古讽今的深意。

5. 把文中画横线的句子翻译成现代汉语。

   （1）法令者治之具，而非制治清浊之源也。

（2）斫雕而为朴，网漏于吞舟之鱼。

6. 请简要概括司马迁对严刑峻法的态度。

游侠列传序

《史记》

韩子曰："儒以文乱法，而侠以武犯禁。"二者皆讥，而学士多称于世云。至如以术取宰相、卿大夫，辅翼其世主，功名俱著于春秋，固无可言者。及若季次、原宪，闾巷人也，读书怀独行君子之德，义不苟合当世，当世亦笑之。故季次、原宪终身空室蓬户，褐衣疏食不厌。死而已四百余年，而弟子志之不倦。今游侠，其行虽不轨于正义，然其言必信，其行必果，已诺必诚，不爱其躯，赴士之厄困，既已存亡死生矣，而不矜其能，羞伐其德，盖亦有足多者焉。

且缓急，人之所时有也。太史公曰：昔者虞舜窘于井廪，伊尹负于鼎俎，傅说匿于傅险，吕尚困于棘津，夷吾桎梏，百里饭牛，仲尼畏匡，菜色陈、蔡。此皆学士所谓有道仁人也，犹然遭此菑，况以中材而涉乱世之末流乎？其遇害何可胜道哉！

鄙人有言曰："何知仁义，已飨其利者为有德。"故伯夷丑周，饿死首阳山，而文、武不以其故贬王；跖、蹻暴戾，其徒诵义无穷。由此观之，"窃钩者诛，窃国者侯，侯之门，仁义存。"非虚言也。

今拘学或抱咫尺之义久孤于世岂若卑论侪俗与世浮沉而取荣名哉？而布衣之徒，设取予、然诺，千里诵义，为死不顾世，此亦有所长，非苟而已也。故士穷窘而得委命，此岂非人之所谓贤豪间者邪？诚使乡曲之侠，予季次、原宪比权量力，效功于当世，不同日而论矣。要以功见言信，侠客之义又曷可少哉？

古布衣之侠，靡得而闻已。近世延陵、孟尝、春申、平原、信陵之徒，皆因王者亲属，借于有土卿相之富厚，招天下贤者，显名诸侯，不可谓不贤者矣。比如顺风而呼，声非加疾，其势激也。至如闾巷之侠，修行砥名，声施于天下，莫不称贤，是为难耳。然儒、墨皆排摈不载。自秦以前，匹夫之侠，湮灭不见，余甚恨之。以余所闻，汉兴有朱家、田仲、王公、剧孟、郭解之徒，虽时扞当世之文罔，然其私义，廉洁退让，有足称者。名不虚立，士不虚附。至如朋党宗强比周，设财役贫，豪暴侵凌孤弱，恣欲自快，游侠亦丑之。余悲世俗不察其意，而猥以朱家、郭解等令与豪暴之徒同类而共笑之也。

1. 文中画波浪线的部分有三处需要断句，请将相应位置的答案标号涂黑。

今拘学或抱Ⓐ咫尺之Ⓑ义Ⓒ久孤于世Ⓓ岂若卑Ⓔ论Ⓕ侪俗Ⓖ与世浮沉而取Ⓗ荣名哉？

2. 下列对文中加点的词语及相关内容的解说，不正确的一项是（　　）

A. 闾巷，这里指乡里、民间。闾，古时二十五家为一闾；巷，大街旁的小通道。

B. 褐衣，粗布衣服，古时贫苦或地位卑微的人的穿着。这里用来形容生活困苦。

C. 轨，本指车辙，引申为法则、法度，与“图谋不轨”中的“轨”字意思相同。

D. 爱，吝惜，与《过秦论》中“不爱珍器重宝肥饶之地”中的“爱”意思相同。

3. 下列各组语句中，加点词的意义和用法都相同的一组是（　　）

A. 傅说匿于傅险　　不拘于时　　B. 而文、武不以其故贬王　　广故数言欲亡

C. 非苟而已也　　苟全性命于乱世　　D. 侠客之义又曷可少哉　　曷不委心任去留

4. 下列对原文有关内容的概述，不正确的一项是（　　）

A. 游侠指那些轻生重义，信守承诺，勇于救人急难的人。司马迁肯定游侠的价值，同情游侠的境遇。

B. 第一段引韩非子的话，将“儒”和“侠”相提并论，借以提高“侠”的地位，衬托“侠”的美德。

C. 第二段列举了历史上诸多有道之人遭遇困厄的例子，来证明儒者自身难保，游侠才能救民于水火。

D. 由于随时存在的急难，世俗道德观的扭曲，虚谈仁义没有价值，故游侠之义确有其存在的必要性。

5. 把文中画横线的句子翻译成现代汉语。

（1）既已存亡死生矣，而不矜其能，羞伐其德，盖亦有足多者焉。

（2）此皆学士所谓有道仁人也，犹然遭此菑，况以中材而涉乱世之末流乎？其遇害何可胜道哉！

6. 最后一段，作者运用两组比较来表达对游侠的感情。请结合最后一段来进行阐释。

滑稽列传

《史记》

孔子曰：“六艺于治一也。《礼》以节人，《乐》以发和，《书》以导事，《诗》以达意，《易》以神化，《春秋》以道义。”太史公曰：天道恢恢，岂不大哉！谈言微中，亦可以解纷。

淳于髡者，齐之赘婿也，长不满七尺，滑稽多辩，数使诸侯，未尝屈辱。齐威王之时，喜隐好为淫乐长夜之饮沉湎不治委政卿大夫。百官荒乱，诸侯并侵，国且危亡，在于旦暮，左右莫敢谏。淳于髡说之以隐曰：“国中有大鸟，止王之庭，三年不蜚又不鸣，王知此鸟何也？”王曰：“此鸟不蜚则已，一蜚冲天；不鸣则已，一鸣惊人。”于是乃朝诸县令长七十二人，赏一人，诛一人，奋兵而出。诸侯振惊，皆还齐侵地。威行三十六年。语在《田完世家》中。

威王八年，楚大发兵加齐。齐王使淳于髡之赵请救兵，赍金百斤，车马十驷。淳于髡仰天大笑，冠缨索绝。王曰：“先生少之乎？”髡曰：“何敢！”王曰：“笑岂有说乎？”髡曰：“今者臣从东方来，见道旁有禳田者，操一豚蹄，酒一盂，而祝曰：‘瓯窭满篝，污邪满车，五谷蕃熟，穰穰满家。’臣见其所持者狭而所欲者奢，故笑之。”于是齐威王乃益赍黄金千镒、白璧十双、车马百驷。髡辞而行，至赵。赵王与之精兵十万、革车千乘。楚闻之，夜引兵而去。

威王大说，置酒后宫，召髡赐之酒。问曰：“先生能饮几何而醉？对曰：“臣饮一斗亦醉，一石亦

醉。”威王曰：“先生饮一斗而醉，恶能饮一石哉？其说可得闻乎？”髡曰：“赐酒大王之前，执法在傍，御史在后，髡恐惧俯伏而饮，不过一斗径醉矣。若亲有严客，髡帣鞲鞠𪨊，侍酒于前，时赐余沥，奉觞上寿，数起，饮不过二斗径醉矣。若朋友交游，久不相见，卒然相睹，欢然道故，私情相语，饮可五六斗径醉矣。若乃州闾之会，男女杂坐，行酒稽留，六博投壶，相引为曹，握手无罚，目眙不禁，前有堕珥，后有遗簪，髡窃乐此，饮可八斗而醉二参。日暮酒阑，合尊促坐，男女同席，履舄交错，杯盘狼藉，堂上烛灭，主人留髡而送客。罗襦襟解，微闻芗泽，当此之时，髡心最欢，能饮一石。故曰酒极则乱，乐极则悲，万事尽然。言不可极，极之而衰。”以讽谏焉。齐王曰：“善！”乃罢长夜之饮，以髡为诸侯主客。宗室置酒，髡尝在侧。

1. 文中画波浪线的部分有三处需要断句，请将相应位置的答案标号涂黑。

喜Ⓐ隐Ⓑ好为淫乐Ⓒ长夜Ⓓ之饮Ⓔ沉湎Ⓕ不治Ⓖ委政Ⓗ卿大夫。

2. 下列对文中加点的词语及相关内容的解说，不正确的一项是（　　）

A. 禳田，在田间祭祀，祈求风调雨顺，五谷丰登。

B. 蕃，这里是茂盛的意思，与《种树郭橐驼传》中“早实以蕃”的“蕃”意思相同。

C. 执法，这里指执行法令的官吏。

D. 觞，古代酒器，与《归去来兮辞》中“引壶觞以自酌”中的“觞”意思相同。

3. 下列各组语句中，加点词的意义和用法都相同的一组是（　　）

A. 国且危亡　臣死且不避　　B. 齐王使淳于髡之赵请救兵　巫医乐师百工之人

C. 恶能饮一石哉　货恶其弃于地也　　D. 相引为曹　相逢何必曾相识

4. 下列对原文有关内容的概述和赏析，不正确的一项是（　　）

A. 根据文章内容推测，滑稽人物以机智的应对，诙谐的谈说，讽谏君主，使之悔悟。

B. 篇首引用“六艺”，暗示读者：六艺之道可以治国，而滑稽之语亦有治国的妙用。

C. 尾段写了饮酒至醉的五种情形，层层深入，表达出对自由欢乐、无拘无束的向往。

D. 本文寓庄于谐，人物形象鲜明，既有机智善辩的淳于髡，也有虚心纳谏的齐威王。

5. 把文中画横线的句子翻译成现代汉语。

（1）臣见其所持者狭而所欲者奢，故笑之。

（2）若朋友交游，久不相见，卒然相睹，欢然道故，私情相语，饮可五六斗径醉矣。

6. 文中记述了淳于髡三次使用隐语讽刺齐威王，含蓄微妙地切中事理，排难解纷的故事。请根据文本进行具体阐释。

货殖列传序

《史记》

《老子》曰："至治之极，邻国相望，鸡狗之声相闻，民各甘其食，美其服，安其俗，乐其业，至老死不相往来。"必用此为务，挽近世涂民耳目，则几无行矣。

太史公曰：夫神农以前，吾不知已。至若《诗》《书》所述虞、夏以来，耳目欲极声色之好，口欲穷刍豢[①]之味，身安逸乐，而心夸矜势能之荣，使俗之渐民久矣，虽户说以眇论，终不能化。故善者因之，其次利道之，其次教诲之，其次整齐之，最下者与之争。

夫山西饶材、竹、榖、纑、旄、玉石，山东多鱼、盐、漆、丝、声色，江南出楠、梓、姜、桂、金、锡、连、丹沙、犀、瑇瑁、珠玑、齿、革，龙门、碣石北多马、牛、羊、旃、裘、筋、角，铜、铁则千里往往山出棋置。此其大较也。皆中国人民所喜好，谣俗被服饮食、奉生送死之具也。故待农而食之，虞[②]而出之，工而成之，商而通之。此宁有政教发征期会哉？人各任其能，竭其力，以得所欲。故物贱之征贵，贵之征贱，各劝其业，乐其事，若水之趋下，日夜无休时，不召而自来，不求而民出之。岂非道之所符而自然之验邪？

《周书》曰："农不出则乏其食，工不出则乏其事，商不出则三宝[③]绝，虞不出则财匮少。"财匮少而山泽不辟矣。此四者，民所衣食之原也。原大则饶，原小则鲜。上则富国，下则富家。贫富之道，莫之夺予，而巧者有余，拙者不足。故太公望封于营丘地潟卤[④]人民寡于是太公劝其女功，极技巧，通鱼盐，则人物归之，繦至而辐凑。故齐冠带衣履天下，海岱之间敛袂而往朝焉。其后齐中衰，管子修之，设轻重九府，则桓公以霸，九合诸侯，一匡天下，而管氏亦有三归，位在陪臣，富于列国之君。是以齐富强至于威、宣也。

故曰："仓廪实而知礼节，衣食足而知荣辱。"礼生于有而废于无。故君子富，好行其德；小人富，以适其力。渊深而鱼生之，山深而兽往之，人富而仁义附焉。富者得势益彰，失势则客无所之，以而不乐。谚曰："千金之子，不死于市。"此非空言也。故曰："天下熙熙，皆为利来；天下壤壤，皆为利往。"夫千乘之主、万家之侯、百室之君尚犹患贫，而况匹夫编户之民乎！

注：①刍豢：指牲畜的肉。②虞：掌管山林川泽出产的官，此指开发山林川泽的人。③三宝：粮食、工具和财物。④潟卤：盐碱地。

1. 文中画波浪线的部分有三处需要断句，请将相应位置的答案标号涂黑。

故太公望Ⓐ封于营丘Ⓑ地Ⓒ潟卤Ⓓ人民Ⓔ寡Ⓕ于是太公Ⓖ劝其女Ⓗ功。

2. 下列对文中加点的词语及相关内容的解说，不正确的一项是（　　）

A. 涂，堵塞，与《齐桓晋文之事》中"行旅皆欲出于王之涂"的"涂"意思不同。

B. 渐，渐染，指逐渐影响，与成语"防微杜渐"中"渐"意思相同。

C. 中国，中原地区，与《李凭箜篌引》中"李凭中国弹箜篌"的"中国"意思不同。

D. 女功，指妇女的纺织、刺绣、缝纫等活动，又作"女工""女红"。

3. 下列各组语句中，加点词的意义和用法都相同的一组是（　　）

A. 必用此为务　　皆为利来

B. 而心夸矜势能之荣　　不召而自来

C. 虽户说以眇论　　以得所欲

D. 故物贱之征贵　　若水之趋下

4. 下列对原文有关内容的概述和赏析，不正确的一项是（　　）

A. 根据文章可推测，本文的“货殖”指商业活动或从事商业活动的人。

B. 开篇指出，老子“小国寡民”“老死不相往来”的思想不适用于司马迁生活的社会。

C. 第三段，列举物质的分布情况，说明发展生产、互通有无的合理性。

D. 结尾强调，人们生活富有，自然会懂得仁义和礼节，故不需要教化。

5. 把文中画横线的句子翻译成现代汉语。

（1）故善者因之，其次利道之，其次教诲之，其次整齐之，最下者与之争。

（2）故齐冠带衣履天下，海岱之间敛袂而往朝焉。

6. 第四段是如何论证货殖对于富国利民的重要意义的？

太史公自序（节选）

《史记》

上大夫壶遂[①]曰：“昔孔子何为而作《春秋》哉？”太史公曰：“余闻董生[②]曰：‘周道衰废，孔子为鲁司寇，诸侯害之，大夫壅之。孔子知言之不用、道之不行也，是非二百四十二年之中，以为天下仪表，贬天子，退诸侯，讨大夫，以达王事而已矣。’子曰：‘我欲载之空言，不如见之于行事之深切著明也。’夫《春秋》，上明三王之道，下辨人事之纪，别嫌疑，明是非，定犹豫，善善恶恶，贤贤贱不肖，存亡国，继绝世，补敝起废，王道之大者也。

“拨乱世反之正，莫近于《春秋》。《春秋》文成数万，其指数千，万物之散聚皆在《春秋》。《春秋》之中，弑君三十六，亡国五十二，诸侯奔走不得保其社稷者不可胜数。察其所以，皆失其本已。故《易》曰：‘失之毫厘，差以千里。’故曰：‘臣弑君，子弑父，非一旦一夕之故也，其渐久矣。’夫不通礼义之旨，至于君不君、臣不臣、父不父、子不子。君不君则犯，臣不臣则诛，父不父则无道，子不子则不孝。此四行者，天下之大过也。以天下之大过予之，则受而弗敢辞。故《春秋》者，礼义之大宗也。夫礼禁未然之前法施已然之后法之所为用者易见而礼之所为禁者难知。”

壶遂曰：“孔子之时，上无明君，下不得任用，故作《春秋》，垂空文以断礼义，当一王之法。今夫子上遇明天子，下得守职，万事既具，咸各序其宜，夫子所论，欲以何明？”太史公曰：“唯唯，否否，不然。余闻之先人曰：‘伏羲至纯厚，作《易》八卦。尧、舜之盛，《尚书》载之，礼乐作焉。汤、武之隆，诗人歌之。《春秋》采善贬恶，推三代之德，褒周室，非独刺讥而已也。’汉兴以来，至明天子，获符瑞，建封禅，改正朔，易服色，受命于穆清，泽流罔极。海外殊俗，重译款塞，请来献见者，不可胜道。臣下百官力诵圣德，犹不能宣尽其意。且士贤能而不用，有国者之耻；主上明圣而德不布闻，有司之过也。且余尝掌其官，废明圣盛德不载，灭功臣、世家、贤大夫之业不述，堕先人所言，罪莫大焉！

余所谓述故事，整齐其世传，非所谓作也，而君比之于《春秋》，谬矣。”

于是论次其文。七年而太史公遭李陵之祸，幽于缧绁。乃喟然而叹曰：“是余之罪也夫！是余之罪也夫！身毁不用矣。”退而深惟曰：“夫《诗》《书》隐约者，欲遂其志之思也。昔西伯拘羑里，演《周易》；孔子厄陈、蔡，作《春秋》。屈原放逐，著《离骚》。左丘失明，厥有《国语》。孙子膑脚，而论兵法。不韦迁蜀，世传《吕览》。韩非囚秦，《说难》《孤愤》。《诗》三百篇，大抵贤、圣发愤之所为作也。此人皆意有所郁结，不得通其道也，故述往事，思来者。”于是卒述陶唐以来，至于麟止，自黄帝始。

注：①壶遂：天文学家，曾参与司马迁主持的太初改律。②董生：董仲舒，西汉儒学大师。

1. 文中画波浪线的部分有三处需要断句，请将相应位置的答案标号涂黑。

夫礼禁Ⓐ未然之Ⓑ前Ⓒ法施已然Ⓓ之后Ⓔ法之所为Ⓕ用者易见Ⓖ而礼之所为Ⓗ禁者难知。

2. 下列对文中加点的词语及相关内容的解说，不正确的一项是（　　）

A. 是非，这里指褒贬、评论，与成语“是非分明”中的“是非”意思不同。

B. 人事，这里指伦理纲常，与《五代史伶官传序》中“岂非人事哉”的“人事”同义。

C. 符瑞，祥瑞、吉祥的象征。古人以为，天降祥瑞，是王者受天命的征兆。

D. 正朔，一年的第一天，这里代指礼法。正，一年之初；朔，一月之初。

3. 下列各组语句中，加点词的意义和用法都相同的一组是（　　）

A. 孔子知言之不用　　师道之不传也久矣

B. 诸侯奔走不得保其社稷者不可胜数　　古之学者必有师

C. 君不君则犯　　于其身也，则耻师焉

D. 乃喟然而叹曰　　今其智乃反不能及

4. 下列对原文有关内容的概述和赏析，正确的一项是（　　）

A. 本文中，司马迁借与壶遂的对话，阐述其撰写《史记》的动机、原委和宗旨。

B. 孔子撰写《春秋》，留下一部空洞的史文来裁断礼义，当作一代帝王的法典。

C.《春秋》中记载了大量的弑君、亡国事件，因而《春秋》只是讥刺历史的著作。

D. 司马迁撰写《史记》的直接原因是因李陵而受牵连，仿先贤而发愤著书。

5. 把文中画横线的句子翻译成现代汉语。

（1）我欲载之空言，不如见之于行事之深切著明也。

（2）善善恶恶，贤贤贱不肖，存亡国，继绝世，补敝起废，王道之大者也。

6. 壶遂质问司马迁，《春秋》针砭时弊，司马迁为何在当前盛世仍要继《春秋》而作《史记》，司马迁是如何回答的？请用自己的话概括。

报任安书（节选）

司马迁

夫仆与李陵俱居门下，素非能相善也，趋舍异路，未尝衔杯酒、接殷勤之余欢。然仆观其为人，自守奇士，事亲孝，与士信，临财廉，取与义，分别有让，恭俭下人，常思奋不顾身以殉国家之急。其素所蓄积也，仆以为有国士之风。夫人臣出万死不顾一生之计，赴公家之难，斯已奇矣。今举事一不当，而全躯保妻子之臣随而媒糵其短，仆诚私心痛之。且李陵提步卒不满五千，深践戎马之地，足历王庭，垂饵虎口，横挑强胡，仰亿万之师，与单于连战十有余日，所杀过当，虏救死扶伤不给。旃裘之君长咸震怖，乃悉征其左右贤王，举引弓之人，一国共攻而围之。转斗千里，矢尽道穷，救兵不至，士卒死伤如积。然陵一呼劳军，士无不起，躬自流涕，沫血饮泣，更张空拳，冒白刃，北向争死敌者。

陵未没时，使有来报，汉公卿王侯皆奉觞上寿。后数日，陵败书闻，主上为之食不甘味，听朝不怡。大臣忧惧，不知所出。仆窃不自料其卑贱，见主上惨怆怛悼，诚欲效其款款之愚。以为李陵素与士大夫绝甘分少，能得人之死力，虽古之名将，不能过也。身虽陷败，彼观其意，且欲得其当而报于汉。事已无可奈何，其所摧败，功亦足以暴于天下矣。仆怀欲陈之，而未有路，适会召问即以此指推言陵之功欲以广主上之意塞睚眦之辞。未能尽明，明主不晓，以为仆沮贰师，而为李陵游说，遂下于理。拳拳之忠，终不能自列，因为诬上，卒从吏议。家贫，货赂不足以自赎，交游莫救视，左右亲近不为一言。身非木石，独与法吏为伍，深幽囹圄之中，谁可告诉者！此真少卿所亲见，仆行事岂不然乎？李陵既生降，颓其家声，而仆又佴之蚕室，重为天下观笑。悲夫！悲夫！事未易一二为俗人言也。

仆之先非有剖符、丹书之功，文、史、星、历，近乎卜、祝之间，固主上所戏弄，倡优所畜，流俗之所轻也。假令仆伏法受诛，若九牛亡一毛，与蝼蚁何以异？而世俗又不能与死节者次比，特以为智穷罪极、不能自免、卒就死耳。何也？素所自树立使然也。人固有一死，或重于泰山，或轻于鸿毛，用之所趣异也。太上不辱先，其次不辱身，其次不辱理色，其次不辱辞令，其次诎体受辱，其次易服受辱，其次关木索、被箠楚受辱，其次剔毛发、婴金铁受辱，其次毁肌肤、断肢体受辱，最下腐刑极矣！所以隐忍苟活，幽于粪土之中而不辞者，恨私心有所不尽，鄙陋没世而文采不表于后也。

古者富贵而名磨灭，不可胜记，唯倜傥非常之人称焉。盖文王拘而演《周易》；仲尼厄而作《春秋》；屈原放逐，乃赋《离骚》；左丘失明，厥有《国语》；孙子膑脚，《兵法》修列；不韦迁蜀，世传《吕览》；韩非囚秦，《说难》《孤愤》；《诗》三百篇，大底圣贤发愤之所为作也。此人皆意有所郁结，不得通其道，故述往事，思来者。乃如左丘无目，孙子断足，终不可用，退而论书策以舒其愤，思垂空文以自见。仆窃不逊，近自托于无能之辞，网罗天下放失旧闻，略考其事，综其终始，稽其成败兴坏之纪，上计轩辕，下至于兹，为十表、本纪十二、书八章、世家三十、列传七十，凡百三十篇。亦欲以究天人之际，通古今之变，成一家之言。草创未就，会遭此祸，惜其不成，是以就极刑而无愠色。仆诚已著此书，藏之名山，传之其人、通邑大都，则仆偿前辱之责，虽万被戮，岂有悔哉！然此可为智者道，难为俗人言也。

1. 文中画波浪线的部分有三处需要断句，请将相应位置的答案标号涂黑。

适会召Ⓐ问Ⓑ即以此Ⓒ指推言Ⓓ陵之功Ⓔ欲以广Ⓕ主上之意Ⓖ塞Ⓗ睚眦之辞。

2. 下列对文中加点的词语及相关内容的解说，不正确的一项是（　　）

A. 媒糵，酒曲，这里是酝酿、夸大的意思，指借端诬罔构陷，酿成其罪。

B. 旃裘，北方游牧民族所穿的毡毛衣服，这里代指匈奴。旃，同“毡”。

C. 丹书，用丹砂写在铁制的契券上的誓词。持有丹书的大臣，其后世子孙犯罪，可凭此获得赦免。

D. 粪土，肮脏污秽的地方，这里代指牢狱，与《沁园春·长沙》中“粪土当年万户侯”的“粪土”同义。

3. 下列各组语句中，加点词的意义和用法均相同的一组是（　　）

A. 仆窃不自料其卑贱　　诚欲效其款款之愚　　B. 且李陵提步卒不满五千　　且欲得其当而报于汉

C. 功亦足以暴于天下矣　　或重于泰山　　D. 为十表　　然此可为智者道

4. 下列对原文有关内容的概述和赏析，正确的一项是（　　）

A. 司马迁赞成有价值的舍生取义，但为了死得有意义，有时要忍受比死还要难受的奇耻大辱。

B. 司马迁与李陵私交甚密，了解其为人，因而他仗义执言，批判那些落井下石的无耻之辈。

C. 本文句式随情感变化，时长时短，时骈时散；运用大量语气词，形成回环往复的抒情美。

D. “太上不辱先”以下的排比句，以“其次”一词开头，逐渐减弱程度，最后引出了腐刑。

5. 把文中画横线的句子翻译成现代汉语。

（1）然仆观其为人，自守奇士，事亲孝，与士信，临财廉，取与义，分别有让，恭俭下人，常思奋不顾身以殉国家之急。

（2）古者富贵而名磨灭，不可胜记，唯倜傥非常之人称焉。

6. 司马迁在本文中提出了文学史上著名的观点“发愤著书”，请结合原文，用自己的话谈谈你对“发愤著书”的理解。

高帝求贤诏

《汉书》

盖闻王者莫高于周文，伯者莫高于齐桓，皆待贤人而成名。今天下贤者智能岂特古之人乎患在人主不交故也士奚由进？今吾以天之灵、贤士大夫定有天下，以为一家，欲其长久，世世奉宗庙亡绝也。贤人已与我共平之矣，而不与吾共安利之，可乎？贤士大夫有肯从我游者，吾能尊显之。布告天下，使明知朕意。御史大夫昌下相国，相国酂侯下诸侯王，御史中执法下郡守，其有意称明德者，必身劝，为之驾，遣诣相国府，署行、义、年。有而弗言，觉免。年老癃病，勿遣。

联读材料

自古受命及中兴之君，曷尝不得贤人君子与之共治天下者乎！及其得贤也，曾不出闾巷，岂幸相遇哉？上之人不求之耳。今天下尚未定，此特求贤之急时也。“孟公绰为赵、魏老则优，不可以为滕、薛大夫。”若必廉士而后可用，则齐桓其何以霸世！今天下得无有被褐怀玉而钓于渭滨者乎？又得无盗嫂受金而未遇无知者乎？二三子其佐我明扬仄陋，唯才是举，吾得而用之。

（选自《三国志·魏书一·武帝纪》）

1. 文中画波浪线的部分有三处需要断句，请将相应位置的答案标号涂黑。

今天下Ⓐ贤者Ⓑ智能Ⓒ岂特Ⓓ古之人乎Ⓔ患在人Ⓕ主不交Ⓖ故也Ⓗ士奚由进？

2. 下列对材料中加点词语及相关内容的解说不正确的一项是（　　）

A. 免，意思是免除、避免，与《齐桓晋文之事》中“凶年不免于死亡”的“免”语义相同。

B. 劝，意思是鼓励、劝勉。与成语“劝善惩恶”中的“劝”词义相同。

C. 游，交往，这里指共同治理天下。与《赤壁赋》中“泛舟游于赤壁之下”的“游”词义不同。

D. 遣，意思是送。与《桃花源记》中“太守即遣人随其往”的“遣”词义不同。

3. 下列各组语句中，加点词语的意义和用法都相同的一项是（　　）

A. 有而弗言　　吾得而用之

B. 其有意称明德者　　二三子其佐我明扬仄陋

C. 吾能尊显之　　贤人君子与之共治天下

D. 伯者莫高于齐桓　　被褐怀玉而钓于渭滨

4. 下列对材料有关内容的概述，不正确的一项是（　　）

A. 材料一和材料二都将贤才不遇的原因归咎为君主的主动性不足。

B. 材料一论证了求贤的必要性，贤人已与我平起平坐，如果他们不与我共同治理天下，则不合乎常理。

C. 材料一中的“周文王”“齐桓公”和材料二中的“受命及中兴之君”之所以能够成就王霸之业，都是因为任用了贤才。

D. 材料一中，汉高祖曲意求贤，指示各级官员务必切实推荐贤才，还强调了应为之准备车马等具体措施。

5. 把文中画横线的句子翻译成现代汉语。

（1）今吾以天之灵、贤士大夫定有天下，以为一家，欲其长久，世世奉宗庙亡绝也。

（2）若必廉士而后可用，则齐桓其何以霸世！

6. 两则材料都是君主求贤的诏令，刘邦和曹操对于贤者的选拔标准有何不同？请结合原文进行阐述。

文帝议佐百姓诏

《汉书》

间者数年比不登，又有水、旱、疾、疫之灾，朕甚忧之。愚而不明，未达其咎。意者朕之政有所失而行有过与？乃天道有不顺地利或不得人事多失和鬼神废不享与？何以致此？将百官之奉养或费，无用之事或多与？何其民食之寡乏也？夫度田非益寡，而计民未加益，以口量地，其于古犹有余，而食之甚不足者，其咎安在？无乃百姓之从事于末，以害农者蕃？为酒醪以靡谷者多，六畜之食焉者众与？细大之义，吾未能得其中。其与丞相、列侯、吏二千石、博士议之，有可以佐百姓者，率意远思，无有所隐！

联读材料

朕以眇身，奉承圣业，常愧政化之爽，以羞祖宗之灵，日昃劬劳，躬自懋勉。约己以济物，坦诚以任人。夙将一心，殆且三纪，庶蒙休应，以登至平。近乃淫雨降灾，大水为沴，败公私之庐舍，冒西南之城扉。秋稼有沦伤之嗟，贫人罹溺丧之苦。弥月于此，积晦未开，两河之间，决溢为患。夙夜惟念，悼痛于怀。此皆朕德不明，天意所谴，致兹灾沴，害及下民。是亦邦治未孚，王政多阙。赏罚有所不当，诏令得非未便，狱讼颇枉，赋役烦急。既民冤失业者众，则天灾缘政而生。思闻谠言，以推咎罚，道有消息，志在更张。应中外臣僚，并许实封言时政阙失，凡当时之利害，制治之否臧，悉心以陈，无有所讳。庶几弭塞变异，召致和平。咨尔股肱之臣，其交相戒敕，虚心以调元化，合志而营大政，辅予不逮，冀其有庆。故兹诏示，想宜知悉。

（选自《宋大诏令集·雨灾求直言诏》）

1. 文中画波浪线的部分有三处需要断句，请将相应位置的答案标号涂黑。

乃天道有不顺Ⓐ地利Ⓑ或不得Ⓒ人事Ⓓ多Ⓔ失和Ⓕ鬼神Ⓖ废Ⓗ不享与？

2. 下列对文中加点词语及相关内容的解说不正确的一项是（　　）

A. 登，指庄稼成熟，粮食丰收。与《论语》中“因之以饥馑”的“饥馑”意思相反。

B. 二千石，是汉代郡守的俸禄，这里用“二千石”代指郡守。与“不为五斗米折腰”中的“五斗米”

用法相同。

C. 末，工商业，与之相对的“本”指的是“农业”，古代推行重农政策，以农为本，以商为末。

D. 意，表示猜测，与《鸿门宴》中“不自意能先入关破秦”的“意”语义相同。

3. 下列各组语句中，加点词语的意义和用法都相同的一项是（　　）

A. 间者数年比不登　　既民氹失业者众

B. 何其民食之寡乏也　　败公私之庐舍

C. 何以致此？　　以羞祖宗之灵

D. 其与丞相、列侯、吏二千石、博士议之　　其交相戒敕

4. 下列对材料有关内容的概述和赏析，不正确的一项是（　　）

A. 文帝自言愚昧不明，是因为不明白收成不好的毛病出在哪里，而只能以忧虑作为文章的发端。

B. 联读材料不仅分析了雨灾的产生原因，还广开言路，请求臣下直言时政之弊，不必隐讳，合力改进，言辞谦卑而诚恳。

C. 在文帝看来，这些有可能导致灾祸的大大小小的原因，令他感到迷惑，从而无法找到改进国策的“中庸之道”。

D. 文章连续运用设问，刨根究底，加强了气势，同时也体现了汉文帝对民生疾苦的关切，寻求症结的迫切。

5. 把文中画横线的句子翻译成现代汉语。

（1）夫度田非益寡，而计民未加益，以口量地，其于古犹有余，而食之甚不足者，其咎安在？

（2）为酒醪以靡谷者多，六畜之食焉者众与？

6. 两篇诏书都对灾害进行了反思，请概括二者对灾害归因的不同认识。

景帝令二千石修职诏

《汉书》

雕文刻镂，伤农事者也；锦绣纂组，害女红者也。农事伤，则饥之本也；女红害，则寒之原也。夫饥寒并至，而能无为非者寡矣。朕亲耕，后亲桑，以奉宗庙粢盛、祭服，为天下先。<u>不受献，减太官，省繇赋，欲天下务农蚕，素有畜积，以备灾害。</u>强毋攘弱，众毋暴寡，老耆以寿终，幼孤得遂长。<u>今岁或不登，民食颇寡，其咎安在？</u>或诈伪为吏，吏以货赂为市，渔夺百姓，侵牟万民。县丞，长吏也，奸法与盗盗，甚无谓也。其令二千石各修其职。不事官职，耗乱者，丞相以闻，请其罪。布告天下，使明知朕意。

联读材料

王者有易政而无易国，有易吏而无易民。故因是国也而为安，因是民也而为治。故汤以桀之乱民为治，武王以纣之北卒为强。故民之治乱在于吏，国之安危在于政。故是以明君之于政也慎之，于吏也选之，然后国兴也。故君能为善则吏必能为善矣吏能为善则民必能为善矣。故民之不善也，失之者吏也；故民之善者，吏之功也。故吏之不善也，失之者君也；故吏之善者，君之功也。是故君明而吏贤，吏贤而民治矣。故苟上好之，其下必化之，此道之政也。

（选自《新书·大政》）

1. 文中画波浪线的部分有三处需要断句，请将相应位置的答案标号涂黑。

故君能为Ⓐ善Ⓑ则吏必能Ⓒ为善矣Ⓓ吏能为Ⓔ善Ⓕ则民必Ⓖ能Ⓗ为善矣。

2. 下列对材料中加点词语及相关内容的解说不正确的一项是（　　）

A. 女红，泛指女子的纺织、刺绣等工作，是古代女子家庭教育的重要内容之一。

B. 攘，意思是夺取，与《出师表》中“攘除奸凶”的“攘”词义不同。

C. 货赂，意思是贿赂，“以货赂为市”就是将收受的贿赂卖掉，从中谋取钱财。

D. 化，意思是教化，与《逍遥游》中“化而为鸟，其名为鹏”的“化”词义不同。

3. 下列各组语句中，加点词语的意义和用法都相同的一项是（　　）

A. 伤农事者也　　故民之善者，吏之功也　　B. 而能无为非者寡矣　　王者有易政而无易国

C. 以奉宗庙粢盛、祭服　　老耆以寿终　　D. 故因是国也而为安　　因之以饥馑

4. 下列对材料有关内容的概述，不正确的一项是（　　）

A. 县丞虽为一方长官，却玩法作奸，甚至与盗贼勾结，助盗为盗。

B. “汤以桀之乱民为治，武王以纣之北卒为强”，证明了天下治乱的根本在于国君。

C. 汉景帝要求，如果出现了不尽心履职、昏聩不称职的官员，连同丞相也要来一并请罪。

D. 皇帝亲耕，皇后亲桑，是亲身示范，为天下人做出表率，表示对于农桑的重视。

5. 把文中画横线的句子翻译成现代汉语。

（1）不受献，减太官，省繇赋，欲天下务农蚕，素有畜积，以备灾害。

（2）今岁或不登，民食颇寡，其咎安在？

6. 两则材料，都提到了百姓为非作乱的问题。请概括两则材料对此问题产生根源的不同认识。

武帝求茂材异等诏

《汉书》

盖有非常之功，必待非常之人，故马或奔踶而致千里，士或有负俗之累而立功名。夫泛驾之马，跅弛之士，亦在御之而已。其令州郡察吏民有茂材异等可为将相及使绝国者。

联读材料

朕闻历代帝王，首推尧舜；为人父母，孰比禹汤？睿谋高出于古先，圣德普闻于天下。尚或卑躬待士，屈己求贤。俯仰星云虑一民之遗逸网罗岩穴恐片善之韬藏。延爵禄以征求，设丹青而访召，使其为政，乐在进贤。盖繇国有万机，朝称百揆，非才不治，得士则昌。自朕光宅中区，迄今三载，宵分辍寐，日旰忘餐，思共力于庙谋，庶永清于王道。而乃朝廷之内，或未尽于昌言；军旅之闲，亦罕闻于奇策。眷言方岳，下及山林，岂无英奇，副我延伫。诏到可精搜郡邑，博访贤良，喻之以千载一时，约之以高官美秩，谅无求备，唯在得人。如有卓荦不羁，沈潜自负，通霸王之上略，达文武之大纲，究古今刑政之源，识礼乐质文之变，朕则待之不次，委以非常。用佐经纶，岂劳阶级？如或一言拔俗，一事出群，亦当舍短从长，随才授任。大小方圆之器，宁限九流？温良恭俭之人，难诬十室。勉思荐举，勿至因循，俟尔发扬，慰予翘渴。

（选自《全唐文·求贤诏》）

1. 文中画波浪线的部分有三处需要断句，请将相应位置的答案标号涂黑。

俯仰星云Ⓐ虑一Ⓑ民之Ⓒ遗逸Ⓓ网罗Ⓔ岩穴Ⓕ恐片Ⓖ善之Ⓗ韬藏。

2 下列对材料中加点词语及相关内容的解说不正确的一项是（　　）

A. 非常，意思是超出寻常，文中“非常之功”和“委以非常”中的“非常”意思不同。

B. 父母，意思是父亲和母亲，文中“为人父母，孰比禹汤”意思就是做父亲和母亲，谁也比不上禹、汤。

C. 卓荦、拔俗、茂材异等，这几个词语的意思接近，都指才能超群出众、出类拔萃。

D. 延伫，意思是引颈而立；翘渴，意思是仰首渴盼。二者意思相近，都形容盼望之殷切。

3. 下列各组语句中，加点词语的意义和用法都相同的一项是（　　）

A. 使其为政　　失其所与　　B. 得士则昌　　学而不思则罔

C. 延爵禄以征求　　约之以高官美秩　　D. 必待非常之人　　蚓无爪牙之利

4. 下列对材料有关内容的概述与赏析，不正确的一项是（　　）

A. 材料一“亦在御之而已”中，一个“御”字体现出君王统御群臣的信心和雄略气概。

B. 材料一开篇借千里马为喻，由马及人，人马相提并论，以伯乐求良驹喻君王求人才。

C. 材料二访求贤才的方法是告知他们这是千载难逢的机遇，并且用高官美秩来吸引他们。

D. 材料二中，君王继承大统以来，虽日夜忧思，勤政兴国，但朝堂上总是词不达意。

5. 把文中画横线的句子翻译成现代汉语。

（1）故马或奔踶而致千里，士或有负俗之累而立功名。

（2）夫泛驾之马，跅弛之士，亦在御之而已。

6. 两则材料都提出了求贤不应“求全责备”的观点，但其侧重点不同，请分别进行阐述。

过秦论上

贾谊

秦孝公据崤函之固，拥雍州之地，君臣固守以窥周室，有席卷天下，包举宇内，囊括四海之意，并吞八荒之心。当是时也，商君佐之，内立法度，务耕织，修守战之具，外连衡而斗诸侯。于是秦人拱手而取西河之外。

孝公既没，惠文、武、昭蒙故业，因遗策，南取汉中，西举巴、蜀，东割膏腴之地，收要害之郡。诸侯恐惧，会盟而谋弱秦，不爱珍器重宝肥饶之地，以致天下之士，合从缔交，相与为一。当此之时，齐有孟尝，赵有平原，楚有春申，魏有信陵。此四君者，皆明智而忠信，宽厚而爱人，尊贤而重士，约从离衡，兼韩、魏、燕、赵、宋、卫、中山之众。于是六国之士，有宁越、徐尚、苏秦、杜赫之属为之谋，齐明、周最、陈轸、召滑、楼缓、翟景、苏厉、乐毅之徒通其意，吴起、孙膑、带佗、兒良、王廖、田忌、廉颇、赵奢之伦制其兵。尝以十倍之地，百万之众，叩关而攻秦。秦人开关延敌，九国之师遁逃而不敢进。秦无亡矢遗镞之费，而天下诸侯已困矣。于是从散约解，争割地而赂秦。秦有余力而制其弊，追亡逐北，伏尸百万，流血漂橹；因利乘便，宰割天下，分裂山河。强国请服，弱国入朝。施及孝文王、庄襄王，享国之日浅，国家无事。

及至始皇，奋六世之余烈，振长策而御宇内，吞二周而亡诸侯，履至尊以制六合，执敲扑以鞭笞天下，威振四海。南取百越之地，以为桂林、象郡；百越之君，俯首系颈，委命下吏。乃使蒙恬北筑长城而守藩篱，却匈奴七百余里；胡人不敢南下而牧马，士不敢弯弓而报怨。于是废先王之道，燔百家之言，以愚黔首；隳名城，杀豪杰；收天下之兵，聚之咸阳，销锋镝，铸以为金人十二，以弱天下之民。然后践华为城，因河为池，据亿丈之城，临不测之溪以为固。良将劲弩守要害之处，信臣精卒陈利兵而谁何。天下已定，始皇之心，自以为关中之固，金城千里，子孙帝王万世之业也。始皇既没，余威震于殊俗。

然而陈涉瓮牖绳枢之子，氓隶之人，而迁徙之徒也；材能不及中庸，非有仲尼、墨翟之贤，陶朱、猗顿之富；蹑足行伍之间，俛起阡陌之中，率罢弊之卒，将数百之众，转而攻秦；斩木为兵，揭竿为旗，天下云集而响应，赢粮而景从。山东豪俊遂并起而亡秦族矣。

且夫天下非小弱也，雍州之地，殽函之固，自若也。陈涉之位，不尊于齐、楚、燕、赵、韩、魏、宋、卫、中山之君也；锄櫌棘矜，不铦于钩戟长铩也；谪戍之众，非抗于九国之师也；深谋远虑，行军用兵之道，非及曩时之士也。然而成败异变，功业相反。试使山东之国与陈涉度长絜大，比权量力，则不可同年而语矣。然秦以区区之地致万乘之权招八州而朝同列百有余年矣；然后以六合为家，殽函为宫；一夫作难而七庙隳，身死人手，为天下笑者，何也？仁义不施而攻守之势异也。

1. 文中画波浪线的部分有三处需要断句，请将相应位置的答案标号涂黑。

然秦以区区之Ⓐ地Ⓑ致万乘之权Ⓒ招Ⓓ八州而朝同Ⓔ列Ⓕ百有Ⓖ余Ⓗ年矣。

2. 下列对材料中加点词语及相关内容的解说不正确的一项是（　　）

A. 爱，喜爱，与《师说》中“爱其子，择师而教之”的“爱”语义相同。

B. 策，马鞭子，与《马说》中“策之不以其道”中的“策”语义不同。

C. 延，迎接，与《桃花源记》中“余人各复延至其家”中的“延”语义不同。

D. 却，击退，与《六国论》中“李牧连却之”的“却”语义相同。

3. 下列各组语句中加点词语的意义和用法，相同的一项是（　　）

A. 因利乘便　　因河为池　　　　B. 余威震于殊俗　　非铦于钩戟长铩也

C. 君臣固守以窥周室　　然后以六合为家　　　　D. 争割地而赂秦　　一夫作难而七庙隳

4. 下列对材料有关内容的概述与分析，不正确的一项是（　　）

A. 本文写秦之兴亡，分析其得天下与失天下的原因，意在为当朝统治者的施政提供借鉴。

B. 作者将诸侯与秦国进行对比，诸侯恐惧而结盟、遁逃而不敢进，突出了秦国的奸诈。

C. 作者认为，秦始皇不懂得攻守之势已发生了变化，不以仁义治国，最终导致秦灭亡。

D. 本文运用诸多历史事实，笔法铺张，层层衬托，寓论说于叙事，巧妙而气势磅礴。

5. 把文中画横线的句子翻译成现代汉语。

（1）秦有余力而制其弊，追亡逐北，伏尸百万，流血漂橹。

（2）于是废先王之道，燔百家之言，以愚黔首。

6. 本文第四段塑造了怎样的陈涉形象？体现了作者怎样的写作意图？

治安策一（节选）

贾谊

屠牛坦一朝解十二牛，而芒刃不顿者，所排击剥割，皆众理解也。至于髋髀之所，非斤则斧。夫仁义恩厚，人主之芒刃也；权势法制，人主之斤斧也。今诸侯王皆众髋髀也释斤斧之用而欲婴以芒刃臣以为不缺则折。胡不用之淮南、济北？势不可也。

臣窃迹前事，大抵强者先反。淮阴王楚，最强，则最先反；韩信倚胡，则又反；贯高因赵资，则又反；陈豨兵精，则又反；彭越用梁，则又反；黥布用淮南，则又反；卢绾最弱，最后反。长沙乃在二万五千户耳，功少而最完，势疏而最忠，非独性异人也，亦形势然也。曩令樊、郦、绛、灌据数十城而王，今虽以残亡，可也；令信、越之伦列为彻侯而居，虽至今存，可也。然则天下之大计可知已。欲诸王之皆忠附，则莫若令如长沙王；欲臣子之勿菹醢，则莫若令如樊、郦等；欲天下之治安，莫若众建诸侯而少其力。力少则易使以义，国小则亡邪心。令海内之势如身之使臂，臂之使指，莫不制从；诸侯之君不敢有异心，辐凑并进而归命天子，虽在细民，且知其安，故天下咸知陛下之明。割地定制，令齐、赵、楚各为若干国，使悼惠王、幽王、元王之子孙毕以次各受祖之分地，地尽而止，及燕、梁他国皆然。其分地众而子孙少者，建以为国，空而置之，须其子孙生者，举使君之。诸侯之地其削颇入汉者，为徙其侯国及封其子孙也，所以数偿之。一寸之地，一人之众，天子亡所利焉，诚以定治而已，故天下咸知陛下之廉。地制一定，宗室子孙莫虑不王，下无倍畔之心，上无诛伐之志，故天下咸知陛下之仁。法立而不犯，令行而不逆。贯高、利幾之谋不生，柴奇、开章之计不萌，细民乡善，大臣致顺，故天下咸知陛下之义。卧赤子天下之上而安，植遗腹，朝委裘，而天下不乱。当时大治，后世诵圣。一动而五业附，陛下谁惮而久不为此？

天下之势方病大瘇。一胫之大几如要，一指之大几如股，平居不可屈信，一二指搐，身虑无聊。失今不治，必为锢疾，后虽有扁鹊，不能为已。病非徒瘇也，又苦蹠盭。元王之子，帝之从弟也；今之王者，从弟之子也。惠王之子，亲兄子也；今之王者，兄子之子也。亲者或亡分地以安天下，疏者或制大权以逼天子。臣故曰非徒病瘇也，又苦蹠盭。可痛哭者，此病是也。

1. 文中画波浪线的部分有三处需要断句，请将相应位置的答案标号涂黑。

今诸侯王皆众Ⓐ髋髀也Ⓑ释斤斧Ⓒ之用Ⓓ而欲婴Ⓔ以芒刃Ⓕ臣以Ⓖ为不缺Ⓗ则折。

2. 下列对材料中加点词语及相关内容的解说不正确的一项是（　　）

A. 髋髀，胯骨和大腿骨，是难于解剖的位置，在文中用以喻指诸侯势大。

B. 芒刃，指锋利的刀刃，在文中指君王的仁义恩厚，与“斤斧”相对。

C. 辐凑，车辐向心集合于轴心，形容地方诸侯如辐条般集合在中央政权之下。

D. 朝委裘，朝拜先帝所穿的衣裘，意思是臣子只尊先王而轻视幼主，存在隐患。

3. 下列各组语句中加点词语的意义和用法，相同的一项是（　　）

A. 其分地众而子孙少者　　诸侯之地其削颇入汉者

B. 后虽有扁鹊，不能为已　　虽在细民，且知其安

C. 以次各受祖之分地　　疏者或制大权以逼天子

D. 贯高因赵资，则又反　　蒙故业，因遗策

4. 下列对材料有关内容的概述和赏析，不正确的一项是（　　）

A. 屠牛坦解牛的譬喻和先帝对付淮南王、济北王叛乱者的史据，正反对比，论证了朝廷对待诸侯王应采用“权势法制”这一道理。

B. 割地定制，王侯子孙以次分地，地尽而止，各国皆然，这些措施是对于“众建诸侯而少其力”的具体阐发。

C. “一胫之大几如要，一指之大几如股”，以浮肿之病比喻诸侯实力过于膨胀，形成了尾大不掉的局面，乃是国政之病。

D. “蹠盭”指的是脚掌扭折之疾，喻“亲者或亡分地以安天下，疏者或制大权以逼天子”，强调了这种亲疏相反。

5. 把材料中画横线的句子翻译成现代汉语。

（1）长沙乃在二万五千户耳，功少而最完，势疏而最忠，非独性异人也，亦形势然也。

（2）一动而五业附，陛下谁惮而久不为此？

6. 请用自己的话阐述贾谊安天下的方法，以及它有哪些好处。

论贵粟疏

晁错

圣王在上而民不冻饥者，非能耕而食之，织而衣之也，为开其资财之道也。故尧、禹有九年之水，汤有七年之旱，而国无捐瘠者，以畜积多而备先具也。今海内为一，土地人民之众不避禹、汤，加以亡天灾数年之水旱，而畜积未及者，何也？地有余利，民有余力，生谷之土未尽垦，山泽之利未尽出也，游食之民未尽归农也。民贫，则奸邪生。贫生于不足，不足生于不农，不农则不地著，不地著则离乡轻家。民如鸟兽，虽有高城、深池、严法、重刑，犹不能禁也。

夫寒之于衣，不待轻暖；饥之于食，不待甘旨；饥寒至身，不顾廉耻。人情，一日不再食则饥，终岁不制衣则寒。夫腹饥不得食肤寒不得衣虽慈母不能保其子君安能以有其民哉？明主知其然也，故务民于农桑，薄赋敛，广畜积，以实仓廪，备水旱，故民可得而有也。

民者，在上所以牧之。趋利如水走下，四方无择也。夫珠玉金银，饥不可食，寒不可衣，然而众贵之者，以上用之故也。其为物轻微易藏，在于把握，可以周海内而亡饥寒之患。此令臣轻背其主，而民易去其乡，盗贼有所劝，亡逃者得轻资也。粟米布帛，生于地，长于时，聚于力，非可一日成也。数石之重，中人弗胜，不为奸邪所利，一日弗得而饥寒至。是故明君贵五谷而贱金玉。

今农夫五口之家，其服役者不下二人，其能耕者不过百亩，百亩之收不过百石。春耕，夏耘，秋获，冬藏，伐薪樵，治官府，给徭役。春不得避风尘，夏不得避暑热，秋不得避阴雨，冬不得避寒冻，四时之间无日休息。又私自送往迎来，吊死问疾，养孤长幼在其中。勤苦如此，尚复被水旱之灾，急政暴虐，赋敛不时，朝令而暮改。当其有者半贾而卖，亡者取倍称之息，于是有卖田宅、鬻子孙以偿债者矣。而商贾大者积贮倍息，小者坐列贩卖，操其奇赢，日游都市，乘上之急，所卖必倍。故其男不耕耘，女不蚕织，衣必文采，食必粱肉，亡农夫之苦，有阡陌之得。因其富厚，交通王侯，力过吏势，以利相倾，千里游敖，冠盖相望，乘坚策肥，履丝曳缟。此商人所以兼并农人、农人所以流亡者也。今法律贱商人，商人已富贵矣；尊农夫，农夫已贫贱矣。故俗之所贵，主之所贱也；吏之所卑，法之所尊也。上下相反，好恶乖迕，而欲国富法立，不可得也。

方今之务，莫若使民务农而已矣。欲民务农，在于贵粟。贵粟之道，在于使民以粟为赏罚。今募天下入粟县官，得以拜爵，得以除罪。如此，富人有爵，农民有钱，粟有所渫。夫能入粟以受爵，皆有余者也。取于有余，以供上用，则贫民之赋可损，所谓损有余、补不足，令出而民利者也。顺于民心，所补者三：一曰主用足，二曰民赋少，三曰劝农功。今令民有车骑马一匹者，复卒三人。车骑者，天下武备也，故为复卒。神农之教曰：“有石城十仞，汤池百步，带甲百万，而亡粟，弗能守也。”以是观之，粟者，王者大用，政之本务。令民入粟受爵至五大夫以上，乃复一人耳，此其与骑马之功相去远矣。爵者，上之所擅，出于口而无穷；粟者，民之所种，生于地而不乏。夫得高爵与免罪，人之所甚欲也。使天下人入粟于边，以受爵免罪，不过三岁，塞下之粟必多矣。

1. 文中画波浪线的部分有三处需要断句，请将相应位置的答案标号涂黑。

夫腹饥Ⓐ不得Ⓑ食Ⓒ肤寒不得Ⓓ衣Ⓔ虽慈母不能保Ⓕ其子Ⓖ君安能以Ⓗ有其民哉？

2. 下列对材料中加点词语及相关内容的解说不正确的一项是（　　）

A. 胜，意思是承担，与《鸿门宴》中“刑人如恐不胜”的“胜”语义不同。

B. 亡，同“无”，意思是没有，与上文“亡农夫之苦”中的“亡”语义不同。

C. 交通，意思是结交，与《桃花源记》中“阡陌交通”的“交通”语义不同。

D. 除，意思是免除，与《陈情表》中“除臣洗马”的“除”语义相同。

3. 下列各组语句中加点词语的意义和用法，相同的一项是（　　）

A. 以利相倾　以实仓廪　　B. 在上所以牧之　农人所以流亡者也

C. 而畜积未及者　而商贾大者积贮倍息　　D. 出于口而无穷　使天下人入粟于边

4. 下列对材料有关内容的概述与分析，不正确的一项是（　　）

A. 神农氏之教的意思是武备与粟米缺一不可，印证了下文粟米与骑马的功用不应相距太远。

B. 作者认为贵粟之法遵循了“损有余，补不足”的原则，顺于民心，利于强国。

C. 作者认为重农在于贵粟，而贵粟之道在于让百姓利用粟米来受赏封爵或者脱罪。

D. 文章痛陈时弊端，指出农夫苦而商贾逸，法俗尊卑上下相反，可谓鞭辟入里。

5. 把文中画横线的句子翻译成现代汉语。

（1）贫生于不足，不足生于不农，不农则不地著，不地著则离乡轻家。

（2）人情，一日不再食则饥，终岁不制衣则寒。

6. 阅读文章前三段，阐述作者是如何提出“贵五谷贱金玉”这个观点的。

狱中上梁王书（节选）

邹阳

邹阳从梁孝王游。阳为人有智略，忼慨不苟合，介于羊胜、公孙诡之间。胜等疾阳，恶之孝王。孝王怒，下阳吏，将杀之。阳乃从狱中上书曰：

“臣闻‘忠无不报，信不见疑’，臣常以为然，徒虚语耳。昔荆轲慕燕丹之义，白虹贯日，太子畏之；卫先生为秦画长平之事，太白食昴，昭王疑之。夫精变天地，而信不谕两主，岂不哀哉！今臣尽忠竭诚，毕议愿知，左右不明，卒从吏讯，为世所疑。是使荆轲、卫先生复起，而燕、秦不寤也。愿大王孰察之。

“昔玉人献宝，楚王诛之；李斯竭忠，胡亥极刑。是以箕子阳狂，接舆避世，恐遭此患也。愿大王察玉人、李斯之意，而后楚王、胡亥之听，毋使臣为箕子、接舆所笑。臣闻比干剖心，子胥鸱夷，臣始不信，乃今知之。愿大王孰察，少加焉。

“语曰：‘有白头如新，倾盖如故。’何则？知与不知也。故樊於期逃秦之燕，藉荆轲首以奉丹事；王奢去齐之魏，临城自刭，以却齐而存魏。夫王奢、樊於期非新于齐、秦而故于燕、魏也，所以去二国死两君者，行合于志，慕义无穷也。是以苏秦不信于天下，为燕尾生；白圭战亡六城，为魏取中山。何则？诚有以相知也。苏秦相燕，人恶之燕王，燕王按剑而怒，食以駃騠；白圭显于中山，人恶之于魏文侯，文侯赐以夜光之璧。何则？两主二臣，剖心析肝相信，岂移于浮辞哉！

“故女无美恶，入宫见妒；士无贤不肖，入朝见嫉。昔司马喜膑脚于宋，卒相中山；范雎拉胁折齿于魏，卒为应侯。此二人者，皆信必然之画，捐朋党之私，挟孤独之交，故不能自免于嫉妒之人也。是以申徒狄蹈雍之河，徐衍负石入海，不容于世，义不苟取比周于朝，以移主上之心。故百里奚乞食于道路，缪公委之以政；宁戚饭牛车下，桓公任之以国。此二人者岂素宦于朝借誉于左右然后二主用之哉？感于心，合于行，坚如胶漆，昆弟不能离，岂惑于众口哉？故偏听生奸，独任成乱。昔鲁听季孙之说逐孔子，宋任子冉之计囚墨翟。夫以孔、墨之辩，不能自免于谗谀，而二国以危。何则？众口铄金，积毁销骨也。秦用戎人由余而伯中国，齐用越人子臧而强威、宣。此二国岂系于俗，牵于世，系奇偏之浮辞哉？公听并观，垂明当世。故意合则胡越为兄弟，由余、子臧是矣；不合则骨肉为仇敌，朱、象、管、蔡是矣。今人主诚能用齐、秦之明，后宋、鲁之听，则五伯不足侔，而三王易为比。”

1. 文中画波浪线的部分有三处需要断句，请将相应位置的答案标号涂黑。

此二人者Ⓐ岂素Ⓑ宦Ⓒ于朝Ⓓ借Ⓔ誉Ⓕ于左右Ⓖ然后二主Ⓗ用之哉？

2. 下列对材料中加点词语及相关内容的解说不正确的一项是（　　）

A. 恶，诋毁，与《谏太宗十思疏》中“正身以黜恶”的“恶”，语义不同。

B. 为，表被动，与《鸿门宴》中“吾属今为之虏矣”的“为”，语义不同。

C. 卒，最终，与《陈情表》中“保卒余年”的“卒”，语义不同。

D. 捐，放弃，与成语“苛捐杂税”中的“捐”，语义不同。

3. 下列各组语句中加点词语的意义和用法，相同的一项是（　　）

A. 王奢去齐之魏　　人恶之燕王　　B. 燕王按剑而怒　　秦用戎人由余而伯中国

C. 文侯赐以夜光之璧　　缪公委之以政　　D. 百里奚乞食于道路　　不容于世

4. 下列对材料有关内容的概述，不正确的一项是（　　）

A. 作者将玉人、李斯与箕子、接舆进行对比，意在突出臣子的忠奸之别，期盼君王明察。

B. 百里奚虽乞食于人，却能够得到缪公重用，原因是君臣心意相通、行动相合相契。

C. 作者引用谚语“有白头如新，倾盖如故”是为了引出君臣关系的关键在于是否相知。

D. 作者举孔子遭逐、墨翟被囚的例子，证明谗言具有祸乱国家的危害，且士人难以自辩。

5. 把文中画横线的句子翻译成现代汉语。

（1）是以苏秦不信于天下，为燕尾生；白圭战亡六城，为魏取中山。

（2）故女无美恶，入宫见妒；士无贤不肖，入朝见嫉。

6. 本文第二段追溯历史，援引了荆轲、卫先生旧事。请结合原文，阐述作者用此二例的目的。

上书谏猎

司马相如

相如从上至长杨猎。是时天子方好自击熊豕，驰逐壄兽。相如因上疏谏曰：

“臣闻物有同类而殊能者，故力称乌获，捷言庆忌，勇期贲、育。臣之愚，窃以为人诚有之，兽亦宜然。今陛下好陵阻险，射猛兽，卒然遇逸材之兽，骇不存之地，犯属车之清尘，舆不及还辕，人不暇施巧，虽有乌获、逢蒙之技不得用，枯木朽株尽为难矣。是胡、越起于毂下，而羌、夷接轸也，岂不殆哉？虽万全而无患，然本非天子之所宜近也。

“且夫清道而后行，中路而后驰，犹时有衔橛之变，况乎涉丰草，骋丘墟，前有利兽之乐，而内无存变之意，其为害也不亦难矣！夫轻万乘之重不以为安乐出万有一危之涂以为娱臣窃为陛下不取。

“盖明者远见于未萌，而知者避危于无形，祸固多藏于隐微而发于人之所忽者也。故鄙谚曰：‘家累千金，坐不垂堂。’此言虽小，可以喻大。臣愿陛下留意幸察。”

联读材料

臣兢言：伏见明制，来年五月五日幸东都。道路皆以陛下至长春宫及沙苑，当有畋猎之事。今东土耆艾，关河士女，莫不欣跃舞忭，翘望帝车，延颈企踵，所思者德。伏愿陛下举无失礼，动则有章。诗云：“敬慎威仪，惟人之则。”愚臣以山陵始毕，甫及逾年，陛下缞服虽除，心丧未已，四海之内，八音尚遏，岂可遽将犬马为娱，鹰隼是务？必或如此，则恐伤人子之道，亏天地之经，欲令万方，何所取则？况《礼经》云：“三年之丧，自天子达之。”陛下既俯顺当时之请，唯行易月之制，奈何更盘于游畋，以徇从禽之乐？岂可谓明王之孝理天下乎？而望德教加于百姓，必不可得也。昔鲁侯观鱼于棠，《春秋》尚列其戒，陛下若既葬而猎，后代岂不为刺？且驰骛山泽之间，经过林薄之下，水谷之危未远，衔策之变不恒。伏愿陛下重慎防微，须为社稷自爱。老子曰：“我无为而人自化，我无欲而人自朴。”《诗》云：“尔之教矣，人胥效矣。”由是观之，居上者必慎所好。愚臣职居待问，兼掌史笔，窃以君举必书，位在无隐，既闻众所流议，实恐有玷圣猷。区区之诚，唯在于此，辄敢冒死上陈，伏愿留神省察，恕此狂斐之罪。

（选自《全唐文·谏畋猎表》）

1. 文中画波浪线的部分有三处需要断句，请将相应位置的答案标号涂黑。

夫轻Ⓐ万乘之重Ⓑ不以为安Ⓒ乐出万有Ⓓ一危之涂Ⓔ以为娱Ⓕ臣Ⓖ窃为Ⓗ陛下不取。

2. 下列对材料中加点词语及相关内容的解说不正确的一项是（　　）

A. 卒，通“猝”，突然，与《过秦论》中“率疲弊之卒”的“卒”意思不同。

B. 殆，危险，与《项脊轩志》中“殆有神护者”的“殆”意思不同。

C. 固，本来，与《论语》中“君子固穷”中的“固”意思相同。

D. 延，伸长，与《桃花源记》中“各复延至其家”中的“延”意思不同。

3. 下列各组语句中加点词语的意义和用法，相同的一项是（　　）

A. 惟人之则　　则恐伤人子之道　　B. 而望德教加于百姓　　我无为而人自化

C. 可以喻大　　窃以君举必书　　D. 此言虽小　　陛下缞服虽除

4. 下列对材料有关内容的概述和赏析，不正确的一项是（　　）

A. 材料一起笔不言劝说，从乌获、庆忌、贲、育等猛士引入，而后才由人及兽，具有迂回之美。

B. 材料一中，作者认为，如果遇到异常凶猛的野兽，它在绝境中受到惊吓，就会冒犯圣驾。

C. 材料一中，作者认为打猎是胡、越、羌、夷这些的野蛮民族所从事的活动，是天子应远离的。

D. 材料一中，谚语“家累千金，坐不垂堂”的意思是：家中富有千金，不坐在靠近屋檐的地方。

5. 把文中画横线的句子翻译成现代汉语。

（1）舆不及还辕，人不暇施巧，虽有乌获、逢蒙之技不得用，枯木朽株尽为难矣。

（2）前有利兽之乐，而内无存变之意，其为害也不亦难矣！

6. 两则材料都是针对君王畋猎的劝谏文章，请阐述二者劝谏理由的异同之处。

答苏武书（节选）

李陵

与子别后，益复无聊。上念老母，临年被戮；妻子无辜，并为鲸鲵。身负国恩，为世所悲，子归受荣，我留受辱，命也何如！身出礼义之乡，而入无知之俗，违弃君亲之恩，长为蛮夷之域，伤已！令先君之嗣，更成戎狄之族，又自悲矣！功大罪小，不蒙明察，孤负陵心区区之意。每一念至，忽然忘生。陵不难刺心以自明，刎颈以见志，顾国家于我已矣，杀身无益，适足增羞，故每攘臂忍辱，辄复苟活。左右之人，见陵如此，以为不入耳之欢，来相劝勉。异方之乐，秖令人悲，增忉怛耳。

嗟乎，子卿！人之相知，贵相知心。前书仓卒，未尽所怀，故复略而言之。昔先帝授陵步卒五千，出征绝域。五将失道，陵独遇战。而裹万里之粮，帅徒步之师，出天汉之外，入强胡之域，以五千之众，对十万之军，策疲乏之兵，当新羁之马。然犹斩将搴旗，追奔逐北，灭迹扫尘，斩其枭帅，使三军之士视死如归。陵也不才，希当大任，意谓此时，功难堪矣。

匈奴既败，举国兴师，更练精兵，强逾十万。单于临阵，亲自合围。客主之形，既不相如；步马之势，又甚悬绝。疲兵再战，一以当千，然犹扶乘创痛，决命争首。死伤积野，余不满百，而皆扶病，不任干戈。然陵振臂一呼，创病皆起，举刃指虏，胡马奔走；兵尽矢穷，人无尺铁，犹复徒首奋呼，争为先登。当此时也，天地为陵震怒，战士为陵饮血。单于谓陵不可复得，便欲引还，而贼臣教之，遂使复战，故陵不免耳。

昔高皇帝以三十万众，困于平城。当此之时，猛将如云，谋臣如雨，然犹七日不食，仅乃得免。况当陵者，岂易为力哉？而执事者云云，苟怨陵以不死。然陵不死罪也子卿视陵岂偷生之士而惜死之人哉？宁有背君亲、捐妻子而反为利者乎？然陵不死，有所为也。故欲如前书之言，报恩于国主耳，诚以虚死不如立节，灭名不如报德也。昔范蠡不殉会稽之耻，曹沫不死三败之辱，卒复勾践之仇，报鲁国之羞。区区之心，窃慕此耳。何图志未立而怨已成，计未从而骨肉受刑，此陵所以仰天椎心而泣血也。

足下又云："汉与功臣不薄。"子为汉臣，安得不云尔乎！昔萧、樊囚絷，韩、彭菹醢，晁错受戮，周、魏见辜。其余佐命立功之士，贾谊、亚夫之徒，皆信命世之才，抱将相之具，而受小人之谗，并受祸败之辱，卒使怀才受谤，能不得展。彼二子之遐举，谁不为之痛心哉！陵先将军，功略盖天地，义勇冠三军，徒失贵臣之意，到身绝域之表。此功臣义士所以负戟而长叹者也，何谓"不薄"哉？

且足下昔以单车之使，适万乘之虏。遭时不遇，至于伏剑不顾；流离辛苦，几死朔北之野。丁年奉使，皓首而归，老母终堂，生妻去帷，此天下所希闻、古今所未有也。蛮貊之人尚犹嘉子之节，况为天下之主乎？陵谓足下当享茅土之荐，受千乘之赏。闻子之归，赐不过二百万，位不过典属国，无尺土之封，加子之勤；而妨功害能之臣尽为万户侯，亲戚贪佞之类悉为廊庙宰。子尚如此，陵复何望哉？

且汉厚诛陵以不死，薄赏子以守节，欲使远听之臣望风驰命，此实难矣，所以每顾而不悔者也。陵虽孤恩，汉亦负德。昔人有言："虽忠不烈，视死如归。"陵诚能安，而主岂复能眷眷乎？男儿生以不成名，死则葬蛮夷中，谁复能屈身稽颡，还向北阙，使刀笔之吏弄其文墨耶！愿足下勿复望陵。

1. 文中画波浪线的部分有三处需要断句，请将相应位置的答案标号涂黑。

   然陵不死Ⓐ罪也Ⓑ子卿Ⓒ视Ⓓ陵Ⓔ岂偷生之Ⓕ士而惜Ⓖ死之Ⓗ人哉？

2. 下列对材料中加点词语及相关内容的解说不正确的一项是（　　）

   A. 适，恰好，与《石钟山记》中"余自齐安舟行适临汝"的"适"，语义不同。

   B. 相，偏指一方，指"我"，与《赤壁赋》中"山川相缪"的"相"语义相同。

   C. 顾，然而，与《出师表》中"三顾臣于草庐之中"的"顾"语义不同。

   D. 当，掌握，与《谏太宗十思疏》中"人君当神器之重"的"当"语义不同。

3. 下列各组语句中加点词语的意义和用法，相同的一项是（　　）

   A. 而入无知之俗　　而贼臣教之

   B. 以五千之众　　薄赏子以守节

   C. 师者，所以传道受业解惑也　　此陵所以仰天椎心而泣血也

   D. 贾谊、亚夫之徒　　皆信命世之才

4. 下列对材料有关内容的概述与分析，不正确的一项是（　　）

   A. 昔日，李陵率领五千步卒与匈奴大军遭遇，虽敌众我寡，犹能杀敌斩将，立下战功。

   B. 李陵举高帝拥三十万大军尚困于平城的例子，意在通过对比，突出自己的骁勇善战。

   C. 李陵援引范蠡不殉、曹沫不死的典故，意在表明自己未杀身殉国本欲报恩于汉朝。

   D. 陵认为自己虽然投降匈奴，有负汉朝，但汉朝也诛杀了他的老母妻儿，恩义断绝。

5. 把文中画横线的句子翻译成现代汉语。

（1）兵尽矢穷，人无尺铁，犹复徒首奋呼，争为先登。

（2）丁年奉使，皓首而归，老母终堂，生妻去帷，此天下所希闻、古今所未有也。

6. 李陵对苏武“汉与功臣不薄”的观点并进行了反驳，请具体说明李陵是如何逐层展开反驳的。

尚德缓刑书

路温舒

昭帝崩，昌邑王贺废，宣帝初即位，路温舒上书，言宜尚德缓刑。其辞曰：

“臣闻齐有无知之祸，而桓公以兴；晋有骊姬之难，而文公用伯；近世赵王不终，诸吕作乱，而孝文为太宗。由是观之，祸乱之作，将以开圣人也。故桓、文扶微兴坏，尊文、武之业，泽加百姓，功润诸侯，虽不及三王，天下归仁焉。文帝永思至德，以承天心，崇仁义，省刑罚，通关梁，一远近，敬贤如大宾，爱民如赤子，内恕情之所安，而施之于海内，是以囹圄空虚，天下太平。夫继变化之后，必有异旧之恩，此贤圣所以昭天命也。往者，昭帝即世而无嗣，大臣忧戚，焦心合谋，皆以昌邑尊亲，援而立之。然天不授命，淫乱其心，遂以自亡。深察祸变之故，乃皇天之所以开至圣也。故大将军受命武帝，股肱汉国，披肝胆，决大计，黜亡义，立有德，辅天而行，然后宗庙以安，天下咸宁。

“臣闻《春秋》正即位，大 统而慎始也。陛下初登至尊，与天合符，宜改前世之失，正始受命之统，涤烦文，除民疾，存亡继绝，以应天意。

“臣闻秦有十失，其一尚存，治狱之吏是也。秦之时，羞文学，好武勇，贱仁义之士，贵治狱之吏，正言者谓之诽谤，遏过者谓之妖言，故盛服先生不用于世，忠良切言皆郁于胸，誉谀之声日满于耳，虚美熏心，实祸蔽塞。此乃秦之所以亡天下也！方今天下，赖陛下恩厚，亡金革之危、饥寒之患，父子夫妻戮力安家，然太平未洽者，狱乱之也。夫狱者，天下之大命也，死者不可复生，𦁎者不可复属。《书》曰：‘与其杀不辜，宁失不经。’今治狱吏则不然，上下相驱，以刻为明，深者获公名，平者多后患。故治狱之吏皆欲人死，非憎人也，自安之道在人之死。是以死人之血流离于市，被刑之徒比肩而立，大辟之计岁以万数，此仁圣之所以伤也。太平之未洽，凡以此也。夫人情安则乐生，痛则思死，棰楚之下，何求而不得？故囚人不胜痛，则饰辞以视之；吏治者利其然，则指道以明之；上奏畏却，则锻练而周内之。盖奏当之成，虽咎繇听之，犹以为死有余辜。何则？成练者众，文致之罪明也。是以狱吏专为深刻，残贼而亡极，媮为一切，不顾国患，此世之大贼也。故俗语曰：‘画地为狱，议不入；刻木为吏，期不对。’此皆疾吏之风，悲痛之辞也。故天下之患，莫深于狱；败法乱正，离亲塞道，莫甚乎治狱之吏，此所谓一尚存者也。

“臣闻乌鸢之卵不毁而后凤凰集诽谤之罪不诛而后良言进。故古人有言：‘山薮藏疾，川泽纳污，瑾瑜匿恶，国君含诟。’唯陛下除诽谤以招切言，开天下之口，广箴谏之路，扫亡秦之失，尊文、武之德，省法制，宽刑罚，以废治狱，则太平之风可兴于世，永履和乐，与天亡极。天下幸甚！”

上善其言。

1. 文中画波浪线的部分有三处需要断句，请将相应位置的答案标号涂黑。

臣闻乌鸢之卵不毁Ⓐ而后凤凰Ⓑ集Ⓒ诽谤Ⓓ之罪Ⓔ不诛Ⓕ而Ⓖ后Ⓗ良言进。

2. 下列对材料中加点词语及相关内容的解说不正确的一项是（　　）

A. 股肱，本意是大腿和上臂，在文中引申为像左膀右臂一样辅佐国家的忠臣良将。

B. 深刻，意思是严峻苛刻，现代汉语中的“深刻”表示深入、透彻，二者意思不同。

C. 却，意思是批驳退回，与《六国论》中“李牧连却之”的“却”语义不同。

D. 故，意思是原因，与《项脊轩志》中“轩东故尝为厨”的“故”语义不同。

3. 下列各组语句中加点词语的意义和用法，相同的一项是（　　）

A. 乃皇天之所以开至圣也　　此仁圣之所以伤也　　B. 辅天而行　　比肩而立

C. 以应天意　　以刻为明　　D. 今治狱吏则不然　　则饰辞以视之

4. 下列对材料有关内容的概述与分析，不正确的一项是（　　）

A. 昭帝逝世而没有子嗣，大臣们忧虑悲伤，心中焦急共同商量，拥立了尊贵的昌邑王。

B. 作者认为皇帝初登帝位要改变历法，因为刚刚统一全国政权，应当谨慎对待开始。

C. 判案的官吏置人于死地并非是因为仇恨，而是因为这样才能换取自身的安全。

D. 乌鸦老鹰的蛋不被毁坏，而后凤凰才会栖息，以喻相类，引出广开天下言路的劝谏。

5. 把文中画横线的句子翻译成现代汉语。

（1）夫继变化之后，必有异旧之恩，此贤圣所以昭天命也。

（2）贱仁义之士，贵治狱之吏，正言者谓之诽谤，遏过者谓之妖言。

6. 本文第四段得出了“天下之患，莫深于狱”的结论。请结合本段内容，谈谈作者是如何逐层展开论述的。

报孙会宗书

杨恽

恽既失爵位家居，治产业，起室宅，以财自娱。岁余，其友人安定太守西河孙会宗，知略士也，与恽书谏戒之，为言大臣废退，当阖门惶惧，为可怜之意，不当治产业，通宾客，有称誉。恽宰相子，少显朝廷，一朝晻昧语言见废，内怀不服，报会宗书曰：

“恽材朽行秽文质无所底幸赖先人余业得备宿卫。遭遇时变，以获爵位。终非其任，卒与祸会。足下哀其愚蒙，赐书教督以所不及，殷勤甚厚。然窃恨足下不深惟其终始，而猥随俗之毁誉也。言鄙陋之愚心，若逆指而文过；默而息乎，恐违孔氏‘各言尔志’之义。故敢略陈其愚，唯君子察焉。

“恽家方隆盛时，乘朱轮者十人，位在列卿，爵为通侯，总领从官，与闻政事。曾不能以此时有所建明，以宣德化，又不能与群僚同心并力，陪辅朝廷之遗忘，已负窃位素餐之责久矣。怀禄贪势，不能自退，遭遇变故，横被口语，身幽北阙，妻子满狱。当此之时，自以夷灭不足以塞责，岂意得全首领，复奉先人之丘墓乎？伏惟圣主之恩，不可胜量。君子游道，乐以忘忧；小人全躯，说以忘罪。窃自私念，过已大矣，行已亏矣，长为农夫以没世矣。是故身率妻子，戮力耕桑，灌园治产，以给公上，不意当复用此为讥议也。

“夫人情所不能止者，圣人弗禁，故君父至尊亲，送其终也，有时而既。臣之得罪，已三年矣。田家作苦，岁时伏腊，烹羊炰羔，斗酒自劳。家本秦也，能为秦声，妇赵女也，雅善鼓瑟。奴婢歌者数人。酒后耳热，仰天拊缶，而呼乌乌。其诗曰：‘田彼南山，芜秽不治。种一顷豆，落而为萁。人生行乐耳，须富贵何时！’是日也，拂衣而喜，奋褎低昂，顿足起舞，诚淫荒无度，不知其不可也。恽幸有余禄，方籴贱贩贵，逐什一之利。此贾竖之事，污辱之处，恽亲行之。下流之人，众毁所归，不寒而栗。虽雅知恽者，犹随风而靡，尚何称誉之有？董生不云乎：‘明明求仁义，常恐不能化民者，卿大夫之意也；明明求财利，常恐困乏者，庶人之事也。’故‘道不同，不相为谋’。今子尚安得以卿大夫之制而责仆哉？

“夫西河魏土，文侯所兴，有段干木、田子方之遗风，漂然皆有节概，知去就之分。顷者，足下离旧土，临安定，安定山谷之间，昆戎旧壤，子弟贪鄙，岂习俗之移人哉？于今乃睹子之志矣。方当盛汉之隆，愿勉旃，毋多谈。”

1. 文中画波浪线的部分有三处需要断句，请将相应位置的答案标号涂黑。

恽材朽Ⓐ行秽Ⓑ文质Ⓒ无所Ⓓ底Ⓔ幸赖Ⓕ先人Ⓖ余业Ⓗ得备宿卫。

2. 下列对材料中加点词语及相关内容的解说不正确的一项是（　　）

A. 见，意思是被，与《答司马谏议书》中“终必不蒙见察”的“见”词义相同。

B. 猥，意思是猥琐，与《陈情表》中“猥以微贱”的“猥”词义相同。

C. 意，意思是意料，与《鸿门宴》中“然不自意能先入关破秦”的“意”词义相同。

D. 诚，意思是确实，与《出师表》中“此诚危急存亡之秋也”的“诚”词义相同。

3. 下列各组语句中加点词语的意义和用法，相同的一项是（　　）

A. 而猥随俗之毁誉也　　而呼乌乌　　B. 故敢略陈其愚　　足下哀其愚蒙

C. 尚何称誉之有　　岂习俗之移人哉　　D. 唯君子察焉　　积土成山，风雨兴焉

4. 下列对材料有关内容的概述与分析，正确的一项是（　　）

A.“人生行乐耳，须富贵何时”表明及时行乐的价值观念，在当时而言是离经叛道的。

B. 杨恽向孙会宗夸耀家室显赫，意在表明自己饮酒歌舞、纵情享乐是具有根源的。

C. 杨恽认为，自己目前的生活虽然奢靡恣纵，虽然有错误，但孙会宗不应当责备他。

D. 杨恽认为孙会宗本是像段干木那样的节操之士，因受安定民风的影响而突然变得鄙俗。

5. 把文中画横线的句子翻译成现代汉语。

（1）君子游道，乐以忘忧；小人全躯，说以忘罪。

（2）夫人情所不能止者，圣人弗禁。

6. 杨恽认为自己与孙会宗“道不同，不相为谋”，请结合全文概括，二人的“道不同”体现在哪些方面？

光武帝临淄劳耿弇

《后汉书》

车驾至临淄，自劳军，群臣大会。帝谓弇曰：“昔韩信破历下以开基今将军攻祝阿以发迹此皆齐之西界功足相方。而韩信袭击已降，将军独拔勍敌，其功乃难于信也。又田横烹郦生，及田横降，高帝诏卫尉不听为仇。张步前亦杀伏隆，若步来归命，吾当诏大司徒释其怨。又事尤相类也。将军前在南阳建此大策，常以为落落难合，有志者事竟成也！”

联读材料

今（大臣）而有过，帝令废之可也，退之可也，赐之死可也，灭之可也。若夫束缚之，系緤之，输之司寇，编之徒官，司寇小吏詈骂而榜笞之，殆非所以令众庶见也。夫天子之所尝敬，众庶之所尝宠，死而死耳，贱人安宜得如此而顿辱之哉！故主上遇其大臣如遇犬马，彼将犬马自为也；如遇官徒，彼将官徒自为也。故古者礼不及庶人，刑不至大夫，所以厉宠臣之节也。其有大罪者，闻命则北面再拜，跪而自裁，上不使捽抑而刑之也，曰：“子大夫自有过耳，吾遇子有礼矣。”

遇之有礼，故群臣自憙；婴以廉耻，故人矜节行。上设廉耻礼义以遇其臣，而臣不以节行报其上者，则非人类也。上之化也，故父兄之臣，诚死宗庙；法度之臣，诚死社稷；辅翼之臣，诚死君上；守圄捍敌之臣，诚死城郭封疆。故曰“圣人有金城者”。比物此志也。彼且为我死，故吾得与之俱生；彼且为我亡，故吾得与之俱存；夫将为我危，故吾得与之皆安。顾行而忘利，守节而仗义，故可以托不御之权，可以寄六尺之孤。此厉廉耻、行礼谊之所致也，主上何丧焉！此之不为，而顾彼之久行，故曰可为长太息者此也。

（选自《汉书·贾谊传》）

1. 文中画波浪线的部分有三处需要断句，请将相应位置的答案标号涂黑。

昔韩信破历下Ⓐ以开基Ⓑ今将军攻Ⓒ祝阿Ⓓ以发迹Ⓔ此皆齐之西Ⓕ界Ⓖ功Ⓗ足相方。

2. 下列对材料中加点词语及相关内容的解说不正确的一项是（　　）

A. 落落难合，本意是形容人性情孤僻，不合群。这里指耿弇在南阳提出的军事策略：单兵作战，与协同作战相对。

B. 北面，面向北。古礼，臣拜君，卑幼拜尊长，皆面向北行礼，因而居臣下、晚辈之位曰“北面”。

C. 殆，大概、几乎，与《六国论》中“且燕赵处秦革灭殆尽之际”的“殆”词义相同。

D. 矜，意思是注重，与《陈情表》中“本图宦达，不矜名节”中的“矜”词义相同。

3. 下列各组语句中加点词语的意义和用法，相同的一项是（　　）

A. 而韩信袭击已降　　今而有过

B. 闻命则北面再拜　　则非人类也

C. 此之不为　　输之司寇

D. 其功乃难于信也　　取之于蓝，而青于蓝

4. 下列对材料有关内容的概述，正确的一项是（　　）

A. 材料一中，光武帝刘秀驾车来到临淄，亲力亲为到前线督战带兵，并好言勉励耿弇，群臣都在这里会集。

B. 材料一中，光武帝将耿弇攻克祝阿，与韩信攻破历下并举，是为了得出“有志者事竟成”的结论。

C. 材料二中，主上对待大臣，就像对待犬马，大臣也把自己当作犬马，这是作者“长太息”的原因。

D. 材料二中，“圣人有金城”的意思是，如果人君以礼御下，君臣同心，则社稷将固若金城、坚不可摧。

5. 把文中画横线的句子翻译成现代汉语。

（1）又田横烹郦生，及田横降，高帝诏卫尉不听为仇。

（2）张步前亦杀伏隆，若步来归命，吾当诏大司徒释其怨。

6. 两则材料都体现了君主的驭臣之道，二者有何共同点？请结合材料进行阐述。

马援诫兄子严敦书

《后汉书》

援兄子严、敦并喜讥议，而通轻侠客。援前在交趾，还书诫之曰：

“吾欲汝曹闻人过失如闻父母之名，耳可得闻，口不可得言也。好议论人长短，妄是非正法，此吾所大恶也，宁死不愿闻子孙有此行也。汝曹知吾恶之甚矣，所以复言者，施衿结缡，申父母之戒，欲使汝曹不忘之耳。“

龙伯高敦厚周慎，口无择言，谦约节俭，廉公有威，吾爱之重之，愿汝曹效之。杜季良豪侠好义，忧人之忧，乐人之乐，清浊无所失，父丧致客，数郡毕至。吾爱之重之，不愿汝曹效也。效伯高不得，犹为谨敕之士，所谓刻鹄不成尚类鹜者也；效季良不得，陷为天下轻薄子，所谓画虎不成反类狗者也。讫今季良尚未可知，郡将下车辄切齿，州郡以为言，吾常为寒心，是以不愿子孙效也。”

联读材料

自汝行之后，恨恨不乐，何者？我实老矣所恃汝等也皆不在目前意遑遑也。

人之居世，忽去便过，日月可爱也。故禹不爱尺璧而爱寸阴。时过不可还，若年大不可少也。欲汝早之，未必读书，并学做人。汝今踰郡县、越山河、离兄弟、去妻子者，欲令见举动之宜，效高人远

节，闻一得三，志在善人。左右不可不慎，善否之要，在此际也。行止与人，务在饶之，言思乃出，行详乃动，皆用情实道理，违斯败矣。

父欲令子善，唯不能杀身，其余无惜也。

（选自《全上古三代秦汉三国六朝文·诫子书》）

1. 文中画波浪线的部分有三处需要断句，请将相应位置的答案标号涂黑。

我实Ⓐ老矣Ⓑ所恃Ⓒ汝等也Ⓓ皆不Ⓔ在Ⓕ目前Ⓖ意Ⓗ遑遑也。

2. 下列对材料中加点词语及相关内容的解说不正确的一项是（　　）

A. 正法，公正的法令，这里指国家法令，与“就地正法”中的“正法”意思不同。

B. 切齿，上下牙齿紧紧地咬住，表示痛恨，与“咬牙切齿”中的“切齿”意思相同。

C. 清浊，冲去污水，浮起清水，比喻斥恶奖善，出言公正，与“激浊扬清”意思相同。

D. 汝曹，你们，与诗句“尔曹身与名俱灭”中的“尔曹”意思相同。

3. 下列各组语句中加点词语的意义和用法，相同的一项是（　　）

A. 忧人之忧　　人之居世

B. 州郡以为言　　是以不愿子孙效也

C. 所以复言者　　此先汉所以兴隆也

D. 此吾所大恶也　　徐公何能及君也

4. 下列对材料有关内容的概述，正确的一项是（　　）

A. 材料一中，马援举杜季良豪侠好义的例子，意在告诫侄子严、敦，应当广交朋友，不要轻视侠客。

B. 材料一中，龙伯高品行敦厚、办事周密谨慎，但不善言辞，类似于《论语》中“讷于言而敏于行”的君子。

C. 材料一善用比喻进行说理，画虎不成反类狗，喻指读书人效仿游侠剑客，一定会导致不伦不类的可笑结局。

D. 材料一以古时女儿出嫁父母为之系佩带、佩巾，告诫其在夫家要守规矩，来比喻自己对侄子的反复叮嘱。

5. 把文中画横线的句子翻译成现代汉语。

（1）效伯高不得，犹为谨敕之士，所谓刻鹄不成尚类鹜者也。

（2）言思乃出，行详乃动。

6. 两则材料都是长辈对后辈的训诫，请结合材料阐述训诫的内容有何异同点。

前出师表

诸葛亮

臣亮言：先帝创业未半而中道崩殂，今天下三分，益州疲弊，此诚危急存亡之秋也。然侍卫之臣不懈于内，忠志之士忘身于外者，盖追先帝之殊遇，欲报之于陛下也。诚宜开张圣听，以光先帝遗德，恢弘志士之气，不宜妄自菲薄，引喻失义，以塞忠谏之路也。宫中府中，俱为一体，陟罚臧否，不宜异同。若有作奸犯科及为忠善者，宜付有司论其刑赏，以昭陛下平明之治，不宜偏私，使内外异法也。

侍中、侍郎郭攸之、费祎、董允等，此皆良实，志虑忠纯，是以先帝简拔以遗陛下。愚以为宫中之事，事无大小，悉以咨之，然后施行，必能裨补阙漏，有所广益。将军向宠，性行淑均，晓畅军事，试用于昔日，先帝称之曰能，是以众议举宠为督。愚以为营中之事，事无大小，悉以咨之，必能使行阵和睦，优劣得所也。亲贤臣，远小人，此先汉所以兴隆也；亲小人，远贤臣，此后汉所以倾颓也。先帝在时，每与臣论此事，未尝不叹息痛恨于桓、灵也。侍中、尚书、长史、参军，此悉贞良死节之臣也，愿陛下亲之信之，则汉室之隆，可计日而待也。

臣本布衣，躬耕于南阳，苟全性命于乱世，不求闻达于诸侯。先帝不以臣卑鄙，猥自枉屈，三顾臣于草庐之中，咨臣以当世之事，由是感激，遂许先帝以驱驰。后值倾覆受任于败军之际奉命于危难之间尔来二十有一年矣。先帝知臣谨慎，故临崩寄臣以大事也。受命以来，夙夜忧叹，恐托付不效，以伤先帝之明，故五月渡泸，深入不毛。今南方已定，兵甲已足，当奖帅三军，北定中原，庶竭驽钝，攘除奸凶，兴复汉室，还于旧都。此臣之所以报先帝而忠陛下之职分也。至于斟酌损益，进尽忠言，则攸之、祎、允之任也。愿陛下托臣以讨贼兴复之效；不效，则治臣之罪，以告先帝之灵。若无兴德之言，则责攸之、祎、允之咎，以彰其咎。陛下亦宜自谋，以咨诹善道，察纳雅言，深追先帝遗诏。臣不胜受恩感激。今当远离，临表涕泣，不知所云。

1. 文中画波浪线的部分有三处需要断句，请将相应位置的答案标号涂黑。

后Ⓐ值倾覆Ⓑ受任Ⓒ于败军Ⓓ之际Ⓔ奉命Ⓕ于危难之间Ⓖ尔来Ⓗ二十有 年矣。

2. 下列对材料中加点词语及相关内容的解说不正确的一项是（　　）

A. 遗，遗留，与《五代史伶官传序》中“此三者，吾遗恨也”的“遗”语义不同。

B. 卑鄙，指社会地位低微，见识短浅，与成语“卑鄙无耻”中的“卑鄙”语义不同。

C. 夙，早晨，与《陈情表》中“夙遭闵凶”中的“夙”语义不同。

D. 彰，表明、显扬，与《劝学》中“而闻者彰”中的“彰”语义不同。

3. 下列各组语句中加点词语的意义和用法，相同的一项是（　　）

A. 以昭陛下平明之治　　故临崩寄臣以大事也

B. 此后汉所以倾颓也　　此臣所以报先帝而忠陛下之职分也

C. 若无兴德之言　　若舍郑以为东道主

D. 今者项庄拔剑舞　　若有作奸犯科及为忠善者

4. 下列对材料有关内容的概述，不正确的一项是（　　）

A. 全文多次提及先帝，既表达了对先帝的怀念感戴，又借引述先帝遗训，期勉后主。

B. 文章追溯先帝知遇之恩以及多年来的奋斗经历是为了表达自己对先帝的感激和忠诚。

C. 文章用“不宜”“亦宜”“愿陛下”等语句，反复叮咛，语重心长，忠心可鉴。

D. 作者向后主举荐德才兼备的文武大臣，与后文“亲贤臣，远小人”的观点相呼应。

5. 把文中画横线的句子翻译成现代汉语。

（1）陟罚臧否，不宜异同。

（2）今南方已定，兵甲已足，当奖帅三军，北定中原，庶竭驽钝，攘除奸凶，兴复汉室，还于旧都。

6. 在本文中，作者就治国方略向君主提出了若干建议，请结合材料分条概括。

后出师表

诸葛亮

先帝虑汉、贼不两立，王业不偏安，故托臣以讨贼也。以先帝之明，量臣之才，固知臣伐贼，才弱敌强也；然不伐贼，王业亦亡，惟坐而待亡，孰与伐之？是故托臣而弗疑也。臣受命之日，寝不安席，食不甘味。思惟北征，宜先入南。故五月渡泸，深入不毛，并日而食。臣非不自惜也，顾王业不可偏安于蜀都，故冒危难以奉先帝之遗意，而议者谓为非计。今贼适疲于西，又务于东，兵法乘劳，此进趋之时也。谨陈其事如左：

高帝明并日月谋臣渊深然涉险被创危然后安。今陛下未及高帝，谋臣不如良、平，而欲以长策取胜，坐定天下，此臣之未解一也。刘繇、王朗各据州郡，论安言计，动引圣人，群疑满腹，众难塞胸。今岁不战，明年不征，使孙策坐大，遂并江东，此臣之未解二也。曹操智计，殊绝于人，其用兵也，仿佛孙、吴，然困于南阳，险于乌巢，危于祁连，逼于黎阳，几败北山，殆死潼关，然后伪定一时尔，况臣才弱，而欲以不危而定之，此臣之未解三也。曹操五攻昌霸不下，四越巢湖不成，任用李服而李服图之，委任夏侯而夏侯败亡。先帝每称操为能，犹有此失，况臣驽下，何能必胜？此臣之未解四也。自臣到汉中，中间期年耳，然丧赵云、阳群、马玉、阎芝、丁立、白寿、刘郃、邓铜等及曲长、屯将七十余人，突将、无前、賨、叟、青羌、散骑、武骑一千余人，此皆数十年之内所纠合四方之精锐，非一州之所有；若复数年，则损三分之二也，当何以图敌？此臣之未解五也。今民穷兵疲，而事不可息，事不可息，则住与行劳费正等，而不及早图之，欲以一州之地与贼持久，此臣之未解六也。

夫难平者，事也。昔先帝败军于楚，当此时，曹操拊手，谓天下已定。然后先帝东连吴、越，西取巴、蜀，举兵北征，夏侯授首，此操之失计，而汉事将成也。然后吴更违盟，关羽毁败，秭归蹉跌，曹丕称帝。凡事如是，难可逆料。臣鞠躬尽力，死而后已，至于成败利钝，非臣之明所能逆睹也。

1. 文中画波浪线的部分有三处需要断句，请将相应位置的答案标号涂黑。

高帝Ⓐ明Ⓑ并日月Ⓒ谋Ⓓ臣渊深Ⓔ然涉险Ⓕ被创Ⓖ危Ⓗ然后安。

2. 下列对材料中加点词语及相关内容的解说不正确的一项是（　　）

A. 殆，意思是几乎，与《六国论》中“燕赵处秦革灭殆尽之际”的“殆”词义不同。

B. 适，意思是恰好，与《赤壁赋》中“吾与子之所共适”的“适”词义不同。

C. 殊，表示程度，很、非常，与《过秦论》中“始皇既没，余威震于殊俗”中的“殊”词义不同。

D. 图，表示对抗、对付，与《陈情表》中“本图宦达”中的“图”词义不同。

3. 下列各组语句中加点词语的意义和用法，相同的一项是（　　）

A. 故冒危难以奉先帝之遗意　　而欲以不危而定之　　B. 然困于南阳　　不拘于时

C. 而议者谓为非计　　而事不可息　　D. 非一州之所有　　某所，而母立于兹

4. 下列对材料有关内容的概述与分析，不正确的一项是（　　）

A. 现在敌人疲于应对西部边郡的叛乱而又忙于应对东部地区的战事，正处于疲惫空虚之时，按照兵法，这正是进攻的时机。

B. 蜀汉具有“才弱敌强”“民穷兵疲”的劣势，但作者认为，与其避难求易，坐而待亡，不如主动讨伐，为蜀汉争取生存空间。

C. 曹操虽然智计卓越，而屡次苦战或惨败，乃至于绝境，但他最终平定北方，说明想要不经历危难而平定天下是不可能的。

D. 曹操以为天下已定，而先帝联合吴越、攻取巴蜀，北伐而斩杀夏侯渊，说明天下军事斗争无穷无尽，难以平息，因此北伐具有合理性。

5. 把文中画横线的句子翻译成现代汉语。

（1）故五月渡泸，深入不毛，并日而食。

（2）臣鞠躬尽力，死而后已，至于成败利钝，非臣之明所能逆睹也。

6. 在首段提出“王业不可偏安于蜀都”的观点后，后文是如何论证这个观点的？

陈情表（节选）

李密

逮奉圣朝，沐浴清化。前太守臣逵察臣孝廉，后刺史臣荣举臣秀才。臣以供养无主，辞不赴命。诏书特下，拜臣郎中，寻蒙国恩，除臣洗马。猥以微贱，当侍东宫，非臣陨首所能上报。臣具以表闻，辞不就职。诏书切峻，责臣逋慢。郡县逼迫，催臣上道；州司临门，急于星火。臣欲奉诏奔驰，则以刘病日笃；欲苟顺私情，则告诉不许：臣之进退，实为狼狈。

伏惟圣朝以孝治天下，凡在故老，犹蒙矜育，况臣孤苦，特为尤甚。且臣少事伪朝，历职郎署，本图宦达，不矜名节。今臣亡国贱俘，至微至陋，过蒙拔擢，宠命优渥，岂敢盘桓，有所希冀。但以刘日薄西山，气息奄奄，人命危浅，朝不虑夕。臣无祖母，无以至今日；祖母无臣，无以终余年。母、孙二人，更相为命，是以区区不能废远。臣密今年四十有四，祖母刘今年九十有六，是臣尽节于陛下之日长，报养刘之日短也。乌鸟私情，愿乞终养。臣之辛苦，非独蜀之人士及二州牧伯所见明知，皇天后土实所共鉴。愿陛下矜愍愚诚，听臣微志，庶刘侥幸，卒保余年。臣生当陨首，死当结草。臣不胜犬马怖惧之情，谨拜表以闻。

联读材料

李密，字令伯，犍为武阳人也，一名虔。父早亡，母何氏改醮[①]。密时年数岁，感恋弥至，烝烝[②]之性，遂以成疾。祖母刘氏，躬自抚养，密奉事以孝谨闻。刘氏有疾，则涕泣侧息，未尝解衣，饮膳汤药必先尝后进。有暇则讲学忘疲，而师事谯周，周门人方之游夏[③]。

少仕蜀为郎数使吴有才辩吴人称之。蜀平，泰始初，诏征为太子洗马。密以祖母年高，无人奉养，遂不应命。

帝览之曰："士之有名，不虚然哉！"乃停召。后刘终，服阕，复以洗马征至洛。

（选自《晋书·李密传》）

注：①醮（jiào）：改嫁。②烝烝（zhēng）：热切的样子，形容思念之深。③游夏：孔子的学生子游、子夏。

1. 文中画波浪线的句子有四处需要断句，请将相应位置的答案标号涂黑。

少仕蜀Ⓐ为郎Ⓑ数Ⓒ使Ⓓ吴Ⓔ有才Ⓕ辩Ⓖ吴人Ⓗ称之。

2. 下列对材料中加点的词语及相关内容的解说，不正确的一项是（　　）

A. 矜，既有怜悯义也有矜夸义。"矜育"和"矜愍"是怜悯义，"不矜名节"是矜夸义。

B. 薄，由厚薄义引申出轻视义。"日薄西山"的"薄"和"厚古薄今"的"薄"意义相同。

C. 叠词朗朗上口，且表达情感丰富、生动，如"奄奄"形容微弱，"区区"形容情深。

D. 时间副词让叙事更加紧凑，如"逮"是到了，时空跳转；"寻"是不久，体现任命急切。

3. 下列各句中加点词的意义和用法，相同的一组是（　　）

A. 臣以供养无主　　伏惟圣朝以孝治天下　　B. 臣之进退　　周门人方之游夏

C. 未尝解衣　　饮膳汤药必先尝后进　　D. 则涕泣侧息　　有暇则讲学忘疲

4. 下列对材料有关内容的概述，不正确的一项是（　　）

A. 察、举，都有“推荐”的意思；授、拜，都是“授予官职”的意思。

B. 拔、擢、除、出，都表示提升官职；贬、谪、左迁，则表示降低官职。

C. 结草，用了魏颗救父妾而获老人结草御敌的典故，表达以死报恩之情。

D. 犬马，本指狗和马，旧时臣子对君王的自卑之称，如“效犬马之力”。

5. 把文中画横线的句子翻译成现代汉语。

（1）臣欲奉诏奔驰，则以刘病日笃；欲苟顺私情，则告诉不许：臣之进退，实为狼狈。

（2）后刘终，服阕，复以洗马征至洛。

6.《晋书》记载晋武帝读罢《陈情表》，感叹李密“士之有名，不虚然哉”，李密何以能够打动晋武帝？请结合文本简要概述。

兰亭集序

王羲之

永和九年，岁在癸丑，暮春之初，会于会稽山阴之兰亭，修禊事也。群贤毕至，少长咸集。此地有崇山峻岭，茂林修竹，又有清流激湍，映带左右，引以为流觞曲水，列坐其次。虽无丝竹管弦之盛，一觞一咏，亦足以畅叙幽情。是日也，天朗气清，惠风和畅。仰观宇宙之大，俯察品类之盛，所以游目骋怀，足以极视听之娱，信可乐也。

夫人之相与，俯仰一世。或取诸怀抱，晤言一室之内；或因寄所托，放浪形骸之外。虽取舍万殊，静躁不同，当其欣于所遇，暂得于己，快然自足，曾不知老之将至；及其所之既倦，情随事迁，感慨系之矣。向之所欣，俯仰之间，已为陈迹，犹不能不以之兴怀，况修短随化，终期于尽！古人云：“死生亦大矣。”岂不痛哉！

每览昔人兴感之由若合一契未尝不临文嗟悼不能喻之于怀。固知一死生为虚诞，齐彭殇为妄作。后之视今，亦犹今之视昔，悲夫！故列叙时人，录其所述，虽世殊事异，所以兴怀，其致一也。后之览者，亦将有感于斯文。

春夜宴桃李园序

李白

夫天地者万物之逆旅也；光阴者百代之过客也。而浮生若梦，为欢几何？古人秉烛夜游，良有以也。况阳春召我以烟景，大块假我以文章。会桃花之芳园，序天伦之乐事。群季俊秀，皆为惠连；吾人咏歌，独惭康乐。幽赏未已，高谈转清。开琼筵以坐花，飞羽觞而醉月。不有佳咏，何伸雅怀？如诗不成，罚依金谷酒数。

1. 文中画波浪线的部分有三处需要断句，请将相应位置的答案标号涂黑。

每览昔人Ⓐ兴感之由Ⓑ若合Ⓒ一契Ⓓ未尝不临文Ⓔ嗟悼Ⓕ不能喻之Ⓖ于怀。

2. 下列对材料中加点词语及其相关内容的解说，不正确的一项是（　　）

A. 癸丑，古人常用十天干和十二地支依次相配合来纪年，癸丑也就是永和九年。

B. 禊事，禊祭之事，古代的一种风俗，三月初三，人们到水边洗濯戏游，以祈福消灾。

C. 流觞，在水面上游放置盛酒的酒杯，杯随水流，流到谁面前，谁就取杯饮酒。

D. 金谷，金色的稻谷，这里指宴会中的宾客如果赋诗不成，就要罚钱、喝酒。

3. 下列加点词的意义和用法，相同的一项是（　　）

A. 引以为流觞曲水　　犹不能不以之兴怀　　B. 虽无丝竹管弦之盛　　虽取舍万殊

C. 所以游目骋怀　　所以兴怀　　D. 及其所之既倦　　后之览者

4. 下列对材料有关内容的概述，正确的一项是（　　）

A. 两篇文章开篇都是叙事、写景，先叙述集会的时间、地点，然后点出优美的自然环境。

B. 两篇文章都以骈偶为主，辅以散句,《兰亭集序》笔调清新流畅,《春夜宴桃李园序》用笔恣肆洒脱。

C. 王羲之由乐景生哀情，由美景流觞之乐引发生死之悲；李白则不在意生死，只顾享受风雅之乐。

D.《兰亭集序》描述了生命的不同状态，肯定了老庄“齐生死”的观点，在生命观上与道家思想一致。

5. 把文中画横线的句子翻译成现代汉语。

（1）或取诸怀抱，晤言一室之内；或因寄所托，放浪形骸之外。

（2）群季俊秀，皆为惠连；吾人咏歌，独惭康乐。

6. 面对人生的短暂无常，王羲之和李白的态度有何异同？请结合两篇文章内容简要对比。

归去来辞

陶渊明

归去来兮，田园将芜胡不归？既自以心为形役，奚惆怅而独悲？悟已往之不谏，知来者之可追。实迷途其未远，觉今是而昨非。舟摇摇以轻扬，风飘飘而吹衣。问征夫以前路，恨晨光之熹微。乃瞻衡宇，载欣载奔。僮仆欢迎，稚子候门。三径就荒，松菊犹存。携幼入室，有酒盈樽。引壶觞以自酌，眄庭柯以怡颜。倚南窗以寄傲，审容膝之易安。园日涉以成趣，门虽设而常关。策扶老以流憩，时矫首而遐观。云无心以出岫，鸟倦飞而知还。景翳翳以将入，抚孤松而盘桓。

归去来兮，请息交以绝游。世与我而相违，复驾言兮焉求？悦亲戚之情话，乐琴书以消忧。农人告余以春及，将有事于西畴。或命巾车，或棹孤舟。既窈窕以寻壑，亦崎岖而经丘。木欣欣以向荣，泉涓涓而始流。善万物之得时，感吾生之行休。

已矣乎！寓形宇内复几时，曷不委心任去留？胡为乎遑遑欲何之？富贵非吾愿，帝乡不可期。怀良辰以孤往，或植杖而耘耔。登东皋以舒啸，临清流而赋诗。聊乘化以归尽，乐夫天命复奚疑！

五柳先生传（节选）

陶渊明

先生不知何许人也，亦不详其姓字。宅边有五柳树，因以为号焉。闲静少言，不慕荣利。好读书，不求甚解，每有会意，便欣然忘食。性嗜酒，家贫不能常得。亲旧知其如此，或置酒而招之。造饮辄尽，期在必醉，既醉而退，曾不吝情去留。环堵萧然，不蔽风日，短褐穿结，箪瓢屡空晏如也常著文章自娱颇示己志。忘怀得失，以此自终。赞曰：黔娄有言："不戚戚于贫贱，不汲汲于富贵。"其言兹若人之俦乎？衔觞赋诗，以乐其志，无怀氏之民欤？葛天氏之民欤？

1. 材料中画波浪线的部分有三处需要断句，请将相应位置的答案标号涂黑。

箪瓢A屡空B晏如也C常著D文章E自娱F颇示G己志。

2. 下列对材料中加点的词语及相关内容的解说，不正确的一项是（　　）

A. 胡、奚、曷，三个词意思相同，在这里都指为什么，表示疑问。

B. 行休，即将结束。与"归尽"词义相近，都指生命走到尽头。

C. 造，制作。这里指酒一做出来就喝完，体现作者的豪放豁达。

D. 堵，墙。古代用板筑法筑土墙，五板为一堵。后为量词，多用于墙。

3. 下列加点词的意义和用法，相同的一项是（　　）

A. 既自以心为形役　　舟摇摇以轻扬　　B. 恨晨光之熹微　　善万物之得时

C. 门虽设而常关　　抚孤松而盘桓　　D. 复驾言兮焉求　　因以为号焉

4. 下列对材料有关内容的概述与赏析，不正确的一项是（　　）

A. "心为形役"解释了归隐的原因是出仕身体疲惫、不堪重负。

B. 作者用瞻、奔、入、酌、眄、审等动词表现回家的欢快喜悦。

C. "云无心以出岫"与"悠然见南山"都写出了适性自然之乐。

D. 两则材料共同表达了陶渊明不求富贵但求洒脱自由的隐逸志。

5. 把材料中画横线的句子翻译成现代汉语。

（1）悟已往之不谏，知来者之可追。

（2）登东皋以舒啸，临清流而赋诗。

6. 陶渊明对自己的评价是“闲静少言，不慕荣利”，请结合原文内容加以分析。

桃花源记

陶渊明

晋太元中，武陵人捕鱼为业。缘溪行，忘路之远近。忽逢桃花林，夹岸数百步，中无杂树，芳草鲜美，落英缤纷。渔人甚异之，复前行，欲穷其林。

林尽水源，便得一山，山有小口，仿佛若有光。便舍船，从口入。初极狭，才通人。复行数十步，豁然开朗。土地平旷，屋舍俨然，有良田、美池、桑竹之属。阡陌交通，鸡犬相闻。其中往来种作，男女衣著，悉如外人。黄发垂髫，并怡然自乐。见渔人，乃大惊，问所从来。具答之。便要还家，设酒杀鸡作食。村中闻有此人，咸来问讯。自云先世避秦时乱，率妻子邑人来此绝境，不复出焉，遂与外人间隔。问今是何世，乃不知有汉，无论魏晋。此人一一为具言所闻，皆叹惋。余人各复延至其家，皆出酒食。停数日，辞去。此中人语云：“不足为外人道也。”

既出，得其船，便扶向路，处处志之。及郡下，诣太守，说如此。太守即遣人随其往，寻向所志，遂迷，不复得路。

南阳刘子骥，高尚士也，闻之，欣然规往。未果，寻病终。后遂无问津者。

联读材料

刘驎之，字子骥……好游山泽，志存遁逸。尝采药至衡山，深入忘反。见有一涧水，水南有二石囷[1]，一囷闭一囷开水深广不得过。欲还，失道，遇伐弓人，问径，仅得还家。或说囷中皆仙方灵药诸杂物。驎之欲更寻索，终不复知处矣。

（选自《晋书·隐逸传》）

注：①囷（qūn）：指似圆形谷仓的巨石。

1. 文中画波浪线的部分有三处需要断句，请将相应位置的答案标号涂黑。

一囷Ⓐ闭Ⓑ一囷Ⓒ开Ⓓ水深Ⓔ广Ⓕ不得过。

2. 下列对材料中加点的词语及相关内容的解说，不正确的一项是（　　）

A. 缘，沿着、顺着。与“扶向路”的“扶”词义相同。

B. 悉，全、都。与“咸来问讯”的“咸”词义相同。

C. 具，详尽。在“具答之”“一一为具言所闻”中词义相同。

D. 要，计划、将要。与“欣然规往”的“规”词义相同。

3. 下列对材料中加点的词语及相关内容的解说，不正确的一项是（　　）

A. 才，仅、只，与“浅草才能没马蹄”的“才”词义、用法相同。

B. 乃，竟然，与“家祭无忘告乃翁”的“乃”意义、用法不同。

C. 向，先前的，“便扶向路”与“寻向所志”的“向”词义相同。

D. 寻，寻找，“寻病终”与“骥之欲更寻索”的“寻”词义相同。

4. 下列对材料有关内容的概述，正确的一项是（　　）

A. 陶渊明笔下的桃花源寄托了作者对秦汉社会的理想。

B. 刘子骥“欣然规往”体现了高尚之士向往归隐山林。

C. 渔人对于桃花源内的人不问世事，而感到十分叹惋。

D. 渔人因美景偶入桃花源，刘子骥为了采药特意寻山。

5. 把材料中画横线的句子翻译成现代汉语。

（1）芳草鲜美，落英缤纷。

（2）阡陌交通，鸡犬相闻。

6.陈寅恪认为《桃花源记》“寓意之文，亦纪实之文也”，请结合两则材料，简述陈寅恪这么说的原因。

北山移文（节选）

孔稚珪

世有周子，俊俗之士，既文既博，亦玄亦史。然而学遁东鲁，习隐南郭，窃吹草堂，滥巾北岳，诱我松桂，欺我云壑。虽假容于江皋，乃缨情于好爵。

其始至也，将欲排巢父，拉许由，傲百氏，蔑王侯，风情张日，霜气横秋。或叹幽人长往，或怨王孙不游。谈空空于释部核玄玄于道流务光何足比涓子不能俦。

及其鸣驺入谷，鹤书赴陇，形驰魄散，志变神动。尔乃眉轩席次，袂耸筵上，焚芰制而裂荷衣，抗尘容而走俗状。风云凄其带愤，石泉咽而下怆，望林峦而有失，顾草木而如丧。

至其纽金章，绾墨绶，跨属城之雄，冠百里之首，张英风于海甸，驰妙誉于浙右。道帙长摈，法筵久埋，敲扑喧嚣犯其虑，牒诉倥偬装其怀。琴歌既断，酒赋无续。常绸缪于结课，每纷纶于折狱，笼张、赵于往图，架卓、鲁于前录。希踪三辅豪，驰声九州牧。

滕王阁序（节选）

王勃

遥吟俯畅，逸兴遄飞。爽籁发而清风生，纤歌凝而白云遏。睢园绿竹，气凌彭泽之樽；邺水朱华，光照临川之笔。四美具，二难并。穷睇眄于中天，极娱游于暇日。天高地迥，觉宇宙之无穷；兴尽悲来，识盈虚之有数。望长安于日下，指吴会于云间。地势极而南溟深，天柱高而北辰远。关山难越，谁悲失路之人？萍水相逢，尽是他乡之客。怀帝阍而不见，奉宣室以何年？

呜呼！时运不齐，命途多舛。冯唐易老，李广难封。屈贾谊于长沙，非无圣主；窜梁鸿于海曲，岂乏明时？所赖君子安贫，达人知命。老当益壮，宁知白首之心？穷且益坚，不坠青云之志。酌贪泉而觉爽，处涸辙而犹欢。北海虽赊，扶摇可接；东隅已逝，桑榆非晚。孟尝高洁，空怀报国之心；阮籍猖狂，岂效穷途之哭！

1. 材料中画波浪线的部分有三处需要断句，请将相应位置的答案标号涂黑。

谈空Ⓐ空于释部Ⓑ核玄Ⓒ玄于道流Ⓓ务光Ⓔ何足Ⓕ比Ⓖ涓子不能俦。

2. 下列对材料中加点的词语及相关内容的解说，不正确的一项是（　　）

A.“亦玄亦史”的“史”与《论语》中“文胜质则史”的“史”都是浮夸的意思。

B.“睇眄”中“睇”和“眄”都有斜视的意思，在文中指上下左右望，体现纵目骋怀的豪情。

C.“天高地迥”的“迥”与“天柱高而北辰远”的“远”、“北海虽赊”的“赊”都是旷远的意思。

D.“不齐”和“多舛”都指曲折坎坷，“时运不齐”“命途多舛”用来描述人生不逢时、怀才不遇。

3. 下列加点词的意义和用法，相同的一项是（　　）

A. 乃缨情于好爵　　尔乃眉轩席次　　B. 或叹幽人长往　　或命巾车

C. 石泉咽而下怆　　怀帝阍而不见　　D. 极娱游于暇日　　地势极而南溟深

4. 下列对材料有关内容的概述与赏析，不正确的一项是（　　）

A. 周子初隐北山时心高气傲，不仅蔑视王侯，连尧时的隐士巢父、许由也看不上。

B. 王勃认为贾谊之所以不见用是因为没有圣明的君主，所以豁达的人要乐天知命。

C. 周子追名逐利的丑态令风云凄怆、泉石哽咽，作者用夸张和拟人手法表达愤慨。

D. 王勃认为雅集“良辰、美景、赏心、乐事”四美齐备，且贤主与嘉宾相得益彰。

5. 把材料中画横线的句子翻译成现代汉语。

（1）焚芰制而裂荷衣，抗尘容而走俗状。

（2）酌贪泉而觉爽，处涸辙而犹欢。

6. 抓住文章的情感转变或逻辑变化标志是理解文脉的重要方法。请根据示例提示，用原文内容填写下表。

《北山移文》

标志	其始至	及其鸣驺入谷	至其钮金章
形象			
情感	赞美	悲愤	讽刺

《滕王阁序》

标志	兴尽	悲来	所赖
内容			
情感	心情舒畅	悲伤失意	自我安慰

谏太宗十思疏

魏征

臣闻求木之长者，必固其根本；欲流之远者，必浚其泉源；思国之安者，必积其德义。源不深而望流之远根不固而求木之长德不厚而思国之安臣虽下愚，知其不可，而况于明哲乎！人君当神器之重，居域中之大。不念居安思危，戒奢以俭，斯亦伐根以求木茂，塞源而欲流长也。

凡昔元首，承天景命，善始者实繁，克终者盖寡。岂取之易、守之难乎？盖在殷忧，必竭诚以待下；既得志，则纵情以傲物。竭诚则吴越为一体，傲物则骨肉为行路。虽董之以严刑，振之以威怒，终苟免而不怀仁，貌恭而不心服。怨不在大，可畏惟人；载舟覆舟，所宜深慎！

诚能见可欲则思知足以自戒，将有作则思知止以安人，念高危则思谦冲而自牧，惧满盈则思江海下百川，乐盘游则思三驱以为度，忧懈怠则思慎始而敬终，虑壅蔽则思虚心以纳下，惧谗邪则思正身以黜恶，恩所加则思无因喜以谬赏，罚所及则思无以怒而滥刑。总此十思，弘兹九得，简能而任之，择善而从之，则智者尽其谋，勇者竭其力，仁者播其惠，信者效其忠。文武并用，垂拱而治。何必劳神苦思，代百司之职役哉！

联读材料

此魏公贞观十一年之疏。以“思”作骨，意谓人君敢于纵情傲物，不积德义以致失人心者，皆坐未之思耳。思曰睿，睿作圣，故有“十思”之目。若约言之，总一居安思危而已。

（选自林云铭《古文析义》）

1. 文中画波浪线的部分有三处需要断句，请将相应位置的答案标号涂黑。

源不深Ⓐ而望流Ⓑ之远Ⓒ根不固Ⓓ而求木Ⓔ之长Ⓕ德不厚Ⓖ而思国Ⓗ之安Ⓘ臣虽下愚。

2. 下列对材料中加点的词语及相关内容的解说，不正确的一项是（   ）

A. 当，本义指处在某位置，这里引申为担任，和“螳臂当车”的“当”同义。

B. 董，督责，和后面的“振”都表示一种用严刑峻法来威吓百姓的治理方式。

C. 三驱，一说一年狩猎限于三次；一说三面驱禽，网开一面，表示好生之德。

D. 垂拱，垂衣拱手，形容帝王不亲理政务国家就能大治，是儒道追求的理想。

3. 下列加点字的意义与用法，相同的一项是（　　）

A. 臣闻求木之长者　　振之以威怒　　B. 斯亦伐根以求木茂　　将有作则思知止以安人

C. 承天景命　　赢粮而景从　　D. 终苟免而不怀仁　　择善而从之

4. 下列对材料有关内容的概述，不正确的一项是（　　）

A. 开篇没有直接提出“十思”，以树木、泉源类比，引出国家安定的根本是积“德”。

B. 第二段总结历史经验，对比论证了创业易守难成、国家治理影响人心向背的道理。

C. 第三段正面提出“十思”，“十思”正己安人，目的是不必劳神苦思、可一劳永逸。

D. 文章从头至尾，多用骈文偶句或排比论述，辞工文畅，气势雄健有力，环环相扣。

5. 把材料中画横线的句子翻译成现代汉语。

（1）善始者实繁，克终者盖寡。

（2）虑壅蔽则思虚心以纳下，惧谗邪则思正身以黜恶。

6.《古文析义》认为《谏太宗十思疏》重在围绕“居安思危”展开“十思”的条目。那么《谏太宗十思疏》第二段是否多余？可否删去？请结合文本简要分析。

为徐敬业讨武曌檄

骆宾王

伪临朝武氏者，性非和顺，地实寒微。昔充太宗下陈，曾以更衣入侍。洎乎晚节，秽乱春宫。潜隐先帝之私，阴图后房之嬖。入门见嫉，蛾眉不肯让人；掩袖工谗，狐媚偏能惑主。践元后于翚翟，陷吾君于聚麀。加以虺蜴为心，豺狼成性，近狎邪僻，残害忠良，杀姊屠兄，弑君鸩母。神人之所同嫉，天地之所不容。犹复包藏祸心，窥窃神器。君之爱子，幽之于别宫；贼之宗盟，委之以重任。呜呼！霍子孟之不作，朱虚侯之已亡。燕啄皇孙，知汉祚之将尽；龙漦帝后，识夏庭之遽衰。

敬业，皇唐旧臣，公侯冢子。奉先君之成业，荷本朝之厚恩。宋微子之兴悲，良有以也；袁君山之流涕，岂徒然哉！是用气愤风云志安社稷因天下之失望顺宇内之推心，爰举义旗，以清妖孽。南连百越，北尽三河，铁骑成群，玉轴相接。海陵红粟，仓储之积靡穷；江浦黄旗，匡复之功何远。班声动而北风起，剑气冲而南斗平。喑呜则山岳崩颓，叱咤则风云变色。以此制敌，何敌不摧！以此图功，何功不克！

公等或居汉地，或叶周亲，或膺重寄于话言，或受顾命于宣室。言犹在耳，忠岂忘心！一抔之土未干，六尺之孤何托？倘能转祸为福，送往事居，共立勤王之勋，无废大君之命，凡诸爵赏，同指山河。

若其眷恋穷城，徘徊歧路，坐昧先几之兆，必贻后至之诛。请看今日之域中，竟是谁家之天下！

1. 材料中画波浪线的部分有三处需要断句，请将相应位置的答案标号涂黑。

是用气愤A风云B志C安社稷D因天下之失E望F顺宇G内之推心。

2. 下列对材料中加点的词语及相关内容的解说，不正确的一项是（　　）

A. 春宫，指东宫，太子居所。与《资治通鉴》中“皇太子养德春宫”的“春宫”意思相同。

B. 神器，指兵器。与《老子》中“天下神器，不可为也”的“神器”意思相同。

C. 燕啄，指后妃谋害皇子。西汉绥和二年，成帝无病暴死，有人归罪于皇后赵飞燕及其妹赵昭仪，民间流传着“燕飞来，啄皇孙。皇孙死，燕啄矢”的童谣。

D. 宣室，汉代未央宫中有宣室殿，后泛指帝王所居的正室，也指代朝廷。李商隐《贾生》所述“可怜夜半虚前席，不问苍生问鬼神”的故事即发生于宣室。

3. 下列加点词的意义和用法，相同的一项是（　　）

A. 君之爱子，幽之于别宫　　吾见师之出，而不见其入也

B. 宋微子之兴悲，良有以也　　清荣峻茂，良多趣味

C. 以此制敌，何敌不摧　　起舞弄清影，何似在人间

D. 公等或居汉地，或叶周亲　　马之千里者，一食或尽粟一石

4. 下列对材料有关内容的概述与赏析，不正确的一项是（　　）

A. 文章开篇指斥武曌出身低贱卑微，一定程度上受到了魏晋以来门第观念的影响。

B. 紧接着引用霍光、刘章、赵飞燕、褒姒的典故，意在感叹朝廷衰微，匡救无人。

C. 第二段写宋微子见殷墟而悲痛，袁君山因外戚专权而暗呜，意在说明兴师无益。

D. 第三段渲染地理环境、军事力量、物资储备等，展现了徐军的强大阵容与威势。

5. 把材料中画横线的句子翻译成现代汉语。

（1）奉先君之成业，荷本朝之厚恩。

（2）若其眷恋穷城，徘徊歧路，坐昧先几之兆，必贻后至之诛。

6. 吴调侯、吴楚材评价此文“起写武氏之罪不容诛，次写起兵之事不可缓，末则示之以大义，动之以刑赏。”请结合文章最后一段具体内容，简要概括“示之以大义，动之以刑赏”的具体内容。

与韩荆州书

李白

白闻天下谈士相聚而言曰：“生不用封万户侯，但愿一识韩荆州。”何令人之景慕一至于此！岂不以周公之风，躬吐握之事，使海内豪俊，奔走而归之，一登龙门，则声价十倍！所以龙蟠凤逸之士，皆

欲收名定价于君侯。君侯不以富贵而骄之、寒贱而忽之，则三千之中有毛遂，使白得颖脱而出，即其人焉。

白，陇西布衣，流落楚、汉。十五好剑术，遍干诸侯；三十成文章，历抵卿相。虽长不满七尺，而心雄万夫。皆王公大人许与气义。此畴曩心迹，安敢不尽于君侯哉？君侯制作侔神明，德行动天地，笔参造化，学究天人。幸愿开张心颜，不以长揖见拒。必若接之以高宴，纵之以清谈，请日试万言，倚马可待。今天下以君侯为文章之司命，人物之权衡，一经品题，便作佳士。而今君侯何惜阶前盈尺之地，不使白扬眉吐气、激昂青云耶？

昔王子师为豫州，未下车，即辟荀慈明，既下车又辟孔文举。山涛作冀州，甄拔三十余人，或为侍中、尚书，先代所美。而君侯亦一荐严协律，入为秘书郎；中间崔宗之、房习祖、黎昕、许莹之徒，或以才名见知，或以清白见赏。白每观其衔恩抚躬，忠义奋发；白以此感激知君侯推赤心于诸贤之腹中所以不归他人而愿委身国士。倘急难有用，敢效微躯。

且人非尧、舜，谁能尽善？白谟猷筹画，安能自矜？至于制作，积成卷轴，则欲尘秽视听，恐雕虫小技，不合大人。若赐观刍荛，请给纸笔，兼之书人，然后退扫闲轩，缮写呈上。庶青萍、结绿，长价于薛、卞之门。幸推下流，大开奖饰，唯君侯图之。

1. 材料中画波浪线的部分有三处需要断句，请将相应位置的答案标号涂黑。

白以此感激Ⓐ知君侯Ⓑ推赤心Ⓒ于诸贤之腹中Ⓓ所以不归Ⓔ他人Ⓕ而愿委身Ⓖ国士。

2. 下列对材料中加点的词语及相关内容的解说，不正确的一项是（　　）

A. 制作，制礼作乐。与曾巩《宜黄县学记》中“及三代衰，圣人之制作尽坏”的“制作”意思相同。

B. 青云，比喻显要的地位。与《南史》中“形入紫闼，而意在青云”的“青云”意思相同。

C. 辟，征召来授予官职。与《论语·宪问》中“贤者辟世，其次辟地”的“辟”意思不同。

D. 青萍，古宝剑名。与《和顾非熊先生题茅山处士闲居》中“匣里青萍未报恩”的“青萍”意思相同。

3. 下列加点词的意义和用法，不相同的一项是（　　）

A. 使白得颖脱而出，即其人焉　　草木无知，叩焉何益

B. 此畴曩心迹，安敢不尽于君侯哉　　尔安敢轻吾射

C. 倘急难有用，敢效微躯　　寡君闻吾子将步师出于敝邑，敢犒从者

D. 庶青萍、结绿，长价于薛、卞之门　　君姑修政而亲兄弟之国，庶免于难

4. 下列对材料有关内容的概述与赏析，不正确的一项是（　　）

A. 开篇先引天下人之言夸赞韩荆州名声之大，再言有才之士皆愿得到韩荆州的赏识，最后表达毛遂自荐之意，逻辑分明，层层深入。

B. 李白介绍身世与经历时提到，自己年轻时曾凭剑术与文章受赞许，意在向韩荆州剖白自己的才智和雄心，希望得到赏识。

C. 李白希望韩荆州“不以长揖见拒”，是因为长揖多用于拜见长者或尊者，只弯腰行拱手礼，不跪拜叩头，体现了李白不卑不亢的作风。

D. 李白有计谋策略而不自夸，有诗文创作欲进呈韩荆州，又怕是雕虫小技，不合韩氏口味，体现了李白内心的自卑之感。

5. 把材料中画横线的句子翻译成现代汉语。

（1）君侯不以富贵而骄之、寒贱而忽之。

（2）今天下以君侯为文章之司命，人物之权衡，一经品题，便作佳士。

6. 文章运用了许多历史人物举荐贤良名士的典故，请举出两处并说明这样行文的深意。

吊古战场文

李华

浩浩乎平沙无垠，敻不见人。河水萦带，群山纠纷。黯兮惨悴，风悲日曛。蓬断草枯，凛若霜晨。鸟飞不下，兽铤亡群。亭长告余曰："此古战场也，常覆三军。往往鬼哭，天阴则闻。"伤心哉！秦欤？汉欤？将近代欤？

吾闻夫齐、魏徭戍，荆、韩召募。万里奔走，连年暴露。沙草晨牧，河冰夜渡。地阔天长，不知归路。寄身锋刃，腷臆谁诉？秦、汉而还，多事四夷，中州耗斁，无世无之。古称戎、夏，不抗王师。文教失宣，武臣用奇。奇兵有异于仁义，王道迂阔而莫为。呜呼噫嘻！

吾想夫北风振漠，胡兵伺便，主将骄敌，期门受战。野竖旄旗，川回组练。法重心骇，威尊命贱。利镞穿骨，惊沙入面。主客相搏，山川震眩。声析江河，势崩雷电。至若穷阴凝闭凛冽海隅积雪没胫坚冰在须，鸷鸟休巢，征马踟蹰，缯纩无温，堕指裂肤。当此苦寒，天假强胡。凭陵杀气，以相剪屠。径截辎重，横攻士卒。都尉新降，将军覆没。尸填巨港之岸，血满长城之窟。无贵无贱，同为枯骨，可胜言哉！鼓衰兮力尽，矢竭兮弦绝，白刃交兮宝刀折，两军蹙兮生死决。降矣哉？终身夷狄。战矣哉？骨暴沙砾。鸟无声兮山寂寂，夜正长兮风淅淅。魂魄结兮天沉沉，鬼神聚兮云幂幂。日光寒兮草短，月色苦兮霜白。伤心惨目，有如是耶？

吾闻之：牧用赵卒，大破林胡，开地千里，遁逃匈奴。汉倾天下，财殚力痡。任人而已，其在多乎？周逐猃狁，北至太原，既城朔方，全师而还。饮至策勋，和乐且闲，穆穆棣棣，君臣之间。秦起长城，竟海为关，荼毒生灵，万里朱殷。汉击匈奴，虽得阴山。枕骸遍野，功不补患。

苍苍蒸民，谁无父母？提携捧负，畏其不寿。谁无兄弟，如足如手？谁无夫妇，如宾如友？生也何恩？杀之何咎？其存其没，家莫闻知。人或有言，将信将疑，悁悁心目，寝寐见之。布奠倾觞，哭望天涯。天地为愁，草木凄悲。吊祭不至，精魂何依？必有凶年，人其流离。呜呼噫嘻！时耶？命耶？从古如斯，为之奈何？守在四夷。

1. 材料中画波浪线的部分有三处需要断句，请将相应位置的答案标号涂黑。

至若穷阴Ⓐ凝闭Ⓑ凛冽Ⓒ海隅Ⓓ积雪Ⓔ没胫Ⓕ坚冰Ⓖ在须。

2. 下列对材料中加点的词语及相关内容的解说，不正确的一项是（　　）

A. 曛，日落时的余光。与曾慥《类说》中“天地曛黑，仰视又无纤云”的“曛”意思不同。

B. 耗斁，耗损、败亡。与《诗经·大雅·云汉》中“耗斁下土，宁丁我躬”的“耗斁”意思相同。

C. 组练，代指军队。与辛弃疾《水调歌头·落日寒尘起》中“汉家组练十万”的“组练”意思不同。

D. 幂幂，满布、密布的样子。与元稹《莺莺传》中“幂幂临塘草，飘飘思渚蓬”的意思相同。

3. 下列加点词的意义和用法，不相同的一项是（　　）

A. 将近代欤　　将有人主张之乎　　B. 秦、汉而还，多事四夷　　余知而无罪也

C. 任人而已，其在多乎　　其孰能讥之乎　　D. 既城朔方，全师而还　　既来之，则安之

4. 下列对材料有关内容的概述与赏析，不正确的一项是（　　）

A. “黯兮惨悴，风悲日曛”等摹景之语凄凉恐怖，这是李华在不知道自己身处古战场的情况下，对所在环境的直观感受。

B. 文章列举战国齐、魏、楚、韩征召之事，感慨秦、汉以来亦多征伐，意在叹息千年来的征战苦痛，以为穷兵黩武之戒。

C. 李华并未亲临战阵，而是以悬想示现之法，描绘了两军交战后的惨烈景象——都尉投降，将军战死，尸首堆满河岸。

D. 李华认为，战国时期、秦汉以来，多有重大战役，不论战争的胜负，都会导致国家财尽力竭，百姓生活凄苦，得不偿失。

5. 把材料中画横线的句子翻译成现代汉语。

（1）奇兵有异于仁义，王道迂阔而莫为。

（2）法重心骇，威尊命贱。利镞穿骨，惊沙入面。

6. 过珙认为《吊古战场文》“通篇大旨，在‘多事四夷’一语；通篇归束，在‘守在四夷’一语。”请结合文本，简要分析这一评价的内涵。

陋室铭

刘禹锡

山不在高，有仙则名。水不在深，有龙则灵。斯是陋室，惟吾德馨。苔痕上阶绿，草色入帘青。谈笑有鸿儒，往来无白丁。可以调素琴，阅金经。无丝竹之乱耳，无案牍之劳形。南阳诸葛庐，西蜀子云亭。孔子云：何陋之有？

阿房宫赋

杜牧

六王毕，四海一，蜀山兀，阿房出。覆压三百余里，隔离天日。骊山北构而西折，直走咸阳。二川溶溶，流入宫墙。五步一楼，十步一阁；廊腰缦回，檐牙高啄；各抱地势，钩心斗角。盘盘焉，囷囷焉，蜂房水涡，矗不知其几千万落。长桥卧波，未云何龙？复道行空，不霁何虹？高低冥迷，不知西东。歌台暖响，春光融融；舞殿冷袖，风雨凄凄。一日之内，一宫之间，而气候不齐。

妃嫔媵嫱，王子皇孙，辞楼下殿，辇来于秦。朝歌夜弦，为秦宫人。明星荧荧，开妆镜也；绿云扰扰，梳晓鬟也；渭流涨腻，弃脂水也；烟斜雾横，焚椒兰也。雷霆乍惊，宫车过也；辘辘远听，杳不知其所之也。一肌一容，尽态极妍，缦立远视，而望幸焉。有不得见者，三十六年。燕赵之收藏，韩魏之经营，齐楚之精英，几世几年，取掠其人，倚叠如山。一旦不能有，输来其间。鼎铛玉石，金块珠砾，弃掷逦迤，秦人视之，亦不甚惜。

嗟乎！一人之心，千万人之心也。秦爱纷奢，人亦念其家。奈何取之尽锱铢，用之如泥沙？使负栋之柱，多于南亩之农夫；架梁之椽，多于机上之工女；钉头磷磷，多于在庾之粟粒；瓦缝参差，多于周身之帛缕；直栏横槛，多于九土之城郭；管弦呕哑多于市人之言语使天下之人不敢言而敢怒。独夫之心，日益骄固。戍卒叫，函谷举，楚人一炬，可怜焦土！

呜呼！灭六国者六国也，非秦也；族秦者秦也，非天下也。嗟夫！使六国各爱其人，则足以拒秦；秦复爱六国之人，则递三世可至万世而为君，谁得而族灭也？秦人不暇自哀，而后人哀之；后人哀之而不鉴之，亦使后人而复哀后人也。

1. 材料中画波浪线的部分有三处需要断句，请将相应位置的答案标号涂黑。

管弦[A]呕哑[B]多于市人[C]之言[D]语[E]使天下之人[F]不敢言[G]而敢怒。

2. 下列对材料中加点的词语及相关内容的解说，不正确的一项是（　　）

A. 素琴，不加装饰的琴。与元稹《莺莺传》中“素琴鸣怨鹤，清汉望归鸿”的“素琴”意思相同。

B. 逦迤，连续不断的样子。与吴质《答东阿王书》中“然后知众山之逦迤也”的“逦迤”意思不同。

C. 锱铢，锱与铢都是极小的计算单位，用以比喻极细微。与欧阳修《非非堂记》中“权衡之平物，动则轻重差，其于静也，锱铢不失”的“锱铢”意思相同。

D. 南亩，指农田，南坡向阳，利于农作物生长，古人田土多向南开辟，故称。与《诗经·小雅·甫田》中“今适南亩，或耘或耔”的“南亩”意思相同。

3. 下列加点词的意义和用法，不相同的一项是（　　）

A. 斯是陋室，惟吾德馨　　墓门有棘，斧以斯之

B. 辘辘远听，杳不知其所之也　　吾欲之南海，何如

C. 使六国各爱其人　　使举国之少年而果为少年也

D. 后人哀之而不鉴之　　青，取之于蓝，而青于蓝

4. 下列对材料有关内容的概述与赏析，不正确的一项是（　　）

A.《陋室铭》全篇以“惟吾德馨”作为纲领，强调充实学识，修养品德，虽处陋室，亦能安适自乐。

B. 杜牧面对气势磅礴的阿房宫，选取宫殿、楼阁、回廊、复道、美女等意象极写阿房宫的华美，以及宫廷生活的奢靡。

C. 阿房宫中堆积如山的奇珍异宝来自于秦人对六国的剽掠搜刮，然而得到珍宝后，秦人却弃之如土块、砂砾，毫不珍惜。

D. 阿房宫的建造劳民伤财，是秦始皇暴虐骄横的表征，也暗示着秦朝灭亡的命运。“可怜焦土”一句，表明穷奇极丽的阿房宫转眼湮灭。

5. 把材料中画横线的句子翻译成现代汉语。

（1）苔痕上阶绿，草色入帘青。

（2）廊腰缦回，檐牙高啄；各抱地势，钩心斗角。

6.《陋室铭》结尾：“南阳诸葛庐，西蜀子云亭。孔子云：何陋之有？”向历史追索；《阿房宫赋》结尾：“秦人不暇自哀，而后人哀之；后人哀之而不鉴之，亦使后人而复哀后人也。”借后人感叹。两篇文章如此行文有何深意？

原道（节选）

韩愈

古之时，人之害多矣。有圣人者立，然后教之以相生相养之道，为之君，为之师。驱其虫蛇禽兽，而处之中土。寒然后为之衣，饥然后为之食。木处而颠，土处而病也，然后为之宫室。为之工以赡其器用，为之贾以通其有无，为之医药以济其夭死，为之葬埋、祭祀以长其恩爱，为之礼以次其先后，为之乐以宣其湮郁，为之政以率其怠倦，为之刑以锄其强梗。相欺也，为之符玺、斗斛、权衡以信之；相夺也，为之城郭、甲兵以守之。害至而为之备，患生而为之防。今其[①]言曰：“圣人不死，大盗不止；剖斗折衡，而民不争。”呜呼！其亦不思而已矣！如古之无圣人，人之类灭久矣。何也？无羽毛鳞介以居寒热也，无爪牙以争食也。

注：①其：这里指道家。

原毁（节选）

韩愈

古之君子，其责己也重以周，其待人也轻以约。重以周，故不怠；轻以约，故人乐为善。闻古之人有舜者，其为人也，仁义人也。求其所以为舜者，责于己曰：“彼，人也。予，人也；彼能是，而我乃不能是！”早夜以思，去其不如舜者，就其如舜者。闻古之人有周公者，其为人也，多才与艺人也。求其所以为周公者，责于己曰：“彼，人也；予，人也。彼能是，而我乃不能是！”早夜以思，去其不如周公者，就其如周公者。舜，大圣人也，后世无及焉；周公，大圣人也，后世无及焉。是人也，乃曰：“不如舜，不如周公，吾之病也。”是不亦责于身者重以周乎？其于人也，曰：“彼人也，能有是，是足为良人矣；能善是，是足为艺人矣。”取其一，不责其二；即其新，不究其旧。恐恐然惟惧其人之不得为善之利。一善，易修也；一艺，易能也。其于人也，乃曰：“能有是，是亦足矣。”曰：“能善是，是亦足矣。”不亦待于人者轻以约乎？

今之君子则不然。其责人也详，其待己也廉。详，故人难于为善；廉，故自取也少。己未有善，曰：“我善是，是亦足矣。”己未有能，曰：“我能是，是亦足矣。”外以欺于人内以欺于心未少有得而止矣不亦待其身者已廉乎？其于人也，曰：“彼虽能是，其人不足称也。彼虽善是，其用不足称也。”举其一，不计其十；究其旧，不图其新。恐恐然惟惧其人之有闻也。是不亦责于人者已详乎？夫是之谓不以众人待其身，而以圣人望于人，吾未见其尊己也。

1. 材料中画波浪线的部分有三处需要断句，请将相应位置的答案标号涂黑。

外以欺Ⓐ于人Ⓑ内以欺Ⓒ于心Ⓓ未少有得Ⓔ而止矣Ⓕ不亦待其身者Ⓖ已廉乎？

2. 下列对材料中加点的词语及相关内容的解说，不正确的一项是（　　）

A. 赡，供给。与《晋书·羊祜传》中“皆以赡给九族，赏赐军士”的“赡”意思相同。

B. 鳞介，比喻卑贱小人。与柳亚子《吊刘烈士炳生》中“忍看鳞介易冠裳”的“鳞介”意思不同。

C. 病，缺点，毛病，瑕疵。与司马光《训俭示康》中“吾不以为病”的“病”意思相同。

D. 修，学习、锻炼和培养。与归有光《项脊轩志》中“吾妻死，室坏不修”的“修”意思不同。

3. 下列加点词的意义和用法，不相同的一项是（　　）

A. 害至而为之备　　余方心动欲还，而大声发于水上

B. 其责己也重以周　　夫夷以近，则游者众

C. 彼能是，而我乃不能是　　乃悟前狼假寐，盖以诱敌

D. 去其不如舜者，就其如舜者　　金就砺则利

4. 下列对材料有关内容的概述与赏析，不正确的一项是（　　）

A. 道家主张，如果圣人不死，盗贼就不会终止。只要砸破了斗、折断了称，人们就不会再互相争夺。

B. 韩愈认为，人类依靠圣人教以相生相养之道，但并没有否定道家绝圣、弃智、毁制的思想理念。

C. 古代君子要求自己严格而全面，所以不会怠惰；对待别人宽容而简约，所以别人都乐意做好事。

D. 古代君子探求舜之所以为舜，周公之所以为周公，目的是以之为鉴，学习先贤优长，完善自己。

5. 把材料中画横线的句子翻译成现代汉语。

（1）木处而颠，土处而病也，然后为之宫室。

（2）取其一，不责其二；即其新，不究其旧。恐恐然惟惧其人之不得为善之利。

6. 林纾曰："昌黎生平好弄神通，独于'五原'篇，沈实朴老，使学者有途轨可寻。"《原道》和《原毁》便是"五原"中的两篇，两篇文章以对比手法的运用见长，请分别举例加以说明。

获麟解

韩愈

麟之为灵，昭昭也。咏于《诗》，书于《春秋》，杂出于传记百家之书，虽妇人小子皆知其为祥也。

然麟之为物，不畜于家，不恒有于天下。其为形也不类，非若马、牛、犬、豕、豺、狼、麋、鹿然。然则虽有麟，不可知其为麟也。角者，吾知其为牛；鬣者，吾知其为马；犬、豕、豺、狼、麋、鹿，吾知其为犬、豕、豺、狼、麋、鹿，惟麟也不可知。不可知，则其谓之不祥也亦宜。虽然，麟之出，必有圣人在乎位，麟为圣人出也圣人者必知麟麟之果不为不祥也。

又曰：麟之所以为麟者，以德不以形。若麟之出不待圣人，则谓之不祥也亦宜。

杂说四

韩愈

世有伯乐，然后有千里马。千里马常有，而伯乐不常有。故虽有名马，祇辱于奴隶人之手，骈死于槽枥之间，不以千里称也。

马之千里者，一食或尽粟一石。食马者不知其能千里而食也。是马也，虽有千里之能，食不饱，力不足，才美不外见，且欲与常马等不可得，安求其能千里也？

策之不以其道，食之不能尽其材，鸣之而不能通其意，执策而临之，曰："天下无马！"呜呼！其真无马邪？其真不知马也！

1. 材料中画波浪线的部分有三处需要断句，请将相应位置的答案标号涂黑。

麟Ⓐ为圣人出Ⓑ也Ⓒ圣人Ⓓ者Ⓔ必知Ⓕ麟Ⓖ麟之果不为Ⓗ不祥也。

2. 下列对文中加点的词语及相关内容的解说，不正确的一项是（　　）

A.《诗》，指我国第一部现实主义诗歌总集《诗经》，内容分为风、雅、颂三部分。

B. 类，相像。与《项脊轩志》中"何竟日默默在此，大类女郎也"的"类"意思相同。

C. 称，称扬。与《屈原列传》中"上称帝喾，下道齐桓"的"称"意思相同。

D."解"和"说"都属于论说文。"解"重在辩疑解难，"说"多为借物或事说理。

3. 下列各组语句中，加点词的意义和用法都相同的一组是（　　）

A. 虽妇人小子皆知其为祥也　　故虽有名马　　B. 然麟之为物　　非若马、牛……鹿然

C. 不可知其为麟也　　其真无马邪　　D. 以德不以形　　策之不以其道

4. 下列对原文有关内容的概述与赏析，不正确的一项是（　　）

A. 麟为祥瑞之物，不但见之于典籍文章记载，也为社会众人所共知。

B. 麟的形状和其他动物不同，并且不常见，被众人认为是不吉祥的。

C. 文中多次提到千里马，记述了千里马无人赏识的悲惨遭际，慷慨悲凉。

D. 两篇文章都短小精巧，寄托遥深，表现了作者怀才不遇的愤懑和无奈。

5. 把文中画横线的句子翻译成现代汉语。

（1）若麟之出不待圣人，则谓之不祥也亦宜。

（2）且欲与常马等不可得，安求其能千里也?

6. 两篇文章都是作者借物自喻，请分别结合具体内容简要说明。

杂说一

韩愈

龙嘘气成云，云固弗灵于龙也。然龙乘是气，茫洋穷乎玄间，薄日月，伏光景，感震电，神变化，水下土，汩陵谷。云亦灵怪矣哉！

云，龙之所能使为灵也；若龙之灵，则非云之所能使为灵也。然龙弗得云无以神其灵矣失其所凭依信不可欤！异哉！其所凭依，乃其所自为也。《易》曰："云从龙。"既曰龙，云从之矣。

联读材料

有上书请去佞臣者，上问："佞臣为谁？"对曰："臣居草泽，不能的知其人，愿陛下与群臣言，或阳怒以试之，彼执理不屈者，直臣也，畏威顺旨者，佞臣也。"上曰："君，源也；臣，流也；浊其源而求其流之清，不可得矣。君自为诈，何以责臣下之直乎！朕方以至诚治天下，见前世帝王好以权谲小数接其臣下者，常窃耻之。卿策虽善，朕不取也。

（选自《资治通鉴·唐纪八》）

1. 材料中画波浪线的部分有三处需要断句，请将相应位置的答案标号涂黑。

然龙弗得Ⓐ云Ⓑ无以神Ⓒ其灵Ⓓ矣Ⓔ失其所Ⓕ凭依Ⓖ信Ⓗ不可欤！

2. 下列对文中加点的词语及相关内容的解说，不正确的一项是（　　）

A. 薄，迫近，靠近。与《孔雀东南飞》"儿已薄禄相"中"薄"的意思相同。

B. 直臣，与"佞臣"相对。前者指直言谏诤的大臣，后者指奸邪谄媚的臣子。

C. 接，交际，接待。与《屈原列传》"出则接遇宾客"中"接"的意思相同。

D.“杂说”是论说文的一种，大多借物抒情或托物言志，生发议论，寄寓感慨。

3. 下列各组语句中，加点词的意义和用法都相同的一组是（　　）

A. 龙之所能使为灵也　　佞臣为谁　　B. 云从之矣　　常窃耻之

C. 有上书请去佞臣者　　彼执理不屈者　　D. 或阳怒以试之　　朕方以至诚治天下

4. 下列对原文有关内容的概述与赏析，不正确的一项是（　　）

A. 材料一以龙为主，以云为宾，反复申说，层叠曲折，体现了结构的精妙。

B. 材料一结尾引《易经》“云从龙”之说，是为了点明明君一定会有贤臣跟随。

C. 材料一借云和龙的关系，托物言志，含蓄地表达了自己无明主赏识的感慨。

D. 材料二中皇帝认为进谏之计为下策，是因为他反对用权诈之术来对待臣子。

5. 把文中画横线的句子翻译成现代汉语。

（1）其所凭依，乃其所自为也。

（2）君自为诈，何以责臣下之直乎！

6.《杂说一》“以龙喻圣君，云喻贤臣”，其所表达的君臣之理和《唐纪八》中体现的君臣之道有何异同？请简要分析。

卷八　唐文

师说

韩愈

古之学者必有师。师者，所以传道受业解惑也。人非生而知之者，孰能无惑？惑而不从师，其为惑也，终不解矣。生乎吾前，其闻道也固先乎吾，吾从而师之；生乎吾后，其闻道也亦先乎吾，吾从而师之。吾师道也，夫庸知其年之先后生于吾乎？是故无贵无贱，无长无少，道之所存，师之所存也。

嗟乎！师道之不传也久矣！欲人之无惑也难矣！古之圣人，其出人也远矣，犹且从师而问焉；今之众人，其下圣人也亦远矣，而耻学于师。是故圣益圣，愚益愚。圣人之所以为圣，愚人之所以为愚，其皆出于此乎？爱其子，择师而教之；于其身也，则耻师焉，惑矣。彼童子之师，授之书而习其句读者也，非吾所谓传其道解其惑者也。句读之不知，惑之不解，或师焉，或不焉，小学而大遗，吾未见其明也。巫医乐师百工之人，不耻相师。士大夫之族，曰师曰弟子云者，则群聚而笑之。问之，则曰："彼与彼年相若也，道相似也，位卑则足羞，官盛则近谀。"呜呼！师道之不复，可知矣。巫医乐师百工之人，君子不齿，今其智乃反不能及，其可怪也欤！

圣人无常师。孔子师郯子、苌弘、师襄、老聃。郯子之徒，其贤不及孔子。孔子曰：三人行，则必有我师。是故弟子不必不如师，师不必贤于弟子，闻道有先后，术业有专攻，如是而已。

李氏子蟠，年十七，好古文六艺经传皆通习之不拘于时学于余。余嘉其能行古道，作《师说》以贻之。

1. 第四段画波浪线的部分有三处需要断句，请将相应位置的答案标号涂黑。

   好古文Ⓐ六艺Ⓑ经传皆通Ⓒ习之Ⓓ不拘Ⓔ于时Ⓕ学Ⓖ于余。

2. 下列对材料中加点的词语及相关内容的解说，正确的一项是（　　）

   A."惑矣"的"惑"是疑惑的意思，与"传道受业解惑"的"惑"意义和用法都相同。

   B."或师焉"的"师"是学习的意思，与"圣人无常师"的"师"意义和用法都相同。

   C."郯子之徒"的"徒"与"士大夫之族"的"族"，在文中都是"同类的人"的意思。

   D."其贤不及孔子"和"师不必贤于弟子"的"贤"，在文中都是"贤能"之义，用法亦同。

3. 下列各组语句中，加点词的意义和用法相同的一组是（　　）

   A. 其闻道也固先乎吾　　犙使之然也　　B. 生乎吾后　　飘飘乎如遗世独立

   C. 授之书而习其句读者也　　其恕乎　　D. 师道之不复　　匪女之为美

4. 下列对文章有关内容的概述，不正确的一项是（　　）

   A."传道"，指的是"修己治人"之道；"受业"，指的是古文六艺之业；"解惑"，指的是解释疑惑。

   B. 本文采用了对比论证的方法，通过对比古之圣人和今之众人对待从师学习的态度，强调从师学习的重要性。

   C."士大夫之族"在从师问题上的见识居然不如"巫医乐师百工之人"，表达了作者对底层劳动人民的轻蔑。

D.弟子不一定不如老师，老师也不一定要比弟子贤能；地位高的人也不一定比地位低的人有见识。

5. 把材料中画横线的句子翻译成现代汉语。

（1）吾师道也，夫庸知其年之先后生于吾乎？

（2）位卑则足羞，官盛则近谀。

6.“其可怪也欤”一句，历来存在不同的解读。有人认为是“奇怪”，有人认为是“不奇怪”。结合文章主旨及上下文语境，谈谈你对这句话的理解。

进学解

韩愈

国子先生晨入太学，招诸生立馆下，诲之曰：“业精于勤，荒于嬉；行成于思，毁于随。方今圣贤相逢，治具毕张，拔去凶邪，登崇俊良。占小善者率以录，名一艺者无不庸。爬罗剔抉，刮垢磨光。盖有幸而获选，孰云多而不扬？诸生业患不能精，无患有司之不明；行患不能成，无患有司之不公。”

言未既，有笑于列者曰：“先生欺余哉！弟子事先生，于兹有年矣。先生口不绝吟于六艺之文，手不停披于百家之编。纪事者必提其要，纂言者必钩其玄。贪多务得，细大不捐。焚膏油以继晷，恒兀兀以穷年。先生之业，可谓勤矣。觝排异端，攘斥佛老，补苴罅漏，张皇幽眇。寻坠绪之茫茫，独旁搜而远绍。障百川而东之，回狂澜于既倒。先生之于儒，可谓劳矣。沉浸醲郁，含英咀华；作为文章，其书满家。上规姚姒，浑浑无涯，周诰殷盘，佶屈聱牙，《春秋》谨严，《左氏》浮夸，《易》奇而法，《诗》正而葩，下逮《庄》《骚》，太史所录，子云、相如，同工异曲。先生之于文，可谓闳其中而肆其外矣。少始知学，勇于敢为，长通于方，左右具宜。先生之于为人，可谓成矣。然而公不见信于人，私不见助于友。跋前踬后，动辄得咎。暂为御史，遂窜南夷。三年博士，冗不见治。命与仇谋，取败几时。冬暖而儿号寒，年丰而妻啼饥，头童齿豁，竟死何裨？不知虑此，反教人为？”

先生曰：“吁！子来前！夫大木为杗，细木为桷，欂栌、侏儒，椳、闑、扂、楔，各得其宜，施以成室者，匠氏之工也。玉札、丹砂、赤箭、青芝，牛溲、马勃、败鼓之皮，俱收并蓄，待用无遗者，医师之良也。登明选公，杂进巧拙，纡余为妍，卓荦为杰，校短量长，惟器是适者，宰相之方也。昔者孟轲好辩，孔道以明，辙环天下，卒老于行。荀卿守正，大论是弘，逃谗于楚，废死兰陵。是二儒者，吐辞为经，举足为法，绝类离伦，优入圣域，其遇于世何如也？今先生学虽勤而不由其统，言虽多而不要其中，文虽奇而不济于用，行虽修而不显于众。犹且月费俸钱，岁縻廪粟，子不知耕，妇不知织；乘马从徒，安坐而食。踵常途之役役窥陈编以盗窃然而圣主不加诛宰臣不见斥非其幸欤！动而得谤，名亦随之。投闲置散，乃分之宜。若夫商财贿之有亡，计班资之崇庳，忘己量之所称，指前人之瑕疵，是所谓诘匠氏之不以杙为楹，而訾医师以昌阳引年，欲进其豨苓也。”

1. 第三段画波浪线的部分有四处需要断句，请将相应位置的答案标号涂黑。

踵常途之Ⓐ役役Ⓑ窥陈编Ⓒ以盗窃Ⓓ然而圣主不加Ⓔ诛Ⓕ宰臣不见Ⓖ斥Ⓗ非其幸欤！

2. 下列对材料中加点的词语及相关内容的解说，不正确的一项是（　　）

A. 拔，拔除。与《陈情表》中“过蒙拔擢”的“拔”词义相同。

B. 名，占有。与成语“不名一文”的“名”意义和用法都相同。

C. 绍，文中与“搜”意义相近，“远绍”就是“继承前人”的意思。

D. 绝类离伦，表示人的才能出众超群，与“出类拔萃”的意义相近。

3. 下列各组语句中，加点词的意义和用法相同的一组是（　　）

A. 占小善者率以录　　何以解忧，唯有杜康

B. 冬暖而儿号寒　　群聚而笑之

C. 待用无遗者，医师之良也　　师道之不传也久矣

D. 辙环天下，卒老于行　　苏子与客泛舟游于赤壁之下

4. 下列对文章有关内容的概述与赏析，正确的一项是（　　）

A. 进学，意谓勉励学生刻苦学习，求取进步。解，解说，分析。全文假托先生劝学、学生质问、先生再予解答，实际上是作者感叹不遇、自抒愤懑之作。

B. 国子先生激励学生在“业”和“行”两方面刻苦努力，是建立在相信朝廷公正的基础之上的。他坚信只要“精于业”“成于行”，就一定不会被朝廷埋没。

C. 学生们并不认同国子先生的教诲，反而进行了辛辣的嘲讽。说明学生并不认为国子先生在“业”“行”方面出众，也不相信朝廷的圣明。

D. 对于学生的驳诘，国子先生以工匠、医师为喻，表明他并未对自己的境遇感到不满，因为他的“业”和“行”，同孟子、荀卿相比，还有很大差距。

5. 把材料中画横线的句子翻译成现代汉语。

（1）然而公不见信于人，私不见助于友。

（2）犹且月费俸钱，岁縻廪粟，子不知耕，妇不知织；乘马从徒，安坐而食。

6. 试结合每段内容，谈谈文章是如何假借学生对老师“进学”的反诘和老师的解答进行讽刺的。

圬者王承福传

韩愈

圬之为技，贱且劳者也。有业之，其色若自得者。听其言，约而尽。问之，王其姓，承福其名，世为京兆长安农夫。天宝之乱，发人为兵，持弓矢十三年。有官勋，弃之来归，丧其土田，手镘衣食。余

三十年，舍于市之主人，而归其屋食之当焉。视时屋食之贵贱，而上下其圬之佣以偿之。有余，则以与道路之废疾饿者焉。

又曰：粟，稼而生者也；若布与帛，必蚕绩而后成者也；其他所以养生之具，皆待人力而后完也；吾皆赖之。然人不可遍为，宜乎各致其能以相生也。故君者，理我所以生者也，而百官者，承君之化者也。任有大小，惟其所能，若器皿焉。食焉而怠其事，必有天殃，故吾不敢一日舍镘以嬉。夫镘易能，可力焉，又诚有功，取其直，虽劳无愧，吾心安焉。夫力易强而有功也，心难强而有智也。用力者使于人，用心者使人，亦其宜也。吾特择其易为而无愧者取焉。嘻！吾操镘以入富贵之家有年矣。有一至者焉，又往过之，则为墟矣。有再至、三至者焉，而往过之，则为墟矣。问之其邻，或曰："噫！刑戮也。"或曰："身既死而其子孙不能有也。"或曰："死而归之官也。"吾以是观之，非所谓食焉怠其事而得天殃者邪？非强心以智而不足、不择其才之称否而冒之者邪？非多行可愧、知其不可而强为之者邪？将富贵难守、薄功而厚飨之者邪？抑丰悴有时、一去一来而不可常者邪？吾之心悯焉，是故择其力之可能者行焉。乐富贵而悲贫贱，我岂异于人哉？

又曰：功大者，其所以自奉也博。妻与子，皆养于我者也，吾能薄而功小，不有之可也。又吾所谓劳力者，若立吾家而力不足，则心又劳也。一身而二任焉，虽圣者不可为也。

愈始闻而惑之，又从而思之，盖贤者也，盖所谓独善其身者也。然吾有讥焉，谓其自为也过多，其为人也过少，其学杨朱之道者邪？杨之道，不肯拔我一毛而利天下而夫人以有家为劳心不肯一动其心以畜其妻子其肯劳其心以为人乎哉！虽然，其贤于世之患不得之而患失之者，以济其生之欲、贪邪而亡道、以丧其身者，其亦远矣！又其言有可以警余者，故余为之传，而自鉴焉。

1. 文中画波浪线的部分有三处需要断句，请将相应位置的答案标号涂黑。

不肯拔我一毛Ⓐ而利天下Ⓑ而夫人以有家为Ⓒ劳心Ⓓ不肯一动Ⓔ其心以畜Ⓕ其妻子Ⓖ其肯劳其心Ⓗ以为人乎哉！

2. 下列对材料中加点的词语及相关内容的解说，不正确的一项是（　　）

A. "约而尽"的"约"与《屈原列传》中"其文约"的"约"意义相同，都是简要义。

B. "舍于市之主人"的"舍"与《劝学》中"驽马十驾，功在不舍"的"舍"意义相同。

C. "理我所以生者也"的"理"与《五代史伶官传序》中"盛衰之理"的"理"用法不同。

D. "愈始闻而惑之"的"惑"与《师说》中"所以传道受业解惑"的"惑"用法不同。

3. 下列各组语句中，加点的词的意义和用法相同的一组是（　　）

A. 稼而生者也　　爱而不见

B. 故吾不敢一日舍镘以嬉　　又重之以修能

C. 皆养于我者也　　俟我于城隅

D. 其亦远矣　　其皆出于此乎

4. 下列对材料有关内容的概述和赏析，不正确的一项是（　　）

A. 王承福是个有战功、可以获得官职的人，却放弃官职回到家乡，操镘做工谋生，租住在雇主家中。

B. 文章先叙事后议论，简于叙事，重在议论，表面上是传记，实际是一篇借传记展开议论的杂文。

C. 作者肯定自食其力之人，鞭挞"食焉而怠其事"者，在当时的历史条件下是难能可贵的。

D. 文章借弃官操镘、自食其力的圬者之口，讥讽了无才能却贪图官职的人，提出了独善其身的主张。

5. 把材料中画横线的句子翻译成现代汉语。

（1）视时屋食之贵贱，而上下其圬之佣以偿之。

（2）用力者使于人，用心者使人，亦其宜也。

6. 本文和柳宗元的《种树郭橐驼传》都是假借人物传记以讽喻时世的寓言体杂文。试比较两篇文章创作主旨的不同。

讳辩

韩愈

愈与李贺书，劝贺举进士。贺举进士有名，与贺争名者毁之，曰："贺父名晋肃，贺不举进士为是，劝之举者为非。"听者不察也，和而倡之，同然一辞。皇甫湜曰："若不明白，子与贺且得罪。"愈曰："然。"

律曰："二名不偏讳。"释之者曰："谓若言'徵'不称'在'、言'在'不称'徵'是也。"律曰："不讳嫌名。"释之者曰："谓若'禹'与'雨'、'丘'与'蓲'之类是也。"今贺父名晋肃，贺举进士，为犯二名律乎？为犯嫌名律乎？父名"晋肃"，子不得举进士，若父名"仁"，子不得为人乎？

夫讳始于何时？作法制以教天下者，非周公、孔子欤？周公作诗不讳，孔子不偏讳二名，《春秋》不讥不讳嫌名。康王钊之孙，实为昭王。曾参之父名皙，曾子不讳"昔"。周之时有骐期，汉之时有杜度，此其子宜如何讳？将讳其嫌遂讳其姓乎？将不讳其嫌者乎？汉讳武帝名"彻"为"通"，不闻又讳车辙之"辙"为某字也。讳吕后名"雉"为"野鸡"，不闻又讳"治天下"之"治"为某字也。今上章及诏，不闻讳"浒""势""秉""机"也。惟宦官、宫妾，乃不敢言"谕"及"机"，以为触犯。士君子立言行事，宜何所法守也？今考之于经，质之于律，稽之以国家之典，贺举进士为可邪？为不可邪？

凡事父母得如曾参可以无讥矣作人得如周公孔子亦可以止矣。今世之士，不务行曾参、周公、孔子之行，而讳亲之名，则务胜于曾参、周公、孔子，亦见其惑也。夫周公、孔子、曾参，卒不可胜，胜周公、孔子、曾参，乃比于宦者、宫妾。则是宦者、宫妾之孝于其亲，贤于周公、孔子、曾参者邪？

1. 文中画波浪线的部分有四处需要断句，请将相应位置的答案标号涂黑。

凡事Ⓐ父母Ⓑ得Ⓒ如曾参Ⓓ可以无讥矣Ⓔ作人得Ⓕ如周公孔子Ⓖ亦可以Ⓗ止矣。

2. 下列对材料中加点的词语及相关内容的解说，不正确的一项是（　　）

A."听者不察也，和而倡之"的"和"与《赤壁赋》中"倚歌而和之"的"和"意义相同。

B."为犯二名律乎"的"为"与《诗经·静女》中"匪女之为美"的"为"意义相同。

C."不讥不讳嫌名"的"讥"与《圬者王承福传》中"然吾有讥焉"的"讥"意义相同。

D."乃比于宦者、宫妾"的"比"与《过秦论》中"比权量力"的"比"意思相同。

3. 下列各组语句中，加点词的意义和用法相同的一组是（　　）

A. 将不讳其嫌者乎　　将崇极天之峻　　　　B. 今考之于经　　臣之进退

C. 亦见其惑也　　终必不蒙见察　　　　　　D. 乃比于宦者、宫妾　　今其智乃反不能及

4. 下列对文章内容的解说不正确的一项（　　）

A. 在中国古代，人们必须遵守一种礼法规范，即不能直呼君王或尊长的名字，这就是“避讳”。

B. 嫉妒李贺才名的人利用“避讳”制造舆论，认为李贺应该避父名讳，不参加进士科的考试。

C. 韩愈赏识李贺，同情他的遭遇并为他申冤，认为“今世之士”的见识还不如宦者、宫妾。

D. 作者并没有给出正面的结论，而是在引经据典后，用设疑两可之辞，让读者自行去辨明是非。

5. 把文中画横线的句子翻译成现代汉语。

（1）若不明白，子与贺且得罪。

（2）汉讳武帝名“彻”为“通”，不闻又讳车辙之“辙”为某字也。

6. 韩愈是如何批驳“毁之者”的错误观点的？

争臣论（节选）

韩愈

或问谏议大夫阳城于愈：“可以为有道之士乎哉？学广而闻多，不求闻于人也。行古人之道，居于晋之鄙。晋之鄙人，熏其德而善良者几千人。大臣闻而荐之，天子以为谏议大夫。人皆以为华，阳子不色喜。居于位五年矣，视其德，如在野，彼岂以富贵移易其心哉？”

愈应之曰：“是《易》所谓‘恒其德贞’而‘夫子凶’者也。恶得为有道之士乎哉？在《易·蛊》之上九云：‘不事王侯，高尚其事。’《蹇》之六二则曰：‘王臣蹇蹇，匪躬之故。’夫亦以所居之时不一，而所蹈之德不同也。若《蛊》之上九，居无用之地，而致匪躬之节；以《蹇》之六二，在王臣之位，而高不事之心，则冒进之患生，旷官之刺兴。志不可则，而尤不终无也。今阳子在位不为不久矣，闻天下之得失不为不熟矣，天子待之不为不加矣，而未尝一言及于政。视政之得失，若越人视秦人之肥瘠，忽焉不加喜戚于其心。问其官，则曰：‘谏议也。’问其禄，则曰：‘下大夫之秩也。’问其政，则曰：‘我不知也。’有道之士，固如是乎哉？且吾闻之：‘有官守者，不得其职则去；有言责者，不得其言则去。’今阳子以为得其言乎哉？得其言而不言，与不得其言而不去，无一可者也。阳子将为禄仕乎？古之人有云：‘仕不为贫，而有时乎为贫。’谓禄仕者也。宜乎辞尊而居卑，辞富而居贫，若抱关击柝者可也。盖孔子尝为委吏矣，尝为乘田矣，亦不敢旷其职，必曰：‘会计当而已矣。’必曰：‘牛羊遂而已矣。’若阳子之秩禄，不为卑且贫，章章明矣，而如此其可乎哉？”

或曰：“否，非若此也。夫阳子恶讪上者恶为人臣招其君之过而以为名者故虽谏且议使人不得而

知焉。”

愈应之曰：“若阳子之用心如此，滋所谓惑者矣。入则谏其君，出不使人知者，大臣宰相者之事，非阳子之所宜行也。夫阳子本以布衣隐于蓬蒿之下，主上嘉其行谊，擢在此位。官以谏为名，诚宜有以奉其职，使四方、后代知朝廷有直言骨鲠之臣，天子有不僭赏从谏如流之美。庶岩穴之士，闻而慕之。且阳子之心将使君人者恶闻其过乎？是启之也。”

1. 文中画波浪线的部分有三处需要断句，请将相应位置的答案标号涂黑。

夫阳子恶Ⓐ讪上者Ⓑ恶Ⓒ为人臣Ⓓ招其君之过而以为名者Ⓔ故虽谏且议Ⓕ使Ⓖ人不得Ⓗ而知焉。

2. 下列对材料中加点的词语及相关内容的解说，不正确的一项是（　　）

A. 鄙，边远地区。与《烛之武退秦师》中“越国以鄙远”的“鄙”用法不同。

B. 则，法则。与《庄子・逍遥游》中“时则不至”的“则”词性相同。

C. 辞，辞让、推辞。与《鸿门宴》中“大礼不辞小让”的“辞”意义相同。

D. 擢，提拔。与《陈情表》中“过蒙拔擢”的“擢”意义相同。

3. 下列各组语句中，加点词的意义和用法相同的一组是（　　）

A. 熏其德而善良者几千人　　门虽设而常关　　B. 忽焉不加喜戚于其心　　复驾言兮焉求

C. 宜乎辞尊而居卑　　其闻道也固先乎吾　　D. 庶岩穴之士　　庶刘侥幸

4. 下列各句对原文有关内容的解说，正确的一项是（　　）

A. 阳城身为谏议大夫，却不以富贵移易其心，被他高尚的品德感化的有几千人。

B. 韩愈认为阳城的官职俸禄固然“卑且贫”，但他不应该消极从政，玩忽职守。

C. 文章采用问答的形式，层层剖析，揭露了阳城在做人做事等方面的失当之处。

D. 阳城直言谏君，却不使人知晓，这是在代行宰相的职权，韩愈对此提出批评。

5. 把文中画横线的句子翻译成现代汉语。

（1）若《蛊》之上九，居无用之地，而致匪躬之节；以《蹇》之六二，在王臣之位，而高不事之心，则冒进之患生，旷官之刺兴。

（2）且阳子之心将使君人者恶闻其过乎？是启之也。

6. 为什么有人认为谏议大夫阳城为有道之士？韩愈是如何驳斥这一观点的？

后十九日复上宰相书

韩愈

二月十六日，前乡贡进士韩愈，谨再拜言相公阁下：

向上书及所著文后，待命凡十有九日，不得命。恐惧不敢逃遁，不知所为。乃复敢自纳于不测之诛，以求毕其说，而请命于左右。

愈闻之，蹈水火者之求免于人也，不惟其父兄子弟之慈爱，然后呼而望之也。将有介于其侧者，虽其所憎怨，苟不至乎欲其死者，则将大其声疾呼而望其仁之也。彼介于其侧者，闻其声而见其事，不惟其父兄子弟之慈爱然后往而全之也。虽有所憎怨，苟不至乎欲其死者，则将狂奔尽气，濡手足，焦毛发，救之而不辞也。若是者何哉？其势诚急，而其情诚可悲也。

愈之强学力行有年矣。愚不惟道之险夷，行且不息，以蹈于穷饿之水火，其既危且亟矣，大其声而疾呼矣，阁下其亦闻而见之矣。其将往而全之欤？抑将安而不救欤？有来言于阁下者曰："有观溺于水而爇于火者，有可救之道，而终莫之救也。"阁下且以为仁人乎哉？不然，若愈者，亦君子之所宜动心者也。

或谓愈："子言则然矣，宰相则知子矣，如时不可何？"愈窃谓之不知言者，诚其材能不足当吾贤相之举耳。若所谓时者，固在上位者之为耳，非天之所为也。前五六年时，宰相荐闻，尚有自布衣蒙抽擢者，与今岂异时哉？且今节度、观察使及防御、营田诸小使等，尚得自举判官，无间于已仕未仕者，况在宰相，吾君所尊敬者，而曰不可乎？古之进人者，或取于盗，或举于管库，今布衣虽贱犹足以方于此情隘辞蹙不知所裁亦惟少垂怜焉。愈再拜。

1. 文中画波浪线的部分有四处需要断句，请将相应位置的答案标号涂黑。

今布衣Ⓐ虽贱Ⓑ犹足Ⓒ以方于此Ⓓ情Ⓔ隘辞蹙Ⓕ不知Ⓖ所裁Ⓗ亦惟少垂怜焉。

2. 下列对材料中加点词语的解说，正确的一项是（　　）

A. "将有介于其侧者"的"介"与《九章·哀郢》中"悲江介之遗风"的"介"词性相同，都是名词。

B. "将大其声疾呼而望其仁之"的"仁"与《孟子·梁惠王上》中"仁者无敌"的"仁"词性相同。

C. "愚不惟道之险夷"的"夷"与《论语·子罕》中"子欲居九夷"的"夷"同义，是夷狄的意思。

D. "有观溺于水而爇于火者"的"爇"与《满江红》中"自由香，常思爇"的"爇"都是"焚烧"之意。

3. 下列各组语句中，加点词的意义和用法相同的一组是（　　）

A. 待命凡十有九日　　凡在故老

B. 蹈水火者之求免于人也　　愈之强学力行有年矣

C. 而终莫之救也　　泉涓涓而始流

D. 阁下且以为仁人乎哉　　且放白鹿青崖间

4. 下列对原文有关内容的理解，正确的一项是（　　）

A. 韩愈给宰相上书请求举荐，直到十九天后，才收到宰相拒绝举荐的回信。

B. 韩愈认为处于困境的人，只有因为父母兄弟的慈爱之情，才会施以援助。

C. 韩愈认为宰相已经了解自己的处境，只是因为时机不对，所以才未举荐。

D. 韩愈认为古代的宰相在举荐人才的时候，即便是盗贼，也有可能被举荐。

5. 把文中画横线的句子翻译成现代汉语。

（1）乃复敢自纳于不测之诛，以求毕其说，而请命于左右。

（2）前五六年时，宰相荐闻，尚有自布衣蒙抽擢者，与今岂异时哉？

6. 本文是韩愈写给当朝宰相的干谒文字，请分析韩愈是如何劝说宰相举荐自己的。

后廿九日复上宰相书

韩愈

三月十六日，前乡贡进士韩愈，谨再拜言相公阁下：

愈闻周公之为辅相，其急于见贤也，方一食三吐其哺，方一沐三握其发。当是时，天下之贤才皆已举用，奸邪谗佞欺负之徒皆已除去，四海皆已无虞，九夷、八蛮之在荒服之外者皆已宾贡，天灾时变、昆虫草木之妖皆已销息，天下之所谓礼、乐、刑、政教化之具皆已修理，风俗皆已敦厚，动植之物、风雨霜露之所沾被者皆已得宜，休征嘉瑞、麟凤龟龙之属皆已备至，而周公以圣人之才，凭叔父之亲，其所辅理承化之功又尽章章如是。其所求进见之士，岂复有贤于周公者哉？不惟不贤于周公而已，岂复有贤于时百执事者哉？岂复有所计议、能补于周公之化者哉？然而周公求之如此其急，惟恐耳目有所不闻见，思虑有所未及，以负成王托周公之意，不得于天下之心。如周公之心，设使其时辅理承化之功未尽章章如是，而非圣人之才，而无叔父之亲，则将不暇食与沐矣，岂特吐哺握发为勤而止哉？维其如是，故于今颂成王之德，而称周公之功不衰。

今阁下为辅相亦近耳。天下之贤才岂尽举用？奸邪、谗佞、欺负之徒岂尽除去？四海岂尽无虞？九夷八蛮之在荒服之外者岂尽宾贡？天灾时变、昆虫草木之妖岂尽销息？天下之所谓礼、乐、刑、政教化之具岂尽修理？风俗岂尽敦厚？动植之物、风雨霜露之所沾被者岂尽得宜？休征嘉瑞、麟凤龟龙之属岂尽备至？其所求进见之士，虽不足以希望盛德，至比于百执事，岂尽出其下哉？其所称说，岂尽无所补哉？今虽不能如周公吐哺握发亦宜引而进之察其所以而去就之不宜默默而已也。

愈之待命，四十余日矣。书再上，而志不得通。足三及门，而阍人辞焉。惟其昏愚，不知逃遁，故复有周公之说焉。阁下其亦察之。古之士三月不仕则相吊，故出疆必载质。然所以重于自进者，以其于周不可则去之鲁，于鲁不可则去之齐，于齐不可则去之宋，之郑，之秦，之楚也。今天下一君，四海一国，舍乎此则夷狄矣，去父母之邦矣。故士之行道者，不得于朝，则山林而已矣。山林者，士之所独善自养而不忧天下者之所能安也。如有忧天下之心，则不能矣。故愈每自进而不知愧焉，书亟上，足数及门，而不知止焉。宁独如此而已，惴惴焉惟不得出大贤之门下是惧。亦惟少垂察焉。渎冒威尊，惶恐无已。愈再拜。

1. 文中画波浪线的部分有三处需要断句，请将相应位置的答案标号涂黑。

今虽不能Ⓐ如周公Ⓑ吐哺握发Ⓒ亦宜Ⓓ引而进之Ⓔ察其所以而去Ⓕ就之Ⓖ不宜Ⓗ默默而已也。

2. 下列对材料中加点词语及相关内容的解说，正确的一项是（　　）

A. “天下之贤才皆已举用”的“举”与《六国论》中“举以与人”的“举”意义相同。

B. “休征嘉瑞”的“休”与《归去来辞》中“感吾生之行休”的“休”意义不同。

C. “至比于百执事”的“执事”与《烛之武退秦师》中“敢以烦执事”的“执事”意义相同。

D. “故出疆必载质”的“质”与《论语·雍也》中“质胜文则野”的“质”意义相同。

3. 下列各组语句中，加点词的意义和用法相同的一组是（　　）

A. 方一沐三握其发　　其皆出于此乎　　B. 如周公之心　　方六七十，如五六十

C. 舍乎此则夷狄矣　　日参省乎己　　D. 故愈每自进而不知愧焉　　择师而教之

4. 下列对原文有关内容的分析和概括，正确的一项是（　　）

A. 周公虽然凭借叔父的影响才得以担任宰相，辅佐君主，但仍求贤若渴，深恐思虑不全，辜负周成王之意，失去天下人心。

B. 韩愈写信求助的宰相也像周公一样，担心天下的贤才是否全部被举用，奸邪之人是否完全被铲除，四海之内是否太平。

C. 作者尽管两次呈书没有回音，三次登门不受欢迎，但仍然再次呈书宰相，希望他能了解自己的心志，向朝廷举荐自己。

D. 韩愈向宰相表示，如果再得不到朝廷的重用，他就效法古代的隐士，离开父母之邦，隐居山林，独善其身。

5. 把文中画横线的句子翻译成现代汉语。

（1）维其如是，故于今颂成王之德，而称周公之功不衰。

（2）惟其昏愚，不知逃遁，故复有周公之说焉。

6. 本文和《后十九日复上宰相书》相比，有何异同？

与于襄阳书

韩愈

七月三日，将仕郎守国子四门博士韩愈，谨奉书尚书阁下：

士之能享大名、显当世者，莫不有先达之士、负天下之望者为之前焉；士之能垂休光、照后世者，亦莫不有后进之士、负天下之望者为之后焉。莫为之前，虽美而不彰；莫为之后，虽盛而不传。是二人者，未始不相须也，然而千百载乃一相遇焉。岂上之人无可援、下之人无可推欤？何其相须之殷而相遇之疏也？其故在下之人负其能不肯谄其上，上之人负其位不肯顾其下。故高材多戚戚之穷，盛位无赫赫之光。是二人者之所为皆过也。未尝干之，不可谓上无其人；未尝求之，不可谓下无其人。愈之诵此言久矣，未尝敢以闻于人。

侧闻阁下抱不世之才，特立而独行，道方而事实，卷舒不随乎时，文武唯其所用，岂愈所谓其人哉？抑未闻后进之士，有遇知于左右、获礼于门下者，岂求之而未得邪？将志存乎立功，而事专乎报主，虽遇其人，未暇礼邪？何其宜闻而久不闻也？

愈虽不材，其自处不敢后于恒人。阁下将求之而未得欤？古人有言："请自隗始。"愈今者惟朝夕刍、

米、仆、赁之资是急，不过费阁下一朝之享而足也。如曰：“吾志存乎立功而事专乎报主虽遇其人未暇礼焉。”则非愈之所敢知也。世之龊龊者既不足以语之，磊落奇伟之人又不能听焉，则信乎命之穷也！谨献旧所为文一十八首，如赐览观，亦足知其志之所存。愈恐惧再拜。

1. 第四段画波浪线的部分有三处需要断句，请将相应位置的答案标号涂黑。

吾志存Ⓐ乎Ⓑ立功Ⓒ而事专乎Ⓓ报Ⓔ主Ⓕ虽遇Ⓖ其人Ⓗ未暇礼焉。

2. 下列对材料中加点词语及相关内容的解说，正确的一项是（　　）

A. 垂，指下垂。与《谏太宗十思疏》中“鸣琴垂拱”的“垂”意义相同。

B. 干，指有关系。与现在所说的“毫不相干”的“干”意思是一样的。

C. 恒人，在文章中指有恒心的人，与“一般人，普通人”的意思相对。

D. 赐，指被赐与。“承蒙惠顾”的“惠”指被施与恩惠。二者都是敬辞。

3. 下列各组语句中，加点词的意义和用法相同的一组是（　　）

A. 未尝敢以闻于人　　木欣欣以向荣　　B. 卷舒不随乎时　　其闻道也固先乎吾

C. 将志存乎立功　　醉不成欢惨将别　　D. 阁下将求之而未得欤　　水为之而寒于水

4. 下列对材料有关内容的阐述，不正确的一项是（　　）

A. 文章写士欲进身扬名、建功立业需前辈援引，而前辈的功业盛名也需后进之士为之传扬，隐约传达出作者就是那后进之士。

B. 开篇从选词到句式都极为讲究，整齐的三字定语、双重否定、对仗，传达出作者的慷慨豪迈之气，彰显了作者的胸襟和气度。

C. 第三段以侧闻的方式赞誉于襄阳，比较客观，使对方乐于接受。第四段引用典故，实际是毛遂自荐，希望对方引荐自己。

D. 结尾表达了作者的哀叹：他不是世间龌龊之人，而是磊落奇伟的雄杰，却不能发挥才干，最终相信命运的困穷。

5. 把材料中画横线的句子翻译成现代汉语。

（1）士之能享大名、显当世者，莫不有先达之士、负天下之望者为之前焉。

（2）愈今者惟朝夕刍、米、仆、赁之资是急，不过费阁下一朝之享而足也。

6. 为什么“先达之士”和“后进之士”千百年才能相遇？韩愈又为什么要对这个问题加以分析？

与陈给事书

韩愈

愈再拜：愈之获见于阁下有年矣。始者亦尝辱一言之誉。贫贱也，衣食于奔走，不得朝夕继见。其后阁下位益尊，伺候于门墙者日益进。夫位益尊，则贱者日隔；伺候于门墙者日益进，则爱博而情不专。愈也道不加修，而文日益有名。夫道不加修，则贤者不与；文日益有名，则同进者忌。始之以日隔之疏加之以不专之望以不与者之心而听忌者之说由是阁下之庭无愈之迹矣。

去年春，亦尝一进谒于左右矣。温乎其容，若加其新也；属乎其言，若闵其穷也。退而喜也，以告于人。其后如东京取妻子，又不得朝夕继见。及其还也，亦尝一进谒于左右矣。邈乎其容，若不察其愚也；悄乎其言，若不接其情也。退而惧也，不敢复进。

今则释然悟，翻然悔曰：其邈也，乃所以怒其来之不继也；其悄也，乃所以示其意也。不敏之诛，无所逃避。不敢遂进，辄自疏其所以，并献近所为《复志赋》以下十首为一卷，卷有标轴；《送孟郊序》一首，生纸写，不加装饰，皆有揩字、注字处。急于自解而谢，不能竢更写。阁下取其意，而略其礼可也。愈恐惧再拜。

1. 文中画波浪线的部分有四处需要断句，请将相应位置的答案标号涂黑。

始之以日隔之Ⓐ疏Ⓑ加之Ⓒ以不专之Ⓓ望Ⓔ以不与者之心Ⓕ而听忌者之说Ⓖ由Ⓗ是阁下之庭无愈之迹矣。

2. 下列对材料中加点的词语及相关内容的解说，不正确的一项是（　　）

A. 辱，文中是“承蒙”的意思。“猥以微贱”的“猥”代指自己，二者都是谦辞。

B. 闵，同“悯”。与《陈情表》中“夙遭闵凶”中的“闵”意义和用法相同。

C. 如，是“去，往”的意思。《赤壁赋》中“纵一苇之所如”的“如”与之同义。

D. 所以，表原因。与《石钟山记》中“此世所以不传也”的“所以”用法一样。

3. 下列各组语句中，加点词的意义和用法相同的一组是（　　）

A. 衣食于奔走　　夫子固拙于用大矣　　B. 邈乎其容　　其皆出于此乎

C. 乃所以怒其来之不继也　　乃瞻衡宇　　D. 并献近所为《复志赋》　　因得观所谓石钟者

4. 下列对文章内容的理解与赏析，正确的一项是（　　）

A. 陈给事和韩愈一样，也曾因贫贱而为衣食奔走，因此二人见面的机会不多。

B. 因为爱博而情不专，所以韩愈的道德修养没有加强，其文章却一天天有名。

C. 陈给事曾对韩愈的贫穷家境非常同情，韩愈十分高兴，并将此事告诉他人。

D. 韩愈把自己没有经过装饰的文章献给陈给事，是为了缓和与陈给事的关系。

5. 把材料中画横线的句子翻译成现代汉语。

（1）夫道不加修，则贤者不与；文日益有名，则同进者忌。

（2）不敏之诛，无所逃避。

6. 文章是围绕什么话题展开的？试结合文本加以概括。

应科目时与人书

韩愈

月、日，愈再拜。天池之滨，大江之溃，曰有怪物焉，盖非常鳞凡介之品汇匹俦也。其得水，变化风雨，上下于天不难也。其不及水，盖寻常尺寸之间耳。无高山、大陵、旷途、绝险为之关隔也，然其穷涸，不能自致乎水，为猵獭之笑者，盖十八九矣。如有力者，哀其穷而运转之，盖一举手、一投足之劳也。然是物也，负其异于众也，且曰："烂死于沙泥，吾宁乐之。若俯首帖耳，摇尾而乞怜者，非我之志也。"是以有力者遇之熟视之若无睹也其死其生固不可知也。

今又有有力者当其前矣，聊试仰首一鸣号焉，庸讵知有力者不哀其穷而忘一举手、一投足之劳，而转之清波乎？其哀之，命也；其不哀之，命也。知其在命，而且鸣号之者，亦命也。愈今者实有类于是。是以忘其疏愚之罪，而有是说焉。阁下其亦怜察之。

1. 文中画波浪线的部分有三处需要断句，请将相应位置的答案标号涂黑。

是以有力者Ⓐ遇之Ⓑ熟视Ⓒ之若无Ⓓ睹也Ⓔ其死Ⓕ其生Ⓖ固Ⓗ不可知也。

2. 下列对材料中加点的词语及相关内容的解说，不正确的一项是（　　）

A. 天池，出自《庄子·逍遥游》"南冥者，天池也"。本指南海之浩瀚，文中借喻科举考场如鲲鹏待举之圣地，化用道家意象，虚实相映。

B. 匹俦，本义为同类、伴侣。在"盖非常鳞凡介之品汇匹俦也"中，"匹俦"活用为动词，意思是与庸常之辈相提并论，暗含对时人的轻蔑。

C. 寻常，古制八尺为寻，倍寻为常。文中"寻常尺寸之间"是以具体度量单位喻指平庸、普通，与《过秦论》中"才能不及中人"的"中人"意思相同。

D. 绝险，副词"绝"表极致义，修饰形容词"险"。此处用作名词，表示非常险要的地方，与《劝学》中"非能水也，而绝江河"的"绝"用法相同。

3. 下列各组语句中，加点词的意义和用法相同的一组是（　　）

A. 曰有怪物焉　　见贤思齐焉　　B. 摇尾而乞怜者　　岂得之难而失之易欤

C. 愈今者实有类于是　　于是饮酒乐甚　　D. 阁下其亦怜察之　　则与吾业者其亦有类乎

4. 下列对原文有关内容的赏析，不正确的一项是（　　）

A. 韩愈这封信属于干谒之文，是为了谋求仕进，拜谒当朝权贵，寻求引荐而作。

B. 韩愈开篇即用了怪物的比喻，对那些把持朝政、刁难人才的权贵进行了嘲讽。

C. 猵獭是水獭的一种，生活在水边，以鱼为主要食物，在文章中喻指平庸人物。

D. 杰出人才往往自负才能，为了表现自己的清高，宁可穷困潦倒，也不求于人。

5. 把材料中画横线的句子翻译成现代汉语。

（1）无高山、大陵、旷途、绝险为之关隔也，然其穷涸，不能自致乎水，为猵獭之笑者，盖十八九矣。

（2）若俯首帖耳，摇尾而乞怜者，非我之志也。

6. 本文以“怪”为文眼，通篇就“怪”字发挥，含蓄巧妙。试结合文本赏析文章。

送孟东野序

韩愈

大凡物不得其平则鸣。草木之无声，风挠之鸣；水之无声，风荡之鸣。其跃也或激之，其趋也或梗之，其沸也或炙之。金石之无声，或击之鸣。人之于言也亦然，有不得已者而后言。其謌也有思，其哭也有怀。凡出乎口而为声者，其皆有弗平者乎！

乐也者，郁于中而泄于外者也，择其善鸣者而假之鸣。金、石、丝、竹、匏、土、革、木八者，物之善鸣者也。维天之于时也亦然，择其善鸣者而假之鸣。是故以鸟鸣春，以雷鸣夏，以虫鸣秋，以风鸣冬。四时之相推敚，其必有不得其平者乎！

其于人也亦然。人声之精者为言，文辞之于言，又其精也，尤择其善鸣者而假之鸣。其在唐、虞，咎陶、禹，其善鸣者也，而假以鸣。夔弗能以文辞鸣，又自假于《韶》以鸣。夏之时，五子以其歌鸣。伊尹鸣殷周公鸣周凡载于《诗》《书》六艺皆鸣之善者也。周之衰，孔子之徒鸣之，其声大而远。传曰：“天将以夫子为木铎。”其弗信矣乎？其末也，庄周以其荒唐之辞鸣。楚，大国也，其亡也以屈原鸣。臧孙辰、孟轲、荀卿，以道鸣者也。杨朱、墨翟、管夷吾、晏婴、老聃、申不害、韩非、慎到、田骈、邹衍、尸佼、孙武、张仪、苏秦之属，皆以其术鸣。秦之兴，李斯鸣之。汉之时，司马迁、相如、扬雄，最其善鸣者也。其下魏、晋氏，鸣者不及于古，然亦未尝绝也。就其善者，其声清以浮，其节数以急，其辞淫以哀，其志弛以肆，其为言也，乱杂而无章。将天丑其德莫之顾邪？何为乎不鸣其善鸣者也？

唐之有天下，陈子昂、苏源明、元结、李白、杜甫、李观，皆以其所能鸣。其存而在下者，孟郊东野始以其诗鸣。其高出魏、晋，不懈而及于古，其他浸淫乎汉氏矣。从吾游者，李翱、张籍其尤也。三子者之鸣信善矣。抑不知天将和其声而使鸣国家之盛邪，抑将穷饿其身、思愁其心肠而使自鸣其不幸邪？三子者之命，则悬乎天矣。其在上也，奚以喜？其在下也，奚以悲？东野之役于江南也，有若不释然者，故吾道其命于天者以解之。

1. 文中画波浪线的部分有三处需要断句，请将相应位置的答案标号涂黑。

伊尹鸣Ⓐ殷Ⓑ周公鸣Ⓒ周Ⓓ凡载Ⓔ于《诗》《书》Ⓕ六艺Ⓖ皆鸣之Ⓗ善者也。

2. 下列对材料中加点的词语及相关内容的解说，正确的一项是（　　）

A. 炙，烧烤义，与成语“脍炙人口”的“炙”，意义和用法相同。

B. 假，假设义，“善假于物”的“假”是凭借义，两者意义不同。

C. 木铎，是古代宣布政令教化时所用的礼器，在文中喻指执政者。

D. 数，频繁义，形容词，与“胜负之数”的“数”意义、词性不同。

3. 下列各组语句中，加点词的意义和用法相同的一组是（　　）

A. 大凡物不得其平则鸣　　他植者则不然　　B. 物之善鸣者也　　蚓无爪牙之利

C. 其声清以浮　　舟摇摇以轻扬　　D. 则悬乎天矣　　胡为乎遑遑欲何之

4. 下列对原文有关内容的赏析，正确的一项是（　　）

A. 第一段用物和人做对比，意在说明，人类发声，并不是因为不能保有自然的本性，而是因为人有情怀。

B. 音乐的产生，是因为人们想将郁积在心中的情感发泄出来，于是便选择那些很会发声的东西来发声。

C. 经传里说，当周朝衰落的时候，孔子及其弟子疾呼，他们的声音宏大而长远。作者却对此持怀疑态度。

D. 秦汉两朝的文人虽然比不上魏晋两代，但也没有停止借文辞来发声，只是他们的声音杂乱且没有条理。

5. 把材料中画横线的句子翻译成现代汉语。

（1）将天丑其德莫之顾邪？何为乎不鸣其善鸣者也？

（2）东野之役于江南也，有若不释然者，故吾道其命于天者以解之。

6. 试结合全文，诠释“不平则鸣”在文章中的含义及作用。

送李愿归盘谷序

韩愈

太行之阳有盘谷。盘谷之间，泉甘而土肥，草木藂茂，居民鲜少。或曰：“谓其环两山之间，故曰盘。”或曰：“是谷也，宅幽而势阻，隐者之所盘旋。”友人李愿居之。

愿之言曰：“人之称大丈夫者，我知之矣。利泽施于人名声昭于时坐于庙朝进退百官而佐天子出令。其在外，则树旗旄，罗弓矢，武夫前呵，从者塞途，供给之人，各执其物，夹道而疾驰。喜有赏，怒有刑。才俊满前，道古今而誉盛德，入耳而不烦。曲眉丰颊，清声而便体，秀外而惠中，飘轻裾，翳长袖，粉白黛绿者，列屋而闲居，妒宠而负恃，争妍而取怜。大丈夫之遇知于天子，用力于当世者之所为也。吾非恶此而逃之，是有命焉，不可幸而致也。

“穷居而野处，升高而望远，坐茂树以终日，濯清泉以自洁。采于山，美可茹；钓于水，鲜可食。

起居无时，惟适之安。与其有誉于前，孰若无毁于其后；与其有乐于身，孰若无忧于其心。车服不维，刀锯不加，理乱不知，黜陟不闻。大丈夫不遇于时者之所为也，我则行之。

“伺候于公卿之门，奔走于形势之途，足将进而趑趄，口将言而嗫嚅，处污秽而不羞，触刑辟而诛戮，徼幸于万一，老死而后止者，其于为人贤不肖何如也？”

昌黎韩愈，闻其言而壮之，与之酒而为之歌曰：“盘之中，维子之宫。盘之土，可以稼。盘之泉，可濯可沿。盘之阻，谁争子所？窈而深，廓其有容；缭而曲，如往而复。嗟盘之乐兮，乐且无央。虎豹远迹兮，蛟龙遁藏。鬼神守护兮，呵禁不祥。饮且食兮寿而康，无不足兮奚所望？膏吾车兮秣吾马，从子于盘兮，终吾生以徜徉。”

1. 文中画波浪线的部分有四处需要断句，请将相应位置的答案标号涂黑。

利泽施Ⓐ于人Ⓑ名声昭Ⓒ于时Ⓓ坐于庙Ⓔ朝Ⓕ进退Ⓖ百官Ⓗ而佐天子出令。

2. 下列对材料中加点的词语及相关内容的解说，不正确的一项是（　　）

A. 阳，山北水南为阳。与“会于会稽山阴之兰亭”的“阴”意思相反。

B. 便，轻便敏捷。与《孔雀东南飞》中“便言多令才”的“便”同义。

C. 翳，遮蔽义。与《醉翁亭记》中“树林阴翳”的“翳”意义相同。

D. 理，治理得好。与《种树郭橐驼传》中“移之官理”的“理”词性不同。

3. 下列各组语句中，加点词的意义和用法相同的一组是（　　）

A. 大丈夫之遇知于天子　　而智勇多困于所溺　　B. 坐茂树以终日　　问征夫以前路

C. 闻其言而壮之　　而此独以钟名　　D. 乐且无央　　且知方也

4. 下列对原文有关内容的赏析，不正确的一项是（　　）

A. 李愿是一位求仕不得、怀才不遇的文人，因为不满政治现实，而退隐故乡盘谷。

B. 有一种大丈夫，天子重用，门客众多，妻妾争宠，志得意满，而为李愿所推崇。

C. 虽然没有荣誉加身，但也不必担心蒙羞，李愿更看重无忧于心，而非有乐于身。

D. 为升官发财，厚颜无耻地到权贵人家活动，这种攀缘富贵的做法，令李愿不齿。

5. 把材料中画横线的句子翻译成现代汉语。

（1）才俊满前，道古今而誉盛德，入耳而不烦。

（2）膏吾车兮秣吾马，从子于盘兮，终吾生以徜徉。

6. 试结合每段的大意分析本文的写作特色。

送董劭南序

韩愈

燕、赵古称多感慨悲歌之士。董生举进士连不得志于有司怀抱利器郁郁适兹土吾知其必有合也。董生勉乎哉！

夫以子之不遇时，苟慕义强仁者，皆爱惜焉，矧燕赵之士出乎其性者哉？然吾尝闻风俗与化移易，吾恶知其今不异于古所云邪？聊以吾子之行卜之也。董生勉乎哉！

吾因之有所感矣。为我吊望诸君[①]之墓，而观于其市，复有昔时屠狗者乎？为我谢曰："明天子在上，可以出而仕矣！"

注：①望诸君：战国时燕国名将乐毅的封号。

送杨少尹序

韩愈

昔疏广、受二子，以年老，一朝辞位而去。于时公卿设供张，祖道都门外，车数百两。道路观者，多叹息泣下，共言其贤。汉史既传其事，而后世工画者又图其迹，至今照人耳目，赫赫若前日事。

国子司业杨君巨源，方以能《诗》训后进，一旦以年满七十，亦白丞相去归其乡。世常说古今人不相及，今杨与二疏，其意岂异也？

予忝在公卿后，遇病不能出。不知杨侯去时，城门外送者几人、车几两、马几匹，道边观者亦有叹息知其为贤与否？而太史氏又能张大其事，为传继二疏踪迹否？不落莫否？见今世无工画者，而画与不画，固不论也。然吾闻杨侯之去，丞相有爱而惜之者，白以为其都少尹，不绝其禄。又为歌诗以劝之，京师之长于诗者，亦属而和之。又不知当时二疏之去，有是事否？古今人同不同未可知也。

中世士大夫以官为家，罢则无所于归。杨侯始冠，举于其乡，歌《鹿鸣》而来也。今之归，指其树曰："某树吾先人之所种也。某水某丘，吾童子时所钓游也。"乡人莫不加敬，诫子孙以杨侯不去其乡为法。古之所谓乡先生，没而可祭于社者，其在斯人欤？其在斯人欤？

1. 文中画波浪线的部分有四处需要断句，请将相应位置的答案标号涂黑。

董生举进士Ⓐ连Ⓑ不得志Ⓒ于有司Ⓓ怀抱Ⓔ利器Ⓕ郁郁适Ⓖ兹土Ⓗ吾知Ⓘ其必有合也。

2. 下列对材料中加点的词语及相关内容的解说，不正确的一项是（　　）

A. 卜，推测，在文中是验证义。与《陈涉世家》中"然足下卜之鬼乎"的"卜"意思不同。

B. 谢，道歉。与《孔雀东南飞》中"多谢后世人，戒之慎勿忘"的"谢"意思相同。

C. 祖道，在道旁祭祀路神，设宴饯行。与《史记·刺客列传》中"既祖，取道"同义。

D. 劝，勉励。与《归去来辞》中"亲故多劝余为长吏"的"劝"意思相同。

3. 下列各组语句中，加点词的意义和用法相同的一组是（　　）

A. 吾因之有所感矣　　又不知当时二疏之去　　B. 而观于其市　　而画与不画

C. 一旦以年满七十　　白以为其都少尹　　D. 举于其乡　　没而可祭于社者

4. 下列对原文有关内容的赏析，不正确的一项是（　　）

A. 韩愈认为风俗会随教化而改变，如今燕赵的风俗和过去相比，可能有很大差异。

B. 疏广、疏受的两个儿子，因年老而辞官，告老还乡时，大家都称赞他们的贤能。

C. 朝廷爱惜杨巨源的才能，在他退休之后还授予他官职，并且没有中断他的俸禄。

D. 杨巨源退休时，韩愈因病不能出门送行，但是想象送别的场面，必定相当感人。

5. 把材料中画横线的句子翻译成现代汉语。

（1）夫以子之不遇时，苟慕义强仁者，皆爱惜焉，矧燕赵之士出乎其性者哉？

（2）汉史既传其事，而后世工画者又图其迹，至今照人耳目，赫赫若前日事。

6. 两篇赠序，韩愈都写得“言婉意深”。试比较韩愈在《送董邵南序》和《送杨少尹序》中寄寓的微言大义。

送石处士序

韩愈

河阳军节度、御史大夫乌公为节度之三月，求士于从事之贤者。有荐石先生者。公曰：“先生何如？”曰：“先生居嵩、邙、瀍、穀之间，冬一裘，夏一葛。食，朝夕饭一盂、蔬一盘。人与之钱，则辞，请与出游，未尝以事免，劝之仕，不应。坐一室，左右图书。与之语道理，辨古今事当否，论人高下，事后当成败，若河决下流而东注，若驷马驾轻车、就熟路，而王良、造父为之先后也，若烛照，数计而龟卜也。”大夫曰：“先生有以自老，无求于人，其肯为某来邪？”从事曰：“大夫文武忠孝，求士为国，不私于家。方今寇聚于恒，师环其疆，农不耕收，财粟殚亡。吾所处地，归输之涂，治法征谋，宜有所出。先生仁且勇，若以义请而强委重焉，其何说之辞？”于是撰书词具马币卜日以受使者求先生之庐而请焉。

先生不告于妻子，不谋于朋友，冠带出见客，拜受书礼于门内。宵则沐浴，戒行李，载书册，问道所由，告行于常所来往。晨则毕至张上东门外，酒三行，且起，有执爵而言者曰：“大夫真能以义取人，先生真能以道自任，决去就。为先生别！”又酌而祝曰：“凡去就出处何常？惟义之归。遂以为先生寿！”又酌而祝曰：“使大夫恒无变其初，无务富其家而饥其师，无甘受佞人而外敬正士，无昧于谄言，惟先生是听，以能有成功，保天子之宠命。”又祝曰：“使先生无图利于大夫，而私便其身图。”先生起拜祝辞曰：“敢不敬早夜以求从祝规！”于是东都之人士咸知大夫与先生果能相与以有成也。遂各为歌诗六韵，遣愈为之序云。

1. 文中画波浪线的部分有三处需要断句，请将相应位置的答案标号涂黑。

于是撰书Ⓐ词Ⓑ具马Ⓒ币Ⓓ卜Ⓔ日以受Ⓕ使者Ⓖ求Ⓗ先生之庐而请焉。

2. 下列对材料中加点的词语及相关内容的解说，正确的一项是（　　）

A. 烛，烛火。与《登泰山记》中“明烛天南”的“烛”意义和用法相同。

B. 辞，言辞。与《屈原列传》中“其辞微，其志洁”的“辞”意义相同。

C. 张，同“帐”。在文章中用作动词，是陈列帷帐，布置宴会义。

D. 昧，昏暗。这里是意动用法，与成语“拾金不昧”的“昧”用法相同。

3. 下列各组语句中，加点词的意义和用法相同的一组是（　　）

A. 其肯为某来邪　　其皆出于此乎　　　　B. 惟义之归　　恐美人之迟暮

C. 酌而祝　　风飘飘而吹衣　　　　D. 以能有成功　　木欣欣以向荣

4. 下列对原文有关内容的赏析，正确的一项是（　　）

A. 乌节度使与石先生见面后，发现他德才兼备，郑重其事地聘请他来辅助自己。

B. 石先生没有和妻子、朋友商量就结束隐居，收拾行李去乌节度使的幕府任职。

C. 石先生由隐而仕，韩愈借祝酒人之言盛赞，表达了对人生命运无常的慨叹。

D. 乌节度使和石先生相互合作，最终取得成功，东都的人士知道后都作诗庆贺。

5. 把材料中画横线的句子翻译成现代汉语。

（1）宵则沐浴，戒行李，载书册，问道所由，告行于常所来往。

（2）使先生无图利于大夫，而私便其身图。

6.《韩昌黎文集》卷四《送石处士赴河阳幕》诗云：“长把种树书，人云避世士。忽骑将军马，自号报恩子。风云入壮怀，泉石别幽耳。钜鹿师欲老，常山险犹恃。岂惟彼相忧，固是吾徒耻！去去事方急，酒行可以起。”试结合此诗与序文，谈谈韩愈对石处士出山的态度。

送温处士赴河阳军序

韩愈

伯乐一过冀北之野，而马群遂空。夫冀北马多天下，伯乐虽善知马，安能空其群邪？解之者曰：“吾所谓‘空’，非无马也，无良马也。伯乐知马，遇其良，辄取之，群无留良焉。苟无良，虽谓无马，不为虚语矣。”

东都，固士大夫之冀北也。恃才能深藏而不市者，洛之北涯曰石生，其南涯曰温生。大夫乌公以鈇钺镇河阳之三月，以石生为才，以礼为罗，罗而致之幕下。未数月也，以温生为才，于是以石生为媒，以礼为罗，又罗而致之幕下。东都虽信多才士，朝取一人焉，拔其尤，暮取一人焉，拔其尤。自居守、河南尹以及百司之执事，与吾辈二县之大夫，政有所不通，事有所可疑，奚所谘而处焉？士大夫之去位而巷处者，谁与嬉游？小子后生，于何考德而问业焉？缙绅之东西行过是都者，无所礼于其庐。若是而称曰：大夫乌公一镇河阳，而东都处士之庐无人焉，岂不可也？

夫南面而听天下，其所托重而恃力者惟相与将耳。相为天子得人于朝廷将为天子得文武士于幕下求内外无治不可得也。愈縻于兹，不能自引去，资二生以待老。今皆为有力者夺之，其何能无介然于怀邪？生既至，拜公于军门，其为吾以前所称，为天下贺，以后所称，为吾致私怨于尽取也。留守相公，首为四韵诗歌其事，愈因推其意而序之。

1. 文中画波浪线的部分有三处需要断句，请将相应位置的答案标号涂黑。

相为天子Ⓐ得人Ⓑ于朝廷Ⓒ将为天子Ⓓ得文武士Ⓔ于幕下Ⓕ求内外Ⓖ无治Ⓗ不可得也。

2. 下列对材料中加点的词语及相关内容的解说，正确的一项是（　　）

A. 苟，苟且。与《答司马谏议书》中“人习于苟且非一日”的“苟”意义相同。

B. 铁钺，原义为砍刀和斧头，是战争的利器，这里指掌有军权的节度使。

C. 罗，陈列。与《归园田居》中“桃李罗堂前”的“罗”意义和用法一致。

D. 缙绅，同“搢绅”，旧时官宦装束，代指官员。文中指辞官的士大夫。

3. 下列各组语句中，加点词的意义和用法相同的一组是（　　）

A. 东都虽信多才士　　虽一毫而莫取　　B. 今皆为有力者夺之　　既自以心为形役

C. 其为吾以前所称　　其险也若此　　D. 以后所称　　洎牧以谗诛

4. 下列对原文有关内容的赏析，正确的一项是（　　）

A. 作者并不相信，伯乐经过冀北后良马就被选空的说法。

B. 乌公认为石生很有才，就在温生的推荐下征聘了石生。

C. 石、温二生在隐居期间，都受到了韩愈的资助来养老。

D. 韩愈对于石、温二生都被乌公征聘这件事持赞成态度。

5. 把材料中画横线的句子翻译成现代汉语。

（1）士大夫之去位而巷处者，谁与嬉游？

（2）夫南面而听天下，其所托重而恃力者惟相与将耳。

6. 金圣叹评此文“俱是凭空文字”，试结合全文，谈谈你对这条评语的理解。

祭十二郎文（节选）

韩愈

呜呼！吾少孤，及长，不省所怙，惟兄嫂是依。中年，兄殁南方，吾与汝俱幼，从嫂归葬河阳。既又与汝就食江南，零丁孤苦，未尝一日相离也。吾上有三兄，皆不幸早世，承先人后者，在孙惟汝，在子惟吾，两世一身，形单影只。嫂尝抚汝指吾而言曰：“韩氏两世，惟此而已！”汝时尤小，当不复记忆，吾时虽能记忆，亦未知其言之悲也。

吾年十九，始来京城。其后四年，而归视汝。又四年，吾往河阳省坟墓，遇汝从嫂丧来葬。又二年，吾佐董丞相于汴州，汝来省吾，止一岁，请归取其孥。明年，丞相薨，吾去汴州，汝不果来。是年，吾佐戎徐州使取汝者始行吾又罢去汝又不果来。吾念汝从于东，东亦客也，不可以久。图久远者，莫如西归，将成家而致汝。呜呼！孰谓汝遽去吾而殁乎！吾与汝俱少年，以为虽暂相别，终当久相与处，故舍汝而旅食京师，以求斗斛之禄。诚知其如此，虽万乘之公相，吾不以一日辍汝而就也！

去年，孟东野往，吾书与汝曰：“吾年未四十，而视茫茫，而发苍苍，而齿牙动摇。念诸父与诸兄，皆康强而早世，如吾之衰者，其能久存乎？吾不可去，汝不肯来，恐旦暮死，而汝抱无涯之戚也。”孰谓少者殁而长者存，强者夭而病者全乎？呜呼！其信然邪？其梦邪？其传之非其真邪？信也，吾兄之盛德而夭其嗣乎？汝之纯明而不克蒙其泽乎？少者强者而夭殁，长者衰者而存全乎？未可以为信也！梦也，传之非其真也！东野之书、耿兰之报，何为而在吾侧也？呜呼！其信然矣！吾兄之盛德而夭其嗣矣！汝之纯明宜业其家者，不克蒙其泽矣！所谓天者诚难测，而神者诚难明矣！所谓理者不可推，而寿者不可知矣！

虽然，吾自今年来，苍苍者或化而为白矣，动摇者或脱而落矣，毛血日益衰，志气日益微，几何不从汝而死也！死而有知，其几何离？其无知，悲不几时，而不悲者无穷期矣！汝之子始十岁，吾之子始五岁，少而强者不可保，如此孩提者，又可冀其成立邪？呜呼哀哉！呜呼哀哉！

今吾使建中祭汝，吊汝之孤与汝之乳母。彼有食可守以待终丧，则待终丧而取以来；如不能守以终丧，则遂取以来。其余奴婢，并令守汝丧。吾力能改葬，终葬汝于先人之兆，然后惟其所愿。呜呼！汝病吾不知时，汝殁吾不知日，生不能相养以共居，殁不得抚汝以尽哀，敛不凭其棺，窆不临其穴，吾行负神明，而使汝夭，不孝不慈，而不得与汝相养以生、相守以死。一在天之涯，一在地之角，生而影不与吾形相依，死而魂不与吾梦相接，吾实为之，其又何尤！彼苍者天，曷其有极。

呜呼！言有穷而情不可终，汝其知也邪？其不知也邪？呜呼哀哉！尚飨！

1. 文中画波浪线的部分有三处需要断句，请将相应位置的答案标号涂黑。

吾佐戎Ⓐ徐州Ⓑ使Ⓒ取汝Ⓓ者Ⓔ始行Ⓕ吾又罢去Ⓖ汝Ⓗ又不果来。

2. 下列对材料中加点的词语及相关内容的解说，不正确的一项是（　　）

A. 汝，即你，多用于后辈。古汉语中表示你的称呼还有尔、女、若、乃、子、君、公、卿、足下等。

B. 请，本义是拜见，又引申出请求义。“请”后面跟动词时，常表示希望对方允许自己做某事。

C. 殁，古代小孩夭折和病死称之为殁。天子死曰崩，诸侯死曰不禄，大夫死曰薨，士死称卒。

D. 作者多次用“呜呼”一词，抒发不愿相信、不能相信又不得不相信已经失去亲人的悲痛之情。

3. 下列各组语句中，加点词的意义和用法相同的一组是（　　）

A. 念诸父与诸兄　　或取诸怀抱　　B. 如吾之衰者　　思国之安者

C. 其梦邪　　春与秋其代序　　D. 盛德而夭其嗣乎　　忠而被谤

4. 下列对原文有关内容的赏析，不正确的一项是（　　）

A. 祭文把抒情与叙事结合在一起，联系家庭、身世和生活琐事，反复抒写韩愈的无限哀痛之情。

B. 韩愈在对身世、家常、生活遭际朴实的叙述中，表现出对爱子深切的怀念和痛惜，感人肺腑。

C. 由于作者情绪激动、生活坎坷，要抒发的内容很多，所以文章往复重叠，叙事婉转而细琐。

D. 文章先写听闻噩耗时的震惊，再回忆过往经历，最后归于丧事安排，时空跳跃增强感染力。

5. 把材料中画横线的句子翻译成现代汉语。

（1）吾兄之盛德而夭其嗣矣！汝之纯明宜业其家者，不克蒙其泽矣！

（2）吾行负神明，而使汝夭，不孝不慈，而不得与汝相养以生、相守以死。

6. 虚实相生是本文谋篇布局的重要手法，试结合本文前五段对此加以论述。

祭鳄鱼文

韩愈

维年月日，潮州刺史韩愈，使军事衙推秦济，以羊一、猪一投恶溪之潭水，以与鳄鱼食，而告之曰：

昔先王既有天下，列山泽，罔绳擉刃，以除虫蛇恶物为民害者，驱而出之四海之外。及后王德薄，不能远有，则江、汉之间，尚皆弃之以与蛮、夷、楚、越，况潮，岭、海之间，去京师万里哉！鳄鱼之涵淹卵育于此，亦固其所。今天子嗣唐位，神圣慈武，四海之外，六合之内，皆抚而有之，况禹迹所揜，扬州之近地，刺史、县令之所治，出贡赋以供天地宗庙百神之祀之壤者哉！鳄鱼其不可与刺史杂处此土也。

刺史受天子命，守此土，治此民，而鳄鱼睅然不安溪潭，据处食民、畜、熊、豕、鹿、獐，以肥其身，以种其子孙，与刺史亢拒，争为长雄。刺史虽驽弱，亦安肯为鳄鱼低首下心，伈伈睍睍，为民吏羞，以偷活于此邪？且承天子命以来为吏，固其势不得不与鳄鱼辨。

鳄鱼有知，其听刺史言：潮之州，大海在其南，鲸、鹏之大，虾、蟹之细，无不容归，以生以食，鳄鱼朝发而夕至也。今与鳄鱼约尽三日其率丑类南徙于海以避天子之命吏。三日不能，至五日；五日不能，至七日；七日不能，是终不肯徙也，是不有刺史、听从其言也！不然，则是鳄鱼冥顽不灵，刺史虽有言，不闻不知也！夫傲天子之命吏，不听其言、不徙以避之，与冥顽不灵而为民物害者，皆可杀。刺史则选材技吏民，操强弓毒矢，以与鳄鱼从事，必尽杀乃止。其无悔！

1. 文中画波浪线的部分有三处需要断句，请将相应位置的答案标号涂黑。

今与鳄鱼约Ⓐ尽Ⓑ三日Ⓒ其率Ⓓ丑类南徙Ⓔ于海Ⓖ以避Ⓗ天子之命Ⓕ吏。

2. 下列对材料中加点的词语及相关内容的解说，正确的一项是（　　）

A. 罔，同“网”。《论语·雍也》中“罔之生也幸而免”的“罔”与之意义相同。

B. 嗣，后嗣。《祭十二郎文》中“盛德而夭其嗣”的“嗣”与之意义和用法相同。

C. 驽，愚钝。《劝学》中“驽马十驾，功在不舍”的“驽”与之意义和用法相同。

D. 傲，轻慢。《谏太宗十思疏》中“傲物则骨肉为行路”的“傲”与之意义相同。

3. 下列句子中加点词的词类活用方式，不同于其他三项的是（　　）

A. 昔先王既有天下，列山泽　　B. 驱而出之四海之外

C. 不能远有　　D. 以肥其身，以种其子孙

4. 下列对原文有关内容的赏析，不正确的一项是（　　）

A. 韩愈亲自投放一羊一猪入潭水给鳄鱼享用，并且为了制止鳄鱼继续作恶写了这篇文章。

B. 韩愈认为鳄鱼不能与自己共处的原因是潮州曾是大禹走过的地方，这里是供奉天地宗庙百神的疆土。

C. 韩愈给了鳄鱼七天的时间来迁徙，如果鳄鱼逾期仍停留在此地，他将派人将鳄鱼赶尽杀绝。

D. 文章义正言辞，借劝鳄鱼迁徙，鞭笞危害百姓利益的邪恶势力，现实意义极深。

5. 把材料中画横线的句子翻译成现代汉语。

（1）今天子嗣唐位，神圣慈武，四海之外，六合之内，皆抚而有之。

（2）刺史则选材技吏民，操强弓毒矢，以与鳄鱼从事，必尽杀乃止。

6. 本篇写法与一般祭文有何不同？

柳子厚墓志铭（节选）

韩愈

子厚，讳宗元。七世祖庆，为拓跋魏侍中，封济阴公。曾伯祖奭，为唐宰相，与褚遂良、韩瑗俱得罪武后，死高宗朝。皇考讳镇，以事母弃太常博士，求为县令江南。其后以不能媚权贵，失御史。权贵人死，乃复拜侍御史。号为刚直，所与游皆当世名人。

子厚少精敏，无不通达。逮其父时，虽少年，已自成人，能取进士第，崭然见头角，众谓柳氏有子矣。其后以博学宏词授集贤殿正字。俊杰廉悍，议论证据今古，出入经史百子，踔厉风发，率常屈其座人，名声大振，一时皆慕与之交。诸公要人，争欲令出我门下，交口荐誉之。

贞元十九年，由蓝田尉拜监察御史。顺宗即位，拜礼部员外郎。遇用事者得罪，例出为刺史。未至，又例贬州司马。居闲益自刻苦，务记览，为词章，泛滥停蓄，为深博无涯涘，而自肆于山水间。元和中，尝例召至京师，又偕出为刺史，而子厚得柳州。既至，叹曰：“是岂不足为政邪？”因其土俗，为设教禁，州人顺赖。其俗以男女质钱，约不时赎，子本相侔，则没为奴婢。子厚与设方计，悉令赎归。其尤贫力不能者，令书其佣，足相当，则使归其质。观察使下其法于他州，比一岁，免而归者且千人。衡、湘以南为进士者，皆以子厚为师。其经承子厚口讲指画为文词者，悉有法度可观。

其召至京师而复为刺史也，中山刘梦得禹锡亦在遣中，当诣播州。子厚泣曰：“播州非人所居而梦得亲在堂吾不忍梦得之穷无辞以白其大人且万无母子俱往理。”请于朝，将拜疏，愿以柳易播，虽重得

罪，死不恨。遇有以梦得事白上者，梦得于是改刺连州。呜呼！士穷乃见节义。今夫平居里巷相慕悦，酒食游戏相征逐，诩诩强笑语以相取下，握手出肺肝相示，指天日涕泣，誓生死不相背负，真若可信。一旦临小利害，仅如毛发比，反眼若不相识，落陷阱，不一引手救，反挤之，又下石焉者，皆是也。此宜禽兽夷狄所不忍为，而其人自视以为得计，闻子厚之风，亦可以少愧矣。

子厚前时少年，勇于为人，不自贵重顾籍，谓功业可立就，故坐废退。既退，又无相知有气力得位者推挽，故卒死于穷裔，材不为世用，道不行于时也。使子厚在台、省时，自持其身，已能如司马、刺史时，亦自不斥；斥时，有人力能举之，且必复用不穷。然子厚斥不久，穷不极，虽有出于人，其文学辞章，必不能自力以致必传于后，如今，无疑也。虽使子厚得所愿，为将相于一时，以彼易此，孰得孰失，必有能辨之者。

……

铭曰：是惟子厚之室，既固既安，以利其嗣人。

1. 文中画波浪线的部分有四处需要断句，请将相应位置的答案标号涂黑。

播州非人Ⓐ所居Ⓑ而梦得Ⓒ亲在堂Ⓓ吾不忍梦得Ⓔ之穷Ⓕ无辞以白Ⓖ其大人Ⓗ且万无母子Ⓘ俱往理。

2. 下列对材料中加点的词语及相关内容的解说，不正确的一项是（　　）

A.“俊杰”指才智超群，“廉悍”形容锋芒锐利。“俊杰廉悍”四字精准概括柳宗元为文刚健、论辩犀利的风格。

B.“泛滥”指江河横溢，此处喻文章气势浩荡。“停蓄”指深潭蓄水，形容文风含蓄深厚。生动体现柳文雄深雅健的特质。

C. 顾籍，即顾惜、爱惜。“不自贵重顾籍”批评柳宗元年轻时急于功名，不重自身名节，表达了韩愈对柳宗元政治挫折的痛惜。

D. 自力，指自食其力。“其文学辞章，必不能自力”强调若无贬谪困厄，柳宗元恐难凭借文章自食其力。

3. 下列各组语句中，加点词的意义和用法相同的一组是（　　）

A. 因其土俗　　因为长句　　　　B. 士穷乃见节义　　而陋者乃以斧斤考击而求之

C. 材不为世用　　为君翻作《琵琶行》　　　　D. 虽有出于人　　虽有槁暴

4. 下列对原文有关内容的赏析，不正确的一项是（　　）

A. 柳宗元才思敏捷，为文“泛滥停蓄，为深博无涯涘”，其人品性温和儒雅，常以《诗》《礼》自持；然其处世则重义轻利，尝尽鬻田产助友归葬，尽显高洁古风。

B. 子厚少年时即“崭然见头角”，名动京师，时人“皆慕与之交”，以致“诸公要人，争欲令出我门下，交口荐誉之”，足见其文章气节为当世所重，士林声望卓然。

C. 虽遭贬黜，“居闲益自刻苦，务记览，为词章”，其文“必传于后”；然若使子厚久困台省，拘于“自持其身”之吏道，未必能成就文学绝诣。

D. 文中痛陈“士穷乃见节义”，以“平居里巷相慕悦”之徒临利害“反眼若不相识”为对照，更见子厚“愿以柳易播”之伟岸；借世俗浇漓，托出柳宗元的高尚。

5. 把材料中画横线的句子翻译成现代汉语。

（1）其俗以男女质钱，约不时赎，子本相侔，则没为奴婢。

（2）子厚前时少年，勇于为人，不自贵重顾籍，谓功业可立就，故坐废退。

6. 韩愈以高度凝练的笔法，概括了柳宗元的一生。试根据全文，概括柳宗元的生平及韩愈对柳宗元的评价。

驳复仇议

柳宗元

臣伏见天后时，有同州下邽人徐元庆者，父爽为县尉赵师韫所杀，卒能手刃父仇，束身归罪。当时谏臣陈子昂建议诛之而旌其闾，且请“编之于令，永为国典”。臣窃独过之。

臣闻礼之大本，以防乱也，若曰无为贼虐，凡为子者杀无赦；刑之大本，亦以防乱也，若曰无为贼虐，凡为治者杀无赦。其本则合，其用则异，旌与诛莫得而并焉。诛其可旌，兹谓滥，黩刑甚矣；旌其可诛，兹谓僭，坏礼甚矣。果以是示于天下，传于后代，趋义者不知所向，违害者不知所立，以是为典，可乎？

盖圣人之制，穷理以定赏罚，本情以正褒贬，统于一而已矣。向使刺谳其诚伪，考正其曲直，原始而求其端，则刑、礼之用，判然离矣。何者？若元庆之父，不陷于公罪，师韫之诛，独以其私怨，奋其吏气，虐于非辜，州牧不知罪，刑官不知问，上下蒙冒，吁号不闻；而元庆能以戴天为大耻，枕戈为得礼，处心积虑，以冲仇人之胸，介然自克，即死无憾，是守礼而行义也。执事者宜有惭色，将谢之不暇，而又何诛焉？其或元庆之父不免于罪，师韫之诛不愆于法，是非死于吏也，是死于法也。法其可仇乎？仇天子之法，而戕奉法之吏，是悖骜而凌上也。执而诛之，所以正邦典，而又何旌焉？

且其议曰：“人必有子，子必有亲，亲亲相仇，其乱谁救？”是惑于礼也甚矣。礼之所谓仇者，盖其冤抑沉痛，而号无告也；非谓抵罪触法，陷于大戮。而曰“彼杀之，我乃杀之”，不议曲直，暴寡胁弱而已。其非经背圣，不亦甚哉！《周礼》：“调人，掌司万人之仇。”“凡杀人而义者，令勿仇，仇之则死。”“有反杀者，邦国交仇之。”又安得“亲亲相仇”也？《春秋公羊传》曰：“父不受诛，子复仇可也。父受诛，子复仇，此推刃之道，复仇不除害。”今若取此以断两下相杀，则合于礼矣。且夫不忘仇，孝也；不爱死，义也。元庆能不越于礼，服孝死义，是必达理而闻道者也。夫达理闻道之人，岂其以王法为敌仇者哉？议者反以为戮黩刑坏礼其不可以为典明矣。

请下臣议，附于令，有断斯狱者，不宜以前议从事。谨议。

1. 文中画波浪线的部分有三处需要断句，请将相应位置的答案标号涂黑。

议者反Ⓐ以为戮Ⓑ黩Ⓒ刑坏Ⓓ礼Ⓔ其不可以为Ⓕ典Ⓖ明矣。

2. 下列各组语句中，加点词的意义或用法不相同的一组是（　　）

A. 若曰无为贼虐　　盗窃乱贼而不作　　B. 将谢之不暇　　旦日不可不蚤自来谢项王

C. 师韫之诛不愆于法　　匪我愆期　　D. 不爱死，义也　　百姓皆以王为爱也

3. 下列各组语句中，加点词的意义和用法相同的一组是（　　）

A. 臣闻礼之大本　　而戕奉法之吏　　B. 若曰无为贼虐　　枕戈为得礼

C. 本情以正褒贬　　独以其私怨　　D. 不陷于公罪　　请下臣议，附于令

4. 下列对原文有关内容的概述或赏析，不正确的一项是（　　）

A. 柳宗元认为，陈子昂在《复仇议》中对徐元庆复仇案采取“诛之而旌其闾”，将之“编制于令，永

为国典”的主张是错误的。

B. 柳宗元针对陈子昂的主张进行驳斥，在阐述封建礼（情）与刑（理）本质一致的基础上，指出他的主张自相矛盾、黩刑坏礼。

C. 第三段具体分析案件所涉及的双方，阐明诛杀和表彰不能并行；并引经据典，指出陈子昂的主张违背了圣贤经传的训条。

D. 本文从维护封建“礼”与“法”的尊严出发，调和为亲报仇与守法之间的矛盾，目的是揭露吏治黑暗和官官相护的社会现实。

5. 把文中画横线的句子翻译成现代汉语。

（1）趋义者不知所向，违害者不知所立。

（2）向使刺谳其诚伪，考正其曲直，原始而求其端，则刑、礼之用，判然离矣。

6. 为什么柳宗元不同意陈子昂的主张？请简要归纳柳宗元的主要理由。

桐叶封弟辨

柳宗元

古之传者有言：成王以桐叶与小弱弟，戏曰：“以封汝。”周公入贺。王曰：“戏也。”周公曰：“天子不可戏。”乃封小弱弟于唐。

吾意不然。王之弟当封邪，周公宜以时言于王，不待其戏而贺以成之也；不当封邪，周公乃成其不中之戏，以地以人与小弱弟者为之主，其得为圣乎？且周公以王之言不可苟焉而已，必从而成之邪？设有不幸，王以桐叶戏妇、寺，亦将举而从之乎？凡王者之德，在行之何若。设未得其当，虽十易之不为病，要于其当，不可使易也，而况以其戏乎！若戏而必行之，是周公教王遂过也。

吾意周公辅成王，宜以道，从容优乐，要归之大中而已，必不逢其失而为之辞。又不当束缚之驰骤之使若牛马然急则败矣。且家人父子尚不能以此自克，况号为君臣者邪？是直小丈夫缺缺者之事，非周公所宜用，故不可信。

或曰：封唐叔，史佚成之。

1. 文中画波浪线的部分有三处需要断句，请将相应位置的答案标号涂黑。

又不当Ⓐ束缚之Ⓑ驰骤Ⓒ之Ⓓ使Ⓔ若牛马Ⓕ然Ⓖ急Ⓗ则败矣。

2. 下列各组语句中，加点词的意义或用法不相同的一组是（　　）

A. 吾意不然　　方首长胫，意似良　　B. 不可使易也　　根拳而土易

C. 必不逢其失而为之辞　　未尝稍降辞色　　D. 且家人父子尚不能以此自克　　克己复礼为仁

3. 下列各组语句中，加点词的意义和用法相同的一组是（　　）

A. 成王以桐叶与小弱弟　　微斯人，吾谁与归　　B. 以封汝　　且周公以王之言不可苟焉而已

C. 必从而成之邪　　曲肱而枕之　　D. 在行之何若　　史佚成之

4. 下列对原文有关内容的赏析，不正确的一项是（　）

A.《桐叶封弟辨》一文的重点不在于辨驳是否该封桐叶，而是围绕大臣应该如何辅佐君主这一中心思想发挥议论。

B. 作者以周公为例，论证了古代圣贤也会因维护礼制而做出不合情理的决定，但只要及时改变决策，就不会出问题。

C. 文章采用“以子之矛，攻子之盾”的驳论方式，通过层层假设和归谬，彻底否定了“君无戏言”的权威性。

D. 文章批判了将君主言行神圣化的传统观念，强调对君主的一言一行要从实际效果来观察而不是形式上的盲从。

5. 把文中画横线的句子翻译成现代汉语。

（1）周公宜以时言于王，不待其戏而贺以成之也。

（2）设未得其当，虽十易之不为病。

6. 文章第二段是如何阐明自己的观点的？

箕子碑

柳宗元

凡大人之道有三：一曰正蒙难，二曰法授圣，三曰化及民。殷有仁人曰箕子，实具兹道，以立于世。故孔子述六经之旨，尤殷勤焉。

当纣之时，大道悖乱，天威之动不能戒，圣人之言无所用。进死以并命，诚仁矣，无益吾祀，故不为；委身以存祀，诚仁矣，与亡吾国，故不忍。具是二道，有行之者矣。是用保其明哲，与之俯仰，晦是谟范，辱于囚奴，昏而无邪，隤而不息。故在《易》曰：“箕子之明夷。”正蒙难也。及天命既改，生人以正，乃出大法，用为圣师，周人得以序彝伦而立大典。故在《书》曰：“以箕子归，作《洪范》。”法授圣也。及封朝鲜，推道训俗，惟德无陋，惟人无远，用广殷祀，俾夷为华。化及民也。率是大道，藂于厥躬，天地变化，我得其正，其大人欤？

於虖！当其周时未至，殷祀未殄，比干已死，微子已去，向使纣恶未稔而自毙武庚念乱以图存国无其人谁与兴理？是固人事之或然者也。然则先生隐忍而为此，其有志于斯乎？

唐某年，作庙汲郡，岁时致祀。嘉先生独列于《易》象，作是颂云。

1. 文中画波浪线的部分有三处需要断句，请将相应位置的答案标号涂黑。

向使纣恶Ⓐ未稔Ⓑ而自毙Ⓒ武庚Ⓓ念乱Ⓔ以图存Ⓕ国无Ⓖ其人Ⓗ谁Ⓘ与兴理?

2. 下列对文中加点的词语及相关内容的解说，正确的一项是（　　）

A. 与，参与。与《鱼我所欲也》中“呼尔而与之”的“与”意思相同。

B. 具，陈述。与《桃花源记》中“一一为具言所闻”的“具”意思相同。

C. 息，停止。与《归去来辞》中“请息交以绝游”的“息”意思相同。

D. 序，使有序。与《过秦论》中“序八州而朝同列”的“序”意思不同。

3. 下列各组语句中，加点词的意义和用法相同的一组是（　　）

A. 委身以存祀　以其境过清　　B. 辱于囚奴　祸患常积于忽微

C. 昏而无邪　而母立于兹　　D. 率是大道　是鸟也，海运则将徙于南冥

4. 下列对原文有关内容的概述或赏析，不正确的一项是（　　）

A. 作者认为箕子审时度势，隐忍图存，没有拼死进谏，而是等待时机，一展抱负，高度赞颂了箕子富有大智慧，表达了对箕子的崇敬之情。

B. 箕子身处乱世，却能忍辱负重，“辱于囚奴，昏而无邪，隤而不息”，最终献出《洪范》这一重要法令，辅佐圣王建立国家典章制度。

C. 在作者看来纣王的罪恶还没有达到极点，武庚考虑到国家的危难而发奋图存，只要比干、微子这样的人还在，商朝有望复兴。

D. “正蒙难”指遭遇磨难仍能坚守正道，“法受圣”指将正法大道传授给圣君；“化及民”是将教化施及人民。三句概括了箕子的历史贡献。

5. 把文中画横线的句子翻译成现代汉语。

（1）进死以并命，诚仁矣，无益吾祀，故不为。

（2）然则先生隐忍而为此，其有志于斯乎?

6. 箕子的行为是如何体现“大人之道”的？请结合原文分析。

捕蛇者说

柳宗元

永州之野产异蛇，黑质而白章。触草木，尽死；以啮人，无御之者。然得而腊之以为饵，可以已大风、挛踠、瘘、疠，去死肌，杀三虫。其始，太医以王命聚之，岁赋其二，募有能捕之者，当其租入，永之人争奔走焉。

有蒋氏者，专其利三世矣。问之，则曰：“吾祖死于是，吾父死于是，今吾嗣为之十二年，几死者

数矣。”言之，貌若甚戚者。

余悲之，且曰：“若毒之乎？余将告于莅事者，更若役，复若赋，则何如？”蒋氏大戚，汪然出涕曰：“君将哀而生之乎？则吾斯役之不幸，未若复吾赋不幸之甚也。向吾不为斯役，则久已病矣。自吾氏三世居是乡，积于今六十岁矣，而乡邻之生日蹙，殚其地之出，竭其庐之入，号呼而转徙，饥渴而顿踣，触风雨，犯寒暑，呼嘘毒疠，往往而死者相藉也。曩与吾祖居者，今其室十无一焉；与吾父居者，今其室十无二三焉；与吾居十二年者，今其室十无四五焉。非死则徙尔，而吾以捕蛇独存。悍吏之来吾乡，叫嚣乎东西，隳突乎南北，哗然而骇者，虽鸡狗不得宁焉。吾恂恂而起视其缶而吾蛇尚存则弛然而卧。谨食之，时而献焉。退而甘食其土之有，以尽吾齿。盖一岁之犯死者二焉，其余则熙熙而乐，岂若吾乡邻之旦旦有是哉！今虽死乎此，比吾乡邻之死则已后矣，又安敢毒耶？”

余闻而愈悲。孔子曰：“苛政猛于虎也。”吾尝疑乎是，今以蒋氏观之，犹信。呜呼！孰知赋敛之毒，有甚是蛇者乎！故为之说，以俟夫观人风者得焉。

1. 文中画波浪线的部分有三处需要断句，请将相应位置的答案标号涂黑。

吾恂恂而起Ⓐ视Ⓑ其缶Ⓒ而吾蛇Ⓓ尚存Ⓔ则弛然而卧。

2. 下列各组语句中，加点词的意义或用法不相同的一组是（　　）

A. 貌若甚戚者　　凄凄惨惨戚戚　　B. 向吾不为斯役　　向使三国各爱其地

C. 则久已病矣　　则刘病日笃　　D. 往往而死者相藉也　　相与枕藉乎舟中

3. 下列各组语句中，加点词的意义和用法相同的一组是（　　）

A. 而乡邻之生日蹙　　可计日而待也　　B. 竭其庐之入　　其真无马邪

C. 悍吏之来吾乡　　择其善者而从之　　D. 虽鸡狗不得宁焉　　虽欲言，无可进者

4. 下列对原文有关内容的概述或赏析，不正确的一项是（　　）

A. 文章先写蛇毒，再借助捕蛇者蒋氏一家三代捕蛇的悲惨遭遇，揭露社会的种种弊端。

B. “蒋氏大戚，汪然出涕曰”，蒋氏听说要恢复赋税竟大哭起来，“赋敛之毒”可知也。

C. “退而甘食其土之有，以尽吾齿”，捕蛇归来，享受土地的馈赠，以满足牙齿的需要。

D. 作者文笔犀利，以“蛇”为线索，批判赋税苛重现象，为劳动人民喊出悲愤的心声。

5. 把文中画横线的句子翻译成现代汉语。

（1）谨食之，时而献焉。

（2）今虽死乎此，比吾乡邻之死则已后矣，又安敢毒耶?

6. 选文叙述蒋氏和乡邻的遭遇，主要运用了对比的手法，请从中找出一组对比句，结合选文简要分析这样写的作用。

种树郭橐驼传

柳宗元

郭橐驼，不知始何名。病偻，隆然伏行，有类橐驼者，故乡人号之“驼”。驼闻之曰：“甚善，名我固当。”因舍其名，亦自谓“橐驼”云。其乡曰丰乐乡，在长安西。驼业种树，凡长安豪家富人为观游及卖果者，皆争迎取养。视驼所种树，或移徙，无不活；且硕茂，蚤实以蕃。他植者虽窥伺效慕，莫能如也。

有问之，对曰：“橐驼非能使木寿且孳也，能顺木之天，以致其性焉尔。凡植木之性，其本欲舒，其培欲平，其土欲故，其筑欲密。既然已，勿动勿虑，去不复顾。其莳也若子，其置也若弃，则其天者全而其性得矣。故吾不害其长而已非有能硕茂之也不抑耗其实而已非有能蚤而蕃之也。他植者则不然。根拳而土易，其培之也，若不过焉则不及。苟有能反是者，则又爱之太殷，忧之太勤。旦视而暮抚，已去而复顾。甚者，爪其肤以验其生枯，摇其本以观其疏密，而木之性日以离矣。虽曰爱之，其实害之；虽曰忧之，其实仇之：故不我若也。吾又何能为哉！”

问者曰：“以子之道，移之官理，可乎？”驼曰：“我知种树而已，官理非吾业也。然吾居乡，见长人者好烦其令，若甚怜焉，而卒以祸。旦暮吏来而呼曰：‘官命促尔耕，勖尔植，督尔获，蚤缫而绪，蚤织而缕，字而幼孩，遂而鸡豚。’鸣鼓而聚之，击木而召之。吾小人辍飧饔以劳吏者，且不得暇，又何以蕃吾生而安吾性耶？故病且怠。若是，则与吾业者其亦有类乎？”

问者嘻曰：“不亦善夫！吾问养树，得养人术。”传其事以为官戒也。

1. 文中画波浪线的部分有三处需要断句，请将相应位置的答案标号涂黑。

故吾不害其长Ⓐ而已Ⓑ非有能Ⓒ硕茂之也Ⓓ不抑耗其实Ⓔ而已Ⓕ非有能Ⓖ蚤而蕃Ⓗ之也。

2. 下列对文中加点的词语及相关内容的解说，不正确的一项是（　　）

A. 传，记述人物生平事迹的文体。本文虽以传为名，却重在因事明理，针砭时弊。

B. 如，比得上。与《得道多助，失道寡助》中“天时不如地利”的“如”意思相同。

C. 性，天性、禀赋。“生之所以然者谓之性”，是人或物自然具有的本质或本能。

D. 顾，看。与《项脊轩志》中“瞻顾遗迹，如在昨日”的“顾”意思和用法相同。

3. 下列各组语句中，加点词的意义和用法相同的一组是（　　）

A. 以致其性焉尔　　爪其肤以验其生枯　　B. 则其天者全而其性得矣　　他植者则不然

C. 故不我若也　　若甚怜焉　　D. 而卒以祸　　蚤织而缕

4. 下列对原文有关内容的分析，不正确的一项是（　　）

A. 柳宗元和韩愈共同倡导“古文运动”，在古文理论上有着相同的见解，但韩愈在排斥佛老、复兴儒学、提倡师道方面贡献较大，柳宗元则注重反映社会现实问题。

B. 本文多用对比，有叙事性的，如种树方法的对比；有论述性的，如郭橐驼对自己种树方法的归纳和对“他植者”的批评。通过对比突出了事物的特点，加强了说理的力度。

C. 作者巧用铺陈的手法，把“吏治不善”的种种表现集中展示，描写官吏促使百姓劳作，一连用了三个“尔”和四个“而”，七个动词把官吏来时鸡犬不宁的景象刻画得细致入微。

D. 文章是一篇兼具寓言和政论色彩的传记，通过对郭橐驼种树之道的记叙，说明“顺木之天，以致其性”是养树的法则，并由此推论出养人的道理，指责中唐吏治对农民残酷无情的剥削。

5. 把文中画横线的句子翻译成现代汉语。

（1）虽曰爱之，其实害之；虽曰忧之，其实仇之。

（2）吾小人辍飧饔以劳吏者，且不得暇，又何以蕃吾生而安吾性耶？

6. 本文主要运用了哪些说理方法？请结合文章具体说明。

梓人传（节选）

柳宗元

裴封叔之第，在光德里。有梓人款其门，愿佣隙宇而处焉。所职寻引、规矩、绳墨，家不居砻斫之器。问其能，曰："吾善度材，视栋宇之制，高深、圆方、短长之宜，吾指使而群工役焉。舍我，众莫能就一宇。故食于官府，吾受禄三倍；作于私家，吾收其直大半焉。"他日，入其室，其床阙足而不能理，曰："将求他工。"余甚笑之，谓其无能而贪禄嗜货者。

其后，京兆尹将饰官署，余往过焉。委群材，会众工。或执斧斤，或执刀锯，皆环立向之。梓人左持引，右执杖，而中处焉。量栋宇之任，视木之能，举挥其杖曰："斧！"彼执斧者奔而右；顾而指曰："锯！"彼执锯者趋而左。俄而斤者斫，刀者削，皆视其色，俟其言，莫敢自断者。其不胜任者，怒而退之，亦莫敢愠焉。画宫于堵盈尺而曲尽其制计其毫厘而构大厦无进退焉。既成，书于上栋曰"某年某月某日某建"，则其姓字也。凡执用之工不在列。余圜视大骇，然后知其术之工大矣。

继而叹曰：彼将舍其手艺，专其心智，而能知体要者欤？吾闻劳心者役人，劳力者役于人。彼其劳心者欤？能者用而智者谋，彼其智者欤？是足为佐天子相天下法矣！物莫近乎此也。彼为天下者本于人。其执役者，为徒隶，为乡师、里胥；其上为下士，又其上为中士、为上士；又其上为大夫、为卿、为公。离而为六职，判而为百役。外薄四海，有方伯、连率。郡有守，邑有宰，皆有佐政。其下有胥吏，又其下皆有啬夫、版尹，以就役焉，犹众工之各有执技以食力也。彼佐天子相天下者，举而加焉，指而使焉，条其纲纪而盈缩焉，齐其法制而整顿焉，犹梓人之有规矩、绳墨以定制也。择天下之士，使称其职；居天下之人，使安其业。视都知野，视野知国，视国知天下，其远迩细大，可手据其图而究焉，犹梓人画宫于堵而绩于成也。能者进而由之，使无所德；不能者退而休之，亦莫敢愠。不衒能，不矜名。不亲小劳，不侵众官，日与天下之英才讨论其大经，犹梓人之善运众工而不伐艺也。夫然后相道得而万国理矣。相道既得，万国既理，天下举首而望曰："吾相之功也。"后之人循迹而慕曰："彼相之才也。"士或谈殷、周之理者，曰伊、傅、周、召，其百执事之勤劳而不得纪焉，犹梓人自名其功而执用者不列也。大哉相乎！通是道者，所谓相而已矣。其不知体要者反此。以恪勤为公，以簿书为尊，衒能矜名。亲小劳，侵众官，窃取六职百役之事，听听于府庭，而遗其大者、远者焉，所谓不通是道者也。犹梓人而不知绳墨之曲直、规矩之方圆、寻引之短长，姑夺众工之斧斤刀锯以佐其艺，又不能备其工，以至败绩用而无所成也。不亦谬欤？

1. 文中画波浪线的部分有三处需要断句，请将相应位置的答案标号涂黑。

画宫A于堵B盈尺C而曲D尽E其制F计其毫厘G而构大厦H无进退焉。

2. 下列对文中加点的词语及相关内容的解说，不正确的一项是（　　）

A. 款，叩、敲。与唐寅《题画》诗中“忽惊双鹤唳，有客款荆扉”的“款”意思相同。

B. 制，规模。与《岳阳楼记》中“乃重修岳阳楼，增其旧制”的“制”意思相同。

C. 过，拜访。与《陈情表》中“过蒙拔擢，宠命优渥”的“过”意思相同。

D. 矜，夸耀。与下文“犹梓人之善运众工而不伐艺也”的“伐”意思相同。

3. 下列各组语句中，加点词的意义或用法不相同的一组是（　　）

A. 劳力者役于人　　遂见用于小邑

B. 能者用而智者谋　　旦视而暮抚，已去而复顾

C. 彼为天下者本与人　　为国者无使为积威之所劫哉

D. 姑夺众工之斧斤刀锯以佐其艺　　斯亦伐根以求木茂

4. 下列对原文有关内容的概述或赏析，不正确的一项是（　　）

A. 开篇讲述了木匠“善度材”“善用众工”的故事，“我”对木匠的态度经历了从“笑”到“骇”到“叹”的变化。

B. 文章结构颇有规矩绳墨。前幅叙事，后幅议论，宕开复合，曲折尽意，既构成有机整体，又形成对比关系。

C. 柳宗元借梓人之事来指斥时世、议论朝政，表现了他高度的政治责任感；又或是柳宗元以相才自许、自励也未不可。

D. 本文与《种树郭橐驼传》都是人物传记，又都兼有寓言性质，都是借写奇人奇事来讽喻时事，表达柳宗元对社会治理的深度思考。

5. 把文中画横线的句子翻译成现代汉语。

（1）余圜视大骇，然后知其术之工大矣。

（2）能者用而智者谋，彼其智者欤？是足为佐天子相天下法矣！

6. 吴楚材、吴调侯《古文观止》卷九评价此文“前细写梓人，句句暗伏相道。后细写相道，句句回抱梓人”。结合文章，试分析“梓人”与“相道”的相似之处。

愚溪诗序

柳宗元

灌水之阳有溪焉，东流入于潇水。或曰："冉氏尝居也，故姓是溪为冉溪。"或曰："可以染也，名之以其能，故谓之染溪。"余以愚触罪，谪潇水上。爱是溪，入二三里，得其尤绝者家焉。古有愚公谷，今余家是溪，而名莫能定，土之居者犹龂龂然，不可以不更也，故更之为"愚溪"。

愚溪之上，买小丘，为愚丘。自愚丘东北行六十步，得泉焉，又买居之，为愚泉。愚泉凡六穴，皆出山下平地，盖上出也。合流屈曲而南，为愚沟。遂负土累石，塞其隘，为愚池。愚池之东为愚堂，其南为愚亭，池之中为愚岛。嘉木异石错置皆山水之奇者以余故咸以"愚"辱焉。

夫水，智者乐也。今是溪独见辱于"愚"，何哉？盖其流甚下，不可以溉灌；又峻急，多坻石，大舟不可入也；幽邃浅狭，蛟龙不屑，不能兴云雨。无以利世，而适类于余，然则虽辱而愚之，可也。

宁武子"邦无道则愚"，智而为愚者也；颜子"终日不违如愚"，睿而为愚者也。皆不得为真愚。今余遭有道，而违于理，悖于事，故凡为愚者莫我若也。夫然则天下莫能争是溪，余得专而名焉。

溪虽莫利于世，而善鉴万类，清莹秀澈，锵鸣金石，能使愚者喜笑眷慕，乐而不能去也。余虽不合于俗，亦颇以文墨自慰，漱涤万物，牢笼百态，而无所避之。以愚辞歌愚溪，则茫然而不违，昏然而同归，超鸿蒙，混希夷，寂寥而莫我知也。于是作《八愚诗》，记于溪石上。

1. 文中画波浪线的部分有三处需要断句，请将相应位置的答案标号涂黑。

嘉木异Ⓐ石Ⓑ错置Ⓒ皆山水Ⓓ之奇者Ⓔ以余故Ⓕ咸Ⓖ以"愚"辱焉。

2. 下列各组语句中，加点词的意义和用法相同的一组是（　　）

A. 灌水之阳有溪焉　　阳谷皆入汶

B. 得泉焉，又买居之　　居则曰："不吾知也！"

C. 无以利世，而适类于余　　余自齐安舟行适临汝

D. 溪虽莫利于世，而善鉴万类　　皇天后土实所共鉴

3. 下列各组语句中，加点词的意义和用法相同的一组是（　　）

A. 名之以其能　　余以愚触罪

B. 其南为愚亭　　而予亦悔其随之，而不得极夫游之乐也

C. 然则虽辱而愚之　　入则无法家拂士，出则无敌国外患者

D. 溪虽莫利于世　　寡人之于国也

4. 下列对原文有关内容的概述或赏析，不正确的一项是（　　）

A.《愚溪诗序》通篇围绕"愚"展开。从"余以愚触罪"，到"以愚辞歌愚溪"，充分表达了一位遭受重重打击的正直士大夫的愤世嫉俗之情。

B. 明明是风景极佳的地方，作者却把"愚"字强加在溪、丘、泉、沟、池、堂、亭、岛的头上，它们仿佛是作者的苦难知己。

C. 作者认为宁武子和颜回都不是真的愚笨，只是装糊涂，而自己是真"愚"，在政治清明的时代做出了与事理相悖的事情，表达了自己的羞愧。

D. 序有两种：一种是赠序（别序），以表示惜别、祝愿、劝勉之意，如宋濂《送东阳马生序》；一种是书序，一般用来陈述作者的旨趣，本文即是书序。

5. 把文中画横线的句子翻译成现代汉语。

（1）爰是溪，入二三里，得其尤绝者家焉。

（2）今余遭有道，而违于理，悖于事，故凡为愚者莫我若也。

6.《红楼梦》中曹雪芹把女娲补天的五色石，称为不能补苍天的“顽石”，贾宝玉不谙封建社会的世故，不听从封建家长的教诲，所以被称为“顽愚”。那么本文作者为何以“愚”给景物命名？作者是真“愚”吗？为什么？请结合原文分析。

永州韦使君新堂记

柳宗元

将为穹谷、嵁岩、渊池于郊邑之中，则必辇山石，沟涧壑，陵绝险阻，疲极人力，乃可以有为也。然而求天作地生之状，咸无得焉。逸其人因其地全其天昔之所难今于是乎在。

永州实惟九疑之麓。其始度土者，环山为城。有石焉，翳于奥草，有泉焉，伏于土涂，蛇虺之所蟠，狸鼠之所游。茂树恶木，嘉葩毒卉，乱杂而争植，号为秽墟。

韦公之来既逾月，理甚无事。望其地，且异之，始命芟其芜，行其涂。积之丘如，蠲之浏如。既焚既酾，奇势迭出。清浊辨质，美恶异位。视其植，则清秀敷舒；视其蓄，则溶漾纡余。怪石森然，周于四隅，或列或跪，或立或仆，窍穴逶邃，堆阜突怒。乃作栋宇，以为观游。凡其物类，无不合形辅势，效伎于堂庑之下。外之连山高原、林麓之崖，间厕隐显，迩延野绿，远混天碧，咸会于谯门之内。

已乃延客入观，继以宴娱。或赞且贺曰：“见公之作，知公之志。公之因土而得胜，岂不欲因俗以成化？公之择恶而取美，岂不欲除残而佑仁？公之蠲浊而流清，岂不欲废贪而立廉？公之居高以望远，岂不欲家抚而户晓？夫然，则是堂也，岂独草木、土石、水泉之适欤？山、原、林麓之观欤？将使继公之理者，视其细，知其大也。”

宗元请志诸石，措诸壁，编以为二千石楷法。

1. 文中画波浪线的部分有四处需要断句，请将相应位置的答案标号涂黑。

逸其人Ⓐ因Ⓑ其地Ⓒ全Ⓓ其天Ⓔ昔Ⓕ之所难Ⓖ今Ⓗ于是乎在。

2. 下列各组语句中，加点词的意义或用法相同的一组是（　　）

A. 其始度土者，环山为城　　他人有心，予忖度之

B. 既焚既酾，奇势迭出　　酾酒临江

C. 视其蓄，则溶漾纡余　　顾念蓄劣物终无所用

D. 宗元请志诸石，措诸壁　　则民无所措手足

3. 下列各组语句中，加点词的意义和用法相同的一组是（　　）

A. 疲极人力，乃可以有为也　　乃作栋宇，以为观游

B. 韦公之来既逾月　　望其地，且异之

C. 周于四隅　　咸会于谯门之内

D. 已乃延客入观，继以宴娱　　公之居高以望远

4. 下列对原文有关内容的概述或赏析，不正确的一项是（　　）

A. 文章开头先述于“郊邑”造胜景的不易，讥刺前任使君劳民伤财，穷奢极欲，为后面的描述与议论定下了基调。先放后收，构成悬念。

B. 中间两段，一写新堂修筑前的荒芜颓败，一写新堂筑成后的美妙天然。先自然后人文，先荒芜后治理，对比中突出了新堂之美与修筑新堂之功。

C. “将使继公之理者，视其细，知其大也”的“大”是指文中所说的“因俗以成化”“除残而佑仁”“废贪而立廉”“家抚而户晓”等仁政举措。

D. 作者并未止于单纯的描写厅堂之新与山水之美，而是在记堂写景之中抒写了自己的政治见解，是“文以明道”的典范作品。

5. 把文中画横线的句子翻译成现代汉语。

（1）有石焉，翳于奥草，有泉焉，伏于土涂。

（2）凡其物类，无不合形辅势，效伎于堂庑之下。

6. 作者先说人工不如自然之意，再写新堂原本污秽的面貌，之后具体记述新任永州刺史治理的经过和效果，请结合原文分析作者的写作意图。

钴鉧潭西小丘记

柳宗元

得西山后八日，寻山口西北道二百步，又得钴鉧潭。西二十五步，当湍而浚者为鱼梁。梁之上有丘焉，生竹树。其石之突怒偃蹇负土而出争为奇状者殆不可数。其嵚然相累而下者，若牛马之饮于溪；其冲然角列而上者，若熊罴之登于山。

丘之小不能一亩，可以笼而有之。问其主，曰：“唐氏之弃地，货而不售。”问其价，曰：“止四百。”余怜而售之。李深源、元克己时同游，皆大喜，出自意外。即更取器用，铲刈秽草，伐去恶木，烈火而焚之。嘉木立，美竹露，奇石显。由其中以望，则山之高，云之浮，溪之流，鸟兽之遨游，举熙熙然回巧献技，以效兹丘之下。枕席而卧，则清泠之状与目谋，潽潽之声与耳谋，悠然而虚者与神谋，渊然而静者与心谋。不匝旬而得异地者二，虽古好事之士，或未能至焉。

噫！以兹丘之胜，致之沣、镐、鄠、杜，则贵游之士争买者，日增千金而愈不可得。今弃是州也，农夫渔父过而陋之，价四百，连岁不能售。而我与深源、克己独喜得之，是其果有遭乎？书于石，所以贺兹丘之遭也。

1. 文中画波浪线的部分有三处需要断句，请将相应位置的答案标号涂黑。

其石之突Ⓐ怒偃蹇Ⓑ负Ⓒ土而出Ⓓ争Ⓔ为奇状者Ⓕ殆Ⓖ不可数。

2. 下列各组语句中，加点词的意义或用法相同的一组是（　　）

A. 寻山口西北道二百步　　寻病终

B. 余怜而售之　　欲居之以为利，而高其直，亦无售者

C. 李深源、元克己时同游　　吾妻来归，时至轩中

D. 举熙熙然回巧献技　　举天下之豪杰，莫能与之争

3. 下列各组语句中，加点词的意义和用法相同的一组是（　　）

A. 当湍而浚者为鱼梁　　不足为外人道也　　B. 梁之上有丘焉　　若牛马之饮于溪

C. 其嵚然相累而下者　　潭西南而望　　D. 由其中以望　　以其境过清

4. 下列对原文有关内容的概述或赏析，不正确的一项是（　　）

A. 本文叙述了钴鉧潭西小丘被主人遗弃，作者购得并整治钴鉧潭西小丘的经过，描写了小丘优美的环境。

B. “突怒偃蹇”“负土而出”“争为奇状”等突出了石头在逆境中顽强抗争的品格，正是作者性格才能的自我写照。

C. 作者在与小丘的遇合中实现了自我宽解，引入贵游之士在长安附近购置山林园囿做对比，也流露出一种孤高心绪。

D. 作者描写小丘的美景，奇异的山石，正是为了表达自己不慕名利、虚怀若谷、积极向上的乐观态度。

5. 把文中画横线的句子翻译成现代汉语。

（1）不匝旬而得异地者二，虽古好事之士，或未能至焉。

（2）今弃是州也，农夫渔父过而陋之，价四百，连岁不能售。

6. 文章不止一处强调了小丘的便宜与廉价，请结合相关内容分析作者为什么要这样写。

小石城山记

柳宗元

自西山道口径北，逾黄茅岭而下，有二道。其一西出，寻之无所得；其一少北而东，不过四十丈，土断而川分，有积石横当其垠。其上为睥睨梁㮰之形，其旁出堡坞，有若门焉。窥之正黑，投以小石，洞然有水声，其响之激越，良久乃已。环之可上，望甚远。无土壤而生嘉树美箭，益奇而坚，其疏数偃仰，类智者所施设也。

噫！吾疑造物者之有无久矣。及是，愈以为诚有。又怪其不为之于中州，而列是夷狄，更千百年不得一售其伎是固劳而无用神者傥不宜如是则其果无乎？或曰："以慰夫贤而辱于此者。"或曰："其气之灵，不为伟人，而独为是物。故楚之南少人而多石。"是二者，余未信之。

联读材料

从小丘西行百二十步，隔篁竹，闻水声，如鸣珮环，心乐之。伐竹取道，下见小潭，水尤清洌。全石以为底，近岸，卷石底以出，为坻，为屿，为嵁，为岩。青树翠蔓，蒙络摇缀，参差披拂。潭中鱼可百许头，皆若空游无所依，日光下澈，影布石上。佁然不动，俶尔远逝，往来翕忽，似与游者相乐。

潭西南而望，斗折蛇行，明灭可见。其岸势犬牙差互，不可知其源。坐潭上，四面竹树环合，寂寥无人，凄神寒骨，悄怆幽邃。以其境过清，不可久居，乃记之而去。

（选自柳宗元《小石潭记》）

1. 文中画波浪线的部分有三处需要断句，请将相应位置的答案标号涂黑。

更千百年Ⓐ不得一售Ⓑ其伎Ⓒ是固劳Ⓓ而无用Ⓔ神者傥Ⓕ不宜如是Ⓖ则其果无乎？

2. 下列对文中加点的词语及相关内容的解说，不正确的一项是（　　）

A. 径，径直。与《狼》中"一狼径去，其一犬坐于前"的"径"意思相同。

B."逾黄茅岭而下"的"下"，与"日光下澈"的"下"意思和用法相同。

C. 数，密实。与《寡人之于国也》中"数罟不入洿池"的"数"意思相同。

D. 怪，意动用法。与《桃花源记》中"渔人甚异之"的"异"用法相同。

3. 下列各组语句中，加点词的意义或用法不同的一组是（　　）

A. 窥之正黑　心乐之　　　　B. 投以小石　全石以为底

C. 良久乃已　古人秉烛夜游，良有以也　　　　D. 益奇而坚　博学而笃志

4. 下列对原文有关内容的概述或赏析，不正确的一项是（　　）

A. 文章第一段写小石城山的景色，包括山道、山冈、石堡、石洞以及树林、箭竹等，赞美了小石城山的奇美与鬼斧神工。

B. 因为小石城山仿佛天然造化，"类智者所施设"，作者由此生出一段议论，讨论造物者究竟存不存在。

C. 作者借"或曰"之口提出了两种看法，造物者置奇石于此是用来安慰贤能而受辱的人，造物者之灵气独钟于石，但两种说法作者都不认同。

D."记"是我国古代重要的文体类型，可记山水、记亭台，也可记书画杂物、人物琐事，唐人写记侧重记理议论，宋人写记侧重记景抒情。

5. 把文中画横线的句子翻译成现代汉语。

（1）吾疑造物者之有无久矣。及是，愈以为诚有。

（2）其气之灵，不为伟人，而独为是物。故楚之南少人而多石。

6. 本文是《永州八记》之一，和《小石潭记》是姊妹篇。比较两篇文章，试分析作者所抒发的“情”是否相同。

贺进士王参元失火书

柳宗元

得杨八书，知足下遇火灾，家无余储。仆始闻而骇，中而疑，终乃大喜，盖将吊而更以贺也。道远言略，犹未能究知其状，若果荡焉泯焉而悉无有，乃吾所以尤贺者也。

足下勤奉养，乐朝夕，惟恬安无事是望也。今乃有焚炀赫烈之虞，以震骇左右，而脂膏滫瀡之具，或以不给，吾是以始而骇也。

凡人之言皆曰：盈虚倚伏，去来之不可常。或将大有为也，乃始厄困震悸，于是有水火之孽，有群小之愠，劳苦变动，而后能光明，古之人皆然。斯道辽阔诞漫，虽圣人不能以是必信，是故中而疑也。

以足下读古人书，为文章，善小学，其为多能若是，而进不能出群士之上，以取显贵者，盖无他焉，京城人多言足下家有积货，士之好廉名者，皆畏忌不敢道足下之善，独自得之心，蓄之衔忍，而不出诸口。以公道之难明，而世之多嫌也。一出口，则嗤嗤者以为得重赂。

仆自贞元十五年见足下之文章，蓄之者盖六七年未尝言。是仆私一身而负公道久矣，非特负足下也。及为御史尚书郎，自以幸为天子近臣，得奋其舌，思以发明足下之郁塞，然时称道于行列，犹有顾视而窃笑者。仆良恨修己之不亮素誉之不立而为世嫌之所加常与孟几道言而痛之。

乃今幸为天火之所涤荡，凡众之疑虑，举为灰埃。黔其庐，赭其垣，以示其无有，而足下之才能，乃可以显白而不污，其实出矣，是祝融、回禄之相吾子也！则仆与几道十年之相知，不若兹火一夕之为足下誉也。宥而彰之，使夫蓄于心者咸得开其喙，发策决科者授子而不慄。虽欲如向之蓄缩受侮，其可得乎？于兹吾有望于子！是以终乃大喜也。

古者列国有灾，同位者皆相吊。许不吊灾，君子恶之。今吾之所陈若是，有以异乎古，故将吊而更以贺也。颜、曾之养，其为乐也大矣，又何阙焉？

1. 文中画波浪线的部分有三处需要断句，请将相应位置的答案标号涂黑。

仆良Ⓐ恨修Ⓑ己之不亮Ⓒ素誉之Ⓓ不立Ⓔ而为世嫌Ⓕ之所加Ⓖ常Ⓗ与孟几道言Ⓘ而痛之。

2. 下列对文中加点的词语及相关内容的解说，不正确的一项是（　　）

A. 足下，是对对方的尊称，这里指王参元。“仆始闻而骇”的“仆”是谦称，指作者自己。

B. 乃，竟然。与《桃花源记》中“乃不知有汉”的“乃”意思相同。虞，忧患、不幸。与“尔虞我诈”的“虞”意思相同。

C. 小学，中国传统语文学，包括文字、音韵等方面的学问。《师说》中“小学而大遗”的“小学”，意思是“小的方面要学习”。两处的意思都与今义不同。

D. 衔，藏在心里。与《祭十二郎文》中“季父愈闻汝丧之七日，乃能衔哀致诚”的“衔”意思相同。

3. 下列各组语句中，加点词的意义和用法不同的一组是（　　）

A. 惟恬安无事是望也　　唯马首是瞻

B. 士之好廉名者　　居庙堂之高则忧其民

C. 而不出诸口　　不必若余之手录，假诸人而后见也

D. 其可得乎　　以乱易整，不武，吾其还也

4. 下列对原文有关内容的概述或赏析，不正确的一项是（　　）

A.《贺进士王参元失火书》名为书信，实际是一篇议论文。作者借王参元失火之事，反映了“公道之难明，而世之多嫌也”这一发人深思的现象。

B. 在这封书信中，柳宗元借祝贺王参元家失火，抨击了小人当道、社会积弊丛生的现实，揭示了制度扼杀人才的严峻社会问题。

C. 柳宗元祝贺的其实并不是王参元家失火，而是祝贺王参元可以因失火而得以施展才华，他的“贺”是对王参元的宽慰和祝福。

D. 柳宗元强调文章要有思想，要为社会服务，《捕蛇者说》就是典型的例子。本文除此之外，还渗透了“祸福相倚”的中国传统哲学思想。

5. 把文中画横线的句子翻译成现代汉语。

（1）或将大有为也，乃始厄困震悸，于是有水火之孽，有群小之愠。

（2）是仆私一身而负公道久矣，非特负足下也。

6.“仆始闻而骇，中而疑，终乃大喜，盖将吊而更以贺也”，这句话在文中有什么作用？“骇”“疑”“喜”之间有着怎样的联系？

待漏院记

王禹偁

天道不言，而品物亨、岁功成者，何谓也？四时之吏，五行之佐，宣其气矣。圣人不言，而百姓亲、万邦宁者，何谓也？三公论道，六卿分职，张其教矣。是知君逸于上，臣劳于下，法乎天也。古之善相天下者，自咎、夔至房、魏，可数也。是不独有其德亦皆务于勤耳况夙兴夜寐以事一人，卿大夫犹然，况宰相乎！

朝廷自国初因旧制，设宰相待漏院于丹凤门之右，示勤政也。乃若北阙向曙，东方未明，相君启行，煌煌火城！相君至止，哕哕銮声。金门未辟，玉漏犹滴。撤盖下车，于焉以息。待漏之际，相君其有思乎？

其或兆民未安，思所泰之；四夷未附，思所来之；兵革未息，何以弭之；田畴多芜，何以辟之；贤人在野，我将进之；佞人立朝，我将斥之；六气不和，灾眚荐至，愿避位以禳之；五刑未措，欺诈日生，请修德以釐之。忧心忡忡，待旦而入。九门既启，四聪甚迩。相君言焉，时君纳焉。皇风于是乎清夷，苍生以之而富庶。若然，则总百官，食万钱，非幸也，宜也！

其或私仇未复，思所逐之；旧恩未报，思所荣之；子女玉帛，何以致之；车马玩器，何以取之；奸人附势，我将陟之；直士抗言，我将黜之；三时告灾，上有忧色，构巧词以悦之；群吏弄法，君闻怨言，进谄容以媚之。私心慆慆，假寐而坐。九门既开，重瞳屡回。相君言焉，时君惑焉。政柄于是乎隳哉，帝位以之而危矣。若然，则死下狱，投远方，非不幸也，亦宜也！

是知一国之政，万人之命，悬于宰相，可不慎欤？复有无毁无誉，旅进旅退，窃位而苟禄，备员而全身者，亦无所取焉。

棘寺小吏王禹偁为文，请志院壁，用规于执政者。

1. 文中画波浪线的部分有三处需要断句，请将相应位置的答案标号涂黑。

是不独有Ⓐ其德Ⓑ亦皆务Ⓒ于勤耳Ⓓ况Ⓔ夙兴夜寐Ⓕ以事一人。

2. 下列各组语句中，加点词的意义或用法相同的一组是（　　）

A. 古之善相天下者　　悔相道之不察兮　　B. 朝廷自国初因旧制　　增其旧制

C. 奸人附势，我将陟之　　陟罚臧否　　D. 构巧词以悦之　　构怨于诸侯

3. 下列各组语句中，加点词的意义或用法不同的一组是（　　）

A. 朝廷自国初因旧制　　惠文、武、昭襄蒙故业，因遗策

B. 于焉以息　　三人行，必有我师焉

C. 相君其有思乎　　《兑命》曰“学学半”，其此之谓乎

D. 假寐而坐　　咏而归

4. 下列对原文有关内容的概述或赏析，不正确的一项是（　　）

A. 文章开篇探究天道的运行规律、圣王的政治模式及儒家的政治理想，借以导出宰臣要善于治政、精于治政，全文以此为中心展开论证。

B. 万物生长，年年有收成，百姓相亲，万国安宁，这是官员商讨治国纲要、分守自己职责、勤于治理、伸张皇帝教化的结果。

C. 朝廷设置待漏院的目的是希望宰相勤于政务，每逢上朝日，宰相先到待漏院暂息，借机审慎思考

朝政、端正为政之心，多为国家之事谋划。

D. 本文以宰相等待上朝时的不同思想状态，将宰相分为贤相、奸相、庸相三个类型，褒贬鲜明，意在告诫当朝宰相要勤于政事，不可贪图禄位，无所作为。

5. 把文中画横线的句子翻译成现代汉语。

（1）其或兆民未安，思所泰之；四夷未附，思所来之。

（2）复有无毁无誉，旅进旅退，窃位而苟禄，备员而全身者，亦无所取焉。

6. 作者笔下的贤相和奸相在哪些方面有所不同？请结合原文进行分析。

黄冈竹楼记

王禹偁

黄冈之地多竹，大者如椽，竹工破之，刳去其节，用代陶瓦。比屋皆然，以其价廉而工省也。

子城西北隅，雉堞圮毁，蓁莽荒秽。因作小楼二间，与月波楼通。远吞山光，平挹江濑，幽阒辽夐，不可具状。夏宜急雨，有瀑布声；冬宜密雪，有碎玉声。宜鼓琴，琴调和畅；宜咏诗，诗韵清绝；宜围棋，子声丁丁然；宜投壶，矢声铮铮然。皆竹楼之所助也。

公退之暇，被鹤氅衣，戴华阳巾，手执《周易》一卷，焚香默坐，消遣世虑。江山之外，第见风帆沙鸟、烟云竹树而已。待其酒力醒，茶烟歇，送夕阳，迎素月，亦谪居之胜概也。

彼齐云、落星，高则高矣；井幹、丽谯，华则华矣。止于贮妓女藏歌舞非骚人之事吾所不取。

吾闻竹工云：“竹之为瓦，仅十稔；若重覆之，得二十稔。”噫！吾以至道乙未岁，自翰林出滁上；丙申，移广陵；丁酉，又入西掖；戊戌岁除日，有齐安之命；己亥闰三月，到郡。四年之间，奔走不暇，未知明年又在何处，岂惧竹楼之易朽乎？后之人与我同志，嗣而葺之，庶斯楼之不朽也。

1. 文中画波浪线的部分有三处需要断句，请将相应位置的答案标号涂黑。

止于贮Ⓐ妓女Ⓑ藏歌舞Ⓒ非骚人Ⓓ之事Ⓔ吾所Ⓕ不取。

2. 下列各组语句中，加点词的意义或用法不相同的一组是（　　）

A. 比屋皆然　　比去，以手阖门

B. 不可具状　　此人一一为具言所闻

C. 送夕阳，迎素月　　素湍绿潭，回清倒影

D. 亦谪居之胜概也　　予观夫巴陵胜状

3. 下列各组语句中，加点词的意义或用法相同的一组是（　　）

A. 比屋皆然　　子声丁丁然

B. 被鹤氅衣　　同舍生皆被绮绣

C. 吾以至道乙未岁　　皆以美于徐公

D. 岂惧竹楼之易朽乎　　群臣吏民能面刺寡人之过者

4. 下列对原文有关内容的概述或赏析，不正确的一项是（　　）

A. 作者通过反复渲染和描写，把竹楼诗意化，以表现谪居的乐趣和自己随缘自适的情致。

B. “夏宜急雨”一句，以声写境，不仅表现竹楼的清雅，更暗喻作者身处贬谪的豁达胸襟。

C. 本文用谪居的乐趣，作为对屡遭贬谪的一种“反抗”，抒发了作者内心对现实的不满。

D. 文章笔调轻快而又含蓄蕴藉，直抒胸臆，多用排比，巧于渲染，意境清幽，富于诗味。

5. 把文中画横线的句子翻译成现代汉语。

（1）竹之为瓦，仅十稔；若重覆之，得二十稔。

（2）后之人与我同志，嗣而葺之，庶斯楼之不朽也。

6. 本文与刘禹锡的《陋室铭》有异曲同工之妙，请结合两篇文章的内容，找出二者的共性。

山不在高，有仙则名。水不在深，有龙则灵。斯是陋室，惟吾德馨。苔痕上阶绿，草色入帘青。谈笑有鸿儒，往来无白丁。可以调素琴，阅金经。无丝竹之乱耳，无案牍之劳形。南阳诸葛庐，西蜀子云亭。孔子云：何陋之有？

书《洛阳名园记》后

李格非

洛阳处天下之中，挟殽、黾之阻，当秦、陇之襟喉，而赵、魏之走集，盖四方必争之地也。天下当无事则已，有事则洛阳必先受兵。予故尝曰：“洛阳之盛衰，天下治乱之候也。”

唐贞观、开元之间，公卿贵戚开馆列第于东都者，号千有余邸。及其乱离，继以五季之酷，其池塘竹树，兵车蹂蹴，废而为丘墟；高亭大榭，烟火焚燎，化而为灰烬，与唐共灭而俱亡，无余处矣。予故尝曰：“园圃之兴废，洛阳盛衰之候也。”

且天下之治乱，候于洛阳之盛衰而知；洛阳之盛衰，候于园圃之兴废而得，则《名园记》之作，予岂徒然哉？

呜呼！公卿大夫方进于朝放乎一己之私自为之而忘天下之治忽，欲退享此，得乎？唐之末路是已。

1. 文中画波浪线的部分有三处需要断句，请将相应位置的答案标号涂黑。

公卿大夫Ⓐ方进Ⓑ于朝Ⓒ放乎Ⓓ一己之私Ⓔ自为之Ⓕ而忘天下Ⓖ之治忽。

2. 下列各组语句中，加点词的意义或用法相同的一组是（　　）

A. 予故尝曰　　予尝求古仁人之心

B. 天下治乱之候也　　一宫之间，而气候不齐

C.园圃之兴废　　百废待兴

D.予岂徒然哉　　安陵以五十里之地存者，徒以有先生也

3. 下列各组语句中，加点词的意义或用法不相同的一组是（　　）

A. 当秦、陇之襟喉　　天下治乱之候也

B. 而赵、魏之走集　　废而为丘墟

C. 天下当无事则已　　有事则洛阳必先受兵

D. 公卿贵戚开馆列第于东都者　　候于洛阳之盛衰而知

4. 下列对原文有关内容的概述或赏析，不正确的一项是（　　）

A. 作者运用类比推理的方法，更有助于说明作记目的，增添了文章的论辩力量。

B. 从园林的盛衰，可以看出天下的治乱，这是作者纵观洛阳园林得出的深刻认识。

C. 作者借唐讽宋，表现了他对衰微国势的清醒认识和深刻忧虑，是在给统治者敲警钟。

D. “书……后”，就是“跋”，其内容可以是说明编写情况，阐述观点、原则，也可以介绍或评价作品。

5. 把文中画横线的句子翻译成现代汉语。

（1）挟殽、黾之阻，当秦、陇之襟喉，而赵、魏之走集。

（2）高亭大榭，烟火焚燎，化而为灰烬，与唐共灭而俱亡，无余处矣。

6. 作者论述井然有序，以小见大，体现出他对天下大势的关切。结合全文内容，说说作者是如何论述“洛阳名园”和“天下治乱”的关系的。

严先生祠堂记

范仲淹

先生，光武之故人也，相尚以道。及帝握《赤符》，乘六龙，得圣人之时，臣妾亿兆，天下孰加焉？惟先生以节高之。既而动星象，归江湖，得圣人之清，泥涂轩冕，天下孰加焉？惟光武以礼下之。

在《蛊》之上九，众方有为，而独“不事王侯，高尚其事”，先生以之；在《屯》之初九，阳德方亨，而能“以贵下贱，大得民也”，光武以之。盖先生之心，出乎日月之上；光武之量，包乎天地之外。微先生不能成光武之大，微光武岂能遂先生之高哉？而使贪夫廉，懦夫立，是大有功于名教也。

仲淹来守是邦，始构堂而奠焉，乃复为其后者四家，以奉祠事。又从而歌曰：云山苍苍，江水泱泱，先生之风，山高水长。

联读材料

严光，字子陵，一名遵，会稽余姚人也。少有高名，与光武同游学。及光武即位，乃变名姓，隐身不见。帝思其贤，乃令以物色访之。后齐国上言："有一男子，披羊裘钓泽中。"帝疑其光，乃备安车玄纁，遣使聘之。三反而后至。舍于北军，给床褥，太官朝夕进膳。

司徒侯霸与光素旧，遣使奉书。使人因谓光曰："公闻先生至，区区欲即诣造，迫于典司，是以不获。愿因日暮，自屈语言。"光不答，乃投札与之，口授曰："君房足下：位至鼎足，甚善。怀仁辅义天下悦，阿谀顺旨要领绝。"霸得书，封奏之。帝笑曰："狂奴故态也。"车驾即日幸其馆。光卧不起，帝即其卧所，抚光腹曰："咄咄子陵，不可相助为理邪？"光又眠不应，良久，乃张目熟视，曰："昔唐尧著德，巢父洗耳。士故有志，何至相迫乎！"帝曰："子陵，我竟不能下汝邪？"于是升舆叹息而去。

复引光入，论道旧故，相对累日。帝从容问光曰："朕何如昔时？"对曰："陛下差增于往因共偃卧光以足加帝腹上明日太史奏客星犯御坐甚急。"帝笑曰："朕故人严子陵共卧耳。"

除为谏议大夫，不屈，乃耕于富春山，后人名其钓处为严陵濑焉。建武十七年，复特征，不至。年八十，终于家。帝伤惜之，诏下郡县赐钱百万，谷千斛。

（选自《后汉书·严光传》）

1. 文中画波浪线的部分有四处需要断句，请将相应位置的答案标号涂黑。

陛下差增于往Ⓐ因Ⓑ共偃卧Ⓒ光以足加Ⓓ帝腹上Ⓔ明日Ⓕ太史奏Ⓖ客星犯Ⓗ御坐Ⓘ甚急。

2. 下列对文中加点的词语及相关内容的解说，不正确的一项是（　　）

A. 臣妾，这里是名词的意动用法，以……为臣妾，引申为统治。

B. 初九，《周易》中《屯》卦第一位的阳爻。初九阳爻象征着尊贵。

C. 玄纁，色彩名称，指黑色和浅红色的布帛，也指帝王用作延聘贤士的礼品。

D. 鼎足，东汉以太尉、司空、司徒为三公，如一鼎三足。文中，侯霸位未至鼎足。

3. 下列各组语句中，加点词的意义和用法都不相同的一组是（　　）

A. 先生以之　　是以不获　　B. 微先生不能成光武之大　　微斯人，吾谁与归

C. 乃变名姓　　不可久居，乃记之而去　　D. 使人因谓光曰　　余因得遍观群书

4. 下列对原文和材料有关内容的概述或赏析，不正确的一项是（　　）

A. 范仲淹来此州任职时，开始兴建严光祠堂以祭奠。他写这篇文章意在赞扬严光不慕富贵、淡泊名利的品格。

B. 严光是会稽余姚人，曾与光武帝一同游学。刘秀即位后，严光隐姓埋名，避至他乡，后隐于富春山耕读垂钓。

C. 面对旧交司徒侯霸，严光提出"怀仁辅义天下悦，阿谀顺旨要领绝"的主张，可见他对故友的欣赏。

D.《严先生祠堂记》中不单只写严先生一人，还写了光武帝，"微先生不能成光武之大，微光武岂能遂先生之高哉"，二人互相成就。

5. 把文中画横线的句子翻译成现代汉语。

（1）泥涂轩冕，天下孰加焉？惟光武以礼下之。

（2）帝思其贤，乃令以物色访之。

6. 范仲淹在《严先生祠堂记》中赞“先生之高”，请从《严光传》中概括“高”表现在哪里。

岳阳楼记

范仲淹

庆历四年春，滕子京谪守巴陵郡。越明年，政通人和，百废具兴，乃重修岳阳楼，增其旧制，刻唐贤今人诗赋于其上，属予作文以记之。

予观夫巴陵胜状，在洞庭一湖。衔远山，吞长江，浩浩汤汤，横无际涯，朝晖夕阴，气象万千，此则岳阳楼之大观也，前人之述备矣。然则北通巫峡，南极潇湘，迁客骚人，多会于此，览物之情，得无异乎？

若夫淫雨霏霏，连月不开，阴风怒号，浊浪排空，日星隐曜，山岳潜形，商旅不行，樯倾楫摧，薄暮冥冥，虎啸猿啼。登斯楼也，则有去国怀乡，忧谗畏讥，满目萧然，感极而悲者矣。

至若春和景明，波澜不惊，上下天光，一碧万顷，沙鸥翔集，锦鳞游泳，岸芷汀兰，郁郁青青。而或长烟一空，皓月千里，浮光耀金，静影沉璧，渔歌互答，此乐何极！登斯楼也，则有心旷神怡宠辱偕忘把酒临风其喜洋洋者矣。

嗟夫！予尝求古仁人之心，或异二者之为，何哉？不以物喜，不以己悲，居庙堂之高则忧其民，处江湖之远则忧其君。是进亦忧，退亦忧。然则何时而乐耶？其必曰“先天下之忧而忧，后天下之乐而乐”欤！噫！微斯人，吾谁与归？

1. 文中画波浪线的部分有三处需要断句，请将相应位置的答案标号涂黑。

   则有心旷Ⓐ神怡Ⓑ宠辱Ⓒ偕忘Ⓓ把酒Ⓔ临风Ⓕ其喜Ⓖ洋洋Ⓗ者矣。

2. 下列对文中加点的词语及相关内容的解说，不正确的一项是（　　）

   A. 谪，贬谪。与《琵琶行》中“谪居卧病浔阳城”的“谪”意思相同。

   B. 属，嘱托。与《赤壁赋》中“举酒属客”的“属”意思相同。

   C. 国，国都。与《春望》中“国破山河在”的“国”意思相同。

   D. 把，持、执。与《饮湖上初晴后雨》中“欲把西湖比西子”的“把”意思不同。

3. 下列各组语句中，加点词的意义和用法都相同的一组是（　　）

   A. 此则岳阳楼之大观也　　则有去国怀乡　　B. 前人之述备矣　　予尝求古仁人之心

   C. 而或长烟一空　　或异二者之为　　D. 此乐何极　　然则何时而乐耶

4. 下列对原文有关内容的分析，不正确的一项是（　　）

   A.“政通人和，百废具兴”一句，凝练地概括出滕子京的政绩，引出了重修岳阳楼之事。

   B.“衔远山，吞长江”中的“衔”和“吞”，形象地写出了洞庭湖浩瀚磅礴的非凡气势。

C. 第三段和第四段采用对比手法描写洞庭景色，一阴一晴，传达出作者由悲到喜的情感变化。

D.“先天下之忧而忧，后天下之乐而乐”一句，超越了单纯写景抒情的境地，抒发作者的政治抱负。

5. 把文中画横线的句子翻译成现代汉语。

（1）然则北通巫峡，南极潇湘，迁客骚人，多会于此，览物之情，得无异乎？

（2）居庙堂之高则忧其民，处江湖之远则忧其君。

6. 文章三、四两段的描写和抒情，是怎样引出最后一段“先天下之忧而忧，后天下之乐而乐”的议论的？

谏院提名记

司马光

古者谏无官，自公、卿、大夫，至于工、商，无不得谏者。汉兴以来始置官。夫以天下之政四海之众得失利病萃于一官使言之其为任亦重矣。居是官者，当志其大，舍其细；先其急，后其缓；专利国家，而不为身谋。彼汲汲于名者，犹汲汲于利也，其间相去何远哉！

天禧初，真宗诏置谏官六员，责其职事。庆历中，钱君始书其名于版。光恐久而漫灭，嘉祐八年，刻著于石。后之人将历指其名而议之曰：某也忠，某也诈，某也直，某也曲。呜呼！可不惧哉？

1. 文中画波浪线的部分有四处需要断句，请将相应位置的答案标号涂黑。

夫以天下Ⓐ之政Ⓑ四海Ⓒ之众Ⓓ得失Ⓔ利病Ⓕ萃于一官Ⓖ使言之Ⓗ其为任Ⓘ亦重矣。

2. 下列各组语句中，加点词的意义或用法相同的一组是（　　）

A. 而不为身谋　　会盟而谋弱秦

B. 责其职事　　责臣逋慢

C. 后之人将历指其名而议之曰　　今臣尽忠竭诚，毕议愿知

D. 某也直　　张尾伸须，直龁敌领

3. 下列各组语句中，加点词的意义和用法相同的一组是（　　）

A. 无不得谏者　　岂得之难而失之易欤

B. 汉兴以来始置官　　至丹以荆卿为计，始速祸焉

C. 而不为身谋　　时矫首而遐观

D. 刻著于石　　而青于蓝

4. 下列对原文有关内容的概述或赏析，不正确的一项是（　　）

A. 文章开篇以“古者谏无官”起笔，后简要介绍谏官制度设置的历史，为后文强调谏官的重要性奠定了基础。

B.“专利国家，而不为身谋”将儒家“天下为公”的思想高度浓缩，这一道德要求高于范仲淹的“先

忧后乐”。

C. 作者详细列举历代谏官姓名及其事迹，旨在通过具体案例示范正直敢言的风气，体现以史为鉴的写作意图。

D. 本文借古讽今，旨在告诫谏官要为后世留下忠直的美名，体现了司马光赞扬忠臣、贬斥奸臣、不为身谋的精神。

5. 把文中画横线的句子翻译成现代汉语。

（1）居是官者，当志其大，舍其细。

（2）彼汲汲于名者，犹汲汲于利也，其间相去何远哉！

6. 细读文章第二段，用自己的话说说为什么要将谏官的名字刻在石头上。

义田记

钱公辅

范文正公，苏人也。平生好施与，择其亲而贫、疏而贤者，咸施之。方贵显时，置负郭[①]常稔之田[②]千亩，号曰“义田”，以养济群族之人。日有食，岁有衣，嫁娶凶葬皆有赡。择族之长而贤者主其计，而时共出纳焉。日食，人一升；岁衣，人一缣。嫁女者五十千，再嫁者三十千；娶妇者三十千，再娶者十五千；葬者如再嫁之数，葬幼者十千。族之聚者九十口，岁入给稻八百斛，以其所入，给其所聚，沛然有余而无穷。屏[③]而家居俟代者与焉，仕而居官者罢莫给。此其大较也。

初，公之未贵显也，尝有志于是矣，而力未逮者二十年。既而为西帅，及参大政[④]，于是始有禄赐之入，而终其志。公既殁，后世子孙修其业，承其志，如公之存也。公虽位充禄厚，而贫终其身。殁之日身无以为敛子无以为丧惟以施贫活族之义遗其子而已。

昔晏平仲敝车羸马，桓子曰：“是隐君之赐也。”晏子曰：“自臣之贵，父之族，无不乘车者；母之族，无不足于衣食者；妻之族，无冻馁者；齐国之士，待臣而举火者三百余人。如此，而为隐君之赐乎？彰君之赐乎？”于是齐侯以晏子之觞，而觞桓子。予尝爱晏子好仁，齐侯知贤，而桓子服义也。又爱晏子之仁有等级，而言有次第也。先父族，次母族，次妻族，而后及其疏远之贤。孟子曰：“亲亲而仁民，仁民而爱物。”晏子为近之。今观文正公之义田，贤于平仲，其规模远举，又疑过之。

呜呼！世之都三公位，享万钟禄，其邸第之雄、车舆之饰、声色之多、妻孥之富，止乎一己而已，而族之人不得其门者，岂少也哉？况于施贤乎！其下为卿，为大夫，为士，廪稍之充、奉养之厚，止乎一己而已，而族之人操壶瓢为沟中瘠者，又岂少哉？况于它人乎！是皆公之罪人也。

公之忠义满朝廷，事业满边隅，功名满天下，后世必有史官书之者，予可无录也。独高其义，因以遗其世云。

注：①负郭：靠近城郭。负，背倚。②常稔之田：常熟之田，良田。稔，庄稼成熟。③屏（bǐng）：避退、隐退。④参大政：指范仲淹任枢密副使、参知政事。

1. 文中画波浪线的部分有四处需要断句，请将相应位置的答案标号涂黑。

殁之日Ⓐ身Ⓑ无以为敛Ⓒ子Ⓓ无以为丧Ⓔ惟以施贫Ⓕ活族之义Ⓖ遗其子而已。

2. 下列对文中加点的词语及相关内容的解说，不正确的一项是（　　）

A. 日，每天。与《劝学》中“君子博学而日参省乎己”的“日”用法相同。

B. 觞，盛满酒的酒杯。这里是名词活用作动词，意思是让桓子喝酒。

C. 尝，常常。与《六国论》中“赵尝五战于秦”的“尝”意思相同。

D. 过，超过。与《季氏将伐颛臾》中“无乃尔是过与”的“过”意思相同。

3. 下列各组语句中，加点词的意义或用法不相同的一组是（　　）

A. 以养济群族之人　　焚百家之言，以愚黔首

B. 于是始有禄赐之入　　千呼万唤始出来

C. 承其志，如公之存也　　予独爱莲之出淤泥而不染

D. 无不足于衣食者　　自吾氏三世居是乡，积于今六十岁矣

4. 下列对原文有关内容的概述或赏析，不正确的一项是（　　）

A. 范仲淹为接济有困难的族人，设立了义田，用田地收入来支付族人的吃穿用度，即便他死后，后世子孙依然延续这一做法。

B. 范仲淹对义田的收入有详细的规划和分配：每天有固定的粮食供应，每年有固定的衣物供应，婚丧嫁娶有固定的钱财供应。

C. 写春秋时鲁国宰相晏婴“彰君之赐”的故事，是为了表明范仲淹设置义田与“晏子好仁”一脉相承，范仲淹和晏子一样了不起。

D. 文中既有范仲淹对人、对己的对比，又有与古人的对比，还有与当世之人的对比。通过对比，突出了范仲淹设置义田的美德懿行。

5. 把文中画横线的句子翻译成现代汉语。

（1）平生好施与，择其亲而贫、疏而贤者，咸施之。

（2）公之未贵显也，尝有志于是矣，而力未逮者二十年。

6. 后人评范仲淹“智谋过人”，文中哪些内容能体现其“智谋”？请简要概括。

袁州州学记

李觏

皇帝二十有三年，制诏州县立学。惟时守令，有哲有愚。有屈力殚虑，祗顺德意；有假官借师，苟具文书。或连数城，亡诵弦声。倡而不和，教尼不行。

三十有二年，范阳祖君无择知袁州。始至进诸生知学宫阙状大惧人材放失儒效阔疏亡以称上意旨。通判颍川陈君侁，闻而是之，议以克合。相旧夫子庙狭隘不足改为，乃营治之东。厥土燥刚，厥位面阳，厥材孔良。殿堂门庑，黝垩丹漆，举以法。故生师有舍，庖廪有次。百尔器备，并手偕作。工善吏勤，晨夜展力，越明年成。

舍菜且有日，盱江李觏谂于众曰："惟四代之学，考诸经可见已。秦以山西鏖六国，欲帝万世，刘氏一呼而关门不守，武夫健将卖降恐后，何耶？《诗》《书》之道废，人惟见利而不闻义焉耳。孝武乘丰富，世祖出戎行，皆孳孳学术。俗化之厚，延于灵、献。草茅危言者，折首而不悔；功烈震主者，闻命而释兵。群雄相视，不敢去臣位，尚数十年。教道之结人心如此。今代遭圣神，尔袁得圣君，俾尔由庠序践古人之迹。天下治，则谭礼乐以陶吾民；一有不幸，尤当仗大节，为臣死忠，为子死孝。使人有所赖，且有所法，是惟朝家教学之意。若其弄笔墨以徼利达而已，岂徒二三子之羞，抑亦为国者之忧。

1. 文中画波浪线的部分有五处需要断句，请将相应位置的答案标号涂黑。

始至Ⓐ进诸生Ⓑ知学宫Ⓒ阙状Ⓓ大惧Ⓔ人材Ⓕ放失Ⓖ儒效Ⓘ阔疏Ⓗ亡以称上意旨。

2. 下列各组语句中，加点词的意义或用法相同的一组是（　　）

A. 范阳祖君无择知袁州　　居则曰："不吾知也！"

B. 庖廪有次　　又间令吴广之次所旁丛祠中

C. 延于灵、献　　余人各复延至其家

D. 群雄相视　　水石相搏

3. 下列各组语句中，加点词的意义和用法都相同的一组是（　　）

A. 闻而是之　　觉今是而昨非

B. 秦以山西鏖六国　　臣以供养无主，辞不赴命

C. 折首而不悔　　闻命而释兵

D. 教道之结人心如此　　师道之不传也久矣

4. 下列对原文有关内容的概述或赏析，不正确的一项是（　　）

A. 本文叙述了袁州学馆建造的经过，并阐述了作者对立学兴教重要性的看法。开篇通过各地官员对设立学馆、兴办教育的不同态度，引出中心思想。

B. 陈侁觉得旧有的夫子庙太狭窄，决定在东北角新建学馆。作者记叙时，并无称道祖无择之语，也没有赞赏陈通判办学雷厉风行的描述。

C. 作者认为，秦国废弃了诗书教化之道，从而加速了秦的灭亡；汉武帝、汉光武帝努力发扬儒家学说，将淳厚的风俗教化一直延续。

D. 文章风格庄重，凝厚质实；议论切中时弊，逻辑性强；结构上前后对比，形成映衬，颇见作者深邃、严谨的思想风貌。

5. 把文中画横线的句子翻译成现代汉语。

（1）今代遭圣神，尔袁得圣君，俾尔由庠序践古人之迹。

（2）一有不幸，尤当仗大节，为臣死忠，为子死孝。

6. 袁州学馆很快建成的原因是什么？请结合全文内容进行分析。

朋党论

欧阳修

臣闻朋党之说，自古有之，惟幸人君辨其君子小人而已。大凡君子与君子，以同道为朋；小人与小人，以同利为朋。此自然之理也。

然臣谓小人无朋，惟君子则有之。其故何哉？小人所好者，禄利也；所贪者，财货也。当其同利之时，暂相党引以为朋者，伪也。及其见利而争先，或利尽而交疏，则反相贼害，虽其兄弟亲戚，不能相保。故臣谓小人无朋，其暂为朋者，伪也。君子则不然。所守者道义，所行者忠信，所惜者名节。以之修身，则同道而相益；以之事国，则同心而共济。终始如一，此君子之朋也。故为人君者，但当退小人之伪朋，用君子之真朋，则天下治矣。

尧之时，小人共工、驩兜等四人为一朋，君子八元、八恺十六人为一朋。舜佐尧，退四凶小人之朋，而进元、恺君子之朋，尧之天下大治。及舜自为天子，而皋、夔、稷、契等二十二人并立于朝，更相称美，更相推让，凡二十二人为一朋，而舜皆用之，天下亦大治。《书》曰："纣有臣亿万，惟亿万心；周有臣三千，惟一心。"纣之时，亿万人各异心，可谓不为朋矣，然纣以亡国。周武王之臣三千人为一大朋，而周用以兴。后汉献帝时，尽取天下名士囚禁之，目为党人。及黄巾贼起汉室大乱后方悔悟尽解党人而释之然已无救矣。唐之晚年，渐起朋党之论。及昭宗时，尽杀朝之名士，或投之黄河，曰"此辈清流，可投浊流"。而唐遂亡矣。

夫前世之主，能使人人异心不为朋，莫如纣；能禁绝善人为朋，莫如汉献帝；能诛戮清流之朋，莫如唐昭宗之世。然皆乱亡其国。更相称美、推让而不自疑，莫如舜之二十二臣，舜亦不疑而皆用之。然而后世不诮舜为二十二人朋党所欺，而称舜为聪明之圣者，以能辨君子与小人也。周武之世，举其国之臣三千人共为一朋，自古为朋之多且大莫如周，然周用此以兴者，善人虽多而不厌也。

嗟呼！治乱兴亡之迹，为人君者可以鉴矣！

1. 文中画波浪线的部分有四处需要断句，请将相应位置的答案标号涂黑。

及黄巾Ⓐ贼起Ⓑ汉室Ⓒ大乱Ⓓ后Ⓕ方悔悟Ⓖ尽解Ⓗ党人Ⓘ而释之Ⓙ然已无救矣。

2. 下列对文中加点的词语及相关内容的解说，正确的一项是（　　）

A. 幸，表希望的语气副词。与《阿房宫赋》中"缦立远视，而望幸焉"的"幸"意思相同。

B. 目，名词活用为动词，视同。与《石钟山记》中"事不目见耳闻"的"目"用法相同。

C. 绝，阻绝。与《劝学》中"非能水也，而绝江河"的"绝"意思相同。

D. 世，时代。与《桃花源记》中"问今是何世"的"世"意思相同。

3. 下列各组语句中，加点词的意义和用法都相同的一组是（　　）

A. 以同利为朋　　不赂者以赂者丧

B. 或利尽而交疏　　予尝求古仁人之心，或异二者之为

C. 虽其兄弟亲戚，不能相保　　故余虽愚，卒获有所闻

D. 君子则不然　　用君子之真朋，则天下治矣

4. 下列对原文有关内容的概述或赏析，不正确的一项是（　　）

A. 全文通篇对比，具有深刻的揭露作用和强大的批判力量，排比、对偶的穿插运用，又增加了文章议论的气势。

B. 因不害怕被政敌斥责结为朋党，作者开篇即明确表示“朋党”“自古有之”的观点，从而夺取了政敌的武器，使自己立于不败之地。

C. 在比较君子与小人结朋党的不同原因和结果后，作者指出，人君如果能斥退小人结的假朋党，进用君子结的真朋党，天下就太平了。

D. 作者在大量列举历史事实的基础上，论证了用“君子之真朋”则国兴，用“小人之伪朋”则国亡的道理，可谓有理有据，剖析透辟。

5. 把文中画横线的句子翻译成现代汉语。

（1）以之修身，则同道而相益；以之事国，则同心而共济。

（2）然周用此以兴者，善人虽多而不厌也。

6. 请简要分析在第三段中作者是怎样论证自己的观点的。

纵囚论

欧阳修

信义行于君子，而刑戮施于小人。刑入于死者，乃罪大恶极，此又小人之尤甚者也。宁以义死，不苟幸生，而视死如归，此又君子之尤难者也。方唐太宗之六年录大辟囚三百余人纵使还家约其自归以就死。是以君子之难能，期小人之尤者以必能也。其囚及期而卒自归无后者，是君子之所难，而小人之所易也。此岂近于人情哉？

或曰：罪大恶极，诚小人矣。及施恩德以临之，可使变而为君子。盖恩德入人之深，而移人之速，有如是者矣。曰：太宗之为此，所以求此名也。然安知夫纵之去也，不意其必来以冀免，所以纵之乎？又安知夫被纵而去也，不意其自归而必获免，所以复来乎？夫意其必来而纵之，是上贼下之情也；意其必免而复来，是下贼上之心也。吾见上下交相贼以成此名也，乌有所谓施恩德与夫知信义者哉？不然，太宗施德于天下，于兹六年矣，不能使小人不为极恶大罪，而一日之恩，能使视死如归，而存信义，此

又不通之论也。

然则何为而可？曰：纵而来归，杀之无赦。而又纵之，而又来，则可知为恩德之致尔。然此必无之事也。若夫纵而来归而赦之，可偶一为之尔；若屡为之，则杀人者皆不死，是可为天下之常法乎？不可为常者，其圣人之法乎？是以尧、舜、三王之治，必本于人情，不立异以为高，不逆情以干誉。

1. 文中画波浪线的部分有三处需要断句，请将相应位置的答案标号涂黑。

方唐太宗Ⓐ之六年Ⓑ录大辟Ⓒ囚三百余人Ⓓ纵使还家Ⓔ约其自归Ⓕ以就死。

2. 下列对文中加点的词语及相关内容的解说，正确的一项是（　　）

A. 卒，死去。与《陈情表》中“保卒余年”的“卒”意思不同。

B. 诚，的确。与《谏太宗十思疏》中“必竭诚以待下”的“诚”意思相同。

C. 贼，盗窃，这里指窥察。与《大道之行也》中“盗窃乱贼而不作”的“贼”意思相同。

D. 法，法律。与《陈涉世家》中“失期，法皆斩”的“法”用法不同。

3. 下列各组语句中，加点词的意义及用法相同的一组是（　　）

A. 是以君子之难能　　是以先帝简拔以遗陛下　　B. 所以求此名也　　此先汉所以兴隆也

C. 于兹六年矣　　所恶有甚于死者　　D. 其圣人之法乎　　其真无马耶

4. 下列对原文有关内容的概述或赏析，不正确的一项是（　　）

A.《纵囚论》历来被认为是我国古代说理文中的名篇，文章以观点鲜明、逻辑严密、中心突出取胜。

B. 文章通过议论，指出纵囚不近情理，鲜亮地表达了欧阳修顺应人情、严厉法治的政治观点。

C. 作者认为“宁以义死，不苟幸生，而视死如归”的举动，只有君子做得到，小人是做不到的。

D. 文章透过现象看本质，推测太宗与死囚的心理，一反前人赞许，道出纵囚与自归的动机。

5. 把文中画横线的句子翻译成现代汉语。

（1）又安知夫被纵而去也，不意其自归而必获免，所以复来乎？

（2）不立异以为高，不逆情以干誉。

6. 作者是如何让自己的观点具有说服力的？请梳理本文的论证思路。

释秘演诗集序

欧阳修

予少以进士游京师，因得尽交当世之贤豪。然犹以谓国家臣一四海，休兵革，养息天下以无事者四十年，而智谋雄伟非常之士，无所用其能者，往往伏而不出，山林屠贩，必有老死而世莫见者，欲从而求之不可得。

其后得吾亡友石曼卿。曼卿为人，廓然有大志。时人不能用其材，曼卿亦不屈以求合。无所放其意则往往从布衣野老酣嬉淋漓颠倒而不厌。予疑所谓伏而不见者，庶几狎而得之，故尝喜从曼卿游，欲因以阴求天下奇士。

浮屠秘演者，与曼卿交最久，亦能遗外世俗，以气节自高。二人欢然无所间，曼卿隐于酒，秘演隐于浮屠，皆奇男子也。然喜为歌诗以自娱，当其极饮大醉，歌吟笑呼，以适天下之乐，何其壮也！一时贤士，皆愿从其游，予亦时至其室。十年之间，秘演北渡河，东之济、郓，无所合，困而归，曼卿已死，秘演亦老病。嗟夫！二人者，予乃见其盛衰，则予亦将老矣！

夫曼卿诗辞清绝，尤称秘演之作，以为雅健有诗人之意。秘演状貌雄杰，其胸中浩然，既习于佛，无所用，独其诗可行于世，而懒不自惜。已老，胠其橐，尚得三四百篇，皆可喜者。

曼卿死，秘演漠然无所向。闻东南多山水，其巅崖崛峍，江涛汹涌，甚可壮也，遂欲往游焉。足以知其老而志在也。于其将行，为叙其诗，因道其盛时以悲其衰。

1. 文中画波浪线的部分有三处需要断句，请将相应位置的答案标号涂黑。

无所放Ⓐ其意Ⓑ则往往从布衣Ⓒ野老Ⓓ酣嬉Ⓔ淋漓Ⓕ颠倒Ⓖ而不厌。

2. 下列对文中加点的词语及相关内容的解说，正确的一项是（　　）

A. 非常，卓越不凡。与《鸿门宴》中“备他盗之出入与非常也”的“非常”意思相同。

B. 时，经常。与《论语》中“学而时习之”的“时”意思相同。

C. 困，困窘。与《赤壁赋》中“此非孟德之困于周郎者乎”的“困”意思相同。

D. 漠然，茫然。与成语“漠然置之”的“漠然”意思不同。

3. 下列各组语句中，加点词的意义和用法都不相同的一组是（　　）

A. 因得尽交当世之贤豪　　人多以书假余，余因得遍观群书

B. 欲因以阴求天下奇士　　咨臣以当世之事

C. 秘演北渡河，东之济、郓　　往之女家，必敬必戒

D. 予乃见其盛衰　　乃不知有汉，无论魏晋

4. 下列对原文有关内容的概述或赏析，不正确的一项是（　　）

A. 本文是欧阳修为释秘演诗集作的序，讲述了好友石曼卿和秘演的相交，作者意在用石曼卿之奇引出并反衬释秘演之奇。

B. 借代是指借用其他词句或者名称来代替经常使用的词，是一种修辞技巧，黔首、布衣、野老、黎民等都代指平民百姓。

C. 好友曼卿去世了，秘演胸中却依然有着浩然之气，坚持要去壮游，仍然保持着一种“老而志在”的状态。

D. 文章通过记述两位怀才不遇的奇士的盛衰变化，抒发了对他们的同情以及对当时众多人才被埋没的无限感慨。

5. 把文中画横线的句子翻译成现代汉语。

（1）然喜为歌诗以自娱，当其极饮大醉，歌吟笑呼，以适天下之乐，何其壮也！

（2）夫曼卿诗辞清绝，尤称秘演之作，以为雅健有诗人之意。

6. 本文在塑造释秘演的人物形象时，并不平铺直叙，而是采用多种手法，请结合原文分析作者是怎样塑造人物形象的。

梅圣俞诗集序

欧阳修

予闻世谓诗人少达而多穷，夫岂然哉？盖世所传诗者，多出于古穷人之辞也。凡士之蕴其所有而不得施于世者，多喜自放于山巅水涯之外，见虫鱼草木、风云鸟兽之状类，往往探其奇怪，内有忧思感愤之郁积，其兴于怨刺，以道羁臣寡妇之所叹，而写人情之难言。盖愈穷则愈工，然则非诗之能穷人，殆穷者而后工也。

予友梅圣俞，少以荫补为吏，累举进士，辄抑于有司，困于州县凡十余年。年今五十，犹从辟书，为人之佐，郁其所蓄不得奋见于事业。其家宛陵，幼习于诗，自为童子，出语已惊其长老。既长，学乎六经仁义之说，其为文章，简古纯粹，不求苟说于世，世之人徒知其诗而已。然时无贤愚，语诗者必求之圣俞。圣俞亦自以其不得志者，乐于诗而发之，故其平生所作，于诗尤多。世既知之矣，而未有荐于上者。昔王文康公尝见而叹曰："二百年无此作矣！"虽知之深，亦不果荐也。若使其幸得用于朝廷，作为"雅""颂"，以歌咏大宋之功德，荐之清庙，而追商、周、鲁《颂》之作者，岂不伟欤！奈何使其老不得志而为穷者之诗，乃徒发于虫鱼物类、羁愁感叹之言？世徒喜其工，不知其穷之久而将老也，可不惜哉！

圣俞诗既多，不自收拾。其妻之兄子谢景初，惧其多而易失也，取其自洛阳至于吴兴以来所作，次为十卷。予尝嗜圣俞诗而患不能尽得之遽喜谢氏之能类次也辄序而藏之。其后十五年，圣俞以疾卒于京师，余既哭而铭之，因索于其家，得其遗稿千余篇，并旧所藏，掇其尤者六百七十七篇，为一十五卷。呜呼！吾于圣俞诗，论之详矣，故不复云。庐陵欧阳修序。

1. 文中画波浪线的部分有三处需要断句，请将相应位置的答案标号涂黑。

予尝嗜圣俞诗Ⓐ而患不能Ⓑ尽Ⓒ得之Ⓓ遽喜Ⓔ谢氏之能Ⓕ类次也Ⓖ辄序Ⓗ而藏之。

2. 下列对文中加点的词语及相关内容的解说，不正确的一项是（　　）

A. 施，译为"施展"，与《论语》中"愿无伐善，无施劳"的"施"意思不同。

B. 羁臣，指宦游或贬谪异地的人，"江湖从古著羁臣"写尽古往今来仁人志士壮志未酬的愤慨。

C. 殆，意思是大概，与《六国论》中"且燕赵处秦革灭殆尽之际"意思相同。

D. 荫补，指因祖先功勋而补官。荫，子孙因前辈有功，享受恩典而被赐以官职。

3. 下列各组语句中，加点词的意义和用法都相同的一组是（　　）

A. 凡士之蕴其所有而不得施于世者　　掇其尤者六百七十七篇

B. 辄抑于有司　　因索于其家

C. 其为文章　　不知其穷之久而将老也

D. 以歌咏大宋之功德　　圣俞以疾卒于京师

4. 下列对原文有关内容的概述，不正确的一项是（　　）

A. 诗人内心郁积着许多忧思和愤慨，才能写出好的作品，诗人的处境越是困穷，写出来的诗就越精巧。

B. 梅圣俞屡次参加进士考试不中，在州县生活饱受饥荒之困，年近五十还要接受别人的聘用，做别人的助手。

C. 尽管梅圣俞的诗歌简洁古朴、精纯完美，被人称赞为“两百年未有的好作品”，却没有人向朝廷举荐他做官。

D. 作者惋惜梅圣俞未能得到朝廷的重用，终老一生而不得志，只能去写些吟咏虫鱼微物、抒发羁愁感叹的诗歌。

5. 把文中画横线的句子翻译成现代汉语。

（1）予闻世谓诗人少达而多穷，夫岂然哉？盖世所传诗者，多出于古穷人之辞也。

（2）不求苟说于世，世之人徒知其诗而已。

6. 欧阳修提出了“殆穷者而后工”的诗歌创作观点。请结合第一段的内容，谈谈作者是如何阐发这一观点的。

送杨寘序

欧阳修

予尝有幽忧之疾，退而闲居，不能治也。既而学琴于友人孙道滋，受宫声数引，久而乐之，不知其疾之在体也。

夫琴之为技小矣，及其至也，大者为宫，细者为羽，操弦骤作，忽然变之，急者凄然以促，缓者舒然以和，如崩崖裂石，高山出泉，而风雨夜至也，如怨夫寡妇之叹息，雌雄雍雍之相鸣也。其忧深思远，则舜与文王、孔子之遗音也；悲愁感愤，则伯奇孤子、屈原忠臣之所叹也。喜怒哀乐，动人必深，而纯古淡泊，与夫尧舜三代之言语、孔子之文章、《易》之忧患、《诗》之怨刺无以异。其能听之以耳，应之以手，取其和者道其湮郁写其幽思则感人之际，亦有至者焉。

予友杨君，好学有文，累以进士举，不得志。及从荫调，为尉于剑浦，区区在东南数千里外，是其心固有不平者。且少又多疾，而南方少医药，风俗饮食异宜。以多疾之体，有不平之心，居异宜之俗，其能郁郁以久乎？然欲平其心以养其疾，于琴亦将有得焉。故予作琴说以赠其行。且邀道滋酌酒，进琴以为别。

1. 文中画波浪线的部分有三处需要断句，请将相应位置的答案标号涂黑。

取其和者Ⓐ道Ⓑ其湮Ⓒ郁Ⓓ写Ⓔ其幽Ⓕ思Ⓖ则感人Ⓗ之际。

2. 下列对文中加点的词语及相关内容的解说，不正确的一项是（　　）

A. 至，意思是到达，与《六国论》中“起视四境，而秦兵又至矣”的“至”意思相同。

B. 宫、羽，都是古代音乐的音阶。宫、商、角、徵、羽是我国最古的音阶，称为“五音”。

C. 道，通假字，同“导”，意思是“疏导”，与《离骚》中“来吾道夫先路”的“道”意思不同。

D. 区区，形容小，与《陈情表》中“是以区区不能废远”的“区区”意思不同。

3. 下列各组语句中，加点词的意义和用法都相同的一组是（　　）

A. 既而学琴于友人孙道滋　　为尉于剑浦　　B. 不知其疾之在体也　　以多疾之体

C. 其忧深思远　　其能听之以耳　　D. 然欲平其心以养其疾　　故予作琴说以赠其行

4. 下列对原文有关内容的概述，不正确的一项是（　　）

A. 作者曾经得过内心过度忧伤的疾病，后来跟着朋友学习弹琴，内心疾病得以治愈。

B. 琴声千变万化，有感动人心的作用，有的使人凄然悲伤，有的使人舒然欢畅。

C. 弹琴可以排解内心的抑郁不畅，宣泄心底的忧思，让人领悟人生真谛。

D. 作者送琴给杨寘，希望他到了南方之后，平复心情，疗养身体，习得精湛的琴技。

5. 把文中画横线的句子翻译成现代汉语。

（1）急者凄然以促，缓者舒然以和，如崩崖裂石，高山出泉，而风雨夜至也。

（2）以多疾之体，有不平之心，居异宜之俗，其能郁郁以久乎？

6. 本文对琴音的描绘生动精微。请结合第二段的内容，说说作者是如何写琴音的。

五代史伶官传序

欧阳修

呜呼！盛衰之理，虽曰天命，岂非人事哉！原庄宗之所以得天下，与其所以失之者，可以知之矣。

世言晋王之将终也，以三矢赐庄宗而告之曰：“梁，吾仇也；燕王吾所立，契丹与吾约为兄弟，而皆背晋以归梁。此三者，吾遗恨也。与尔三矢，尔其无忘乃父之志！”庄宗受而藏之于庙。其后用兵，则遣从事以一少牢告庙，请其矢，盛以锦囊，负而前驱，及凯旋而纳之。

方其系燕父子以组函梁君臣之首入于太庙还矢先王，而告以成功，其意气之盛，可谓壮哉！及仇雠已灭，天下已定，一夫夜呼，乱者四应，仓皇东出，未见贼而士卒离散，君臣相顾，不知所归，至于誓天断发，泣下沾襟，何其衰也！岂得之难而失之易欤？抑本其成败之迹，而皆自于人欤？

《书》曰：“满招损，谦得益。”忧劳可以兴国，逸豫可以亡身，自然之理也。故方其盛也，举天下之豪杰，莫能与之争；及其衰也，数十伶人困之，而身死国灭，为天下笑。夫祸患常积于忽微，而智勇多困于所溺，岂独伶人也哉？

1. 文中画波浪线的部分有三处需要断句，请将相应位置的答案标号涂黑。

方其系Ⓐ燕父子Ⓑ以组Ⓒ函Ⓓ梁君臣Ⓔ之首Ⓕ入于Ⓖ太庙Ⓗ还Ⓘ矢Ⓙ先王。

2. 下列对文中加点的词语及相关内容的解说，不正确的一项是（　　）

A. 少牢，古代祭祀用的牺牲，用牛、羊、猪各一头叫“太牢”，用羊、猪各一头叫“少牢”。

B. 至于，表示上文所说的情况引出下文的结果，与《六国论》中“至于颠覆，理固宜然”的“至于”意思相同。

C. 举，意思是全，与《鸿门宴》中“杀人如不能举”的“举”意思不同。

D. 忽，意思是忽略，与《桃花源记》中“忽逢桃花林”的“忽”意思相同。

3. 下列各组语句中，加点词的意义和用法都相同的一组是（　　）

A. 以三矢赐庄宗而告之曰　　而告以成功　　　B. 契丹与吾约为兄弟　　与尔三矢

C. 尔其无忘乃父之志　　请其矢　　　D. 而皆自于人欤　　而智勇多困于所溺

4. 下列对原文有关内容的概述，不正确的一项是（　　）

A. 作者认为天下兴亡、国家盛衰的道理，与天命无关，而在于人事。

B. 庄宗用兵前请三矢，凯旋后还三矢，恪遵父命，竭诚尽智，故能有所成就。

C. “满招损，谦得益”的古训，暗寓庄宗之前谦虚谨慎终于成事，之后纵情傲物终致颠覆。

D. 逸豫亡身不限于伶人，只要是“困于所溺”，智者勇者也会因漠视“忽微”之患而积少成多，酿成大祸。

5. 把文中画横线的句子翻译成现代汉语。

（1）原庄宗之所以得天下，与其所以失之者，可以知之矣。

（2）抑本其成败之迹，而皆自于人欤？

6. 本文总结了后唐庄宗得天下而后失天下的历史教训，以史鉴今，有哪些现实意义？

五代史宦者传论

欧阳修

自古宦者乱人之国，其源深于女祸。女，色而已，宦者之害，非一端也。盖其用事也近而习，其为心也专而忍。能以小善中人之意，小信固人之心，使人主必信而亲之。待其已信，然后惧以祸福而把持之。虽有忠臣、硕士列于朝廷，而人主以为去己疏远，不若起居饮食、前后左右之亲为可恃也。故前后左右者日益亲，则忠臣、硕士日益疏，而人主之势日益孤。势孤，则惧祸之心日益切，而把持者日益牢。安危出其喜怒，祸患伏于帷闼，则向之所谓可恃者，乃所以为患也。患已深而觉之欲与疏远之臣图左右之亲近缓之则养祸而益深急之则挟人主以为质。虽有圣智，不能与谋。

谋之而不可为，为之而不可成，至其甚，则俱伤而两败。故其大者亡国，其次亡身，而使奸豪得借以为资而起，至抉其种类，尽杀以快天下之心而后已。此前史所载宦者之祸常如此者，非一世也。

夫为人主者，非欲养祸于内而疏忠臣、硕士于外，盖其渐积而势使之然也。夫女色之惑，不幸而不悟，则祸斯及矣。使其一悟，捽而去之可也。宦者之为祸，虽欲悔悟，而势有不得而去也，唐昭宗之事是已。故曰"深于女祸"者，谓此也，可不戒哉？

1. 文中画波浪线的部分有三处需要断句，请将相应位置的答案标号涂黑。

患已深Ⓐ而觉之Ⓑ欲与疏远之臣图Ⓒ左右之亲近Ⓓ缓之Ⓔ则养祸Ⓕ而益深Ⓖ急之Ⓗ则挟人主Ⓘ以为质。

2. 下列对文中加点的词语及相关内容的解说，不正确的一项是（　　）

A. 祸福，偏义复词，偏指"祸"，《鸿门宴》中"备他盗之出入与非常也"的"出入"也是同样的用法。

B. 硕士，指的是品德高尚、学问渊博之士，与今天的"硕士"含义不同。

C. 向，意为"原先"，与《兰亭集序》中"向之所欣"的"向"意思相同。

D. 斯，意为"这"，与《谏太宗十思疏》中"斯亦伐根以求木茂"的"斯"意思相同。

3. 下列各组语句中，加点词的意义和用法都相同的一组是（　　）

A. 其源深于女祸　　祸患伏于帷闼　　B. 能以小善中人之意　　然后惧以祸福而把持之

C. 而人主以为去己疏远　　捽而去之可也　　D. 则俱伤而两败　　尽杀以快天下之心而后已

4. 下列对原文有关内容的概述，不正确的一项是（　　）

A. 宦官之祸"深于女祸"，美色只是惑乱君主罢了，宦官的危害可不只有一个方面。

B. 宦官会凭借小善行来切合世道人心，用小忠小信来巩固君主的信任，进而用祸患来威吓群臣，把持朝政。

C. 君主势单力薄，怕祸的心态日渐严重，于是宦官专权就更为牢固。

D. 本文旨在揭示宦官乱国的伎俩，警告后世君王提早防范，不要渐积养祸，重蹈覆辙。

5. 把文中画横线的句子翻译成现代汉语。

（1）盖其用事也近而习，其为心也专而忍。

（2）而使奸豪得借以为资而起，至抉其种类，尽杀以快天下之心而后已。

6. 本文详细描述了宦官是如何一步步把持朝政、危害国家的。请简要概括宦官祸国的过程。

相州昼锦堂记

欧阳修

仕宦而至将相，富贵而归故乡，此人情之所荣，而今昔之所同也。盖士方穷时，困厄闾里，庸人孺子，皆得易而侮之，若季子不礼于其嫂，买臣见弃于其妻。一旦高车驷马，旗旄导前，而骑卒拥后，夹道之人相与骈肩累迹，瞻望咨嗟，而所谓庸夫愚妇者，奔走骇汗，羞愧俯伏，以自悔罪于车尘马足之间。此一介之士得志于当时，而意气之盛，昔人比之衣锦之荣者也。

惟大丞相魏国公则不然。公，相人也，世有令德，为时名卿。自公少时，已擢高科，登显士。海内之士闻下风而望余光者，盖亦有年矣。所谓将相而富贵，皆公所宜素有，非如穷厄之人侥幸得志于一时，出于庸夫愚妇之不意，以惊骇而夸耀之也。然则高牙大纛，不足为公荣，桓圭衮裳，不足为公贵。惟德被生民，而功施社稷，勒之金石播之声诗以耀后世而垂无穷此公之志而士亦以此望于公也，岂止夸一时而荣一乡哉？

公在至和中，尝以武康之节，来治于相，乃作昼锦之堂于后圃。既又刻诗于石，以遗相人。其言以快恩仇、矜名誉为可薄，盖不以昔人所夸者为荣，而以为戒。于此见公之视富贵为何如，而其志岂易量哉！故能出入将相，勤劳王家，而夷险一节。至于临大事，决大议，垂绅正笏，不动声色，而措天下于泰山之安，可谓社稷之臣矣。其丰功盛烈所以铭彝鼎而被弦歌者，乃邦家之光，非闾里之荣也。

余虽不获登公之堂，幸尝窃诵公之诗，乐公之志有成，而喜为天下道也。于是乎书。

1. 文中画波浪线的部分有三处需要断句，请将相应位置的答案标号涂黑。

勒之Ⓐ金石Ⓑ播之声Ⓒ诗Ⓓ以耀后世Ⓔ而垂Ⓕ无穷Ⓖ此公之志Ⓗ而士亦以此望于公也。

2. 下列对文中加点的词语及相关内容的解说，不正确的一项是（　　）

A. 令，形容美、善，与《论语》中“巧言令色，鲜矣仁”的“令”意思相同。

B. 高牙，指象牙羽毛装饰的大旗，一般用在军队或仪仗队中，与《望海潮》中“千骑拥高牙”的“高牙”意思相同。

C. 遗，意思是遗留，与《过秦论》中“秦无亡矢遗镞之费”的“遗”意思相同。

D. 矜，意思是看重，与《陈情表》中“愿陛下矜悯愚诚”的“矜”意思不同。

3. 下列各组语句中，加点词的意义和用法都相同的一组是（　　）

A. 仕宦而至将相　　海内之士闻下风而望余光者

B. 若季子不礼于其嫂　　此一介之士得志于当时

C. 惟大丞相魏国公则不然　　于其身也，则耻师焉

D. 不足为公荣　　而喜为天下道也

4. 下列对原文有关内容的概述，不正确的一项是（　　）

A. 士人在穷困潦倒时往往被庸人小儿欺侮，而他们一旦得势，总要衣锦还乡，做出种种炫耀富贵的庸俗行为。

B. 魏国公年少得志，做将相、享富贵，都是本来就应拥有的，他从未将衣锦还乡视为荣耀，与苏秦、朱买臣形成鲜明对比。

C. 材料中详细记述了昼锦堂的修建过程，描绘了其建筑、装饰和景致之美，赞美了魏国公的功绩德行。

D. 作者寄望天下读书人能够仿效魏国公，立志为百姓施恩德，为国家建功立业，而非为一己之荣辱。

5. 把文中画横线的句子翻译成现代汉语。

（1）于此见公之视富贵为何如，而其志岂易量哉！

（2）至于临大事，决大议，垂绅正笏，不动声色，而措天下于泰山之安，可谓社稷之臣矣。

6. 魏国公韩琦对“昼锦（白天穿的锦衣，比喻无比荣耀）”持何种态度？根据文章内容，简要谈谈他为何要将自己的堂舍命名为“昼锦堂”。

丰乐亭记

欧阳修

修既治滁之明年，夏，始饮滁水而甘，问诸滁人，得于州南百步之近。其上则丰山耸然而特立，下则幽谷窈然而深藏，中有清泉滃然而仰出。俯仰左右，顾而乐之。于是疏泉凿石，辟地以为亭，而与滁人往游其间。

滁于五代干戈之际，用武之地也。昔太祖皇帝尝以周师破李景兵十五万于清流山下，生擒其将皇甫晖、姚凤于滁东门之外，遂以平滁。修尝考其山川，按其图记，升高以望清流之关，欲求晖、凤就擒之所，而故老皆无在者，盖天下之平久矣。自唐失其政，海内分裂，豪杰并起而争，所在为敌国者，何可胜数？及宋受天命，圣人出而四海一。向之凭恃险阻，铲削消磨，百年之间，漠然徒见山高而水清。欲问其事，而遗老尽矣。今滁介江淮之间，舟车商贾、四方宾客之所不至，民生不见外事而安于畎亩衣食，以乐生送死。而孰知上之功德，休养生息，涵煦于百年之深也？

修之来此，乐其地僻而事简，又爱其俗之安闲。既得斯泉于山谷之间，乃日与滁人仰而望山，俯而听泉，掇幽芳而荫乔木，风霜冰雪，刻露清秀，四时之景无不可爱。又幸其民乐其岁物之丰成，而喜与予游也。因为本其山川道其风俗之美使民知所以安此丰年之乐者幸生无事之时也。

夫宣上恩德，以与民共乐，刺史之事也。遂书以名其亭焉。

1. 文中画波浪线的部分有三处需要断句，请将相应位置的答案标号涂黑。

因为Ⓐ本Ⓑ其山川Ⓒ道Ⓓ其风俗之美Ⓔ使民知Ⓕ所以Ⓖ安此Ⓗ丰年之乐者Ⓘ幸生Ⓙ无事之时也。

2. 下列对文中加点的词语及相关内容的解说，不正确的一项是（　　）

A. 明年，指的是第二年，与《岳阳楼记》中“越明年”的“明年”意思相同。

B. 诸，是一个兼词，“之于”，与《论语》中“君子求诸己”的“诸”用法相同。

C. 故老，指的是年高而见识多的人；遗老，指的是前朝老人或旧臣。本文中二者意思不同。

D. 掇，意思是拾取，与《短歌行》中“明明如月，何时可掇？”中的“掇”意思相同。

3. 下列各组语句中，加点词的意义和用法都相同的一组是（　　）

A. 中有清泉滃然而仰出　　掇幽芳而荫乔木

B. 用武之地也　　而喜与予游也

C. 盖天下之平久矣　　盖将自其变者而观之

D. 修之来此　　又幸其民乐其岁物之丰成

4. 下列对原文有关内容的概述，不正确的一项是（　　）

A. 滁州曾经是战争频仍之地，如今却寻找战争遗迹而不可得，说明天下太平已久。

B. 如今的滁州地处江、淮之间，舟车商贾、四方宾客往来不绝，老百姓生活富足悠闲。

C. 文章描绘了丰乐亭周边的秀丽景色与百姓之乐，寄托了珍惜安定、感念皇恩之意。

D. 本文被视为《醉翁亭记》的姐妹篇，所记的两亭同在滁州，都表达了作者与民同乐的政治理想。

5. 把文中画横线的句子翻译成现代汉语。

（1）自唐失其政，海内分裂，豪杰并起而争，所在为敌国者，何可胜数？

（2）向之凭恃险阻，铲削消磨，百年之间，漠然徒见山高而水清。

6. 作者以“丰乐”为亭子命名。请结合全文，简要分析作者之“乐”。

醉翁亭记

欧阳修

环滁皆山也。其西南诸峰，林壑尤美，望之蔚然而深秀者，琅琊也。山行六七里，渐闻水声潺潺，而泻出于两峰之间者，酿泉也。峰回路转，有亭翼然临于泉上者，醉翁亭也。作亭者谁？山之僧智仙也。名之者谁？太守自谓也。太守与客来饮于此，饮少辄醉，而年又最高，故自号曰醉翁也。醉翁之意不在酒，在乎山水之间也。山水之乐，得之心而寓之酒也。

若夫日出而林霏开云归而岩穴暝晦明变化者山间之朝暮也。野芳发而幽香，佳木秀而繁阴，风霜高洁，水落而石出者，山间之四时也。朝而往，暮而归，四时之景不同，而乐亦无穷也。

至于负者歌于涂[①]，行者休于树，前者呼，后者应，伛偻提携，往来而不绝者，滁人游也。临溪而渔，溪深而鱼肥，酿泉为酒，泉香而酒洌，山肴野蔌，杂然而前陈者，太守宴也。宴酣之乐，非丝非竹，射者中，弈者胜，觥筹交错，起坐而喧哗者，众宾欢也。苍颜白发，颓乎其中者，太守醉也。

已而夕阳在山，人影散乱，太守归而宾客从也。树林阴翳，鸣声上下，游人去而禽鸟乐也。然而禽鸟知山林之乐，而不知人之乐；人知从太守游而乐，而不知太守之乐其乐也。醉能同其乐，醒能述以文者，太守也。太守谓谁？庐陵欧阳修也。

1. 文中画波浪线的部分有三处需要断句，请将相应位置的答案标号涂黑。

若夫Ⓐ日出Ⓑ而林霏Ⓒ开Ⓓ云归Ⓔ而岩穴Ⓕ暝Ⓖ晦明Ⓗ变化者Ⓘ山间之Ⓙ朝暮也。

2. 下列对文中加点的词语及相关内容的解说，不正确的一项是（　　）

A. 临，指的是居高而下，与《赤壁赋》中“酾酒临江”的“临”意思不同。

B. 辄，意思是就，与成语“动辄得咎”“浅尝辄止”的“辄”意思相同。

C. 发，指的是花开放，与《石钟山记》中“而大声发于水上”的“发”意思不同。

D. 觥筹，觥指的是酒杯，筹指的是酒筹，是宴会上行令或游戏时饮酒计数的筹码。

3. 下列各组语句中，加点词的意义和用法都相同的一组是（　　）

A. 太守自谓也　太守谓谁

B. 在乎山水之间也　颓乎其中者

C. 得之心而寓之酒也　而不知太守之乐其乐也

D. 溪深而鱼肥　杂然而前陈者

4. 下列对原文有关内容的概述，不正确的一项是（　　）

A. 作者写醉翁亭，由山而峰，由峰而泉，由泉而亭，由亭而人，由人而酒，由酒而醉翁，再由“醉翁之意不在酒”引出“山水之乐”这一核心命意，句句相衔接不着痕迹。

B. 作者写醉翁亭早晚变化的优美景色，观察既深且细、笔触如丝，早晨有宁静之状，清新之息，傍晚则有昏暗之象，薄暮之气，以不同的景象写出了相异的境界。

C. 文章写滁人之游，分工合作，等级严明；写宴酣之乐，宴席丰盛，秩序井然。这些都体现了太守治下严明，政通人和。

D. 作者巧妙地用禽鸟之乐衬托游人之乐，又以游人之乐衬托太守之乐。但太守之乐与众不同，不是众人所能理解的。

5. 把文中画横线的句子翻译成现代汉语。

（1）野芳发而幽香，佳木秀而繁阴，风霜高洁，水落而石出者，山间之四时也。

（2）至于负者歌于涂，行者休于树，前者呼，后者应，伛偻提携，往来而不绝者，滁人游也。

6. 作者自号“醉翁”，文中写了作者“饮少辄醉”以及“颓乎其中”的种种表现，你认为太守欧阳修“醉”的原因有哪些？

秋声赋

欧阳修

欧阳子方夜读书，闻有声自西南来者，悚然而听之，曰：“异哉！”初淅沥以萧飒，忽奔腾而砰湃，如波涛夜惊，风雨骤至。其触于物也，𫓧𫓧铮铮，金铁皆鸣，又如赴敌之兵，衔枚疾走，不闻号令，但闻人马之行声。予谓童子：“此何声也？汝出视之。”童子曰：“星月皎洁，明河在天。四无人声，声在树间。”

予曰：“噫嘻，悲哉！此秋声也，胡为乎来哉？盖夫秋之为状也，其色惨淡，烟霏云敛；其容清明，天高日晶；其气栗冽，砭人肌骨；其意萧条，山川寂寥。故其为声也，凄凄切切，呼号奋发。丰草绿缛而争茂，佳木葱茏而可悦。草拂之而色变，木遭之而叶脱。其所以摧败零落者，乃一气之余烈。

“夫秋，刑官也，于时为阴，又兵象也，于行为金。是谓天地之义气，常以肃杀而为心。天之于物，春生秋实，故其在乐也，商声主西方之音，夷则为七月之律。商，伤也，物既老而悲伤。夷，戮也，物过盛而当杀。

“嗟夫！草木无情，有时飘零。人为动物，惟物之灵，百忧感其心，万事劳其形，有动乎中，必摇其精。而况思其力之所不及忧其智之所不能宜其渥然丹者为槁木黟然黑者为星星。奈何非金石之质，欲与草木而争荣？念谁为之戕贼，亦何恨乎秋声？”

童子莫对，垂头而睡。但闻四壁虫声唧唧，如助予之叹息。

1. 文中画波浪线的部分有三处需要断句，请将相应位置的答案标号涂黑。

而况Ⓐ思其力之所Ⓑ不及Ⓒ忧Ⓓ其智之所Ⓔ不能Ⓕ宜Ⓖ其渥然Ⓗ丹者Ⓘ为槁木Ⓙ黟然Ⓚ黑者Ⓛ为星星。

2. 下列对文中加点的词语及相关内容的解说，不正确的一项是（　　）

A. 霏，意思是飞散，与《醉翁亭记》中“若夫日出而林霏开”中的“霏”意思不同。

B. 余烈，意为余威，与《过秦论》中“奋六世之余烈”的“余烈”意思相同。

C. 于行为金，意思是秋天在五行上属金。五行，即金、木、水、火、土，古代以“五行”配四方和四时，金主管西方与秋季，故称秋天为“金秋”。

D. 义气，指的是天地间的严凝之气，与今天说的“义气”意思不同。

3. 下列各组语句中，加点词的意义和用法都相同的一组是（　　）

A. 初淅沥以潇飒　　木欣欣以向荣

B. 此秋声也　　刑官也

C. 胡为乎来哉　　有动乎中

D. 丰草绿缛而争茂　　草拂之而色变

4. 下列对原文有关内容的概述，不正确的一项是（　　）

A. 作者用一连串的比喻，把秋声写得具体可感，写出了秋声夜至的动态过程，突出了秋声变化的急剧和来势的猛烈。

B. 文章第二自然段，分别从秋色、秋容、秋气、秋意四个角度描摹秋状，目的是写秋声悲的由来。

C. 秋天在音乐五声中属于商声，夷则是七月的音律。商，就是伤的意思，万物衰老，就会悲伤。夷，是杀戮的意思，事物过了繁盛之期，就会遭遇杀戮。

D. 悲秋是文学的常见主题，本文沿袭传统，借着写秋天的肃杀萧条，抒发自己内心的孤独悲凉以及对世事无常的感慨。

5. 把文中画横线的句子翻译成现代汉语。

（1）其容清明，天高日晶；其气慄冽，砭人肌骨。

（2）人为动物，惟物之灵，百忧感其心，万事劳其形，有动乎中，必摇其精。

6.《文心雕龙》中说："'赋'者，铺也，铺采摛文，体物写志也。"结合对这句话的理解，阐述作者为秋声作赋，寄寓了怎样的思想感情。

祭石曼卿文

欧阳修

维治平四年七月日，具官欧阳修，谨遣尚书都省令史李敭至于太清，以清酌庶羞之奠，致祭于亡友曼卿之墓下，而吊之以文曰：

呜呼曼卿！生而为英，死而为灵。其同乎万物生死，而复归于无物者，暂聚之形；不与万物共尽，而卓然其不朽者，后世之名。此自古圣贤莫不皆然，而著在简册者昭如日星。

呜呼曼卿！吾不见子久矣，犹能仿佛子之平生。其轩昂磊落突兀峥嵘而埋藏于地下者意其不化为朽壤而为金玉之精。不然，生长松之千尺，产灵芝而九茎。奈何荒烟野蔓，荆棘纵横，风凄露下，走磷飞萤？但见牧童樵叟，歌吟而上下，与夫惊禽骇兽，悲鸣踯躅而咿嘤。今固如此，更千秋而万岁兮，安知其不穴藏狐貉与鼯鼪？此自古圣贤亦皆然兮，独不见夫累累乎旷野与荒城！

呜呼曼卿！盛衰之理，吾固知其如此，而感念畴昔，悲凉凄怆，不觉临风而陨涕者，有愧夫太上之忘情。尚飨！

联读材料

呜呼曼卿！宁自混以为高，不少屈以合世，可谓自重之士矣。士之所负者愈大，则其自顾也愈重；自顾愈重，则其合愈难。然欲与共大事，立奇功，非得难合自重之士不可为也。古之魁雄之人，未始不负高世之志，故宁或毁身污迹，卒困于无闻。或老且死，而幸一遇，犹克少施于世。若曼卿者，非徒与世难合，而不克所施，亦其不幸不得至乎中寿，其命也夫！其可哀也夫！

（选自欧阳修《石曼卿墓表》）

1. 文中画波浪线的部分有三处需要断句，请将相应位置的答案标号涂黑。

其轩昂Ⓐ磊落Ⓑ突兀Ⓒ峥嵘Ⓓ而埋藏Ⓔ于地下者Ⓕ意Ⓖ其不化Ⓗ为朽壤Ⓘ而为Ⓙ金玉之精。

2. 下列对文中加点的词语及相关内容的解说，不正确的一项是（　　）

A. 具官，唐宋以来，官吏在奏疏、函牍及其他应酬文字中，常把应写明的官职爵位，写作具官，表示谦敬。

B. 庶羞，指的是多种美味，其中"庶"意为众多，与《出师表》中"庶竭驽钝"的"庶"意思不同。

C. 仿佛，形容隐约、似有若无，此处活译为"依稀记得"，与《桃花源记》中"山有小口，仿佛若有光"的"仿佛"意思相同。

D. 但，意为"只，仅仅"，表转折，与《木兰诗》中"但闻黄河流水鸣溅溅"中的"但"意思不同。

3. 下列各组语句中，加点词的意义和用法都相同的一组是（　　）

A. 其同乎万物生死　　安知其不穴藏狐貉与鼯鼪

B. 暂聚之形　　可谓自重之士矣

C. 今固如此　　吾固知其如此

D. 独不见夫累累乎旷野与荒城　　亦其不幸不得至乎中寿

4. 下列对原文有关内容的概述，不正确的一项是（　　）

A. 治平四年七月某日，欧阳修差遣尚书都省令史李敭来到石曼卿的故乡太清，在其墓前摆下祭品，祭吊亡友，并作此文以示哀悼。

B. 石曼卿生前是英杰，死后哪怕肉身消逝，他光辉灿烂的声名也会像自古以来的圣贤之人那样流传青史。

C. 石曼卿的墓地满目皆是荒凉凄怆的景象，作者由此不禁想到：自古繁华易逝，盛极必衰。

D. 欧阳修在祭文中三呼曼卿，哀伤哽咽，悲凉凄怆，临风落泪，惭愧自己不能像圣人那样忘情。情感真挚而悲切，情调低回而凄婉，其对亡友的深切悼念感人至深。

5. 把文中画横线的句子翻译成现代汉语。

（1）其同乎万物生死，而复归于无物者，暂聚之形；不与万物共尽，而卓然其不朽者，后世之名。

（2）此自古圣贤亦皆然兮，独不见夫累累乎旷野与荒城！

6. 这两则材料都是欧阳修为挚友石曼卿所写的祭文，请简要概括两则祭文中作者哀悼的侧重点有何不同。

泷冈阡表（节选）

欧阳修

呜呼！惟我皇考崇公，卜吉于泷冈之六十年，其子修始克表于其阡，非敢缓也，盖有待也。

修不幸，生四岁而孤。太夫人守节自誓居穷自力于衣食以长以教俾至于成人。太夫人告之曰：“汝父为吏廉而好施与，喜宾客，其俸禄虽薄，常不使有余，曰：‘毋以是为我累。’故其亡也，无一瓦之覆、一垄之植以庇而为生，吾何恃而能自守耶？吾于汝父，知其一二，以有待于汝也。自吾为汝家妇，不及事吾姑，然知汝父之能养也。汝孤而幼，吾不能知汝之必有立，然知汝父之必将有后也。吾之始归也，汝父免于母丧方逾年。岁时祭祀，则必涕泣曰：‘祭而丰，不如养之薄也。’间御酒食，则又涕泣曰：‘昔常不足，而今有余，其何及也！’吾始一二见之，以为新免于丧适然耳。既而其后常然，至其终身未尝不然。吾虽不及事姑，而以此知汝父之能养也。汝父为吏，尝夜烛治官书，屡废而叹。吾问之，则曰：‘此死狱也，我求其生不得尔。’吾曰：‘生可求乎？’曰：‘求其生而不得，则死者与我皆无恨也。矧求而有得耶？以其有得，则知不求而死者有恨也。夫常求其生，犹失之死，而世常求其死也。’回顾乳者抱汝而立于旁，因指而叹曰：‘术者谓我岁行在戌将死。使其言然，吾不及见儿之立也，后当以我语告之。'其平居教他子弟，常用此语，吾耳熟焉，故能详也。其施于外事，吾不能知。其居于家，无所矜饰，而所为如此，是真发于中者耶！呜呼！其心厚于仁者耶！此吾知汝父之将必有后也。汝其勉之。夫养不必丰，要于孝；利虽不得博于物，要其心之厚于仁。吾不能教汝，此汝父之志也。"修泣而志之不敢忘。

先公少孤力学，咸平三年进士及第，为道州判官，泗、绵二州推官，又为泰州判官。享年五十有九，葬沙溪之泷冈。太夫人姓郑氏，考讳德仪，世为江南名族。太夫人恭俭仁爱而有礼，初封福昌县太君，进封乐安、安康、彭城三郡太君。自其家少微时，治其家以俭约，其后常不使过之，曰："吾儿不能苟合于世，俭薄所以居患难也。"其后修贬夷陵，太夫人言笑自若，曰："汝家故贫贱也，吾处之有素矣。汝能安之，吾亦安矣。"

1. 文中画波浪线的部分有三处需要断句，请将相应位置的答案标号涂黑。

太夫人守节Ⓐ自誓Ⓑ居穷Ⓒ自力Ⓓ于衣食Ⓔ以长Ⓕ以教Ⓖ俾Ⓗ至于成人。

2. 下列对文中加点的词语及相关内容的解说，不正确的一项是（　　）

A. 皇考，是对亡父的敬称，其中"皇"意思是大，"考"称已故的父亲，与《离骚》中"朕皇考曰伯庸"的"皇考"意思相同。

B. 克，意思是能够，与《谏太宗十思疏》中"能克终者盖寡"的"克"意思不同。

C. 废，意思是停止，与《过秦论》中"于是废先王之道，焚百家之言"的"废"意思不同。

D. 回顾，意思是回头看，"顾"与《涉江采芙蓉》中"还顾望旧乡"的"顾"意思相同。

3. 下列各组语句中，加点词的意义和用法都相同的一组是（　　）

A. 其子修始克表于其阡　　吾始一二见之　　B. 吾于汝父　　以有待于汝也

C. 其何及也　　汝其勉之　　D. 既而其后常然　　使其言然

4. 下列对原文有关内容的概述，不正确的一项是（　　）

A. 欧阳修在他父亲死后六十年才在墓道上立碑撰表，并不是故意拖延，而是因为有所期待。

B. 欧阳修的母亲在丈夫死后立志守节，面对困窘贫寒的家境，秉持勤俭持家的美德，勉力维持生计，终于将欧阳修抚养成人。

C. 欧阳修的父亲做官廉洁，乐于助人，俸禄微薄，却总是不留余钱，但是欧阳修的母亲却认为他有养活全家的能力。

D. 欧阳修幼年丧父，但是他的母亲了解丈夫、敬佩丈夫，谨记丈夫遗训，在欧阳修成长的过程中进行谆谆教诲。

5. 把文中画横线的句子翻译成现代汉语。

（1）求其生而不得，则死者与我皆无恨也。矧求而有得耶？

（2）夫养不必丰，要于孝；利虽不得博于物，要其心之厚于仁。

6. 墓表文字，通常称颂死者生前的嘉言懿行与美好道德。选文表现了欧阳修父母的何种美德？请结合文章具体内容加以阐释。

管仲论

苏洵

管仲相威公，霸诸侯，攘夷狄。终其身齐国富强，诸侯不敢叛。管仲死，竖刁、易牙、开方用，威公薨于乱，五公子争立其祸蔓延讫简公齐无宁岁。

夫功之成，非成于成之日，盖必有所由起；祸之作，不作于作之日，亦必有所由兆。故齐之治也，吾不曰管仲，而曰鲍叔；及其乱也，吾不曰竖刁、易牙、开方，而曰管仲。何则？竖刁、易牙、开方三子，彼固乱人国者，顾其用之者，威公也。夫有舜而后知放四凶，有仲尼而后知去少正卯。彼威公何人也？顾其使威公得用三子者，管仲也。仲之疾也，公问之相。当是时也，吾意以仲且举天下之贤者以对，而其言乃不过曰竖刁、易牙、开方三子，非人情，不可近而已。

呜呼！仲以为威公果能不用三子矣乎？仲与威公处几年矣，亦知威公之为人矣乎？威公声不绝于耳，色不绝于目，而非三子者则无以遂其欲。彼其初之所以不用者，徒以有仲焉耳。一日无仲，则三子者可以弹冠而相庆矣。仲以为将死之言可以絷威公之手足耶？夫齐国不患有三子，而患无仲，有仲，则三子者，三匹夫耳。不然，天下岂少三子之徒哉？虽威公幸而听仲，诛此三人，而其余者，仲能悉数而去之耶？呜呼！仲可谓不知本者矣。因威公之问，举天下之贤者以自代，则仲虽死，而齐国未为无仲也。夫何患三子者？不言可也。

五伯莫盛于威、文。文公之才，不过威公，其臣又皆不及仲；灵公之虐，不如孝公之宽厚。文公死，诸侯不敢叛晋，晋袭文公之余威，犹得为诸侯之盟主百余年，何者？其君虽不肖，而尚有老成人焉。威公之薨也，一败涂地，无惑也，彼独恃一管仲，而仲则死矣。

夫天下未尝无贤者，盖有有臣而无君者矣。威公在焉，而曰天下不复有管仲者，吾不信也。仲之书，有记其将死论鲍叔、宾胥无之为人，且各疏其短，是其心以为数子者皆不足以托国，而又逆知其将死，则其书诞谩不足信也。吾观史䲡，以不能进蘧伯玉，而退弥子瑕，故有身后之谏；萧何且死，举曹参以自代。大臣之用心，固宜如此也。夫国以一人兴，以一人亡。贤者不悲其身之死，而忧其国之衰，故必复有贤者，而后可以死。彼管仲者，何以死哉？

1. 文中画波浪线的部分有三处需要断句，请将相应位置的答案标号涂黑。

五公子Ⓐ争立Ⓑ其祸Ⓒ蔓延Ⓓ讫Ⓔ简公Ⓕ齐无Ⓖ宁Ⓗ岁。

2. 下列对文中加点词的解释，不正确的一项是（　　）

A. 威公，指齐桓公，宋人为避宋钦宗赵桓的讳，改“桓公”为“威公”。

B. 攘，指排斥、打击，与“攘外必先安内”中的“攘”意思相同。

C. 弹冠，用于指即将做官而互相庆贺，后用来形容坏人得意的样子。

D. 疏，这里指分条陈述，与《谏太宗十思疏》中的“疏”意思相同。

3. 下列各组语句中，加点词的意义和用法都相同的一项是（　　）

A. 非成于成之日　　五伯莫盛于威、文　　B. 举天下之贤者以对　　徒以有仲焉耳

C. 可以弹冠而相庆矣　　虽威公幸而听仲　　D. 晋袭文公之余威　　大臣之用心

4. 下列对原文有关内容的概述，不正确的一项是（　　）

A. 文章开篇第一段言功是宾，言祸是主，主宾皆关锁于管仲身，为下文立论张本。

B. 第二段以带有思辨色彩的警句起笔，不仅醒豁警拔，而且还起着承上启下的作用。

C. 第五段总结教训，天下并非无贤，而是有贤不用，主要是批评齐威公不能用贤。

D. 全文腾挪多变，奇诡莫测，极富雄辩恣肆的特点，是一篇以意取胜的优秀文章。

5. 把文中画横线的句子翻译成现代汉语。

（1）威公声不绝于耳，色不绝于目，而非三子者则无以遂其欲。

（2）贤者不悲其身之死，而忧其国之衰，故必复有贤者，而后可以死。

6. 文章结尾用了史鳅和萧何的典故，请分析其用意。

辨奸论

苏洵

事有必至，理有固然。惟天下之静者，乃能见微而知著。月晕而风，础润而雨，人人知之。人事之推移，理势之相因，其疏阔而难知，变化而不可测者，孰与天地阴阳之事？而贤者有不知其故何也好恶乱其中而利害夺其外也。

昔者，山巨源见王衍曰："误天下苍生者，必此人也。"郭汾阳见卢杞曰："此人得志，吾子孙无遗类矣。"自今而言之，其理固有可见者。以吾观之，王衍之为人，容貌言语，固有以欺世而盗名者，然不忮不求，与物浮沉。使晋无惠帝，仅得中主，虽衍百千，何从而乱天下乎？卢杞之奸，固足以败国，然而不学无文，容貌不足以动人，言语不足以眩世。非德宗之鄙暗，亦何从而用之？由是言之，二公之料二子，亦容有未必然也。

今有人，口诵孔、老之言，身履夷、齐之行，收召好名之士、不得志之人，相与造作言语，私立名字，以为颜渊、孟轲复出，而阴贼险狠，与人异趣。是王衍、卢杞合而为一人也，其祸岂可胜言哉？夫面垢不忘洗，衣垢不忘浣，此人之至情也。今也不然，衣臣虏之衣，食犬彘之食，囚首丧面，而谈《诗》《书》，此岂其情也哉？凡事之不近人情者，鲜不为大奸慝，竖刁、易牙、开方是也。以盖世之名，而济其未形之患，虽有愿治之主，好贤之相，犹将举而用之。则其为天下患，必然而无疑者，非特二子之比也。

孙子曰："善用兵者，无赫赫之功。"使斯人而不用也，则吾言为过，而斯人有不遇之叹，孰知祸之

至于此哉？不然，天下将被其祸，而吾获知言之名，悲夫！

1. 文中画波浪线的部分有三处需要断句，请将相应位置的答案标号涂黑。

而贤者Ⓐ有不知Ⓑ其故Ⓒ何也Ⓓ好恶Ⓔ乱其中Ⓕ而利害Ⓖ夺其Ⓗ外也。

2. 下列对文中加点词的解释，不正确的一项是（　　）

A. “月晕而风，础润而雨”，是中国古人的经验总结，也有一定的科学道理。

B. 苍生，这里指百姓，与李商隐《贾生》中“不问苍生问鬼神”的“苍生”意思相同。

C. 惠帝，是帝王的谥号，这里指晋惠帝；德宗，是帝王的庙号，这里指唐德宗。

D. 履，指鞋子，与郑人买履的“履”意思相同。

3. 下列各组语句中，加点词的意义和用法相同的一项是（　　）

A. 王衍之为人　　非特二子之比也

B. 其理固有可见者　　此岂其情也哉

C. 然不忮不求　　亦容有未必然也

D. 而阴贼险狠　　使斯人而不用也

4. 下列对原文有关内容的概述，不正确的一项是（　　）

A. 苏洵指出不近人情者往往包藏祸心，警示后人不可轻信表面伪善之人。

B. 作者希望“斯人”不被朝廷重用，“无赫赫之功”，这样天下就不会“被其祸”。

C. 文中句式整散结合，时有排比，显得词锋锐利，咄咄逼人，运笔高明，文气饱满。

D. 本文作者苏洵，字明允，“唐宋八大家”之一，与其子苏轼、苏辙合称“三苏”。

5. 把文中画横线的句子翻译成现代汉语。

（1）以盖世之名，而济其未形之患，虽有愿治之主，好贤之相，犹将举而用之。

（2）不然，天下将被其祸，而吾获知言之名，悲夫！

6. 作者认为“斯人”对社会国家的危害会超过王衍、卢杞，请用自己的话分析其原因。

心术

苏洵

为将之道，当先治心。泰山崩于前而色不变，麋鹿兴于左而目不瞬，然后可以制利害，可以待敌。

凡兵上义，不义，虽利勿动。非一动之为利害，而他日将有所不可措手足也。夫惟义可以怒士，士以义怒，可与百战。

凡战之道：未战养其财将战养其力既战养其气既胜养其心。谨烽燧，严斥堠，使耕者无所顾忌，所以养其财；丰犒而优游之，所以养其力；小胜益急，小挫益厉，所以养其气；用人不尽其所欲为，所以养其心。故士常蓄其怒、怀其欲而不尽。怒不尽则有余勇，欲不尽则有余贪。故虽并天下，而士不厌兵，此黄帝之所以七十战而兵不殆也。不养其心，一战而胜，不可用矣。

凡将欲智而严，凡士欲愚。智则不可测，严则不可犯，故士皆委己而听命，夫安得不愚？夫惟士愚，而后可与之皆死。

凡兵之动，知敌之主，知敌之将，而后可以动于险。邓艾缒兵于蜀中，非刘禅之庸，则百万之师可以坐缚，彼固有所侮而动也。故古之贤将，能以兵尝敌，而又以敌自尝，故去就可以决。

凡主将之道，知理而后可以举兵，知势而后可以加兵，知节而后可以用兵。知理则不屈，知势则不沮，知节则不穷。见小利不动，见小患不避，小利小患，不足以辱吾技也，夫然后有以支大利大患。夫惟养技而自爱者，无敌于天下。故一忍可以支百勇，一静可以制百动。

兵有长短，敌我一也。敢问："吾之所长，吾出而用之，彼将不与吾校；吾之所短，吾蔽而置之，彼将强与吾角，奈何？"曰："吾之所短，吾抗而暴之，使之疑而却；吾之所长，吾阴而养之，使之狎而堕其中。此用长短之术也。"

善用兵者，使之无所顾、有所恃。无所顾，则知死之不足惜；有所恃，则知不至于必败。尺箠当猛虎，奋呼而操击；徒手遇蜥蜴，变色而却步；人之情也。知此者，可以将矣。袒裼而案剑，则乌获不敢逼；冠胄衣甲，据兵而寝，则童子弯弓杀之矣。故善用兵者以形固，夫能以形固，则力有余矣。

1. 文中画波浪线的部分有三处需要断句，请将相应位置的答案标号涂黑。

未战Ⓐ养Ⓑ其财Ⓒ将战养Ⓓ其力Ⓔ既战养Ⓕ其气Ⓖ既胜养Ⓗ其心。

2. 下列对文中加点词的解释，不正确的一项是（　　）

A. 瞬，指瞬间，与苏轼《赤壁赋》中"天地曾不能以一瞬"的"瞬"意思相同。

B. 烽燧，这里指古代边防报警的信号，夜间举火叫烽，白天放烟叫燧。

C. 殆，指危险，与《孙子兵法》中"知己知彼，百战不殆"的"殆"意思相同。

D. 缒，指降下，与《烛之武退秦师》中"夜缒而出"的"缒"意思相同。

3. 下列各组语句中，加点词的意义和用法不相同的一项是（　　）

A. 为将之道　　吾之所长

B. 泰山崩于前而色不变　　无敌于天下

C. 一战而胜　　凡将欲智而严

D. 夫惟养技而自爱者　　善用兵者

4. 下列对原文有关内容的概述，不正确的一项是（　　）

A. 主将的心理品质最重要的有二：第一，超人的镇定，临大事而不乱，"泰山崩于前而色不变"；第二，极度的沉静，能有效地排除一切干扰，"麋鹿兴于左而目不瞬"。

B. "凡战之道"有四养，这四养中，最重要的是"养心"——培养和保持士兵积极的心理状态、高昂的战斗意志。

C. 战争中战术运用，文章提出两点：一是避实击虚、扬长避短的思想；一是处理好"有所恃"与"以形固"的辩证关系。

D. 北宋中期，官俸和军费开支浩大，政府财政入不敷出，积贫积弱，苏洵花了很大精力研究古今兵法战例，《心术》就是他这时期系统研究战略战术的军事文章。

5. 把文中画横线的句子翻译成现代汉语。

（1）夫惟义可以怒士，士以义怒，可与百战。

（2）无所顾，则知死之不足惜；有所恃，则知不至于必败。

6.主将与士兵的基本素养是不同的，请分析本文对战争中主将的要求是什么。

张益州画像记

苏洵

至和元年秋，蜀人传言有寇至边。边军夜呼，野无居人。妖言流闻，京师震惊。方命择帅，天子曰："毋养乱毋助变众言朋兴朕志自定。外乱不作，变且中起。既不可以文令，又不可以武竞，惟朕一二大吏。孰为能处兹文、武之间，其命往抚朕师。"乃推曰："张公方平其人。"天子曰："然。"公以亲辞，不可，遂行。冬十一月，至蜀。至之日，归屯军，撤守备，使谓郡县："寇来在吾，无尔劳苦。"明年正月朔旦，蜀人相庆如他日，遂以无事。又明年正月，相告留公像于净众寺。公不能禁。

眉阳苏洵言于众曰："未乱易治也，既乱易治也。有乱之萌，无乱之形，是谓将乱，将乱难治，不可以有乱急，亦不可以无乱弛。惟是元年之秋，如器之攲，未坠于地。惟尔张公，安坐于其旁，颜色不变，徐起而正之。既正，油然而退，无矜容。为天子牧小民不倦，惟尔张公。尔繄以生，惟尔父母。且公尝为我言：'民无常性，惟上所待。人皆曰蜀人多变，于是待之以待盗贼之意，而绳之以绳盗贼之法。重足屏息之民，而以碪斧令，于是民始忍以其父母妻子之所仰赖之身，而弃之于盗贼，故每每大乱。夫约之以礼，驱之以法，惟蜀人为易。至于急之而生变，虽齐、鲁亦然。吾以齐、鲁待蜀人，而蜀人亦自以齐、鲁之人待其身。若夫肆意于法律之外，以威劫齐民，吾不忍为也！'呜呼！爱蜀人之深，待蜀人之厚，自公而前，吾未始见也。"皆再拜稽首曰："然。"

苏洵又曰："公之恩在尔心。尔死，在尔子孙。其功业在史官，无以像为也。且公意不欲，如何？"皆曰："公则何事于斯？虽然，于我心有不释焉。今夫平居闻一善，必问其人之姓名与其邻里之所在，以至于其长短、小大、美恶之状，甚者或诘其平生所嗜好，以想见其为人。而史官亦书之于其传，意使天下之人，思之于心，则存之于目。存之于目，故其思之于心也固。由此观之，像亦不为无助。"苏洵无以诘，遂为之记。

公南京人，为人慷慨有大节，以度量雄天下。天下有大事，公可属。系之以诗曰：天子在祚，岁在甲午。西人传言，有寇在垣。庭有武臣，谋夫如云。天子曰嘻，命我张公。公来自东，旗纛舒舒。西人聚观，于巷于涂。谓公暨暨，公来于于。公谓西人："安尔室家，无敢或讹。讹言不祥，往即尔常。春尔条桑，秋尔涤场。"西人稽首，公我父兄。公在西囿，草木骈骈。公宴其僚，伐鼓渊渊。西人来观，祝公万年。有女娟娟，闺闼闲闲。有童哇哇，亦既能言。昔公未来，期汝弃捐。禾麻芃芃，仓庾崇崇。嗟我妇子，乐此岁丰。公在朝廷，天子股肱。天子曰归，公敢不承？作堂严严，有庑有庭。公像在中，朝服冠缨。西人相告，无敢逸荒。公归京师，公像在堂。

1. 文中画波浪线的部分有三处需要断句，请将相应位置的答案标号涂黑。

毋Ⓐ养Ⓑ乱Ⓒ毋Ⓓ助变Ⓔ众言Ⓕ朋兴Ⓖ朕志Ⓗ自定。

2. 下列对文中加点词的解释，不正确的一项是（　　）

A. 朔，指农历每月初一，这一天月球运行到地球和太阳之间，地球上看不到月光。

B. 矜，指矜持，与李密《陈情表》中“愿陛下矜悯愚诚”的“矜”意思相同。

C. 稽首，稽是“停留、拖延”的意思，稽首就是头触碰在地上且停留一会儿。

D. 庾，指谷仓，与杜牧《阿房宫赋》中“多于在庾之粟粒”的“庾”意思相同。

3. 下列各组语句中，加点词的意义和用法，都相同的一项是（　　）

A. 相告留公像于净众寺　　眉阳苏洵言于众曰　　B. 徐起而正之　　油然而退

C. 尔繄以生　　秋尔涤场　　D. 以想见其为人　　系之以诗曰

4. 下列对原文有关内容的概述，不正确的一项是（　　）

A. 全文先记事，后议论，以诗作结，用多种手法塑造了一个宽政爱民的优秀官员形象。

B. 文章末段以诗歌形式表达颂扬之意，诗歌为四言，虽有溢美之词，但古雅而有余韵。

C. 苏洵为蜀地人，与张方平也有私人交往，对张方平很尊重，为此他写下了这篇文章。

D. 文章写蜀地将乱，张公临危受命，用霹雳手段镇压蜀地叛乱，恢复蜀地的和平安宁。

5. 把文中画横线的句子翻译成现代汉语。

（1）吾以齐、鲁待蜀人，而蜀人亦自以齐、鲁之人待其身。

（2）公南京人，为人慷慨有大节，以度量雄天下。

6. 作者用心创作了这篇文章，请用自己的话分析作者写这篇文章的目的。

刑赏忠厚之至论

苏轼

尧、舜、禹、汤、文、武、成、康之际，何其爱民之深，忧民之切，而待天下以君子长者之道也！有一善，从而赏之，又从而咏歌嗟叹之，所以乐其始而勉其终。有一不善，从而罚之，又从而哀矜惩创之，所以弃其旧而开其新。故其吁俞之声，欢休惨戚，见于虞、夏、商、周之书。成、康既没，穆王立而周道始衰，然犹命其臣吕侯，而告之以祥刑。其言忧而不伤，威而不怒，慈爱而能断，恻然有哀怜无辜之心，故孔子犹有取焉。

传曰：“赏疑从与所以广恩也罚疑从去所以慎刑也。”当尧之时，皋陶为士，将杀人，皋陶曰杀之三，尧曰宥之三。故天下畏皋陶执法之坚，而乐尧用刑之宽。四岳曰：“鲧可用。”尧曰：“不可。鲧方命圮族。”既而曰：“试之。”何尧之不听皋陶之杀人，而从四岳之用鲧也？然则圣人之意，盖亦可见矣。《书》

曰："罪疑惟轻，功疑惟重；与其杀不辜，宁失不经。"呜呼！尽之矣。可以赏，可以无赏，赏之过乎仁；可以罚，可以无罚，罚之过乎义。过乎仁，不失为君子；过乎义，则流而入于忍人。故仁可过也，义不可过也。

古者赏不以爵禄，刑不以刀锯。赏之以爵禄，是赏之道行于爵禄之所加，而不行于爵禄之所不加也。刑以刀锯，是刑之威施于刀锯之所及，而不施于刀锯之所不及也。先王知天下之善不胜赏，而爵禄不足以劝也，知天下之恶不胜刑，而刀锯不足以裁也。是故疑则举而归之于仁，以君子长者之道待天下，使天下相率而归于君子长者之道，故曰忠厚之至也。

《诗》曰："君子如祉，乱庶遄已。君子如怒，乱庶遄沮。"夫君子之已乱，岂有异术哉？制其喜怒，而无失乎仁而已矣。《春秋》之义：立法贵严而责人贵宽，因其褒贬之义以制赏罚，亦忠厚之至也。

1. 文中画波浪线的部分有三处需要断句，请将相应位置的答案标号涂黑。

赏Ⓐ疑Ⓑ从Ⓒ与Ⓓ所以广恩Ⓔ也Ⓕ罚疑Ⓖ从去Ⓗ所以慎刑也。

2. 下列对文中加点词的解释，不正确的一项是（　　）

A. 勉，指勉励，与《信陵君窃符救赵》中"公子勉之矣"的"勉"意思相同。

B. 爵禄，指官爵和俸禄，通过爵禄分配强化中央集权。

C. 刀锯，本义指刀和锯，这里特指施宫刑之用具，借指施宫刑。

D. 遄，指迅速，与王勃《滕王阁序》中"逸兴遄飞"的"遄"意思相同。

3. 下列各组语句中，加点词的意义和用法相同的一项是（　　）

A. 从而赏之　何尧之不听皋陶之杀人　B. 其言忧而不伤　而不行于爵禄之所不加也

C. 刑不以刀锯　因其褒贬之义以制赏罚　D. 古者赏不以爵禄　以君子长者之道待天下

4. 下列对原文有关内容的概述，不正确的一项是（　　）

A. 文章题目出自《尚书》，所以开篇以咏叹先王爱民之深，忧民之切开头，紧扣主旨。

B. 作者紧扣题目布局谋篇，引用圣经贤传，文辞简练而平易晓畅，结构严谨，说理透彻。

C. 本文是一篇策论，分析国家政策的可行性与合理性，侧重于考查作者解决问题的能力。

D. 本文主张赏罚分明，当赏则赏，当罚从罚，严格依据事实公正执行，君王不应该干涉。

5. 把文中画横线的句子翻译成现代汉语。

（1）罪疑惟轻，功疑惟重；与其杀不辜，宁失不经。

（2）夫君子之已乱，岂有异术哉？

6. 请找出文中"忠厚之至"的表现。

范增论

苏轼

汉用陈平计，间疏楚君臣。项羽疑范增与汉有私，稍夺其权。增大怒曰："天下事大定矣，君王自为之，愿赐骸骨归卒伍。"归未至彭城，疽发背死。苏子曰：增之去善矣，不去，羽必杀增。独恨其不早尔。

然则当以何事去？增劝羽杀沛公，羽不听，终以此失天下，当于是去耶？曰：否。增之欲杀沛公，人臣之分也，羽之不杀，犹有君人之度也，增曷为以此去哉？《易》曰："知几其神乎！"《诗》曰："相彼雨雪，先集维霰。"增之去，当于羽杀卿子冠军时也。陈涉之得民也，以项燕、扶苏。项氏之兴也，以立楚怀王孙心；而诸侯叛之也，以弑义帝。且义帝之立，增为谋主矣。义帝之存亡，岂独为楚之盛衰，亦增之所与同祸福也。未有义帝亡而增独能久存者也。羽之杀卿子冠军也，是弑义帝之兆也。其弑义帝，则疑增之本也，岂必待陈平哉？物必先腐也而后虫生之人必先疑也而后谗入之。陈平虽智，安能间无疑之主哉？

吾尝论义帝，天下之贤主也：独遣沛公入关，不遣项羽，识卿子冠军于稠人之中，而擢以为上将，不贤而能如是乎？羽既矫杀卿子冠军，义帝必不能堪。非羽弑帝，则帝杀羽，不待智者而后知也。增始劝项梁立义帝，诸侯以此服从，中道而弑之，非增之意也，夫岂独非其意，将必力争而不听也。不用其言而杀其所立，羽之疑增，必自是始矣。

方羽杀卿子冠军，增与羽比肩而事义帝，君臣之分未定也。为增计者，力能诛羽则诛之，不能则去之，岂不毅然大丈夫也哉？增年已七十，合则留，不合则去。不以此时明去就之分，而欲依羽以成功名。陋矣！虽然，增，高帝之所畏也。增不去，项羽不亡。呜呼！增亦人杰也哉！

1. 文中画波浪线的部分有三处需要断句，请将相应位置的答案标号涂黑。

   物Ⓐ必先Ⓑ腐也Ⓒ而后虫Ⓓ生之Ⓔ人必先Ⓕ疑也Ⓖ而后谗Ⓗ入之。

2. 下列对文中加点词的解释，不正确的一项是（　　）

   A. 疏，指疏远，与《屈原列传》中"王怒而疏屈平"的"疏"意思相同。

   B. 卒伍，指古代军队编制，五人为伍，百人为卒，泛指军队，基层部队。

   C. 恨，指遗憾，与《出师表》中"叹息痛恨于桓灵也"的"恨"意思相同。

   D. 关，本义是门闩，引申为关口、关隘，这里指秦朝朝廷所在的关中地区。

3. 下列各组语句中，加点词的意义和用法，不相同的一项是（　　）

   A. 终以此失天下　　不以此时明去就之分　　B. 增之欲杀沛公　　项氏之兴也

   C. 是弑义帝之兆也　　必自是始矣　　D. 不用其言而杀其所立　　而欲依羽以成功名

4. 下列对原文有关内容的概述，不正确的一项是（　　）

   A. 本文是一篇翻案文章，指出项羽并非中了反间计，而是项羽已经对范增产生了怀疑。

   B. 范增最后选择离开项羽是对的，但时间太迟了，他应于项羽杀宋义或弑义帝时离去。

   C. 作者批评了范增的做法，认为范增不值得同情，不过也从侧面说明项羽灭亡的道理。

   D.《范增论》属于史论，立意新颖，设为问答，层层推论，层层深入，语言简明畅达。

5. 把文中画横线的句子翻译成现代汉语。

（1）项羽疑范增与汉有私，稍夺其权。

（2）方羽杀卿子冠军，增与羽比肩而事义帝，君臣之分未定也。

6. 请用文中句子分析“增之去，当于羽杀卿子冠军时也”的理由。

留侯论

苏轼

古之所谓豪杰之士，必有过人之节，人情有所不能忍者。匹夫见辱拔剑而起挺身而斗此不足为勇也。天下有大勇者，卒然临之而不惊，无故加之而不怒，此其所挟持者甚大，而其志甚远也。

夫子房受书于圯上之老人也，其事甚怪，然亦安知其非秦之世有隐君子者，出而试之？观其所以微见其意者，皆圣贤相与警戒之义，而世不察，以为鬼物，亦已过矣。且其意不在书。当韩之亡、秦之方盛也，以刀锯鼎镬待天下之士，其平居无罪夷灭者不可胜数。虽有贲、育，无所获施。夫持法太急者，其锋不可犯，而其势未可乘。子房不忍忿忿之心，以匹夫之力，而逞于一击之间。当此之时，子房之不死者，其间不能容发，盖亦危矣。千金之子，不死于盗贼。何哉？其身可爱，而盗贼之不足以死也。子房以盖世之才，不为伊尹、太公之谋，而特出于荆轲、聂政之计，以侥幸于不死，此圯上老人所为深惜者也。是故倨傲鲜腆而深折之，彼其能有所忍也，然后可以就大事。故曰：“孺子可教也。”

楚庄王伐郑，郑伯肉袒牵羊以迎。庄王曰：“其主能下人，必能信用其民矣。”遂舍之。句践之困于会稽，而归臣妾于吴者，三年而不倦。且夫有报人之志，而不能下人者，是匹夫之刚也。夫老人者，以为子房才有余，而忧其度量之不足，故深折其少年刚锐之气，使之忍小忿而就大谋。何则？非有平生之素，卒然相遇于草野之间，而命以仆妾之役，油然而不怪者，此固秦皇之所不能惊，而项籍之所不能怒也。

观夫高祖之所以胜、项籍之所以败者，在能忍与不能忍之间而已矣。项籍唯不能忍，是以百战百胜而轻用其锋；高祖忍之，养其全锋而待其敝，此子房教之也。当淮阴破齐而欲自王，高祖发怒，见于词色。由是观之，犹有刚强不能忍之气，非子房其谁全之？

太史公疑子房以为魁梧奇伟，而其状貌乃如妇人女子，不称其志气。呜呼！此其所以为子房欤！

1. 文中画波浪线的部分有三处需要断句，请将相应位置的答案标号涂黑。

匹夫Ⓐ见辱Ⓑ拔剑Ⓒ而起Ⓓ挺身Ⓔ而斗Ⓕ此不足Ⓖ为勇Ⓗ也。

2. 下列对文中加点词的解释，不正确的一项是（　　）

A. 卒，指仓猝，与《荆轲刺秦王》中“卒惶急无以击轲”的“卒”意思相同。

B. 发，指出发，与柳永《雨霖铃》中“兰舟催发”的“发”意思相同。

C. 度量，指能宽容人的限度，也作肚量，与“无毒不丈夫”的“毒”意思相同。

D. 仆妾：仆，指供役使的人；妾，最初指女奴隶；仆妾，泛指奴仆婢妾。

3. 下列各组语句中，加点词的意义和用法不相同的一项是（　　）

A. 无故加之而不怒　　而世不察

B. 夫子房受书于圯上之老人也　　卒然相遇于草野之间

C. 观其所以微见其意者　　观夫高祖之所以胜、项籍之所以败者

D. 子房之不死者　　句践之困于会稽

4. 下列对原文有关内容的概述，不正确的一项是（　　）

A. 这篇文章根据《史记》所记张良若干生平事迹，论证了“忍小忿而就大谋”“养其全锋而待其敝”的重要性。

B. 这篇文章论述张良之所以取得成功的主观方面的根本原因——“能忍”的过人之节。

C. 文中举出了张良狙击秦王、进履受书、劝说刘邦封韩信为齐王，这三件事情没有关联。

D. 这篇文章极尽曲折变化之妙，行文雄辩而富有气势，思致新颖，风调翩翩，余味不尽。

5. 把文中画横线的句子翻译成现代汉语。

（1）古之所谓豪杰之士，必有过人之节，人情有所不能忍者。

（2）且夫有报人之志，而不能下人者，是匹夫之刚也。

6. 请举出文中豪杰之士“所挟持者甚大”的表现。

贾谊论

苏轼

非才之难，所以自用者实难。惜乎！贾生，王者之佐，而不能自用其才也。

夫君子之所取者远，则必有所待；所就者大，则必有所忍。古之贤人，皆负可致之才而卒不能行其万一者未必皆其时君之罪或者其自取也。

愚观贾生之论，如其所言，虽三代何以远过？得君如汉文，犹且以不用死，然则是天下无尧、舜，终不可有所为耶？仲尼圣人，历试于天下，苟非大无道之国，皆欲勉强扶持，庶几一日得行其道。将之荆，先之以冉有，申之以子夏。君子之欲得其君，如此其勤也。孟子去齐，三宿而后出昼，犹曰：“王其庶几召我。”君子之不忍弃其君，如此其厚也。公孙丑问曰：“夫子何为不豫？”孟子曰：“方今天下，舍我其谁哉？而吾何为不豫？”君子之爱其身，如此其至也。夫如此而不用，然后知天下果不足与有为，而可以无憾矣。若贾生者，非汉文之不能用生，生之不能用汉文也。

夫绛侯亲握天子玺而授之文帝，灌婴连兵数十万，以决刘、吕之雌雄，又皆高帝之旧将，此其君臣相得之分，岂特父子骨肉手足哉？贾生，洛阳之少年，欲使其一朝之间，尽弃其旧而谋其新，亦已难矣。为贾生者，上得其君，下得其大臣，如绛、灌之属，优游浸渍，而深交之，使天子不疑，大臣不忌，然后举天下而唯吾之所欲为，不过十年，可以得志。安有立谈之间，而遽为人“痛哭”哉？观其过湘为赋以吊屈原，萦纡郁闷，趯然有远举之志。其后以自伤哭泣，至于夭绝，是亦不善处穷者也。夫谋之一不见用，则安知终不复用也？不知默默以待其变，而自残至此。呜呼！贾生志大而量小，才有余而识不足也。

古之人，有高世之才，必有遗俗之累。是故非聪明睿智不惑之主，则不能全其用。古今称苻坚得王猛于草茅之中，一朝尽斥去其旧臣，而与之谋。彼其匹夫，略有天下之半，其以此哉！愚深悲生之志，故备论之。亦使人君得如贾生之臣，则知其有狷介之操，一不见用，则忧伤病沮，不能复振，而为贾生者，亦谨其所发哉！

1. 文中画波浪线的部分有三处需要断句，请将相应位置的答案标号涂黑。

皆负Ⓐ可致Ⓑ之才Ⓒ而卒不能行Ⓓ其万一者Ⓔ未必皆其时Ⓕ君之罪Ⓖ或者Ⓗ其自取也。

2. 下列对文中加点词的解释，不正确的一项是（　　）

A. 忍，指残忍、狠心，与《鸿门宴》中“君王为人不忍”的“忍”意思相同。

B. 豫，指快乐、安适，与《五代史伶官传序》中“逸豫可以亡身”的“豫”意思相同。

C. 雌雄，本义指雌性雄性，这里用的是引申义，指分出彼此、高下、胜负。

D. 匹夫，指平常的人，与《论语》中“匹夫不可夺志也”的“匹夫”意思相同。

3. 下列各组语句中，加点词的意义和用法不相同的一项是（　　）

A. 则必有所待　　亦谨其所发哉

B. 愚观贾生之论　　君子之爱其身

C. 然则是天下无尧、舜　　然后举天下而唯吾之所欲为

D. 三宿而后出昼　　夫绛侯亲握天子玺而授之文帝

4. 下列对原文有关内容的概述，不正确的一项是（　　）

A. 文章从别人意想不到的角度切入，得出令人意料之外的结论，见解深刻，富有启发性。

B. 一个人要有才能并不难，怎么使自己的才能获得发挥却是很难，贾谊就是这样的遭遇。

C. 文末讨论君主与贤人之间的关系，千里马必须争取伯乐的赏识才有施展大志的机会。

D. 文章对贾谊的人格特质分析得非常深入，对当时的历史政治背景的剖析也令人信服。

5. 把文中画横线的句子翻译成现代汉语。

（1）若贾生者，非汉文之不能用生，生之不能用汉文也。

（2）贾生志大而量小，才有余而识不足也。

6. 联系全文，请分析贾谊“王者之佐，而不能自用其才也”的原因。

晁错论

苏轼

天下之患最不可为者名为治平无事而其实有不测之忧。坐观其变，而不为之所，则恐至于不可救。起而强为之，则天下狃于治平之安，而不吾信。惟仁人君子豪杰之士，为能出身为天下犯大难，以求成大功。此固非勉强期月之间，而苟以求名之所能也。天下治平，无故而发大难之端，吾发之，吾能收之，然后有辞于天下。事至而循循焉欲去之，使他人任其责，则天下之祸，必集于我。

昔者晁错尽忠为汉，谋弱山东之诸侯。山东诸侯并起，以诛错为名。而天子不之察，以错为之说。天下悲错之以忠而受祸，不知错有以取之也。

古之立大事者，不唯有超世之才，亦必有坚忍不拔之志。昔禹之治水，凿龙门，决大河，而放之海。方其功之未成也，盖亦有溃冒冲突可畏之患，惟能前知其当然，事至不惧，而徐为之图，是以得至于成功。夫以七国之强，而骤削之，其为变岂足怪哉？错不于此时捐其身，为天下当大难之冲而制吴、楚之命，乃为自全之计，欲使天子自将而己居守。且夫发七国之难者谁乎？己欲求其名，安所逃其患？以自将之至危，与居守之至安，己为难首，择其至安，而遗天子以其至危，此忠臣义士所以愤怨而不平者也。当此之时，虽无袁盎，亦未免于祸。何者？己欲居守，而使人主自将，以情而言，天子固已难之矣，而重违其议，是以袁盎之说得行于其间。使吴、楚反，错以身任其危，日夜淬砺，东向而待之，使不至于累其君，则天子将恃之以为无恐。虽有百盎，可得而间哉？

嗟夫！世之君子欲求非常之功，则无务为自全之计。使错自将而讨吴、楚，未必无功。惟其欲自固其身，而天子不悦，奸臣得以乘其隙。错之所以自全者，乃其所以自祸欤？

1. 文中画波浪线的部分有三处需要断句，请将相应位置的答案标号涂黑。

天下Ⓐ之患Ⓑ最不可Ⓒ为者Ⓓ名为治平Ⓔ无事Ⓕ而其实Ⓖ有不测Ⓗ之忧。

2. 下列对文中加点词的解释，不正确的一项是（　　）

A. 忧，指忧愁、祸患，与《岳阳楼记》中“先天下之忧”的“忧”意思相同。

B. 山东，战国时期秦人把崤山和函谷关以东的地区称为“山东”。

C. 砺，指磨刀石，与荀子《劝学》中“金就砺则利”的“砺”意思相同。

D. 非常，指非同寻常，与《鸿门宴》中“备他盗之出入与非常也”意思相同。

3. 下列各组语句中，加点词的意义和用法相同的一项是（　　）

A. 以求成大功　以诛错为名　　B. 然后有辞于天下　错不于此时捐其身

C. 谋弱山东之诸侯　昔禹之治水　　D. 而骤削之　而遗天子以其至危

4. 下列对原文有关内容的概述，不正确的一项是（　　）

A. 本文是北宋苏轼创作的一篇人物评论，评论对象为西汉景帝时期的政治改革家晁错。

B. 本文总结了晁错被杀缘由，主要是七国叛乱给皇帝造成的压力和受到政敌中伤。

C. 作者生活时代，治平已久，文恬武嬉，积贫积弱，作者思治，故此论实为有感而发。

D. 本文作者发前人所未发，有“写错罪状处，有代错画策处，有为错致惜处”，千古兴嗟。

5. 把文中画横线的句子翻译成现代汉语。

（1）古之立大事者，不唯有超世之才，亦必有坚忍不拔之志。

（2）错之所以自全者，乃其所以自祸欤？

6. 联系全文，请分析晁错被杀的原因。

上梅直讲书

苏轼

轼每读《诗》至《鸱鸮》，读《书》至《君奭》，常窃悲周公之不遇。及观《史》，见孔子厄于陈、蔡之间，而弦歌之声不绝，颜渊、仲由之徒相与问答。夫子曰："'匪兕匪虎，率彼旷野。'吾道非耶？吾何为于此？"颜渊曰："夫子之道至大，故天下莫能容。虽然，不容何病？不容然后见君子。"夫子油然而笑曰："回，使尔多财，吾为尔宰。"夫天下虽不能容，而其徒自足以相乐如此。乃今知周公之富贵，有不如夫子之贫贱。夫以召公之贤，以管、蔡之亲，而不知其心，则周公谁与乐其富贵？而夫子之所与共贫贱者，皆天下之贤才，则亦足以乐乎此矣。

轼七八岁时，始知读书，闻今天下有欧阳公者，其为人如古孟轲、韩愈之徒；而又有梅公者从之游，而与之上下其议论。其后益壮，始能读其文词，想见其为人，意其飘然脱去世俗之乐，而自乐其乐也。方学为对偶声律之文，求升斗之禄，自度无以进见于诸公之间。来京师逾年，未尝窥其门。今年春，天下之士群至于礼部，执事与欧阳公实亲试之，轼不自意获在第二。既而闻之，执事爱其文，以为有孟轲之风，而欧阳公亦以其能不为世俗之文也而取是以在此非左右为之先容非亲旧为之请属，而向之十余年间，闻其名而不得见者，一朝为知己。退而思之，人不可以苟富贵，亦不可以徒贫贱。有大贤焉而为其徒，则亦足恃矣。苟其侥一时之幸，从车骑数十人，使闾巷小民聚观而赞叹之，亦何以易此乐也！传曰"不怨天，不尤人"，盖"优哉游哉，可以卒岁"。执事名满天下，而位不过五品，其容色温然而不怒，其文章宽厚敦朴而无怨言，此必有所乐乎斯道也，轼愿与闻焉。

1. 文中画波浪线的部分有三处需要断句，请将相应位置的答案标号涂黑。

   而欧阳公Ⓐ亦以其能Ⓑ不为世俗之文也Ⓒ而取Ⓓ是以Ⓔ在此Ⓕ非左右Ⓖ为之先容Ⓗ非亲旧为之请属。

2. 下列对文中加点的词语及相关内容的解说，不正确的一项是（　　）

   A. 徒，指弟子，与《师说》中"郯子之徒，其贤不及孔子"的"徒"意思不同。

   B. 使，意思是假如，与《阿房宫赋》中"使秦复爱六国之人"的"使"意思不同。

   C. 益壮，意思是长大了几岁，与成语"老当益壮"中的"益壮"意思不同。

   D. 执事，是敬称，用法与《烛之武退秦师》中"敢以烦执事"的"执事"相同。

3. 下列各组语句中，加点词的意义和用法都相同的一组是（　　）

   A. 夫子油然而笑曰　　其容色温然而不怒

   B. 夫以召公之贤　　亦何以易此乐也

   C. 则周公谁与乐其富贵　　微斯人，吾谁与归

   D. 此必有所乐乎斯道也　　王必无人，臣愿奉璧往使

4. 下列对原文有关内容的概述或赏析，不正确的一项是（　　）

   A. 苏轼七八岁的时候开始知道读书，知道天下有欧、梅，二人经常交游往来，一起讨论孟轲、韩愈等人的文章。

B. 苏轼后来为了谋得一些微薄的俸禄而去学习讲究对偶声律一类的诗文，但因为自认为没有资格，所以到京师一年多也未曾拜访前辈。

C. 欧阳修与梅尧臣主持春季礼部考试，在天下的读书人汇集的情况下，苏轼获得第二名，自感意外。

D. 梅尧臣的官位和名声虽然并不相符，但是梅对此并无怒色与怨言，苏轼认为其中一定有深层次的原因。

5. 把文中画横线的句子翻译成现代汉语。

（1）想见其为人，意其飘然脱去世俗之乐，而自乐其乐也。

（2）退而思之，人不可以苟富贵，亦不可以徒贫贱。

6. 苏轼用孔子与其弟子来类比欧、梅与自己的关系，请概括他这样写的目的。

喜雨亭记

苏轼

亭以雨名，志喜也。古者有喜，则以名物，示不忘也。周公得禾，以名其书；汉武得鼎，以名其年；叔孙胜敌，以名其子。其喜之大小不齐，其示不忘一也。

予至扶风之明年，始治官舍。为亭于堂之北，而凿池其南，引流种树，以为休息之所。是岁之春，雨麦于岐山之阳，其占为有年。既而弥月不雨，民方以为忧。越三月，乙卯乃雨，甲子又雨，民以为未足。丁卯大雨，三日乃止。官吏相与庆于庭，商贾相与歌于市，农夫相与忭于野，忧者以喜，病者以愈，而吾亭适成。

于是举酒于亭上，以属客而告之，曰："五日不雨可乎？"曰："五日不雨则无麦。""十日不雨可乎？"曰："十日不雨则无禾。""无麦无禾，岁且荐饥，狱讼繁兴而盗贼滋炽。则吾与二三子，虽欲优游以乐于此亭，其可得耶？今天不遗斯民始旱而赐之以雨使吾与二三子得相与优游而乐于此亭者皆雨之赐也。其又可忘耶？"

既以名亭，又从而歌之，曰："使天而雨珠，寒者不得以为襦；使天而雨玉，饥者不得以为粟。一雨三日，伊谁之力？民曰太守。太守不有，归之天子。天子曰不然，归之造物。造物不自以为功，归之太空。太空冥冥，不可得而名。吾以名吾亭。"

放鹤亭记

苏轼

熙宁十年秋，彭城大水。云龙山人张君之草堂，水及其半扉。明年春，水落，迁于故居之东、东山之麓。升高而望，得异境焉，作亭于其上。彭城之山，冈岭四合，隐然如大环，独缺其西一面，而山人之亭，适当其缺。春夏之交，草木际天，秋冬雪月，千里一色。风雨晦明之间，俯仰百变。山人有二鹤，甚驯而善飞，旦则望西山之缺而放焉，纵其所如，或立于陂田，或翔于云表，暮则傃东山而归，故名之曰“放鹤亭”。

郡守苏轼，时从宾佐僚吏往见山人，饮酒于斯亭而乐之。挹山人而告之曰：“子知隐居之乐乎？虽南面之君，未可与易也。《易》曰：‘鸣鹤在阴，其子和之。’《诗》曰：‘鹤鸣于九皋，声闻于天。’盖其为物清远闲放，超然于尘埃之外，故《易》《诗》人以比贤人君子。隐德之士，狎而玩之，宜若有益而无损者，然卫懿公好鹤则亡其国。周公作《酒诰》，卫武公作《抑》戒，以为荒惑败乱，无若酒者，而刘伶、阮籍之徒，以此全其真而名后世。嗟夫！南面之君，虽清远闲放如鹤者，犹不得好，好之则亡其国。而山林遁世之士，虽荒惑败乱如酒者，犹不能为害，而况于鹤乎？由此观之，其为乐未可以同日而语也。”

山人欣然而笑曰：“有是哉！”乃作放鹤、招鹤之歌曰：“鹤飞去兮西山之缺，高翔而下览兮择所适。翻然敛翼宛将集兮，忽何所见矫然而复击。独终日于涧谷之间兮，啄苍苔而履白石。鹤归来兮，东山之阴。其下有人兮，黄冠草履，葛衣而鼓琴。躬耕而食兮，其余以汝饱。归来归来兮，西山不可以久留。”

1. 文中画波浪线的部分有三处需要断句，请将相应位置的答案标号涂黑。

今天Ⓐ不遗斯民Ⓑ始Ⓒ旱而赐之Ⓓ以雨Ⓔ使吾与二三子得相与优游Ⓕ而乐Ⓖ于此亭者Ⓗ皆雨之赐也。

2. 下列对文中加点的词语及相关内容的解说，不正确的一项是（　　）

A. 甲子，可以记年、记月、记日、记时，文中是用来记月，与《赤壁赋》中“壬戌之秋”中的“壬戌”用法不相同。

B. 适，意思是刚巧，与《赤壁赋》中“而吾与子之所共适”的“适”意思不同。

C. 挹，文中的意思是斟酒，与《念奴娇·过洞庭》“尽挹西江”中的“挹”意思相同。

D. 阴，山北、水南为阴，此处指山的北坡，用法与《登泰山记》中“阴谷皆入济”的“阴”相同。

3. 下列各组语句中，加点词的意义和用法都相同的一组是（　　）

A. 越三月，乙卯乃雨　　今其智乃反不能及

B. 旦则望西山之缺而放焉　　客逾庖而宴

C. 无若酒者　　徐公不若君之美也

D. 然卫懿公好鹤则亡其国　　于其身也，则耻师焉

4. 下列对原文有关内容的概述或赏析，不正确的一项是（　　）

A. 作者用周公、汉武帝、叔孙以喜名物的例子，类比喜雨亭命名一事，以示不忘之意，也可以增加文章的文化韵味。

B. 作者认为连年饥荒，诉讼案件就会增多，会导致没有麦子、谷子，强盗窃贼就会更加嚣张，就很难再悠闲自得地游玩赏乐。

C. 放鹤亭所在的位置春夏秋冬景色不同，各有其美；阴晴风雨，变化万千，俯仰之间，所见景色也各有特色。

D. 君主即使像鹤这样的飞禽，都不能喜好，否则会使国家灭亡；而隐居山林的人，即使是酒这样的东西，也不能成为祸害，更何况是鹤。

5. 把文中画横线的句子翻译成现代汉语。

（1）商贾相与歌于市，农夫相与忭于野，忧者以喜，病者以愈。

（2）盖其为物清远闲放，超然于尘埃之外，故《易》《诗》人以比贤人君子。

6.《喜雨亭记》有“既以名亭，又从而歌之”；《放鹤亭记》有“乃作放鹤、招鹤之歌”，请对比分析两处“歌”所表达的情感各有什么侧重。

凌虚台记

苏轼

国于南山之下，宜若起居饮食与山接也。四方之山，莫高于终南，而都邑之丽山者，莫近于扶风。以至近求最高，其势必得。而太守之居，未尝知有山焉。虽非事之所以损益，而物理有不当然者。此凌虚之所为筑也。

方其未筑也，太守陈公杖履逍遥于其下，见山之出于林木之上者，累累如人之旅行于墙外而见其髻也，曰：“是必有异。”使工凿其前为方池，以其土筑台，高出于屋之檐而止。然后人之至于其上者，怳然不知台之高，而以为山之踊跃奋迅而出也。公曰：“是宜名凌虚。”以告其从事苏轼，而求文以为记。

轼复于公曰：“物之废兴成毁，不可得而知也。昔者荒草野田，霜露之所蒙翳，狐虺之所窜伏。方是时，岂知有凌虚台耶？废兴成毁，相寻于无穷，则台之复为荒草野田，皆不可知也。尝试与公登台而望，其东则秦穆之祈年、橐泉也，其南则汉武之长杨、五柞，而其北则隋之仁寿、唐之九成也。计其一时之盛，宏杰诡丽，坚固而不可动者，岂特百倍于台而已哉！然而数世之后欲求其仿佛而破瓦颓垣无复存者既已化为禾黍荆棘丘墟陇亩矣，而况于此台欤！夫台犹不足恃以长久，而况于人事之得丧，忽往而忽来者欤？而或者欲以夸世而自足，则过矣。盖世有足恃者，而不在乎台之存亡也。”既以言于公，退而为之记。

超然台记

苏轼

凡物皆有可观。苟有可观，皆有可乐，非必怪奇伟丽者也。餔糟啜醨，皆可以醉；果蔬草木，皆可以饱。推此类也，吾安往而不乐？

夫所为求福而辞祸者，以福可喜而祸可悲也。人之所欲无穷，而物之可以足吾欲者有尽。美恶之辨战于中，而去取之择交乎前，则可乐者常少，而可悲者常多，是谓求祸而辞福。夫求祸而辞福，岂人之情也哉？物有以盖之矣。彼游于物之内，而不游于物之外。物非有大小也，自其内而观之，未有不高且大者也；彼挟其高大以临我，则我常眩乱反复，如隙中之观斗，又乌知胜负之所在？是以美恶横生而忧乐出焉，可不大哀乎？

予自钱塘移守胶西，释舟楫之安而服车马之劳，去雕墙之美而庇采椽之居，背湖山之观而行桑麻之野。始至之日，岁比不登，盗贼满野，狱讼充斥，而斋厨索然，日食杞菊。人固疑予之不乐也。处之期年而貌加丰，发之白者，日以反黑。予既乐其风俗之淳，而其吏民亦安予之拙也。于是治其园囿，洁其庭宇，伐安邱、高密之木，以修补破败，为苟完之计。而园之北，因城以为台者旧矣，稍葺而新之。时相与登览，放意肆志焉。南望马耳、常山，出没隐见，若近若远，庶几有隐君子乎？而其东则庐山，秦人卢敖之所从遁也。西望穆陵，隐然如城郭，师尚父、齐威公之遗烈犹有存者。北俯潍水，慨然大息，思淮阴之功，而吊其不终。台高而安，深而明，夏凉而冬温。雨雪之朝，风月之夕，予未尝不在，客未尝不从。撷园蔬，取池鱼，酿秫酒，瀹脱粟而食之，曰："乐哉！游乎！"

方是时，予弟子由适在济南，闻而赋之，且名其台曰"超然"，以见予之无所往而不乐者，盖游于物之外也。

1. 文中画波浪线的部分有三处需要断句，请将相应位置的答案标号涂黑。

然而Ⓐ数世Ⓑ之后Ⓒ欲求Ⓓ其仿佛Ⓔ而破Ⓕ瓦颓垣无复存者Ⓖ既已化为禾黍荆棘Ⓗ丘墟陇亩矣。

2. 下列对文中加点的词语及相关内容的解说，不正确的一项是（　　）

A. 损益，此处指减少或增加，与《鸿门宴》中"备他盗之出入与非常也"的"出入"用法不同。

B. 登，意思是年成好，粮食丰收，与成语"五谷丰登"中的"登"意思相同。

C. 期年，意思是满一年，与《邹忌讽齐王纳谏》中"期年之后"的"期年"意思相同。

D. 雨雪，意思是雨落雪飞，用法与《诗经》中"雨雪霏霏"中的"雨雪"是相同的。

3. 下列各组语句中，加点词的意义和用法都相同的一组是（　　）

A. 方其未筑也　　方其破荆州，下江陵

B. 然后人之至于其上者　　然视其左右，来而记之者已少

C. 人固疑予之不乐也　　句读之不知，惑之不解

D. 因城以为台者旧矣　　加之以师旅，因之以饥馑

4. 下列对原文有关内容的概述或赏析，不正确的一项是（　　）

A. 作者认为终南山是都城四面的山中最高的，而扶风城是最靠近终南山的城，因此在扶风城可以探求终南山的最高处。

B. 筑起高台后，凡是登台眺望的人，都以为那些山峦是突然间跳出来的，不知道其实是因为土台高耸才看到群峰。

C. 追求祸患，逃避幸福，并不是人之常情，有些人局限在事物之内，被外物蒙蔽了心，而不能遨游于事物之外。

D. 作者写到姜太公、齐桓公的英雄业绩，想起淮阴侯韩信当年的赫赫战功，是想说明他们因为超然于物外而成功。

5. 把文中画横线的句子翻译成现代汉语。

（1）而或者欲以夸世而自足，则过矣。

（2）方是时，予弟子由适在济南，闻而赋之，且名其台曰“超然”。

6. 两则材料中，一篇名为《凌虚台记》，一篇名为《超然台记》，请紧扣“凌虚”与“超然”二词概括两篇文章所表现的作者的情感。

石钟山记

苏轼

《水经》云：“彭蠡之口有石钟山焉。”郦元以为下临深潭，微风鼓浪，水石相搏，声如洪钟。是说也，人常疑之。今以钟磬置水中，虽大风浪不能鸣也，而况石乎！至唐李渤始访其遗踪，得双石于潭上，扣而聆之，南声函胡，北音清越，枹止响腾，余韵徐歇。自以为得之矣。然是说也，余尤疑之。石之铿然有声者，所在皆是也，而此独以钟名，何哉？

元丰七年六月丁丑，余自齐安舟行适临汝，而长子迈将赴饶之德兴尉，送之至湖口，因得观所谓石钟者。寺僧使小童持斧，于乱石间择其一二扣之，硿硿然。余固笑而不信也。至其夜月明，独与迈乘小舟，至绝壁下。大石侧立千尺，如猛兽奇鬼，森然欲搏人；而山上栖鹘，闻人声亦惊起，磔磔云霄间；又有若老人咳且笑于山谷中者，或曰此鹳鹤也。余方心动欲还，而大声发于水上，噌吰如钟鼓不绝。舟人大恐。徐而察之，则山下皆石穴罅，不知其浅深，微波入焉，涵澹澎湃而为此也。舟回至两山间，将入港口，有大石当中流，可坐百人，空中而多窍，与风水相吞吐，有窾坎镗鞳之声，与向之噌吰者相应，如乐作焉。因笑谓迈曰：“汝识之乎？噌吰者，周景王之无射也；窾坎镗鞳者，魏庄子之歌钟也。古之人不余欺也！”

事不目见耳闻，而臆断其有无，可乎？郦元之所见闻，殆与余同，而言之不详；士大夫终不肯以小舟夜泊绝壁之下，故莫能知；而渔工水师虽知而不能言此世所以不传也而陋者乃以斧斤考击而求之自以为得其实。余是以记之，盖叹郦元之简，而笑李渤之陋也。

1. 文中画波浪线的部分有三处需要断句，请将相应位置的答案标号涂黑。

而渔工水师Ⓐ虽知Ⓑ而不能言Ⓒ此Ⓓ世所以不传也Ⓔ而陋者乃以斧斤考击而求之Ⓕ自以为得其实。

2. 下列对文中加点的词语及相关内容的解说，不正确的一项是（　　）

A. 丁丑，为干支之一，顺序为第十四个，前一位是丙子，后一位是戊卯。

B. 尉，是古代官名，一般是武官，如县尉、都尉、卫尉、太尉等。

C. 无射，读作wúyì，钟名，周景王时所铸。此典在《左传》和《史记》中有记载。

D. 殆，意思是大概，与“思而不学则殆”中的“殆”意思不同。

3. 下列各组语句中，加点词的“之”作定语后置标志的一句是（　　）

A. 石之铿然有声者　　B. 与向之噌吰者相应

C. 古之人不余欺也　　D. 句读之不知，惑之不解

4. 下列对原文有关内容的概述或赏析，不正确的一项是（　　）

A. 作者用“是说也，人常疑之”“然是说也，余尤疑之”引出自己“何哉”之问，非常巧妙。

B. 苏轼与苏迈在小童带领下，亲临现场，去探察石钟山得名缘由，体现了其具有实证的精神。

C. 苏轼此文通过探寻石钟山得名缘由，进而获取哲理认识，也有叹郦元之简，笑李渤陋之意。

D. 本文因事说理，由思而行，由感而发，夹叙、夹议，记叙、描写、议论、抒情环环相扣，浑然一体。

5. 把文中画横线的句子翻译成现代汉语。

（1）今以钟磬置水中，虽大风浪不能鸣也，而况石乎！

（2）余方心动欲还，而大声发于水上，噌吰如钟鼓不绝。

6. 有人评价“此文的景物描写也因其巧妙的修饰而形象生动见胜”，请结合文章具体内容谈谈你的理解。

潮州韩文公庙碑（节选）

苏轼

匹夫而为百世师，一言而为天下法，是皆有以参天地之化、关盛衰之运。其生也有自来，其逝也有所为。故申、吕自岳降，傅说为列星，古今所传，不可诬也。孟子曰：“我善养吾浩然之气。”是气也，寓于寻常之中，而塞乎天地之间。卒然遇之，则王公失其贵，晋、楚失其富，良、平失其智，贲、育失其勇，仪、秦失其辨。是孰使之然哉？其必有不依形而立，不恃力而行，不待生而存，不随死而亡者矣。故在天为星辰，在地为河岳，幽则为鬼神，而明则复为人。此理之常，无足怪者。

自东汉以来，道丧文弊，异端并起，历唐贞观、开元之盛，辅以房、杜、姚、宋而不能救。独韩文公起布衣，谈笑而麾之，天下靡然从公，复归于正，盖三百年于此矣。文起八代之衰，而道济天下之溺，忠犯人主之怒，而勇夺三军之帅，此岂非参天地、关盛衰、浩然而独存者乎？盖尝论天人之辨，以谓人无所不至，惟天不容伪；智可以欺王公，不可以欺豚、鱼；力可以得天下，不可以得匹夫匹妇之心。故公之精诚，能开衡山之云，而不能回宪宗之惑；能驯鳄鱼之暴，而不能弭皇甫镈、李逢吉之谤；能信于南海之民，庙食百世，而不能使其身一日安于朝廷之上。盖公之所能者天也，其所不能者人也。

始潮人未知学，公命进士赵德为之师，自是潮之士皆笃于文行，延及齐民，至于今，号称易治。信乎孔子之言：“君子学道则爱人，小人学道则易使也。”

潮人之事公也，饮食必祭，水旱疾疫，凡有求必祷焉。而庙在刺史公堂之后，民以出入为艰，前太守欲请诸朝作新庙，不果。元祐五年，朝散郎王君涤来守是邦，凡所以养士治民者，一以公为师。民既悦服，则出令曰："愿新公庙者听。"民欢趋之。卜地于州城之南七里，期年而庙成。

或曰："公去国万里而谪于潮不能一岁而归没而有知其不眷恋于潮也审矣。"轼曰："不然。公之神在天下者，如水之在地中，无所往而不在也。而潮人独信之深、思之至，焄蒿凄怆，若或见之。譬如凿井得泉，而曰水专在是，岂理也哉？"

元丰元年，诏封公昌黎伯，故榜曰"昌黎伯韩文公之庙"。潮人请书其事于石，因作诗以遗之，使歌以祀公。

1. 文中画波浪线的部分有三处需要断句，请将相应位置的答案标号涂黑。

公去国Ⓐ万里Ⓑ而谪Ⓒ于潮Ⓓ不能一岁而归Ⓔ没Ⓕ而有知Ⓖ其不眷恋于潮也Ⓗ审矣。

2. 下列对文中加点的词语及相关内容的解说，不正确的一项是（　　）

A. 贞观，与后面的"开元"都属于年号，与《登泰山记》中"自唐显庆以来"的"显庆"用法相同。

B. 文，是韩愈的谥号，是评价他具有经纬天地的才能和道德博厚、勤学好问的品德。

C. 一，意思是全、都，与《岳阳楼记》中"而或长烟一空"中的"一"意思是相同的。

D. 听，是听从的意思，用法与《陈情表》中"愿陛下矜悯愚诚，听臣微志"的"听"意思不同。

3. 下列各组语句中，加点词的意义和用法都相同的一组是（　　）

A. 公命进士赵德为之师　　君为我呼入

B. 信乎孔子之言　　其闻道也固先乎吾

C. 民以出入为艰　　夫以铜为镜，可以正衣冠

D. 凡所以养士治民者　　师者，所以传道受业解惑也

4. 下列对原文有关内容的概述或赏析，不正确的一项是（　　）

A. 自东汉以来，儒家之道沦丧，文业凋敝，各种异端邪说兴起，即使在贞观、开元的兴盛时期，都不能挽救房玄龄、杜如晦、姚崇、宋璟这些贤明宰相。

B. 作者认为大概是因为韩文公所擅长的是顺应天道而不是处理人事，所以韩文公不能挽回唐宪宗的迷惑，消除皇甫镈、李逢吉的诽谤，使自己在朝廷上安身。

C. 朝散郎王涤与前太守的做法不同，他教育读书人、治理百姓的措施，师法韩公。百姓心悦诚服之后，他才发出修庙的命令，百姓积极响应，用了一年时间把庙建成。

D. 苏轼以"如水之在地中"来比喻韩愈之神"无所往而不在也"，说明韩愈的影响是非常广大深远的，比喻论证既极生动形象，又极具说服力。

5. 把文中画横线的句子翻译成现代汉语。

（1）匹夫而为百世师，一言而为天下法，是皆有以参天地之化、关盛衰之运。

（2）文起八代之衰，而道济天下之溺，忠犯人主之怒，而勇夺三军之帅。

6. 本文是苏轼为韩愈庙所撰写的碑文。请概括文章是从哪几个方面对韩愈的成就予以评价的，并结合文章具体内容加以举例分析。

乞校正陆贽奏议进御札子

苏轼

臣等猥以空疏，备员讲读。圣明天纵，学问日新。臣等才有限而道无穷，心欲言而口不逮，以此自愧，莫知所为。窃谓人臣之纳忠，譬如医者之用药，药虽进于医手，方多传于古人。若已经效于世间，不必皆从于己出。

伏见唐宰相陆贽，才本王佐，学为帝师，论深切于事情，言不离于道德，智如子房而文则过辨如贾谊而术不疏上以格君心之非下以通天下之志。但其不幸，仕不遇时。德宗以苛刻为能，而贽谏之以忠厚；德宗以猜忌为术，而贽劝之以推诚；德宗好用兵，而贽以消兵为先；德宗好聚财，而贽以散财为急。至于用人听言之法，治边御将之方，罪己以收人心，改过以应天道，去小人以除民患，惜名器以待有功，如此之流，未易悉数。可谓进苦口之药石，针害身之膏肓。使德宗尽用其言，则贞观可得而复。

臣等每退自西阁，即私相告，以陛下圣明，必喜贽议论。但使圣贤之相契，即如臣主之同时。昔冯唐论颇、牧之贤，则汉文为之太息。魏相条晁、董之对，则孝宣以致中兴。若陛下能自得师，则莫若近取诸贽。夫六经三史，诸子百家，非无可观，皆足为治。但圣言幽远，末学支离，譬如山海之崇深，难以一二而推择。如贽之论，开卷了然，聚古今之精英，实治乱之龟鉴。臣等欲取其奏议，稍加校正，缮写进呈。愿陛下置之坐隅，如见贽面，反复熟读，如与贽言，必能发圣性之高明，成治功于岁月。

臣等不胜区区之意，取进止。

1. 文中画波浪线的部分有三处需要断句，请将相应位置的答案标号涂黑。

智如子房Ⓐ而文Ⓑ则过Ⓒ辨如贾谊Ⓓ而术Ⓔ不疏Ⓕ上以格君心之Ⓖ非Ⓗ下以通天下之志。

2. 下列对文中加点的词语及相关内容的解说，不正确的一项是（　　）

A. 猥，辱，是自谦之辞，与《陈情表》中“猥以微贱，当侍东宫”的“猥”用法相同。

B. 相，表示互相，与“路见不平拔刀相助”中的“相”词义并不相同。

C. 兴，通常指国家由衰退而复兴，重新走入盛世，维持相当长的时间。

D. 治功，意思是制定法则并有效实施之政绩，此处指治理国家的政绩。

3. 下列各组语句中，加点词的意义和用法都相同的一组是（　　）

A. 以此自愧，莫知所为　　一夫当关，万夫莫开

B. 但使圣贤之相契　　但以刘日薄西山

C. 则莫若近取诸贽　　迨诸父异爨

D. 如贽之论，开卷了然　　不复挺者，輮使之然也

4. 下列对材料有关内容的概述，不正确的一项是（　　）

A. 作者认为药虽然经医生之手进献，但药方多传自古人，如果药方已被证明有效，不必都要经由医

生之手开出，意在劝诫哲宗皇帝直接阅读陆贽的议论。

B. 作者认为陆贽的谏言没有得到唐德宗的采纳，既有唐德宗严厉刻薄、猜疑嫉妒、穷兵黩武、喜好聚敛财富的原因，也有陆贽劝谏不得法的原因。

C. 作者称赞哲宗是圣明的天子，称赞陆贽是贤能大臣，目的是希望哲宗能够以陆贽为师，并取法陆贽，吸收古今政见的精华。

D. 作者认为六经三史等著作，都足以用来治理国家，但因为言论精深奥妙，学说支离零散、崇高深远，很难选择，而陆贽的议论则一目了然。

5. 把文中画横线的句子翻译成现代汉语。

（1）伏见唐宰相陆贽，才本王佐，学为帝师，论深切于事情，言不离于道德。

（2）可谓进苦口之药石，针害身之膏肓。

6. 本文是作者在哲宗元祐年间担任翰林学士兼侍读学士时，与同僚吕希哲等上呈哲宗的奏章。苏轼等人建议哲宗皇帝通过研读陆贽的奏议，学习治国之术。请结合文章第二段的内容，概括哲宗可以学习哪些方面的治国之术。

前赤壁赋

苏轼

壬戌之秋，七月既望，苏子与客泛舟游于赤壁之下。清风徐来，水波不兴。举酒属客，诵明月之诗，歌窈窕之章。少焉，月出于东山之上，徘徊于斗牛之间。白露横江，水光接天。纵一苇之所如，凌万顷之茫然。浩浩乎如冯虚御风，而不知其所止；飘飘乎如遗世独立，羽化而登仙。

于是饮酒乐甚，扣舷而歌之。歌曰："桂棹兮兰桨，击空明兮溯流光。渺渺兮予怀，望美人兮天一方。"客有吹洞箫者，倚歌而和之。其声呜呜然，如怨如慕，如泣如诉，余音袅袅，不绝如缕。舞幽壑之潜蛟，泣孤舟之嫠妇。

苏子愀然，正襟危坐而问客曰："何为其然也？"客曰："'月明星稀，乌鹊南飞'，此非曹孟德之诗乎？西望夏口，东望武昌，山川相缪，郁乎苍苍，此非孟德之困于周郎者乎？方其破荆州，下江陵，顺流而东也，舳舻千里，旌旗蔽空，酾酒临江，横槊赋诗，固一世之雄也，而今安在哉？况吾与子渔樵于江渚之上，侣鱼虾而友麋鹿，驾一叶之扁舟，举匏樽以相属。寄蜉蝣于天地，渺沧海之一粟。哀吾生之须臾，羡长江之无穷。挟飞仙以遨游，抱明月而长终。知不可乎骤得，托遗响于悲风。"

苏子曰："客亦知夫水与月乎？逝者如斯，而未尝往也；盈虚者如彼，而卒莫消长也。盖将自其变者而观之，则天地曾不能以一瞬；自其不变者而观之，则物与我皆无尽也，而又何羡乎！且夫天地之间物各有主苟非吾之所有虽一毫而莫取。惟江上之清风，与山间之明月，耳得之而为声，目遇之而成色，取之无禁，用之不竭，是造物者之无尽藏也，而吾与子之所共适。”

客喜而笑，洗盏更酌。肴核既尽，杯盘狼藉。相与枕藉乎舟中，不知东方之既白。

1. 文中画波浪线的部分有三处需要断句，请将相应位置的答案标号涂黑。

且夫Ⓐ天地之间Ⓑ物Ⓒ各有主Ⓓ苟非吾之Ⓔ所有Ⓕ虽一毫而莫取。

2. 下列对文中加点的词语及相关内容的解说，正确的一项是（　　）

A. 斗牛，即北斗星和牵牛星，与“气冲斗牛”的“斗牛”意思不同。

B. 冯，同“凭”，意思是依仗、倚托，与“暴虎冯河”中的“冯”意思相同。

C. 东，此处名词用作动词，与“东望武昌”中的“东”用法相同。

D. 匏，此处指笙、簧一类乐器，与金、石、土、革、丝、木、竹合称八音。

3. 下列各组语句中，加点词的意义和用法都相同的一组是（　　）

A. 纵一苇之所如　　又间令吴广之次所旁丛祠中

B. 扣舷而歌之　　客逾庖而宴

C. 哀吾生之须臾　　不知东方之既白

D. 是造物者之无尽藏也　　唯利是图

4. 下列对原文有关内容的概述或赏析，正确的一项是（　　）

A. 七月十五，月挂东山，清风微拂，江横白露，苏轼与客人于赤壁下泛舟。

B. 酒至酣时，苏轼高歌，客吹洞箫而和，如潜蛟，如嫠妇，其声甚悲。

C. 客因为与苏轼一同以鱼虾、麋鹿为友，可是鱼虾、麋鹿生命短暂，令人悲伤。

D. 苏轼认为如果从不变的角度看待生命，万物将会与自己一样无穷无尽。

5. 把文中画横线的句子翻译成现代汉语。

（1）苏子愀然，正襟危坐而问客曰：“何为其然也？”

（2）逝者如斯，而未尝往也；盈虚者如彼，而卒莫消长也。

6. 台北故宫博物院曾展出苏轼《前赤壁赋》真迹，其中“沧海一粟”在真迹中为“浮海一粟”。你觉得哪个版本更好？

后赤壁赋

苏轼

是岁十月之望，步自雪堂，将归于临皋。二客从予，过黄泥之坂。霜露既降，木叶尽脱，人影在地，仰见明月，顾而乐之，行歌相答。已而叹曰：“有客无酒，有酒无肴。月白风清，如此良夜何！”客曰："今者薄暮，举网得鱼，巨口细鳞，状如松江之鲈。顾安所得酒乎？"归而谋诸妇。妇曰："我有斗酒，藏之久矣，以待子不时之需。"

于是携酒与鱼，复游于赤壁之下。江流有声，断岸千尺，山高月小，水落石出。曾日月之几何，而江山不可复识矣！予乃摄衣而上，履巉岩，披蒙茸，踞虎豹，登虬龙，攀栖鹘之危巢，俯冯夷之幽宫。盖二客不能从焉。划然长啸，草木震动，山鸣谷应，风起水涌。予亦悄然而悲，肃然而恐，凛乎其不可留也。反而登舟，放乎中流，听其所止而休焉。时夜将半，四顾寂寥。适有孤鹤，横江东来，翅如车轮，玄裳缟衣，戛然长鸣，掠予舟而西也。

须臾客去，予亦就睡。梦一道士，羽衣蹁跹，过临皋之下，揖予而言曰："赤壁之游乐乎？"问其姓名，俛而不答。"呜呼噫嘻！我知之矣畴昔之夜飞鸣而过我者非子也耶？"道士顾笑，予亦惊寤。开户视之，不见其处。

1. 文中画波浪线的部分有三处需要断句，请将相应位置的答案标号涂黑。

我知之矣[A]畴昔[B]之[C]夜[D]飞[E]鸣[F]而过[G]我者[H]非子也耶？

2. 下列对文中加点的词语及相关内容的解说，不正确的一项是（　　）

A. 望，望日，指十五；既望，指十六；晦是月末最后一天；朔是初一；朏是初三。

B. 薄暮，意思是傍晚，与《岳阳楼记》中"薄暮冥冥"中的"薄暮"意思一样。

C. 适，与《石钟山记》中"余自齐安舟行适临汝"中的"适"意思不同。

D. 西，向西去，用法与《赤壁赋》中"顺流而东也"的"东"用法不相同。

3. 下列各组语句中，加点词的意义和用法都相同的一组是（　　）

A. 将归于临皋　　急于星火

B. 放乎中流　　恢恢乎其于游刃必有余地矣

C. 翅如车轮　　如怨如慕

D. 俛而不答　　择其善者而从之

4. 下列对原文有关内容的概述，不正确的一项是（　　）

A. 作者与友人三个人一起回到临皋亭，看到霜露已降，树叶落光，明月在空，景色异常美丽。

B. 作者独自登上险峻的山崖，高声长啸，草木震动，作者也心生恐惧，觉得不可以久留。

C. "江流有声……水落石出"，山水在苏轼笔下得到了生动、逼真的反映，呈现出壮阔而自然的美。

D. 文中描写江山美景，带有作者个人主观情感，运用排比等手法，增添了文字的音乐美。

5. 把文中画横线的句子翻译成现代汉语。

（1）曾日月之几何，而江山不可复识矣！

（2）道士顾笑，予亦惊寤。开户视之，不见其处。

6. 有人评价此文结尾八个字"开户视之，不见其处"一语双关。请结合文章谈谈对此的理解。

三槐堂铭

苏轼

天可必乎？贤者不必贵，仁者不必寿。天不可必乎？仁者必有后。二者将安取衷哉？吾闻之申包胥曰：“人定者胜天，天定亦能胜人。”世之论天者，皆不待其定而求之，故以天为茫茫。善者以怠，恶者以肆。盗跖之寿，孔、颜之厄，此皆天之未定者也。松柏生于山林，其始也，困于蓬蒿，厄于牛羊，而其终也，贯四时、阅千岁而不改者，其天定也。善恶之报，至于子孙，则其定也久矣。吾以所见所闻考之，而其可必也审矣。国之将兴，必有世德之臣厚施而不食其报，然后其子孙能与守文太平之主共天下之福。

故兵部侍郎晋国王公，显于汉、周之际，历事太祖、太宗，文武忠孝，天下望以为相，而公卒以直道不容于时。盖尝手植三槐于庭，曰：“吾子孙必有为三公者。”已而其子魏国文正公，相真宗皇帝于景德、祥符之间，朝廷清明、天下无事之时，享其福禄荣名者十有八年。今夫寓物于人，明日而取之，有得有否。而晋公修德于身，责报于天，取必于数十年之后，如持左契，交手相付。吾是以知天之果可必也。

吾不及见魏公，而见其子懿敏公。以直谏事仁宗皇帝出入侍从将帅三十余年位不满其德天将复兴王氏也欤？何其子孙之多贤也？世有以晋公比李栖筠者，其雄才直气，真不相上下。而栖筠之子吉甫、其孙德裕，功名富贵略与王氏等，而忠恕仁厚，不及魏公父子。由此观之，王氏之福，盖未艾也。

懿敏公之子巩与吾游，好德而文，以世其家，吾以是录之。铭曰：呜呼休哉！魏公之业，与槐俱萌，封植之勤，必世乃成。既相真宗，四方砥平，归视其家，槐阴满庭。吾侪小人，朝不及夕，相时射利，皇恤厥德？庶几侥幸，不种而获，不有君子，其何能国？王城之东，晋公所庐，郁郁三槐，惟德之符。呜呼休哉！

1. 文中画波浪线的部分有三处需要断句，请将相应位置的答案标号涂黑。

以直谏事Ⓐ仁宗皇帝Ⓑ出入Ⓒ侍从将帅Ⓓ三十余年Ⓔ位不满Ⓕ其德Ⓖ天将复兴Ⓗ王氏也欤？

2. 下列对文中加点的词语及相关内容的解说，不正确的一项是（　　）

A. 盗跖，相传为古代的大盗，和“可怎生糊突了盗跖、颜渊”中的“盗跖”是同一人。

B. 三槐，相传周代宫廷外种有三棵槐树，三公朝天子时，面向三槐而立。后因以三槐喻三公。

C. 艾，意思是停止，和成语“方兴未艾”中的“艾”意思相同，与“自怨自艾”中的“艾”意思不同。

D. 铭，是一种刻在器物上用来警戒自己、称述功德的文字。后来成为一种文体，这种文体无需用韵。

3. 下列各组语句中，加点词的意义和用法都相同的一组是（　　）

A. 世之论天者　　鹏之背，不知其几千里也

B. 善者以怠　　毋吾以也

C. 何其子孙之多贤也　　何其衰也

D. 必世乃成　　乃使蒙恬北筑长城而守藩篱

4. 下列对原文有关内容的概述，不正确的一项是（　　）

A. 作者认为有时候贤德的人不一定显贵，仁慈的人不一定长寿，仁慈的人必然有好的子孙后代，进而得出天道渺茫，并不确定的结论。

B. 已故的兵部侍郎晋国公王祐，文、武、孝、忠，天下人都盼望他能做宰相，最终因为他性格正直

而不被当时朝廷容纳。

C. 懿敏公以敢于直言进谏仁宗皇帝，在三十多年里，入朝侍奉皇帝、出外统兵打仗，作者认为他的官位应该更高才合适。

D. 作者认为李栖筠的儿子李吉甫和孙子李德裕，与王氏相比，都享受了功名富贵，但是在忠恕仁厚方面，却比不上魏公父子。

5. 把文中画横线的句子翻译成现代汉语。

（1）国之将兴，必有世德之臣厚施而不食其报，然后其子孙能与守文太平之主共天下之福。

（2）今夫寓物于人，明日而取之，有得有否。

6. 全文由叙（序）和铭两部分组成，请概括“叙”部分的写作思路。

方山子传

苏轼

方山子，光、黄间隐人也。少时慕朱家、郭解为人，闾里之侠皆宗之。稍壮，折节读书，欲以此驰骋当世，然终不遇。晚乃遁于光、黄间，曰岐亭，庵居蔬食，不与世相闻。弃车马，毁冠服，徒步往来山中，人莫识也。见其所著帽，方耸而高，曰：“此岂古方山冠之遗像乎？”因谓之“方山子”。

余谪居于黄，过岐亭，适见焉。曰：“呜呼！此吾故人陈慥季常也，何为而在此？”方山子亦矍然问余所以至此者，余告之故。俯而不答，仰而笑，呼余宿其家。环堵萧然，而妻子奴婢皆有自得之意。余既耸然异之，独念方山子少时使酒好剑，用财如粪土。前十九年，余在岐山，见方山子从两骑，挟二矢，游西山。鹊起于前，使骑逐而射之，不获。方山子怒马独出，一发得之。因与余马上论用兵及古今成败，自谓一时豪士。今几日耳，精悍之色，犹见于眉间，而岂山中之人哉？

然方山子世有勋阀当得官使从事于其间今已显闻。而其家在洛阳，园宅壮丽，与公侯等。河北有田，岁得帛千匹，亦足以富乐。皆弃不取，独来穷山中，此岂无得而然哉？

余闻光、黄间多异人，往往佯狂垢污，不可得而见。方山子傥见之欤？

1. 文中画波浪线的部分有三处需要断句，请将相应位置的答案标号涂黑。

然方山子世有Ⓐ勋阀Ⓑ当得Ⓒ官Ⓓ使Ⓔ从事Ⓕ于其间Ⓖ今已显Ⓗ闻。

2. 下列对文中加点的词语及相关内容的解说，不正确的一项是（　　）

A. 蔬食，意思是粗食，与“饭疏食饮水”中的“疏食”意思一样。

B. 适，意思是去、往，与《诗经》中“逝将去女，适彼乐土”的“适”意思相同。

C. 陈慥季常，“陈”是方山子的姓，“慥”是其名，“季常”是其字。

D. 奴婢，通常男称奴，女称婢，指丧失自由、受人奴役的男女。

3. 下列各组语句中，加点词的意义和用法都相同的一组是（　　）

A. 见其所著帽　　嬴闻如姬父为人所杀

B. 使骑逐而射之　　客逾庖而宴

C. 与公侯等　　与嬴而不助五国也

D. 此岂无得而然哉　　而半山居雾若带然

4. 下列对原文有关内容的概述，不正确的一项是（　　）

A. 方山子少时与闾里之侠都仰慕朱家、郭解为人。

B. 方山子改少时任侠志向，转而读书，最终未实现抱负。

C. 方山子眉宇之间精明强悍的神态，不像隐居之人。

D. 方山子舍弃富贵生活，是因为他从现在生活中体会到自得之乐。

5. 把文中画横线的句子翻译成现代汉语。

（1）方山子亦矍然问余所以至此者，余告之故。

（2）余闻光、黄间多异人，往往佯狂垢污，不可得而见。

6. 本文是苏轼因“乌台诗案”贬居黄州时为老友陈慥所写的传记，写作时间应为宋神宗元丰四年（1081）。方山子在知道作者到达此地的缘故后，为什么“俯而不答，仰而笑”？

六国论

苏辙

尝读六国世家，窃怪天下之诸侯，以五倍之地、十倍之众，发愤西向，以攻山西千里之秦，而不免于灭亡。常为之深思远虑，以为必有可以自安之计。盖未尝不咎其当时之士，虑患之疏而见利之浅，且不知天下之势也。

夫秦之所与诸侯争天下者，不在齐、楚、燕、赵也，而在韩、魏之郊；诸侯之所与秦争天下者，不在齐、楚、燕、赵也，而在韩、魏之野。秦之有韩、魏，譬如人之有腹心之疾也。韩、魏塞秦之冲，而蔽山东之诸侯，故夫天下之所重者，莫如韩、魏也。昔者范雎用于秦而收韩，商鞅用于秦而收魏。昭王未得韩、魏之心，而出兵以攻齐之刚、寿，而范雎以为忧，然则秦之所忌者可见矣。

秦之用兵于燕、赵，秦之危事也。越韩过魏而攻人之国都，燕、赵拒之于前，而韩、魏乘之于后，此危道也。而秦之攻燕、赵，未尝有韩、魏之忧，则韩、魏之附秦故也。夫韩、魏诸侯之障，而使秦人得出入于其间，此岂知天下之势耶？委区区之韩、魏，以当强虎狼之秦，彼安得不折而入于秦哉？韩、魏折而入于秦，然后秦人得通其兵于东诸侯，而使天下遍受其祸。

夫韩、魏不能独当秦，而天下之诸侯藉之以蔽其西，故莫如厚韩亲魏以摈秦。秦人不敢逾韩、魏以窥齐、楚、燕、赵之国，而齐、楚、燕、赵之国，因得以自完于其间矣。以四无事之国，佐当寇之韩、魏，使韩、魏无东顾之忧，而为天下出身以当秦兵。以二国委秦，而四国休息于内，以阴助其急，若此可以应夫无穷，彼秦者将何为哉？不知出此而乃贪疆埸尺寸之利背盟败约以自相屠灭。秦兵未出，而天下诸侯已自困矣。至于秦人得伺其隙，以取其国，可不悲哉！

1. 文中画波浪线的部分有三处需要断句，请将相应位置的答案标号涂黑。

不知出Ⓐ此Ⓑ而乃贪Ⓒ疆埸尺寸之利Ⓓ背盟Ⓔ败约Ⓕ以自Ⓖ相Ⓗ屠灭。

2. 下列对文中加点的词语及相关内容的解说，不正确的一项是（　　）

A. 千里，意思是面积广阔，与“决胜于千里之外”的“千里”意思不同。

B. 冲，意思是重要的地方，与“首当其冲”的“冲”意思相同。

C. 昭王，此处指“燕昭王”，“昭”是谥号，而且属于美谥。

D. 阴，意思是暗中，与《苏武传》中“阴相与谋，劫单于母阏氏归汉”的“阴”意思不同。

3. 下列各组语句中，加点词的意义和用法不相同的一组是（　　）

A. 譬如人之有腹心之疾也　　不知东方之既白

B. 昔者范雎用于秦而收韩　　吾妻之美我者

C. 商鞅用于秦而收魏　　不拘于时

D. 故莫如厚韩亲魏以摈秦　　一夫当关，万夫莫开

4. 下列对原文有关内容的概述，不正确的一项是（　　）

A. 作者责怪六国谋士，考虑祸患时疏忽大意，图谋利益时目光短浅，而且不知晓天下的形势。

B. 秦国要和各诸侯国争夺天下的重要地区，并不在齐、楚、燕、赵等国，而在韩、魏的国土。

C. 秦国之所以敢越韩过魏去攻打燕、赵，是因为秦国认为韩、魏不足为惧。

D. 作者认为如果齐、楚、燕、赵等国与韩、魏两国互相支持合作，是有可能抵御秦国的。

5. 把文中画横线的句子翻译成现代汉语。

（1）秦之用兵于燕、赵，秦之危事也。

（2）委区区之韩、魏，以当强虎狼之秦，彼安得不折而入于秦哉？

6. 作者认为六国灭亡的原因有哪些，请结合文章内容，用三个四字短语加以简要概括。

上枢密韩太尉书

苏辙

太尉执事：辙生好为文，思之至深。以为文者气之所形，然文不可以学而能，气可以养而致。孟子曰：“我善养吾浩然之气。”今观其文章，宽厚宏博，充乎天地之间，称其气之小大。太史公行天下，周览四海名山大川，与燕、赵间豪俊交游，故其文疏荡，颇有奇气。此二子者，岂尝执笔学为如此之文哉？其气充乎其中而溢乎其貌，动乎其言而见乎其文，而不自知也。

辙生年十有九矣。其居家所与游者，不过其邻里乡党之人；所见不过数百里之间，无高山大野可登览以自广。百氏之书，虽无所不读，然皆古人之陈迹，不足以激发其志气。恐遂汩没，故决然舍去，求天下奇闻壮观，以知天地之广大。过秦、汉之故都，恣观终南、嵩、华之高，北顾黄河之奔流，慨然想见古之豪杰。至京师，仰观天子宫阙之壮，与仓廪府库、城池苑囿之富且大也，而后知天下之巨丽。见翰林欧阳公，听其议论之宏辩，观其容貌之秀伟，与其门人贤士大夫游，而后知天下之文章聚乎此也。太尉以才略冠天下，天下之所恃以无忧，四夷之所惮以不敢发，入则周公、召公，出则方叔、召虎。而辙也未之见焉。

且夫人之学也，不志其大，虽多而何为？辙之来也，于山见终南、嵩、华之高，于水见黄河之大且深，于人见欧阳公，而犹以为未见太尉也。故愿得观贤人之光耀，闻一言以自壮，然后可以尽天下之大观而无憾者矣。

辙年少，未能通习吏事。向之来，非有取于斗升之禄，偶然得之，非其所乐。然幸得赐归待选使得优游数年之间将以益治其文且学为政。太尉苟以为可教而辱教之，又幸矣！

1. 文中画波浪线的部分有三处需要断句，请将相应位置的答案标号涂黑。

   然幸得赐归Ⓐ待选Ⓑ使Ⓒ得优游数年Ⓓ之间Ⓔ将以益治Ⓕ其文Ⓖ且学Ⓗ为政。

2. 下列对文中加点的词语及相关内容的解说，不正确的一项是（　　）

   A. 乡党，泛称乡里。周制，一万二千五百家为一乡，五百家为一党。

   B. 京师，指北宋都城汴京，即今河南开封。

   C. 四夷，是古代对中原周边各族的统称，即东夷、南蛮、北狄和西戎。

   D. 辱，谦辞，表示承蒙。类似的如“鄙”“敝”“令”等都属于谦辞。

3. 下列各组语句中，加点词的意义和用法不相同的一组是（　　）

   A. 气可以养而致　　君子博学而日参省乎己

   B. 其气充乎其中而溢乎其貌　　恢恢乎其于游刃必有余地矣

   C. 而辙也未之见焉　　师道之不传也久矣

   D. 偶然得之，非其所乐　　以致其性焉尔

4. 下列对原文有关内容的概述，不正确的一项是（　　）

   A. 作者认为要想写好文章，除了要靠学习，还要通过修养气。

   B. 作者认为自己在家乡，很难激发志气，所以断然离开家乡。

   C. 作者离开家乡，见到方叔、召虎等人以及山水等风景。

   D. 作者写给太尉这封信，虽是干谒之文，却没有干谒求仕进之语，可见作者的才华之高。

5. 把文中画横线的句子翻译成现代汉语。

（1）且夫人之学也，不志其大，虽多而何为？

（2）故愿得观贤人之光耀，闻一言以自壮，然后可以尽天下之大观而无憾者矣。

6. 作者认为文章和气之间有何关系，结合文章第一段的内容加以分析。

黄州快哉亭记

苏辙

江出西陵，始得平地，其流奔放肆大，南合湘、沅，北合汉、沔，其势益张。至于赤壁之下，波流浸灌，与海相若。清河张君梦得谪居齐安，即其庐之西南为亭，以览观江流之胜，而余兄子瞻名之曰“快哉”。

盖亭之所见，南北百里，东西一舍，涛澜汹涌，风云开阖；昼则舟楫出没于其前，夜则鱼龙悲啸于其下；变化倏忽，动心骇目，不可久视。今乃得玩之几席之上，举目而足。西望武昌诸山，冈陵起伏，草木行列，烟消日出，渔夫、樵父之舍，皆可指数，此其所以为“快哉”者也。至于长洲之滨，故城之墟，曹孟德、孙仲谋之所睥睨，周瑜、陆逊之所驰骛，其流风遗迹，亦足以称快世俗。

昔楚襄王从宋玉、景差于兰台之宫，有风飒然至者，王披襟当之，曰：“快哉此风！寡人所与庶人共者耶？”宋玉曰：“此独大王之雄风耳，庶人安得共之！”玉之言盖有讽焉。夫风无雄雌之异，而人有遇不遇之变。楚王之所以为乐与庶人之所以为忧此则人之变也而风何与焉？士生于世，使其中不自得，将何往而非病？使其中坦然，不以物伤性，将何适而非快？今张君不以谪为患，收会稽之余，而自放山水之间，此其中宜有以过人者。将蓬户瓮牖，无所不快，而况乎濯长江之清流，挹西山之白云，穷耳目之胜以自适也哉！不然，连山绝壑，长林古木，振之以清风，照之以明月，此皆骚人思士之所以悲伤憔悴而不能胜者，乌睹其为快也！

1. 文中画波浪线的部分有三处需要断句，请将相应位置的答案标号涂黑。

楚王之所以为Ⓐ乐Ⓑ与庶人Ⓒ之所以为忧Ⓓ此Ⓔ则人之Ⓕ变也Ⓖ而风Ⓗ何与焉？

2. 下列对文中加点的词语及相关内容的解说，不正确的一项是（　　）

A. 舍，古代三十里为一舍，与“退避三舍”的“舍”意思一样。

B. 楚襄王，即楚顷襄王，芈姓，熊氏，名横，“襄王”是谥号。

C. 中，是内心的意思，与“忧从中来”的“中”意思不同。

D. 瓮牖，意思是用破瓮做窗，与“瓮牖绳枢”中的“瓮牖”意思相同。

3. 下列各组语句中，加点词的意义和用法不相同的一组是（　　）

A. 与海相若　　若入前为寿

B. 盖亭之所见　　师之所存

C. 今乃得玩之几席之上　　今其智乃反不能及

D. 不然，连山绝壑　　何为其然也

4. 下列对原文有关内容的概述，不正确的一项是（　　）

A. 清河张梦得被贬官后居住在齐安，建起亭子，后来作者的哥哥苏轼将亭子命名为“快哉”。

B. 烟消云散、阳光普照的时候，那些以渔夫、樵夫身份隐居在此处的隐士的房舍都可以指点数清。

C. 由于人的境遇有所不同，所以面对风的时候，楚王会感到快乐，而百姓会感到忧愁。

D. 张梦得心中坦然，不把被贬官视为忧患，利用处理公务的空闲时间，自己快乐地在大自然中游玩。

5. 把文中画横线的句子翻译成现代汉语。

（1）有风飒然至者，王披襟当之，曰：“快哉此风！寡人所与庶人共者耶？”

（2）此皆骚人思士之所以悲伤憔悴而不能胜者，乌睹其为快也！

6. 此文一篇之中“快”字总共出现了七次，有何作用？

寄欧阳舍人书

曾巩

去秋人还，蒙赐书及所撰先大父墓碑铭，反复观诵，感与惭并。

夫铭、志之著于世，义近于史，而亦有与史异者。盖史之于善恶无所不书，而铭者，盖古之人有功德、材行、志义之美者，惧后世之不知，则必铭而见之，或纳于庙，或存于墓，一也。苟其人之恶，则于铭乎何有？此其所以与史异也。其辞之作，所以使死者无有所憾，生者得致其严。而善人喜于见传，则勇于自立；恶人无有所纪，则以愧而惧；至于通材达识、义烈节士，嘉言善状，皆见于篇，则足为后法。警劝之道，非近乎史，其将安近？

及世之衰，人之子孙者，一欲褒扬其亲而不本乎理。故虽恶人，皆务勒铭以夸后世。立言者，既莫之拒而不为，又以其子孙之请也，书其恶焉，则人情之所不得，于是乎铭始不实。后之作铭者当观其人苟托之非人则书之非公与是则不足以行世而传后。故千百年来，公卿大夫至于里巷之士莫不有铭，而传者盖少，其故非他，托之非人，书之非公与是故也。

然则孰为其人而能尽公与是欤？非畜道德而能文章者无以为也。盖有道德者之于恶人则不受而铭之，于众人则能辨焉。而人之行，有情善而迹非，有意奸而外淑，有善恶相悬而不可以实指，有实大于名，有名侈于实。犹之用人，非畜道德者，恶能辨之不惑，议之不徇？不惑不徇，则公且是矣。而其辞之不工，则世犹不传，于是又在其文章兼胜焉。故曰非畜道德而能文章者无以为也，岂非然哉？

然畜道德而能文章者，虽或并世而有，亦或数十年或一二百年而有之。其传之难如此，其遇之难又如此。若先生之道德文章，固所谓数百年而有者也。先祖之言行卓卓，幸遇而得铭其公与是，其传世行后无疑也。而世之学者，每观传记所书古人之事，至于所可感，则往往衋然不知涕之流落也，况其子孙也哉？况巩也哉？其追晞祖德而思所以传之之由，则知先生推一赐于巩而及其三世。其感与报，宜若何而图之？抑又思若巩之浅薄滞拙而先生进之，先祖之屯蹶否塞以死而先生显之，则世之魁闳豪杰不世出之士，其谁不愿进于门？潜遁幽抑之士，其谁不有望于世？善谁不为？而恶谁不愧以惧？为人之父祖者，孰不欲教其子孙？为人之子孙者，孰不欲宠荣其父祖？此数美者，一归于先生。

既拜赐之辱，且敢进其所以然。所论世族之次，敢不承教而加详焉？愧甚不宣。

泰州海陵县主簿许君墓志铭（节选）

王安石

君讳平，字秉之，姓许氏。余尝谱其世家，所谓今泰州海陵县主簿者也。君既与兄元相友爱称天下，而自少卓荦不羁，善辩说，与其兄俱以智略为当世大人所器。宝元时，朝廷开方略之选，以招天下异能之士，而陕西大帅范文正公、郑文肃公争以君所为书以荐，于是得召试，为太庙斋郎，已而选泰州海陵县主簿。

贵人多荐君有大才，可试以事，不宜弃之州县。君亦尝慨然自许，欲有所为。然终不得一用其智能以卒。噫！其可哀也已。

士固有离世异俗，独行其意，骂讥、笑侮、困辱而不悔，彼皆无众人之求而有所待于后世者也，其龃龉固宜。若夫智谋功名之士，窥时俯仰以赴势利之会而辄不遇者，乃亦不可胜数。辩足以移万物，而穷于用说之时；谋足以夺三军，而辱于右武之国。此又何说？嗟乎！彼有所待而不悔者，其知之矣。

1. 文中画波浪线的部分有三处需要断句，请将相应位置的答案标号涂黑。

后之作铭者Ⓐ当观Ⓑ其人Ⓒ苟托之非Ⓓ人Ⓔ则书之非Ⓕ公与是Ⓖ则不足Ⓗ以行世而传后。

2. 下列对文中加点的词语及相关内容的解说，不正确的一项是（　　）

A. 铭，是一种文体，原指一种刻在器物上用来警戒自己、称述功德的文字。

B. 勒，意思是雕刻，与《渔家傲·秋思》中“燕然未勒归无计”的“勒”意思是一样的。

C. 徇，意思是徇私情，与“徇私枉法”的“徇”意思是一样的。

D. 一，意思是全、都，与《岳阳楼记》中“而或长烟一空”的“一”意思不同。

3. 下列各组语句中，加点词的意义和用法相同的一组是（　　）

A. 则于铭乎何有　　于其身也，则耻师焉

B. 书之非公与是故也　　吾与点也

C. 则公且是矣　　是可忍，孰不可忍

D. 其谁不愿进于门　　其孰能讥之乎

4. 下列对原文有关内容的概述，不正确的一项是（　　）

A. 铭文的撰写，可以使善良之人在生前发奋而有所建树。

B. 写铭文的人需遵从人情道理，所以铭文出现不实之词。

C. 道德修养深且善写文章的人才能将铭文写得公正又正确。

D. 作者在文章中表达了对欧阳修的感激与报答之情。

5. 把文中画横线的句子翻译成现代汉语。

（1）有善恶相悬而不可以实指，有实大于名，有名侈于实。

（2）抑又思若巩之浅薄滞拙而先生进之，先祖之屯蹶否塞以死而先生显之。

6. 请结合材料一第二段的内容以及材料二，分析王安石写作铭文的原因有哪些。

赠黎安二生序

曾巩

赵郡苏轼，予之同年友也。自蜀以书至京师遗予，称蜀之士曰黎生、安生者。既而黎生携其文数十万言，安生携其文亦数千言，辱以顾予。读其文，诚闳壮隽伟，善反复驰骋，穷尽事理，而其材力之放纵，若不可极者也。二生固可谓魁奇特起之士，而苏君固可谓善知人者也。

顷之，黎生补江陵府司法参军，将行，请予言以为赠。予曰："予之知生，既得之于心矣，乃将以言相求于外邪？"黎生曰："生与安生之学于斯文里之人皆笑以为迂阔今求子之言盖将解惑于里人。"予闻之，自顾而笑。

夫世之迂阔，孰有甚于予乎？知信乎古，而不知合乎世；知志乎道，而不知同乎俗。此予所以困于今而不自知也。世之迂阔，孰有甚于予乎？今生之迂，特以文不近俗，迂之小者耳，患为笑于里之人。若予之迂大矣，使生持吾言而归，且重得罪，庸讵止于笑乎？然则若予之于生，将何言哉？谓予之迂为善，则其患若此。谓为不善，则有以合乎世，必违乎古，有以同乎俗，必离乎道矣。生其无急于解里人之惑，则于是焉必能择而取之。

遂书以赠二生，并示苏君以为何如也。

读孟尝君传

王安石

世皆称孟尝君能得士，士以故归之，而卒赖其力以脱于虎豹之秦。

嗟乎！孟尝君特鸡鸣狗盗之雄耳，岂足以言得士？不然，擅齐之强，得一士焉，宜可以南面而制秦，尚何取鸡鸣狗盗之力哉？鸡鸣狗盗之出其门，此士之所以不至也。

同学一首别子固

王安石

江之南有贤人焉，字子固，非今所谓贤人者，予慕而友之。淮之南有贤人焉，字正之，非今所谓贤人者，予慕而友之。二贤人者，足未尝相过也，口未尝相语也，辞币未尝相接也。其师若友，岂尽同哉？予考其言行，其不相似者何其少也！曰：学圣人而已矣。学圣人，则其师若友必学圣人者。圣人之言行，岂有二哉？其相似也适然。

予在淮南，为正之道子固，正之不予疑也。还江南，为子固道正之，子固亦以为然。予又知所谓贤人者，既相似又相信不疑也。子固作《怀友》一首遗予，其大略欲相扳以至乎中庸而后已，正之盖亦尝云尔。夫安驱徐行，輣中庸之庭而造于其室，舍二贤人者而谁哉？予昔非敢自必其有至也，亦愿从事于左右焉尔，辅而进之其可也。

噫！官有守，私有系，会合不可以常也。作《同学一首别子固》，以相警，且相慰云。

1. 文中画波浪线的部分有三处需要断句，请将相应位置的答案标号涂黑。

生与安生之学Ⓐ于斯文Ⓑ里Ⓒ之人Ⓓ皆笑Ⓔ以为迂阔Ⓕ今求子Ⓖ之言Ⓗ盖将解惑于里人。

2. 下列对文中加点的词语及相关内容的解说，不正确的一项是（　　）

A. 顾，文中“辱以顾予”的“顾”与“自顾而笑”的“顾”意思并不相同。

B. 使，意思是让，与《阿房宫赋》中“使秦复爱六国之人”中的“使”意思不一样。

C. 南面，古代以坐北朝南为尊位，帝王的座位面朝南，故称居帝位为“南面”。

D. 过，意思是拜访，与“过故人庄”的“过”意思一样。

3. 下列各组语句中，加点词的意义和用法不相同的一组是（　　）

A. 顷之，黎生补江陵府司法参军　　久之，能以足音辨人

B. 庸讵止于笑乎　　夫庸知其年之先后生于吾乎

C. 其不相似者何其少也　　吏呼一何怒

D. 以相警，且相慰云　　还必相迎取

4. 下列对原文有关内容的概述，不正确的一项是（　　）

A.《赠黎安二生序》一文欲扬先抑，全文说理透辟，而且显得平易近人。

B.《同学一首别子固》一文运用陪衬法，文章处处以孙侔陪说曾巩，韵味无穷。

C. 黎安二生拿着曾巩的文章回去之后，招致了乡里人的指责怪罪。

D. 作者驳斥了“孟尝君能得士”的观点，认为其是“鸡鸣狗盗之雄”。

5. 把文中画横线的句子翻译成现代汉语。

（1）生其无急于解里人之惑，则于是焉必能择而取之。

（2）学圣人，则其师若友必学圣人者。

6.《赠黎安二生序》和《同学一首别子固》两篇文章，一篇是曾巩写给黎生、安生两个年轻人，一篇是王安石写给曾巩，请分别概括两篇文章的写作思路。

游褒禅山记

王安石

褒禅山亦谓之华山。唐浮图慧褒始舍于其址，而卒葬之，以故其后名之曰褒禅。今所谓慧空禅院者，褒之庐冢也。距其院东五里，所谓华山洞者，以其乃华山之阳名之也。距洞百余步，有碑仆道，其文漫灭，独其为文犹可识，曰“花山”。今言“华”如“华实”之“华”者，盖音谬也。

其下平旷，有泉侧出，而记游者甚众，所谓“前洞”也。由山以上五六里，有穴窈然，入之甚寒，问其深，则其好游者不能穷也，谓之“后洞”。予与四人拥火以入，入之愈深，其进愈难，而其见愈奇。有怠而欲出者，曰:“不出，火且尽。”遂与之俱出。盖予所至，比好游者尚不能十一，然视其左右，来而记之者已少。盖其又深，则其至又加少矣。方是时，予之力尚足以入，火尚足以明也。既其出，则或咎其欲出者，而予亦悔其随之，而不得极乎游之乐也。

于是予有叹焉。古人之观于天地、山川、草木、虫鱼、鸟兽，往往有得，以其求思之深而无不在也。夫夷以近，则游者众，险以远，则至者少。而世之奇伟瑰怪、非常之观，常在于险远，而人之所罕至焉，故非有志者不能至也。有志矣，不随以止也，然力不足者，亦不能至也。有志与力，而又不随以怠，至于幽暗昏惑，而无物以相之，亦不能至也。然力足以至焉，于人为可讥，而在己为有悔。尽吾志也而不能至者，可以无悔矣，其孰能讥之乎？此予之所得也。

予于仆碑又有悲夫古书之不存后世之谬其传而莫能名者何可胜道也哉！此所以学者不可以不深思而慎取之也。

四人者：庐陵萧君圭君玉，长乐王回深父，予弟安国平父、安上纯父。

1. 文中画波浪线的部分有三处需要断句，请将相应位置的答案标号涂黑。

予于仆碑Ⓐ又有悲Ⓑ夫古书之不存Ⓒ后世之谬Ⓓ其传Ⓔ而莫能Ⓕ名者Ⓖ何可胜Ⓗ道也哉！

2. 下列对文中加点的词语及相关内容的解说，不正确的一项是（　　）

A. 浮图，指和尚，“救人一命胜造七级浮屠”中的“浮屠”即“浮图”，指佛塔。

B. 阳，古人认为山南水北为阳，文中的华山洞在华山的南面。

C. 十一，意思是十分之一，《陈涉世家》中“而戍死者固十六七”，即十分之六七。

D. 君玉，文中指的是庐陵人萧君圭，字君玉。古人自称字，表示谦虚。

3. 下列各组语句中，加点词的意义和用法相同的一组是（　　）

A. 予与四人拥火以入　　木欣欣以向荣

B. 而予亦悔其随之　　吾其还也

C. 尽吾志也而不能至者　　客逾庖而宴

D. 此所以学者不可以不深思而慎取之也　　师者，所以传道受业解惑也

4.. 下列对原文有关内容的概述，不正确的一项是（　　）

A. 华山洞分为“前洞”和“后洞”，两洞相距五六里，后洞比前洞深，前洞比后洞寒。

B. 作者从后洞退出，体力还够，火把也足，因而后悔跟随着别人退了出来，没有尽兴。

C. 作者对那块倒在地的石碑，既悲叹古代的文献未能存留，又感慨后世讹传而无人弄清其真相。

D. 全文以游踪为线索，因游览之事而见理，夹叙夹议，所议论的部分富含哲理，引人深思。

5. 把文中画横线的句子翻译成现代汉语。

（1）距洞百余步，有碑仆道，其文漫灭，独其为文犹可识，曰“花山”。

（2）有志与力，而又不随以怠，至于幽暗昏惑，而无物以相之，亦不能至也。

6. 作者认为处于险远之处的非常之观，如何才能看得到呢？请结合文章加以概括分析。

送天台陈庭学序

宋濂

西南山水，惟川蜀最奇。然去中州万里，陆有剑阁栈道之险，水有瞿唐滟滪之虞。跨马行，则竹间山高者，累旬日不见其巅际。临上而俯视，绝壑万仞，杳莫测其所穷，肝胆为之掉栗。水行，则江石悍利，波恶涡诡，舟一失势尺寸，辄糜碎土沉，下饱鱼鳖。其难至如此！故非仕有力者，不可以游；非材有文者，纵游无所得；非壮强者，多老死于其地。嗜奇之士恨焉。

天台陈君庭学，能为诗，由中书左司掾，屡从大将北征，有劳，擢四川都指挥司照磨，由水道至成都。成都，川蜀之要地，扬子云、司马相如、诸葛武侯之所居，英雄俊杰战攻驻守之迹诗人文士游眺饮射赋咏歌呼之所庭学无不历览。既览必发为诗，以纪其景物时世之变，于是其诗益工。越三年，以例自免归，会予于京师。其气愈充，其语愈壮，其志意愈高，盖得于山水之助者侈矣。

予甚自愧，方予少时，尝有志于出游天下，顾以学未成而不暇。及年壮可出，而四方兵起，无所投足。逮今圣主兴而宇内定，极海之际，合为一家，而予齿益加耄矣。欲如庭学之游，尚可得乎？

然吾闻古之贤士，若颜回、原宪，皆坐守陋室，蓬蒿没户，而志意常充然，有若囊括于天地者，此其故何也？得无有出于山水之外者乎？庭学其试归而求焉，苟有所得，则以告予，予将不一愧而已也。

1. 文中画波浪线的部分有三处需要断句，请将相应位置的答案标号涂黑。

英雄Ⓐ俊杰战Ⓑ攻驻守之迹Ⓒ诗人文士游眺Ⓓ饮射Ⓔ赋咏歌呼之Ⓕ所Ⓖ庭学无不Ⓗ历览。

2. 下列对文中加点词语及其相关内容的解说，不正确的一项是（　　）

A.“肝胆为之掉栗”中“掉栗”的意思是战栗、颤抖。

B.“由中书左司掾”中“掾”的读音是yuán，是古代属官的通称。

C.“盖得于山水之助者侈矣”中“侈”的读音是chǐ，意思是多、大。

D.“顾以学未成而不暇”中“顾”表轻微转折，可译为不过、但是。

3. 下列各组语句中，加点词的意义和用法都相同的一组是（　　）

A. 累旬日不见其巅际　　庭学其试归而求焉　　B. 川蜀之要地　　然吾闻古之贤士

C. 以纪其景物时世之变　　以例自免归　　D. 而四方兵起　　圣主兴而宇内定

4. 下列对原文有关内容的概述或赏析，不正确的一项是（　　）

A.“陆有剑阁栈道之险，水有瞿唐滟滪之虞”这一句使用了对偶的修辞手法。

B. 本文为临别赠言，与《送东阳马生序》一样都是赠序，都表现了长辈对后辈的羡慕。

C. 本文旨在赞美陈庭学宦游川蜀有得，勉励其在山水之外，更探求圣贤进德修业之道。

D.“其气愈充……其志意愈高”采用了排比的修辞，显示出山水给予人的助力之多。

5. 把文中画横线的句子翻译成现代汉语。

（1）既览必发为诗，以纪其景物时世之变，于是其诗益工。

（2）然吾闻古之贤士，若颜回、原宪，皆坐守陋室，蓬蒿没户，而志意常充然，有若囊括于天地者。

6. 请总结概括“嗜奇之士恨焉”的原因，并结合全文说明为什么陈庭学能够游览川蜀而有所得。

阅江楼记

宋濂

金陵为帝王之州，自六朝迄于南唐，类皆偏据一方，无以应山川之王气。逮我皇帝，定鼎于兹，始足以当之。由是声教所暨，罔间朔南，存神穆清，与天同体。虽一豫一游，亦可为天下后世法。京城之西北，有狮子山，自卢龙蜿蜒而来，长江如虹贯，蟠绕其下。上以其地雄胜，诏建楼于巅，与民同游观之乐，遂锡嘉名为“阅江”云。

登览之顷，万象森列，千载之秘，一旦轩露。岂非天造地设，以俟大一统之君，而开千万世之伟观者欤？当风日清美，法驾幸临，升其崇椒，凭阑遥瞩，必悠然而动遐思。见江汉之朝宗，诸侯之述职，城池之高深，关阨之严固，必曰：“此朕栉风沐雨，战胜攻取之所致也。”中夏之广，益思有以保之。见波涛之浩荡，风帆之上下，番舶接迹而来庭，蛮琛联肩而入贡，必曰：“此朕德绥威服，覃及内外之所及也。”四陲之远，益思有以柔之。见两岸之间、四郊之上，耕人有炙肤皲足之烦，农女有捋桑行馌之勤，必曰：“此朕拔诸水火，而登于衽席者也。”万方之民，益思有以安之。触类而思，不一而足。臣知斯楼之建皇上所以发舒精神因物兴感无不寓其致治之思奚止阅夫长江而已哉！

彼临春、结绮，非不华矣；齐云、落星，非不高矣。不过乐管弦之淫响，藏燕、赵之艳姬，一旋踵间而感慨系之，臣不知其为何说也。虽然，长江发源岷山，委蛇七千余里而入海，白涌碧翻。六朝之时，往往倚之为天堑。今则南北一家，视为安流，无所事乎战争矣。然则果谁之力欤？逢掖之士，有登斯楼而阅斯江者，当思圣德如天，荡荡难名。与神禹疏凿之功同一罔极。忠君报上之心，其有不油然而兴耶？

臣不敏，奉旨撰记。欲上推宵旰图治之功者，勒诸贞珉。他若留连光景之辞，皆略而不陈，惧亵也。

1. 文中画波浪线的部分有四处需要断句，请将相应位置的答案标号涂黑。

臣知斯楼Ⓐ之建Ⓑ皇上Ⓒ所以发舒Ⓓ精神Ⓔ因物兴感Ⓕ无不寓其致治Ⓖ之思Ⓗ奚止阅Ⓘ夫长江而已哉！

2. 下列对文中加点词语及其相关内容的解说，不正确的一项是（　　）

A. “声教所暨，罔间朔南”的意思是：天子的声望和教化所到之处，不分北方和南方。

B. “法驾幸临，升其崇椒”的意思是：皇帝的御用法师来到这里，升起用作熏香的花椒。

C. “德绥威服，覃及内外”的意思是：用恩德安抚，以武力震服，影响延及中外。

D. “与神禹疏凿之功同一罔极”的意思是：跟夏禹开山引水的功业一样大到无边无际。

3. 下列各组语句中，加点词的意义和用法都相同的一组是（　　）

A. 无以应山川之王气　　以俟大一统之君　　B. 定鼎于兹　　诏建楼于巅

C. 上以其地雄胜　　其有不油然而兴耶　　D. 益思有以柔之　　忠君报上之心

4. 下列对原文有关内容的概述或赏析，不正确的一项是（　　）

A. 首段以“金陵为帝王之州”点出阅江楼所在之地，赞扬了阅江楼的悠久历史。

B. 第三段用对比的手法，以古今对比，既谏君王戒骄戒奢，又勉臣下报君王恩德。

C. 宋濂在赞颂皇帝文治武功的文字中，寄托居安思危、励精图治、与民同乐的规谏之意。

D. 本文“穆清”“栉风沐雨”“宵旰”等用语均出自典籍，措辞典雅又不失自然浑成。

5. 把文中画横线的句子翻译成现代汉语。

（1）见两岸之间、四郊之上，耕人有炙肤皲足之烦，农女有捋桑行馌之勤，必曰：“此朕拔诸水火，而登于衽席者也。”

（2）臣不敏，奉旨撰记。欲上推宵旰图治之功者，勒诸贞珉。

6. 有人评价这篇文章的内容多发挥《中庸》“怀诸侯，柔远人，子庶民”之意，你是否同意？请结合文章说明。

司马季主论卜

刘基

东陵侯既废，过司马季主而卜焉。

季主曰：“君侯何卜也？”东陵侯曰：“久卧者思起，久蛰者思启，久懑者思嚏。吾闻之，蓄极则泄，闷极则达，热极则风，壅极则通。一冬一春，靡屈不伸；一起一伏，无往不复。仆窃有疑，愿受教焉。”季主曰：“若是，则君侯已喻之矣，又何卜为？”东陵侯曰：“仆未究其奥也，愿先生卒教之。”

季主乃言曰：“呜呼！天道何亲？惟德之亲。鬼神何灵？因人而灵。夫蓍，枯草也；龟，枯骨也，物也。人，灵于物者也，何不自听而听于物乎？且君侯何不思昔者也？有昔者必有今日。是故碎瓦颓垣，昔日之歌楼舞馆也；荒榛断梗，昔日之琼蕤玉树也；露蚕风蝉，昔日之凤笙龙笛也；鬼磷萤火，昔日之金缸华烛也；秋荼春荠，昔日之象白驼峰也；丹枫白荻，昔日之蜀锦齐纨也。昔日之所无今日有之不为过昔日之所有今日无之不为不足。是故一昼一夜，华开者谢；一秋一春，物故者新。激湍之下，必有深潭；高丘之下，必有浚谷。君侯亦知之矣，何以卜为？”

1. 文中画波浪线的部分有三处需要断句，请将相应位置的答案标号涂黑。

昔日之所无Ⓐ今日Ⓑ有之Ⓒ不为过Ⓓ昔日之所有Ⓔ今日Ⓕ无之Ⓖ不为不足。

2. 下列对文中加点词语及其相关内容的解说，不正确的一项是（　　）

A.“久蛰者思启”中的“蛰”在文中指像冬眠一样长期隐居不出门。

B.“靡屈不伸”中的“靡”与“靡不有初”中的“靡”意思一样。

C.“仆未究其奥也”中的“奥”指其中深奥的道理。

D.“象白驼峰”是指昔日名贵的从西域来的观赏植物。

3. 下列各组语句中，加点词的意义和用法都相同的一组是（　　）

A. 君侯何卜也　　鬼神何灵　　B. 久卧者思起　　且君侯何不思昔者也

C. 则君侯已喻之矣　　激湍之下　　D. 夫蓍，枯草也　　昔日之歌楼舞馆也

4. 下列对原文有关内容的概述或赏析，不正确的一项是（　　）

A. 第一段的写作目的是交代东陵侯与司马季主相见的背景，引出下文二人有关占卜的议论。

B. 东陵侯说“仆窃有疑”的原因是，人生穷达和自然循环本应相似，但自己入汉之后，却久为布衣，一直处于困顿之中，与此事理相悖。

C. 本文大量用了对比的手法，将昔盛今衰做对比，表明盛衰循环，顺其自然则可矣，不必求助于占卜，今日困窘以后自然会通达。

D. 本文虚构了东陵侯和司马季主的对话情节，假借问答来表明观点，与苏轼的《赤壁赋》写法类似。

5. 把文中画横线的句子翻译成现代汉语。

（1）吾闻之，蓄极则泄，闷极则达，热极则风，壅极则通。

（2）人，灵于物者也，何不自听而听于物乎？

6. 请总结概括东陵侯找司马季主占卜的原因和司马季主拒卜的理由。

卖柑者言

刘基

杭有卖果者，善藏柑。涉寒暑不溃，出之烨然，玉质而金色。剖其中，干若败絮。予怪而问之曰：“若所市于人者，将以实笾豆，奉祭祀，供宾客乎？将衒外以惑愚瞽乎？甚矣哉，为欺也！”

卖者笑曰：“吾业是有年矣。吾赖是以食吾躯。吾售之人取之未闻有言而独不足子所乎？世之为欺者不寡矣，而独我也乎？吾子未之思也。今夫佩虎符、坐皋比者，洸洸乎干城之具也，果能授孙、吴之略耶？峨大冠、拖长绅者，昂昂乎庙堂之器也，果能建伊、皋之业耶？盗起而不知御，民困而不知救，吏奸而不知禁，法斁而不知理，坐糜廪粟而不知耻。观其坐高堂，骑大马，醉醇醴而饫肥鲜者，孰不巍巍乎可畏、赫赫乎可象也？又何往而不金玉其外、败絮其中也哉？今子是之不察，而以察吾柑！”

予默默无以应。退而思其言，类东方生滑稽之流。岂其忿世嫉邪者耶？而托于柑以讽耶？

1. 文中画波浪线的部分有三处需要断句，请将相应位置的答案标号涂黑。

吾售之Ⓐ人Ⓑ取之Ⓒ未闻Ⓓ有言Ⓔ而独不足Ⓕ子所乎？

2. 下列对文中加点词语及其相关内容的解说，不正确的一项是（　　）

A.“涉寒暑不溃”的“涉”与“园日涉以成趣”的“涉”意思不同。

B.“佩虎符、坐皋比者”的“比”与“比及三年”的“比”意思不同。

C.“洸洸乎干城之具也”的“干”与“梦啼妆泪红阑干”的“干”意思相同。

D.“果能授孙、吴之略耶”的“略”与“燕赵之君，始有远略”的“略”意思相同。

3. 下列各组语句中，加点词的意义和用法都相同的一组是（　　）

A. 玉质而金色　　而以察吾柑

B. 干若败絮　　若所市于人者

C. 吾赖是以食吾躯　　而托于柑以讽耶

D. 而独我也乎　　昂昂乎庙堂之器也

4. 下列对原文有关内容的概述或赏析，不正确的一项是（　　）

A. 本文由“欺”字生发出议论，“欺”字为文章承上启下的枢纽。

B.“卖柑者”将自己的“欺人”与文臣武将的“欺世”对比，讽其见小不见大。

C.“今夫佩虎符”以下，以排比手法，分层铺写武将文臣的欺世盗名、尸位素餐。

D.“类东方生滑稽之流”是说作者认为卖柑者说的话像东方流行的滑稽戏里的台词。

5. 把文中画横线的句子翻译成现代汉语。

（1）将以实笾豆，奉祭祀，供宾客乎？将衒外以惑愚瞽乎？甚矣哉，为欺也！

（2）盗起而不知御，民困而不知救，吏奸而不知禁，法斁而不知理，坐縻廪粟而不知耻。

6. 请结合全文总结“世之为欺者”的形象特点。

深虑论

方孝孺

虑天下者，常图其所难，而忽其所易；备其所可畏，而遗其所不疑。然而祸常发于所忽之中，而乱常起于不足疑之事。岂其虑之未周与盖虑之所能及者人事之宜然而出于智力之所不及者天道也。

当秦之世，而灭诸侯，一天下。而其心以为周之亡在乎诸侯之强耳，变封建而为郡县。方以为兵革可不复用，天子之位可以世守，而不知汉帝起陇亩之中，而卒亡秦之社稷。汉惩秦之孤立，于是大建庶孽而为诸侯，以为同姓之亲可以相继而无变，而七国萌篡弑之谋。武、宣以后，稍剖析之而分其势，以为无事矣，而王莽卒移汉祚。光武之惩哀、平，魏之惩汉，晋之惩魏，各惩其所由亡而为之备，而其亡也，皆出于所备之外。唐太宗闻武氏之杀其子孙，求人于疑似之际而除之，而武氏日侍其左右而不悟。宋太祖见五代方镇之足以制其君，尽释其兵权，使力弱而易制，而不知子孙卒困于敌国。此其人皆有出人之智、盖世之才，其于治乱存亡之几，思之详而备之审矣。虑切于此而祸兴于彼，终至乱亡者何哉？盖智可以谋人，而不可以谋天。良医之子多死于病，良巫之子多死于鬼。岂工于活人而拙于活己之子哉？乃工于谋人而拙于谋天也。

古之圣人，知天下后世之变非智虑之所能周，非法术之所能制，不敢肆其私谋诡计，而唯积至诚、用大德以结乎天心，使天眷其德，若慈母之保赤子而不忍释。故其子孙虽有至愚不肖者足以亡国，而天卒不忍遽亡之，此虑之远者也。夫苟不能自结于天，而欲以区区之智笼络当世之务，而必后世之无危亡，此理之所必无者也，而岂天道哉！

1. 文中画波浪线的部分有四处需要断句，请将相应位置的答案标号涂黑。

岂其虑之Ⓐ未周与Ⓑ盖虑之Ⓒ所能及者Ⓓ人事之宜然Ⓔ而出于智力Ⓕ之所不及者Ⓖ天道也。

2. 下列对文中加点词语的解释，不正确的一项是（　　）

A. “于是大建庶孽而为诸侯”的“庶”与“庶民”的“庶”意思不同。

B. “稍剖析之而分其势”的“剖”与“剖析事理”的“剖”意思相同。

C. “各惩其所由亡而为之备”的“惩”与“惩前毖后”的“惩”意思相同。

D. “思之详而备之审矣”的“审”与“审慎”的“审”意思相同。

3. 下列各组语句中，加点词的意义和用法都相同的一组是（　　）

A. 而忽其所易　　乃工于谋人而拙于谋天也

B. 天子之位可以世守　　若慈母之保赤子而不忍释

C. 求人于疑似之际而除之　　而不知子孙卒困于敌国

D. 用大德以结乎天心　　而欲以区区之智笼络当世之务

4. 下列对原文有关内容的概述或赏析，不正确的一项是（　　）

A. 作者举秦、汉、晋、唐、宋等朝代历史来证明人只能谋于人事，而不能谋于天道。

B. 作者认为仅仅用智谋诡计，是没有办法考虑周全并治理好国家的。

C. 本文的主旨是作为君王，应该积累诚心，用大德来合于天道才是治国的正确之道。

D. 作者认为治理国家就应该不用任何计谋，完全用诚心去体察天道才能治理好国家。

5. 把文中画横线的句子翻译成现代汉语。

（1）然而祸常发于所忽之中，而乱常起于不足疑之事。

（2）虑切于此而祸兴于彼，终至乱亡者何哉？盖智可以谋人，而不可以谋天。

6. 请梳理总结本文的论证过程。

豫让论

方孝孺

士君子立身事主，既名知己，则当竭尽智谋，忠告善道，销患于未形，保治于未然，俾身全而主安。生为名臣，死为上鬼，垂光百世，照耀简策，斯为美也。苟遇知己，不能扶危于未乱之先，而乃捐躯殒命于既败之后，钓名沽誉，眩世炫俗，由君子观之，皆所不取也。

盖尝因而论之。豫让臣事智伯，及赵襄子杀智伯，让为之报仇，声名烈烈，虽愚夫愚妇，莫不知其为忠臣义士也。呜呼！让之死固忠矣，惜乎处死之道有未忠者存焉。何也？观其漆身吞炭，谓其友曰："凡吾所为者极难，将以愧天下后世之为人臣而怀二心者也。"谓非忠可乎？及观斩衣三跃，襄子责以不死于中行氏而独死于智伯，让应曰中行氏以众人待我我故以众人报之智伯以国士待我我故以国士报之。即此而论，让有余憾矣。段规之事韩康，任章之事魏献，未闻以国士待之也，而规也、章也，力劝其主从智伯之请，与之地以骄其志，而速其亡也。郄疵之事智伯，亦未尝以国士待之也，而疵能察韩、魏之情以谏智伯，虽不用其言以至灭亡，而疵之智谋忠告，已无愧于心也。让既自谓智伯待以国士矣，国士，济国之士也。当伯请地无厌之日，纵欲荒暴之时，为让者，正宜陈力就列，谆谆然而告之曰："诸侯大夫，各安分地，无相侵夺，古之制也。今无故而取地于人，人不与，而吾之忿心必生；与之，则吾之骄心以起。忿必争，争必败，骄必傲，傲必亡。"谆切恳告，谏不从，再谏之；再谏不从，三谏之；三谏不从，移其伏剑之死，死于是日。伯虽顽冥不灵，感其至诚，庶几复悟，和韩、魏，释赵围，保全智宗，守其祭祀。若然，则让虽死犹生也，岂不胜于斩衣而死乎？让于此时，曾无一语开悟主心，视伯之危亡犹越人视秦人之肥瘠也。袖手旁观，坐待成败，国士之报曾若是乎？智伯既死，而乃不胜血气之悻悻，甘自附于刺客之流，何足道哉？何足道哉？

虽然，以国士而论，豫让固不足以当矣。彼朝为仇敌，暮为君臣腼然而自得者，又让之罪人也。噫！

1. 文中画波浪线的部分有四处需要断句，请将相应位置的答案标号涂黑。

让应曰Ⓐ中行氏Ⓑ以众人待我Ⓒ我故以众人报之Ⓓ智伯Ⓔ以国士待我Ⓕ我故以Ⓖ国士报之。

2. 下列对文中加点词语的解释，不正确的一项是（　　）

A. "俾身全而主安"的"俾"与成语"俾昼作夜"的"俾"意思不同。

B. "正宜陈力就列"的"列"与"上官大夫与之同列"的"列"意思相同。

C. "感其至诚，庶几复悟"的"庶几"与"庶刘侥幸"的"庶"意思相同。

D. "而乃不胜血气之悻悻"的"悻悻"与"悻悻而去"的"悻悻"含义一致。

3. 下列各组语句中，加点词的意义和用法都相同的一组是（　　）

A. 让为之报仇　　凡吾所为者极难

B. 任章之事魏献　　甘自附于刺客之流

C. 与之地以骄其志　　而疵能察韩、魏之情以谏智伯

D. 谆谆然而告之曰　　今无故而取地于人

4. 下列对原文有关内容的概述或赏析，不正确的一项是（　　）

A. 本文是一篇翻案文章，历来一般人称赞豫让这位忠义之士，但方孝孺不同意这个观点。

B. 作者认为豫让没有及时劝谏智伯请地无厌而导致国灭，是袖手旁观，坐观成败，事后虽然像刺客

那样为智伯报仇雪恨，后伏剑自杀，但仍不配称为国士。

C. 段规、任章、郗疵三个人都没有被以国士对待，但是他们都尽到了国士的忠心和责任。郗疵进谏，其主君智伯固然没听，但就郗疵而言，可以问心无愧了。

D. 作者认为豫让死的时间不对，忠节有亏，但他毕竟以死报主，比没有为主公死的段规、任章还是更好一些的。

5. 把文中画横线的句子翻译成现代汉语。

（1）让之死固忠矣，惜乎处死之道有未忠者存焉。

（2）彼朝为仇敌，暮为君臣靦然而自得者，又让之罪人也。

6. 请总结概括作者认为什么样的人才是真正的国士。

亲政篇

王鏊

《易》之《泰》曰："上下交而其志同。"其《否》曰："上下不交而天下无邦。"盖上之情达于下，下之情达于上，上下一体，所以为"泰"。下之情壅阏而不得上闻，上下间隔，虽有国而无国矣，所以为"否"也。交则泰不交则否自古皆然而不交之弊未有如近世之甚者。君臣相见，止于视朝数刻，上下之间，章奏批答相关接、刑名法度相维持而已，非独沿袭故事，亦其地势使然。何也？国家常朝于奉天门，未尝一日废，可谓勤矣。然堂陛悬绝，威仪赫奕，御史纠仪，鸿胪举不如法，通政司引奏，上特视之，谢恩见辞，惴惴而退。上何尝治一事，下何尝进一言哉？此无他，地势悬绝，所谓堂上远于万里，虽欲言无由言也。

愚以为欲上下之交，莫若复古内朝之法。盖周之时有三朝：库门之外为正朝，询谋大臣在焉；路门之外为治朝，日视朝在焉；路门之内曰内朝，亦曰燕朝。《玉藻》云："君日出而视朝，退适路寝听政。"盖视朝而见群臣，所以正上下之分；听政而适路寝，所以通远近之情。汉制：大司马、左右前后将军、侍中、散骑诸吏为中朝，丞相以下至六百石为外朝。唐皇城之北，南三门曰承天，元正、冬至受万国之朝贡，则御焉，盖古之外朝也。其北曰太极门，其西曰太极殿，朔、望则坐而视朝，盖古之正朝也。又北曰两仪殿，常日听朝而视事，盖古之内朝也。宋时常朝则文德殿，五日一起居则垂拱殿，正旦、冬至、圣节称贺则大庆殿，赐宴则紫宸殿或集英殿，试进士则崇政殿。侍从以下，五日一员上殿，谓之轮对，则必入陈时政利害。内殿引见，亦或赐坐，或免穿靴，盖亦有三朝之遗意焉。盖天有三垣，天子象之。正朝，象太极也；外朝，象天市也；内朝，象紫微也。自古然矣。

国朝圣节、正旦、冬至大朝会则奉天殿，即古之正朝也；常日则奉天门，即古之外朝也；而内朝独缺。然非缺也，华盖、谨身、武英等殿，岂非内朝之遗制乎？洪武中如宋濂、刘基，永乐以来如杨士奇、杨荣等，日侍左右，大臣蹇义、夏元吉等，常奏对便殿。于斯时也，岂有壅隔之患哉？今内朝未复，临御常朝之后，人臣无复进见，三殿高闳，鲜或窥焉。故上下之情，壅而不通，天下之弊，由是而积。孝宗晚年，深有慨于斯，屡召大臣于便殿，讲论天下事。方将有为，而民之无禄，不及睹至治之美，天下至今以为恨矣。

惟陛下远法圣祖，近法孝宗，尽铲近世壅隔之弊。常朝之外，即文华、武英二殿，仿古内朝之意。大臣三日或五日一次起居，侍从、台谏各一员上殿轮对。诸司有事咨决，上据所见决之，有难决者，与大臣面议之。不时引见群臣，凡谢恩辞见之类，皆得上殿陈奏。虚心而问之，和颜色而道之，如此，人人得以自尽。陛下虽深居九重，而天下之事灿然毕陈于前。外朝所以正上下之分，内朝所以通远近之情。如此，岂有近时壅隔之弊哉？唐、虞之时，明目达聪，嘉言罔伏，野无遗贤，亦不过是而已。

1. 文中画波浪线的部分有四处需要断句，请将相应位置的答案标号涂黑。

交则泰Ⓐ不交Ⓑ则否Ⓒ自古皆然Ⓓ而不交之弊Ⓔ未有Ⓕ如近世之甚者。

2. 下列对文中加点词语解说，不正确的一项是（　　）

A.“鸿胪举不如法”的“鸿胪”与“鸿胪寺”的“鸿胪”意思一致。

B.“退适路寝听政”的“寝”与“寝不安席”的“寝”意思不同。

C.“丞相以下至六百石为外朝”这句的“六百石”不是六百块石头。

D.“盖天有三垣”的“垣”与“断壁残垣”的“垣”都表示墙壁。

3. 下列各组语句中，加点词的意义和用法都相同的一组是（　　）

A.《易》之《泰》曰　　天子象之　　B. 惴惴而退　　和颜色而道之

C. 永乐以来　　天下至今以为恨矣　　D. 深有慨于斯　　而天下之事灿然毕陈于前

4. 下列对原文有关内容的概述或赏析，不正确的一项是（　　）

A. 本文开头引《易》两卦中的话，从正反两面说明君臣之间应该相互交流情况和感情的重要性。

B.“亲政”，即皇帝亲自处理朝政，作者希望皇上仿效古代圣贤，亲自处理政事，并与大臣商议，沟通上下意见。

C. 作者指出了当今朝廷上下不交的弊病，君臣之间的交流非常少，国家只是靠君臣上朝时候的简短见面来维持。

D. 作者认为尧舜时代之所以正确的意见不会被湮没无闻，再偏远的地方也有没有被弃置的人才，主要是因为上下相交，君王跟臣子有很多的交流机会。

5. 把文中画横线的句子翻译成现代汉语。

（1）下之情壅阏而不得上闻，上下间隔，虽有国而无国矣，所以为“否”也。

（2）外朝所以正上下之分，内朝所以通远近之情。如此，岂有近时壅隔之弊哉？

6. 作者认为明代皇帝恢复内朝的好处有哪些？请结合全文回答。

尊经阁记

王守仁

经，常道也。其在于天谓之命，其赋于人谓之性，其主于身谓之心。心也，性也，命也，一也。

通人物，达四海，塞天地，亘古今，无有乎弗具，无有乎弗同，无有乎或变者也，是常道也。其应乎感也，则为恻隐，为羞恶，为辞让，为是非。其见于事也，则为父子之亲，为君臣之义，为夫妇之别，为长幼之序，为朋友之信。是恻隐也、羞恶也、辞让也、是非也，是亲也、序也、别也、信也，一也，皆所谓心也、性也、命也。

通人物，达四海，塞天地，亘古今，无有乎弗具，无有乎弗同，无有乎或变者也，是常道也。以言其阴阳消息之行，则谓之《易》；以言其纪纲政事之施，则谓之《书》；以言其歌咏性情之发，则谓之《诗》；以言其条理节文之著，则谓之《礼》；以言其欣喜和平之生，则谓之《乐》；以言其诚伪邪正之辨，则谓之《春秋》。是阴阳消息之行也以至于诚伪邪正之辨也一也，皆所谓心也、性也、命也。

通人物，达四海，塞天地，亘古今，无有乎弗具，无有乎弗同，无有乎或变者也，夫是之谓六经。六经者非他，吾心之常道也。是故《易》也者，志吾心之阴阳消息者也；《书》也者，志吾心之纪纲政事者也；《诗》也者，志吾心之歌咏性情者也；《礼》也者，志吾心之条理节文者也；《乐》也者，志吾心之欣喜和平者也；《春秋》也者，志吾心之诚伪邪正者也。君子之于六经也，求之吾心之阴阳消息而时行焉，所以尊《易》也；求之吾心之纪纲政事而时施焉，所以尊《书》也；求之吾心之歌咏性情而时发焉，所以尊《诗》也；求之吾心之条理节文而时著焉，所以尊《礼》也；求之吾心之欣喜和平而时生焉，所以尊《乐》也；求之吾心之诚伪邪正而时辨焉，所以尊《春秋》也。

盖昔圣人之扶人极，忧后世而述六经也，犹之富家者之父祖，虑其产业库藏之积，其子孙者或至于遗亡散失，卒困穷而无以自全也，而记籍其家之所有以贻之，使之世守其产业库藏之积而享用焉，以免于困穷之患。故六经者，吾心之记籍也，而六经之实，则具于吾心，犹之产业库藏之实积，种种色色，具存于其家，其记籍者，特名状数目而已。而世之学者，不知求六经之实于吾心，而徒考索于影响之间，牵制于文义之末，硁硁然以为是六经矣，是犹富家之子孙不务守视、享用其产业库藏之实积，日遗亡散失，至为窭人丐夫，而犹嚣嚣然指其记籍曰："斯吾产业库藏之积也。"何以异于是？

呜呼！六经之学，其不明于世，非一朝一夕之故矣。尚功利，崇邪说，是谓乱经。习训诂，传记诵，没溺于浅闻小见，以涂天下之耳目，是谓侮经。侈淫词，竞诡辩，饰奸心盗行，逐世垄断，而犹自以为通经，是谓贼经。若是者，是并其所谓记籍者，而割裂弃毁之矣，宁复知所以为尊经也乎？

越城旧有稽山书院，在卧龙西冈，荒废久矣。郡守渭南南君大吉，既敷政于民，则慨然悼末学之支离，将进之以圣贤之道，于是使山阴令吴君瀛拓书院而一新之，又为尊经之阁于其后，曰："经正则庶民兴，庶民兴斯无邪慝矣。"阁成，请予一言以谂多士。予既不获辞，则为记之若是。呜呼！世之学者得吾说而求诸其心焉，则亦庶乎知所以为尊经也已。

1. 文中画波浪线的部分有两处需要断句，请将相应位置的答案标号涂黑。

是阴阳消息Ⓐ之行也Ⓑ以至于诚伪Ⓒ邪正之辨也Ⓓ一也。

2. 下列对文中加点词语及其相关内容的解说，不正确的一项是（　　）

A."而徒考索于影响之间"的"影响"与"影响很大"的"影响"含义不同。

B."硁硁然以为是六经矣"的"硁硁然"与《论语》中"硁硁然小人哉"中的"硁硁然"意思一致。

C.“请予一言以谂多士”的“谂”与“谂熟”的“谂”意思不同。

D.“予既不获辞”的“获”与“收获”的“获”意思相同。

3. 下列各组语句中，加点词的意义和用法都相同的一组是（　　）

A. 其应乎感也　　宁复知所以为尊经也乎　　B. 卒困穷而无以自全也　以免于困穷之患

C. 具存于其家　　享用其产业库藏之实积　　D. 以涂天下之耳目　　而割裂弃毁之矣

4. 下列对原文有关内容的概述或赏析，不正确的一项是（　　）

A. 首段点名经的意义为常道，与心、性、命之理合一。

B. 王阳明认为儒家的四端、五伦都是心、性、命之常道，古今天下皆同。

C. 王阳明认为要想探求本心，就必须从心中获得，而不应该只阅读六经。

D. 文章最后一段才写到稽山书院设立尊经阁的由来，并强调了“经”的重要性。

5. 把文中画横线的句子翻译成现代汉语。

（1）通人物，达四海，塞天地，亘古今，无有乎弗具，无有乎弗同，无有乎或变者也，是常道也。

（2）经正则庶民兴，庶民兴斯无邪慝矣。

6. 有人说王阳明这篇“本‘六经皆我注脚’之意而畅发之”，你是否同意？请结合全文阐明理由。

象祠记

王守仁

灵博之山，有象祠焉。其下诸苗夷之居者，咸神而祠之。宣慰安君，因诸苗夷之请，新其祠屋，而请记于予。予曰：“毁之乎，其新之也？”曰：“新之。”“新之也何居乎？”曰：“斯祠之肇也，盖莫知其原，然吾诸蛮夷之居是者，自吾父、吾祖溯曾、高而上，皆尊奉而禋祀焉，举而不敢废也。”予曰：“胡然乎？有鼻之祀，唐之人盖尝毁之。象之道，以为子则不孝，以为弟则傲。斥于唐而犹存于今坏于有鼻而犹盛于兹土也胡然乎？”

我知之矣。君子之爱若人也，推及于其屋之乌，而况于圣人之弟乎哉？然则祠者为舜，非为象也。意象之死，其在干羽既格之后乎？不然，古之骜桀者岂少哉？而象之祠独延于世。吾于是盖有以见舜德之至，入人之深，而流泽之远且久也。

象之不仁，盖其始焉耳，又乌知其终之不见化于舜也？《书》不云乎：“克谐以孝，烝烝乂，不格奸。”“瞽瞍亦允若。”则已化而为慈父。象犹不弟，不可以为谐。进治于善，则不至于恶。不底于奸，则必入于善。信乎象盖已化于舜矣。《孟子》曰：“天子使吏治其国。”象不得以有为也。斯盖舜爱象之深而虑之详，所以扶持辅导之者之周也。不然，周公之圣，而管、蔡不免焉。斯可以见象之见化于舜，故能任贤使能，而安于其位，泽加于其民，既死而人怀之也。诸侯之卿，命于天子，盖《周官》之制，其殆仿于舜之封象欤？

吾于是盖有以信人性之善，天下无不可化之人也。然则唐人之毁之也，据象之始也；今之诸苗之奉之也，承象之终也。斯义也，吾将以表于世，使知人之不善虽若象焉，犹可以改，而君子之修德，及其至也，虽若象之不仁，而犹可以化之也。

1. 文中画波浪线的部分有四处需要断句，请将相应位置的答案标号涂黑。

斥于唐Ⓐ而犹存Ⓑ于今Ⓒ坏Ⓓ于有鼻Ⓔ而犹盛Ⓕ于兹土也Ⓖ胡然乎？

2. 下列对文中加点词语及其相关内容的解说，不正确的一项是（　　）

A.“意象之死，其在干羽既格之后乎？”的“意”与《鸿门宴》中“然不自意能先入关破秦”的“意”意思相同。

B.“克谐以孝，烝烝乂，不格奸”的“克”与成语“克勤克俭”的“克”用法一致。

C.“瞽瞍亦允若”的“允”意为信实，与“允执厥中”的“允”含义相同。

D.“象不得以有为也”的“为”与“视为止，行为迟”的“为”意思相同。

3. 下列各组语句中，加点词的意义和用法都相同的一组是（　　）

A. 而请记于予　　吾于是盖有以信人性之善

B. 而象之祠独延于世　　盖《周官》之制

C. 吾于是盖有以见舜德之至　　斯可以见象之见化于舜

D. 斯盖舜爱象之深而虑之详　　周公之圣，而管、蔡不免焉

4. 下列对原文有关内容的概述或赏析，不正确的一项是（　　）

A. 宣慰使安君因当地苗民之请重新修复了象祠，本文是作者应安君之请而专为象祠做的一篇记。

B. 象祠是为祭祀舜的弟弟象所建造的庙堂，作者认为，对舜是可以修祠纪念的，但对象的祭祀却存有异议。

C. 作者认为象受到祭祀的原因：一是舜德深入人心，百姓爱屋及乌；二是象在后期受到了舜德的感化，有德政于世。

D. 本文在为象祠作记时，还阐述了“人性之善，天下无不可化之人”这一观点，意在鼓励人民努力改不善为善。

5. 把文中画横线的句子翻译成现代汉语。

（1）君子之爱若人也，推及于其屋之乌，而况于圣人之弟乎哉？

（2）象之不仁，盖其始焉耳，又乌知其终之不见化于舜也？

6. 请总结概括王守仁认为祭祀象的意义。

瘗旅文

王守仁

维正德四年秋月三日，有吏目云自京来者，不知其名氏，携一子一仆，将之任，过龙场，投宿土苗家。予从篱落间望见之，阴雨昏黑，欲就问讯北来事，不果。明早，遣人觇之，已行矣。薄午，有人自蜈蚣坡来，云："一老人死坡下，傍两人哭之哀。"予曰："此必吏目死矣，伤哉！"薄暮，复有人来云："坡下死者二人，傍一人坐哭。"询其状，则其子又死矣。明日，复有人来云："见坡下积尸三焉。"则其仆又死矣。呜呼伤哉！

念其暴骨无主，将二童子持畚、锸往瘗之，二童子有难色然。予曰："噫！吾与尔犹彼也。"二童闵然涕下，请往。就其傍山麓为三坎，埋之。又以只鸡、饭三盂，嗟吁涕洟而告之曰：

呜呼伤哉！繄何人？繄何人？吾龙场驿丞余姚王守仁也。吾与尔皆中土之产，吾不知尔郡邑，尔乌乎来为兹山之鬼乎？古者重去其乡，游宦不逾千里，吾以窜逐而来此，宜也，尔亦何辜乎？闻尔官吏目耳，俸不能五斗，尔率妻子躬耕可有也，胡为乎以五斗而易尔七尺之躯？又不足，而益以尔子与仆乎？呜呼伤哉！尔诚恋兹五斗而来，则宜欣然就道，胡为乎吾昨望见尔容，蹙然盖不胜其忧者？夫冲冒霜露，扳援崖壁，行万峰之顶，饥渴劳顿，筋骨疲惫，而又瘴疠侵其外，忧郁攻其中，其能以无死乎？吾固知尔之必死，然不谓若是其速，又不谓尔子、尔仆亦遽然奄忽也。皆尔自取，谓之何哉！吾念尔三骨之无依而来瘗耳，乃使吾有无穷之怆也。呜呼伤哉！纵不尔瘗，幽崖之狐成群，阴壑之虺如车轮，亦必能葬尔于腹，不致久暴尔。尔既已无知，然吾何能为心乎？自吾去父母乡国而来此，三年矣，历瘴毒而苟能自全，以吾未尝一日之戚戚也。今悲伤若此是吾为尔者重而自为者轻也吾不宜复为尔悲矣！吾为尔歌，尔听之。

歌曰：连峰际天兮飞鸟不通，游子怀乡兮莫知西东。莫知西东兮维天则同，异域殊方兮环海之中。达观随寓兮莫必予宫，魂兮魂兮无悲以恫！

又歌以慰之曰：与尔皆乡土之离兮，蛮之人言语不相知兮。性命不可期，吾苟死于兹兮，率尔子仆，来从予兮。吾与尔遨以嬉兮，骖紫彪而乘文螭兮，登望故乡而嘘唏兮。吾苟获生归兮，尔子尔仆尚尔随兮，无以无侣悲兮！道傍之冢累累兮，多中土之流离兮，相与呼啸而徘徊兮。餐风饮露，无尔饥兮。朝友麋鹿，暮猿与栖兮。尔安尔居兮，无为厉于兹墟兮。

1. 文中画波浪线的部分有三处需要断句，请将相应位置的答案标号涂黑。

今悲伤Ⓐ若此Ⓑ是吾为尔者Ⓒ重Ⓓ而自为者Ⓔ轻也Ⓕ吾不宜复为尔Ⓖ悲矣。

2. 下列对文中加点词语及其相关内容的解说，不正确的一项是（　　）

A. "遣人觇之"的"觇"与《促织》中"惊起觇视"的"觇"意思相同。

B. "吾与尔犹彼也"的"犹"与成语"过犹不及"的"犹"用法一致。

C. "又不谓尔子、尔仆亦遽然奄忽也"的"遽"与"孰谓汝遽去吾而殁乎"的"遽"含义相同。

D. "达观随寓兮莫必予宫"的"寓"与成语"寓情于景"的"寓"意思相同。

3. 下列各组语句中，加点词的意义和用法都相同的一组是（　　）

A. 将之任　　又歌以慰之曰

B. 又以只鸡、饭三盂　　胡为乎以五斗而易尔七尺之躯

C. 嗟吁涕洟而告之曰　　骖紫彪而乘文螭兮

D. 古者重去其乡　　其能以无死乎

4. 下列对原文有关内容的概述或赏析，不正确的一项是（　　）

A. 文章第一段写作者看到一吏目携一子一仆经龙场前往任所赴任，投宿土苗家，在不到两天的时间内，三人相继离世。

B. 文章第三段作者责问吏目为何要为五斗米送命，而后又极言龙场路途之艰险、瘴疠之巨毒，来此地之人必死无疑。这样写的目的是表明自己的心态好，从未忧伤过。

C. 文章第四段是作者为了吏目、子、仆三人所写的悼歌，楚辞体的运用让作者的情感得到了加强。

D. 作者将自己与吏目相比较，借吏目的矛盾生活来写自己内心的悲愤与感慨，长歌当哭，与其说作者在哭祭那不知名氏，不知籍贯的吏目，不如说在哭祭自己。

5. 把文中画横线的句子翻译成现代汉语。

（1）尔诚恋兹五斗而来，则宜欣然就道，胡为乎吾昨望见尔容，蹙然盖不胜其忧者？

（2）自吾去父母乡国而来此，三年矣，历瘴毒而苟能自全，以吾未尝一日之戚戚也。

6. 有人说这篇文章“明悼吏目，实悼自己”，你怎么看？

信陵君救赵论

唐顺之

论者以窃符为信陵君之罪，余以为此未足以罪信陵也。夫强秦之暴亟矣，今悉兵以临赵，赵必亡。赵，魏之障也。赵亡，则魏且为之后。赵、魏，又楚、燕、齐诸国之障也。赵、魏亡，则楚、燕、齐诸国为之后。天下之势，未有岌岌于此者也。故救赵者，亦以救魏；救一国者，亦以救六国也。窃魏之符以纾魏之患，借一国之师以分六国之灾，夫奚不可者？

然则信陵果无罪乎？曰：又不然也。余所诛者，信陵君之心也。

信陵一公子耳，魏固有王也。赵不请救于王而谆谆焉请救于信陵是赵知有信陵不知有王也。平原君以婚姻激信陵，而信陵亦自以婚姻之故，欲急救赵，是信陵知有婚姻，不知有王也。其窃符也，非为魏也，非为六国也，为赵焉耳；非为赵也，为一平原君耳。使祸不在赵，而在他国，则虽撤魏之障、撤六国之障，信陵亦必不救。使赵无平原，或平原而非信陵之姻戚，虽赵亡，信陵亦必不救。则是赵王与社稷之轻重，不能当一平原公子，而魏之兵甲所恃以固其社稷者，只以供信陵君一姻戚之用。幸而战胜，可也；不幸战不胜，为虏于秦，是倾魏国数百年社稷以殉姻戚，吾不知信陵何以谢魏王也？

夫窃符之计，盖出于侯生，而如姬成之也。侯生教公子以窃符，如姬为公子窃符于王之卧内，是二人亦知有信陵，不知有王也。余以为信陵之自为计，曷若以唇齿之势激谏于王，不听，则以其欲死秦师者而死于魏王之前，王必悟矣。侯生为信陵计，曷若见魏王而说之救赵，不听，则以其欲死信陵君者而死于魏王之前，王亦必悟矣。如姬有意于报信陵，曷若乘王之隙而日夜劝之救，不听，则以其欲为公子死者而死于魏王之前，王亦必悟矣。如此，则信陵君不负魏，亦不负赵，二人不负王，亦不负信陵君。何为计不出此？信陵知有婚姻之赵，不知有王。内则幸姬，外则邻国，贱则夷门野人，又皆知有公子，不知有王。则是魏仅有一孤王耳。

呜呼！自世之衰，人皆习于背公死党之行，而忘守节奉公之道。有重相而无威君，有私仇而无义愤，如秦人知有穰侯，不知有秦王，虞卿知有布衣之交，不知有赵王。盖君若赘瘤久矣。由此言之，信陵之罪，固不专系乎符之窃不窃也。其为魏也，为六国也，纵窃符犹可。其为赵也，为一亲戚也，纵求符于王，而公然得之，亦罪也。

虽然，魏王亦不得为无罪也。兵符藏于卧内，信陵亦安得窃之？信陵不忌魏王，而径请之如姬，其素窥魏王之疏也；如姬不忌魏王，而敢于窃符，其素恃魏王之宠也。木朽而蛀生之矣。古者人君持权于上，而内外莫敢不肃。则信陵安得树私交于赵？赵安得私请救于信陵？如姬安得衔信陵之恩？信陵安得卖恩于如姬？履霜之渐，岂一朝一夕也哉！由此言之，不特众人不知有王，王亦自为赘瘤也。

故信陵君可以为人臣植党之戒，魏王可以为人君失权之戒。《春秋》书葬原仲、翚帅师，嗟夫！圣人之为虑深矣！

1. 文中画波浪线的部分有三处需要断句，请将相应位置的答案标号涂黑。

赵不请救Ⓐ于王Ⓑ而谆谆焉请救Ⓒ于信陵Ⓓ是Ⓔ赵知有信陵Ⓕ不知Ⓖ有王也。

2. 下列对文中加点词语的解说，不正确的一项是（　　）

A. “余所诛者”的“诛”与《孟子》中“闻诛一夫纣矣，未闻弑君也”的“诛”意思相同。

B. “使祸不在赵”的“使”意为假使，与《阿房宫赋》中“使六国各爱其人”的“使”用法一致。

C. “吾不知信陵何以谢魏王也”的“谢”与《鸿门宴》中“旦日不可不蚤自来谢项王”的“谢”含义相同。

D. “而径请之如姬”的“径”与成语“直情径行”的“径”含义相同。

3. 下列各组语句中，加点词的意义和用法都相同的一组是（　　）

A. 论者以窃符为信陵君之罪　　古者人君持权于上

B. 平原君以婚姻激信陵　　侯生教公子以窃符

C. 非为魏也　　王亦自为赘瘤也

D. 兵符藏于卧内　　信陵安得卖恩于如姬

4. 下列对原文有关内容的概述或赏析，不正确的一项是（　　）

A. “信陵君窃符救赵”的故事，自古以来一直传为美谈，但文中说评论历史的人认为“窃符”这件事信陵君是有罪过的。

B. 作者赞同窃取魏国的兵符去分解六国的灾难的做法，因为赵国是魏国的屏障，而赵、魏又是楚、燕、齐等国的屏障。

C. 作者反对信陵君通过“窃符”来调动魏兵，认为他应该用赵、魏两国唇齿相依的形势恳切地劝说魏王出兵救赵。

D. 如姬趁魏王空隙的时候日夜以死劝说，终于使魏王由不听到悔悟，既报答了信陵君，又未辜负魏王。

5. 把文中画横线的句子翻译成现代汉语。

（1）余以为信陵之自为计，曷若以唇齿之势激谏于王，不听，则以其欲死秦师者而死于魏王之前，王必悟矣。

（2）呜呼！自世之衰，人皆习于背公死党之行，而忘守节奉公之道。

6. 为什么作者认为“信陵君可以为人臣植党之戒，魏王可以为人君失权之戒”？请结合全文谈谈你的看法。

报刘一丈书

宗臣

数千里外，得长者时赐一书，以慰长想，即亦甚幸矣；何至更辱馈遗，则不才益将何以报焉？书中情意甚殷，即长者之不忘老父，知老父之念长者深也。

至以“上下相孚，才德称位”语不才，则不才有深感焉。夫才德不称固自知之矣至于不孚之病则尤不才为甚。

且今之所谓孚者何哉？日夕策马，候权者之门，门者故不入，则甘言媚词作妇人状，袖金以私之。即门者持刺入，而主人又不即出见，立厩中仆马之间，恶气袭衣袖，即饥寒毒热不可忍，不去也。抵暮，则前所受赠金者出，报客曰：“相公倦，谢客矣，客请明日来。”即明日又不敢不来。夜披衣坐，闻鸡鸣即起盥栉，走马推门，门者怒曰：“为谁？”则曰：“昨日之客来。”则又怒曰：“何客之勤也！岂有相公此时出见客乎？”客心耻之，强忍而与言曰：“亡奈何矣，姑容我入。”门者又得所赠金，则起而入之。又立向所立厩中。幸主者出，南面召见，则惊走匍匐阶下。主者曰：“进！”则再拜，故迟不起，起则上所上寿金。主者故不受，则固请；主者故固不受，则又固请。然后命吏纳之，则又再拜，又故迟不起，起则五六揖始出。出揖门者曰：“官人幸顾我，他日来，幸无阻我也！”门者答揖。大喜，奔出。马上遇所交识，即扬鞭语曰：“适自相公家来，相公厚我！厚我！”且虚言状。即所交识亦心畏相公厚之矣。相公又稍稍语人曰：“某也贤，某也贤。”闻者亦心计交赞之。此世所谓上下相孚也。长者谓仆能之乎？

前所谓权门者，自岁时伏腊一刺之外，即经年不往也。间道经其门，则亦掩耳闭目，跃马疾走过之，若有所追逐者。斯则仆之褊衷。以此长不见悦于长吏，仆则愈益不顾也。每大言曰：“人生有命，吾惟守分而已。”长者闻之，得无厌其为迂乎？

1. 文中画波浪线的部分有三处需要断句，请将相应位置的答案标号涂黑。

夫才德不称Ⓐ固Ⓑ自知之矣Ⓒ至于不孚之Ⓓ病Ⓔ则尤Ⓕ不才为甚。

2. 下列对文中加点词语及其相关内容的解说，不正确的一项是（　　）

A.“语不才”的“语”与《郑伯克段于鄢》中“公语之故”的“语”含义相同。

B.“亡奈何矣”的“亡”与《愚公移山》中“河曲智叟亡以应”的“亡”用法一致。

C.“又立向所立厩中”的“向”与成语“向壁虚构”的“向”意思相同。

D.“间道经其门”的“间”与《鸿门宴》中“道芷阳间行”的“间”含义不同。

3. 下列各组语句中，加点词的意义和用法都相同的一组是（　　）

A. 以慰长想　以此长不见悦于长吏　　B. 则不才益将何以报焉　何客之勤也

C. 而主人又不即出见　则起而入之　　D. 则又固请　则又再拜

4. 下列对原文有关内容的概述或赏析，不正确的一项是（　　）

A. 刘一丈来信不仅问候作者的父亲，还勉励作者要做到“上下互相信任，才德与自己的职位相称”，作者据此写了这封回信。

B. 作者运用生动的细节描写，勾勒出一个小官吏奔走于权门的丑态，通过这个典型人物，愤愤不平地揭露封建官场的丑恶。

C. 作者最后写自己除了伏日腊日礼节性投一张名片外，常年不去权贵家，偶然路过，也策马急跑过去，展示了他不趋炎附势，不向权势豪门低头的骨气。

D. 作者把“上下相孚”与不“相孚”的真相实情向刘一丈陈述清楚，从而非常委婉地规劝刘一丈不要像世俗小人一样为谋权利而丧失了人格。

5. 把文中画横线的句子翻译成现代汉语。

（1）且今之所谓孚者何哉？日夕策马，候权者之门，门者故不入，则甘言媚词作妇人状，袖金以私之。

（2）每大言曰：“人生有命，吾惟守分而已。”长者闻之，得无厌其为迂乎？

6. 文章生动形象地刻画了三类反面人物——守门人、钻营者和权臣，请用自己的话分别概括这三类人的性格特征。

吴山图记

归有光

吴、长洲二县，在郡治所，分境而治。而郡西诸山，皆在吴县。其最高者，穹窿、阳山、邓尉、西脊、铜井。而灵岩，吴之故宫在焉，尚有西子之遗迹。若虎丘、剑池及天平、尚方、支硎，皆胜地也。而太湖汪洋三万六千顷，七十二峰沉浸其间，则海内之奇观矣。

余同年友魏君用晦为吴县，未及三年，以高第召入为给事中。君之为县有惠爱，百姓扳留之不能得，而君亦不忍于其民，由是好事者绘《吴山图》以为赠。

夫令之于民诚重矣。令诚贤也其地之山川草木亦被其泽而有荣也令诚不贤也其地之山川草木亦被其殃而有辱也。君于吴之山川，盖增重矣。异时吾民将择胜于岩峦之间，尸祝于浮屠、老子之宫也，固宜。而君则亦既去矣，何复惓惓于此山哉？昔苏子瞻称韩魏公去黄州四十余年而思之不忘，至以为思黄州诗，子瞻为黄人刻之于石。然后知贤者于其所至，不独使其人之不忍忘而已，亦不能自忘于其人也。

君今去县已三年矣，一日与余同在内庭，出示此图，展玩太息，因命余记之。噫！君之于吾吴，有情如此，如之何而使吾民能忘之也？

1. 文中画波浪线的部分有三处需要断句，请将相应位置的答案标号涂黑。

令诚Ⓐ贤也Ⓑ其地之山川草木Ⓒ亦被其泽而有荣也Ⓓ令诚Ⓔ不贤也Ⓕ其地之山川草木Ⓖ亦被其殃而有辱也。

2. 下列对文中加点词语及其相关内容的解说，不正确的一项是（　　）

A.“余同年友魏君用晦为吴县”的“同年”与成语“同年而语”的“同年”意思相同。

B.“百姓扳留之不能得”的“扳留”与成语“扳（攀）辕卧辙”的“扳”（挽留）含义相同。

C.“夫令之于民诚重矣”的“诚”与《出师表》中“此诚危急存亡之秋也”的“诚”用法一致。

D.“异时吾民将择胜于岩峦之间”的“胜”与《岳阳楼记》中“予观夫巴陵胜状”的“胜”含义相同。

3. 下列各组语句中，加点词的意义和用法都相同的一组是（　　）

A. 而灵岩，吴之故宫在焉　　彭蠡之口有石钟山焉

B. 七十二峰沉浸其间　　与尔三矢，尔其无忘乃父之志

C. 君之为县有惠爱　　为君翻作琵琶行

D. 君于吴之山川　　师道之不传也久矣

4. 下列对原文有关内容的概述或赏析，不正确的一项是（　　）

A. 文章先交代自己与《吴山图》主人的同年关系，再引出《吴山图》的故事，将一地的山川形胜与为官一任、造福一方的贤能之士联系起来，同时也为下文的议论做铺垫。

B. 文章谈了县令的贤与不贤和老百姓的关系，又以苏轼和韩琦的故事为例，目的是说明贤能之官吏自然会得到当地百姓的深切怀念。

C. 本文用语华丽，描绘风景多用铺陈，细腻描绘了吴县的山水，又将深意寓于山水之外，构思精巧。

D. 本文结构巧妙，紧扣官与民的关系来展开议论，情至文生，娓娓道来，也展现出作者自己的价值取向。

5. 把文中画横线的句子翻译成现代汉语。

（1）而君则亦既去矣，何复惓惓于此山哉？

（2）然后知贤者于其所至，不独使其人之不忍忘而已，亦不能自忘于其人也。

6. 本文行文以何为线索贯穿全篇？请简要说明。

沧浪亭记

归有光

浮图文瑛，居大云庵，环水，即苏子美沧浪亭之地也。亟求余作《沧浪亭记》，曰："昔子美之记，记亭之胜也，请子记吾所以为亭者。"

余曰：昔吴越有国时，广陵王镇吴中，治南园于子城之西南，其外戚孙承佑，亦治园于其偏。迨淮海纳土，此园不废。苏子美始建沧浪亭，最后禅者居之。此沧浪亭为大云庵也。有庵以来二百年文瑛寻古遗事复子美之构于荒残灭没之余此大云庵为沧浪亭也。夫古今之变，朝市改易。尝登姑苏之台，望五湖之渺茫，群山之苍翠，太伯、虞仲之所建，阖闾、夫差之所争，子胥、种、蠡之所经营，今皆无有矣，庵与亭何为者哉？虽然，钱镠因乱攘窃，保有吴、越，国富兵强，垂及四世。诸子姻戚，乘时奢僭，宫馆苑囿，极一时之盛。而子美之亭，乃为释子所钦重如此，可以见士之欲垂名于千载，不与澌然而俱尽者，则有在矣。

文瑛读书喜诗，与吾徒游，呼之为沧浪僧云。

1. 文中画波浪线的部分有三处需要断句，请将相应位置的答案标号涂黑。

有庵以来Ⓐ二百年Ⓑ文瑛寻古Ⓒ遗事Ⓓ复子美之构Ⓔ于荒残灭没之Ⓕ余Ⓖ此大云庵为沧浪亭也。

2. 下列对文中加点词语及其相关内容的解说，不正确的一项是（　　）

A. "尝登姑苏之台"的"姑苏"指苏州，与"姑苏城外寒山寺"的"姑苏"含义相同。

B. "太伯、虞仲之所建"的"伯"与成语"伯仲之间"的"伯"都有老大的意思。

C. "虽然，钱镠因乱攘窃"的"虽然"与现代汉语中的"虽然"意思不同。

D. "垂及四世"的"垂"与"星垂平野阔"的"垂"意思相同。

3. 下列各组语句中，加点词的意义和用法都相同的一组是（　　）

A. 治南园于子城之西南　　是臣尽节于陛下之日长

B. 迨淮海纳土　　迨诸父异爨

C. 此沧浪亭为大云庵也　　皆为陛下所成就

D. 钱镠因乱攘窃　　青眼聊因美酒横

4. 下列对原文有关内容的概述或赏析，正确的一项是（　　）

A. 本文着重描写风景，"记亭之胜也"，沧浪亭四面环水，登上亭子，可以看见浩淼的五湖、苍翠的群山，可谓风景优美。

B. 文瑛在废墟之上重建沧浪亭是因为钦重苏子美的才学，仰慕苏子美的人格魅力，并屡次请"我"作记。

C. 沧浪亭最初由太伯、虞仲修建，后来因僧人入住成了大云庵，再后来由僧人文瑛重建，使大云庵又变成了沧浪亭。

D. 作者认为那些皇亲国戚，超越法度修建的大量宫殿、馆舍、园林都已荡然无存，所以建造一个小小的沧浪亭毫无必要。

5. 把文中画横线的句子翻译成现代汉语。

（1）昔子美之记，记亭之胜也，请子记吾所以为亭者。

（2）可以见士之欲垂名于千载，不与澌然而俱尽者，则有在矣。

6. 文中一再提及吴越历史上帝王将相的经历，与作者想要表达的观点有怎样的关联？请结合文章内容进行阐释。

青霞先生文集序

茅坤

青霞沈君，由锦衣经历上书诋宰执。宰执深疾之，方力构其罪，赖天子仁圣，特薄其谴，徙之塞上。当是时，君子直谏之名满天下。已而君累然携妻子出家塞上。会北敌数内犯，而帅府以下束手闭垒，以恣敌之出没，不及飞一镞以相抗。甚且及敌之退，则割中土之战没者与野行者之馘[①]以为功。而父之哭其子妻之哭其夫兄之哭其弟者往往而是无所控吁。君既上愤疆场之日弛，而又下痛诸将士日菅刈我人民以蒙国家也，数呜咽欷歔，而以其所忧郁发之于诗歌文章，以泄其怀，即集中所载诸什是也。

君故以直谏为重于时，而其所著为诗歌文章又多所讥刺，稍稍传播，上下震恐，始出死力相煽构，而君之祸作矣。君既没，而一时阃寄[②]所相与谗君者，寻且坐罪罢去。又未几，故宰执之仇君者亦报罢。而君之门人给谏俞君，于是裒[③]辑其生平所著若干卷，刻而传之。而其子以敬，来请予序之首简。

茅子受读而题之曰：若君者，非古之志士之遗乎哉？孔子删《诗》，自《小弁》之怨亲、《巷伯》之刺谗以下，其忠臣、寡妇、幽人、怼士之什，并列之为"风"，疏之为"雅"，不可胜数。岂皆古之中声也哉？然孔子不遽遗之者，特悯其人、矜其志，犹曰"发乎情，止乎礼义"，"言之者无罪，闻之者足以为戒"焉耳。予尝按次《春秋》以来，屈原之《骚》疑于怨，伍胥之谏疑于胁，贾谊之疏疑于激，叔夜之诗疑于愤，刘蕡之对疑于亢，然推孔子删《诗》之旨而裒次之，当亦未必无录之者。君既没，而海内之荐绅大夫至今言及君，无不酸鼻而流涕。呜呼！集中所载《鸣剑》《筹边》诸什，试令后之人读之，其足以寒贼臣之胆，而跃塞垣战士之马，而作之忾也，固矣。他日国家采风者之使出而览观焉，其能遗之也乎？予谨识之。

至于文词之工不工，及当古作者之旨与否，非所以论君之大者也，予故不著。

注：①馘（guó）：古代战时割取的所杀敌人的左耳朵。②阃（kǔn）寄：指担任将领。③裒（póu）：聚集。

1. 文中画波浪线的部分有四处需要断句，请将相应位置的答案标号涂黑。

而父之哭Ⓐ其子Ⓑ妻之哭Ⓒ其夫Ⓓ兄之哭Ⓔ其弟者Ⓕ往往而是Ⓖ无所Ⓗ控吁。

2. 下列对文中加点词语及其相关内容的解说，不正确的一项是（　　）

A."方力构其罪"的"方"与"方六七十，如五六十"的"方"意思相同。

B."特薄其谴"的"薄"与成语"日薄西山"的"薄"意思不同。

C.“以恣敌之出没”的“恣”与成语“恣意妄为”的“恣”意思相同。

D.“寻且坐罪罢去”的“寻”与成语“寻根究底”的“寻”意思不同。

3. 下列各组语句中，加点词的意义和用法都相同的一组是（　　）

A. 君故以直谏为重于时　　皆以美于徐公

B. 而一时阃寄所相与谗君者　　不为者与不能者之形，何以异

C. 故宰执之仇君者亦报罢　　师道之不传也久矣

D. 茅子受读而题之曰　　君子博学而日参省乎己

4. 下列对原文有关内容的概述或赏析，不正确的一项是（　　）

A. 沈青霞先生敢于直谏，受人尊重，后因反对宰相专权误国而被陷害致死，他的讥刺时政的诗文也是他招祸的原因之一。

B. 沈青霞被害死以后，虽然朝中的官员不敢为他申冤，但当年迫害他的官员和宰执也因陷害他被追究罪责而撤职。

C. 沈先生逝世后，他的一个故人俞君才收集并整理他一生著作的诗文若干卷，刻印成书使之流传。

D. 这篇序文是为沈青霞的文集而作，却是从沈青霞其人写起，作者成功地把握了论文中“知人论世”的原则，因而具有强烈的感染力。

5. 把文中画横线的句子翻译成现代汉语。

（1）然孔子不遽遗之者，特悯其人、矜其志，犹曰“发乎情，止乎礼义”，“言之者无罪，闻之者足以为戒”焉耳。

（2）他日国家采风者之使出而览观焉，其能遗之也乎？

6. 作者举孔子删《诗》以及屈原、伍子胥等例子的目的是什么？

蔺相如完璧归赵论

王世贞

蔺相如之完璧，人皆称之，予未敢以为信也。

夫秦以十五城之空名，诈赵而胁其璧。是时言取璧者情也，非欲以窥赵也。赵得其情则弗予，不得其情则予；得其情而畏之则予，得其情而弗畏之则弗予。此两言决耳，奈之何既畏而复挑其怒也！

且夫秦欲璧，赵弗予璧，两无所曲直也。入璧而秦弗予城，曲在秦；秦出城而璧归，曲在赵。欲使曲在秦，则莫如弃璧；畏弃璧，则莫如弗予。夫秦王既按图以予城，又设九宾，斋而受璧，其势不得不予城。璧入而城弗予，相如则前请曰：“臣固知大王之弗予城也。夫璧非赵璧乎？而十五城秦宝也，今使大王以璧故，而亡其十五城，十五城之子弟皆厚怨大王以弃我如草芥也。大王弗予城而绐赵璧，以一

璧故，而失信于天下，臣请就死于国，以明大王之失信。”秦王未必不返璧也。今奈何使舍人怀而逃之，而归直于秦？是时秦意未欲与赵绝耳。令秦王怒，而僇相如于市，武安君十万众压邯郸，而责璧与信，一胜而相如族，再胜而璧终入秦矣。吾故曰，蔺相如之获全于璧也天也若其劲渑池柔廉颇则愈出而愈妙于用。所以能完赵者，天固曲全之哉！

1. 文中画波浪线的部分有四处需要断句，请将相应位置的答案标号涂黑。

蔺相如之获Ⓐ全于璧也Ⓑ天也Ⓒ若其劲渑池Ⓓ柔廉颇Ⓔ则愈出而愈妙Ⓕ于用。

2. 下列对文中加点词语及其相关内容的解说，不正确的一项是（　　）

A.“予未敢以为信也”的“信”与成语“信以为真”的“信”意思相同。

B.“诈赵而胁其璧”的“胁”与成语“威胁利诱”的“胁”意思相同。

C.“大王弗予城而绐赵璧”的“绐”与《史记·项羽本纪》中“问一田父，田父绐曰‘左’”的“绐”意思相同。

D.“一胜而相如族”的“族”与《阿房宫赋》中“族秦者，秦也”的“族”意思相同。

3. 下列各组语句中，加点词的意义和用法都相同的一组是（　　）

A. 奈之何既畏而复挑其怒也　　入璧而秦弗予城

B. 臣固知大王之弗予城也　　今奈何使舍人怀而逃之

C. 以一璧故　　以明大王之失信

D. 而失信于天下　　而僇相如于市

4. 下列对原文有关内容的概述或赏析，不正确的一项是（　　）

A. 蔺相如知道秦王是不可能拿十五座城池和赵国交换和氏璧的，于是派人悄悄地把和氏璧送回了赵国。对蔺相如的这一做法，王世贞持否定态度。

B. 蔺相如让秦王斋戒五日，并且在朝廷上设置九宾之礼，他以为秦王绝不会答应，没想到秦王竟然答应了。于是蔺相如骑虎难下，只得让人把和氏璧送回赵国。

C. 作者认为，既然秦王已经“按图以予城”，而且也按蔺相如的要求斋戒五日，并设九宾之礼，那他应该会把十五座城池送给赵国的。

D. 作者认为，为了得到一块璧，秦国如果失去十五座城池，那是得不偿失的事；但如果不失去十五座城池，又会失信于天下。所以秦王实际上是处于两难的境地。

5. 把文中画横线的句子翻译成现代汉语。

（1）赵得其情则弗予，不得其情则予；得其情而畏之则予，得其情而弗畏之则弗予。

（2）欲使曲在秦，则莫如弃璧；畏弃璧，则莫如弗予。

6. 请结合文本内容简要分析王世贞否定蔺相如行为的论证逻辑。

徐文长传

袁宏道

徐渭，字文长，为山阴诸生，声名籍甚。薛公蕙校越时，奇其才，有国士之目。然数奇，屡试辄蹶。中丞胡公宗宪闻之，客诸幕。文长每见，则葛衣乌巾，纵谈天下事，胡公大喜。是时公督数边兵，威镇东南，介胄之士，膝语蛇行，不敢举头，而文长以部下一诸生傲之，议者方之刘真长、杜少陵云。会得白鹿，属文长作表，表上，永陵喜。公以是益奇之，一切疏计，皆出其手。文长自负才略好奇计谈兵多中视一世事无可当意者。然竟不偶。

文长既已不得志于有司，遂乃放浪曲蘖，恣情山水。走齐、鲁、燕、赵之地，穷览朔漠。其所见山奔海立，沙起云行，雨鸣树偃，幽谷大都，人物鱼鸟，一切可惊可愕之状，一一皆达之于诗。其胸中又有勃然不可磨灭之气，英雄失路、托足无门之悲，故其为诗，如嗔如笑，如水鸣峡，如种出土，如寡妇之夜哭、羁人之寒起。虽其体格时有卑者，然匠心独出，有王者气，非彼巾帼而事人者所敢望也。文有卓识，气沉而法严，不以摸拟损才，不以议论伤格，韩、曾之流亚也。文长既雅不与时调合，当时所谓骚坛主盟者，文长皆叱而奴之，故其名不出于越，悲夫！

喜作书，笔意奔放如其诗，苍劲中姿媚跃出，欧阳公所谓"妖韶女，老自有余态"者也。间以其余，旁溢为花鸟，皆超逸有致。

卒以疑杀其继室，下狱论死。张太史元汴力解，乃得出。晚年愤益深，佯狂益甚，显者至门，或拒不纳。时携钱至酒肆，呼下隶与饮。或自持斧击破其头，血流被面，头骨皆折，揉之有声。或以利锥锥其两耳，深入寸余，竟不得死。周望言晚岁诗文益奇，无刻本，集藏于家。余同年有官越者，托以钞录，今未至。余所见者，《徐文长集》《阙编》二种而已。然文长竟以不得志于时，抱愤而卒。

石公曰：先生数奇不已，遂为狂疾。狂疾不已，遂为囹圄。古今文人牢骚困苦，未有若先生者也。虽然，胡公间世豪杰，永陵英主，幕中礼数异等，是胡公知有先生矣。表上，人主悦，是人主知有先生矣，独身未贵耳。先生诗文崛起，一扫近代芜秽之习，百世而下，自有定论，胡为不遇哉？

梅客生尝寄予书曰："文长吾老友，病奇于人，人奇于诗。"余谓文长无之而不奇者也。无之而不奇，斯无之而不奇也。悲夫！

1. 文中画波浪线的部分有三处需要断句，请将相应位置的答案标号涂黑。

文长自负Ⓐ才略Ⓑ好Ⓒ奇计Ⓓ谈兵Ⓔ多中Ⓕ视Ⓖ一世事无Ⓗ可当意者。

2. 下列对文中加点词语及其相关内容的解说，不正确的一项是（　　）

A. "声名籍甚"的"籍"与成语"杯盘狼藉"的"藉"意思相同。

B. "议者方之刘真长、杜少陵云"的"方"与"方今之时"的"方"含义不同。

C. "属文长作表"的"属"与《岳阳楼记》中"属予作文以记之"的"属"用法一致。

D. "一扫近代芜秽之习"的"芜秽"与《离骚》中"哀众芳之芜秽"的"芜秽"意思不同。

3. 下列各组语句中，加点词的意义和用法都相同的一组是（　　）

A. 一切可惊可愕之状　　揉之有声　　B. 气沉而法严　　抱愤而卒

C. 或自持斧击破其头　　或以利锥锥其两耳　　D. 然文长竟以不得志于时　　人奇于诗

4. 下列对原文有关内容的概述或赏析，不正确的一项是（　　）

A. 徐文长未能得志，于是寄情山水，游历北方，并以诗作记游抒怀。他写文章才思敏捷，意韵刚健飘逸；书法风格刚柔相济，富有情趣。

B. 徐文长有才略，好出奇谋，深得胡公信任，参与军中机密。然而一直时运不济，晚年愤慨更深，狂疾益甚，最终心怀怨愤而死。

C. 徐文长看不起当时所谓的文坛领袖，以和他们结交为耻辱，不跟他们来往，因此他的名声没有流传出越地之外。

D. 徐文长喜欢书法，笔意奔放，但有一个小缺点——有一些女子的婉媚之态。所以欧阳公讥刺他的书法是“妖韶女，老自有余态”。

5. 把文中画横线的句子翻译成现代汉语。

（1）虽其体格时有卑者，然匠心独出，有王者气，非彼巾帼而事人者所敢望也。

（2）间以其余，旁溢为花鸟，皆超逸有致。

6. 本文文眼为“奇”，请简要阐述徐文长“奇”在何处。

五人墓碑记

张溥

五人者，盖当蓼洲周公之被逮，激于义而死焉者也。至于今，郡之贤士大夫请于当道，即除魏阉废祠之址以葬之，且立石于其墓之门，以旌其所为。呜呼，亦盛矣哉！

夫五人之死，去今之墓而葬焉，其为时止十有一月耳。夫十有一月之中，凡富贵之子慷慨得志之徒其疾病而死死而湮没不足道者亦已众矣。况草野之无闻者欤！独五人之皦皦，何也？

予犹记周公之被逮，在丁卯三月之望。吾社之行为士先者，为之声义，敛资财以送其行，哭声震动天地。缇骑按剑而前，问：“谁为哀者？”众不能堪，抶而仆之。是时以大中丞抚吴者，为魏之私人，周公之逮所由使也。吴之民方痛心焉，于是乘其厉声以呵，则噪而相逐，中丞匿于溷藩以免。既而以吴民之乱请于朝，按诛五人，曰：颜佩韦、杨念如、马杰、沈扬、周文元，即今之傫然在墓者也。

然五人之当刑也，意气扬扬，呼中丞之名而詈之，谈笑以死。断头置城上，颜色不少变。有贤士大夫发五十金，买五人之脰而函之，卒与尸合。故今之墓中，全乎为五人也。

嗟夫！大阉之乱，缙绅而能不易其志者，四海之大，有几人欤？而五人生于编伍之间，素不闻《诗》《书》之训，激昂大义，蹈死不顾，亦曷故哉？且矫诏纷出，钩党之捕，遍于天下，卒以吾郡之发愤一击，不敢复有株治。大阉亦逡巡畏义，非常之谋，难于猝发。待圣人之出，而投缳道路，不可谓非五人之力也。

由是观之，则今之高爵显位，一旦抵罪，或脱身以逃，不能容于远近；而又有剪发杜门，佯狂不知所之者。其辱人贱行，视五人之死，轻重固何如哉？是以蓼洲周公，忠义暴于朝廷，赠谥美显，荣于身后；而五人亦得以加其土封，列其姓名于大堤之上。凡四方之士，无有不过而拜且泣者，斯固百世之遇也！不然，令五人者保其首领，以老于户牖之下，则尽其天年，人皆得以隶使之，安能屈豪杰之流，扼腕墓道，发其志士之悲哉？故予与同社诸君子，哀斯墓之徒有其石也，而为之记，亦以明死生之大，匹夫之有重于社稷也。

贤士大夫者，冏卿因之吴公、太史文起文公、孟长姚公也。

1. 文中画波浪线的部分有四处需要断句，请将相应位置的答案标号涂黑。

凡富贵Ⓐ之子Ⓑ慷慨得志Ⓒ之徒Ⓓ其疾Ⓔ病Ⓕ而Ⓖ死Ⓗ死而湮没Ⓘ不足道者Ⓙ亦已众矣。

2. 下列对文中加点词语及其相关内容的解说，不正确的一项是（　　）

A.“素不闻《诗》《书》之训”的“训”与“训练有素”的“训”含义相同。

B.“非常之谋，难于猝发”的“猝”与成语“猝不及防”的“猝”含义相同，都有“突然”的意思。

C.“而又有剪发杜门”的“杜”与成语“防微杜渐”的“杜”含义相同，均表示“堵塞、封闭、杜绝”。

D.“忠义暴于朝廷”的“暴”与“暴霜露”的“暴”均为“暴露、显露”之意，通“曝”。

3. 下列各组语句中，加点词的意义和用法都相同的一组是（　　）

A. 吾社之行为士先者　　缙绅而能不易其志者　　B. 敛资财以送其行　　卒以吾郡之发愤一击

C. 然五人之当刑也　　佯狂不知所之者　　D. 买五人之脰而函之　　而五人生于编伍之间

4. 下列对原文有关内容的概述或赏析，不正确的一项是（　　）

A. 作者把大阉之乱时缙绅变志之人与五人激昂大义、蹈死不顾做对比，突出五人的慷慨勇毅。

B.“非常之谋，难于猝发”，这句是想象魏忠贤阉党篡夺皇位的阴谋，没有敢贸然推进。

C. 作者看来，修大墓，立碑刻名，使志士跪拜流泪，是百代难得的际遇，比周顺昌还要荣耀。

D. 第六段最后一句揭示了作记的缘由和目的，歌颂五人的高尚品格。

5. 把文中画横线的句子翻译成现代汉语。

（1）其辱人贱行，视五人之死，轻重固何如哉？

（2）不然，令五人者保其首领，以老于户牖之下，则尽其天年，人皆得以隶使之，安能屈豪杰之流，扼腕墓道，发其志士之悲哉？

6. 请总结本文的主旨。

《左传》专题研读

探索《左传》中的叙事机巧

徐翔宇

《左传》以《春秋》为纲目而作。因《春秋》按鲁国纪年为序，为《春秋》添加血肉的《左传》也就要受到史实发展时间的制约，无论是写事还是写人，《左传》都须切割为叙事片段以跟随时间的调度。但这些小小的叙事片段中，其情节的精心、细节的用心，足以让《左传》的文心闪耀。

一、情节的精心

历史本身有着兴亡交替的客观规律，而在每一个时间片段中又有着各自不同的具体原因。如何在零散的片段中向读者揭示出历史的因果教训，这需要文学的精心构思。《左传》，擅长在事件组织、情节剪辑、片段联络间展示史家的理性思考，这是它叙事的独到之处。具体列之，其喜用预叙、分叙、夹叙等几种叙事笔法。

1.预叙

预叙，即预先讲述或提及以后事件的叙述活动，为读者提供未来事件的暗示或预期。《左传》惯用预叙的笔法来传达旨意，分为两类。一类是卜筮、童谣、谶语、梦兆类的神异类的预言，如《左传·鲁成公十年》记载了三个梦：晋景公梦见厉鬼；后梦见疾病化作的小人；有个宦官梦见自己背晋景公登天。这三个梦环环相扣，并在极快的叙事时间内一一应验：巫根据晋景公的梦预言他吃不到今年的新谷，哪怕饭已做好最终也未吃到；根据梦见小人预言晋景公重病不治，果然晋景公不愈而身死；宦官梦见自己背着晋景公登天，现实里他背晋景公出茅厕，随后殉葬。

> **晋侯梦大厉**，被发及地，搏膺而踊，曰：“杀余孙，不义。余得请于帝矣！”坏大门及寝门而入……公曰：“何如？”曰：“不食新矣。”公疾病，求医于秦。秦伯使医缓为之。
>
> 未至，**公梦疾为二竖子**，曰：“彼，良医也。惧伤我，焉逃之？”其一曰：“居肓之上，膏之下，若我何？”医至，曰：“疾不可为也。在肓之上，膏之下，攻之不可，达之不及，药不至焉，不可为也。”公曰：“良医也。”厚为之礼而归之。六月丙午，晋侯欲麦，使甸人献麦，馈人为之。召桑田巫，示而杀之。将食，张，如厕，陷而卒。
>
> **小臣有晨梦负公以登天**，及日中，负晋侯出诸厕。遂以为殉。

还有一类是记载智者贤人的成功预言，可视为理性预叙。如《左传·僖公三十二年》“蹇叔哭师”一事，蹇叔既预言了秦军有出无归的结果，也预言了儿子将葬身于崤山之处的命运。这样的处理，不是为了凸显蹇叔的神乎其神，而是体现出其智慧与洞见。这由预言前的文字可以获悉：

> 曰：“劳师以袭远，非所闻也。师劳力竭，远主备之，无乃不可乎？师之所为，郑

必知之，勤而无所，必有悖心。且行千里，其谁不知？”

从上面文字可以看出，蹇叔对当下对郑国发兵不利的判断，是有地理形势、战争规律、敌我部署等方面的理性分析作为依据的，并不是鬼神莫测的妄言。将这样的判断和预言由预叙的方式写出，而不是事后诸葛亮，由此也凸显出秦穆公攻城略地的心情之急切与利令智昏的不可饶恕。

2.分叙

前文已经说过,《左传》的行文要受到史实发展时间的制约，那么将相同时间内不同地点发生的事情进行切换和对应叙写，就成了其应对的叙事笔法之一。这种笔法即为分叙，或叫对叙。分叙的笔法，不仅可以遵循事件发展的顺序，使行文不乱；同时在时间和视角的切换之间，也充满了悬念和对比，让故事具有了精彩的冲荡力。如《左传·宣公十二年》的晋楚“两棠之役”便运用了这种笔法。梳理这一战争的过程，可以发现史官左丘明对楚国和晋国在战争的关键节点进行了交叉叙写：

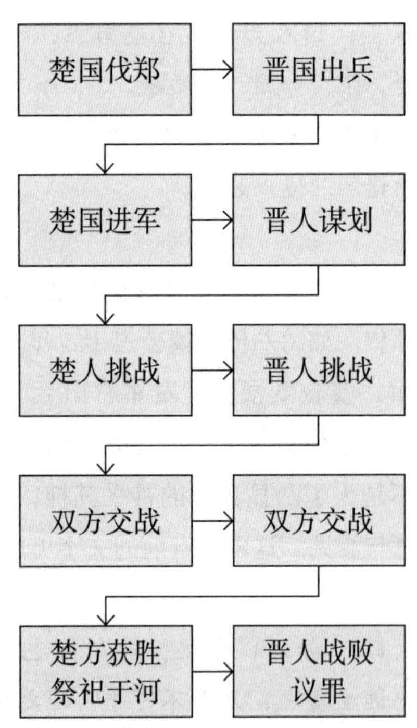

在镜头的切换中，双方的行军战略和作战状况得到了及时对比。左丘明采用这样的分叙方式进行战争的描述，目的非常明确，就是明是非功过。在晋国大军未到郑国边境时，郑国已经向楚国投降，此为失势失策之一；在是否进军之事上楚国君臣一心，晋军内部却一盘散沙、各持己见，先縠做出错误决策，此为失败之二；在作战过程中，一面是楚国的冷静审度、智慧谋断，另一面是晋军的情绪作战、轻率冒进，此为失败之三。最终的结局也就可想而知了。这场战争的失利最终毁掉了晋国自城濮战胜以来辛苦经营几十年的中原霸权，发人深省。而史官在这种胜败的互相对比中，巧妙地揭示出了历史的真相与真相背后的秘密。

3.夹叙

在《左传》中还常存在一边叙述某事，一边对这件事进行分析、评论的夹叙笔法，这充分体现着《左传》为《春秋》作阐释和注解的身份与功能。这种夹叙的笔法在叙事学上实际是一种叙事干预，用在恰当之处，可以完成与读者的直接对话，达到对史实进行总起、提示、过渡和补接的效果。

比如在“郑伯克段于鄢”一文中，文章在交代庄公一举击破共叔段的密谋，共叔段战败出奔之后，突然发表了一段评论，对《春秋》这段史实进行了阐释解读，此为夹议。在评议之后，又加入了郑庄公“既而悔之”，在颍考叔的开导下，上演了一出“阙地及泉，隧而相见”的闹剧，此为夹叙。在这段叙述后，文章并没有停止，又加入一段“君子曰”的史论。对比两段议论性文字，可以窥见左丘明加入一段叙述的深意，表面上看，这是庄公孝心的苏醒，实际上这仍是他伪善与丑恶的延续，只不过前一段故事是与兄弟不悌的伪善，夹叙一段故事在于解释与母亲不孝的伪善。

二、细节的用心

《左传》的叙事之妙，特别在于细节处的用心。可以说，中国的细节叙事，是在《左传》中率先得到事实呈现的。所谓细节，从时间维度来看，是对事象作瞬时定格而非绵延叙述；从空间维度来看，它是对事象作截面展示而非整体纵览。这两个维度的特征在系片段为一体的《左传》里得到了自觉和集中的展现。

在《左传》中，即便是单个细节也极富内蕴，蕴含着人物的精神、历史的真相与智慧谋略。如《左传·僖公三十年》“烛之武退秦师”一事中的几处细节：

> 晋侯、秦伯围郑，以其无礼于晋，且贰于楚也。

此处埋伏着历史的真相。晋侯围郑有其理由，因郑无礼于晋。但秦国为何要围郑？是只为“秦晋之好”这一理由吗？后文烛之武对秦伯说“阙秦以利晋，唯君图之”，“秦伯说，与郑人盟”。可见秦国来帮晋国攻打郑国，有自己的利益考虑，想在灭掉郑国后分享相应的好处，以壮大国家实力。这一细节在开篇就给出，真相在时间的发展中逐渐显露出来。可谓洞烛几微。

> （烛之武）夜缒而出，见秦伯。

此处可照见人物的精神。从此处细节之前的对话可以看出，烛之武年事已高，之前还不受重用。但在答应郑伯之后，却选择从城墙上吊下去的方式出城，这展现出他的“勇”与其后的“义”；而选择在夜晚出城，是避免打草惊蛇，被晋国掌握情况，瓦解和谈，这也足见烛之武的“智”。不过四个字，一位有智有勇且义的说客形象，便尽在目前。

> （秦伯）使杞子、逢孙、杨孙戍之，乃还。

此处可窥见智慧与谋略。文章第三段末，秦伯不仅和郑国结盟，还派三个大夫带兵戍守郑国，保护它不受晋国的侵犯。仔细思量，秦伯的这个安排既保护了郑国，防备自己撤军之后，晋国攻打郑国单独增强实力；同时又监视了郑国，防止它背弃盟约，简直是老谋深算。

除单个细节上的用心，《左传》在细节之间也照应周全、关联缜密，保证了历史的可信和文学的细密。特别值得共赏的一例，是《左传·僖公九年》齐桓公在会晤诸侯时接受周襄王赏赐祭肉的一个场景：

> 王使宰孔赐齐侯胙，曰：“天子有事于文、武，使孔赐伯舅胙。”齐侯**将下拜**。孔曰：“且有后命。天子使孔曰：‘以伯舅耋老，加劳，赐一级，**无下拜**！’”对曰：“天威不违颜咫尺，小白，余敢贪天子之命，无下拜？恐陨越于下，以遗天子羞。**敢不下拜**？”**下**，**拜**，登，受。

从“将下拜”到“无下拜”到“敢不下拜”到“下，拜”，四处反复着笔，层层铺垫，不仅没有产生历史的歧义，而且达成文学的自然点染之妙。

具体说来，若略去齐桓公“将下拜”的动作细节，而直接写周王使者“无下拜”的指令细节，则有亏于齐桓公的霸主形象。根据史料可知，在葵丘之会上，齐桓公代表诸侯宣读了共同的盟约，盟约中处处不离遵礼之意。如若此时齐桓公无下拜之考量，不表现出一种受宠若惊、诚惶诚恐的情态，对于自己以礼称霸的形象是有亏损的。

而若略去天子使臣“无下拜”之令，就不会有齐桓公“敢不下拜”之话语细节的出现，而话语中所展露出的谦恭有礼的姿态、事件中所渲染的对周王室面子的维护就无从得知，那雄才大略又老谋深算的诸侯形象也就湮没无闻了。

更重要的是，《左传》选择拜还是不拜的细节钩沉，恰恰是为了达到以例发明经义的用途。对齐桓公受到周天子的特殊礼遇还严守君臣之礼的一笔不苟地层层铺垫，正是对其崇礼尊周的倾向的宣扬。可见，《左传》的叙事，虽简笔勾勒，但笔触所及之细节彼此紧密勾连，决不会产生任何歧义。

赏析《左传》中的人物塑造艺术

朱倩

朱自清先生曾言"《左传》不但是史学的权威，也是文学的权威"。作为一部煌煌历史巨著，《左传》的文学成就也足以为后世法，其中，人物塑造艺术更是历来为人称道。该书为我们展现了鲁隐公元年至鲁哀公二十七年，共二百五十多年间约四千个人物，以其高超的艺术使得这些人物"性情、心术、声音、笑貌，千载如生"[①]。那么，《左传》是如何塑造人物的呢？这些人物往往有何特点呢？本文就以《古文观止》卷二中的重要人物楚灵王为例，试赏析《左传》的人物塑造艺术。

一、惩恶劝善：人物叙述类型化

楚灵王是春秋后期臭名昭著的楚国国君，两千多年来都被视为暴君昏主的典型而受到批评。"汰侈"是春秋时晋国叔向、郑国游吉、鲁国穆叔、宋国向戌等人对楚灵王的一致评价。那么，何谓"汰侈"呢？"汰"通"泰"，《左传》疏曰"泰者，大之极也"，意即骄纵自大、傲慢凌人；"侈"是会意字，由左边的"人"和右边的"多"构成，两字会合便指一人享有两份肉食，意即奢靡浪费、过分追求享受。楚灵王一方面野心勃勃、志大言狂，为达到目的暴虐强横，另一方面穷奢极欲、奢侈无厌，为满足私欲滥用民力，由此可见，"汰侈"二字的确是对其暴君形象的高度凝练的概括。那么，对于这样一位众口一词的暴君，《左传》会如何记载刻画呢？

据《左传·昭公元年》记载，公元前541年冬天，时任楚国令尹的公子围"入问王疾，缢而弑之，遂杀其二子幕及平夏"，后即位，史称楚灵王。与同样通过篡位上台的先祖楚武王、楚成王一样，强烈的进取心和罪恶感压迫着他必须有所作为，于是，即位后的楚灵王开始了雄心勃勃的扩张，企图再现祖父楚庄王问鼎中原的辉煌。据《左传·昭公十二年》记载，公元前530年冬天，楚灵王以冬猎之名先后驻扎在颍尾、乾谿，派遣军队明攻徐国，暗地里却要胁迫吴国。对于这次军事活动，《左传》并未记录作战经过，却详细记载了楚灵王与楚国右尹子革的对话。楚灵王向子革提出了三个问题，第一问求取周鼎，弥补先祖熊绎未得赏赐的遗憾，希望在政治上获得与中原各国同等的地位与权力；第二问求取郑田，索回先祖昆吾曾居住的土地，希望在疆域上继续开拓以增强楚国实力；第三问求取中原诸侯敬畏，希望取代晋国成为中原新一任的霸主。这三个问题是楚国几代君主的夙愿，楚灵王继承先祖遗志，虽显得野心勃勃，但也充盈着爱国热忱。这本无可厚非，那么，为什么楚灵王却遭到众口一词的批评呢？那是因为他错误地理解"霸主"二字，以为武力上的威慑恫吓和物质上的繁华富丽就是全部注解。

不求"形似"而着重"神似"，是《左传》人物塑造艺术的一大特点。相较于人物的肖像描写，《左传》更善于通过直接描绘人物的言行来表现人物的精神面貌，不言人物性格如何，而是通过具体的言行让其性格自彰自现，这就是杜预所说的"直书其事，具文见意"(《春秋经传集解序》)，上文楚灵王三问子革便是其中的典型。但在《子革对灵王》一文中，《左传》除了直接描写楚灵王的言行外，还罕见地描绘了其衣着外饰。"雨雪，王皮冠，秦复陶，翠被，豹舄，执鞭以出"，风雪中，楚灵王头戴皮帽，身穿秦国所赠的羽衣，外披翠羽装饰的披风，脚登豹靴，手执马鞭，仅仅十六字就将一位雍容华贵的枭雄形象展露无遗。在描绘完楚灵王衣饰后，《左传》记载了楚灵王和子革的三问三答，之后却突然插叙了工尹路请楚灵王视察"剥圭以为鏚柲"的情节。圭是古代上

① 〔清〕冯李骅、陆浩《春秋左绣》，《四库全书存目丛书·经部·春秋类》，齐鲁书社1997年版，第142页。

尖下方的长条形玉制礼器，多用于诸侯朝聘、祭祀等隆重仪式，极为珍贵，但如今却被破开来装饰用来杀戮的斧柄。联系衣饰和言行，楚灵王奢侈无厌、暴虐无礼的形象便跃然纸上。孔子在提及治国方略时，曾指出："丘也闻有国有家者，不患寡而患不均，不患贫而患不安。盖均无贫，和无寡，安无倾。夫如是，故远人不服，则修文德以来之。既来之，则安之。"若要国家强盛，则需合理分配社会财富，维持稳定社会秩序，继而再修仁义礼乐的政教使远人自来归附。然而，楚灵王对外穷兵黩武、肆意侵略，对内横征暴敛、挥霍无度，却希望通过求取周鼎、索回郑田、威慑诸侯来称霸天下，这实在无异于痴人说梦！

有学者指出，"在《左传》中，似乎只要人物一旦被固定在某个模子里，通常他就保持不变。而且极少能有所突破"，"根据他们的社会地位和道德品质，我们在《左传》中找到下面的主要类型：善良而能干的统治者，恶劣而愚蠢的统治者，明智而忠诚的大臣，有权势、有野心而且有时还邪恶的大臣，为执著抽象理念的表面字义所害的可怜虫，大公无私、有远见卓识的妇女，祸国殃民的女子，乐于牺牲自己生命去保护坏而无用的主人、地位卑微的随从。"[①]那么，为什么《左传》人物塑造会趋于固定的类型呢？《左传·成公十四年》记载："君子曰：'《春秋》之称，微而显，志而晦，婉而成章，尽而不污，惩恶而劝善，非圣人，谁能修之？'"所谓"惩恶而劝善"，即惩戒坏人坏事，勉励好人好事。《左传》继承了《春秋》"惩恶劝善"的观念，不仅旨在对历史时间做客观的记载，还希望总结历史经验教训，从而引导道德，为后人提供镜鉴。楚灵王的祖父楚庄王同样野心勃勃，致力于开疆拓土以问鼎中原，然而他贤德崇礼，让孔子赞赏有加；相反，楚灵王野心不让楚庄王，却穷奢极欲、滥用民力，最终只能沦为历史的尘埃。在《子革对灵王》一文篇末，《左传》引用了孔子的话对楚灵王做了道德伦理评价："古也有志：'克己复礼，仁也。'信善哉！楚灵王若能如是，岂其辱于乾谿？"在《左传》中，楚灵王就是暴君昏主的典型，对其的书写承载着传播克己复礼仁爱思想的历史使命。因此，在惩恶劝善的创作原则引导下，《左传》人物塑造呈现类型化的模式。

二、深沉感喟：人物塑造丰满化

吴闿生先生在提及《左传》人物塑造艺术时，曾指出："凡其所推崇褒大者皆必有所不足，其肆情诋毁者必有所深惜。"[②]《左传》人物塑造有类型化的趋势，然而，这并不妨碍这些人物真实可信的丰满度。基于客观历史，《左传》一方面写出了人物性格的主导面，来惩恶劝善，完成历史使命；另一方面也写出了人物性格的多侧面，展现了一个个丰满的有生气的鲜活形象。仍以楚灵王为例，我们继续赏析《左传》人物塑造的艺术。

在《子革对灵王》一文中，楚灵王视察完镢柲后又继续与子革谈话。趁楚灵王称赞左史倚相的契机，子革借题发挥，用祭公谋父的《祈招》之诗来规劝楚灵王。从前周穆王想要放纵他的欲望，周游天下，祭公谋父作《祈招》来劝阻周穆王遏制欲望，由此周穆王才得以在祇宫善终。其《诗》曰："祈招之愔愔，式昭德音。思我王度，式如玉，式如金。形民之力，而无醉饱之心。"诗句大意如下：祈招安详和悦，彰明有德者的声音。想起我们君王的风度，好像玉一样纯洁，好像金一样坚实。衡量百姓的力量来役使他们，自己没有饱醉之心。《祈招》之诗切中肯綮，劝告楚灵王量民力而用权，遏私欲而复礼。那么，楚灵王对此会如何回应呢？据《左传》记载，"王揖而入，馈不食，寝不寐，数日。""揖"即拱手行礼，用以表达对对方的尊重。虽然子革否定了楚灵王对左史倚相的称赞，更是将矛头直指楚灵王本人，

① 王靖宇《中国早期叙事文研究》，上海古籍出版社2003年版，第27-28页。

② 〔清〕吴闿生《与李右周进士论左传书》，《左传微》，黄山书社1995年版，第13页。

但楚灵王却能清醒地意识到子革洞若观火的智慧、直言不讳的担当。对此，楚灵王深表感激，以一国之君的身份对本国的臣子行揖让之礼，可见其虽暴虐骄横，但不乏容人之量、用人之明。除了此文外，《左传》还多次记载楚灵王纳谏从善、善于用才的种种事迹，这就难怪宋人王应麟曾感慨“楚灵之量，优于晋文矣”。然而，“揖”是当众所为，或有招揽人心之嫌，楚灵王私下又如何回应呢？听完子革劝告后，楚灵王连续多日不食不寐。千载之后，我们还是想追问：多日不食不寐的楚灵王到底在苦闷什么呢？他是否不再骄矜于自己灭陈灭蔡又威迫吴国的战绩，是否开始意识到自己始终不及祖父的原因并追悔不已，是否开始忧虑自己或许无法像周穆王一样善终？与现代小说和外国小说不同，《左传》不常对人物的心理展开细腻冗长的描写，而是通过直接描绘人物的言行来表现人物的精神面貌。但这并不意味着《左传》忽视人物的心理变化，恰恰相反，其将人物心理变化融于叙事之中，用细节来刻画人物在特定时期的心理状态，楚灵王纳谏追悔便是典型。

遗憾的是，楚灵王数日不食不寐的追悔，并没有落实在行动上。“不能自克，以及于难”八个字，为我们揭晓了楚灵王的最终命运：他终究不能克制自己，因此遇难身亡。对于楚灵王的最终结局，《左传》做了详细记载：“王闻群公子之死也，自投于车下，曰：‘人之爱其子也，亦如余乎？’侍者曰：‘甚焉。小人老而无子，知挤于沟壑矣。’王曰：‘余杀人子多矣，能无及此乎？’……夏，五月癸亥，王缢于芋尹申亥氏。申亥以其二女殉而葬之。”即位的第十二年，楚灵王的弟兄集结陈蔡复国势力发动叛乱，带兵入郢，杀害了楚灵王的两个儿子。楚灵王在乾谿听闻爱子去世，从战车上摔落在地，对自己过去的残暴悔恨不已。在意识到自己暴虐无道、众叛亲离后，楚灵王先后三次冷静地拒绝了子革“待于郊”“入于大都”“亡于诸侯”的建议，最终选择在大臣申亥家中自缢身亡，死后，申亥让自己的两个女儿为其殉葬。

《左传》对楚灵王的书写，可以说是笔酣墨饱：作为“史学的权威”，《左传》用最冷静的叙事记录了楚灵王作为昏主暴君的一面，承载起了惩恶劝善的创作目的；作为“文学的权威”，《左传》又用最动情的笔调刻画了楚灵王作为鲜活个体的一面，完成了心灵慰藉的审美功能。这种兼顾类型化和丰满度的人物塑造艺术，在《左传》全书中屡见不鲜，又启发了后世史学纪传体乃至明清小说的创作，影响深远。

品析《左传》中的外交辞令

朱倩

刘知几《史通·载言》写道：“逮左氏为书，不遵古法，言之与事，同在传中。然而言事相兼，烦省合理，故使读者寻绎不倦，览讽忘疲。”《左传》虽然是一部以记事为主的编年体历史著作，但也记载了春秋时期大量的人物言论，“言事相兼”是其一大特点。这些言论既包括对人物及事件的评论和预判，也包括对礼乐典章制度及文化的说明和阐发，但最为后世所激赏的仍是书中的各种辞令。

何谓“辞令”呢？《说文解字》：“辞，讼也。”“辞”是会意字，由“𤔔”和“辛”构成，“𤔔”表示两只手整理乱丝，而“辛”是古代的刑具，两字会合起来便有“以法律理纷乱”的意义。《说文解字》：“令，发号也。”“令”也是会意字，由上部的“亼”和下部的“卩”构成，“亼”是古“集”字，而“卩”是跪坐的人，两字会合便指“发出命令”。

春秋时期，“辞”与“令”二字合用，专指交际场合经过修饰和斟酌的用以应酬答对的言辞。需要注意的是，与一般的言论相比，“辞令”具有强烈的目的性，力求在争辩中占据优势，从而达到预期的目标。大体而言，《左传》中所记载的辞令大体可分为对内的规谏辞令与对外的外交辞令两种。规谏辞令在后世著作中仍不断发展，而外交辞令显然是《左传》的一大特色，历来受到盛赞。那么，《左传》中的外交辞令有何魅力呢？回看《古文观止》卷一和卷二，让我们一起去品析鉴赏吧。

一、《左传》中的外交辞令内容

据《左传·宣公三年》记载，公元前606年春夏之交，楚庄王以讨伐陆浑之戎为名，屯兵周王室王畿附近。此时的楚庄王经过长期与中原诸侯的战争，已取得霸主地位，而周定王则刚于前一年冬季即位，政局不稳，国力衰微。面对楚国此举，周定王只好派遣大夫王孙满为使，以慰劳楚军为名与楚庄王会面，以问明本末。楚庄王会见王孙满，公然问周鼎的大小轻重。鼎是传国之重器，得国必得鼎，有鼎则有国。周王室享有九鼎，被视为“天下共主”，而其他诸侯国也因其功爵大小而享有不同数量的鼎器，但楚国被中原各国视为蛮夷，并未拥有鼎器。楚庄王此番陈兵问鼎，一则希望趁周王更替之际威逼周王室认可楚国地位，二则也有觊觎王权、取代天子的妄念。

面对楚庄王蛮横无理的质询，王孙满该如何应对呢？首先，王孙满一语道破楚庄王问鼎的野心：“在德不在鼎。”也就是说，楚庄王问鼎的野心昭然若揭，其意图显然在于王权，而王权的获得，不在于依赖军事力量抢夺鼎器的“霸”，而在于拥有能让诸侯信服的“德”。接着，王孙满通过叙述九鼎的传承过程，推导出“德之休明，虽小，重也；其奸回昏乱，虽大，轻也。天祚明德，有所厎止”的结论，强调有德则鼎祚长存、无德则国灭鼎迁的事实，这就是“在德不在鼎”的最有力证明。最终，王孙满以“周德虽衰，天命未改”作结，在承认周德渐衰的客观事实的前提下，也提醒楚庄王德运仍在周王室，从而迫使楚国退军。

那么，为什么王孙满这番辞令能说动楚庄王退兵呢？周代商而有天下，建国之初，为解释政权的合法性与正统性，周人提出“以德配天”的观念，借此说明政权转移与天命更改，不在于鬼神祭祀，而在于国君之德，此即所谓“天命靡常，惟德是依”。在德观念的基础上，周王室进一步制定礼乐仪节。小自日常言行，大至国君威仪，礼都是主要的价值标准。尽管楚庄王时期礼崩乐坏，但自西周初期发展而来的崇德尚礼的传统仍深层地影响着人们的思维与言行。人们相信“无德遭祸”，要求言行举止合乎道德准则，否则将遭灾祸；人们还相信“主盟须德”，认为盟主主盟必须具备道德修养，以德服人才是长久之计。

此时，楚庄王虽通过战争获取了实际的盟主地位，但周王室仍占据着名义上的“天下共主”之称。若楚庄王强行侵攻周王室，实是对中原各诸侯国的挑衅，这种违礼灭德的行径必然引起诸侯联军的共同反击。楚国有灭周之力，但绝无能力对抗联军。因此，在王孙满崇德尚礼的警告下，楚庄王最终打消了问鼎中原的念头。细考之，王孙满对楚庄王的这番辞令之所以能成功，表面上是由于传统的崇德尚礼的价值引导，实则是因为潜在的中原联军的武力威慑。因此，迫使楚庄王退兵的不是德礼感化，而是利益触动。其实，以崇德尚礼为表，以国家利益为里，才是《左传》中的外交辞令最常见的也是最具说服效果的模式。

二、《左传》中的外交辞令技巧

外交辞令攸关国家兴亡，不得不谨慎周密。《论语·宪问篇》记载：“子曰：‘为命，裨谌草创之，世叔讨论之，行人子羽修饰之，东里子产润色之。’”郑国的一篇外交文书需要经过四道手续，先由裨谌起草，再由世叔提出意见，继而由子羽修改，最后由子产润饰。可见，一篇好的外交辞令，不仅需要有表里相宜的内容支撑，也需要有精妙的艺术技巧润泽修饰。接下来就以《子产告范宣子轻币》一文为例，我们来分析《左传》中的外交辞令的艺术技巧。

据《左传·襄公二十四年》记载，公元前549年春天，郑伯由大夫子西陪同前往晋国，子产请子西带信给晋国执政大夫范宣子，希望其能减轻各诸侯国向晋国交纳的贡赋。这篇辞令以较大篇幅反复阐述和赞叹“令名”与“令德”的正确性，为晋国指引出一条永葆盟主的康庄大道，同时又分析了“重币”的危害，提醒范宣子一意孤行必将处于既不能保国又不能卫家的处境。因此，从内容上看，这篇辞令依然没有脱离以崇德尚礼为表、以国家利益为里的模式。那么，子产的这篇外交国书究竟妙在何处呢？

首先，完全为对方考虑，情真意切。郑国国小民弱，却与晋、楚两个大国相邻，此时其背楚向晋，却又不堪忍受晋国繁重的贡赋压力，生存艰难。然而，晋国不会在意郑国的处境，因此，子产丝毫未在信中言及郑国。当时，晋国霸业衰落，却仍有称霸四方、为天下盟主的强烈企图；范宣子虽执掌晋国大政，但仍面临栾氏党族的威胁。于是，子产选择完全站在晋国和范宣子个人的立场上去劝告，谈及名德则殷殷期盼，言及危害则诚挚恳切。“侨也惑之”“何没没也”“将焉用贿”等语，使得子产不再是一位正襟危坐的外国政客，反倒像一位推心置腹的多年老友，如此真切的感情怎么不让范宣子动心呢？

其次，语言婉转迂回，句式和缓从容，避免了强加于人的不愉快感。前文“重币”与“令德”“令名”利害得失的剖析，对范宣子而言，已有着振聋发聩的警醒意义。然而，范宣子毕竟是位高权重、闻名于世的盟主国掌权者，是否愿意听取他国长篇累牍的说教，是否愿意接受他人越俎代庖的指示呢？因此，除了情真意切外，这番辞令还需谦恭含蓄，体现出对范宣子足够的尊重与敬意。文末，子产说道：“毋宁使人谓子：‘子实生我’，而谓‘子浚我以生’乎？象有齿以焚其身，贿也。”在这里，子产虚设了可能出现的情况供范宣子忖度：您是宁可让人对您说“您确实养活了我”，还是对您说“您榨取我来养活自己”呢？由此，就将选择权和决定权交给了范宣子，既表达出让其考虑的诚意，又引导其按照暗示去推导出自己倾向的方案。最后，子产又用一个比喻结尾：象因为有了象牙而毁了自己，就是因为象牙是贵重的财宝啊。这一比喻生动形象，委婉地劝告范宣子切莫因为短视近利而毁国败家，以此作结，可谓余音绕梁，引人深思，言有尽而意无穷。

《诗》曰：“辞之辑矣，民之洽矣；辞之怿矣，民之莫矣。”辞令融洽，百姓团结；辞令动听，百姓安定。娴于辞令，大至国家外交，小到个人交际，都能让我们受益无穷。《左传》的叙事成就为学术界公认，但不可忽视的是，其辞令艺术也被历代学者所推崇。《左传》中的外交辞令，蕴含着丰富的外交内涵和语言艺术，是古人留给我们的智慧宝库，新时代我们仍可以从中汲取智慧，赋予新的内涵和意义。

聆听《左传》中的君子之言

徐翔宇

《左传》作为史传文学的经典之作，其叙事具有鲜明的目的性。即作者通过设计情节、描绘人物与斟酌用词，来完成自己寄托之语的有效传达。作为读者的我们，在阅读《左传》的过程中，绕不开对事件背后的义理的推究。达成这一阅读目的，除了深入分析作品中的情节、人物与细节等叙事要件外，我们还可以借助史书论赞的内容去获知史家的褒贬态度。

在《左传》中，“君子曰”作为一种史书论赞的形式，主要承担了臧否人物、评论是非之功能。在《左传》中，“君子曰”的评论总计86次，评论形式多样，分为“君子曰”“君子谓”“君子以”“君子是以”“仲尼曰”五大类；评论篇幅有长有短，或是直接表明观点，或是就褒贬展开论述。诚如韩高年在《左传之文韬》所言：“春秋议政之辞往往因事而发、因人而发，具有即兴而为的特点，因而在篇幅上或长篇大论，或短语点评，不拘常体。”无论如何，在阅读时，抓住“君子”所言的作用可以帮助我们更好地获取隐藏在史实背后的史家的态度。总体说来，“君子言”有四大类作用，分述如下：

一、褒美贬刺

《左传》以《春秋》为经，力求在解释中达成“别嫌疑，明是非，定犹豫，善善恶恶，贤贤贱不肖”之要义，这种惩恶劝善的目的反映在“君子曰”等史论中，就表现为明确的褒美贬刺的态度。如在《左传·隐公元年》“郑伯克段于鄢”一事的结尾：

> 君子曰：“颍考叔，纯孝也。爱其母，施及庄公。《诗》曰：‘孝子不匮，永锡尔类。’其是之谓乎！”

这一段很明显是在赞颂颍考叔的纯孝，但为什么要在“郑伯克段于鄢”这段史实后以颍考叔为主要对象发表议论呢？对比《春秋》和《左传》在这段史实上的着墨重心，可以看出《春秋》重心在兄弟不友爱，而《左传》增补了母子之事，以写庄宗不孝之事实。

结合前文的叙事再阅读这段“君子曰”，可以明白此段的发议，除去对颍考叔的赞颂外，还借其衬托出庄公的不孝与伪善。庄宗的恶，表面上在有杀弟之志，实质上是与母断绝关系的狠绝。虽然之后得到了颍考叔的引导，但最终没有以饶恕弟弟之罪来慰藉母亲，未尽纯孝之道。“纯”字中贬刺之义深远。

二、发明经义

“君子曰”之语，因是左丘明题经之词，专为解释经典而作，所以就有发明经义的功能。具体而言，《春秋》为国史，经孔子笔削以为经，经左丘明为其作传，是想要让后世之人明白其中的义理。因此，《左传》是借着史书的形式，发挥经学的作用，彰明义理的效应。“君子曰”之语，也就是对《春秋》开明宗义的解读。

例如在《左传·文公二年》的祭祖活动中，最晚死的鲁僖公应该排在最后，但在实际操作中，担任宗伯之职的夏父弗忌提升鲁僖公在太庙中的享祭位序。这显然是“逆祀”，但弗忌却以新鬼为大。对于这样的一段史实，《左传》通过君子之口给出了自己的回答：

> 君子以为失礼。礼无不顺。祀，国之大事也，而逆之，可谓礼乎？子虽齐圣，不先父食久矣。故禹不先鲧，汤不先契，文、武不先不窋。宋祖帝乙，郑祖厉王，犹上祖也。是以《鲁颂》曰：“春秋匪解，享祀不忒，皇皇后帝，皇祖后稷。”君子曰礼，谓其后稷亲而先帝也。《诗》曰：“问我诸姑，遂及伯姊。”君子曰礼，谓其姊亲而先姑也。

针对夏父弗忌给出的两条理由：“顺”与“明见”，君子进行了一一反驳。君子认为礼并没有规定顺与不顺之说，但祭祖是国家的大事，祭祀的顺序错了，这本身就违反礼制了。其次，君子认为后代虽然圣贤，但也不能先于先辈们来享受祭祀，这个规矩在很久之前就已经定下了。驳斥完夏父弗忌，君子又以《诗经》为据，指出亲不应逾越礼成为国家大事处理的标准。《春秋》这段史实不过十二字，而《左传》中君子之言却过其多倍，用意不过是害怕《春秋》经旨诠释不够全面和透彻，即在完成发明之功能。

三、辨惑解疑

刘知几在《史通·论赞》中谈道："夫论者，所以辨疑惑，释凝滞。若愚智共了，固无俟商榷。丘明'君子曰'者，其义实在于斯。"由此可见，"君子曰"之语，也承担着对叙事中的疑惑凝滞之处的辩解功能。

比如在《左传·隐公三年》中，周郑是如何从"交质"发展到"交恶"的？《左传》史官借君子之口，对这一历史事实发生的原因，进行抽丝剥茧，以达到对疑惑之处的疏通与阐发。具体内容如下：

> 君子曰："信不由中，质无益也。明恕而行，要之以礼，虽无有质，谁能间之？苟有明信，涧、溪、沼、沚之毛，蘋、蘩、蕰、藻之菜，筐、筥、锜、釜之器，潢污、行潦之水，可荐于鬼神，可羞于王公，而况君子结二国之信，行之以礼，又焉用质？《风》有《采蘩》《采蘋》，《雅》有《行苇》《泂酌》，昭忠信也。"

这段文字重点阐述了信任的作用。君子认为，信任不发自内心，交换人质也没有用。周王朝和郑国交换人质的目的是为了消除猜忌。但在周平王死后，周王朝打算把朝政大权交给虢公，可见这是周王室警惕于郑庄公恐其独揽朝政而采取的平衡权利之术。而郑国相继收割了周王朝两地的粮食，由此可见郑国也对其存在不信任与怨恨。在不信任的基础上，交恶也就在所难免了。

四、预言补遗

《左传》也借小说家之笔法来表现史实，有预言和补遗之法。预言内容出现在君子之口中，就成了有别于童谣谶语的"君子预言"，增加了观点的可信性。同时受君子的身份影响，其作为论据有很强的道德化倾向。如在《左传·隐公十一年》中：

> 君子是以知息之将亡也：不度德，不量力，不亲亲，不征辞，不察有罪，犯五不韪，而以伐人，其丧师也，不亦宜乎！

在息国是否灭亡的问题上，君子是事先就知道的。其做出预判的理由是非常明确和充分的：不考虑德行，不衡量自己的力量，不亲近同姓的郑国，毕竟郑、息两国同姓姬，不分辨是非，不知道罪过在哪里，犯了"五大不对"。在叙事之后加入君子的预言并给出其理由，实际就是想通过有德之人的预判来强调度德量力、师出有名的重要性。

与"预言"不同，借君子之口"补遗"，有对历史的补完作用。在补缺传闻或遗漏细节中，正文与补遗之事也会形成一种互文见义、相得益彰的效果。如在《左传·僖公十二年》中：

> 君子曰："管氏之世祀也宜哉！让不忘其上。《诗》曰：'恺悌君子，神所劳矣。'"

在前文，周襄王准备以上卿之礼待管仲，而管仲却以陪臣之位置不合礼推拒，最终以下卿之礼受之。对于这一行为，史家的态度是什么呢？他们选择以君子之口来表达对这种尊重礼节的行为的嘉奖。值得注意的是，君子没有直接嘉奖，而是补叙了管氏世世代代收到祭祀之礼的事件，来宣扬这种谦让而遵礼的品质。实际上，管仲的后代，隐没于齐国不被众知，终究是无法应验。但假称君子之口的补遗之举，确实达到了对前文管仲行为的褒奖效果。

孔颖达曰："传有评论，皆托之君子。"《左传》中的"君子"以全知视角和编者站位，代表着有德者的集体声音，对事件和人物做出评价，让史论的效果显得更为客观、公正与可信。在阅读中，密切关注"君子"之言，是同学们理解文本、明晓旨意的直接助力。

推敲《春秋》中的微言大义

徐翔宇

《春秋》一书作为一部编年史，只是简略记事、客观实录，却被司马迁称为“礼义之大宗”，可达到使“乱贼臣子惧”的程度，这离不开其微言大义的录史风格，即所谓的“春秋笔法”。“春秋笔法”，又称“春秋书法”“春秋义法”等，是儒家阐释孔子所编订的《春秋》重要的经学范畴之一，也是我们阅读《春秋》及其传文不可绕过的文学性的修辞书写方式。

现存最早阐释“春秋笔法”的文字见于《左传·成公十四年》：“故君子曰：‘《春秋》之称，微而显，志而晦，婉而成章，尽而不污，惩恶而劝善。非圣人谁能修之？’”“微而显、志而晦、婉而成章、尽而不污、惩恶而劝善”，此五者被钱钟书先生认为“乃古人作史时心向神往之楷模”，魏晋杜预将其作为《左传》的五种写作体例，以之为阅读支架去更好地理解《春秋》及其三传。

一、微而显

何谓“微而显”？微，就是微小，是就言辞而言；显，就是显明，是就表意而言。很多同学认为，这句是言辞不多但是意义显豁的意思。其实“微”不全同于文字稀少、言辞不多，更强调一种幽微细密的标准。这句话更准确的含义为，用词细密而表意明显，文见于此而起义在彼。比如《左传·成公十四年》：

【经】秋，**叔孙侨如**如齐逆**女**。

【传】秋，宣伯如齐逆女。称族，尊君命也。

……

【经】九月，**侨如**以**夫人妇姜氏**至自齐。

【传】九月，侨如以夫人妇姜氏至自齐。舍族，尊夫人也。

仔细阅读《春秋》两段文字，可以看到同一个人物在用词上的细微差别。前文称“宣伯”为“叔孙侨如”，“叔孙”是宣伯的“族”，也就是他的族名，宣伯承接君命而出使齐国，称其族名，是为了体现君命有授的尊荣。而到同年九月，文字记录中却删去了“叔孙”，而称“女”为“夫人妇姜氏”，是由于携夫人归来，尊重夫人。由此可见，称呼与不称呼，正如《左传》所释，是在于尊重的对象和所处的情境的不同。这就是“微而显”的典型例证。

二、志而晦

何谓“志而晦”？志，就是记录，是就史实而言；晦，就是幽微，是就意义而言。这句话意思是所记录史实有叙述因而意义含蓄深远。如何理解这一特点呢？我们来看刘知几在《史通·叙事》中的一些文字：

然章句之言，有显有晦。显也者，繁词缛说，理尽于篇中；**晦也者，省字约文，事溢于句外**。然则晦之将显，优劣不同，较可知矣。**夫能略小存大，举重明轻，一言而巨细咸该，片语而洪纤靡漏，此皆用晦之道也**。……夫《经》以数字包义，而《传》以一句成言，虽繁约有殊，而隐晦无异。

用刘知几对于“繁简”“显晦”的解读来看，《春秋》及其传书的叙事强调意在言外，用简约的语言表达丰富的意思，具有含蓄寄托之感。例如在《左传》开篇：

【经】郑伯克段于鄢。

这六个字充分体现了《经》以数字包义的用

晦之道。在《左传》中，基于这句记录发表了一段“叙事干预”，由此可以看出其间的丰富内涵。

【传】书曰：“郑伯克段于鄢。”段不弟，故不言“弟”；如二君，故曰“克”；称“郑伯”，讥失教也，谓之郑志。不言“出奔”，难之也。

共叔段不遵守做弟弟的本分，所以不说他是庄公的弟弟；兄弟俩如同两个国君一样争斗，所以用“克”字；称庄公为“郑伯”，是讥讽他对弟弟失教；赶走共叔段是出于郑庄公的本意，不写共叔段自动出奔，是史官下笔有为难之处。由此可见，在叙事的微言中蕴含大义，寓含褒贬，这就是《春秋》的记录中所蕴含的深意。

三、婉而成章

何谓“婉而成章”？婉，就是曲，就其文辞而言。此句的意思是说，史官会使文辞有所屈曲，即有所隐讳，以展示其顺乎伦常天道，然后写就文章。这里的避讳在《穀梁传·成公九年》有注疏：春秋讳有四事，一曰为尊者讳耻，二曰为鲁讳败，三曰为贤者讳过，四曰为同姓讳疾。

为尊者讳耻，为鲁讳败，可见于《春秋·桓公元年》：

郑伯以璧假许田。

郑庄公用玉璧向鲁国借“许田”，在史实的记录中，没有用“易”强调以物易地的失败，而书“假”地，好像只是暂时借去。实际上，在鲁隐公、鲁桓公之时，周王朝的王德已经衰落，鲁国不朝见周朝，诸侯不尊奉礼法。郑庄公这一举动，既反映着周天子的权威有亏，也昭示着鲁国的外交败举。用“假”一词，既是为鲁国的外交败举而遮瑕，也是为周天子的权威有亏而隐讳。

为贤者讳过，可见于《春秋·闵公二年》：

十有二月，狄入卫。

狄人入侵卫国，卫懿公战死，卫国被灭。这样惨烈的历史事件，为什么只用一个“入”，而没有用“灭”？刘知几就直接指出：“观夫子修《春秋》也，多为贤者讳。狄实灭卫，因桓耻而不书。”用“入”实际是为了保住当时的霸主齐桓公无法对诸侯国的安全承担义务的面子而用的避讳之语，因为齐桓公尊王攘夷，为捍卫周天子的权威做了很大努力，是贤者，虽然没有承担义务，但要为其避过。

四、尽而不污

尽，就其事实而言，是说穷尽、周详；污，就其讲述事实的方式而言，是说不夸大、不歪曲。所谓“尽而不污”，就是说穷尽而无所歪曲。这里的穷尽不是说事无巨细，不做删减；而是在尊重事实的基础上，对史实加以穷解，以求真相。如《春秋·桓公十五年》：

春，二月，天王使家父来求车。

鲁桓公十五年，春季二月，周天王派遣家父来鲁国求取车辆。这样一件看起来很小的事情，有无必要记录在史书中呢？就结果而言，《春秋》还是力求“尽”述周天子之事。那为什么记载这件事呢？为了谴责。谴责什么呢？按照何休的注解来看，

王者千里，畿内租税，足以共费，四方各以其职来贡，足以尊荣，当以至廉无为，率先天下，不当求。

作为周天王是无须索求的，天王向诸侯求取车辆，是不合于礼的。而记录这一事件，即达成了对周天子式微的事实直笔记录，即所谓不夸大、不歪曲周天子的实际处境。

值得注意的是，《春秋》“不污”的特点，既

包含着记录的直接性，也包含着分析后定性的直笔。这一特点对我们理解《春秋》中所叙的事实的真实性有很大助力。比如在《春秋·宣公二年》中：

> 晋赵盾弑其君夷皋。

只看这句话，我们可以获取的“史实”为赵盾杀害了他的君主晋灵公。但根据《左传》的描述，

> 乙丑，赵穿攻灵公于桃园。宣子未出山而复。

由以上文字来看，实际上杀害晋灵公的是赵穿，而赵盾是逃亡在外的，并不在场。赵盾弑君从今天的标准来看是一个与历史不符的记录。这是否违背“尽而不污”的标准呢？从《左传》后文来看，这是董狐有意为之的，他认为赵盾为正卿，逃亡没有越过国境，回来没有讨伐逆贼，对于弑君之事有着极大的嫌疑和不可推卸的责任。孔子对于董狐这种做法是大为赞赏的，认为他是“良史”。从这里也可以更深入地理解“尽而不污”，其“穷尽”而“不歪曲”更在于对史实的判断定性要建立在对事件的整体把握和后续影响上。

五、惩恶而劝善

惩恶而劝善，即警诫邪恶而褒奖善良。与以上四点所指注重遣词造句的属词比事不同，这一特点主要在说明记录事实的功用在于惩劝。从这点来看，《春秋》其实就是一部起着鼓舞激励作用的史书。这一特点可以帮助我们更好地理解《左传》在解释《春秋》时的叙事设计。

如在《左传·桓公二年》中，《春秋》中心内容是臧哀伯批评桓公“取郜大鼎于宋”并且“纳于大庙”的“非礼”行为。但在《左传》的诠释中，文章没有直接从劝说国君不应纳郜鼎于大庙，却从“昭其俭”“昭其度”“昭其数”“昭其文”“昭其物”“昭其声”“昭其明”七个方面，来阐明君主如何体现和落实这一根本社会责任。这样的谏辞不仅气势显得特别恢弘，具有艺术感染力，而且更能达到垂诫（劝）与警示（惩）的双重效果。

以上的分析是从春秋五例的具体内涵来做解读，以帮助同学们在阅读《春秋》这部经典和《左传》这部传书时更有所得。但同时我们也应充分体会到《左传》对于《春秋》的重要作用。正如钱钟书先生在《管锥编》中所说：“《经》之于传，尤类今世报纸新闻标题之与报道。苟不见报道，则只睹标题造语之繁简、选字之难易；充量更可睹词气之为“惩”为“劝”，如是而已；至记事之‘尽’与‘晦’、‘微’与‘婉’，岂能得之于文外乎？苟口能之，亦姑妄言之而妄听之耳。”那隐藏在《春秋》文字下的“尽”与“晦”、“微”与“婉”在《左传》中都有着恳切与良实的注脚，不可不借而观之。

愿同学们可借由“春秋笔法”这座桥梁，充分领略《春秋》这部经典的“史蕴诗心”。

#《史记》专题研读

读"赞"三法
——以《五帝本纪赞》《项羽本纪赞》和《孔子世家赞》为例

周明鉴

翻开《古文观止》的目录，会看到《五帝本纪赞》《项羽本纪赞》《孔子世家赞》，那么何为"赞"呢？

"赞"是纪传体史书中篇末的评论性文字，它上起《左传》的"君子曰"，下至《汉书》《后汉书》《三国志》等的"赞曰""评曰""论曰"等，甚至影响到《文心雕龙》和《聊斋志异》等文学作品。《史记》中的"赞"，也就是篇末的"太史公曰"。放眼《史记》，全书一百三十篇，共有赞一百一十一篇，分散于本纪、世家、列传、书等各篇，贯穿全书，亦成一体。《史记》的赞不仅篇目多，而且质量高，篇幅不长而内容丰博。这些文字或评或议，或褒或贬，或赞或叹，"乃《史记》一书之血气"①。"史氏本主叙事，不须议论，特疏己立传之意，又补传所未及，而有停笔踌躇俯仰今古处，足以感发读者心，是论赞所以有用，子长以后少得此意者。"②

然而，与叙事、描写为主的传记相比，"赞"的阅读难度显然提升了一大截。这一方面与"赞"本身内容相关：赞用来表明创作主旨、阐明五体结构、追溯典制源流、评价历史人物、抒发自我感情等，本身就带有抽象性、理论性。另一方面也与司马迁在"赞"中倾注了强烈的自我情感、情绪有关：当司马迁为传文中的人事所触动，文字任由心灵驱使，情感恣肆奔流时，文字跳跃着诗般的激情，在给读者强烈的情感冲击的同时，也会带来内容理解上的困难。我们翻阅《五帝本纪赞》等篇目的评注，会反复看到"曲折""转折""跌宕""回环"等词。读懂《史记》之赞，路径之一就是透过充满激情的文字，破解"曲折""转折""跌宕""回环"的迷宫，从宏观上把握文章的结构层次。

一、化繁为简

《五帝本纪》是一篇言简意丰的说明性短文，二百多个字的篇幅阐明"本纪"的史料来源和作者的见解，被《古文观止》的编选者吴楚材、吴调侯称为"赞语之首"，"赞语中之尤超绝者"。学者评其"转折层曲，往复回环，文笔文心，两俱妙绝"（吴见思《史记论文》第一册），但也正是这个特点，给后世读者带来了阅读障碍："文之古奥曲折，时解多不能通其脉络，殊为恨恨。"（林云铭《古文析义》卷八）

要梳理这篇"九转"文章的行文脉络，首先要将"九转"化简。

> 太史公曰：学者多称五帝，尚矣。然《尚书》独载尧以来；而百家言黄帝，其文不雅驯，荐绅先生难言之。孔子所传《宰予问五帝德》及《帝系姓》，儒者或不传。

在司马迁撰写《五帝本纪》时，首先要面对

① 张大可《史记研究》，华文出版社2002年版，第252页。

② 周一平《司马迁史学批评及其理论》，华东师范大学出版社1989年版，第205页。

的是史料搜集与选择的问题。“五帝”是儒家理想“仁君”的代表，故文章开头抛出学者称述“五帝”由来已久，随后一个“然”字转折，叙《尚书》不载黄帝、颛顼、帝喾之遗憾；补出“百家言黄帝”，似乎展现一线生机，随即否定，指出其文的荒诞不经；再补出《大戴礼》和《孔子家语》中的《五帝德》《帝系姓》等典籍，随即又一转，儒者认为这两篇不是圣人之言，不可信。可以说，每一句都提出希望，随即打破这个希望，只使人觉得触目萧索，无有出路。至此，司马迁结束对文献史料的评价，转向了实地考察。

> 余尝西至空峒，北过涿鹿，东渐于海，南浮江淮矣，至长老皆各往往称黄帝、尧、舜之处，风教固殊焉。总之，不离古文者近是。予观《春秋》《国语》，其发明《五帝德》《帝系姓》章矣，顾弟弗深考，其所表见皆不虚。《书》缺有间矣，其轶乃时时见于他说。

司马迁亲访黄帝、尧、舜的遗迹，从地方父老的口中得知五帝的事迹，排除地方差异，深思其意，得出一些与古文记载相近的史实，终于有了转机；再阅读《春秋》《国语》，与《五帝德》《帝系姓》相对照，亦发现二者的可信之处，情况愈发明朗；而对于最有权威的《尚书》所缺的部分，也可以通过搜集散轶在其他典籍中的逸文来了解，至此满目生机。节节推进、一扬再扬与前面一段步步后退、一颓再颓形成了鲜明对比。

至此，“九转”合为“两层”，且第二层皆以“余”“予”开头，突出了司马迁经由实地考察，补充验证文献资料的“求实”精神。

二、提取框架句

司马迁对项羽这个充满悲剧色彩的失败英雄充满崇敬，甚至有所偏爱，他将未成帝业的项羽列入“本纪”，将项羽的一生描绘得波澜壮阔，跌宕起伏，而《项羽本纪》亦成《史记》中的千古名篇。在篇后的赞中，司马迁又将表达什么，如何表达呢？

> 太史公曰：吾闻之周生曰“舜目盖重瞳子”，又闻项羽亦重瞳子。羽岂其苗裔邪？何兴之暴也！夫秦失其政，陈涉首难，豪杰蜂起，相与并争，不可胜数。然羽非有尺寸，乘势起陇亩之中，三年，遂将五诸侯灭秦，分裂天下而封王侯，政由羽出，号为“霸王”，位虽不终，近古以来未尝有也。及羽背关怀楚，放逐义帝而自立，怨王侯叛己，难矣。自矜功伐，奋其私智而不师古，谓霸王之业欲以力征经营天下，五年卒亡其国。身死东城，尚不觉寤而不自责，过矣。乃引“天亡我，非用兵之罪也”，岂不谬哉！

初读这段文字，我们会被其中的强烈感叹所吸引，除了读起来整饬有力的四字句外，还有这些直接抒情的句子：“何兴之暴也”“难矣”“过矣”“岂不谬哉”。

这四次感叹前后的内容，呼应了《项羽本纪》所记述的历史事件，勾勒出了西楚政权兴衰的历史轮廓，重现了项羽跌宕起伏的一生。四个句子本身，具有明显的感情倾向。“何兴之暴也”，带有明显的褒扬色彩，上承开头虞舜和项羽俱为重瞳子的传闻，下起项羽在乱世中狂飙突进式的崛起。“难矣”“过矣”“岂不谬哉”从感情色彩上看，均属贬义，且一抑再抑：背约不王高祖于关中，思东归而都彭城，言而无信、格局狭小且失去大义，此为项羽败亡的浅层因素，“难矣”；迷信武力，夸耀战功，专逞个人才智，不效法古圣先贤，不借鉴历史经验，最终注定失败，此为败亡的深层原因，“过矣”；甚至临死以“天亡我，非用兵之罪”推卸责任，倔强执拗，至死不悟，“岂不谬哉”。

四句感叹，四个层次，环环相扣，又紧紧围绕“兴亡”二字构成“一扬”与“三抑”两大层，交织着崇敬、揄扬、惋惜、同情、痛心、责备等多种感情，能够看到司马迁对项羽的钟爱与同情，更能看到司马迁作为一名史学家的睿智与理性。

三、寻找中心词

孔子在中国历史上具有不朽的地位，更是司马迁的精神偶像。“仲尼厄而作《春秋》”（《报任安书》），孔子“发愤著书”的精神激励司马迁忍辱求生以遂志，司马迁更是把自己看成孔子事业的继承者，作《史记》以继《春秋》之大义。《孔子世家赞》酣畅淋漓地表达了司马迁对孔子的情感。

> 太史公曰：《诗》有之：“高山仰止，景行行止。”虽不能至，然心乡往之。余读孔氏书，想见其为人。适鲁，观仲尼庙堂、车服、礼器，诸生以时习礼其家，余低回留之，不能去云。天下君王至于贤人众矣，当时则荣，没则已焉。孔子布衣，传十余世，学者宗之。自天子王侯，中国言六艺者折中于夫子，可谓至圣矣！

前人赞美此篇“咏叹摇曳，文情深至。”（唐德宜《古文翼》卷四），其“情”可用文中“乡（向）往”一词概括：因向往而读其书，感受其精神、气质、风范、人格；因向往而临其地，观庙堂、车服、礼器，观其遗物，睹其遗教，眷眷深情，不忍离去。司马迁向往其以一布衣而至圣，开创文化纪元的功绩。文中对孔子的称呼，从“孔氏”到“仲尼”之亲切，到“孔子”之恭敬，到“夫子”“至圣”之敬仰，层层深入，向往之情洋溢其中。正如清人过珙所言“此只从‘向往’二字上写出无限低徊、无限想慕，总未道着孔子一字，而孔子之尊之极矣！”（《古文评注全集》卷四）

通过化简“同类项”、提取框架句、寻找中心词，我们在领略太史公“曲折”“跌宕”“回环”的文学魅力的同时，也快速梳理出《五帝本纪赞》《项羽本纪赞》《孔子世家赞》的行文脉络和情感主旨，是为解读“赞”的一种方法。希望能够助力同学们解读《史记》中丰富多彩的赞文。

《论语》为钥　试解《史记》
——以《伯夷列传》为例

周明鉴

《伯夷列传》是《史记》人物传记中比较特殊的一篇。与其他传记先叙传主事迹，再在结尾做赞来评论的写法不同，本文通篇以议论为主，叙事为辅，近八百字的文章中，仅有二百余字叙述伯夷叔齐的生平，可谓是传记的“变体”。清代吴见思《史记论文》形象地将其描绘为“如长江大河，前后风涛重叠，而中有澄湖数顷，波平若黛，正以相间出奇”。然而，也正是因为这一特点，文章也就较其他史传文章更难理解。前人评价“此传如蛟龙，不可捉摸”（徐乾学《古文渊鉴》卷十三引唐顺之评），“纵横变化，不可端倪”（吴楚材、吴调侯《古文观止》卷五）。

想要解读这篇文章，本文的另一个特点——援引《论语》——或许可以提供一种解读路径。

一、“怨”与“不怨”

本文第一次援引《论语》语句是在第二段的段首，共两则：

> “伯夷、叔齐，不念旧恶，怨是用希。”
> “求仁得仁，又何怨乎？”

前者语出《论语·公冶长》，可译为：伯夷、叔齐不记念旧仇，因此便少有怨言。后者语出《论语·述而》。当时，卫国蒯聩和蒯辄父子争夺君位，弟子想问孔子对卫出公的态度，于是子贡便用相互推让帝位的伯夷、叔齐来试探孔子的态度。子贡问孔子，伯夷叔齐是怎么样的人？孔子说他们是古代的贤人。子贡又问，他们会有怨悔吗？孔子说："他们追求仁德，便得到了仁德，又怎么会有怨悔呢？"很显然，孔子是不会赞同卫国这种父子相争的事情的。这两次引用，共同指向"不怨"——伯夷、叔齐"不念旧恶""求仁得仁"，故不怨天尤人。

司马迁经常援引《论语》来作为"理论依据"验证自己说法的合理性，然而此处却是个例外。他对孔子所谓"无怨"之说提出质疑：伯夷、叔齐为让王位而共同隐居，因周武王伐纣"以暴易暴"而义不食周粟，当他们即将饿死在首阳山下时，他们是否会有"怨"呢？司马迁从《采薇》中听出了"怨"——"于嗟徂兮，命之衰矣"。于嗟，表悲叹；徂，通"殂"，死亡；衰，不济，不好。唉呀！只有饿死了，我的命运为什么这样衰薄呢！司马迁发问：这样看来，他们是怨恨还是不怨恨呢？

孔子言"不怨"，太史公言"怨"，孰是孰非？我们无法采访伯夷、叔齐，答案也无法知晓。但是从司马迁对于伯夷、叔齐的文化定位上，我们或许可以窥见答案。《伯夷列传》位列列传第一位，《太史公自序》中解释道：

> 末世争利，维彼奔义；让国饿死，天下称之。作《伯夷列传》第一。

身处乱世，人们都在争权夺利，而唯有伯夷、叔齐向往仁义，互相推让国君之位，为坚持原则而双双饿死，被天下人称颂。赞美之情溢于言表。再看他将《吴太伯世家》列于世家之首，《五帝本纪》列于本纪之首的理由：

> 维昔黄帝，法天则地，四圣遵序，各成法度；唐尧逊位，虞舜不台；厥美帝功，万世载之。作《五帝本纪》第一。
>
> 太伯避历，江蛮是适；文武攸兴，古公王迹。阖庐弑僚，宾服荆楚；夫差克齐，子胥鸱夷；信嚭亲越，吴国既灭。嘉伯之让，作《吴世家》第一。

司马迁在本纪、世家和列传的首篇都表彰"让"之德。让国为仁，不食周粟为义，居仁由义，可谓圣人。伯夷、叔齐应该没有后悔过自己的选择。但对于以暴易暴、虞夏不作的现状，适归而无从、周土之薇不可食的处境，他们应该是充满怨愤的。故"怨"与"不怨"内容不同而已，其实并不冲突。李贽在《焚书》卷五说："'何怨'是夫子说，'是怨'是司马子长说。翻不怨以为怨，文为至精至妙也。"

二、"道"与"践道"

第四段开头，司马迁连续援引了三则《论语》，这三则与前面直接评价伯夷、叔齐其人其行的条目不同，它们本与伯夷、叔齐无关，是被司马迁借以阐发自己观点的，那么这三则应该承担着表达司马迁看法的任务。

子曰："道不同，不相为谋。"语出《论语·卫灵公》，志趣不同的人，无法一起共事。"不同""相"，点明了自我与他者的关系。从伯夷、叔齐、颜渊和盗跖的命运对比来看，从那些"操行不轨，专犯忌讳"的人与那些"时然后出言，行不由径，非公正不发愤"的人的境遇来看，天道确实已经破产，那么人要与世俗同流合污吗？答案正如孔子所说的："道不同，不相为谋。"——各自按照自己的意愿去做罢了！

"富贵如可求，虽执鞭之士，吾亦为之。如不可求，从吾所好。"语出《论语·述而》，意思是富贵如果可以依道义而求得的话，就是拿着鞭子当马夫的贱役，我也愿意去做；如果富贵不能以道义求得的话，那就按照我的喜好去做。从句子的整体结构来看，“如……，如不……”，首先是选择关系，表明了原则的一致性，都指向了是否合“义”是行动的唯一标准。“如……虽……亦”，虽，可译为“即便”，是表示假设的让步。孔子并不拒绝富贵与追求富贵，但是有必须坚守的原则。“常与善人”的天道确实已经破产了，但仍有人间正道要遵循。“富”也好，“贵”也好，“贫”也好，“贱”也好，合义则求，背义则弃，这是个人的自我坚守。

“岁寒，然后知松柏之后凋。”语出《论语·子罕》，意为到了极冷的冬天，才知道松柏的叶子是不会凋谢的。司马迁一番引经据典，慨叹不公后，没有沉湎于怨天尤人，而是表露心迹：整个世道混乱污浊的时候，品行高洁的人才会显露出来；天寒地冻的时候，才会显出松柏的不凡品质。显然，司马迁以岁寒之松柏比喻那些在困厄中依然坚守道义的精神强者。这里的“寒”是社会不公的“寒”，是个人困厄的“寒”——洁身自好的伯夷、叔齐被活活饿死，箪食瓢饮、安贫乐道的颜回穷困潦倒，早早死去。尽管受到种种不公正待遇，他们依然无悔于自己的选择，并为之坚守。

这三则《论语》，分别关注自我与他者、行为与原则、自我激励与肯定，从三个角度对第三段结尾的问题“傥所谓天道，是邪？非邪？”做出了强有力的回应，忧愤中带着坚决。

三、名与“载名”

“君子疾没世而名不称焉。”本则语出《论语·卫灵公》，意为君子最怕死后名声不为人称道。这是一种事理的阐述。司马迁呼吁君子正道直行，也为其感到担心——品行高洁的人常有，但要留名青史却不容易。伯夷、叔齐、颜渊是幸运的的，他们最终名动天下，但他们之所以能够名留青史，世代传颂，很大程度上是因为他们受到孔子这位文化巨人的多次表彰。他们的“名”借助孔子之口而流传下来。然而，历史上还有千千万万个志在砥行立名的岩穴之士，因为没有特殊历史机遇，他们的名字也就被历史无情地淹没了。比如文章开头所说的许由、卞随、务光等，关于他们的事迹的记载很少见到，这是为什么呢？这也是司马迁在全文提出的第一个问题，首尾相呼应。

关于这个问题，太史公其实已然给出了答案：他决心要担负起为“倜傥非常之人”立传彰名的历史责任了。正如《太史公自序》所言：扶义俶傥，不令己失时，立功名于天下，作七十列传。千秋之后，太史公终于“成一家之言”，许多原本籍籍无名的小人物如游侠朱家、郭解、剧孟等等，也得以入列传而名垂青史。

“君子疾没世而名不称焉。”背后是司马迁书写的历史责任感。

七则《论语》分为三组，均在段落承接处，结构全篇。正所谓“序伯夷处，全以孔子作主，由、光、颜渊作陪客，组织贯串，照映前后，极其奇肆，又极其纯密，是史公得意之笔。”（吴见思《史记论文》第五册）而放眼《史记》全书，据统计，《史记》有20篇文章的序言、论赞中征引了《论语》，共32条，也就是平均大约每4篇文章的序言、论赞就会有一篇征引《论语》。[①]这些引文或给出具体的人物评价，或提供评价人物的原则，或作为论证的依据，可以说，《论语》也是理解《史记》的一把钥匙。

① 陈桐生《不是六艺　胜似六艺——谈〈史记〉与〈论语〉的学术关系》，《孔子研究》2004年第1期，第41页。

宗法《春秋》与“发愤著书”

——从《太史公自序》观《史记》

周明鉴

《古文观止》共收录《史记》文章14篇，按照《史记》中的顺序排序，《太史公自序》排在最后。但是阅读时，我会选择先读《太史公自序》。

《太史公自序》原文约八千字，大致可以分为三个部分：其一，自叙家族世系和家学渊源，概述前半生，尤其是二十岁时全国漫游的经历；其二，写自己撰写《史记》的目的和撰写期间一系列遭遇；其三，是《史记》一百三十篇各篇的小序。这篇文章虽然排在《史记》全书最后，却是《史记》一书的总序和纲领，被清代学者章学诚称为史书“自注”的滥觞。尤其是《古文观止》中所节录的部分，对于理解《史记》有着重要作用。

选文共五个段落。第一段援引父亲司马谈之言，表明自己以继承周公、孔子为己任，修史以完成父亲未竟的事业。第二、三、四段阐明了自己编纂《史记》的动机与宗旨。第五段自述惨遭李陵之祸而发愤撰《史记》，以及《史记》的起讫时间。文中多次提及的《春秋》与“发愤”，可谓是解读《史记》的一个重要切入点。

一、宗法《春秋》

《春秋》的话题由壶遂引发：

> 上大夫壶遂曰：“昔孔子何为而作《春秋》哉？”

壶遂问：你不是要当仁不让，“继《春秋》”吗？那么孔子为什么要编修《春秋》呢？

司马迁回答：孔子著《春秋》是因为当时周道衰废，孔子的政治主张不能被采纳和推行，于是通过褒贬评定具体历史事件的方式来呈现，是为《春秋》。《春秋》考察政治得失、国家兴亡，明王道，善治人，可判断是非，可拨乱反正，可弘扬道义，具有重要的社会意义。

壶遂又抛出了新的疑问：

> 今夫子上遇明天子，下得守职，万事既具，咸各序其宜，夫子所论，欲以何明？

你司马迁要“继《春秋》”，难道是要把汉天下比作乱世，把武帝视为不明之君吗？你的论著想表明什么呢？这个提问颇有点咄咄逼人的味道，或许这也正是司马迁的顾虑所在。司马迁的回答是，《春秋》贬斥丑恶的同时也采录善行，自己身为史官也有载录圣明天子之德，传述功臣世家和贤大夫之业的责任和义务。

壶遂，历史上确有其人，他是西汉著名的天文学家，官至詹事，秩二千石，曾与司马迁共同制定《太初历》，是与司马迁互相推重的好友，司马迁称其为“深中隐厚”“内廉行修”的君子。但是壶遂与司马迁这段对话，究竟是确有其事，还是司马迁运用汉赋常用的主客问答法，虚设壶遂的“挑战性提问”，以便自己洋洋洒洒地回应，阐发观点，我们不得而知。但是可以肯定的是：在一问一答中，深奥的理论观点变成了趣味无穷的话题。在司马迁眼中，《春秋》在历史事件中暗含褒贬大义，以史书表达政治思想，起到总结历史、拨乱反正、防微杜渐、永垂后世的作用。《春秋》是史书的楷模，宗法《春秋》修《史记》是司马迁的使命。

带着这样的认识来看《史记》。我们会发现大到历史人物的选取和排序，小到对事件的叙述和评价，司马迁都在其中寄寓了自己的价值评判和观点主张。

当我们翻开《古文观止》卷五的目录，我们会看到：

自刎乌江的失败英雄项羽，被列入“帝王本纪”；“无世可传，无家可宅”的孔子，被列入“开国承家，世代相续”的世家；前秦古书记载往往语焉不详或相互抵牾的伯夷、叔齐，被列入列传第一篇；为正统所不齿的游侠、倡优、商贩都列入列传……

再翻到具体篇章，我们会读到：

《项羽本纪赞》中评论项羽成败时先举其功，后责其过，不溢美，不隐恶，批判暴政，颂扬仁德；《秦楚之际月表》中对比秦汉，探讨汉兴原因；《外戚世家序》中探讨后妃对国家治乱的影响；《酷吏列传序》言治国之道，在德不在刑；《滑稽列传》中倡优以嬉戏之语道出，治国之理在于不争权夺利，能下情上达……

可见，《史记》“宗法《春秋》”，我们切不可把《史记》当作单纯的“写人”“记史”，要读出司马迁在其中寄寓的“究天人之际，通古今之变，成一家之言”的宏愿。

二、发愤著书

在《史记》的编撰过程中，司马迁遭遇了人生中的最大困境——李陵之祸。汉武帝元汉二年（公元前99年），李陵奉命率兵出击匈奴，战败被俘投降。司马迁为其辩护，汉武帝盛怒，判处司马迁宫刑。

宫刑对人的精神伤害极大，司马迁在《报任安书》中写道：“太上不辱先，其次不辱身，其次不辱理色，其次不辱辞令，其次诎体受辱，其次易服受辱，其次关木索、被箠楚受辱，其次剔毛发、婴金铁受辱，其次毁肌肤、断肢体受辱，最下腐刑极矣！”在十种耻辱中，腐刑是人间最大的不幸。与之相比，士大夫往往更愿赴死。张大可在《司马迁评传》中考证，西汉自景帝颁布以腐刑代死的律令以来，终汉武帝之世，士大夫犯死罪而致宫刑的记载，包括司马迁在内，只有两例①。但司马迁没有引决自裁，“就极刑而无愠色”，因为他要完成《史记》，这是他的使命 。

在人生的“至暗时刻”，司马迁将目光投向历史：

> 昔西伯拘羑里，演《周易》；孔子厄陈、蔡，作《春秋》。屈原放逐，著《离骚》。左丘失明，厥有《国语》。孙子膑脚，而论兵法。不韦迁蜀，世传《吕览》。韩非囚秦，《说难》《孤愤》。《诗》三百篇，大抵贤、圣发愤之所为作也。此人皆意有所郁结，不得通其道也，故述往事，思来者。

司马迁列举了一系列古圣先贤在困厄中写就经典文本的例子，意在激励自己。其实据学者考证，上述语段中个人著述的成书契机与所述境遇并不匹配，正如李笠所言：“此以困厄著书之意，运事连类，多属谲辞。如左氏失明，不韦迁蜀，韩非囚秦，皆以意匠为之，非实录也。”而司马迁正是要用这一系列例子，来突出“发愤著书”的命题。

“愤”，指的是一种悲伤、苦闷、不平的感情，可能是个人的怨愤，也可能是对社会不公的无奈与愤懑。“发愤”，即抒发这种不可抑制的感情。“著书”是“发愤”的有效途径，“发愤”是作家创作的心理驱动力。正是这股悲愤郁结之情流注笔端，充溢全书，构成了《史记》不同于其他正史的诸多方面，使其成为“史家之绝唱、无韵之《离骚》”。

《史记》的有些篇章中凝聚澎湃的情感：《伯夷列传》记述伯夷、叔齐事迹极少，感慨议论极多，“议论咏叹，回环跌宕”，杂引经传，借题发挥，抒发对天道不公的控诉。所以钱钟书先生指出：“反论赞之宾，为传记之主。马迁牢愁孤愤，如喉鲠之快于一吐，有欲罢而不能者。”

有些篇章因其“愤”而赞美不渝的友情，痛恨势利之交：《管晏列传》中，管仲、晏婴二人相距百年，司马迁以“知己”为联结点予以合传，

① 张大可《司马迁评传》，南京大学出版社1994年版，第148页。

略写二人的政治才能，侧重歌颂朋友交情。作者遭李陵之祸，平生交友故旧不为一言，借写管鲍之交、晏婴赎救越石父，以寄其忧愤。司马迁为那些轻生重义、救人急难的游侠作《游侠列传》，全文慷慨嗟叹，宛转铺陈，抑扬顿挫，将这些“乡曲闾巷布衣匹夫”写得光彩照人。

更为难得的是，司马迁将“交游莫救”的个人遭遇上升为对人世悲剧的关注，更由自身的“屈身受辱”深入到对生死之理的反思、对天人之际的探究。《史记》赞美宁为玉碎、不为瓦全的义士，也表彰了忍辱负重的志士。伯夷、叔齐不食周粟而饿死首阳山下；屈原怀忠被迁，不与世俗同流而自沉汨罗；孔子辗转各国以布其道，终以布衣之身“传十余世，学者宗之”；怀疑奖善惩恶的天道，慨叹仁人志士遭到不公正的待遇，让人类成为自己的立法者，《史记》对一百二十多位悲剧英雄给予特别关注，倾注满腔心血，使一部《史记》充满了慷慨悲歌，被誉为“悲剧英雄的画廊”[①]。

李长之先生在评《史记》时曾指出：“从来的史书没有像它这样具有作者个人的色彩的。其中有他自己的生活经验、生活背景，有他自己的情感作用，有他自己的肺腑和心肠。所以这不但是一部包括古今上下的史书，而且是司马迁自己的一部绝好传记。因此，我们必须能把握《史记》中司马迁之主观的用意，才能理解这部书，才能欣赏这部书。”[②]

宗法《春秋》和“发愤著书”是探寻“司马迁之主观用意”的钥匙。宗法《春秋》的背后，是司马迁高度的史家责任心和强烈的历史担当感，他主动接续孔子事业与宗旨，通过记述史事讥讽褒贬；“发愤著书”则使司马迁将自己满腔的屈辱痛苦、愤懑怨恨转化为文字，实现了自我生命的升华。

让我们从《太史公自序》开始，走进十四篇《史记》选文，走进司马迁的精神世界。

① 韩兆琦《史记讲座》，广西师范大学出版社2008年版，第167页。

② 李长之《司马迁之人格与风格》，天津人民出版社2007年版，第169页。

韩愈散文专题研读

理直·情切

——韩愈散文的两个特色

房春草

很多学者在论述韩愈的文章时，都推崇他“文起八代之衰、道济天下之溺”的贡献，但不容忽视的是，韩愈的文章恰恰是因“生于气节”，是其内在生命的反映，并非只在雕虫营造上着眼，方才气势磅礴。明清之际的学者傅山评价韩愈文章时说：

> “北斗泰山”“起衰八代”，人无间然。知公诸以文论诸道，兵不堪用，佐晋公时，入汴说韩弘协力。廷凑之变，慨然入镇，数语动悍藩，复使命。可仅目以文章士乎？肤论之士，辄与杨雄并称，殊非伦。即公亦每称雄，何也？世之人，不知文章生于气节，见名雕虫者多败行，至以为文行为两，不知彼其之所谓文，非其文也。

文如其人，文行合一。韩愈文章之妙在于气势磅礴，如潮水翻滚，给人一种惊心动魄的壮美感。这是一种由内而外的自然表现，有体气，方有文气；韩愈有事功、情感与胆气，因此有不朽的文学。理直，情切，头角峥嵘，气质鲜明，这样的圣贤气象方是韩愈散文的大境界，亦是韩愈散文的重要特色。理直，故能气壮；情切，故能或慷慨陈词，或声泪俱下，使文章波澜起伏，汪洋恣肆。

一、理直

韩愈是以继承孔孟的“道统”而自任的。他以儒学继承者自居，自觉为“道义”的代表，并做出了实际行动：宣抚镇州叛军，深入虎穴，大义凛然，令千万人为之慑服；谏迎佛骨，触怒宪宗，置身家性命于不顾。这需要自信的力量和非凡的勇气。正因为韩愈觉得道义在自己身上，故行文时理直气壮，义正词严，有一种浩然气势。

《原道》是韩愈论述社会政治理论的代表作。文章先从推究儒家仁义道德的初始含义入手，指出自己所谓道德“合仁与义言之也，天下之公言也”，与老子所谓道德“去仁与义言之也，一人之私言也”的本质区别。接着分别从历史发展、社会生活等方面深入论证了佛老盛行、儒学不兴对社会造成的危害。然后回应开头，再次申述自己的道德观，坚信自己道统的正确性，并提出了严禁佛道的激烈主张：“不塞不流，不止不行。人其人，火其书，庐其居，明先王之道以道之，鳏、寡、孤、独、废疾者有养也。其亦庶乎其可也！”他俨然以孔孟之道的继承者自居，故行文时笔锋犀利，声势夺人，气吞万里。

在《原毁》篇中，韩愈针对当时上层社会流行毁谤后进之士、妒贤嫉能的恶劣风气，分析其产生的根源并进行了有力的抨击。首先将“今之君子”与“古之君子”在待人、对己两方面的不同表现和态度做对比，揭露“今之君子”的丑恶面目与阴暗心理：“古之君子，其责己也重以周，其待人也轻以约。重以周，故不怠；轻以约，故人乐为善。”“今之君子则不然。其责人也详，其待己也廉。详，故人难于为善；廉，故自取也少。”然后得出“怠”与“忌”乃是毁谤之根源的结论：“为是者，有本有原，怠与忌之谓也。怠者不能修，而忌者畏人修。”最后，在列举种种耳闻目睹的谤言的基础上表示出极大的愤慨：“是故事修而谤兴，德高而毁来。呜呼！士之处此世，而望名誉之光、道德之行，难已！”末三句呼吁当权者纠正这股歪风，并寄予期望。此文逻辑严密，说理透辟，气势盛大。

在《论佛骨表》中，韩愈先列举“中国未有佛”之前，“天下太平，百姓安乐寿考”的事实。接着就以“事佛求福，乃更得祸”的历史教训对比。然后直斥宪宗佞佛的荒谬和危害：首先，上行下效，在天子带动下，百姓“焚顶烧指”“解衣散钱”“老少奔波，弃其业次”。若不立即加以禁止，“必有断臂脔身，以为供养者。伤风败俗，传笑四方”。其次，佛不过是外国的一个小民，若他还活着，理应“来朝京师”，尽君臣之礼义。而事实是“其身死已久”，已成‘枯朽之骨’，“岂宜令入宫禁”。最后，作者理直气壮地告诫宪宗：孔子“敬鬼神而远之”，古代诸侯先“祓除不祥，然后进吊”，而“今无故取朽秽之物，亲临观之”，“臣实耻之”，应“乞以此骨付之有司，投诸水火，永绝根本。断天下之疑，绝后代之惑”。如有灾祸，“宜加臣身”，老天作证，“臣不怨悔”。说理堂堂正正，气势咄咄逼人。辟佛态度决绝，信誓旦旦，清圣祖御批：“义正词直，足以袪世俗之惑，允为有唐一代儒宗。”其他如《后廿九日复上宰相书》《送王秀才序》《平淮西碑》等，都是如此。

在特定的历史条件下，韩愈出于一定的政治责任感，以“行道”或“明道”自任，具有极高的热情和自信，发而为文，也就直率大胆，汪洋恣肆，具有沛然而不可御的气势。理直气壮，气盛言宜，“文以载道”的文学观念，使得韩文极具气势美。

二、情切

情切，指情动于衷而言辞激愤、悲切，或慷慨激昂，或声泪俱下，使文章波澜起伏，气势非凡。韩愈在《送孟东野序》中提出“不平则鸣”的文学观，认为科名不利、仕途坎坷、天灾人祸等种种人生际遇都是“不平”，可以在文章中宣泄。韩愈文章的气势美也是对其“不平则鸣”理论付诸实践的结果。

韩愈常为自己或友人的坎坷困顿鸣不平，或牢骚满腹，或情辞激愤。清人钱基博在《韩愈志·韩集籀读录》中说：“《答崔立之书》《代张籍与李浙东书》《与李翱书》《与崔群书》《应科目时与人书》诸篇，不论篇幅长短，韩公自言‘其文亦时有感激、怨怼、奇怪之辞’，写出胸中一段愤郁，直起直落……须与太史公《报任少卿书》同读，方知其妙。”着眼点正是文中的不平之气令人动容。

《答崔立之书》是为自己的仕途坎坷鸣不平，说自己“诣州县求举”，凡“四举而后有成，亦未即得仕”，“又诣州府求举，凡二试于吏部，一既得之，而又黜于中书”。于是大为愤慨，以为这是“与夫斗筲者决得失于一夫之目”。清人林云铭《韩文起》说它“文之反覆曲折，总缘失意时有激而发，遂觉劲悍之气，沛然莫御耳”。张裕钊说它“自然郁勃雄劲，真气动人”（《韩昌黎文集校注》）。

《与崔群书》以流畅的笔调抒写了他与崔群十七年的知遇之情。先是劝崔群勿以得失为怀，保重身体；继而盛赞崔群的品格与才学，并为贤者不遇的崔群鸣不平；最后写自己的困穷之状。以人世的不平不公，“贤”与“不贤”的错位来责天、怨天，慷慨悲愤，语激情切。而文章末段又以家常语倾泻肺腑之情，“感慨淋漓，能令千古失意人，读之伤心欲绝”（林云铭《韩文起》）。

《送孟东野序》更是为忘年交孟郊一生寒困、不能施展怀抱而鸣不平，“此文得之悲歌慷慨者为多”（《古文观止》二吴评语）；《送李愿归盘谷序》被苏轼誉为唐朝唯一的文章：“唐无文章，惟韩退之《送李愿归盘谷》一篇而已。”他借送李愿之机，发泄了自己的牢骚；借李愿之口，讽刺了当时政治不公、趋炎附势之徒。

在《讳辩》中，韩愈为李贺鸣不平。李贺之

父名晋肃，“晋”与“进”同音，为避讳，李贺不能举进士。为此，作者引经据典，对世俗之见作了有力的辩驳。这种不顾流俗，“发言真率，无所畏避”的态度，使文章很有气势。

情切，在“祭文”中亦有所表现。《祭十二郎文》可为代表。十二郎即韩老成，是韩愈堂侄。两人一块长大，名为叔侄，而情同手足。十二郎的早逝令作者悲痛万分，情动于衷而形诸文字。文章先由十二郎的死回想起两人不幸的童年以及相依为命的情景：“既又与汝就食江南，零丁孤苦，未尝一日相离也。”并想起长嫂含辛茹苦，用心良苦：“嫂尝抚汝指吾而言曰：‘韩氏两世，惟此而已！”无限凄切，一字一泪。接下来，叙述与十二郎从暂别到永别的情景，痛悔之情溢于言表。然后，写闻听噩耗后的惊愕以及神思恍惚的情景，呼天抢地，痛不欲生。往下，想起十二郎的死因不明、死期不确，更是悲不自已，质问上苍，字字血泪。最后告慰死者，为其育孤。除此便万念俱灰。通篇“情意刺骨，无限凄切，祭文中千年绝调”（茅坤《唐宋八大家文钞·昌黎文钞卷十六》），其“骨肉之痛，急不暇修饰，纵笔一挥；而于喷薄处见雄肆，于呜咽处见深恳，提振转折，迈往莫御，如云驱飙驰，又如龙虎吟啸，放声长号，而气格自紧健”（钱基博《韩愈志·韩集籀读录》），因情切而气势之雄不可遏止。

另外，在给亲朋故旧所作的墓志铭中，在为长者所立的传中，在杂感中，韩愈都能做到真情流露。墓志铭如《柳子厚墓志铭》，围绕朋友义气，极写柳宗元的高风亮节，又痛斥了世俗酒肉之交，处处表现深厚友情，文章神采飞扬，“长篇浑灏，出以雄沛，陵纸怪发，感慨淋漓，太史公之健笔也”（《韩愈志·韩集籀读录》）；传记类如《张中丞传后叙》，为安史之乱中的爱国英雄张巡、许远辩诬，情辞激愤，有气冲斗牛之势。正如清人蔡世远《古文雅正》卷八所说：“《张中丞传后叙》，气薄云霄，光争日月。李汉叙公（指韩愈）文，所谓诡然而蛟龙翔，蔚然而虎凤跃，锵然而韶钧鸣者是也。”

唯陈言之务去
——韩愈散文的语言革新

房春草

语言的破旧立新，历来是韩愈倡导的古文运动中最为人称道的部分。韩愈秉承着“言从字顺，陈言务去”的观念，在散文创作上求新求变，取得了很大的成就。其散文语言的革新，首先在于他的语言形式多变，骈体和散体结合，极大地丰富了散文的语言形式；其次在于造语新奇，既有“以文明道”的庄重，又不避讳使用俗语和自创新词；其三在于排比、比喻等手法的运用，使文章更加生动、形象。

一、骈散结合，变化多姿

清代刘熙载评价韩愈散文：“韩文起八代之衰，实集八代之成。盖惟善用古者能变古，以无所不包，故能无所不扫也。”韩愈散文内容之丰厚，来源于对现实生活的体察和对前人思想的继承；形式之多彩，来源于对前代诸多文体的融会贯通，包括对古文与骈文诸多技法的运用。观其文章布局，文典结合、铺陈渲染、化骈为散；观其语词特色，新词生动、口语自然、虚词调和；观其句法结构，用韵灵活、奇偶并行、长短相间。

多样的语言形式丰富了韩愈的创作样式，更为重要的是，韩愈不再受形式的限制，更易表达内心的情感。

虽有志于以散代骈，但囿于文体自身的特点及行文的需要，韩愈并没有完全摒弃骈文。其行文无定法，以内容表达为宗旨，吸取骈文的雅致之气与古文的实用之风，使得文章平易畅达。其散文中有“耳濡目染”“跋前踬后”“下塞上聋”“形单影只”“神施鬼设”等词，这些词一三、二四字相对，是韩愈从诸多经典中提炼而成的，言简意赅，对称工整。此外，还有许多叠词，如“油油翼翼”“矫矫亢亢”“伦伦睨睨”“戚戚嗟嗟”等，形式精致，有着骈文的影子。这些叠字的使用，或摹情，或状物，或写人，挥洒自如，情真意切，使韩愈散文的词语更为丰富，增强了语言的形象性，同时形成了音律美。

骈文以四六句式为主，在对句中呈现出典丽精工的特色。韩愈散文继承了骈文句式的一些特点，又大胆出新。袁枚曾说过：“然韩、柳亦自知其难，故镂肝鉥肾，为奥博无涯涘，或一两字为句，或数十字为句，拗之，练之，错落之，以求合乎古。”四六句式往往一个偶对结束，句意就已完整，但韩愈经常采用散而长或错综排比的句子。韩愈的散文中时有对句，亦多大气磅礴、沉郁顿挫的长句，以及简练精悍、意味深长的短句，这些增强了文章的表达力。《柳子厚墓志铭》中，韩愈在下论“士穷乃见节义”后，即用长句层层深入地论述了人情冷暖、世风日下之现象，与柳宗元的高洁义气做对比，更显悲愤。

为使语言形式多样，不再陷入形式刻板的窠臼，除了使用散体的形式外，韩愈有时还会借用骚体的形式。用虚词和语气词押韵来源已久，屈原的《离骚》中就有大量的“兮”，韩愈对此也颇为精通。《送孟东野序》中许多句末使用了“之”“者”“也”“耶”等字，《送董邵南序》中多“哉”“矣”等字，《送李愿归盘谷序》中有大量的“兮”字，《祭十二郎文》中则有“呜呼”“乎”等字，这些字多无具体意义，在句尾重复出现，叠加起来却合乎韵律。韩愈虽提倡古文，但他在散文中也大量运用骈偶的修辞手法和对句，并对对仗的句子加词改造，这比骈文又多了几分松散自然。但语句仍具有形式上的对仗，既能彰显文采，又利于朗诵和流传，在精美整齐的句式中，意义也得以凸显。许多对偶句在现代仍有警示意味，如《师说》中的“闻道有先后，术业有专攻”，《进学解》中的“业精于勤荒于嬉，行成于思毁于随”，形式对仗，内容精辟。钱基博曾评论《进学解》：“虽抒愤慨，亦道功力；圆亮出以俪体，骨力仍是散文；浓郁而不伤缛雕，沈浸而能为流转；参汉赋之句法，而运以当日之唐格。”意思是它既吸收了骈偶句法，又自有骨气。

二、遣词造句，不拘常格

韩愈散文中有大量通俗化和大众化的口语词汇，这些口语化词汇能使文章更自然简明，在骈文与古文融合的散文中也更能见其价值。而在一些需要直接抒发感情的作品中，口语化的词更能体现感情的自然真挚，如《柳子厚墓志铭》的最后两段无一生僻词，很好地表达了韩愈的哀痛与对友人的赞美。而在刻画人物和叙事时，口语化的语言更为鲜明生动。《张中丞传后叙》是韩愈对李翰所著《张巡传》的补充，韩愈在文中对多个人物的事迹都有刻画，尤其是对南霁云的描写无任何套话虚语，也无僻字怪句，口语化的语言体现了他对人物透彻的观察。

韩愈对虚词的运用也有创新。先秦两汉散文发展至唐代的一个重要变化便是：虚词在文章的节奏、音律和格式上起着越来越重要的作用。利用虚词，既可增强文章的抑扬顿挫，也可丰富对句的形式，韩愈散文中有大量的虚词。一方面，虚词的使用有助于抒发感情，增强或舒缓语气；另一方面，虚词运用得当能使文章更显自然灵活。方东树道：“而于不经意语助虚字，尤宜措意，必使坚重稳老，不同便文，随意带使。此惟杜、韩二家最不苟。”《祭十二郎文》作为韩愈感情流露至深之文，其中的虚词对于感情的表达起着至关重要的作用。如“吾年未四十，而视茫茫，而发苍苍，而齿牙动摇”，句首连用三个转折连词“而”，感情强烈，层层深入。“呜呼，其信然邪？其梦邪？其传之非其真邪？”连用三个“邪”字，加重了语气和情感的表达，加快了节奏，增强了韵律感，读之感人肺腑。至于使文章更自然灵活，则可见《答李翊书》中有关气与言关系的论述：“气，水也；言，浮物也。水大而物之浮者大小毕浮。气之与言犹是也，气盛则言之短长与声之高下者皆宜。”用“也”“而”“之”“则”等虚词使“气”与“言”的定义、关系清楚地展现出来。

韩愈还创造了很多神妙的动作语。刘宁在《韩愈古文神妙的动作语艺术》一文中，颇有见地地指出，韩愈对动作语十分偏爱，且运用千姿百态，形成极强的艺术表现力。其运用动作语最独特的，是将抽象的义理通过动作形象来表达。例如《柳子厚墓志铭》：

> 呜呼！士穷乃见节义。今夫平居里巷相慕悦，酒食游戏相征逐，诩诩强笑语以相取下，握手出肺肝相示，指天日涕泣，誓生死不相背负，真若可信。一旦临小利害，仅如毛发比，反眼若不相识，落陷阱，不一引手救，反挤之，又下石焉者，皆是也。

文中通过“握手出肺肝相示，指天日涕泣”“落陷阱，不一引手救，反挤之，又下石焉者”等一系列动作来刻画小人背信弃义的丑恶嘴脸。

这样的表达，在《进学解》中更达到出神入化的境界：

> 先生口不绝吟于六艺之文，手不停披于百家之编。纪事者必提其要，纂言者必钩其玄。贪多务得，细大不捐。焚膏油以继晷，恒兀兀以穷年。先生之业，可谓勤矣。觗排异端，攘斥佛老，补苴罅漏，张皇幽眇。寻坠绪之茫茫，独旁搜而远绍。障百川而东之，回狂澜于既倒。先生之于儒，可谓劳矣。沉浸醲郁，含英咀华。

文中“口吟”“手披”“提要”“钩玄”“不捐”“补苴”“旁搜而远绍”“障百川而东之，回狂澜于既倒”“含英咀华”，都是生动的动作语组成的动作形象。其中“障百川而东之，回狂澜于既倒”，更是以一个力挽狂澜的动作形象，将韩愈弘扬儒学、攘斥佛老、博观百家的精神志向和文化追求，以动作形态加以展现。

三、善用修辞，形象可感

修辞手法是为了提升文章表达效果而使用的一种方法，韩愈的散文，不仅使用修辞手法且种类众多，最常见的有反复、反问、叠字、对仗、比喻等。为了能够更强烈地体现情感，韩愈会运用反复的修辞手法。这一点在《祭十二郎文》中体现得最为明显。《李元宾墓铭》中，韩愈运用了两处反复，第一处是出现三次的“已乎元宾”；第二处是文章末尾的“竟何为哉”，充分表达了作者对友人离世的悲伤和不解。从这篇铭文中，我们还能发现，韩愈在使用反复这一修辞手法的时候，还会同反问手法以及感叹句式一起使用。而这一手法的连用，并不陌生，韩愈著名的描写千里马的《杂说四》在最后发出议论的时候，同样是将反问和感叹结合在一起使用的，以增强论说效果。《唐故河南府王屋县尉毕君墓志铭》铭文最后两句，都是以感叹的形式写的。先以“呜呼！”直抒内心悲痛，又以“天与人，苟无伤其穴与坟！”再次表达对墓主去世的伤痛之情。《韩滂墓志铭》中，要么是反问句，要么是感叹句，铭文之前还有“呜呼！其可惜也已！”这样的表述，连用的反问和感叹，不仅将韩愈的悲伤推向极致，还秉承了韩愈散文一贯的雄浑气势。

从韩愈“务去陈言”的语言革新中，我们不难看出，韩愈虽重道，但也并未就此轻文。他提出“文以明道”，将“道”与“文”分开，使“文”在文学性上可以单独地、更好地发展。因此，韩愈的感情可以在文章中不受束缚地表达，他随意“舒忧娱悲”，甚至“以文为戏”，这也使得他在文学创作方面获得极大的自由，并取得丰硕的创作成果，开拓了文章的创作之路。

跟着韩愈学说理

李杭媛

韩愈如果穿越到今天，一定是议论文写作高手。不独在今天，在古代，他的文章也是论说文典范，大文豪苏东坡叹服“匹夫而为百世师，一言而为天下法”，文学家谢枋得认为“熟于此，必能作论”。那么，韩愈的论说文究竟何以能够成为说理、论辩类文章的典范？

我们从《原道》《原毁》这两篇文章来看看韩愈的说理艺术。

一、观点明确，概念清晰

首先我们需要明确，何为论说文？近代学者梁启超言简意赅地指出：“论辩之文，是自己对于某种事件发表主张，或修正他人的主张，希望别人从我。”（《中学以上作文教学法》）

论说的目的是说服读者，说服读者接受什么呢？要有一个明确的主张，也就是观点。何为观点？观点应该是包含核心概念的判断句，也就是对于某些人、事、物、问题的事实判断（是什么）、价值判断（好不好）、因果判断（为什么）。观点要明确有个前提，观点判断的对象——概念要界定清晰。

韩愈的《原道》，开宗明义阐明概念内涵：

> 博爱之谓仁，行而宜之之谓义，由是而之焉之谓道，足乎己无待于外之谓德。

“仁”“义”“道”“德”四大核心概念界定完毕。当然这里的界定有的是通过填充概念内涵，有的是通过概念间相对关系建构，“仁”和“义”是直接定义，“道”是“仁”“义”所追求的目的，“德”是追求目的的途径。不管是直接定义还是间接定义，四个概念立住后，用分组区分特征的方法建构概念关系：

> 仁与义为定名，道与德为虚位。故道有君子小人，而德有凶有吉。

在这里韩愈区分了两种性质的概念：“仁”“义”是有确定内涵的概念，“道”“德”则是一个人追求的方向、目标、路径，不同的人有不同的内涵定义。有人因此指责韩愈：

> 若如此，道与德特未定，而仁与义皆道也。是愈于道本不知其何物，故其言纷纷异同而无所归，而独不知子思之言乎：“天命之谓性，率性之谓道，修道之谓教。”……愈者择焉而不精，语焉而不详，而健于言者欤？（《张耒集》）

张耒这段话如果不在韩愈的论说意图里考虑，说得其实挺有道理的。“道”与“德”定义的相对性、模糊性似乎显示出韩愈在关键概念上的避重就轻、语焉不详。张耒甚至认为，《中庸》有现成的答案，韩愈怎么不用呢？是韩愈才疏学浅没有读过《礼记》吗？显然如此鸿学的大儒不可能想不到儒家对于“道”“教”的定义。那么韩愈为什么要使用一种相对关系宽泛定义“道”和“德”，甚至认为“道”“德”是中性的，有君子之道也有小人之道，有凶有吉？

这就要回到说理的本质上看了，一切对于概念的定义、观点的阐释不是为了客观说明某种陈述性、中立性、存在性的事实，而是为了支撑自己的主张和观点。韩愈的观点是什么？他论说的落脚点在于：批驳老子的道德论。

为了批驳老子对“道”“德”的看法是错误的，“道”与“德”就必须是中性的。老子的错误在哪里呢？在于“去仁与义”。为了攻其谬误，前面对于“道”与“德”的定义就必然是实现“仁”与“义”。你看，概念的界定是为了观点服务的，立论与破论完美统一在了作者预设的前提之内。

二、推本溯源，层层递进

并不是所有的论说文都需要开宗明义点出观点，也有的文章采用层层递推，前面蓄势铺垫，最后亮明观点。我们看韩愈“五原”中颇受读者喜爱的《原毁》。

文章第一段和第二段的开头先抛出了一组现象：

现象1：

古之君子，其责己也重以周，其待人也轻以约。重以周，故不怠；轻以约，故人乐为善。

现象2：

今之君子则不然。其责人也详，其待己也廉。详，故人难于为善；廉，故自取也少。

这是一组形成鲜明对比的现象。古代的君子严以律己，宽以待人，现代的君子却相反。这看起来是在陈述事实，但其实暗含着作者的判断。待人宽所以与人为善、人亦善待之；律己严所以不会怠慢，做事勤恳，当然不会出差错。反之，则难以共处、难有长进。这样一目了然的正反对比，孰优孰劣，读者自有判断。问题是，古之君子没有责人宽己的吗？今之君子都是这么糟糕吗？怎么能够支撑这样的论断呢？又为什么会产生古今迥异的现象呢？

于是，跟在这一组暗含判断的现象陈述后是举例分析。

韩愈分别举了一个古之君子的例子，一个今之君子的例子，加以阐释说明。

事例1：

闻古之人有舜者，其为人也，仁义人也。求其所以为舜者，责于己曰：“彼，人也；予，人也。彼能是，而我乃不能是！”早夜以思，去其不如舜者，就其如舜者。闻古之人有周公者，其为人也，多才与艺人也。求其所以为周公者，责于己曰：“彼，人也；予，人也。彼能是，而我乃不能是！”早夜以思，去其不如周公者，就其如周公者。

阐释1：

舜，大圣人也，后世无及焉；周公，大圣人也，后世无及焉。是人也，乃曰：“不如舜，不如周公，吾之病也。”是不亦责于身者重以周乎！其于人也，曰：“彼人也，能有是，是足为良人矣；能善是，是足为艺人矣。”取其一，不责其二；即其新，不究其旧。恐恐然惟惧其人之不得为善之利。一善，易修也；一艺，易能也。其于人也，乃曰：“能有是，是亦足矣。”曰：“能善是，是亦足矣。”不亦待于人者轻以约乎！

韩愈笔下的古之君子向圣人学习，学习舜的仁义道德，学习周公的多才多艺，见贤思齐。以别人为参照，向内自省不足，这体现他“责己也重以周”的自律。对于别人已经有的优点，表示赞扬；不苛求别人做得不好的方面，这体现他待人“轻以约”。韩愈用具体的事例解释说明了古之君子在待人待己方面的优点。

再看今之君子的事例与阐释。

事例2-1：

己未有善，曰：“我善是，是亦足矣。”己未有能，曰：“我能是，是亦足矣。”

阐释2-1：

外以欺于人，内以欺于心，未少有得而止矣。

不亦待其身者已廉乎？

事例2–2：

其于人也，曰："彼虽能是，其人不足称也。彼虽善是，其用不足称也。"

阐释2–2：

举其一，不计其十；究其旧，不图其新。恐恐然惟惧其人之有闻也。是不亦责于人者已详乎？

总结：夫是之谓不以众人待其身，而以圣人望于人，吾未见其尊己也。

今之君子从两方面举例阐释，第一方面是对待自己，明明有不足，却自欺自满，这就是"待己也廉"，对自己太没要求了，自欺欺人，难有进步。第二方面是对别人，就算别人有优点，也只能看到别人的缺点和问题，这是"责人也详"。这种人用普通人的标准衡量自己，却用圣人的标准衡量别人，其实就是双标，韩愈说本质上不是自爱，是不自尊、不自重。

话到这里已经说得很有力度了。可是还是没有解决我们刚才的疑惑，古人都这样吗？今人都这样吗？为什么会如此呢？在这里，韩愈并没有给出一个数理统计意义的比例或者证据，甚至连以上例子中的古人和今人其实也是泛指，无姓无名。我们可能要问，那这种不完全举例，是不是有点不够严谨？

显然，在中国人的说理逻辑里，我们并不追求事实的科学、严谨，那古文家们是如何说服读者的呢？两点：章法结构的严谨对称、前后呼应、一气呵成的文气之盛；针对当时的社会现象、风气、谬误的针砭时弊。所以文章往下论述，并没有在事实判断上给出现象"真不真""是不是"的证明，而是从今人"责人重，待己宽"的谬误说起，分析原因。

虽然，为是者，有本有原，怠与忌之谓也。怠者不能修，而忌者畏人修。

作者给出了一个非常精炼的解释：怠惰和妒忌。对自己怠惰，不能进德修业；对别人妒忌，害怕别人有所长进。这样的归因是怎么得出来的呢？从作者对于现实的观察、实验而来：

吾尝试之矣。尝试语于众曰："某良士，某良士。"其应者，必其人之与也；不然，则其所疏远不与同其利者也；不然，则其畏也。不若是，强者必怒于言，懦者必怒于色矣。又尝语于众曰："某非良士，某非良士。"其不应者，必其人之与也；不然，则其所疏远不与同其利者也；不然，则其畏也。不若是，强者必说于言，懦者必说于色矣。是故事修而谤兴，德高而毁来。

韩愈说他做了两个小实验。他对着众人夸赞某个人好，除了和这个人交好的人、没有利害关系的人、害怕他的人外，其他人会表现出愤怒。人们并不愿意承认、夸赞一个人的好。接着他又对众人说某人不好，同样，除了这个人的朋友、无利害关系的人、害怕他的人外，其他的人都很开心。于是韩愈从实验中得出了一个让人痛心的结论：一个人做出点成绩，就会招来毁谤。

文章论到这里，我们发现全文的观点终于呼之欲出了：原毁，推究毁谤的根源。这是一篇通过对毁谤盛行之社会风气的成因分析来揭发时弊、谴责错谬、正本清源的时评文。

所以全文的观点在文章最后两句才点明：

呜呼！士之处此世，而望名誉之光、道德之行，难已！

将有作于上者，得吾说而存之，其国家可几而理欤！

在这样毁谤盛行的世道，一个人想要推行道德、有所建树太难了！如果不整顿、制止这种歪风邪气，那么国家治理会出现很大的问题。韩愈写这篇文章用心深远，不止是写给当时和他同级的幕僚、士人，更是进献给统治者的治国良策。

《原道》和《原毁》采用了完全不同的论证思路。前者针对佛老去仁义、废礼教、舍伦常，动摇儒道根本的异端邪说进行驳论，先定义概念，从“仁”“义”“道”“德”是什么、不是什么说起，批驳了老子一家之言的见识短浅的道德，重申了儒家天下公理的真知灼见的道德。而后者针对相轻相毁的士风，先对比古今君子待人待己的不同态度，指出其优劣，再分析其根源，指陈毁谤之弊，呼吁治国者重视。

无论是先从概念入手，围绕核心概念定义概念、进行观点判断，然后展开论证；还是先从现象分析入手，层层挖掘现象背后的本质，最后给出观点，韩愈的说理文给我们的启发是：说理一要有针对性，有明确的问题意识、读者意识；二要结构清晰，段落之内、段落之间，事实、情境和判断、解释、分析要相对应，特别是对比论证，前后呼应，主次得益，文章才能不枝不蔓，逻辑井然。

补充一点，仔细想来，韩愈在举例中使用泛指的人也只能如此，那个时代没有统计学，没有条件也没有意识要进行完全归纳，而韩愈举的是今人的反例，如果真的指名道姓举出当时特别典型的反面人物，势必会引来争议和攻击，不利于他公共说理的目的。

此外，文章内部论述严谨的特点值得我们学习。比如《原毁》在归因论证时，韩愈叙述了自己做的两个小实验，特别对产生结论的条件进行了限制性修正，排除了三类没有毁谤的特例（干扰数据），呈现去除干扰数据后的大众反应（有效数据），增强了说理的严谨性、客观性，从而也加强了说服力。

可贵的女性形象
——敬姜

刘倩

许多同学爱读史书，也从中认识了不少历史人物。我们从语文课本中知道了《左传》中的曹刿、《战国策》中的邹忌和唐雎，从《古文观止》中知道了反对祭祀海鸥的展禽、祝贺贫穷的叔向和不听劝谏的夫差。这些史书中的人物或智慧、或勇敢、或懦弱、或刚愎自用，特点不尽相同，却无不向我们展示了一个事实：站在史传聚光灯下的主人公往往是男性。

史书中并非不记录女性，像《国语》里提到的女性就有骊姬、夏氏、齐姜等，不可谓不丰富。但这些女子常以“配角”的身份出现，仅起到叙事线索作用，可以说是男性叙事中的“附庸”；也有些女性被贴上负面的标签，成为“不洁”“不吉利”“扰乱政事”的代表。例如《国语·周语》中记载了这样一个故事：狄国帮助周襄王成功讨伐郑国，为表达诚意，周襄王想立狄人之女叔隗为后。臣子富辰极力反对，认为狄国人如“封豕豺狼”，立叔隗为后对东周不利。后来，周襄王因叔隗与王子带私通而废黜了她，狄国借故与王子带共同攻打周，致使周襄王狼狈出逃。可耐人寻味的是，《国语》中写到“富辰曰：‘昔吾骤谏王，王弗从，以及此难。’”仿佛立叔隗为后才是一切祸患的源头。说“叔隗事件”是周、狄之战的导火索尚可，但将全部罪过推给一个女子，恐怕失之偏颇。

但我们不能因此就轻视了古代文献中的女性形象，以至于让那些真正具有淑雅品性和美好人格的女子蒙尘。《古文观止》中收录的《国语·鲁语·敬姜论劳逸》一篇便重点写了母亲敬姜教育儿子公父文伯的一番话，让敬姜这一女性形象闪耀出了光彩。

敬姜是鲁国大夫公父穆伯之妻、公父文伯之母，又是时任鲁国正卿季康子的叔祖母，可谓辈分高、地位尊、家境好。所以当公父文伯看到母亲亲自织布时赶忙劝阻：“像我们这样的家庭，您还亲自织布？这恐怕会触怒季孙氏啊！”可见，公父文伯已经在自己尊贵的家庭与“织布”这类粗活间划下了一道心理界线——高贵的地位本就与做粗活不相宜，为什么放着优渥的日子不过，偏要“自轻自贱”呢？

敬姜听完这番话并没有欣慰于儿子的“懂事与孝顺”，一个“叹”字深深体现出了她对后代、对国家的无奈与担忧。“鲁其亡乎！使僮子备官而未之闻耶？居，吾语女。”寥寥几句话，敬姜的深明大义与一个母亲对儿子强烈的纠偏意识便被勾勒了出来，使敬姜的形象端庄而严肃。或许有人会感到困惑，一个小小的“织布”问题，真的有那么重要吗？原来，“织布”是辛勤劳作的体现，是女子认真生活、专注工作的证明。不只是女子，国家中各类人都应勤恳地付出劳动，官员的责任尤其大。公父文伯作为官员，却不知劳作的重要意义，还阻止其母织布，敬姜是以担忧。

敬姜接下来对公父文伯的教导可分为两个部分，其一是整体论述劳作的意义与价值，其二是具体列举各类人的劳作应包含哪些内容。她的论述既援引古之制，又细致地厘清从天子到士人的工作职责，认识到应“无一人、无一日、无一时不劳作”，足见其认知之深广与积淀之丰厚。在给儿子公父文伯讲述勤恳劳作的意义时，敬姜指出“夫民劳则思，思则善心生；逸则淫，淫则忘善，忘善则恶心生”，她对比了“劳”与“逸”这两种对立的行为所带来的不同结果，并将“劳”“思”和“善心”建立起联系。这里，敬姜并未提到“思考”的内容是什么，我们在阅读时可以根据后文内容或生活实践做出合理推断。例如，天子在“日中考政，与百官之政事”方面劳心时，他要思考如何更好地治理朝政，如何合理安排百官，如何造福百姓；士人白天讲解学习，晚上也要三省其身，思考一日之得与失，以便更好地修身改过。可见，只有人辛勤地劳作起来，思虑才会随之而动，在不断思考的过程中，人们定会思及向善之道，一个良性循环便建立起来。

在这番论述中，我们不仅看到了敬姜的智慧与善良，也自然而然能把她与骊姬、庄姜等无底线偏私儿子的母亲区别开来。同样是母亲，骊姬和庄姜等人只知道自私地“为儿子好”，并不惜为此坑害他人。敬姜则不然，她希望儿子辛勤起来，不要“淫心舍力”，要从修己入手，以先王的“长王天下”为理想，其眼光之长远、心胸之宽广、为人之正直都可见一斑。

《国语·鲁语》中还收录了其他七篇与敬姜有关的文章，有述其知礼的，有录其能赋《诗经》的，“言皆可道，行皆可法”，使敬姜在《国语》中的女性群体中耀眼而独特。

即便如此，古代历史文学作品中的女性形象终究不占多数，女性们难在历史的长河中留下名姓。在“男性叙事”占主导的大环境下，“女性叙事”与“丰满的女性形象”便显得更加动人、更加珍贵。在阅读古代作品时，我们不应一味戴着“有色眼镜”去看那些被贴上“妖女”“祸水”“只知弄权”等标签的女性形象，切不可让“女祸论”妨害我们的辩证思考。与此同时，对于那些出众且闪光的女性，我们应当予以关注，在阅读中仔细而全面地分析人物形象，并深切体会她们之于那个时代的价值。

《国语》中的劝谏艺术

刘倩

“谏”，形声字，从“言”，“柬”声，古意为“规劝君王或尊者”。诤臣合理且有效的进谏，往往能帮助君主规避错误，做出更明智的决断。像《邹忌讽齐王纳谏》一文中，邹忌的一席谏言形象具体，让齐威王心悦诚服，还有了“战胜于朝廷”的美谈，“有效劝谏”的功效可见一斑。不过，向君主或尊者进言毕竟不同于朋友之间的相互提醒，既要注重劝谏的内容，做到言之有物，又要讲求进谏形式，在不让君主或尊者反感的同时达到劝谏目的。

《国语》中的谏词便是很值得我们关注的。《国语》被称为“春秋外传”，与被称为“春秋内传”的《左传》往往同叙一事，但侧重不同：《左传》重记事，而《国语》重记言。基于《国语》的这一特点，该书中对“谏言”的记载就显得尤为详尽丰满。例如《国语·周语·祭公谏征犬戎》中，叙述事件始末的文字仅有三十四个字，其余全都是祭公对周穆王的谏词。《国语》中的谏词充分展现出了臣子们劝谏时的智慧与艺术性。

一、“正言若反”，诙谐轻松

《国语·晋语·叔向贺贫》中记载了叔向对韩宣子的一番“祝贺”。韩宣子认为自己有“卿”之名却无“卿”之实，与其他富有的卿大夫相比，显得寒酸、不体面，是以“担忧”。叔向听后非但没“同情”韩宣子，还向他表达了“祝贺”。有学者评曰：“从来贺字不与忧字为类。叔向故出一奇，以耸宣子之听。”原来，叔向是想用贺词吸引韩宣子的注意力，以达到“出奇”的效果，是一种用反常之语吸引听者注意力的手段。韩宣子虽一时无法理解对方的意图，但对“贺”这一行为的好奇也会促使他继续关注叔向的规劝之语。

通观全文可以发现，叔向所祝贺的并非“贫困”，而是“贫而有德”；他所批评的亦非“富有”，而是“富而失德”，“德”才是叔向论述的重点。在叔向所举的例子中，栾武子穷到“无一卒之田，其宫不备其宗器”，却因德行美好而受人尊敬，荫及后代。反观郤昭子，“其富半公室，其家半三军”，拥有令人羡慕的财富，却因无德而“身尸于朝，其宗灭于绛”。从例子回到现实，韩宣子现在已经拥有贫穷这一“物质基础”了，若能继之以品德的培养，确实是值得祝贺的事。叔向这一“贺”，不仅让韩宣子听得心里舒坦，还不着痕迹地向韩宣子提出了更高的要求：应谨守贫穷以培养德行，不可因贪图富贵而丧失品德。这样一来，叔向巧妙地将“哭穷”引导至对道德品质的讨论，不可谓不高明。若叔向不用“贺贫”这一“正言若反”的进谏方式，直接向韩宣子坦言“你不该担忧贫困，而要担忧你的德行不够”，所达到的劝谏效果不一定有诙谐的“贺贫”更好，还有可能引发冲突与不快。《孟子·梁惠王章句》中，梁惠王向孟子问“利”，孟子直言“王亦曰仁义而已矣，何必曰利”。一番话把梁惠王说得哑口无言。孟子的讲话方式与叔向正好相反，他们一个直截了当，一个诙谐轻松，尽管所讲的道理几乎一致，带来的效果则截然不同。

我们在阅读古文时，也要理解古人“正言若反”的劝谏方式和说理议论方式。切不可只关注其表面义，而是要透过诙谐轻松的表象抓住作者的本意，并体会这一言说方式所带来的好处。例如，在阅读柳宗元《贺进士王参元失火书》时，我们一定会对表面义“柳宗元祝贺王参元家着火了”感到不解，那么便可以带着这一疑问作深度阅读：“王参元家失火”是否有更深层的意义？柳宗元祝贺的一定不是“失火”这件事本身，那他祝贺的是什么？这为什么值得被祝贺？厘清这些问题后，我们可以继续对“正言若反”这一说理方式的妙处进行挖掘：柳宗元本可以对王参元说“我为你的遭遇感到悲伤，请你放宽心”，但他偏要“祝贺你家失火了”，这二者的表达效果是完全不同的。“贺失火”究竟妙在哪里？便值得我们用心品味。

二、巧用比方，生动形象

据《国语·周语·召公谏厉王止谤》记载，周厉王暴虐无道，以致“民不堪命”。在全面禁止言论自由的高压下，凡指责他的百姓都要被杀，国人只得“道路以目”。召公忧虑及此，希望“为民者宣之使言”。但他面对的是自负且固执的周厉王，如何让横暴的厉王真切认识到阻塞言路的严重危害并及时改正，便需动一番脑筋。召公巧妙地从“防民之口，甚于防川”这一比喻切入，让“阻塞言路”这一事件变得具象起来了：人们可以堵上河道，却阻挡不住滔滔水流的滚滚向前之势，所以，“川壅”的结果必然是水流冲决堤岸，伤及两岸百姓。这幅“川壅而溃图”极富视觉冲击力——因被阻塞而积蓄了强大力量的水流在冲破堤岸的一刹那，爆发出极大的伤害性，受到洪水侵害的百姓也只能仓皇逃命。混乱、恐惧、无序，足见“川壅而溃”带来的严重后果。当然，谈“川”并不是召公的根本目的，他希望通过更为形象具体、更容易被想象出的“川壅”来比喻相对抽象的概念“阻塞言路”。百姓表达不满的言论正如水流，只要“政失”在，不满就在、言论就在，不竭不息。“阻塞言路”只是堵住了人们讲话的平台与渠道，但百姓对国家和君主的怨气并不会随之消失。不满情绪的积攒亦如水流的淤塞，愈积则能量愈强、怨愤愈深，一旦“决堤”，所带来的破坏力也是难以想象的。

“比喻”在召公进谏中所起到的作用无疑是显著的。与干瘪的讲道理相比，比喻让难懂的道理更易被理解，让抽象的概念具象化，也让谏词更易被听者接纳，是劝谏方式中比较常见的一种。不只是比喻，类比的方式也常见于谏词之中。我们熟悉的《邹忌讽齐王纳谏》中，邹忌正是用了类比的方法，用“臣之妻私臣，臣之妾畏臣，臣之客欲有求于臣”这一“身边事”，来类比君王应广开言路这一“天下事”，由细微到宏阔，更为形象地讲清楚了道理，也降低了君主的理解难度。

比喻、类比等手法不仅常被应用于劝谏之中，还广泛地存在于各类古文，尤其是论说类文本中。《劝学》中丰富且贴切的比喻，《孟子·梁惠王章句》中“五十步笑百步”的类比，都让文章在更加生动的同时，拥有了更易被读者接受的可能性。

《国语》中精彩的劝谏方式还有很多，谏臣们有时会“言及先王”——引先王符合礼节、符合道义的做法，让现在的君主更加信服；有时也会用气势磅礴的排比来增强语势，达到以“气场”服人的目的。这其中激荡着臣子们无穷的智慧，更蕴藏了一颗颗为君、为国的赤诚之心。

《战国策》中士人的功利主义价值追求

刘小争

《战国策》往往被看作战国时期纵横家们游说之辞和权变故事的资料汇编，是一部国别体史书。其真实作者并无定论，目前流行的版本由西汉刘向辑录、整理并定名，共三十三篇，简称《国策》。它虽然被视为一部史书，但是具有特别突出的文学性，文中的人物形象鲜明典型，令人印象十分深刻。而这些文章之中的许多人物都属于士人群体。某种程度上讲，这部书就是士人进谏策略、高超辩才和语言智慧的合集。它展现了士人们的价值追求，帮助我们更好地反思历史、认识我们自身。

对于本书，北宋的曾巩评价不高，他在《战国策目录序》中这样写道：

> ……战国之游士则不然。不知道之可信，而乐于说之易合。其设心注意，偷为一切之计而已。故论诈之便而讳其败，言战之善而蔽其患。其相率而为之者，莫不有利焉，而不胜其害也；有得焉，而不胜其失也。卒至苏秦、商鞅、孙膑、吴起、李斯之徒以亡其身，而诸侯及秦用之者亦灭其国。其为世之大祸明矣，而俗犹莫之寤也。惟先王之道，因时适变，为法不同，而考之无疵，用之无弊。故古之圣贤，未有以此而易彼也。

本段的大致意思是战国时期那些四出活动宣扬自己主张的游士把投机取巧当作一切谋略的核心。他们论述诈谋的便利却避而不谈失败的后果，大谈交战的好处却隐瞒它的祸端，最终自取灭亡。所以古代的圣贤没有拿“王道”来换取“诈谋”的。

我们不难看出曾巩是站在儒家道统的立场来看待问题的，我们可以将之当作重要参考，但是我们仍需要开放包容地认识那个时代的士人群体。在“礼坏乐崩”的时代，西周礼治秩序遭到破坏，以往的社会价值遭到冲击，我们既可以看到一些坚守道义的士人，也可以看到没有绝对是非理念的士人。这里需要先理解“士”的内涵。

一、关于“士”的浅层理解

“士”是古代贵族阶级中等级最低的一个群体。一般认为，“士”的本义指男子，慢慢引申为贵族子弟的代称。在西周时期，士的地位整体是高于庶人的。到了春秋战国时，上层贵族的下降和下层庶人的上升构成了士的重要组成部分。无论是因为生产力和生产关系的变化，还是因为各诸侯国内部残酷的政治斗争，总之，士从比较固定的贵族变为“士无定主”的自谋生路者。因此，社会上有大量掌握知识拥有学问的士人，他们想要实现自身价值，往往离不开参与政治，无论是积极投身还是被迫卷入的。

不同士人的经济情况往往差异特别大。在《苏秦以连横说秦》中，我们可以看到成功“受相印”的苏秦，“革车百乘，锦绣千纯，白璧百双，黄金万镒”，此时的他“位尊而多金”一时风光无两。我们也可以看到《范雎说秦王》中的范雎，他被秦昭王拜为国相，经济状况也不错。还有《冯煖客孟尝君》中被孟尝君养起来的冯煖，他通过三次弹剑而歌，分别换来了“食有鱼”“出有车”，他的母亲被孟尝君资助供养。当然，不少士人在被赏识被重用之前，可谓是穷困之至。上文谈到的苏秦、范雎、冯煖皆是如此。《苏秦以连横说秦》记载，“苏秦特穷巷掘门、桑户棬枢之士耳”，说苏秦只不过是小巷子里挖个墙洞就当门户，用桑木作门板、用弯曲的树枝作门枢，出身卑微、生活穷苦的读书人。冯煖在没被孟尝君养蓄的时候，“贫乏不能自存”，如此种种，不禁令人慨叹，在变动的历史境遇下，士可能落魄穷困、志不得伸，又可能位列卿相、权势煊赫；可能贫穷匮乏、一名不文，也可能腰缠万贯、富埒王侯。

士人阶层本身的复杂会影响到士人的分类。我们一提到士，往往会想到“士志于道”的志士、辩士、游士、隐士或处士等等。而士人的多元化类型与他们具体的社会实践发生着广泛而持久的联系，士人的人生目标千差万别，士人的价值追求也往往迥然相异。有的士人完全以践行并实现道义作为自身的责任，《论语·泰伯》里曾子曾有这样的论述：“士不可以不弘毅，任重而道远。仁以为己任，不亦重乎？死而后已，不亦远乎？”《论语·子路》记载了孔子对士的描述：“行己有耻，使于四方，不辱君命，可谓士矣。”其实除了儒家思想者，还有很多其他的先秦诸子也表达过相近观点。除此之外，一些士人把建立功业、实现政治抱负放在第一位，道义放在次要位置；还有一些士人，他们基本上没有任何高尚的道德追求，甚至全然没有信念原则，一切只为自己谋取利益的最大化。

二、《苏秦以连横说秦》中的功利主义价值追求

《战国策》中的苏秦是一个传奇人物，他在战国中后期的起落浮沉，戏剧性十足。根据考古发掘出的关于苏秦的史料，不难看出，真实的苏秦与《战国策》中的形象存在出入。我们可以大胆推测，战国时很多发生在别的士人身上的故事，被剪切转接到苏秦身上，使他成为某类士人的典型代表。

对富贵利禄的坚定追求，把所学知识、自身具备的辩论才能当作为自身谋取利益的手段或工具，毫无高尚的道德追求，在这一类士人身上体现得非常明显。荀子曾在《荀子·非十二子》里表述过这样一段话“今之所谓士仕者，污漫者也，贼乱者也，恣睢者也，贪利者也；触抵者也，无礼义而唯权势之嗜者也”。荀子有着犀利的批判意识，在荀子看来，当时那些做官的士人，是诡诈的人，为非作歹、伤害他人的人，放纵性情胡作非为的人，贪图利益的人，触犯法令的人，不在乎礼义而只追求权势的人。而在这些具体的分类里面，“追求权势”“贪图利益”往往是这类士人的典型特征。《战国策》中有这样的记载：

> 天下之士合从相聚于赵，而欲攻秦。秦相应侯曰：“王勿忧也，请令废之。秦于天下之士非有怨也，相聚而攻秦者，以己欲富贵耳。王见大王之狗，卧者卧，起者起，行者行，止者止，毋相与斗者；投之一骨，轻起相牙者，何则？有争意也。”于是唐雎载音乐，予之五千金，居武安，高会相与饮，谓邯郸人：“谁来取者？”于是其谋者固未可得予也，其可得与者，与之昆弟矣。“公与秦计功者，不问金之所之，金尽者功多矣。今令人复载五千金随公。”唐雎行，行至武安，散不能三千金，天下之士大相与斗矣。

面对着天下之士约定合纵策略来攻打秦国的情势，秦相范雎不慌不忙地拿秦王的狗来举例，说秦王的狗原本睡的睡，站的站，走的走，停的停，彼此之间没有任何争斗。可是只要扔下一块骨头，所有的狗就会立刻起身，龇牙咧嘴，相互争夺。而后他派遣官员带着五千金去赵国武安大摆宴席，赠送天下之士。结果，还没分完三千金，参加合纵之约的天下之士就激烈争夺起来，恰如一群被豢养之犬。比喻精当，形象生动，如今看来可谓入木三分，讽刺和批判性十足。

苏秦原本是来游说秦惠王接受他的连横策略的，他先夸赞秦国地理位置优越，国家富饶，人口众多，军队强大，完全可以兼并各个诸侯国，一统天下。但是秦惠王并不打算听从苏秦的意见，委婉地表达了拒绝。而苏秦并未轻易地就此作罢，直言早就料到秦王不会采用自己的意见，心中已做好准备，继续劝说。他引用历史来向秦王论证靠武力统一天下的必要。引古证今是战国策士们常用的论辩之术。这些士人在引用列举历史时，大胆剪裁历史片段，夸张重组历史细节，甚至对诸多历史细节进行改造或重新编造演绎，一切的目的就是为了说服对方，让对方接受自己的观点或主张。所以作为读者的我们，切不可轻易相信这些从策士嘴里讲出的历史，不能简单将其视为历史事实。苏秦从上古历史言起，逐渐铺展，娓娓道来，一切都指向只有发动战争才能统一天下。“今欲并天下，凌万乘，诎敌国，制海内，子元元，臣诸侯，非兵不可！”最后，他还不忘以策士们惯用的“激将法”游说秦王。“激将法”在当时的时代，总体仍是比较安全的游说策略，因为战国时期，各诸侯国都想要在国家间竞争中占据上风，所以各诸侯国国君生怕错过富国强兵的好策略好主张，往往会对献策的士人们客客气气的。

然而，最终秦王还是没有听从苏秦的游说，而苏秦最后花光了身上所有钱财，不得不落魄地返国还乡，甚为狼狈。人往往身处失意困境中，才更能感受到人情冷暖、世态炎凉。苏秦把如今的凄凉悲惨之状怪罪于秦国，“妻不以我为夫，嫂不以我为叔，父母不以我为子，是皆秦之罪也”，对秦的态度发生了一百八十度的转弯，改劝各诸侯国合纵来对抗秦国。为求成功，发奋读书，尤其是太公兵书，引锥刺股血流至足而不懈怠，自言“安有说人主不能出其金玉锦绣，取卿相之尊者乎”，此句赤裸裸地道出他心中的价值追求，他一定要通过游说国君并成功让国君拿出黄金宝玉，锦衣绣缎，取得卿相之类的高位，至于是说服秦国国君灭掉别的诸侯国还是说服各诸侯国国君去灭掉秦国，对他而言并不重要。后面他果然说服赵国国君采用合纵策略，被授予赵国相印，扬眉吐气，衣锦还乡，煊赫至极。“当此之时，天下之大，万民之众，王侯之威，谋臣之权，皆欲决于苏秦之策”，“伏轼撙衔，横历天下，庭说诸侯之主，杜左右之口，天下莫之伉”。如此大的天下，如此多的百姓，王侯的威严，谋臣的权术，都要取决于苏秦的策略，苏秦手扶着前横木，拉着马缰绳，纵横驰骋天下，在朝堂上从容游说各诸侯国国君，可以封住一众大臣的口，盖过了这些人的意见主张，全天下没有人能够跟他相比。这是何等的风光！

而当他路过家乡时，受到的待遇跟上回比较可谓是天悬地隔，判若云泥。苏秦的父母听到苏秦要还乡，赶紧收拾房屋，打扫街道，摆设音乐，备办酒席，跑到郊外三十里外去迎接他。苏秦的妻子根本不敢正眼看他，只敢侧着耳朵听苏秦说话，苏秦的嫂子像蛇一样往前爬，整个身子全都趴在地面之上，连拜了四拜后跪着向苏秦谢罪。“苏秦曰：‘嫂，何前倨而后卑也？’嫂曰：‘以季子位尊而多金。’”苏秦带着讽刺挖苦语气去问自己的嫂子为什么先前那么趾高气扬，不给自己做饭，而如今却变得如此低三下四，他嫂子也直截了当地回答说，因为苏秦这个小叔子地位尊贵并且如此有钱。听到嫂子如此直白的回答，苏秦不禁感慨道：“嗟乎！贫穷则父母不子，富贵则亲戚畏惧。人生世上，势位富厚，盖可以忽乎哉！”再次把苏秦心中的价值追求暴露无遗。权势金钱，社会身份地位，正是这一类士人功利主义价值追求之具体表现。

战国中晚期，是礼愈坏乐愈崩的时代，苏秦这类士人崇拜战争，认为战争是解决一切问题的关键，他们心中没有高尚的道德信念作为支撑，有的尽是获得“金玉锦绣”之心，有的全是取得“卿相之尊”之意，一切以自己可不可以说服诸侯国国君并让其满足自身的富贵荣华作为最高的标准，实在是让人心生悲凉，感慨万千。通过苏秦这类士人，我们不难感受到那个时代有着这样的侧面：如此的现实，如此的功利，如此的势利。对苏秦的众多评价之中，鲍彪的看法比较具有代表性，即“(苏)秦之自刺，可谓有志矣，而志止于金玉卿相，故其所成就适足夸嫂妇耳。而此史极口称颂之，是亦利禄徒耳，恶睹所谓大丈夫之事哉！”

当然，让苏秦笃定要不断地追求名利的关键要素之一，就是苏秦的家人，我们从文章中可以得知苏秦的家人奉行权势金钱、身份地位远远比亲情更重要的为人处世观念。一个人往往难以摆脱环境的影响，尤其是来自自己亲近之人的耳濡目染和言传身教。苏秦是追逐富贵利禄之徒，他的功利主义的价值追求也正是他所处时代之主流价值的缩影。清人浦起龙抒发感慨：“战国，势利场也；季子，势利头也。借其先后游遇，描绘俗肠，中学者隐微深痼之病。”过珙也如此叹过：“写失意处，何等凄凉；写得意处，何等热闹：分明是一幅势利图！”

诏贤良，各有致

——高帝、武帝求贤诏令比较鉴赏

杨梦醒

求贤传统古已有之。尊养士人，可上溯先秦。文士秉笔，武士持剑，辩士纵横，成为战国时期一道独特的人文景观。鼎鼎有名的“稷下学宫”便是尚贤养士之风的缩影。

历代圣主明君无不深知人才之于治国安邦的重要性。正如《韩诗外传》中所言：“得贤则昌，不肖则亡。”能否得到贤才的辅弼乃是国家兴亡的关键所在。因此，几乎所有的君王都有征招人才之举，“求贤诏令”即是公开征求人才的官方诏书。

两汉时期的“求贤诏令”，历来被视为典范之作。它不仅是重要的历史文献，还具有鲜明的文学、文化属性，体现了多元的审美风格，折射出时代政治文化的风貌。我们以《高帝求贤诏》《武帝求茂材异等诏》为例进行深入学习。

一、选贤倾向：实与异

两篇诏书均以“求贤”为目的。然而，君王选贤的标准到底是怎样的呢？高帝与武帝迥然有异。

《高帝求贤诏》中，君王表达了欲与贤人共安天下的愿望。但在这个笼统表态之外，文本缺乏对于治世之才更为具体确切的评价标准。我们只能从文中寻找一鳞片爪的依据：“意称明德”，表明德行与美名的相符；文末“年老癃病，勿遣”的嘱咐，要求富有春秋、四体康健，暗含所征选的贤人并非摆设，要血气充盈，以应对上任后的案牍劳动；“署行、义、年”的登记要求，则在此二条之外，又对仪表端正提出了要求。总体而言，高帝求贤诏中诸多现实性的考虑，体现了一定的实用色彩。

相比而言，武帝求贤的标准则十分鲜明。诏文开篇即明确要寻访“非常之人”“茂才”“异等”之士，也就是卓异超拔的人才，体现了他对人才较高的期许。而统观下文，汉武帝把“非常之才”比作不循轨辙的“泛驾之马”、性烈难驯的“奔踶”之马，则又可知“非常”二字指向了其与世俗约束之间恒久而紧张的关系。汉武帝所说的“非常之才”，一方面，逾越常规、放荡不羁，因而有“负俗之累”，是为“跅弛之士”；而另一方面，又具有经国济世之大才，是为“千里马”。

在武帝看来，小恶不足以妨大美，明君用贤不可求全责备。因德行有瑕疵而违逆世俗者，实无伤大雅，如能驾驭之，亦可成为“将相”“绝国”之才。这与《论语》中“大德不逾闲，小德出入可也”的儒家人才观是相互契合的。

相比而言，高帝的选拔标准对于德行的推重更符合西汉人才选拔的主流。通观西汉众多求贤诏书，人才选拔要求多指向“贤良方正”，而汉武帝的标准则超越常规、与众不同。此种差异并非偶然，原因在于蕴藏其后不同的君王抱负、时代需求。

汉初，百废待兴，高帝意识到“于马上得天下”而不可“马上治天下”，基于“攻守异术”的考量，不能像以往那样以军功选拔官员，而要广泛延揽文人士大夫，广泛选拔各类人才，以巩固天下，正如诏书所言“欲其长久，世世奉宗庙亡绝也”，体现了从“创业”到“守成”的变化。

而汉武帝刘彻选贤不避微瑕、不拘一格的原因，也与当时急迫用人的背景有关。元封五年，武帝在位之初任命的文臣武将相继去世，朝中大臣外派为州郡长官，造成中央人才短缺，所谓“名臣文武欲尽”，武帝即下诏欲广搜人才，唯才是举。

强调用奇才，选拔“非常之士”的倾向则在于武帝的雄心。武帝背靠文景之治，欲在此基础上成就“非常之功”。对于放浪形骸、不容于世俗的文士而言，武帝诏书极大满足了他们的自尊心，很容易唤起他们强烈的知遇之感，从而为之效命奔走。从实际效果来看，就如《汉书》所记载的那样，“群士慕向，异人并出”。武帝一朝人才济济，《汉书》曾拉出一个群星璀璨的名单：“汉之得人，于兹为盛。儒雅则公孙弘、董仲舒、兒宽，笃行则石建、石庆，质直则汲黯、卜式，推贤则韩安国、郑当时，定令则赵禹、张汤，文章则司马迁、相如，滑稽则东方朔、枚皋，应对则严助、朱买臣，历数则唐都、洛下闳，协律则李延年，运筹则桑弘羊，奉使则张骞、苏武，将率则卫青、霍去病，受遗则霍光、金日磾，其余不可胜纪……”

选贤标准的灵活变化性、包容性，对于后世影响深远。譬如曹操基于乱世动荡的社会局面，基于实现北方统一大业的需求，颁布了具有实用色彩的求贤三令，提出“明扬仄陋，唯才是举”的求贤标准。对于“盗嫂受金”陈平亦不拘品行，用其所长。譬如东汉求贤范围不拘于一般的文人士子，而延展至“幽隐”“岩穴”之士。在君王看来，这些“隐士大儒”“幽逸修道之士”中亦不乏经国治世之大贤。在“博求幽隐”之举中，我们或可以窥见武帝求“非常之才”的影子。

二、君王形象：谦与豪

诏令文书又称君命文书，是古代帝王向臣民发布的各种文书的统称，按照内容和功能又有细分，虽名目各异，但他们都是“君王权威”的体现。因此，透过诏书内容，我们便可以勾勒出君王的脸谱。

《高帝求贤诏》开篇先尊周文王、齐桓公为用贤的典范，实际是为申明自己愿意效法古人，礼敬贤才。紧接着笔锋一转，将今日贤才不得进身的责任归于己。进而用反问表明必与贤才共治之诚。接着，在说到贤才与君王关系之时，用到了“游”字。游，往往指朋友交游，用在此处，弱化了上下级的关系，体现了平等相待的态度。诏书中，高帝的“礼贤下士”思想不仅体现在自我要求上，还体现在对地方官员的要求上：对于贤才一定要亲往劝勉励并备车驾，让他们在选拔的过程中就得到特殊的礼遇，高度的尊重。这些内容均体现了高帝“谦下”的姿态。

除此之外，从选贤政策的实施细节来看：官吏一旦发现贤才即驱车“遣诣相国府”，若有贤而不举荐就予以革职，刘邦思贤若渴的急迫可见一斑。正如他那首广为流传的《大风歌》中所唱的那样：“大风起兮云飞扬，威加海内兮归故乡，安得猛士兮守四方。”

其实，刘邦对于贤才的重视，早在楚汉相争时期就已经有所体现，正是因为他广罗人才，知人善任，才为汉室江山奠定了基业。置酒洛阳宫时他曾这样总结：“夫运筹策帷帐之中，决胜千里之外，吾不如子房；镇国家，抚百姓，给饷馈，不绝粮道，吾不如萧何；连百万之军，战必胜，攻必取，吾不如韩信。此三者，皆人杰也，吾能用之，此吾所以取天下也。”

高帝求贤诏质朴直白，诚恳谦下，而武帝的诏令创作则更富文学性，体现了一代帝王的豪迈襟怀。《史记》这样盛赞其文学价值：“诏书律令下者，明天人分际，通古今之义，文章尔雅，训辞深厚，恩施甚美。”

《武帝求茂材异等诏》不事铺垫，起笔即有雷霆万钧之势，明确提出本次选贤的“非常”标准。然而“非常之士”虽能立功名，而却如烈马一般桀骜难驯。对于这样的英才岂可弃之？武帝归结于一句“御之而已”，一个“御”字，将御马与御人相统一，突显了驾驭群贤的非凡气魄，仿佛天下可运于掌中，帝王雄略形象跃然纸上。

求贤诏本是实用公文，高帝、武帝均自铸雄文，不假旁人，因而不显机械刻板，各有风致，文如其人。诏文不仅是君王形象的一面镜子，亦是汉代政治文化的缩影。诏文所体现的尚贤礼贤精神，强化了其与君王有德、国祚绵长之间的联系，对后世君王产生了深远的影响。

西汉政论文笔力探微
——以贾谊、晁错为例

杨梦醒

汉初政论文继承先秦说理之遗风、纵横之气度，在新的历史背景下，凝聚着对于王道、民生等问题的剀切忧怀，驰骋铺排，言事论政，气象恢弘，创造了新的美学高峰。

贾谊、晁错的政论文代表了汉初最高成就，鲁迅在《汉文学史纲要》中评价其为“西汉鸿文”，其辞“疏直激切，尽所欲言”，其影响“沾溉后人”，泽被甚远。

一、现实关怀：针砭时弊、忧国忧民

对于汉初士人而言，文章固然是个人抒发情志的载体，但其首要属性是参政议政、建言献策的工具。正如贾谊所述，“观之上古，验之当世，参之人事，察盛衰之理，审权势之宜”。汉初士人，往往具有洞察世事的敏锐、揭示兴亡的自觉，因而其文亦深切关注社会的种种隐患，对于现实中的政治、经济、军事等领域多有涉及。

以贾谊为例，西汉王朝于文帝在位之时，国力迅速上升，“民乐其业，畜积岁增”，而贾谊则居安思危，看到了隐藏在安定下的政治隐患，他尖锐地指出：“曰安且治者，非愚则谀，皆非事实知治乱之体者也。”西汉初年，诸侯王势力膨胀，威胁中央政权的统治。贾谊的《治安策》能于一片阿谀承平之声中针砭时弊，侃侃而谈，体现了对全局的把握，以及长远的眼光。

《汉书》对此记述颇详：“天下初定，制度疏

阔，诸侯王僭拟，地过古制，淮南、济北王皆为逆诛。谊数上疏陈政事，多所欲匡建。”贾谊将这种政治弊病比喻为人体。本来，中央和地方的关系，应当是“身之使臂，臂之使指，莫不制从”，天下诸侯辐辏并进，归命天子，海内之势，协同一体；而实际情况则呈现为一种畸形：“一胫之大几如要，一指之大几如股，平居不可屈信。”而如果任其发展，则会形成尾大不掉的“瘤疾”，虽有扁鹊亦无力回天，突显了形势的严峻。

在一篇政论奏疏中，贾谊基于国事，频用“痛哭”“流涕”“太息”之语，情辞外露，令人倍感激切。然而，政论毕竟不同于抒情小品，并没有止步于情感的宣泄，而是提出了鲜明的政治主张。汉王朝应如何扭转局面，抑制诸侯王的膨胀？贾谊先是回溯历史，总结“强者先反”的历史教训，也就是说，国小力少者往往没有异心。进而，提出削藩集权的方案，也就是著名的“众建诸侯而少其力”，将大国化为小国，从而巩固中央的权力，并且具体规划了“割地定制”、区分等级的实施办法。

同样，与贾谊并称的晁错，也具有很强的忧患意识。针对汉初社会生产存在的“重商轻农”本末倒置的怪现象，晁错向文帝上《论贵粟疏》。文章具体叙述了商人生活优渥，不耕不织，而“衣必文采，食必粱肉”“乘坚策肥，履丝曳缟”；相反，农人则“春不得避风尘，夏不得避暑热，秋不得避阴雨，冬不得避寒冻”，一逸一劳对比鲜明。而在社会地位上，商贾亦高于农人，前者“交通王侯，力过吏势”，而农人则要承受“急政暴虐，赋敛不时”，乃至于“卖田宅，鬻子孙”的绝境。商贾奢靡显赫，农民贫苦微贱。这样的社会现实，从生产来看，是农业衰弱、粮食积蓄不足的原因；从政治上看，则更值得警惕，因为农业生产与社会稳定具有密切关联。农桑之事关系到百姓的饥寒，最为根本，正如晁错所述：“人情，一日不再食则饥，终岁不制衣则寒。夫腹饥不得食，肤寒不得衣，虽慈母不能保其子。”荒弃农业，不务耕织，一旦生变，将带来严重的祸患，“君安能有其民哉”。

基于“保民”“固本”的分析，晁错明确指出，治国理政的当务之急乃是引导民众“归农”务本。那么如何才能达到这个目的？这需要人主掌握得民之道：“贵粟”而贱“金玉”。然而，虽然国策“重农”，而事实则是“上下相反，好恶乖迕”，事与愿违。可见，圣王明主之法需要辅之以具有实效的措施，否则只不过是一纸空言。由此，晁错进一步阐明“贵粟之道”：一者于百姓“以粟为赏罚”，得以拜爵，得以除罪；再者于国家，“入粟于边”，可以巩固边防，达到强国目的。

二、人格精神：奋发扬厉、积极用事

西汉政论文以其气势磅礴、恢弘壮美的特点而备受推崇。正所谓“文与道相表里”“道明则气昌”，文气雄健的根本在于文道的昌明，义正方能辞言，理直方能气壮。同时，“道”的论述倘若没有“情”的加持，则容易流于古板迂阔。正如《文心雕龙》所论“情与气偕”，情感真切与文势雄浑相伴而生，胸怀社稷苍生，才能使文章铿锵有力。汉初的政论文，不仅具有实用政治目的，其背后也凝聚着情的真挚与道的高远，折射出汉初士人“以道自任”的高贵情操。

汉代文人昂扬刚健的文风背后是积极用世的人生态度，表现为对于现实政治的极大热忱。他们积极献计献策，谋划长治久安，表现出强烈的责任感和使命感。文人如贾谊、晁错，均把文章视作“经国大业”，以及实现理想抱负、自我价值的路径。

与西方知识分子不同，中国知识分子对于超越性、永恒性的追求，从文化的源头开始就是此岸的、人间的。他们投身于对现实、现世的改造，以建功立业来追求生命的不朽。

这种事功精神是中国知识分子承袭已久的文化基因。远溯先秦，《左传》中有“立德”“立功”“立言”，是为“三不朽”。与我们当代所批驳的“精致利己”或“功利主义”的狭隘追求不同，它更关注国计民生的现实需求，具有超越个体的宏阔视野。

在西汉初年，这种文化传统得到了空前强化。西汉政权的初建使文人士子们对未来政权的安定繁荣充满信心。同时，开放宽松的社会风气，进一步激发了士人的政治热情。贾谊与晁错的政论文章中，可读出慷慨报国的一腔赤诚。情辞激烈，大胆辛辣，以至于公而忘私，不顾后果，深刻影响了汉代士人的命运走向。“臣谊窃昧死，愿得伏前陈施，下臣谊所以为治安，陛下幸以少须臾之间听”，“臣错愚陋，昧死上狂言”，从这些政论文章的只言片语中，我们可以强烈感受到其忧国忧君的心情，一片拳拳赤诚表露无遗，站在国家和百姓的立场上，冒死直谏，将个人的生死置之度外。从这个角度来看，正是贾谊和晁错强烈的事功精神和浓厚的家国忧怀，酿造了个体的悲剧。正如史家所评价的那样“敢犯颜色以达主义，不顾其身，为国家树长划”，“锐于为国远虑，而不见身害”。在谋身与谋国之中，毫无疑问，汉代士人悲壮地选择了后者。

三、美学风格：侧文侧质、各美其美

贾谊、晁错二人常为后人所并称，因其文风颃颉，代表了汉代政论文铺张扬厉、纵横捭阖的总体面貌。然而细观之，二人风格又同中有异。

正如鲁迅先生所言，“谊尤有文采，而沉实则稍逊”，“贾生之言，乃颇疏阔，不能与晁错之深识为伦比矣”。贾谊擅长辞赋，其疏奏策论亦具有“赋”的色彩，大量运用对偶排比，句式铺排整饬，音律和谐，辞藻富丽。在文采方面，贾谊文章气势更足，胜晁错一筹。而晁错文章则长于说理，观点深刻透辟，峻切实用。

贾谊的《过秦论》最能体现其风格。“奋六世之余烈，振长策而御宇内，吞二周而亡诸侯，履至尊以制六合，执敲扑以鞭笞天下，威振四海。”这一组句子，以铺排之笔刻画秦始皇君临天下、不可一世的形象，虽是政论文，但有浓厚的赋体特征，文气浩荡、奔放雄浑。反观晁错的《论贵粟疏》则相对平实质朴，侧重道理的陈述，逻辑严谨。譬如在论及“轻农”的危害时，他写道：“民贫，则奸邪生。贫生于不足，不足生于不农，不农则不地著，不地著则离乡轻家。民如鸟兽，虽有高城、深池、严法、重刑，犹不能禁也。”通过层层推论分析，剖根究底，从而水到渠成地说明观点，有理有据，语句平实，很有说服力。

贾谊和晁错乃是西汉政论文的两座高峰，侧文侧质，各秉风华，其人之器识才华，其文之鸿篇大制，深刻影响着后世文人。

王羲之：俯仰之间的生命感怀

李杭媛

是日，天气清朗，山水怡人，与志同道合的好友把酒吟诗，良辰、美景、赏心、乐事，本应该是雅集至乐，王羲之为什么在“信可乐也”的心满意足之后，却发出“岂不痛哉”的反问，最后叹出一句“悲夫”？

初读《兰亭集序》时会感觉，王羲之的兴尽悲来好像有点没来由。大概是喝高了，乐极生悲。情不知所起，这倒也能理解，但这篇序文真的只是酣醉后一挥而就的情绪流淌，没有内在的情感逻辑吗？

如果看过冯承素临摹的神龙本《兰亭修禊帖》，你会发现这篇文章并非一蹴而就，开篇两段洋洋洒洒，工整娟秀，但到了“向之所欣”“痛哉”“未尝不临文嗟悼”，墨汁凝滞，下笔钝重，甚至还有修改的痕迹。有研究者分析，文章几处修改："于（於）今所欣"改为"向之所欣"，"岂不哀哉"改为"岂不痛哉"，"是（或者足）可悲也"改为"悲夫"，"一揽昔人兴感之由"改成"每揽昔人兴感之由"，"有感于斯（作）"改为"有感于斯文"。

仔细玩味这些改动，会发现里面凝聚着作者很深沉的情思。"向之"相对于"于今"更强调了今昔对比，过去的寄托，一转眼，已经成为旧迹。"哀"不如"痛"有力，情绪激愤。"悲夫"，高度极简的感叹，蕴含着"还有什么可说的呢"的无奈。至于"每揽"和"一揽"的区别就更不必说了，这样的生命之痛，每读一次，就嗟叹、哀悼、痛苦一次。如此字斟句酌的修改，不像是信笔挥洒的无厘头。

那么，这篇文章内在的情感逻辑是什么？何以乐而至痛而至悲？既然已经悲了，那么"故"写下这篇序，记录这场雅集盛会，畅叙群贤的诗作，又为何能与前面的悲痛形成因果关系？王羲之最后是释怀了还是没释怀呢？

我们要深潜到文本内部。

首先来看"乐"什么。开篇说了，人贤、景美、事雅、天晴，当然心情舒畅。作为一篇给集会写的序，从人际交往应酬的角度，应该多花些笔墨介绍参加集会的人和集会里做的事。人，群贤、少长；事，修禊事、流觞曲水、一觞一咏。寥寥数语，讲完了，剩下的笔墨在写什么？写山、写水、写宇宙、写万物。王羲之还特别强调"虽无丝竹管弦之乐"，什么是丝竹管弦？是人籁。雅集上弹琴复长啸，似乎音乐与酒与诗，是风雅的顶配。但王羲之说，虽然没有音乐，亦足以畅叙幽情。没有琴瑟，那有什么呢？"清流急湍、映带左右"，虽无人籁却有天籁。"信可乐也"的"乐"从哪里生发？从宇宙之大、品类之盛，将"视听之娱"推至极致。王羲之所感受的愉悦，更多的是一个渺小的个体侧身天地间所感受到的辽远宽阔，也就是"游目骋怀"。

事实上，"山水以形媚道，而仁者乐"，古已有之。问题是，个体在天地自然间心情舒畅，为什么会走向"痛"和"悲"？"夫人之相与，俯仰一世"，作者从哪里兴尽悲来？天下没有不散的筵席。还记得林黛玉之悲吗？"人有聚就有散，聚时欢喜，到散时岂不清冷？既清冷则生伤感，所以不如倒是不聚的好。"林妹妹的悲叹不无道理，从哲学、美学的层面，人世间的一切美好，都不能永恒。越是美好，失去的时候就越是悲凉。所以如此良辰美景、赏心乐事却有尽，一个"俯仰"之间引出了生命在时间永恒维度里的速朽之思。后面所有的悲痛，由此而起。

接下来，王羲之分类讨论了两种不同的人生追求、性情特点，"或……或……"一种人将快乐寄托于人，一种人将快乐寄托于物，一动一静，一外一内，但不管人的寄托在何处、性情是怎样，总会面临一个难题：这份快乐可以持续多久呢？作者从三个层面回答了这个问题：第一，你的情感会变，情随事迁，过去的寄托、喜好，现在、将来未必一直能获得满足。第二，你喜欢的对象、寄托的东西会变，这个世界也是在走向"陈迹"的过程中。第三，最根本的，无论物是人非还是人事物非，每个人的生命都是走向死亡的，"终期于尽"是逃脱不了的宿命。

再往下谈论昔人、今人、后人的兴感，"若合一契""其致一也"，都是围绕着生死问题引发的。也就是说，面对向死而生的归宿，古人、今人、将来的人都难以逃脱。于是，就有了两句有些激愤又无奈的感怀："死生亦大矣""固知一死生为虚诞，齐彭殇为妄作"。生和死也是大事啊！什么人认为生死不是大事呢？那些认为生死等同的人。有趣的是，"死生亦大矣"和"一死生""齐彭殇"的齐物论都出自《庄子》。"死生亦大矣"出自《庄子·德充符》，原文是"仲尼曰：死生亦大矣，而不得与之变，虽天地覆坠，亦将不与之遗。审乎无假，而不与物迁，命物之化，而守其宗也"。原文托孔子之语，说的是即使生死大事也不能让他改变，即使天地覆灭也不能让他放弃。最后的落脚点是不随物迁，守住宗旨。庄子笔下的人用对于内在道义的追求来对抗世界速朽、生命速朽。但是到了王羲之这里，却变成要正视生与死的问题，不能用齐物等观的自我欺骗来回避现实，这不是断章取义嘛！

王羲之当然不可能不知原典，只不过他在此刻的兴感与前半句共振。其实对于人生苦短的伤咏，从古至今延绵不绝。《古诗十九首》里的“生年不满百，常怀千岁忧。昼短苦夜长，何不秉烛游”，“人生天地间，忽如远行客”，“人生非金石，岂能长寿考。奄忽随物化，荣名以为宝”，处处可见“譬如朝露，去日苦多”的变奏。只不过面对死亡，有的人用及时行乐来消愁，有的人用建功立业期不朽。所以李白在《春夜宴桃李园序》感叹完“万物逆旅”“百代过客”之后，发出“浮生若梦，为欢几何”的感慨。这不就是“秉烛夜游”及时行乐的后续吗？从某种意义上说，雅集本身就是对春光佳景的不辜负，是对当下愉悦的尽情享受。在《兰亭集序》里，王羲之和他们不同的是，他抛出了问题，但并不试图解决。那么王羲之到底是停留在对生命易逝的悲痛中呢？还是用写文章传递古今同悲的兴致以实现不朽呢？

如果我们去看王羲之在兰亭雅集“一觞一咏”留下的六首《兰亭诗》就会发现，诗作大部分的情感归旨是在自然之理中怏然自适。第一首，“悠悠大象运，轮转无停际。陶化非吾因，去来非吾制。宗统竟安在，即顺理自泰。有心未能悟，适足缠利害。未若任所遇，逍遥良辰会。”生命轮回不因个体而变，也非个体所掌控，所以顺应天理就能安泰自在。有的人没能领悟这个道理，是因为被人生的利害缠裹住了。所以怎么才能获得逍遥呢？随遇而安。这俨然与陶渊明的“乐夫天命复奚疑”《归去来辞》相互呼应。那么，在诗歌中王羲之是怎么解决生死之痛的呢？生命的循环，自然的天理。生与死本来就是生命的自然之理，你只需要和万物一样，到时候发芽、开花、凋谢、结果，再枯萎，生命的轮回如此。珍惜当下，任性自然。

不管是追问生命的终极性问题，还是在山水自然中寻找答案，生命意识是魏晋诗文的重要话题。那么问题又来了，为什么魏晋时期会涌现出对于生命本质的思考？熟悉历史的人知道，魏晋时期虽然是文学艺术的小复兴期，在政治上却动荡不安。先有司马氏向曹魏夺权，后有八王之乱、五胡乱华……“属魏晋之际，天下多故，名士少有全者”，所以有嵇康、阮籍那样放浪形骸、对抗礼教的狂士，也有像王弼、何晏、郭璞这样好老庄、尚玄学的名士。越是战乱、动荡、灾祸、疾病，越是显出生死问题之“大”。

那么王羲之呢？《世说新语》有个小故事，说的是王羲之小的时候，大将军王敦特别喜欢他，经常让他在自己的军营里睡觉。有一天，王敦和钱凤密谋造反。讲到一半，突然想起王羲之还在睡着。本来想杀了王羲之，但进去一看，却发现王羲之唾沫横流，安然酣睡。王羲之听到谋逆之语，吓得急中生智，流口水装睡才逃过一劫。由此可见，世家大族并非高枕无忧，反而在权力斗争的漩涡里时时刻刻面临生死危机。王羲之写完《兰亭集序》的第三年就在祖坟前发誓：“常恐死亡无日，忧及宗祀，岂在微身而已！是用寤寐永叹，若坠深谷。止足之分，定之于今。谨以今月吉辰，肆筵设席，稽颡归诚，告誓先灵。自今之后，敢渝此心，贪冒苟进，是有无尊之心而不子也。”（《晋书·王羲之传》）为了不让身体发肤受损对不起祖宗，王羲之决定退出官场。你看，风雅如王羲之，面对生命的脆弱，也不免戒慎恐惧，如履薄冰。

魏晋风流已为陈迹，但是对于生命的追问，亘古弥新。不管是“人生代代无穷已”的阔达，还是“古来万事东流水”的唏嘘，文字将这些对生与死的宇宙之问串联成河，奔流不息。

辨以明道，驳以成文
——柳宗元驳论文浅读

刘伊超

柳宗元是中唐时期伟大的文学家，他的文章以山水游记、短篇寓言最为有名，说理文尤其是驳论文也以文笔犀利为人称道。

《古文观止》卷九选录柳宗元的《驳复仇议》和《桐叶封弟辨》，2019年高考北京卷文言阅读节选柳宗元的《非国语》，都是柳宗元驳论文的代表作。这三篇文章辨驳精当，识见高远，读上两三遍，往往有酣畅淋漓之感。现在结合这三篇文章，就如何阅读驳论文做一点分析。

一、关注辨驳特点

题目中有“论”“说”“原”“解”“辨（辩）”“议”“非”等字眼的文章，属于论辩类。论辩类文章以说理为主，源于先秦时期百家争鸣的诸子散文，在唐宋时期达到鼎盛。清代桐城派散文大家姚鼐在《古文辞类纂序目》中说“论辩类者，盖原于古之诸子，各以所学著书诏后世……盖退之（韩愈）著论，取于六经、《孟子》，子厚（柳宗元）取于韩非、贾生。”

阅读论辩类文章，首先要辨明文体，把握文体特点。《文心雕龙·论说篇》说“论如析薪，贵能破理”。以“论”（如贾谊《过秦论》、苏洵《六国论》）“说”（如韩愈《师说》、柳宗元《捕蛇者说》）等为题的说理文，重在剖析事理，阐发主张。而“辨（辩）”“议”“非”等以论辩为主的说理文，是专门针对某一主张或认识而写的辨驳文字。可见，驳论文的特点是先破后立，有驳有辩，类似于现在辩论赛的攻辩。

柳宗元的驳论文以笔锋锐利，结构严谨著称。“下笔构思，与古为侔。精裁密致，璨若珠贝”（《旧唐书·柳宗元传》），柳宗元的驳论文更是鲜明地体现了这一点，辩难攻击，气力雄健，笔锋所至，隐微毕现。

二、梳理辨驳层次

阅读驳论文，理清辨驳层次是关键。柳宗元的驳论文往往开篇一句驳倒论题，然后先驳后立，层层辩难。近代学者胡怀琛在《言文对照古文笔法百篇》中称之为“事理辩驳法”。

清代古文大家林云铭在《古文析义》的《桐叶封弟辨》文后评曰：

> 题目既是个“辨”，就当还他一个辨体。此篇先以“当封”“不当封”二意夹击，见其必不因戏行封；次复就“戏”上设言，戏非其人，何以处之，则戏不可为真也明矣。然后把“天子不可戏”五字，痛加翻驳。以王者之行，止求至当，不妨更易，而周公当日辅导正理，不但无代君掩饰其过之事，亦无钳制其君若牛马之法。则以为天子不可戏，有戏而必为之辞者，非周公所宜行又明矣。篇中计五驳，文凡七转，笔笔锋刃，无坚不破，是辨体中第一篇文字。

《桐叶封弟辨》第一段先叙述“桐叶封弟”的故事，第二段针锋相对，就事来辨。作者的辨驳首先从“桐叶封弟”问题的关键“当不当封”开始，从两个方面对比展开，“当封”，周公按理应该及时谏言；“不当封”，那是周公促成了“封小弱弟于唐”的荒谬结果，周公还能称其为圣贤吗？如果天子戏言封给不着调的人，周公也会听从吗？作者以周公贤明作为分析的前提，隐含着天子封地不可能因“戏言”而行。紧接着针对“桐叶封弟”的根源“天子不可戏”展开批驳，指出天子之德，重在“行之何若”而不在“言不可苟”。围绕天子之行“当与不当”的问题，用假设、对比展开论析，如得其当，则不可更改；如未得其当，则必更易之，更何况是天子的玩笑话呢？如果是因为“戏言”不可改而封弟，那就是周公教天子铸成过错了。这一段辨驳严切，已然把道理说清辨明。第三段又进一步从理上驳。周公辅佐成王应合乎中道，必不会故意为天子掩饰，也不会迫使天子顺从自己，并且父子之间尚且不能如此，更何况是君臣呢？所谓“桐叶封弟”只是缺乏见识的小人之言，非周公所宜为，从根本上驳倒了“桐叶封弟”为周公促成的说法。文章虽然简短，却思维缜密，层次井然，波澜起伏，“如眺层峦”。

《驳复仇议》是针对武后时期徐元庆“手刃父仇，束身归罪”之事而驳。当时谏臣陈子昂认为按刑当杀，按礼又不宜诛，建议“诛之而旌其闾”。柳宗元开篇就针锋相对，亮明态度。下面把论辩层次用表格做一梳理：

文章	《复仇议》	《驳复仇议》
观点	诛之而旌其闾	宜旌不宜诛
辨驳角度	法大于情	刑礼殊用
辨驳层次	宜正国之法，置之以刑，然后旌其闾墓，嘉其徽烈 亲亲相仇，其乱谁救？	（1）刑礼本同而用殊，旌与诛莫得而并，否则就是黩礼坏刑。 （2）圣人穷理本情，旌诛不并用；断案的关键在“原始而求其端”，察明是非曲直及复仇动机。 （3）对比论证，具体分析。 如果官吏徇私枉法，滥杀无辜，徐元庆替父报仇是守礼行义，应“旌之不宜诛”；如果徐元庆之父犯法被诛，非死于吏，其报仇则是欺君罔法，应“诛之而不宜旌”。 （4）举《周礼》《公羊传》，证明“亲亲相仇”非经背圣，不合于礼。明确指出徐元庆替父报仇不越于礼，是服孝死义。
辨驳方法	道理论证	假设论证、对比论证 举例论证、道理论证

通过表格梳理，我们能更直观地感受到柳宗元驳论的特点：针锋相对，层次谨严、说理严密、深刻透辟。并且使用的论证方法也更加丰富，增强了辩驳的说服力和感染力。

我们再来看柳宗元《非国语》的说理层次。柳宗元的《非国语》（节选）是2019年北京高考文言文篇目，简答题考查的是“文章第三段对伯阳父的说法进行了批驳，请具体说明该段是如何逐层展开批驳的。”这道题正是基于对驳论文文体特点，要求把辩驳的层次梳理清楚，对学生理解、分析能力都提出了较高的要求。

文章第三段首先批驳周大夫伯阳父的川震亡国说，指出自然界自动自休，与人世间的祸患没有必然关系，认为自然运动变化有自己的方式和客观规律，所谓自然变化能预示国家兴亡的说法是无知且愚蠢的。接着用农妇烧饭水汽蒸腾必然煮熟食物，老农灌溉流水奔腾激荡冲毁土石的现象，以小喻大，说明日常生活中老妇老圃做的小事，尚且能使物质形态发生变化，更何况天地广大无边，运动无穷无尽，这种变化又有谁能预料到呢？进而批驳源塞造成财用匮乏从而导致国亡，指出财用匮乏因人事而非天命，不能归因于川震；最后批驳“天之所弃，不过其纪”说，指出此论之荒谬更甚于前者。此段辨驳运用类比、对比等论证方法逐层展开，具体而深入地批判了《国语》中体现的“天人感应”的思想。

三、体悟辨驳之“道”

柳宗元作为“古文运动”的领袖，始终把明道放在文章首位。他在《答韦中立论师道书》中阐发了“文以明道”的观念及自己的为文之道。由此我们可以看出，柳宗元文章见解独到、文笔犀利的根本原因，不仅仅是因为他渊博的学识和卓越的才华，更在于他深刻的思想。近代古文大家林纾在《韩柳文研究法校注》中说：“今就文论文，识见之伟特，文阵之前后提紧、彼此照应，不惟识高，文亦高也。”

通过前文的分析我们发现，柳宗元的驳论文看似就事论事，实则往往推本求原，以儒家思想作为辨驳的出发点。如《桐叶封弟辨》，看上去是对史书记载事件的辨驳，实则从根本上阐发了自己的政治理念。文章以儒家圣贤周公作为辨驳前提，把周公辅成王从容优乐、合乎中道作为立论的根据。同时，柳宗元还从君主的角度，大胆提出了“凡王者之德，在行之何若”的说法，反映了柳宗元对明君贤臣的期待，对儒家仁政思想的弘扬。

《驳复仇议》也是以儒家关于刑、礼的观念作为驳论前提，认为服孝死义是达理闻道，符合儒家礼的思想。《非国语》更是批评左氏《国语》“多诬淫，不概于圣”，“不得由中庸以入尧舜之道”。由此可见，从根本上来说，儒家思想是柳宗元的辨驳之“道”，是其思想深刻、见识高远的根源所在。这是我们阅读时应该多加注意的。

综上所述，阅读驳论文，把握文体特点是前提，梳理辨驳层次是关键，体味辨驳之“道”是知其所以然，是深入理解的根本。在把握论证结构和思想内涵的基础上，阅读的重点还要落在对字词句含义的准确理解和推求上，这是读懂文言的基础。如《驳复仇议》第三段“刑礼之用，判然离矣”的“离”字，从上下文意来看，它不是分离、背离，而是清楚地分辨的意思。

柳宗元的论说文思想深刻，说理透辟，“字字经思，句句著意”（南宋诗人谢枋得在《文章规范》（卷二）《桐叶封弟辨》文后评），非细读精读，反复诵读，不能领略其妙处。

穷山边荒，何乐之有？
——欧阳修对贬谪之地的重新建构

高嘉敏

一、被贬何尝不悲慨

庆历三年（1043），宋仁宗大开天章阁，拜范仲淹为参知政事，擢拔欧阳修、蔡襄等人为谏官，锐意进取，发动一场政治改革运动，旨在改变北宋积贫积弱的局面。除了范仲淹，身为知制诰的欧阳修在这场“庆历新政”中也发挥了重要作用，他建议实行“按察法”——选择强干廉明之人监察各地官员；提倡改革科考中声病偶切的陋习等。这些建议一度被仁宗采纳，著为诏令，颁行全国。然而，由于“新政”措施触犯了贵族官僚、大地主的利益，遭到了朝廷内外的激烈反对。欧阳修提出的“按察法”更是引起反对派忌恨。一些旧官僚攻击范仲淹、欧阳修、蔡襄等人结成“朋党”，离间了仁宗和改革派的关系。

庆历四年（1044），宋与西夏达成和议。随着阶级矛盾和民族矛盾的短暂缓和，改革在仁宗皇帝眼中成了无足轻重的事。史书记载，新政自庆历三年（1043）开始，至庆历五年（1045），范仲淹、韩琦、富弼、欧阳修等人相继被贬出朝廷，各项改革废止，新政以失败结束。

作为当事人的欧阳修，遭遇的不仅仅是政治理想的破灭。他还被诬与外甥女张氏有私情，并且涉嫌图谋张家财产，一度被牵连下狱。后来虽查明是诬陷，但欧阳修还是被贬往滁州。我们很难想象戴罪流徙的欧阳修来到滁州之时，内心是多么的凄惶、悲慨。或许可以从下面的诗中略窥一二：

自河北贬滁州初入汴河闻雁

阳城淀里新来雁，趁伴南飞逐越船。

野岸柳黄霜正白，五更惊破客愁眠。

啼鸟（节选）

我遭谗口身落此，每闻巧舌宜可憎。

春到山城苦寂寞，把盏常恨无娉婷。

第一首诗写作于欧阳修渡黄河、泛汴水的流徙路上，与诗人结伴而行的鸿雁在深秋的晨霜里长鸣而去，作者瞬间惊醒，愁肠难解再也无法入眠。另一首诗作于欧阳修初至滁州之时，因为在政治斗争中屡次为流言中伤，所以听到花言巧语，憎恶之心即时生起，只得以酒浇愁、与鸟为朋，来消磨寂寞时光。

这样状态下的欧阳修如何会写下《醉翁亭记》中与民游赏宴饮的“乐亦无穷也”？

有人说，滁州的山水美景足以悦目赏心，消解了欧阳修的愁绪。确实，作者在滁州的散文名篇中记下了此地变化多姿、幽美秀丽的自然风光：

仰而望山，俯而听泉，掇幽芳而荫乔木，风霜冰雪，刻露清秀，四时之景无不可爱。

——《丰乐亭记》

若夫日出而林霏开，云归而岩穴暝，晦明变化者，山间之朝暮也。野芳发而幽香，佳木秀而繁阴，风霜高洁，水落而石出者，山间之四时也。朝而往，暮而归，四时之景不同，而乐亦无穷也。

——《醉翁亭记》

然而，究竟是美景修复了欧阳修受创的心灵，还是他有意识淡化了被贬谪的悲慨，发现了山林之乐？或许我们不该草率、简单地下定论。从欧阳修被贬初期的诗文中，可以发现一些他发现了滁州的另一面的内容：

江淮卑湿殊北地，岁不苦寒常疫疠。

——《永阳大雪》

（庆历五年冬在滁州作）

穷山荒僻人罕顾，子以一身千里来。

——《送章生东归》

（庆历六年在滁州作）

贬所僻远，不与人通。

——《与曾巩论氏族书》

（庆历六年在滁州作）

由此是否可以做出如下推断：与其说滁州美景治愈了欧阳修，不如说欧阳修逐渐释怀了，把苦闷寄于山水之间，消融于与民同乐之中。那么，这份将“穷地”变为“乐地”的力量从何而来呢？我们不妨回溯到欧阳修第一次被贬夷陵之时。

二、一贬夷陵的觉悟

景祐三年（1036），为革除吏政弊端，范仲淹与宰相吕夷简争辩于仁宗前，范仲淹被诬“越职言事”，被贬饶州。欧阳修也被卷入这场政治斗争，他不顾朝廷“戒百官越职言事”的诏令，为范仲淹抱不平，斥骂司谏高若讷庸人失职，阿谀宰相，“不复知人间有羞耻事”。于是惹怒高司谏，被贬为夷陵县令。这是欧阳修第一次被贬。政敌百般催逼，命他即刻离京。惶迫仓促之间，欧阳修和家人差点淹死在汴河激流中。仲夏出发，初冬才到达，一路奔波六千多里，他终于到了穷僻荒远的夷陵。面对贬谪困境，他并没有沉湎于忧思悲苦中。他在书信中劝诫同样遭遇贬谪命运的友人：

> 每见前世有名人，当论事时，感激不避诛死，真若知义者，及到贬所，则戚戚怨嗟，有不堪之穷愁形于文字，其心欢戚无异庸人，虽韩文公不免此累，用此戒安道慎勿作戚戚之文。
>
> ——《与尹师鲁第一书》

信中言：近世有些名人，自诩“知义”，标榜无畏诛死，然而真到被贬之时，却把不堪之穷愁诉诸文字，与“庸人”无异。欧阳修与友人相约以此为戒，即使在贬谪中，也要立志要做个真正的“知义者”，而非“若知义者”，避免成为一个因困顿失意而哀戚怨嗟的“庸人”。

在《望州坡》一诗中，欧阳修写道：

> 闻说夷陵人为愁，共言迁客不堪游。
> 崎岖几日山行倦，却喜坡头见峡州。

闭塞偏远的夷陵，人人都说迁客不堪游，而欧阳修却觉得无不可爱。风景奇丽、山花缭乱、清音琅琅、荆楚野趣，都让他欢喜，甚至说出“不因迁谪岂能来”的豁达之词。仿佛是故意向传统的贬谪悲情挑战，他把自己的办公地命名为“至喜堂”。

可见，在一贬夷陵之时，对于被贬的困境，欧阳修已经可以把贬谪的惶然和悲愁，转变成一种“既来之则安之”的从容，乃至有“却思夷陵囚，其乐何可述”的超然。清代文人袁枚评价欧阳修“庐陵事业起夷陵，眼界原从阅历增”（《随园诗话》）。从景祐三年（1036）到康定元年（1040），欧阳修经历了四年多的贬谪生活。除了了解民生疾苦，积累为政经验，还在这次贬谪逆境的淬炼下完成了一次生命境界的超越。

三、再贬滁州的“乐其乐”

回到上文，庆历五年（1045），欧阳修再贬滁州之时，遭逢变故，一开始内心何尝不惶迫、愤懑？然而，有了第一次被贬的经历，已至盛年的欧阳修，经过多年宦海沉浮的历练，内在力量越发强大，彪炳文学史、文化史的“醉翁”在这里真正诞生了。从夷陵的“至喜”到滁州的“太守之乐”，欧阳修又完成了怎样的蜕变？

传世名篇《醉翁亭记》以一“乐”字贯穿：写蔚然壮秀的山色，潺潺流淌的泉水，四季朝暮变幻的美景，表达“得之心而寓之酒”的山水之乐；写男女老幼，伛偻提携，往来不绝，表现的游览之乐；写酿泉为酒，山肴满桌，觥筹交错，展现的宴酣之乐；写人去林静，鸟鸣婉转，描绘的禽鸟之乐；以及太守之“乐其乐也”。

通行的解读一般将欧阳修的“乐”简单概括为三个方面：山水之乐、宴酣之乐和与民同乐（太守之乐）。然而，如果我们细读文本，会发现下面几处文字在遣词造句上颇不寻常，似乎另有深意：

> 醉翁之意不在酒，在乎山水之间也。山水之乐，得之心而寓之酒也。
>
> 苍颜白发，颓乎其中者，太守醉也。
>
> 人知从太守游而乐，而不知太守之乐其乐也。醉能同其乐，醒能述以文者，太守也。太守谓谁？庐陵欧阳修也。

其一，作者在文中以两个称谓出现，一是太守，一是醉翁，缘何“两副面孔”？

其二，既然“乐”，为何“颓然”？

其三，太守“乐其乐”，“其”究竟指代什么？

笔者认为，以上三个问题并非孤立存在，而是密切相关。

首先，关于“太守”的称谓，以官职为名，强调欧阳修扮演的政治角色。作为滁州长官的欧阳修治理有成：文章写滁人之游，长幼有序，祥和欢乐；写宴酣之乐，筵席丰盛，觥筹交错，富足热闹。这些场景映在欧阳修眼中，便是自己治下政治清明、政通人和的写照。因此，“太守”的称谓正如同时期所作的《丰乐亭记》中所言：“夫宣上恩德，以与民共乐，刺史之事也。”因此，“太守之乐”的内涵不只是“与民同乐”，还包括对自己政绩的自得，以及见百姓安居的欣喜。

再说“醉翁”的称谓，“醉”在于“饮少辄醉”，“翁”在于“年又最高”。从常理来讲，称谓一般代表主人公的某种特点，既然“饮少辄醉”，说明欧阳修本人不善饮酒，为什么要给自己加“醉”的标签？欧阳修当时年龄不到四十，为何自称老翁？可见，“醉翁”之名并不副其实。那么，这个名字背后寄寓了欧阳修怎样的人格和心志？

从欧阳修的诗文中，我们会发现他本人并不嗜酒，甚至认为喝酒是颓废政事的表现。在被贬夷陵时，他曾劝诫友人尹师鲁不要借酒浇愁，以免误事：“师鲁相别，自言益慎职，无饮酒。”而十年之后，他却亲手打破了自己的“规矩”：

一方面，欧阳修的醉后放浪，“颓乎其中”，隐隐流露出欧阳修在寄情山水背后藏着的难言之苦。“苍颜白发”不一定是真实地状写外貌，也可能是一种心境，是被抛弃在边荒之地的悲凉沧桑。

另一方面，“醉翁之意不在酒，在乎山水之间也。山水之乐，得之心而寓之酒也”昭示了“醉翁”之名的另一重意味：一个真正与山水相知，体认自然之道，陶醉于山水的人，一个摆脱现实的政治压力，追求精神自由的人。就像苏轼在《醉翁操》中所写：“惟翁醉中知其天……醉翁啸咏，声和流泉。”只有醉翁欧阳修才真正知道琅琊山水之妙趣，幽谷听鸣泉，且啸且咏歌，乐而忘返。

《醉翁亭记》通过太守之乐与“醉翁”之乐，建构起一个完整的“醉翁”形象：既能心怀家国，积极入世，“为政一方，造福一方”，践行儒家“修齐治平”和“民本”思想，又能在失意困境中主动寻找慰藉，恬淡从容地超越苦难，始终以积极乐观的态度应对人生。

欧阳修不仅在文学上建构起了贬谪地夷陵、滁州的文学空间，而且为后来那些同样面对贬谪困境的士人，做出了如何突围的示范。学者张玉璞认为，宋代被贬文人士大夫的心态与此前历代有明显的不同，他们的谪居心态一般比较稳定、平和，并且总能找到各种方法来消解贬谪的苦闷，调整心态和生活。或许欧阳修就是首开其端者。

布衣论政
——兼谈苏洵文章的纵横之风

茹菲

唐宋八大家里，苏洵是唯一一个没有中进士的，官职也仅被授予秘书省校书郎。后来做文安县主簿，并没有实际管文安县的事务，而是一直在修礼书——《太常因革礼》。但苏洵却是以史论、政论文驰名天下，颇有几分“虽然我没干过，但要是给我机会干，我一定干得比你好”的味道。“三苏”里面，苏辙官做得最大，位列宰执，但正因为多年亲身处理政务，知道真实的情况千变万化，千头万绪，写文章发议论就要谨慎持重的多，而这样的文读起来似乎就不够过瘾。反倒是苏洵的文章，坐在家中谈古论今，不用管错综复杂的实际现状，一张蓝图从头描画，议论发得奇特，论证也说得圆转，文风纵横恣肆，在文章写作技巧上的成就很高。

以上是说“布衣”，再来说“纵横”。与司马光、欧阳修这些“醇正”的儒家人士相比，苏洵的知识体系和思想观念是有些驳杂的，颇有几分战国纵横家的气质。明代的茅坤曾经评价苏洵的散文风格，说“其学本申、韩，而其行文，杂出于荀卿、孟轲及《战国策》诸家”。“申”是申不害，“韩”是韩非子。战国的纵横家崇尚权谋策略及言谈辩论的技巧，注重揣摩游说对象心理，善于运用各种言辞技巧和外交手段，事无定主，说无定辞，一切从现实的政治需要出发去做事。苏洵的政论就很推崇策略权谋，他还强调政治家做事要“参乎权”，这个可以理解为“具体问题具体分析”，也可以理解为很强的功利主义色彩——为达目的不择手段。另外，巴蜀文化里那种张扬生命的自我意识也对苏洵有一定的影响，苏洵的性格有些执拗甚至偏激倾向，有时候写文章也很追求那种“语不惊人死不休”的艺术效果。以上都使得苏洵的散文呈现出独特的奇崛而恣肆的气质。

一、《管仲论》

曾巩在《苏明允哀词》中说苏洵“好为策谋，务一出己见，不肯蹑故迹”，《管仲论》便是如此。管仲辅佐齐桓公称霸的事毋庸赘述，历代称颂不绝，齐桓公被公认为“春秋第一相”。但是，苏洵却从管仲死前不能荐贤自代，以至齐国动乱、霸业不继来立意：“夫功之成，非成于成之日，盖必有所由起；祸之作，不作于作之日，亦必有所由兆。则齐之治也，吾不曰管仲，而曰鲍叔；及其乱也，吾不曰竖刁、易牙、开方，而曰管仲。”这不能不说大大超出读者的意料。诧异之余，必怀着强烈的好奇心看下去。这正是苏洵为文的纵横之处。

苏洵把读者的好奇心和注意力都吸引过来以后，便不慌不忙地阐述起自己的理由：管仲跟齐桓公相处这么多年，应该是很了解齐桓公的为人的，怎么能指望用临死时说的话约束齐桓公呢？而如果他能借桓公问他的时候推荐天下的贤人代替自己，这才是长治久安之道，只是不让齐桓公亲近竖刁、易牙、开方有什么用呢？齐桓公身边没有贤人，就算杀了这三个人也会有别的好人乘虚而入。这是通过推演事理来论证管仲“不知本”。

接着，苏洵举出春秋五霸之中与齐桓公齐名的晋文公来做对比论证，说晋文公死后，晋国历任国君也挺昏庸，但却因有贤相辅佐依然称霸诸侯百年，以此来反证齐桓公霸业不继，就是因为管仲死前没有举荐贤相辅佐国君的观点。这就使得文章的说服力陡增。

那么管仲应该怎么做呢？苏洵又给出两个正面的例子：尸谏的史鳝和举荐了曹参的萧何。纵横腾挪，前后照应，硬是把道理说圆了。

文章最后，苏洵说：“贤者不悲其身之死，而忧其国之衰，故必复有贤者，而后可以死。”对贤者提出了极高的要求，这真是布衣之言。真正在官场摸爬滚打过的人，反倒不会这么求全责备了。

其实，从史料记载看，管仲是注重推举人才的。《管子·小匡》中说，管仲上任不久就向齐桓公推举隰朋、宁戚、王子成父、宾胥无、东郭牙，还制定了完善的“三选”制度，使人才选拔制度化、规范化。对于这样明显的反面证据，苏洵就轻轻一句“其书诞谩不足信”带过，也是深谙纵横家裁剪史料之法。《吕氏春秋》里也记载管仲临死前向齐桓公推荐的继任人选是隰朋。以此来责怪管仲不知荐人，也实在是偏颇之论了。

我们还可以从另一个角度来看这篇文章。北宋的科考制度比较重视策论，导致大量的模拟题目的出现。又因为当时社会期盼出现如管仲一样的良臣来拯救国家，《管子》因而也被朝廷用来命题取士。蔡绦《铁围山丛谈》记载了这样一个故事，苏轼与苏辙同入考场，苏轼有一道题不知道出处，对案长叹，苏辙就把毛笔竖起来，以口吹之，苏轼顿悟出自《管子注》。三苏关于管仲的文章都可以看作高考练笔作文。应试之作，让阅卷人眼前一亮才有可能脱颖而出，那么观点越新奇就越容易在竞争中胜出，苏洵立此新论，也就不足为怪了。

二、《心术》

宋朝立朝就面临着严峻的边防安全问题，宋辽、宋夏之间屡次爆发战争。而后，澶渊之盟，庆历议和，各地纳贡又让以分担国家忧患为己任的知识分子忧愤不已。苏洵喜好言兵，他的《权书》是一部“言兵”的专著，《心术》便选自《权书》。

我们先来看一下《权书》的整体结构，共十篇，前五篇讲用兵作战的理论问题，分别是《心术》《法制》《强弱》《攻守》《用间》；后五篇是就历史上的军事人物和事件所做的评论，有《孙武》《子贡》《六国》《项籍》《高祖》诸篇。很显然，《权书》内在有自己的系统性，是一个具有整体结构的著作。而《心术》，是这一部著作中纲领性地阐述苏洵军事思想的一篇。文章逐次论述了用兵的方法，分治心、尚义、养士、智愚、料敌、审势、出奇、守备等八个方面。大致的观点如下：

作为将领，首先是修养心性，这是治军的核心。

如果有军事行为，应当符合正义。准备阶段，要积蓄财力；作战前，要培养战斗力；战斗中，要鼓舞士气；战胜后，要修养心性。

将领要聪明而严厉，战士则要愚昧。

出兵前要做好情报工作，知己知彼，审视双方形式。

要善用己方和敌方的长处与短处出奇制胜。要利用各种条件来巩固自己的力量。整篇文章以将领治心为核心，每小节自成段落，各有中心，又有内在联系，逻辑严密。这种写法能给人以形式上的美感，让人感觉作者思虑完备，军中之事尽在掌握。

《权书》像是一本北宋版的《孙子兵法》，然而我们知道，兵法这类书籍，本是自下而上的经验总结。真实的行军打仗、路程计算、运粮劳役、武器补给、兵饷分发、操练法式等其实是极为琐碎的实际问题。一介布衣论兵，又无切实的数据支持，也只能是理想化的军事思想。

不过，苏洵很不喜欢别人把他看作孙武一类的军事理论家，他认为自己这部书是“用仁济义之术”，所谓“仁义不得已，而后吾《权书》用焉”。意思是，他探讨的不是单纯的工具化的战术，而是站在儒家的立场，探讨儒家作为“仁义”的辅助。在儒家思想里，正心诚意是修身、齐家、治国、平天下的前提，天下安危皆系于“君心”之正，那么在这种逻辑下，将领当然首先要“治心”，这是典型的儒家思想。此外，儒家讲究“仁义”，在《心术》里，接着强调的就是“凡兵上义，不义，虽利勿动”，这种先义后利的观点也是遵从儒家思想的。

然而随后的智愚、料敌、审势、出奇、守备这几部分，就不那么“儒家”了。无论是选择愚昧的士兵，使之与主帅舍生忘死，还是虚虚实实地扬短避长，以假象迷惑敌人出奇制胜，就都不怎么讲“正心诚意”了，依旧是“兵者诡道”的味道，也依旧是君长役使之术，这种糅杂而崇尚谋略的思路也是纵横一脉的气质。

另外，《权书》这种写作风格也与宋代的科举制有关，宋代在制科考试之前，考生应先提交一组文章接受主审司评审，评审通过后，才可以参加正式考试。这些文章有个专门的名字叫“贤良进卷”。天圣年间，张方平，也就是《古文观止》里《张益州画像记》里的那位张益州，他开始按分专题、设层次的方式来组织他的进卷，取名《刍荛论》。这组文章体系严密、秩序井然，一举受到当世显宦的赞誉，使他两度登科，并在其后获得了极快的升迁。榜样的作用下，苏洵也仿效这种“总论-分述”的文章写法——将问题拆分为多个方面，形成多篇分述的议论方式，又各个专题之间勾连照应，使之保持完整，达到“章法整齐”的效果。果然，苏洵的这组文章也得到了欧阳修的青睐，将之进荐给皇帝，并在士林引起轰动，“公卿士大夫争传之”。

作为古文的典范文章，真正值得我们学习的是苏洵的为文之法和遣词造句的功底。

比如他写《管仲论》，论点集中，一事一议，不旁涉其他。还有上文说到写《心术》，章法工整，环环相扣，此处不再重复。

比如语言上，用词精准，绝少使用模棱两可、似是而非的词语，甚为严谨精练。

举一例来看，《管仲论》第一段：“管仲相威公，霸诸侯，攘夷狄。终其身齐国富强，诸侯不敢叛。管仲死，竖刁、易牙、开方用，威公薨于乱，五公子争立，其祸蔓延，讫简公，齐无宁岁。”全段仅由五十四个字组成，却能将管仲生前功绩与死后齐国形势描绘得淋漓尽致。全段大多数是意义鲜明的实词，很少有修饰性的状语和虚词。动词“相”“霸”“攘”，各接宾语，又形象又简练。“齐国富强，诸侯不敢叛”国内国际对仗写来，用最少的字点出最关键的功绩。“死”“用”“薨”“争”又四个动词连用，将几年间的事情交代清楚，又将因果逻辑隐含其间，逐字读来，全段竟无一字可增删改动。

还有如《心术》中“泰山崩于前而色不变，麋鹿兴于左而目不瞬”，“崩”“兴”二字对举，“崩”字写出山轰然倒塌之形象，“兴”字写出麋鹿突然出没之迅速。苏洵用词之精准简练，由此可见一斑。

再比如《心术》中大量的对偶和排比的使用，使得文章既周全完备，又富有形式美感，也极具气势。像“智则不可测，严则不可犯”“凡主将之道，知理而后可以举兵，知势而后可以加兵，知节而后可以用兵。知理则不屈，知势则不沮，知节则不穷。见小利不动，见小患不避”“一忍可以支百勇，一静可以制百动”“尺箠当猛虎，奋呼而操击；徒手遇蜥蜴，变色而却步”等这些句式的使用都极大地增加了文章的说服力，非常值得我们一字一句地琢磨体悟，模拟学习。

“书”体文言文的读法

裴德明

“书”即书信，古人又叫“尺牍”“信札”，是一种应用性文体。《古文观止》卷十一涉及书体的文章有《上梅直讲书》《上枢密韩太尉书》《寄欧阳舍人书》等。

书，在交通不发达的古代，连接写信人和收信人。我们对写信与收信双方状况有所了解，有益于读懂文章。

一、明确写信人、收信人以及写信人和收信人当时地位状况及写信的目的

下面我们通过表格形式明确上面三篇“书”体文言文的相关内容。

篇目	写信人	写信人情况	收信人	收信人情况	写信目的
《上梅直讲书》	苏轼	宋仁宗嘉祐二年（1057）苏轼科举及第	梅尧臣	参评官	感谢信。当时梅尧臣在阅卷时发现苏轼的文章，于是将文章推荐给时任主考官的欧阳修。苏轼非常感激梅尧臣的知遇之恩，于是给他写了这封信。
《上枢密韩太尉书》	苏辙	宋仁宗嘉祐二年（1057）苏辙考中进士	韩琦	时任枢密使	求见信。苏辙考中进士后，希望可以拜见韩太尉，此信有干谒之目的。

（续表）

篇目	写信人	写信人情况	收信人	收信人情况	写信目的
《寄欧阳舍人书》	曾巩	宋仁宗庆历七年（1047）曾巩二十九岁。	欧阳修	十二月，以南郊恩，加上骑都尉，进封开国伯，加食邑三百户。	感谢信。曾巩奉父之命，派人送信给欧阳修，请求欧阳修给他的祖父曾致尧撰写一篇碑铭。这一年的秋天，欧阳修写好碑铭之后，交给曾巩所派之人带回，曾巩于第二年写了这封信表示感谢。

通过以上表格的梳理，就可以明确书信的大致内容：

《上梅直讲书》是苏轼在宋仁宗嘉祐二年（1057）科举及第后，写给当时的参评官梅尧臣的感谢信。当时梅尧臣在阅卷时发现苏轼的文章，推荐给主考官欧阳修。苏轼非常感激，于是给梅尧臣写了这封信。

《上枢密韩太尉书》是苏辙在宋仁宗嘉祐二年（1057）考中进士之后，写给时任枢密使的韩琦的求见信，此信有干谒之目的。

《寄欧阳舍人书》是曾巩在宋仁宗庆历七年（1047）写给欧阳修的一封感谢信。宋仁宗庆历六年（1046）夏天，曾巩奉父之命，派人送信给欧阳修，请求欧阳修给他的祖父曾致尧撰写一篇碑铭。这一年的秋天，欧阳修写好碑铭之后，交给曾巩所派之人带回，曾巩于第二年写了这封信表示感谢。

二、关注古人的书信交际技巧，敬辞、谦辞的使用情况

因为写信人和收信人的地位、学问等的不对等，有时候会导致谦虚过度而致有损自我人格，或者对对方褒奖过度而致有谄媚嫌疑的情况，做到不卑不亢，既达到写信的目的，又语气合适、表达得体是很难的。

古人讲究写信委婉含蓄，礼貌得体，作为“书”，《上梅直讲书》《上枢密韩太尉书》《寄欧阳舍人书》各有特点。

《上梅直讲书》中，苏轼先从自己阅读经历入手。周公以及孔子与弟子困于陈、蔡之地的这两段故事可谓家喻户晓，尤其是后者，但是苏轼仍然绘声绘色地讲了一遍，突出了夫子与颜回的对话，尤其是颜回的回答：“夫子之道至大，故天下莫能容。虽然，不容何病？不容然后见君子。”苏轼此处似有深意。我们再结合梅尧臣的人生经历来看这部分内容，似乎就容易明白苏轼的目的了。结合文末所言“执事名满天下，而位不过五品，其容色温然而不怒，其文章宽厚敦朴而无怨言，此必有所乐乎斯道也”，可见首段讲述孔子及弟子困于陈蔡的故事的深意，即以孔子与其弟子来比拟欧、梅与自己的关系。从表面看，既表达了对二位先贤的感激之情，也表达了自己有高远的抱负之意；从深层看，又写出了对梅尧臣不遇的深刻理解。名满天下，可是官职却不过五品，可谓不遇，但是仍然可见其人容色温然，毫无怨怒之心，是因为如孔子一样“乐乎斯道”，自己也如颜回理解孔子一样理解梅尧臣。此处写得比较隐晦，此种意思只适合以这种隐晦的方式写出，如果上来就直接讲梅尧臣不遇之现状，则属直露无礼了。

梅尧臣，时任国子监直讲，此文题目为“梅直讲”，属于称官名，是敬称。在信中，苏轼自称“轼”，轼是其名，自称名，乃是谦称。称欧阳修为“欧阳公”，“公”是古代对有身份或年长的男子的尊称，称欧阳修为欧阳公，还有对其品德高尚的美誉，以及一心为国，有公心、无私心的评判。称梅尧臣为“执事”，是对对方的敬称，正如《烛之武退秦师》中的“敢以烦执事”的“执事”。

此时的苏轼与梅尧臣相比，地位悬殊，但是此信言辞不卑不亢，且委婉有致。

苏辙《上枢密韩太尉书》这封信，本有干谒

之意，但是起笔却凌空而来，从谈论为文之道入手，然后介绍自己离开家乡，过秦、汉之故都，至京师，见翰林欧阳公的经历。看似与写信目的无关，但是仔细读来，又句句有关，句句铺垫，句句蓄势——太尉“而辙也未之见焉”。“于山见终南、嵩、华之高，于水见黄河之大且深，于人见欧阳公，而犹以为未见太尉也”，这一路走来，见了那么多山、水、人，却唯独未见太尉，前面写那么多见，恰是为了此处的未见，而此处的未见又为了引出下文的想见，“故愿得观贤人之光耀，闻一言以自壮，然后可以尽天下之大观而无憾者矣”，这才是本意。而这见与不见又至关重要。因为事关为文之道，这是得“气”之关键。

此信中，苏辙自称辙，辙是苏辙的名，自称名属于谦称。称韩琦为太尉执事，称执事是敬称；称太尉，属于称官职，也是敬称。文末“辱”是谦辞，表示让对方屈尊。此时苏辙十九岁，苏辙放低姿态，以初到京城的小学生口吻给韩琦韩太尉写了这封信，文辞恳切，颇见才华，颇为得体。

曾巩《寄欧阳舍人书》一文是感谢信，但是初不言谢字，只开头一句“去秋人还，蒙赐书及所撰先大父墓碑铭，反复观诵，感与惭并”点明此信目的，便宕开一笔，此文妙就妙在这宕开的一笔。下文表面在反复论述铭、志的作用、重要性以及写作要求，但是最后仍归结于此文第一句所言之事，而且赞美不留痕迹，不露骨肉麻，不是归于空洞的溢美之词，而是纡回曲折，缓缓道来，将对欧阳修的高度评价和真挚谢意蕴涵于议论之中。

此文题目为《寄欧阳舍人书》，“舍人”为官名，称官职是敬称。称欧阳修为先生，曾巩曾拜欧阳修为师，此为执弟子礼。曾巩自称巩，巩是其名，自称名是谦称。文末“辱”是谦辞，表示让对方屈尊。

总的来说，以上三篇“书”体文言文，立意构思精巧，不落俗套，皆是从他处落笔，归于所写目的，迂曲有致，丰富了书信的内涵。同时三篇文章写得谦虚有礼，不卑不亢，作为交际应用类文章，是难得的模仿范本。

运用“概念分析法”①深入理解“记”体文言文

裴德明

《古文观止》卷十一中涉及五篇“记”体文言文，有苏轼的《喜雨亭记》《凌虚台记》《超然台记》《放鹤亭记》以及苏辙的《黄州快哉亭记》。以上五篇“记”体文章，都是为亭台而作，如“喜雨亭”“凌虚台”“超然台”“放鹤亭”“快哉亭”。“记”是古代一种散文体裁，以叙事为主，可叙事、写景、状物、议论，或抒发情怀抱负，或阐述个人观点。我们在阅读这一类文言文的时候，可以紧抓“记”体文章篇名中的核心概念，进行理解分析，进而把握作者情感，深入理解文章的思想旨意。

对于《喜雨亭记》《凌虚台记》《超然台记》《放鹤亭记》《黄州快哉亭记》这五篇记，我们先用表格形式梳理其作者、创作时间、创作时年龄、时任官职以及创作事由。

① 裴德明《词言与思维——高中议论文写作创新思维提升》，九州出版社2024年版，第30页。

篇目	作者	创作时间	创作时年龄	时任官职	创作事由
《喜雨亭记》	苏轼	北宋仁宗嘉祐七年（1062）	25岁	任凤翔府签判	嘉祐七年（1062）春天久旱不雨，亭子建成，大雨时至，民众俱欢欣，于是撰写《喜雨亭记》。
《凌虚台记》	苏轼	北宋仁宗嘉祐八年（1063）	26岁	任凤翔府签判	嘉祐八年（1063），凤翔太守陈希亮修筑了一座高台，名为“凌虚台”，求记于苏轼，苏轼遂撰写《凌虚台记》。
《超然台记》	苏轼	北宋神宗熙宁八年（1075）	38岁	调任密州知州	熙宁八年（1075）修复一座残破的楼台，其弟苏辙以《老子》“虽有荣观，燕处超然”，名之为“超然”，苏轼撰写《超然台记》。
《放鹤亭记》	苏轼	北宋神宗元丰元年（1078）	41岁	任徐州知州	云龙山隐士张天骥建亭、放鹤，苏轼与其在放鹤亭中饮酒，撰写了《放鹤亭记》。
《黄州快哉亭记》	苏辙	北宋神宗元丰六年（1083）	46岁	被贬至筠州（今江西高安）监盐酒税	与苏轼同谪居黄州的张梦得，为览观江流胜景，在住所西南建造一亭，苏轼取名为“快哉亭”，苏辙应张梦得邀请，撰写《黄州快哉亭记》。

下面再通过表格形式，明确五篇“记”的篇目名、亭台名、相关核心概念，然后尝试运用“概念分析法”，通过“喜雨”分析《喜雨亭记》，通过“凌虚”分析《凌虚台记》，通过“超然”分析《超然台记》，通过“放鹤”分析《放鹤亭记》，通过“快哉”分析《黄州快哉亭记》。

篇目名	亭台名	核心概念
《喜雨亭记》	喜雨亭	喜雨
《凌虚台记》	凌虚台	凌虚
《超然台记》	超然台	超然
《放鹤亭记》	放鹤亭	放鹤
《黄州快哉亭记》	快哉亭	快哉

一、《喜雨亭记》之“喜雨”

苏轼《喜雨亭记》以“喜雨亭”统领全篇。

第一段点明亭子命名缘由以及目的，“亭以雨名，志喜也”“示不忘”。

第二段写自己在堂北建亭，以及后来“弥月不雨，民方以为忧”，三月之后，“乙卯乃雨”“甲子又雨”“丁卯大雨”，此时亭子恰好建成。盼雨雨至，建亭亭成，落在一个“适”字上，有雨有亭才能“优游而乐于此亭”，否则，有雨无亭，有亭无雨，喜便减半，有雨有亭，喜便加倍。

最后以“喜雨”命名此亭，又作歌歌之，以抒发喜雨之情，将喜雨之情推向高潮。而且歌以咏志，太守不居功，天子不居功，造物主不居功，造物主将之归功于渺茫深远的太空，可见苏轼精神境界。

纵观全文，从“弥月不雨”之忧到雨至之喜，从建亭“以为休息之所”到后来“相与优游而乐于此亭”，作者忧国忧民，与民同乐的为政理念则更增添了“喜”的内涵与深度。文章涉及喜、雨、亭三字，在文中这三个字并不是平均用力，且三个字并不是独立于彼此，“喜、雨、亭”三者有其内在逻辑联系，“喜”是核心，“喜”之前自然有不喜，即“弥月不雨，民方以为忧”，而后“乙卯乃雨”“甲子又雨”“丁卯大雨”，因雨而喜，先忧后喜，故而有喜雨之意，且先忧而后喜，更显喜之可贵，加深喜之程度。堂前原本无亭，自然也无喜，结果“吾亭适成”，因亭而喜，故而有喜亭之意。喜雨，喜亭，实乃二喜事，于是二喜变一喜，小喜变大喜。再者，表面是喜雨、喜亭，其后更隐匿喜之人，“官吏相与庆于庭，商贾相与歌于市，农夫相与忭于野”，内在里实是苏轼与同僚同喜，与民同喜之深意。

二、《凌虚台记》之“凌虚”

仁宗嘉祐六年（1061），苏轼被任命为大理评事，签书凤翔府判官，此时，苏轼尚处于青年时期。嘉祐八年（1063），凤翔太守陈希亮筑台于后圃，名为“凌虚”，求记于苏轼，苏轼“欣然”命笔，遂撰写《凌虚台记》。

关于此事，林语堂在《苏东坡传》[①]中这样写道：

> ……新太守姓陈，是武人出身，严厉刻板，面黑体壮，两眼炯炯有神。他与苏东坡同乡，认为他少年得意，颇把他看做暴发户。陈太守为官以来，颇负美誉……
>
> 现在苏东坡新来的上司却是这样的一个人。所有的文武官员都向他俯首致敬，但是对苏东坡而言，我们都不难猜测，现在是两个不妥协通融的硬汉碰了面。二人之间遇有争论，便舌剑唇枪，恶语相加。苏东坡年少多才，有才自负的年轻人而要向外在的权威俯首拜服，实在难之又难……
>
> 苏东坡的报复机会不久到来。陈太守在太守公馆里建造了一座“凌虚台”，以便公务之暇，登台观望四野景物之胜。不知何故。陈太守吩咐苏东坡写一篇文字，预备刻在凌虚台的石碑上，作为兴建此台的纪念。这个诱惑对年轻多才的苏东坡，是欲拒不能了……显然是他不得直接攻击陈太守，但是知道向老头子放支玩笑的小箭，总无伤于人，亦无害于己……
>
> 倘若苏东坡年龄再大些，文字之间的语调儿会更温和些，讽刺的箭也许隐藏得更巧妙些。这篇记叙文，本为庆祝而作，却在沉静中沉思其将来坍塌毁坏之状，并含有太守不知所住之城外有山之讽刺，在中国志记文中尚属罕见。但是陈太守这个老头子确实量够大，竟不以为忤。这一次他对此文一字未予更动，照原作刻在石碑上。……

通过林语堂《苏东坡传》中的叙述，我们可以对苏东坡、陈希亮二人的个性特点以及二人之间的关系有了比较清晰的了解，再来读文章，就会更容易理解了。

《凌虚台记》先写既然“国于南山之下”，那就应该“起居饮食与山接也”。而且“四方之山，莫高于终南，而都邑之丽山者，莫近于扶风。以至近求最高，其势必得”。太守居住于此，按理说应该得其势，可是“太守之居，未尝知有山焉”，并且说这就是太守建造凌虚台的原因，从第一段语气来看，颇有讽刺味道。

第二段“恍然不知台之高，而以为山之踊跃奋迅而出也”，仍是语带讥讽。

第三段则更加明显，“物之废兴成毁，不可得而知也”“方是时，岂知有凌虚台耶”“则台之复为荒草野田，皆不可知也”“坚固而不可动者，岂特百倍于台而已哉”“而况于此台欤”“夫台犹不足恃以长久”等数句话里话外，明里暗里，反反复复言及此台难以长久，文章最后甚至写到“而况于人事之得丧，忽往而忽来者欤”，又从凌虚台写到人事得丧，最后又将讽刺推向高潮：“而或者欲以夸世而自足，则过矣。盖世有足恃者，而不在乎台之存亡也。”言外之意，你陈希亮想以此

① 林语堂《苏东坡传》，湖南文艺出版社，2018年版。

自夸于世，自我满足，大错特错，什么人才会这样做呢，必定是没有“足恃”条件之人。

作者紧扣“凌虚”二字而成文，何为凌，何为虚，在陈希亮眼中，“人之至于其上者，恍然不知台之高，而以为山之踊跃奋迅而出也。公曰：‘是宜名凌虚’”，人站在台上，恍惚间不知道台之高度，好像那些山峦是突然间跳出来的，因此陈太守命名此台为“凌虚台”，至于陈太守在命名的时候，还有何种心思，真实想法是什么，似乎无法揣测，只有他自己知道了，但是我们可以从“凌虚”二字中窥见一斑。三国魏曹植在《七启》中曾说：

> 华阁缘云，飞陛凌虚，俯眺流星，仰观八隅。

在《节游赋》中曾说：

> 建三台于前处，飘飞陛以凌虚。

陈太守对于此亭，以“凌虚”命名，未必没有自得自足之意。

但是，陈太守颇为自得的“凌虚”二字，在苏轼的一番解构之下，却有了不一样的意味。这一“虚”字，在苏轼眼中，不管是有形的台，还是无形的名利，皆为虚幻。颇为气人的是，苏轼还搬出其东的秦穆之祈年、橐泉，其南的汉武之长杨、五柞，其北的隋之仁寿、唐之九成，与陈太守之台进行比照，“岂特百倍于台而已哉”，真是人比人气死人的节奏。至此还不过瘾，又说即便那些百倍于此台的建筑，“既已化为禾黍荆棘丘墟陇亩，而况于此台欤”。估计写完这几句，苏轼心中无比畅快。这样一个台，终将归于虚无，就应该以“凌”的态度对待，仿佛在劝诫陈太守要境界高远，不要追求这些俗不可耐的东西，而是要去追求真正不虚的东西。

话说回来，不管苏轼有没有讥讽陈太守，以报“私仇”之意，而感叹兴废无常，指出一切皆为虚幻，人应该追求真正能够使人不朽的东西的意思总还是有的。

三、《超然台记》之“超然”

北宋神宗熙宁七年（1074）苏轼调任密州知州。

苏轼调任密州知州后，见到当地尽是天灾人祸，让人沉重。

在文中，苏轼写到“凡物皆有可观。苟有可观，皆有可乐”，而且“非必怪奇伟丽者也”“铺糟啜醨，皆可以醉；果蔬草木，皆可以饱”，这几句，正对应此时的情境。然后发出慨叹“推此类也，吾安往而不乐”。

第二段写到“人之所欲无穷，而物之可以足吾欲者有尽”，物是用来满足人欲的，可是人欲是无穷的，那么物足人欲也是有尽的。人们心中之所以有美好与丑恶的辨别斗争，之所以会面对舍弃与求取的抉择，“则可乐者常少，而可悲者常多”。“求祸而辞福”是因为“物有以盖之”。美好与丑恶错杂产生，忧愁与欢乐也交替出现，让人感到悲哀。正确的做法是“游于物之外”。

第三段写移守胶西以及到胶西之后的生活。一路上，“服车马之劳”“庇采椽之居”“行桑麻之野”，这与之前的“舟楫之安”“雕墙之美”“湖山之观”形成了鲜明的对比，“始至之日，岁比不登，盗贼满野，狱讼充斥，而斋厨索然，日食杞菊”，如此看来，的确很难让人快乐，“人固疑予之不乐”也是正常的。可是一年之后，“貌加丰，发之白者，日以反黑”“乐其风俗之淳，而其吏民亦安予之拙也”，可见当地官吏百姓是接受了苏轼这个新官的，以上种种，堪以为乐。于是，“治其园囿，洁其庭宇，伐安邱、高密之木，以修补破败，为苟完之计”“因城以为台者旧矣，稍葺而新之。时相与登览，放意肆志焉”，可以“撷园蔬，取池鱼，酿秫酒，瀹脱粟而食之”，不禁慨叹：“乐哉！游乎！”又突出一“乐”字。

第四段点明了“超然”之意，“以见予之无所往而不乐者，盖游于物之外也”，作者无往而不乐，不管是这个破败的密州，还是密州这个破败的旧台，苏轼都能够从中获得快乐，是因为他可以游于物外，游于物外，就不会被眼前之物、当下之境影响心情，就不会怨天尤人，可以说是从眼前苟且的生活中，找到了诗和远方。

文章行文紧扣“超然”二字，何为“超然”，如果是在优渥的物质生活中，讨论超然似乎从逻辑上并不成立，正是于“人固疑予之不乐也”的物质生活中，作者依然可以自乐，乐民，乐吏，乐众人，无往而不乐，可以从不堪的物质生活中获得精神的快乐，“游于物外”是谓“超然”，这是一种心态，更是一种智慧。

四、《放鹤亭记》之“放鹤”

《放鹤亭记》是苏轼被贬谪徐州，任徐州知州时所作，此时作者政治上颇为失意。此文记叙了张天骥隐居云龙山，建亭、放鹤的故事，其中还描写了苏轼与他在放鹤亭中饮酒的情景，以及与山人之问答的情节。

第一段，写张君建亭的原因，恰是熙宁十年秋天那场大水，“熙宁十年秋，彭城大水。云龙山人张君之草堂，水及其半扉。明年春，水落，迁于故居之东、东山之麓”。

张君因祸得福，“得异境”，写出亭所处的地形特点，以及春夏秋冬四季景色特点，尤其是风雨晦明，百变之景。再写“山人有二鹤，甚驯而善飞”“旦则望西山之缺而放”，因此名此亭为“放鹤亭”，此处点明放鹤最基本的意思。

第二段写到了酒与鹤。先来看关于酒的部分，一方面，“周公作《酒诰》，卫武公作《抑》戒”，认为“荒惑败乱，无若酒者”，另一方面，即便是可致“荒惑败乱”的酒，“刘伶、阮籍之徒”，也可以凭借酒“全其真而名后世”，通过醉酒来保全真性，扬名后世。再来看关于鹤的部分，一方面，“卫懿公好鹤则亡其国”，另一方面，对于“隐德之士”，“狎而玩之，宜若有益而无损者”，鹤“其为物清远闲放，超然于尘埃之外”，鹤的气质清高旷远、悠闲自在，超然于尘世之外。再来看酒与鹤的关系，“荒惑败乱”之酒，“清远闲放”之鹤，在“南面之君”和“隐德之士”处却导致不同结果。即便如此，“南面之君，虽清远闲放如鹤者，犹不得好，好之则亡其国”，连比酒危害轻多了的鹤尚不得好，可知“南面之君”不乐。“山林遁世之士”，连酒都可好，且不为害，何况是比酒危害轻多了的鹤呢。最后得出结论，“由此观之，其为乐未可以同日而语也”，“南面之君”的快乐和“山林遁世之士”的快乐简直不可同日而语。

第三段，作者作歌，放鹤而招鹤，“归来归来兮，西山不可以久留”更是直接点明了出世之想。

纵观全文，整篇文章着“放鹤”二字，“放”于文章首尾可见。第二段则点明“鹤”之内涵，是一种超然尘世之外的精神象征。最后以放鹤、招鹤之歌点明自己面对政治失意，想要归隐的想法。

五、《黄州快哉亭记》之“快哉”

宋神宗元丰二年（1079），苏轼因“乌台诗案”而下狱，后被贬黄州。此时苏轼弟弟苏辙上书营救，受到牵连，被贬至筠州监盐酒税。苏轼所在的黄州与苏辙所在的筠州相距很近，元丰五年（1082），苏辙赶到黄州，与兄相聚。元丰六年（1083），与苏轼同谪居黄州的张梦得，建了一座亭子，苏轼为其取名为“快哉亭”，此文即苏辙为此亭而写。

文章第一段先介绍了快哉亭所处的地理位置以及建亭者的大致情况——“谪居齐安”，并且说明了亭名字是“子瞻名之”，引出“快哉”。

第二段描写亭上所见景观及由此生发的历史联想。从景观看，此地视野开阔，昼夜之景不同，且富于变化，加之武昌诸山、渔樵之舍，诸般景色让人感到“快哉”。之前不可久视之景色而今却可以于几席上举目可见，随时赏玩，亦让人感到“快哉”。从历史联想看，此地更是“故城之墟”，观览此地，曹孟德、孙仲谋、周瑜、陆逊等人的“流风遗迹”皆可遐思追慕，更让人感到“快哉”。有实有虚，虚实相生，揭示了“快哉”的内涵。

第三段从“楚襄王从宋玉、景差于兰台之宫”之典故角度，言明“快哉”一词之来历，引出“人有遇不遇之变”的感慨。楚王快乐，百姓忧愁，是由于人的境遇有所不同，不与风关，进而得出“士生于世，使其中不自得，将何往而非病？使其中坦然，不以物伤性，将何适而非快”的看法，士人生活于世，若心中不能坦然自得，则走到哪里不是忧愁的呢？若心中坦然，不因外在环境伤害自己的性情，则走到哪里不是快乐的呢？进而联系到张梦得，“不以谪为患”“自放山水之间”，是因为“其中宜有以过人者”，“蓬户瓮牖”，尚且“无所不快”，“濯长江之清流，挹西山之白云，穷耳目之胜以自适”，则会更感“快哉”。失意文人，思乡士子，面对“连山绝壑，长林古木，振之以清风，照之以明月”之“物”，则“悲伤憔悴而不能胜”，难以感受到其中的快乐，正是因为其无过人之处。面对“物”，如何有“快哉”之感，最重要的在“中”，即心也。

苏轼不仅为这位好友的亭子起名“快哉亭”，还赠送给他一首词，即《水调歌头·黄州快哉亭赠张偓佺》：

落日绣帘卷，亭下水连空。知君为我新作，窗户湿青红。长记平山堂上，攲枕江南烟雨，杳杳没孤鸿。认得醉翁语，山色有无中。

一千顷，都镜净，倒碧峰。忽然浪起，掀舞一叶白头翁。堪笑兰台公子，未解庄生天籁，刚道有雌雄。一点浩然气，千里快哉风。

苏轼词中“落日绣帘卷，亭下水连空”“一千顷，都镜净，倒碧峰。忽然浪起，掀舞一叶白头翁”等景象与苏辙此文诸多景象皆可对应，兄弟二人情意相通，可见一斑，不禁让人想起二人昔日“风雨对床”之事。这里苏轼还写到了“知君为我新作，窗户湿青红”，苏轼反客为主，“为我新作”，非常幽默。“堪笑兰台公子，未解庄生天籁，刚道有雌雄。一点浩然气，千里快哉风”几句也与苏辙文章内容有对应关系，尤其在词末点出“快哉”二字。一个人只要具备“浩然气”，有了这种至大至刚的气，就能在任何境遇中，坦然自适，泰然处之，享受使人感到无穷快意的千里雄风。

苏辙这篇记文，紧紧围绕“快哉”二字做文章，张梦得、苏轼、苏辙，三人际遇相同，正是“不遇”之时，面对“物”，皆能“其中坦然，不以物伤性”，才能超脱于外物，这个“快哉”，既是张梦得的“快哉”，也是苏轼的“快哉”，更是苏辙的“快哉”。文末再以骚人思士进行反衬，更强化“快哉”之感，表达“快哉”之意，加深“快哉”之思。文中有苏辙对张梦得豁达不羁的赞赏，也有对其兄苏轼的理解，还有对自己的勉励之意。

错位的辩驳

茹菲

翻案文章的目的在于反驳之前已有的定论，提出自己的观点。《古文观止》卷十二中《豫让论》《信陵君救赵论》《蔺相如完璧归赵论》这三篇翻案文章都是关于春秋战国时期的人物和事件，所反驳的观点基本流行于汉代，甚至源头都可追溯到司马迁《史记》。豫让是否当得起国士之名？如何评价信陵君的窃符救赵？蔺相如完璧归赵是否誉过其实？一千多年风烟滚过，当年的理所当然已经变得面目陌生。天下已经由分封制变为中央集权，曾经合纵连横的国际风云变成臣子党派之争，个人对自己内心道德原则的坚守也让位给对君王无条件地忠诚。所谓明人的批评与辩驳，不过是用明代的观念去批判前人的行为，用理学的大道理去苛责历史中真实的人性选择，我们在赏习文法之余，更要意识到作者想要表达的那些“大义”，理解他们对自身所处时代的忧虑和隐痛，同时警惕那些不自知的自是与空疏。

一、方孝孺《豫让论》

“豫让刺赵襄子”发生在春秋战国之交，但让豫让的故事大放异彩的其实是《史记·刺客列传》，豫让曾做过晋国贵族范氏、中行氏的家臣，因不受重用而投奔智伯。在赵、魏、韩三家贵族合谋灭了智氏之后，他改名换姓，潜入赵襄子宫中企图行刺，未遂而被捕获。释放后，他又用漆身吞炭的办法改变了容貌和声音，伏在桥下想再一次行刺，结果再次被捕，他要求赵襄子将衣服脱下给他，他朝着衣服“三跃而击之”，然后伏剑自杀。

《史记·刺客列传》里豫让在解释为何自己为智伯报仇而不为范氏或中行氏报仇时候，说“范、中行氏皆众人遇我，我故众人报之。至于智伯，国士遇我，我故国士报之。”他在自杀之前说“忠臣有死名之义”。先秦所谓“忠”，是尽心竭力，是按照自己内心的道德原则做事。豫让用自己的人生选择践行了自己内心的原则，在太史公看来，豫让的刺杀行为是为了报答知遇之恩，是“士为知己者死”，此是为忠义，亦不愧智伯国士之待。后人也一直将豫让视为忠义国士，唐代诗人胡曾写咏史诗《豫让桥》：“豫让酬恩岁已深，高名不朽到如今。年年桥上行人过，谁有当时国士心！”可见这是深得人心的看法。

方孝孺则认为豫让一不配为“国士”，二不称其忠义。

不配被称为“国士”是因为在一系列影响智氏兴衰的关键事件中，豫让的行为比不上那些没有被家主当作“国士”对待的家臣谋士，比如曾力劝其主满足智伯的贪欲，以促智伯众叛亲离乃至灭亡的段规和任章，以及提醒智伯防范韩、魏的郄疵。总而言之，豫让能力不足以当“国士”。

不称其忠义，是因为更符合忠义标准的做法，首先是要“竭尽智谋，忠告善道”，像郄疵那样提醒智伯不能掉入向韩、魏索取土地的陷阱中，以致韩、魏、赵三家联合反攻智氏。如果无法做到这一点，那么豫让应该至少“三谏之”，并且以死相逼，如此则可能使智伯克制其行为，最终保全延续智氏的宗族。

方孝孺强调豫让在劝谏中死去比“斩衣而死”要更有价值。在方孝孺的逻辑里，这个被效忠的君王，有个不证自明的先天禀赋——在臣子死谏之时，理所当然一定能被他的至诚之心感动而醒悟。再反观豫让的“袖手旁观，坐待成败”，那么当然要反问：“国士之报曾若是乎？”他认为豫让的刺杀不过是“不胜血气之悻悻，甘自附于刺客之流，何足道哉？何足道哉？”连说了两遍“何足道哉”，可见他对自己的观点和逻辑推演是相当自信的。

然而如果我们严谨地求证于史料，既无法断言豫让不曾劝谏，也不能推论段规、任章、郄疵等人不曾得到过国士的待遇。方孝孺并不是想就事论事地评价豫让本身，而只是把他拿来当立论的靶子，他写这篇文章的目的，在第一段就已经开宗明义——“士君子立身事主”，也就是探讨士人君子如何才能更有效地效忠君主。

方孝孺认为要想成为流芳百世、照耀史册的“士君子”，为报答主人知遇之恩，应当做出“销患于未形，保治于未然”这样的大成绩。而无法做到这些，在主人失败丧命之后才去献身自尽的人，其实是“钓名沽誉，眩世炫俗”，这在君子看来，是不足取的。

后人推测这篇文章写于方孝孺在宋濂门下学成之时，那时他年轻气盛，心中一片日月光。批驳豫让，隐含着青年方孝孺的自信——倘若国君有危难，我一定能做得比豫让好。

这位充满“政治理想主义”的方孝孺的境遇也曾起起落落，十一岁时他经历了元朝的覆灭和明朝的建立。十九岁时，他的父亲方克勤，一位勤政爱民的官员，被“空印案”牵连，含冤而死，他扶灵归家。二十六岁时，朱元璋接见了他并试其才，但并未重用。方孝孺还因此写了一首诗《奉试灵芝甘露论》“汉家图治策贤良，董子昌言日月光。自笑腐儒千载后，却劳圣主试文章”。直到十六年后，四十二岁的他受到建文帝朱允炆的重用，三年后，朱棣南下，方孝孺宁死不给朱棣写即位诏书，被车裂于街市，灭族。

那么，当年轻的建文帝将他视为知己，以国士礼遇待之时，方孝孺是否真的如他所说的那样能“销患于未形，保治于未然，俾身全而主安”呢？史载，他与建文帝一道发动“建文改制”运动，旨在复兴周朝的制度，他们修建存古书、圣训的“省躬殿”，为殿内陈设撰写铭文，改城门名，改官名，恢复周代的井田制……对此，后来的明学者、画家朱鹭在《建文书法拟》中不忿道：“四年之间，今日省州，明日省县；今日并卫，明日并所；今日更官制，明日更勋阶。宫门殿门，名题日新，虽以干戈倥偬，日不暇给，而曾不少休。一何扰也！”方孝孺认为无比重要的事，对基层办事人员来说，不过是些无用又扰民之事罢了。

《古文观止》里，还收有方孝孺的另一篇《深虑论》。在这篇《深虑论》里，方孝孺历数之前王朝更迭时，后一朝帝王都对前一朝的覆灭之因考虑周详，防备周密，然而祸患却从另外一些未曾想到的方面发生。对此，方孝孺说，人的智慧只能考虑人间之事，关乎朝代兴亡的天道不是人力所能考虑周全的，不是法令权术所能控制的，所以人间的帝王应该“积至诚，用大德以结乎天心”，这就是所谓“深虑”，而如果“欲以区区之智笼络当世之务”还认为后世一定没有危亡，这是绝对不可能的。

这两篇史论文的观点与方孝孺的现实人生际遇有一种有趣的互相追问，互为注脚之感。人们常常如此，并非不懂天道胜于人事，只是真的以为自己所行之人事即为天道。并非不知盛衰之事，当深虑之，只是真的以为自己思虑已然足够深了。

在爆发“靖难之役”之时，方孝孺既不能使“主安”亦不能使“身全”。对燕王朱棣的不少计策都是方孝孺拟定，诏书檄文均出他手，当燕兵渡过长江，也是方孝孺竭力主张皇帝坚守京城，等待救兵。等到燕兵入城，建文帝自焚，方孝孺决心一死，大殿之上怒骂朱棣，最终以身殉主，他践行了自己的儒家理想，自己求仁得仁。

二、唐顺之《信陵君救赵论》

“信陵君窃符救赵”的故事发生在战国末期，《古文观止》里《鲁仲连义不帝秦》和《唐雎说信陵君》，均与此事有关。司马迁写战国四君子，对信陵君格外推崇，《史记》中另外三位的列传标题分别是《孟尝君列传》《平原君虞卿列传》《春申君列传》，而信陵君的传记不叫《信陵君列传》，而叫《魏公子列传》。窃符救赵，从结果看毕竟是保全了魏国，故而信陵君依然是正面的典型，且不说司马迁对于“窃符救赵”里的“窃符”“矫杀晋鄙”等情节无一字批判，连宋代的司马光写《四豪论》也是为信陵君辩解，说魏国和赵国属于唇齿相依的关系，唇亡则齿寒，所以信陵君窃符救赵并不是为了照顾自己跟平原君的私情而置国家利益于不顾，恰恰相反，正是为了在关键时刻维护魏国利益才不得不使出非常手段，谁让魏安釐王在这等生死存亡的关键问题上犯了糊涂呢。而且，这两位都拉出刘邦数次祭拜信陵君做论据，来证明信陵君之行为，实在是为了国家考虑。

司马迁写信陵君强调的是，信陵君的不耻下交，对侯嬴，对如姬，是对地位低下人的折节相待，这是信陵君身上人格魅力的一面。而唐顺之，把这一切全部诛心为结党营私。

唐顺之的这篇翻案文章欲抑先扬，先肯定了“窃符救赵”这件事的积极意义，毕竟保全国家是第一重要的。然后抬出“诛心”大法，所谓诛心者，指责别人的思想或者用心，毕竟当事人心里怎么想，没人知道，也无法证明，于是后面的论述便有了广阔空间。唐顺之认为，信陵君救赵，只是为了救平原君，救自己的姐姐，这个事件实际上是一场私人交易，并不是为了赵国、魏国的国家利益着想，以论其出发点的不公不正来否定此事，再从窃符救赵手段使用不当，指出信陵君等人独断专行，不把魏王放在眼里，致使“人皆习于背公死党之行，而忘守节奉公之道。有重相而无威君，有私仇而无义愤”，文章最后指出魏王之失。唐顺之认为，信陵君敢于并且能够以这样的不当手段去实现自己自私目的的根本原因，在于君王不能集中权力，使大权旁落。

从写作技巧上来看，唐顺之的论述抑扬跌宕，层层深入，深得为文之法。然而事实却经不起考证，起码信陵君当年是“数请魏王，及宾客辩士说王万端，魏王畏秦，终不听公子”（《史记·魏公子列传》），万般无奈之下，才窃符救赵。同方孝孺一样，唐顺之也并不在意信陵君本人如何，史实如何，信陵君只是他拿来阐述自己观点的素材而已。

唐顺之想要说的实际是——“人臣”不可“植党”，“人君”不可“失权”。

唐顺之痛恨人臣植党，从他的人生轨迹可窥一二。明嘉靖八年，二十二岁的唐顺之在会试中脱颖而出，荣登第一，内阁大学士杨一清就想拉拢他，准备录取他为殿试第一，唐顺之断然拒绝。杨一清派使者五次去说服都毫无结果，愤怒之下将唐顺之的名次移到二甲。除了杨一清，唐顺之还婉言谢绝了另一位大学士张璁的栽培。他这样的个性，在官场自然难以长久，没过多久便因得罪张璁被罢官。后被起复，又因得罪嘉靖帝再度被罢官。闲居多年后，再次拒绝工部尚书赵文华的示好，最后在严嵩的威逼下再度出山，抗击倭寇，死于任上。

可是，人臣植党，是否因为君权旁落？或者是否导致君权旁落？唐顺之入仕，只经历过嘉靖这一个皇帝。在他眼中，嘉靖二十余年不上朝，只知道荒淫享乐，求道修仙，臣子之间各自结党明争暗斗，再加上锦衣卫和宦官，整个朝廷乌烟瘴气。唐顺之认为正是君权旁落导致朝纲不举，对此无比痛心，于是借批判信陵君来强调加强君权的重要性，抨击了权臣目无君主的擅权行为，呼唤嘉靖出来亲政。

然而，如果我们考诸历史，唐顺之为之担忧的嘉靖皇帝实在是一流的权谋家。他深谙政治制衡之道，对大臣拉一派打一派，不但培植锦衣卫事无巨细地监察官员，而且利用庞大的宦官集团抗衡官员，并且制造官员之间的矛盾，四两拨千斤，将人心玩弄于股掌之上。虽然二十余年不上朝，但大权非但没有旁落，反而牢牢抓在自己手里。

在官僚制已经高度发达的明朝，日常事务即便皇帝完全放手，官僚体系这架大机器也能够按照章程和惯性自动运转。在儒家的政治理想里，君王和臣子都应该按照“天道”来各安其位，各行其是。而君臣在各自的位置上应该做什么却是儒家的知识精英们掌握话语权。嘉靖皇帝的一生，从“大礼议”事件开始，就是利用儒家经典与儒家话语权做斗争的一生，是不断打破儒家试图对其进行权力制约的一生，也是不断胜利的一生。

明人好以空泛的大道理品评人物，我们今天看当时理学家或心学家的文章，常觉得有种“责人无已时”的不近人情。唐顺之固然不能免俗，但他却是个知行合一，真心践行心学的人。他闲居期间，住茅舍，穿麻衣，在生活上严格要求自己，冬不生火，夏不扇扇，行不坐轿，床不重垫，别人得罪他也不生愠怒，也不表露自己做过官的身份。他用一种自苦的方式来修行，使自己摆脱各种物质欲望的引诱。

嘉靖三十七年（1558），唐顺之再度出山，被严嵩派往江南谋伐倭寇。此后两年，唐顺之的使命虽然只是巡视军情，可他身先士卒，战斗在抗倭前线，为朝廷立下战功。在他的谏议之下，明朝开放海禁，使得渔民生计有赖。然而海上奔波劳苦，终于使得唐顺之染病不起，卒于巡视的海船之上。他的一生，是当得起“守节奉公”这四个字的，在这个意义上，也更能理解唐顺之借批判信陵君所表达的对朝廷的忧虑和愤慨。

三、王世贞《蔺相如完璧归赵论》

王世贞是明嘉靖二十六年（1547）的进士，比唐顺之小将近二十岁。在明代文坛上，王世贞可谓一代文宗。

《蔺相如完璧归赵论》可以说是运用假设论证之法的典范之作。在《史记·廉颇蔺相如列传》里，太史公对蔺相如赞誉有加，认为他智勇双全。后人也多认为和氏璧能保全，蔺相如功不可没。而王世贞却对蔺相如的做法不以为然，一开篇便亮明否定的观点，先声夺人，接着从三个方面阐述自己予以否定的理由。

首先，王世贞认为秦以十五座城的空名换和氏璧，真实意图就是为了骗取璧，并不是要窥视赵国江山，以此指责蔺相如的所作所为是“既害怕秦国又去激怒他”，这是失于智。接着，王世贞重点分析了蔺相如所谓的曲直论。王世贞认为，秦想得到和氏璧，赵不想给，双方本来没有什么对错，但蔺相如一边让秦按照地图割让城池，安排隆重仪式受璧，一边“使舍人怀而逃之”，这是失于信。最后，王世贞又分情况讨论了蔺相如完璧归赵的各种后果，结论是假如秦王发怒攻赵，蔺相如必然是族灭国破，是失于利。这样层层递进，步步深入，从而得出了全文的结论：“蔺相如之获全于璧也，天也。”这里的“天”，是指当时的客观形势。也就是说，因为秦国不想和赵国为敌，蔺相如才能完璧归赵，赵国才得以保全。最后王世贞又列出“劲渑池”“柔廉颇”两件事，说这是“愈出而愈妙于用”。这个“妙于用”暗含讥讽，意思是说，蔺相如的所谓智勇，不是为了赵国，而是为了自己，他的所作所为，不过是纵横家的权谋技巧而已。这里，连蔺相如的人品道德也一并否认了，整篇文章还是诛心的路数。

与元朝统治下的卑微乖顺的儒生不同，明代的儒生分外喜欢在朝堂上跟统治者辩论，要把武力夺天下的朱家皇帝扭转到儒家的治国之道之下。同时明代科举盛行，入仕之前，是漫长的科举文章的规训，学习不能质辨的圣人之言，而等到真正有时间读史，又往往政务繁忙，成就可想而知，所以读明人史论，不可不仔细辨查。

秦国经过历代秦君的励精图治，已然是超级大国，秦国并吞六国、一统天下的野心早已经是昭昭在目。哪里是“非欲以窥赵”呢，明明就是以换璧为借口进行试探，捏捏赵国的软硬，找找伐赵的机会和口实。

赵国如果真的给了秦和氏璧，是明显示弱，屈服于秦的强权，这显示的是赵王治国无方，胆识不若他国之君，以后还怎样立足于列国之中？如果不给，那正中秦国下怀，秦国定能兴“有”名之师，伐理“屈”之赵。到那时，廉颇也未必挡得住白起。这不是简单的想不给就不给的事。

如果乖乖给了和氏璧，秦王不给城，再来看王世贞给蔺相如想的台词——假使大王因为和氏璧，放弃了十五城的百姓，那百姓则会怨恨王把他们像草芥一样抛弃了。而假如不给城，则是失信于天下。我请求死于秦，来证明秦失信于天下。

这段话成立有三个前提——百姓会担心秦王抛弃他们，秦王会顾虑百姓的怨恨，秦王也不敢失信于天下。这几条，在明代儒生常用来劝谏皇帝时的话语体系里，是正确的，连这种以死明志的态度也是轻车驾熟的。王世贞大概以为这不证自明，可惜在战国时期，这三个前提都不成立。

对战国时期的百姓来说，谁来统治不重要，日子过得好才重要。而秦王，无论是对百姓的怨恨还是所谓的失信于天下，都是完全不在乎的。失信于天下又如何？天下谁能为赵国主持公道？不笑话赵国国君就算厚道了，还能指望因为一璧之故，韩、魏等国合纵抗秦？秦可以不费吹灰之力就骗到了和氏璧，面对如此可欺的赵国，其他诸侯难道不要趁机拥上去也照葫芦画瓢骗几件宝贝？而且，秦国的胃口又岂是一璧可以喂饱的？今日骗一璧，明日就能再开口索要他宝甚至城池，赵岂不危矣？

赵国的目的，既不为璧，也不为城，而是要表态兼证明——我们赵国不是好欺负的，秦国要璧，必须拿城换，赵国虽然不敢不换，但必须礼尚往来，这才是外交对等，才是“不辱于诸侯”。璧虽小，但关乎赵国的国际尊严，故而不可不争，这才是为君者的考虑。

蔺相如的完璧归赵，最重要的作用是让秦国变得被动了，进退皆无利可得，从而保全了赵国的尊严和士气。虽然，从历史上看，三十多年后，赵就被秦所灭，按照王世贞的讲法，这也是“天”的力量了。

既然命运不可阻挡，是引颈就戮还是放手一搏，才是一个人、一个国家精神上的光辉所在。

在《史记·廉颇蔺相如列传》的最后，太史公说：“知死必勇，非死者难也，处死者难。”死，不是难事，怎样对待死才是难事，司马迁赞颂蔺相如的勇气，认为一个人一旦振奋起他的勇气，其威力就可以伸张出来压倒敌国。

这固然也是司马迁一家之言，但我们常常能感到太史公笔下时时洋溢着对个人的肯定，对个人的智慧、勇气、尊严、义气的肯定。他写豫让，写“士”与“君”的关系，是一种基于平等互利的交换关系，相对平等的合作和雇佣关系。绝不同于方孝孺认为的士君子的形象，那种无条件的从一而终和无条件的顺从。他写信陵君折节下交的风度，写侯嬴的生命选择，一种人与人之间的相互认可和成就，绝不同于唐顺之面对的官场勾结的蝇营狗苟。

这些人在危急关头迸发出的勇气、担当、决断与智慧，到了明朝文人眼里，却与他们所受到的规训处处龃龉，读史于此，就难免忍不住做一番错位的辩驳了。

寓言的读法

茹菲

《古文观止》里选了刘基的两篇寓言，分别是《司马季主论卜》和《卖柑者言》。所谓寓言，是用比喻性的故事来寄托意味深长的道理。因此，读寓言，一方面要思考作者真正想说的道理是什么，另一方面则要想，为何这个道理不能直接说，而要套一个寓言的壳子来说。

刘基是元末明初人，自小聪慧，博览群书，乡间父老都称他“神童”。稍大一点拜在处州名士郑复初门下，郑复初对刘基的父亲赞扬说：“您的祖先积德深厚，庇荫后代子孙，这个孩子如此出众，将来一定能光大你家的门楣。”这样成长过来的刘基，可以想象，他对自己光宗耀祖、修齐治平的人生是有很大的期待的。

刘基在元顺宗至顺年间中了进士，当时不过二十三岁。后被授予高安县丞、江浙行省儒学副提举、浙东元帅府都事、太史令、弘文馆学士等职，而后，因遭排挤愤而辞官。然而刘基的遭遇并不能算非常不幸。纵观整个元朝，从科举进身的官员非常少。而且，元朝的科举分左右榜，蒙古人、色目人与汉人、南人分榜录取。汉人、南人考试的科目更多更难且名额更少，且即便录取了地位也更低。更甚者，就在刘基中进士的那一次科考后，元朝就废除了科举考试，直到九年后才重开科举。刘基作为儒家知识分子的自我期待与元朝的现实情况之间本来就存在着巨大的鸿沟。

刘基写《郁离子》的时候四十多岁，所谓“郁离”，“郁”有文采的样子，“离”，八卦之一，代表火。郁离，就是文明的意思。意思是，如果天下后世用我这本书里的治国之道，必定可以达到文明之治。当现实无法证明我的“德”与“功”，儒家知识分子还可以“立言”来证明自己的治世能力。但是“立言”毕竟是排在“立德”“立功”

之后，总是难免流露对世事的不满和牢骚。

元末的千疮百孔与岌岌可危让刘基胸中时时充有愤世之心。这两篇寓言都是如此，《卖柑者言》这篇从一个“善藏柑”的卖柑者兴旺的生意写起，他的柑子“涉寒暑不溃”而且“出之烨然，玉质而金色”，接着笔锋陡转，一语道破柑的本来面目：“剖其中，干若败絮。”由此，柑的金玉其外与败絮其中形成了强烈对比。读者也跟随着刘基兴起愤怒和质问之意——所卖的柑是用来盛在笾、豆之中祭鬼敬神、供奉宾客呢，还是炫耀其外表以愚弄蠢材和没有眼力的人呢？这真真是“甚矣哉，为欺也！”

卖柑者在如此愤怒的质问之下却并不惶恐地为自己辩解，反而说这种生意养活自己已多年，买卖各得其宜，彼此从无怨言，进而反问作者，怎么到你这里就不满足了呢？接着是洋洋洒洒一篇道理，围绕一个“欺”字，表面上在说“为欺者不寡”，要见惯不惊，实际上是借题发挥，辛辣地讽刺了当时的欺世盗名之徒。这些话，自然是刘基借卖柑者之口来说出自己对时世黑暗的愤怒。那些“佩虎符、坐皋比者，洸洸乎干城之具”“峨大冠、拖长绅者，昂昂乎庙堂之器”“坐高堂，骑大马，醉醇醴而饫肥鲜者”，表面上“巍巍乎可畏、赫赫乎可象”，不都正是金玉其外的表现吗？而实际上这些人，这些排挤过、欺压过刘基的人，他们“盗起而不知御，民困而不知救，吏奸而不知禁，法斁而不知理，坐縻廪粟而不知耻”，更说不上“授孙、吴之略”“建伊、皋之业”。不正是如“柑子”那样表里不一，败絮其中？刘基用这样一个寓言，借卖柑者之口，尖锐而形象地戳破上位者骄淫颟顸（mān hān）的自满自乐。

刘基对世道的愤怒，是站在儒家知识分子的立场上，默认前提是，统治阶层有责任和义务去建立一个政治清明、人民安乐、上位者德而配位的统治秩序，而这样一个“盗起、民困、吏奸、法斁”的元末社会距离儒家的治世太遥远了，离刘基的政治理想也太遥远了。他想改变这个世道，但左冲右撞，处处碰壁，无能为力，甚至自身难保。而身处其间的诸多官员们，又对这个现状司空见惯，丝毫不觉得有何值得大惊小怪之处，甚至，那些争着买柑子的百姓，不也见怪不怪，觉得理所当然吗？

元末文恬武嬉的官场生态，已经注定了，任何如当头棒喝，让人猝然惊醒的话对于这些上位者，是毫无用处的；反而直接说只会给自己带来更多的磨难甚至杀身之祸。《春秋繁露·楚庄王》里说：“义不讪上，智不危身。故远者以义讳，近者以智畏。畏与义兼。则世愈近而言愈谨矣。此定、哀之所以微其辞。以故用则天下平，不用则安其身，《春秋》之道也。”这段话说尽了政治修辞的最重要特点——“不危身”，牢骚和不满可以发，但要以不给自身带来危害为先。董仲舒认为这符合“《春秋》之道”。我们也就能理解，刘基对于元末深重的社会危机的痛心疾首，只能托卖柑者之言而发了。甚至，最后还让卖柑者指责作者：“是之不察，而以察吾柑！”仿佛真的有这么一位卖柑者对着作者一句接一句咄咄逼人，让人哑口无言。

如果说《卖柑者言》只是套了一层卖柑者的壳子，还是较为直接地表达“刺世疾邪”之意，那么《司马季主论卜》这篇文章里的不满和牢骚就更隐晦一些。已经辞官隐居多年的刘基心态也可从这篇管窥一二。

《司马季主论卜》整篇文章假托秦末汉初的东陵侯向司马季主问卜的对答，来表达一种委运任化的生活态度，来寻找自我解脱。东陵侯想问的是自己是否还有重新被起用的机会，他的困惑也是刘基的困惑，他的发问也是刘基自己想向命运做出的发问。而司马季主的一番富含哲理的回答，本质上是另一个理性的“刘基”对那个困惑的自己的剖析和回答。说到底，刘基自己对世事是无可奈何的，这些话，无非是安慰那个苦闷的自己，来获得一些心灵的解脱和平静，可见即便在隐居之时，刘基对于时世也是不能全然放下的。

历史上东陵侯在秦时为侯，在汉却下落成为

庶人，以卖瓜为业。他想知道自己什么时候能重新发达起来。东陵侯关心的，不是秦汉的更迭，不是世道的兴衰，而是自己的穷通。其实刘基也一样，汉人也罢，蒙人也罢，儒家知识分子关心的，并不是这张棋盘上的棋手是谁，而是这个棋手是否按照儒家倡导的方式来治理国家，是否能给予儒家知识分子阶层上升的空间，是否能给予百姓安稳的生活。蒙人可以给，那就不妨献上忠诚，倘若不可以，那就不妨转投他人的麾下。

元朝统治当然是昏聩而黑暗的，但刘基依然是“久卧者思起，久蛰者思启”，他还是很想知道自己的一生还有没有重新上升的可能，心里的期待依然是，我的命运到了谷底，那是不是意味着会触底反弹呢？有居庙堂而化天下的可能呢？那么在几年后，刘基这个元朝进士，接过了朱元璋伸过来的橄榄枝，成为明朝的开国元勋，也就理所当然了。

不过，在写《司马季主论卜》的时候，未来的高光还未曾明朗，时代的阴霾已然浓浓地笼罩下来，各地的灾荒、盗贼、暴动此起彼伏。文中的“有昔者必有今日”几乎可以说是刘基对元朝未来的一种预言式的忧虑了，今天眼见的那些元朝统治者的“歌楼舞馆、琼蕤玉树、凤笙龙笛、金缸华烛、象白驼峰、蜀锦齐纨”最终会变成“碎瓦颓垣、荒榛断梗、露蚕风蝉、鬼磷萤火、秋荼春荠、丹枫白荻”。而统治者却依然浑浑噩噩，不知道大限将至。面对这样的现状，又能如何？自己任官之时都并不能如何，何况现在一身布衣？他只能安慰自己，“昔日之所无，今日有之不为过；昔日之所有，今日无之不为不足”。朝代的兴衰更迭，个人的穷通荣悴不过像昼夜更替、花开花谢一样是无可躲避的自然规律罢了。接纳这个自然规律，宽慰自己，才能让自己获得心灵的解脱。

这两篇的道理其实都并不如何石破天惊，无论是官员的欺世盗名还是兴衰的自然起伏都是人们很容易观察和理解的。然而在煎熬的仕途和漫长的隐居生涯中，只有用这样华丽、具体的排比描绘出那些骄横愚蠢的丑态，才足够充分地表达出愤慨；也只有形象、细腻地罗列出宫殿、饮食、衣着、草木等如何一一归入荒芜，才能释放出一个心忧天下的读书人内心深重的忧虑。仿佛细致彻底地看到了最坏的情况，才能有足够的心理准备去面对已经到来的兵荒马乱，哀鸿遍野。最终，这些渲染和描绘，成就了这两篇脍炙人口的政治寓言。

成就这两篇地位的还有后代不断地世事重演。历史会一再告诉我们，“郁离”之言其实已经足够多，但文明之世却依旧高悬于理想。后世之人每每需要表达对欺世盗名之人的愤怒，沉沦者也每每需要用沧桑变迁来做心灵的安慰，当他们想抒发刺世疾邪之言时，可以引用这两篇的话语，而引用，从政治修辞来说，也是更多一重“不危身”的保障。

配套练习参考答案

目　录

卷一

卷二

卷三

卷四

卷五

卷六

卷七

卷八

卷九

卷十

卷十一

卷十二

卷一

郑伯克段于鄢

1.BDF

【解析】“焉”在句子中是语气词，用于句尾，因此应在“焉”这里断句。“隧”在句子中作状语，即在所挖的隧道里，指明母子相见的地点，故“隧”前应断句。“其”在语句中作副词，表示这种做法的无可挑剔，因此应与“谁曰不然”为一句。

2.A

【解析】“本图宦达”中的“图”为图谋之意，与选文中的“图”意思不同。C项中“修守战之具”的“具”指军事器械或装备。

3.B

【解析】B项均为“替、给”之意。A.介词，从；介词，到。C.结构助词，取消句子独立性；人称代词，他。D.表反问语气，难道；表推测语气，大概。

4.B

【解析】祭仲没有劝说庄公早点除掉太叔。

5.（1）不合理的事做多了，一定会自己摔跟头。你暂且等着吧。

【解析】“子”，你的敬称；“且”，姑且、暂且。

（2）共叔段不顺从兄长，所以不称“弟”。交战双方好像有两个国君，所以用“克”。

【解析】注意句子中的第一个“弟”为通假字“悌”，指不顺从友爱兄长之意。后一个分句中的“如”不是举例，而是打比方，“好像”之意。

6.①郑庄公老谋深算、冷酷无情。②共叔段恃宠而骄、贪得无厌。③姜氏溺爱不明、虚情假意。

周郑交质

1.BDF

【解析】“以礼”为状语，后置于“要之”之后，应为一句。故“明恕而行”为一句。“虽”为即使之意，表示让步逻辑，修饰后一个复句，应与“无有质”放在一句。最后“谁能间之”为一句。

2.D

【解析】“昭”词性为动词，含义为“表明”“彰明”，与《出师表》中选词含义相同。A.“质胜文则野”中的“质”是朴实，与“文”相对。

3.D

【解析】D项都是疑问代词，表反问，相当于“哪里”“何必”“怎么”。A.介词，引出权力的分配对象“虢”，相当于“对”“向”；介词，引出人质所在的地点“周”，相当于“在”“到”。B.动词，交换；副词，相互。C.动词，进献；名词，美味的食物。

4.（1）信任不发自内心，交换人质也没有用。

【解析】“中”，内心；“质”，动词，交换人质。

（2）何况君子缔结两国信约，按照礼仪行事。

【解析】注意句子中的第一个“信”为信约之意。后一个分句为状语后置，应按照“以礼行之”语序翻译。

5.该句的意思是信任不发自内心，交换人质也没有用。文章第一段中，周王朝和郑国交换人质的目的是为了消除猜忌。但在周平王死后，周王朝打算把朝政大权全部交给虢公，可见这是周王室警惕于郑庄公恐其独揽朝政而采取的平衡权利之术。而郑国相继收割了周王朝两地的粮食，由此可见郑国也对周王朝存在不信任与怨恨。从“交质”到“交恶”，其中可见双方实际的不信任。

石碏谏宠州吁

1.ADE

【解析】“者”在名词后为语气词，表停顿，并引出下文，应在A处断。“是”是宾语前置的标志，应为“务去祸”，应在D处断。第三处要注意“无乃”与“乎”作为固定搭配表示反问的情况，所以应在E处断。

2.B

【解析】《促织》中的“过”为动词，应为“用过”意，与选文中的“过”的意思不同。A项中“磐石方且厚”的“方”是形状方正。C项中“声非加疾也”的“加”的意思是增加。D项《梦游天姥吟留别》中的“游”是漫游、遨游之意。

3.D

【解析】都是表顺承的副词，就，于是。A.介词，表处置，相当于“把”；介词，表原因，因为。B.连词，表并列，又，并且；连词，表转折，但是。C.结构助词，取消句子独立性；代词，他。

4.D

【解析】由文章第二段“弗听”可得，庄公顽固不化，并未听取劝谏。

5.（1）骄傲、奢侈、放荡、安逸是走上邪路的开始。

【解析】“所自”是表示来源的固定搭配，强调“骄、奢、淫、佚”是祸乱的根源。

（2）如果还没决定，这样的宠爱纵容会一步步酿成祸乱。

【解析】“若”，如果；“阶”，名词作动词，一步步走向。

6.①州吁沾染骄傲、奢侈、放荡、安逸四项恶习，这是祸端的开始，是过分宠爱导致的；②受宠却不骄横，骄横却能接受地位下降，地位下降却不怨恨，怨恨却能够安分克制自己，这样的人很少。由此可推知，受宠爱的州吁不滋生祸乱可能性较小；③州吁作为年少的人欺侮年长的人，不敬重兄长，这是舍弃“六顺”、效法“六逆”的举动，这是对理义的违背，会加速祸患的到来。

臧僖伯谏观鱼

1.BDF

【解析】根据上文“轨物”并举，可以判断第一处应在“物”后断。第二处断句应考虑到文意是在对“乱政”之事做出判断。因此“乱政”不能分开。句中的“所以”是连词，表示因果关系，常出现在句子的下半句，因此在“所”前断开，即“乱政亟行/所以败也”。

2.C

【解析】结合上下文应为讲习祭祀和演习军事活动。

3.C

【解析】都是表顺承关系的连词，相当于“然后”“接着”。A.兼词，相当于“于之”；代词，怎么，哪里。B.连词，表目的，相当于“用来”；动词，率领。D.结构助词，的；代词，指捕鱼这件事。

4.D

【解析】不是臧僖伯的理由。

5.（1）一切物品，不能用到讲习祭祀和军事活动的大事上，材料不能用作祭祀礼器、军事兵器的。

【解析】讲：讲习、训练。大事：指国家的祭祀和军事活动等。器用：指祭祀所用的器具与军事物资。

（2）（这一行为）不合礼法，并且暗讽他去的地方远离国都。

6. ①臧僖伯用婉言法劝谏，不直言“如棠观鱼”，既保全了君主的颜面，也达到了相应的效果；②借“礼”劝谏，不仅旨在制止“如棠观鱼”这一具体行为，更可让隐公明白“礼”对他的制约性，因小见大，以大观小。

郑庄公戒饬守臣

1.ACF

【解析】“和协”为同义复用，应在一个句子里，所以B处不可断。“于四方”为“糊其口”的状语后置，应为一个句子，“使”是“让”的意思，与“糊其口于四方”联系紧密，连在一起即“让他四处求食”，因此D、E处不能断。第二个“其”为语气词，表示反问，用来强调把讨伐许国作为自己功劳的否定态度，应引领后一单句。所以应在A、C、F处断开。

2.B

【解析】为谦称。

3.D

【解析】都是表因果关系的连词，因此，所以。A.介词，把；介词，凭借。B.连词，表假设，相当于“如果”“假如”；句首语气词，常与“夫”连用，引出下文。C.代词，这里指郑国；助词，取消句子独立性。

4.B

【解析】伐许之后，“郑伯使许大夫百里奉许叔以居许东偏”，表面上保留了许国的“君”臣；同时又“使公孙获处许西偏”以监督许国“君”臣，实际还是掌控了许国实权。

5.（1）您说许国不供纳贡赋，所以我跟随您讨伐它。

【解析】“共”同“供”，供纳的意思。

（2）服罪了就赦免它，考虑自己的德行来与它相处。

【解析】“服”为服罪，“舍”为赦免。

6.郑庄公对许大夫百里及郑大夫公孙获两位“守臣”的“戒饬”之辞，立意完全不同。

①对于百里的“戒饬”，是占领者对被占领者的训辞，软硬兼施；②对于公孙获的“戒饬”，是郑庄公对自己部下的训辞，重在提醒。

臧哀伯谏纳郜鼎

1.ACEG

【解析】在这个句子中，“者”用于名词之后，标明语音上的停顿，故应断开。“昭德”与“塞违”为并列词组，均以“临照百官”为目的，故不可断开。“犹惧或失之”为单句，与前文构成让步逻辑，应断开。“故”为因果连词，引领整个句子，应在G处断开。因此应在A、C、E、G处断。

2.C

【解析】指国家层面的纲纪和法度。

3.C

【解析】都是句末语气词，表反问，相当于“呢”。A.介词，引出处所方位，相当于“在”；介词，引出对象，相当于“向”“对”。B.代词，表领属关系，它的；句中语气词，无实义。D.代词，相当于“它”“这个”；动词，前往。

4.A

【解析】前一层次详细介绍了国君美好的品德，是言

“礼”；后半部分痛斥纳鼎，是言“非”。

5.（1）现在您抛弃美德，肯定违礼之事，把贿赂的器物安置在太庙里，明显地展示给文武百官。

【解析】“违”为名词，解释为违礼之事。

（2）国君违背礼制，他没有忘记用道德来劝阻。

【解析】“谏”为劝阻之意。

6.论证中首先从正面论述国君应从哪些方面昭示美德，这是谏辞立论的根据，为谏纳郜鼎的提出做了必要准备。臧哀伯将美德一一列举，可以让国君清晰地看到纳郜鼎为什么是不合礼制的。

季梁谏追楚师

1.BDEH

【解析】“张”是动词，“扩张”之意，后面应有宾语“吾三军”，因此A处不可断；“被吾甲兵”与“张吾三军”结构一致，因此C处不可断；扩张军队和整顿武器装备的目的是“以武临之”，后面的“彼”是“他们”的意思，从中可以看出“彼”字前是“我”的行为，“彼”字后是“他们”采取的措施，因此E处需要断，F、G处不可断。因此应在B、D、E、H四处断开。

2.C

【解析】均为过度、过分之意。A项，“随人使少师董成”中的“成”是“和谈”的意思，“积土成山”中的“成”是“形成、成为”的意思，因此二者意义不同。

3.A

【解析】均为介词，引出动作对象，对。B.连词，表并列，相当于“且”；连词，表因果，相当于“因而”“于是”。C.疑问代词，表反诘，什么；疑问代词，表原因，为什么。D.代词，这样；语气词，表反问，难道，哪里。

4.B

【解析】②是季梁谈对“道”的看法；④写随侯的疑问；⑤是讲对馨香的认识。

5.（1）我国在汉水之东不得志，是我们自己造成的。

【解析】前一分句为状语后置句，翻译时应将汉东提至“不得志”之前。

（2）这是说上级和下属都有美德并且没有邪念。

【解析】“谓”的意思是这是说，“而”表示并列，“违心”指没有邪念。

6.由“吾牲牷肥腯，粢盛丰备，何则不信？”可看出随侯认为上供毛色纯正、膘肥体壮的牲畜和丰盛的黍稷便能取信于鬼神。由“夫民，神之主也，是以圣王先成民而后致力于神”可以看出季梁认为取信于鬼神的前提是取信于民，先把老百姓的事情办好，再致力于祭祀鬼神，才能真正取信于鬼神。

曹刿论战

1.BDF

【解析】曹刿要见的是鲁庄公，不是乡人，因此“曹刿请见”为一句；发言的是乡人，不是曹刿，故在“曰”处断；“又”作为连词，另起一个疑问句，因此在F处断开。

2.B

【解析】均指诚信。A.目光短浅；庸俗。C.埋伏；趴着。D.倒下；没有。

3.A

【解析】都是连词，表让步，虽然。B.介词，表凭借条件，凭借；介词，表原因，因为。C.语气词，无实义；结构助词，取消句子独立性。D.代词，他们的；语气词，还是。

4.C

【解析】“将鼓”“将驰”刻画出鲁庄公的急躁冒进；“未可”“可矣”体现了曹刿对战况的精准把握，这是因为曹刿适时选择出击、追击的时机，他采取了后发制敌、以智取胜的战术。

5.（1）这只是小信用，未能让神灵信服，神是不会保佑你的。

【解析】孚：使人信服。福：名词作动词，赐福、保佑。

（2）他们的士气已经消失，而我军的士气正盛，所以才战胜了他们。

【解析】竭：枯竭。盈：充沛、饱满，指士气旺盛。

6.不赞同：因为鲁庄公实事求是，虚心听取别人的意见，亲自参与打仗，礼贤下士，任人唯贤，所以说鲁庄公不是一个昏庸的君主。

赞同：战争前，曹刿与鲁庄公围绕“何以战”的论题进行了严肃的对话。鲁庄公心无成算，对治理国家、迎战敌人的认知是驽钝的。战争中，“公将鼓之”“公将驰之”，说明了鲁庄公急躁冒进，不懂得如何打仗。

也可辩证看待。

齐桓公伐楚盟屈完

1.ADFG

【解析】“君若以力”后需断句，形成假设条件句；方城和汉水是楚国的地理屏障，所以B处不可断，“方城以为城”“汉水以为池”，是并列结构，D和F处可断；“虽众”为让步状语，G处可断。

2.C

【解析】都是“岂敢”“怎敢”的意思，用于反问句，表谦卑的否定。A.“秋月春风等闲度”的“风”指和风，象征美好的时光。B.“履至尊而制六合”的“履”是“登上”的意思。

3.D

【解析】均为结构助词，取消句子独立性。A.介词，引出动作凭借的工具，意为“率领”“凭借”；连词，引出动作目的，意为“用来”。B.介词，引出动作对象，可译为“和”“同”；连词，表并列，相当于“和”。C.代词，这，此；助词，提宾标志。

4.C

【解析】A.同“汝”，你。B.同“供”，供给。D.同“邀”，求。

5.（1）没想到您却来到我国土地。

【解析】“虞”为“料想”。“之”结构助词，取消句子独立性。“涉”意为“到”。

（2）君侯如果用德行安抚诸侯，谁能不臣服呢？

【解析】绥：安抚。

6.当齐侯打出继承先君友好关系的旗号以使楚国屈服时，屈完随机应变，恭顺地强调这本来就是楚国的心愿；当齐侯露出真面目，通过炫耀武力向楚国示威时，屈完不卑不亢、义正词严地提出本国立场：施行仁德则两国和睦，施行武力则抵抗到底。最终双方讲和，订立盟约。

宫之奇谏假道

1.ACEG

【解析】“冯依”词义完整，与“将”无关联，故A断B不断；“矣”为句末语气词，故C断。“若晋取虞”“明德以荐馨香”为完整句，“而”为连词，表示前后为两个句子，故D、F不断，E、G需断。“神”为一句主语，为神明之意，故H不断。本句的意思是神明依托的，就在德行了。如果晋国吞并了虞国，发扬美德来奉献馨香的祭品，神明难道会吐弃而不享用吗？

2.A

【解析】均为借助。B.收藏；宝藏。C.保佑；依靠，凭借。D.调动军队；被攻克。

3.A

【解析】都是介词，在。B.结构助词，相当于“的”；代词，相当于“它”。C.语气词，意为“难道”“怎么”；代词，译为“他的”。D.提宾标志；指示代词，相当于“这样”。

4.C

【解析】虞公不听劝谏，答应了晋国使者的要求。宫之奇率领他的族人逃走。

5.（1）俗话说“面颊和牙床互相依靠，嘴唇没有了，牙齿就会受寒”，说的就是虞国和虢国这种情况吧。

【解析】“（其）……之谓”是宾语前置的动宾词组。“谓”是动词，“之”是结构助词，宾语前置的标志。翻译的时候注意调整语序。辅：面颊。车：牙床。

（2）亲族因为争宠夺势互相威逼，尚且还杀害了他们，何况其他国家呢？

【解析】逼：威逼。

6.当虞公准备答应借道于晋时，宫之奇从虞国和虢国互为表里、唇亡齿寒的角度劝谏国君保持警惕；针对虞公糊涂的宗族观念，宫之奇联系晋与虢国的紧密关系这一史实做了对比，指出晋国薄情寡义的本质，提醒虞公放弃幻想；针对虞公错误的神权思想，宫之奇再次予以批驳，指出祭祀之事，不是虞国独有，神不会有所偏爱。

齐桓下拜受胙

1.BCF

【解析】“伯舅耋老”是主谓结构的完整句子，A处不需断而B处需要断开。“加劳”与“赐一级”为分项列举，C处应断开。“无”修饰“下拜”，G处不应断开。句子意思是因为伯舅年纪大，加上有功劳，恩赐一等，不用下阶拜谢。

2.A

【解析】B项中，“寻蒙国恩”的“寻”是“不久”的意思。选项C，两个“有事”具体含义不同，一个是指周天子祭祀文王、武王的大事，一个是指耕作。选项D，“而陨失其国者”中的“陨”是“丧失、失去”的意思。

3.D

【解析】都是副词，意为“岂敢”。A.连词，表并列，相当于“并且”；副词，表时间上的延续，相当于“暂且”“且慢”。B.介词，引出对象，意为“对”“向”；介词，引出处所，意为“在”。C.介词，引出原因，意为“因为”；连词，引出结果，意为“以致”“从而”。

4.（1）天子的威严就在面前连咫尺都不到的地方，小白我怎敢贪得天子的宠命，不下阶拜谢？

【解析】违：离开。颜：面。咫尺：形容距离很近。

（2）齐桓公走下台阶，跪拜，登上台阶，接受祭肉。

5.对是否符合“齐桓公正义而不狡诈”这一评价，言之有理即可。

如同意，应强调齐桓公虽耋老，但身体力行，坚持“下拜”受赐，严守君臣之礼，这一行为符合君臣之义。

如不同意，应强调这一行为的背后实际上是借助周天子的名号，来使自己的霸主地位合法化，这是诡诈的行为；同时受胙的行为也违背了周朝的礼节，实际上也是不合礼法的。

阴饴甥对秦伯

1.ACF

【解析】“必……宁”为固定搭配，表示“（如果）一定……宁愿”的意思，由此可以推知A、C断，B不断。“而”作为连词，连接前后两个短语“爱其君”和“知其罪”，故D、E不断，F断。

2.A

【解析】此处的“小人”指下层人，并非“品行卑劣的人”。C项中“悦亲戚之情话”中的“戚”是外亲，与“亲”相对，合称泛指内外亲属。D项中“若毒之乎”的“毒”是“怨恨”的意思。

3.D

【解析】A.都是代词，他们的，它的。B.两处都作介词，表原因，相当于“因为”。C.都是疑问代词，什么。D.兼词，相当于“于之”，同时带有加强语气的作用；形容词词尾，……的样子。

4.B

【解析】根据“小人耻失其君而悼丧其亲，不惮征缮以立圉也”可知，晋国国君晋惠公不能回来的话，晋国主张拥立圉继任国君，可以推断出“圉”的身份是晋惠公的儿子姬圉，故选B。

5.（1）晋君对秦国有二心，秦就俘虏了他，晋君服罪顺从就释放他。

【解析】贰：有二心，背叛。执：抓住。服：臣服。舍：释放。

（2）把恩德变为怨恨，秦国不会这样的。

【解析】其：语气词，表示一种推测的语气。

6.（1）由秦穆公回答“是吾心也”，可以推知秦穆公认可阴饴甥的理由，即这样会使晋国感念秦国恩德，并且可以在诸侯之间树立好的威望，利于称霸。

（2）从公孙枝的谏言可以看出，秦穆公听从了他的建议，因为这样做可以使秦国没有忧患，更可以凭借质子有效控制晋国。

子鱼论战

1.ACEG

【解析】根据句意，A处为句间停顿，强调对象，应断。“隘而不列”“阻而鼓之”构成完整句意，故B处、F处不断，C处、G处断。E处考虑判断词“也”应断，H处应考虑固定句式“不亦……乎”，不应断开。因此在A、C、E、G处断开。

2.C

【解析】应为“再次”。

3.D

【解析】均为句末语气词。A.介词，表目的，相当于“以便”；介词，把。B.连词，和；动词，达到。C.连词，表顺承，相当于“之后”；连词，表转折，相当于“但”。

4.B

【解析】“君子不重伤，不禽二毛”的意思是不再次伤害已受伤的人，不捉拿白发老人。属于文意理解错误。

5.（1）古代指挥作战，不在险阻狭隘的地方攻击敌人。

【解析】为：带领。阻隘：险阻狭隘。

（2）军队作战应抓住有利时机出击，鸣金击鼓是为了鼓舞士气。

【解析】利用是古今异义词，意思是抓住有利时机出击。

6.结合材料，言之有理即可。

寺人披见文公

1.ABDF

【解析】“也”是判断词，为判断句标志，因此B处断；“除”是动词，“清除”的意思，后面需有宾语“君之恶”，因此C处不断；“唯……是”为固定结构，因此E处不断而F处需断。最后一句的意思是蒲人、狄人与我有什么相干，主谓处不断开，因此G处不断。所以应在A、B、D、F处断。

2.B

【解析】均为跟从之意。A.拒绝；告别。C.改变；交换。D.会晤；恰巧。

3.B

【解析】均为语气副词，相当于“还是”。A.连词，表事实让步关系，相当于“虽然”；连词，表假设性让步，相当于“即使”。C.疑问副词，表反问，相当于“何必”；疑问代词，相当于“什么”。D.副词，于是；副词，却。

4.D

【解析】晋文公在得知密报之后，做出预防，从中可以看出他的沉稳淡定和聪明智慧的一面。

5.（1）小臣以为君王这次返国，大概已懂得了为君之道。

【解析】之：为君之道。

（2）这样，要离开您的人就会有很多，难道只有我这个受了刑的小臣？

6.在《左传》中，左丘明借这一事件表达晋文公能够取得霸业，其不计前嫌、虚心纳谏，且能不拘一格重用能人是关键。而在《韩非子》中，韩非子则通过此事提醒君主要警惕有二心的臣子，防止他们巧言惑主。

介之推不言禄

1.AEFG

【解析】“而”作为连词，断开长句，起到句间停顿的作用，A处需要断开。“二三子以为己力”构成了完整的句子，因此B、C、D处不断，E处断。“乎”是句末语气词，因此需要在F处断开。“犹”是“尚且”的意思，表示进一层的意思，因此，可在G处断开。

2.C

【解析】均为责备之意。A.断绝；横渡。B.蒙骗；承蒙。D.纹饰；文臣。

3.B

【解析】均作连词，表示递进，相当于“而且”。A.介词，因为；连词，表动作承接，相当于“而”“来”。C.连词，表顺承；连词，表并列。D.作为；介词，替。

4.B

【解析】介之推选择隐，直接起因是“晋侯赏从亡者，介之推不言禄；禄亦弗及”，但是如果仅凭这个原因，那么介之推未免也太过意气用事，逞一时之气而不能做到真隐。实际上，其深层的原因则是他认为晋公子重耳流亡十九年后回国即位，“天实置之”，而晋国从亡大臣却“贪天之功以为己力”，晋文公又赏罚不明，所以这时朝政是“下义其罪，上赏其奸，上下相蒙，难与处矣”，即是说晋国此时是“无道”，因此介子推选择了隐。因此，题干推断“意气用事”不准确。

5.（1）主持晋国祭祀的人，不是国君还能是谁呢?

（2）身体都要隐居藏匿起来，哪里用得着语言来文饰?

6.理由一：介子推的话不是在封赏之前，而是等到自己没有得到封赏的时候才说的，从这点来看，他并不是自发而然。

理由二：从介之推母亲的话“盍亦求之，以死，谁怼”看出，介之推不言禄是真情使然，不是道理使然。

理由三：从是非没有两种标准的道理来看，介子推既然责备晋文公滥行赏赐，又责怪晋文公不赏赐，这是不合理的，是怨恨之言。

展喜犒师

1.ADF

【解析】A处属于句间停顿，需要断开。“弃命废职”属于并列结构的词组，B、C两处不必断开。“其若……何”属于固定句式，可见E处不断而F处需断开。“君”作主语，G处不必断开。

2.C

【解析】A.边远的地方；浅陋。B.供役使者，仆从；主管，指秦穆公。C.慰劳、犒劳；使……劳累。D.均为弘扬、彰显。

3.A

【解析】A.均为介词，意为“向”“从”。B.结构助词，的；代词，它。C.连词，表示顺承；连词，表修饰。D.代词，他；表反问语气，难道。

4.A

【解析】齐军虽未入境，但隐隐已有进犯之气。而对这种情况，展喜却言称“寡君”“敝邑”“下臣”，尊称对方侵犯是“亲举玉趾，将辱于敝邑”，措辞礼数周到，神态不慌不忙，俨然胸有成竹。不能体现鲁国的卑微。

5.（1）解决他们之间的不和谐，弥补他们的缺失。

【解析】弥缝：弥补、补救。

（2）我们国家因此不敢保城聚众。

【解析】用：以、因为。

6.①面对齐孝公咄咄逼人的问话，巧妙提出“君子”与“小人”之别，并针对齐孝公依仗周王名号经营霸业的心理，指出“先王之命”给他当头一棒；②接着又用两国先君之盟约束他，用齐桓公之功勉励他，用诸侯之望鞭策他；③最后又夸他不会弃命废职，暗藏机锋。言辞可谓字字珠玑，步步为营，方略绝妙；④齐孝公开始如饮醇酒，自尊心和虚荣心得到极大满足，后来再想反驳为时已晚，只好撤兵回国。

烛之武退秦师

1.BEG

【解析】有益于君，即“于君有益”，因此A处不断；“敢”为谦词，有“冒昧”的意思，引领后句，因此C处不能断；“烦执事”动宾结构，因此D处不断；“以鄙远”的“以”是连词，连接前面的“越国”，因此F不断。所以需要断句的地方为B、E、G。

2.C

【解析】文中指前者。

3.C

【解析】A.助词，取消句子独立性；助词，的。B.疑问副词，表反问，何必；疑问代词，表处所，哪里。C.均为如果。D.代词，使者；代词，自己的。

4.B

【解析】辞曰："臣之壮也，犹不如人；今老矣，无能为也已。"从这一回答可以看出，烛之武并没有立即答应请求。

5.（1）然而惠公在早上渡过黄河回国，到晚上就在那里筑城防御，这是您所知道的。

【解析】"朝""夕"为名词作状语，翻译为"在早上""到晚上"。"济"为渡过。

（2）依靠别人的力量而又反过来伤害他，这是不仁义的。

【解析】因：介词，依靠。弊：损坏、伤害。

6.①深明大义。他长期未被重用，却仍然愿意舍身救国，以国家利益为重；②忠君爱国。两军交战，他义无反顾地出使秦师，这一去死生未卜，他仍坚定前行；③机智善辩。他身处秦营，面对强敌，不卑不亢，善于利用矛盾分化瓦解敌人，一字未提郑国利益，却成功劝返秦师。

蹇叔哭师

1.CEF

【解析】第一处断句应考量"与"作谓语。蹇叔的儿子参加了出征军队，因此在"师"后断。第二处断句应考量"哭而送之"的主语有变化，为蹇叔，蹇叔哭着送儿子出征，因此在"之"后面断。最后一处在"曰"处断。

2.A

【解析】不包含姐妹，只是兄弟的排名。B项"忧劳可以兴国"的"劳"是操劳、勤勉；D项"前辟四窗"中的"辟"是"开凿"的意思。

3.C

【解析】代词，他；疑问代词，哪里。A项均表假设，意义为"如果"；B项均为表转折的连词，意义为"但是""却"；D项均为指示代词，意思是"这"。

4.C

【解析】战争还没有开始，是预见了战争的失败。

5.（1）军队劳累不堪，力量消耗尽了，远方的郑国防备着我们，恐怕不可以吧？

【解析】远主：远方的郑国。无乃：恐怕。

（2）我看到军队出发，却看不到军队返回了！

【解析】师：军队。入：返回。

6.（1）秦穆公：利令智昏、刚愎自用。（2）蹇叔：足智多谋、思深虑远（忧国虑远）。

卷二

郑子家告赵宣子

1.BCE

【解析】"罔"是无、没有的意思，"极"是定准、标准的意思，"罔"作为动词与"极"构成动宾短语，两者关系密切，因此，A处不能断；"亦知亡矣"的主语已由前句的"命"转换成郑国，因此，B处需要断；"矣"是句末语气词，表示陈述，相当于"了"，因此，C处需要断；"于"是介词，引出动作"待"的处所"鯈"，因此，"于鯈"与"将悉敝赋以待"关系紧密，D处不能断；"唯"是句首语气词，因此，E处需要断；"命之"作为"执事"的谓语，关系紧密，因此，F处不能断。

2.B

【解析】选项A"伯"是五等爵位的第三等，《孟子·万章下》记载"天子之制，地方千里，公、侯皆方百里，伯七十里，子、男五十里"，由此可见，伯爵低于侯爵，选项A正确；选项B文中加点的"书"指书信、信函，但《送东阳马生序》中"无以致书以观"的"书"指书籍，两者意思不同，选项B错误；选项C中国古代实行一夫一妻多妾制，"嫡"是指正妻及其所生子女，"庶"指姬妾及其所生子女，选项C正确；选项D文中加点的"志"是名词，指意愿、欲望，但《桃花源记》中"处处志之"的"志"是动词，指做记号，两者用法和意义都不同，选项D正确。

3.A

【解析】选项A"以"都是介词，表示原因，相当于"因为"，两者用法和意义都相同，因此，选项A正确；选项B"而"都是连词，第一个"而"表承接，相当于"于是、就"，但第二个"而"表转折，相当于"却"，两者意义不同，因此，选项B错误；选项C"于"都是介词，第一个"于"译为"与"，但第二个"于"译为"比"，两者意义不同，因此，选项C错误；选项D"之"都是助词，第一个"之"用于定语和中心语之间，译为"的"，但第二个"之"是定语后置的标志，不译，两者意义不同，因此，选项D错误。

4.A

【解析】根据原文"晋侯合诸侯于扈，平宋也"可知，晋灵公在扈地会合诸侯，为的是平定宋国内乱；同时，根据原文"晋侯不见郑伯，以为贰于楚也"可知，郑国与楚国勾结只是晋侯的猜测，不是事实。因此，选项A错误。

5.（1）夷和我们君主的几个臣下相继来到晋都绛城，虽然我们是个小国，但事奉大国的礼数没有超过我们的了。

【解析】孤：子家对外称自己的国君。之：结构助词，用在定语和中心语之间，相当于“的”。相及：先后、一个接一个。于：介词，引出处所，相当于“到”。绛：晋国国都，在今天山西翼城东南。虽：虽然。则：连词，表示转折，相当于“但”。蔑：无、不能。过：超过。

（2）我国只有灭亡，已经没有再能增加的了。

【解析】敝邑：郑子家谦称自己的国家。有亡：唯有灭亡。无以：没有（办法）。焉：句末语气词，不译。

6.①凸显楚国不计前嫌的大国胸襟，与晋国的一再逼迫形成鲜明的对比；②如今处于晋、楚两个大国之间，委婉表示郑国还有再次选择的机会。

王孙满对楚子

1.BDF

【解析】“于郏鄏”是“定鼎”的地点，因此，A处不能断；“定鼎”和“卜”是两件事情，因此，B处需要断；“卜”的结果是可传世“三十”代，可享国“七百”年，因此，C处和E处不能断；“卜世三十”和“卜年七百”结构对称，因此，D处、F处需要断。

2.B

【解析】选项A《左传·庄公二十九年》记载“凡师有钟鼓曰伐，无曰侵，轻曰袭”，“伐”指公开宣战、有声讨理由且携带钟鼓的正式开战，“侵”是没有钟鼓的作战，而“袭”指一切都在悄悄进行之中，更含乘其不备、偷偷进攻之意，选项A正确；选项B文中加点的“劳”是动词，意思是慰劳、犒劳，但《廉颇蔺相如列传》中“而蔺相如徒以口舌为劳”的“劳”是名词，意思是功劳，两者用法和意义都不同，选项B错误；选项C文中加点的“方”是副词，表示某种状态正在持续或某种动作正在进行，相当于“正当”，而《邹忌讽齐王纳谏》中“今齐地方千里”的“方”是名词，是古代计量面积的用语，方多少里即表示纵横多少里，两者用法和意义都不同，选项C正确；选项D“牧”是会意字，字形作一只手拿着棍子一类的工具在驱赶一头牛之状，本义就是放牧的意思，即放养牲畜，因牧民牧养牲畜的行为同君主统治天下民众具有相似性，因此在古文献中可以看到类似“牧人者”这样的说法，“人牧”实际上就是指君主、统治者，老百姓成了他们牧养的对象，后还有“州牧”的说法，“牧”即成为一种官职，选项D正确。

3.C

【解析】选项A第一个“之”是助词，放在主谓之间，取消句子独立性，但第二个“之”是动词，译为“到”，两者用法和意义都不同，因此，选项A错误；选项B“而”都是连词，第一个“而”表承接，第二个“而”表并列，两者意义不同，因此，选项B错误；选项C“于”都是介词，引出处所，译为“到”，两者用法和意义都相同，因此，选项C正确；选项D第一个“所”是助词，无义，第二个“所”是名词，译为“处所、地方”，两者用法和意义都不同，因此，选项D错误。

4.D

【解析】楚子观兵不敢用兵，问鼎不敢取鼎，是因为周天子仍掌有九鼎被尊为天下共主，与王孙满无关。

5.（1）因而能够上下和谐，得到上天的保佑。

【解析】用：因而。协于上下：使上下和谐。以：连词，表目的，相当于“来”。承：接受。休：保佑。

（2）德行美好光明，鼎虽然小，也是重的；德行奸邪昏乱，鼎虽大，也是轻的。

【解析】之：助词，放在主谓之间，取消句子独立性，无义。休明：美好清明。“虽小”是省略句，需要补上主语“鼎”。虽：虽然。其：代词，在这里代“德”。奸回：奸恶邪僻。

6.①兴亡天下，不在鼎之轻重大小，而在于德之有无厚薄；②周朝的国运虽然衰微，但天意没有改变。

齐国佐不辱命

1.BDF

【解析】“敝邑”是古代对本国的谦称，与“幸”构成主谓结构，“之”是结构助词，取消句子独立性，因此，A处不能断；“敝邑之幸”主谓结构完整，成为一句，因此，B处需要断；“云”是语气词，增强委婉语气，因此，C处不能断；“也”是助词，放在句末，表示肯定语气，因此，D处需要断；“其”是代词，作为“不幸”的主语，因此，E处不能断；“不幸”与“幸”作为两种战争的结果，彼此对照，因此，F处和B处一样，也需要断开；“敢不唯命是听”的意思是岂敢不听从您的命令，是一个完整的句子，因此，G处不能断。

2.A

【解析】选项A文中加点的“致”是送给的意思，而《送东阳马生序》中“家贫，无从致书以观”的“致”意思是得到，两者意思不同，选项A错误；选项B文中加点的“质”即指古代派往敌方或他国去的人质，多为诸侯的子女、妻子等比较亲近的亲属，以此来形成一种外交妥协性关系。在大多数情况当中，通常是小国对大国的一种臣服，选项B正确；选项C文中加点的“封”是疆域的意思，而“书已封”中的“封”是封闭、封合的意思，两者意思不同，选项C正确；选项D文中加点的“爱”是吝惜、舍不得的意思，与“不爱珍器重宝肥饶之地”中的“爱”意思相同，选项D正确。

3.B

【解析】选项A“于”都是介词，但第一个“于”译为“向”，第二个“于”译为“在”，意思不同，因此，选项A错误；选项B“其”都是副词，用在句首，加强反问语气，意思相同，因此，选项B正确；选项C“而”都是连词，但第一个“而”表转折，第二个“而”表承接，意思不同，因此，选项C错误；选项D“之”都是结构助词，但第一个“之”译为“的”，第二个“之”是定语后置的标志，意思不同，因此，选项D错误。

4.B

【解析】根据原文“萧同叔子非他，寡君之母也”一句可知，“萧同叔子”的“子”不是指儿子，而是指女儿。

5.（1）如果用不孝向诸侯发号施令，这恐怕不符合道德的要求吧？

【解析】若：假如、如果。以：介词，用、拿。“令于诸侯”是介宾短语作状语的后置句，正常语序是“于诸侯令”，译为“向诸侯发号施令”。其：副词，表示反问语气。“无乃……乎”是一种表示揣度语气的固定句式，可译为“恐怕……吧”或者“只怕……吧”。

（2）您如果确实不够宽和，抛弃各种福禄，这对诸侯有什么害处呢？

【解析】实：副词，确实。优：宽大平和。而：连词，表承接，不译。害：损失、害处。

6.①指出以别人母亲为人质，是以不孝令诸侯，不符合道德要求；②指出让齐国田垄东西向，是为了逞无疆之欲，不符合先王政令；③最后重提“致赂”本意，愿以国宝与土地相赠，如果不成，将不惜一战。

楚归晋知䓨

1.ADF

【解析】“以君之灵”的意思是托您的福，是“累臣得归骨于晋”的条件，因此，A处需要断；“累臣”的意思是被俘的下臣，是“得归骨”的主语，因此，B处不能断；“于晋”是“累臣得归骨”的处所与方向，关系密切，因此，C处不能断；“寡君”即臣下对他国谦称本国国君，是“以为戮”的主语，因此，E处不能断；假如“寡君之以为戮”，那么“死且不朽”，“死且不朽”是假设条件下的结果，是下一分句，因此，F处需要断；“且”的意思是将，连接“死”和“不朽”，音节较短，关系紧密，因此，G处不必断。

2.B

【解析】选项A“衅”指杀牲且用其血涂于器物缝隙中来祭祀的仪式，“衅鼓”就是将动物的血液涂抹在战鼓上，以此进行祭祀仪式，这种做法是为了表达对神灵的敬畏和祈求胜利，选项A正确；选项B文中加点的“德”是名词作动词作，意思是感激，而《诗经·氓》中“士也罔极，二三其德”的“德”是名词，意思是心意，两者用法和意义都不同，选项B错误；选项C文中加点的“帅”是动词，意思是率领，《论语》中“三军可夺帅也，匹夫不可夺志也”的“帅”是名词，意思是将领，即军队中级别最高的指挥员，两者用法和意义都不同，选项C正确；选项D“偏师”是由副统帅、副将军统领的辅助主力军作战的侧翼军队，这里是知䓨的客气话，选项D正确。

3.C

【解析】选项A第一个“是”是名词，指这个时候，但第二个“是”是形容词，意思是对的、正确的，两者用法和意义都不同，因此，选项A错误；选项B第一个“其”是副词，表示揣测语气，但第二个“其”是代词，意思是其中的，两者用法和意义都不同，因此，选项B错误；选项C“虽”都是连词，表示假设关系，相当于“即使”，用法和意思都相同，因此，选项C正确；选项D第一个“以”是连词，表目的，相当于“来”，但第二个“以”是动词，意思是以为、认为，两者用法和意义都不同，因此，选项D错误。

4.C

【解析】根据原文“无怨无德，不知所报”一句可知，知䓨认为他对楚王没有怨恨，楚王对其也没有恩德，因此，不存在报答的说法。同时，再根据原文“若不获命，而使嗣宗职，次及于事，而帅偏师以修封疆，虽遇执事，其弗敢违。其竭力致死，无有二心，以尽臣礼”两句可知，知䓨若在疆场上与楚王相遇，一定不会逃避，必定竭尽全力应战至死，对晋国不会有二心，忠晋便是报楚。因此，选项C错误。

5.（1）两国交战，下臣没有才能，不能胜任，因此做了俘虏。

【解析】治戎：治兵、交战。不才：不中用，自谦之词。胜：胜任。其：第一人称领属代词，自己的。任：职务。俘馘：俘虏。馘，古代作战时割取敌方战死者的左耳称为“馘”。

（2）两国为自己的国家利益考虑，希望解除百姓的苦难，各自克制自己的愤怒，互相谅解，两国都释放被俘的囚徒来结成友好关系。

【解析】图：图谋、打算。其：第一人称领属代词，自己的。社：土地神。稷：五谷神。社稷：这里借代为“国家”。而：连词，表承接，不译。求：谋求、希望。纾：宽解、缓和。惩：克制。忿：愤怒。以：连词，表目的，相当于“来”。相：相互。宥：原谅、宽恕。两：指晋、楚两国。释：释放。累囚：被俘的囚徒。以：连词，表目的，相当于“来”。成：成就、缔结。好：友好、和好。

6.不卑不亢、忠君爱国。

吕相绝秦

1.ACF

【解析】“文公恐惧”是有主语和谓语的完整句子，因此，A处需要断；“绥靖”指安抚，是动词，后需要宾语“诸侯”，因此，B处不能断；“克”意思是能够，“还”意思是返回，“克还”指能够返回国内，其主语是“秦师”，因此，C处需要断，D处不能断；“克还”与“无害”构成动补结构，意思是能够不受损伤安全回国，因此，E处不能断；“则”是连词，表示承接关系，“造”是名词，指功劳，“大造”作为“有”的宾语，关系紧密，因此，G处不能断，“则是我有大造于西也”可成一句，F处需要断。

2.B

【解析】选项A“如”是去、往的意思，与《鸿门宴》中“沛公起如厕”的“如”意思相同，选项A正确；选项B“女”通“汝”，指你，但《诗经·氓》中“女也不爽，士贰其行”的“女”指妻子自己，两者意思不同，选项B正确；选项C尊号最早出现于商朝，周朝时正式出现“昊天上帝”的尊称，字面意思就是“在天上的帝王”，意味着最高的主宰，是历代王朝的至高神，代表天，选项C正确；选项D“不穀”是不结粮食，就像水稻如果不灌浆就不会有稻米产生一样，因此，也被用来比喻人没有德行，所以绝后，后来被周天子和诸侯霸主如齐桓公等用来自称，选项D正确。

3.C

【解析】选项A“以”都是介词，第一个“以”表示行为产生的原因，“是以”相当于“因此”，但第二个“以”表示行为赖以实现的手段、工具，相当于“用”，两者意义不同，因此，选项A错误；选项B第一个“之”是助词，用在主语和谓语之间，取消句子的独立性，但第二个“之”是代词，这里指代“六艺经传”，两者用法和意义都不同，因此，选项B错误；选项C两个“而”都是连词，表示转折关系，用法和意思都相同，因此，选项C正确；选项D两个“于”都是介词，第一个“于”引进对象，相当于“向”，但第二个“于”引进处所，相当于“在”，两者意义不同，因此，选项D错误。

4.D

【解析】文中多次使用排比、反复等修辞手法，使得言辞雄辩壮阔、气势磅礴，因此“委婉恳切”的说法不正确；同时，本文侧重辞令，相较于《左传》其他作品，叙事不算“详尽周密”。因此，选项D错误。

5.（1）上天保佑我们，楚成王丧命，穆公侵犯我国的企图因此不能得逞。

【解析】陨：丧失、失去。是以：因此。克：能够。逞：满足、得逞。“逞志于我”是介宾短语作状语的后置句，正常语句是“于我逞志”，即在我国称心如意。

（2）您如果开恩顾念诸侯，怜悯我国国君，赐恩允许订盟，那就是我国国君的愿望。这样，我们就会安抚诸侯并让他们退兵，哪里敢寻求祸乱？

【解析】惠：施恩。顾：顾念。矜哀：怜悯、同情。而：连词，表承接，不译。之：代词，这里代晋国。则：连词，表承接，相当于“那么”。之：结构助词，相当于“的”。其：副词，表示未来的时间，相当于“将、将要”。承宁：止息、安定。以：连词，表目的，相当于“来”。徼乱：招致祸乱。

6.①晋文公时期，秦国大夫不和晋国国君商议，擅自与郑国结盟；②晋襄公时期，秦国侵犯晋殽地，灭绝晋同姓盟国费滑，且亲近楚国合谋对付晋国；③晋灵公时期，秦国率领晋内奸公子雍扰乱晋国边疆，且发动河曲之战；④晋景公时期，秦国乘晋国遭受狄人侵扰的时候，入侵河县，焚烧箕部；⑤晋灵公时期，秦国违背令狐盟约，意欲召狄人、楚人来攻打晋国。

【解析】任选三个回答。其他答案，言之有理即可。

驹支不屈于晋

1.BDG

【解析】“除翦”指剪除、砍伐，是动词，后需要宾语“其荆棘”，因此，A处不能断，B处需要断；“驱其狐狸豺狼”的结构与“除翦其荆棘”一致，“狐狸”与“豺狼”都是“驱”的宾语，两者是并列关系，因此，C处不能断，D处需要断；“以”是连词，相当于“而”，“以为”即而为、而成，根据上下文，“我诸戎”应该成为先君的臣子，因此，G处需要断；“不侵”与“不叛”是并列关系，共同修饰“臣”，因此，E处和F处不能断。

2.B

【解析】选项A“戎”是会意字，由“戈”和一个十字符号构成，“戈”本义是古兵器，十字符号是“甲”字，意为铠甲，用于防御，这个字的本义就是兵器的总称，后又由兵器引申出几个与军事相关的意义，中国古代北部和西部的许多部族多从事游牧，经常兵戎相见，称其为“戎”，可能与此有关，选项A正确；选项B文中的“被”读pī，意思是搭衣于肩背，但《促织》中“如被冰雪”的“被”读bèi，意思是覆盖，两者意思不同，选项B错误；选项C文中的“鄙”是名词，意思是边疆，但《曹刿论战》中“肉食者鄙”的“鄙”是形容词，意思是鄙陋，两者用法和意义都不同，选项C正确；选项D“华”本义是植物的花蕾、花朵，花朵开满枝头的时候通常给人光彩夺目、绚丽繁盛的感觉，由此引申出“光彩、彩色的、繁盛显耀、华美、美丽”等意思，后来就成了古代汉民族的代名词，选项D正确。

3.B

【解析】选项A“之”都是助词，第一个“之”用在定语和中心词之间，相当于“的”，但第二个“之”用在主语和谓语之间，取消句子的独立性，两者意义不同，因此，选项A错误；选项B“于”都是介词，引出对象，不译，两者用法和意义都相同，因此，选项B正确；选项C第一个“焉”是兼词，相当于“于此”，但第二个“焉”是语气词，表示停顿，两者意义不同，因此，选项C错误；选项D两个“而”都是连词，第一个“而”表转折，但第二个“而”表承接，两者意义不同，因此，选项D错误。

4.D

【解析】原文“宣子辞焉，使即事于会”一句中的“辞”是道歉的意思，而非辞职之意，因此，选项D错误。

5.（1）现在诸侯事奉我国国君比不上过去了，是因为有些话泄露了出去，这主要是你们的缘故。

【解析】之：助词，用在主语和谓语之间，取消句子的独立性，不译。事：事奉。寡君：臣下对外对本国国君的谦称。昔者：从前、往日。盖：副词，表示推测性判断，相当于“大概”。则：副词，用于判断句表示肯定，相当于“乃”“即”。职：主要。女：同“汝”，你。由：缘故、缘由。

（2）从那时以后，晋国的多次战役，我们各部戎人都及时紧随而上，追随你们的执事，就像崤地之战时的态度一样，哪里敢有违背？

【解析】百：数词，表示众多。相继于时：一个接着一个按时参加，即未尝间断过。以：连词，表目的，相当于“来”。从：追随。执政：执事。犹：如同。志：意愿。离逷：疏远、违背。

6.①虽然晋国所赐土地芜芜僻远，但诸戎仍心怀感恩，成为晋国不侵不叛的不贰之臣；②自崤之战以来，诸戎唯晋国马首是瞻，无役不与，与晋通力合作，功劳不可谓小；③如今晋国执政者确有缺失，不应该找借口找诸戎搪塞抵罪，诸戎不可能为恶。

祁奚请免叔向

1.CDF

【解析】“叔向之罪”是偏正短语，因此，A处不能断；“乐王鲋”是“问”的对象，与“问”关系密切，因此，B处不能断；“乐王鲋”在这里是“于”的宾语，“对曰”的主语虽然依然是“乐王鲋”，但此处从前省略，因此，C处需要断；“对曰”后是乐王鲋回答晋侯的话，因此，D处需要断；“弃”是动词，后面需接宾语“其亲”，因此，E处不能断；“不弃其亲”意思是（叔向）不背弃他的亲人，乐王鲋由此得出结论“其有焉”，即他可能参与策划叛乱，因此，“不弃其亲”和“其有焉”是两个句子，F处需要断。

2.C

【解析】选项A文中加点的“亡”是逃亡的意思，而《泊秦淮》中“商女不知亡国恨”的“亡”意思是灭亡，两者意思不同，选项A正确；选项B文中加点的《书》指《尚书》，是中国最早的一部历史文献汇编，因是儒家五经之一，又称《书经》，选项B正确；选项C文中加点的“劝”意思是规劝，而《送元二使安西》中“劝君更尽一杯酒”的“劝”意思是说服，两者意思不同，选项C错误；选项D文中加点的“周公”姬姓，名旦，亦称叔旦，周文王姬昌第四子，周武王姬发的弟弟，采邑在周，故称周公，他是西周开国元勋，又制礼作乐，主张以“礼”治国，奠定了“成康之治”的基础，选项D正确。

3.D

【解析】选项A“为”都是介词，第一个“为”表示动作行为的对象，相当于“替、给”，但第二个“为”表示被动，跟“所”结合，构成“为所”结构，译为“被”，两者意义不同，因此，选项A错误；选项B两个“而”都是连词，第一个“而”表转折，但第二个“而”表承接，两者意思不同，选项B错误；选项C第一个“者”是代词，代指人，而第二个“者”是助词，用在表时间的名词后面，表示停顿，两者用法和意思都不相同，因此，选项C错误；选项D两个“之”都是助词，放在定语和中心语之间，相当于“的”，两者用法和意义都相同，因此，选项D正确。

4.C

【解析】依据原文“夫谋而鲜过、惠训不倦者，叔向有焉。社稷之固也，犹将十世宥之，以劝能者。今壹不免其身，以弃社稷，不亦惑乎”可知，祁奚引用的目的是强调叔向乃国家柱石，对社稷有利，应予以保护；再依据原文三个史实事例及“若之何其以虎也弃社稷”可知，祁奚举例的目的是讽喻范宣子不要感情用事，不要因私害公，应该赦免宽宥叔向。因此，祁奚的劝诫其实回避了叔向是否参与策划叛乱的事实，而是从国家大局出发考虑，选项C错误。

5.（1）祁大夫举荐宗族外的人不摒弃仇人，举荐族内的人不遗漏亲人，难道会独独丢弃我吗?

【解析】举：推举、选拔。其：副词，表诘问，相当于“岂、难道”。

（2）祁奚没有见叔向就返回了，叔向也没有告诉祁奚自己得到赦免，直接去朝见晋平公了。

【解析】“不见叔向而归”是省略句，需要补充主语祁奚。而：连词，表承接，相当于“就”。“叔向亦不告免焉而朝”也是省略句，需要补充“告”的宾语祁奚。免：被赦免。焉：语气词，不译。而：连词，表承接，相当于“就”。朝：臣子上朝觐见帝王。

6.乐王鲋：伪善狡猾、表里不一、为阿顺君意而不惜诬陷忠良的势利小人。

祁奚：忧国爱贤、秉正无私、善于言辞的正直老臣。

叔向：洞悉时局、聪慧知人、才干突出的社稷之臣。

子产告范宣子轻币

1.BDE

【解析】“令”是形容词，意思是美好的，用来修饰中心语“名”，构成偏正短语，因此，A处不能断；“之”是助词，用在定语和中心语之间，相当于“的”，“德之舆”和“国家之基”也是偏正短语，因此，C处和F处不能断；“也”是语气助词，表判断，在这里是对“令名”和“德”的效用分别进行判断，得出“德之舆”和“国家之基”的结论，因此，B处、D处、E处需要断。

2.A

【解析】选项A文中加点的“病”是动词，意思是忧愁、苦恼，而《揠苗助长》中“今日病矣，予助苗长矣”的“病”是形容词，意思是疲惫，两者用法和意思都不同，选项A错误；选项B“公室”与“私家”相对，指君王之家，即王室，是国君的家庭成员，具体包括国君近亲三代之内的亲属，选项B正确；选项C“民作让矣”的意思是百姓之间兴起谦让之风，因此，“作”是兴起的意思，而《桃花源记》中“其中往来种作”的“作”是劳动、耕作的意思，两者意思不同，选项C正确。选项D“牢”本义指关牲畜的栏圈，因为“牢”是关各种牲畜的地方，所以古代供祭祀的猪、牛、羊也称“牢”，“五牢”即五太牢，也就是牛、羊、豕各五头，选项D正确。

3.D

【解析】选项A第一个“何”是副词，表程度，常用在形容词前，译作“怎么这样”，但第二个“何”是代词，译为“什么”，两者用法和意思都不同，因此，选项A错误；选项B两个“焉”都是代词，第一个“焉”是疑问代词，相当于“哪里”，但第二个“焉”是指示代词，相当于“之”，两者意思不同，因此，选项B错误；选项C第一个“乃”是连词，表示承接关系，相当于“于是”，但第二个“乃”是副词，意思是竟然、居然，两者用法和意思都不相同，因此，选项C错误；选项D两个“于”都是介词，引出地点，相当于“在”，两者用法和意思相同，因此，选项D正确。

4.C

【解析】子产这封劝谏的书信完全站在晋国与范宣子个人的立场来考量，因此，“从晋国、郑国两方面”的说法于文无据，选项C错误。

5.（1）用宽厚体谅来弘扬德行，那么好名声就像车子一样装载了美好的德行远远传播，因此，远方的人归附，近处的人安居乐业。

【解析】恕思：宽厚、体谅。明：发扬、弘扬。则：连词，表示承接关系，相当于“就”“便”“那么”。令：美好的。是以：因此、所以。远：形容词作名词，指远方的人。迩：形容词作名词，指近处的人。

（2）如果大家都对礼极其重视，那就会对内君臣不相欺凌，对外国家不相侵略。

【解析】尽：动词，使之达到极限。之：复指“礼”。于：介词，引出动作行为的对象。则：连词，表示承接关系，相当于“就”“便”“那么”。内：名词作状语，指在内。陵：动词，欺侮、欺压。外：名词作状语，指对外。

6.材料一：诸侯外交应轻视财货，重视美德美名。

联读材料：诸侯外交应轻视财货，高度重视礼仪。

晏子不死君难

1.BDF

【解析】“人有君而弑之”意思是人家受君主宠爱反而杀死了君主，“而”是连词，连接“有君”和“弑之”，且“弑之”句子较短，与前连接紧密，因此，A处不需要断；相较于“人有君而弑之”，“吾焉得死之”的主语已换，是另一个完整的句子，因此，B处需要断；“焉得死之”与“焉得亡之”句式相同，因此，D处、F处需要断，E处不断；“庸何”同义词连用，意思是哪里，因此，G处不需断。

2.C

【解析】选项A文中加点的“美”是意动用法，意思是以……为美，认为……美丽，与《邹忌讽齐王纳谏》中“吾妻之美我者”的“美”用法相同，选项A正确；选项B文中加点的“弑”指以下犯上，隐含着作者对崔子行为的不满，此即春秋笔法，选项B正确；选项C文中加点的“口实”指俸禄，而成语“贻人口实”的意思指说话不小心，给人家留下了话柄，“贻人口实”的“口实”指话柄，两者意思不同，选项C错误；选项D文中加点的“相”是动词，意思是辅助，而《论语》中“愿为小相焉”的“相”是名词，意思是司仪赞礼的人，两者用法和意义都不同，选项D正确。

3.C

【解析】选项A第一个“为”是介词，意思是为了，第二个“为”是介词，表示“替”“为……考虑”，两者意义不同，因此，选项A错误；选项B两个“而”都是连词，第一个“而”表承接，但第二个“而”表递进，两者意义不同，因此，选项B错误；选项C两个“以”都是介词，表示动作行为赖以实现的工具、手段、材料，相当于“用”，两者用法和意思都相同，因此，选项C正确；选项D第一个“其”是第三人称代词，作领属性定语，译为“他的”，但第二个“其”是连词，表示选择关系，与前句中的“其”构成“其……其……”，相当于“是……还是……”，两者用法和意义都不同，因此，选项D错误。

4.A

【解析】根据原文“门启而入，枕尸股而哭”可知，晏子虽然认为齐庄公未为社稷而死，臣子不必为其殉难，但国君去世，臣子仍应该哀悼，因此，选项A错误。

5.（1）如果国君为自己而死，为自己逃亡，不是他宠爱亲近的人，谁会这样做？

【解析】这句话是省略句，翻译时需要补充主语国君。若：假如、如果。而：连词，表承接，不译。亡：逃亡。其：第三人称领属代词，译为“他的”。私昵：私人宠爱、亲近的人。任之：承担君难，即陪死、陪亡。

（2）如果没有管仲，我们大概都会披散着头发，衣襟向左边开，沦为夷狄了。

【解析】微：如果没有。其：副词，表推测、估计，相当于“大概、或许”。被发左衽：当时少数民族的打扮，这里指沦为夷狄。被发，发不束而披散。衽，衣襟。

6. 晏子认为社稷高于国君，若国君为社稷而死，臣子应该为国君殉难，否则不必殉难；孔子认为如果可以使社会平息战乱，使百姓安居乐业，那么臣子可以不为国君殉难。因此，两人都是站在国家社稷的立场去分析问题，而非仅仅凭借为国君殉难这一条标准来评定一个人是否为忠臣仁人。

季札观周乐

1.ACE

【解析】“哉”是句末语气词，表示感叹，相当于“啊”，且根据上下文，“美哉”后需与后文断开，因此，A处需要断；“已”和“甚”都是副词，表程度，“已”“甚”连用作为程度副词修饰形容词“细”，两者关系紧密，B处不能断；“其细已甚”的主语是“其”，指代郑诗，而“民弗堪”的主语已换，这是另一个句子，因此，C处需要断；“也”是句末语气词，表示对“民弗堪”这一结果进行判断的语气，因此，D处不能断，E处需要断；“先”作为副词修饰动词“亡”，两者关系紧密，因此，F处不能断。

2.B

【解析】选项A文中的加点词“思”是忧愁的意思，《归园田居》中“池鱼思故渊”的“思”是想念的意思，两者意义不同，选项A正确；选项B《诗经》分为“风”“雅”“颂”三个部分，“雅”即“正”，指朝廷正乐，西周王畿的乐调，即所谓“官调”，“风”是地方乐调，“颂”是宗庙祭祀之乐，选项B错误；选项C文中的加点词“迁”的意思是变化、变动，《岳阳楼记》中“迁客骚人”的“迁”意思是贬谪、降职，两者意义不同，选项C正确；选项D文中的加点词“观止”指看到这里就可以休止了，用来赞美所见事物好到极点，达到无以复加的程度，本书《古文观止》的书名即来源于此，选项D正确。

3.C

【解析】选项A第一个“者”是代词，用在形容词后，组成“者”字结构，用以指代人、事、物，第二个“者”是代词，放在主语后面，引出原因，两者意义不同，因此，选项A错误；选项B第一个“以”是介词，表示动作行为赖以实现的工具、手段，相当于“用”，但第二个

"以"是连词，表目的，译为"来"，两者用法和意义都不同，因此，选项B错误；选项C两个"其"都是副词，表示揣测语气，相当于"大概"，两者用法和意思都相同，因此，选项C正确；选项D两个"而"都是连词，第一个"而"表转折，但第二个"而"表并列，两者意义不同，因此，选项D错误。

4.B

【解析】季札评乐，多罗列对立的风格，如"思而不贰，怨而不言""直而不倨，曲而不屈"，这些风格对立出现，相反相成而得其"中"，相对相济而得其"和"，可见其追求的是"中和"的艺术风格。对这种风格的推崇，在"五声和，八风平，节有度，守有序"等语句中也可见一斑。因此，选项B错误。

5.（1）思虑深远啊，大概有陶唐氏的遗民吧！要不是这样，为什么忧思这样深远呢？不是盛德之人的后代，谁能像这样？

【解析】其：副词，表推测、估计，相当于"大概、或许"。之：结构助词，用在定语和中心语之间，相当于"的"。然：这样。何：岂、怎。令：善、美好的。

（2）伟大啊，像上天一样无不覆盖，像大地一样无不承载，即使还有盛大的功德，也没有办法再增加了。

【解析】矣：助词，表示感叹，相当于"啊"。如：如同、好像。之：结构助词，用于主谓之间，取消句子的独立性，不译。帱：覆盖。载：承载、负担。虽：即使。甚：盛、大。其：副词，表推测、估计，相当于"大概、或许"。蔑：无、没有。

6.（1）古代诗、乐、舞三位一体，在聆听音乐的同时，又有舞蹈伴随，可以观赏，故谓之"观"。

（2）歌有《风》《雅》《颂》，最推崇《颂》，称其"至矣哉"；舞有《象箾》《南籥》《大武》《韶濩》《大夏》《韶箾》，最推崇《韶箾》，称其"德至矣哉"。

子产坏晋馆垣

1.BDF

【解析】"辞之不可以已"的"之"放在主语"辞"和谓语"不可以已"之间，取消句子独立性，"也"是句中语气词，因此，A处不能断；"夫"是助词，用在句末，表示感叹，因此，B处需要断；"子产"是"有辞"的主语，句子简短，因此，C处不能断；同理，"诸侯"是"赖之"的主语，句子简短，因此，E处也不能断；"子产有辞"和"诸侯赖之"是两个独立句子，因此，D处需要断；"若之何……"是固定句式，意思是怎么能……，需要补上其他句子成分，因此，G处不需要断。

2.A

【解析】选项A文中加点的词"让"是责备、责问的意思，但《鸿门宴》中"大礼不辞小让"的"让"意思是谦让、礼让，两者意思不同，选项A错误；选项B，春秋战国时代，诸侯列国常常举行会盟，会盟的领袖或主持者就是盟主，盟主也就是这一时期的霸主，选项B正确；选项C文中加点的词"请命"指请示，表示愿意听从指导，但成语"为民请命"的"请命"指代人请求保全性命或解除疾苦，两者意思不同，选项C正确；选项D文中加点的词"谢"意思是道歉，但《孔雀东南飞》中"多谢后世人"的"谢"意思是告诫，两者意思不同，选项D正确。

3.C

【解析】选项A"以"都是介词，第一个"以"表示行为产生的原因，相当于"因"，但第二个"以"表示对事物的处置，相当于"拿""把"，两者意义不同，因此，选项A错误；选项B第一个"何"是代词，意思是什么，但第二个"何"是代词，意思是怎么，表示反问，两者意义不同，因此，选项B错误；选项C两个"而"都是连词，表示承接关系，用法和意思都相同，因此，选项C正确；选项D两个"乃"都是副词，第一个"乃"表示前后两件事在情理上的顺承，相当于"于是、就"，但第二个"乃"强调某一行为出乎意料，相当于"竟然"，两者意义不同，因此，选项D错误。

4.B

【解析】根据原文"以敝邑褊小，介于大国，诛求无时，是以不敢宁居，悉索敝赋，以来会时事"可知，"不敢宁居"的主语应该是郑国，因此，选项B错误。

5.（1）现在您拆毁城墙，虽然您的随从能够做好警卫戒备，但别国宾客怎么办？

【解析】吾子：古时对人的尊称，可译为"您"。之：代词，在这里指代城墙。虽：虽然。"其若……何"：固定句式，相当于"怎么办"。异客：他国的宾客。

（2）确实如此，我们实在德行有亏，用给下等人住的房子接待诸侯，这是我们的罪过啊。

【解析】信：副词，果真、确实。而：连词，表承接，不译。以：介词，相当于"用"。隶人：从事客馆洒扫之事的人，这里代指下等人。之：结构助词，的。垣：矮墙，这里部分代整体，借代为房屋。以：相当于"来"。赢：接待。是：代词，相当于"这"。

6.①宾馆条件简陋，大门无法容纳车辆进入，又不能翻墙进入；②晋国国内盗贼公然横行，而瘟疫又无法防止，纳贡车辆在外恐生意外；③晋国国君接见宾客没有一定的时间，接见的命令也不知道什么时候发布；④子产拆毁晋国宾馆围墙，是为引起晋国国君注意，进而尽早得到接见，解决问题。

子产论尹何为邑

1.BEG

【解析】“焉”是语气词，放在句末，对“人心之不同如其面”这一现实表示感叹，因此，A处不能断，B处需要断；“谓”意思是说，后面需补上说话的内容“子面如吾面”，因此，C处不能断；“乎”是语气词，放在句末，表示反问，因此，D处不能断，E处需要断；“所谓”意思是所认为的、所觉得的，后面需补上内容“危”，因此，F处不能断，G处需要断。

2.D

【解析】选项A文中加点的词“厌”同“压”，指倾覆，但《烛之武退秦师》中“何厌之有”的“厌”意思是满足，两者意思不同，选项A正确；选项B文中加点的词“家”是与“国”是相对的概念，《左传》记载“天子建国，诸侯立家”，天子把土地分封给诸侯，诸侯建立的就是“国”；而诸侯也把自己的土地分封出去给卿大夫，卿大夫根据诸侯分封的土地建立采邑，采邑就是“家”，选项B正确；选项C文中加点的词“宰”是会意字，由“宀”和“辛”构成，“宀”表示房屋，“辛”本义指刑刀，在此代指奴隶。能在屋内劳作的奴隶多在奴隶主身边伺候，在家奴中地位较高，在一定程度上，他们就是家庭事务的主管，相当于后来的管家。由此，“宰”被引申出了“主管、主持”“头目”等义，随着社会的发展，它又成为“官吏”的通称，选项C正确；选项D文中加点的词“贼”是动词，指伤害，但《茅屋为秋风所破歌》中“忍能对面为盗贼”的“贼”是名词，指偷盗的人，两者用法不同，选项D错误。

3.C

【解析】选项A第一个“夫”是人称代词，指他，但第二个“夫”是助词，用在句末，表示感叹，相当于“啊”，两者用法和意义都不同，因此，选项A错误；选项B两个“于”都是介词，第一个“于”引进对象，相当于“向”，但第二个“于”引进处所，相当于“到”，两者意义不同，因此，选项B错误；选项C两个“所”都是助词，同动词构成“所”字结构，组成名词性短语，表示“……的人/事/物”，两者用法和意思都相同，因此，选项C正确；选项D第一个“者”是代词，用在形容词、动词、动词词组或主谓词组后，组成“者”字结构，用以指代人、事、物，但第二个“者”是助词，用在句末，表示疑问，两者用法和意义都不同，因此，选项D错误。

4.B

【解析】操刀使割、美锦学制、田猎射御是比喻论证，而非举例论证。因此，选项B错误。

5.（1）比如打猎，熟悉了射箭、驾车，才能获取猎物，如果从来没有登过车、射过箭、驾过车，那么他一定会惧怕车子翻了压着人，哪里有工夫顾及猎获禽兽呢？

【解析】御：驾驭车马。贯：同“惯”，习惯、熟练。未尝：不曾，从来没有。“败绩厌覆是惧”是“惧败绩厌覆”的倒装句，“是”是宾语提前的标志，无义。败绩，指车辆崩坏。厌覆，即“压覆”。暇：空暇。

（2）子路说：“那里有百姓，有土神谷神，难道一定得读书才算学习？”

【解析】民人：人民、百姓。焉：句末语气词，不译。社稷：土地神和谷神的总称。然后：这样之后。

6.（1）子皮认为“以政学”，即从实际治理政事中学习历练；而子产却坚持主张“学而后入政”，即学习之后才去管理政事。

（2）孔子支持子产的观点。子羔学问尚未纯熟，却被子路派去为官，孔子认为这无异是在害子羔。孔子不同意子路“仕中学”的观点，坚持主张“学而优则仕”。

子产却楚逆女以兵

1.BDF

【解析】“不宁”是关联词，指不仅、非但，与后文“又”配合使用，表示意思更进一步，因此，A处不能断，B处需要断；“蒙”意思是欺骗，后需要补充宾语“其先君”，因此，C处不能断，D处需要断；“老”是春秋时期公卿大夫的特定称谓，这里指大臣，“寡君老”作为“为”的宾语，与前文关系紧密，因此，E处不能断，F处需要断；“蔑”意思是无、不能，与“以”连用，相当于“无以”，表示没有用来……的办法，因此，G处不能断。

2.B

【解析】选项A“聘”指代表国家访问友邦，《礼记·聘礼》记载了古代两国聘使往来有一套严格且详细的礼仪制度，由此彰显主宾两国的盛德，选项A正确；选项B文中加点的词“逆”意思是迎接，但《唐雎不辱使命》中“而君逆寡人者”的“逆”意思是违抗，两者意思不同，选项B错误；选项C文中加点的词“唯”是副词，表示希望，《廉颇蔺相如列传》中“唯大王与群臣孰计议之”的“唯”

也是同样的意思，选项C正确；选项D“祧”偏旁是“礻”，这个偏旁常表示与宗教、祭祀、礼仪等相关，“祧”是形声字，“礻”是形旁，“兆”是声旁，该字具体指祭祀远古先祖的庙，选项D正确。

3.D

【解析】选项A第一个“乃”是副词，表示前后两件事在时间上的承接，相当于“于是、就”，但第二个“乃”用在判断句中，起确认作用，相当于“是”，两者意义不同，因此，选项A错误；选项B第一个“是”是代词，放在前置宾语和动词之间，复指前置宾语，但第二个“是”是形容词，意思是正确的，两者用法和意义都不同，因此，选项B错误；选项C两个“其”都是代词，第一个“其”是第三人称代词，这里指郑国，但第二个“其”是指示代词，相当于“其中的”，两者意义不同，因此，选项C错误；选项D两个“而”都是连词，表修饰，两者用法和意义都相同，因此，选项D正确。

4.C

【解析】根据原文“不宁唯是，又使围蒙其先君，将不得为寡君老，其蔑以复矣”可知，无颜归国的对象应该是楚公子围，而非太宰伯州犁，因此，选项C错误。

5.（1）如果在野外举行婚礼，这是把君王的恩赐抛弃在杂草丛中了，也是让我们大夫围不能列在卿的行列里了。

【解析】野：名词作状语，在郊野。是：近指代词，相当于“这”。委：抛弃。贶：赐赠之物。于：介词，引出处所，相当于“在”。草莽：丛生的杂草。寡大夫：古代卿大夫出使，其随从者向主国对其的谦称。不得列于诸卿：不能与诸卿同列，不能置身于卿的行列。

（2）我们打算靠大国使自己安定，可怎奈大国却包藏祸心来图谋我国？

【解析】将：副词，将要。恃：依赖、依靠。之：结构助词，用在主语和谓语之间，取消句子的独立性。安靖：使……安定。而：连词，表转折。无乃：固定用法，比较委婉地表示对某一事情或问题的估计或看法，相当于现代汉语的“恐怕”“只怕”。以：相当于“来”。图：谋取、贪图。

6.①首先，揭露楚国包藏祸心、图谋不轨的阴谋，此乃论是非；②其次，警告楚国将遭到其他诸侯的抗拒违背，此乃辨得失；③最后，劝告楚国不妄动，郑国仍将以礼相待，此乃动爱憎。

子革对灵王

1.BDF

【解析】“辟”通“僻”，指僻居、僻处，与后面的“在荆山”构成动宾短语，关系密切，因此，A处不能断，B处需要断；“筚路蓝缕以处草莽”和“跋涉山林以事天子”构成对仗，因此，C处和E处不断，D处和F处需要断；“以”是连词，连接“唯是桃弧棘矢”与“共御王事”，因此，G处不能断。

2.A

【解析】选项A文中加点的词“次”是军队临时驻扎的意思，但《陈涉世家》中“陈胜、吴广皆次当行”的“次”是名词作动词使用，指按顺序排列，两者意思不同，选项A错误；选项B文中加点的词“爱”意思是吝惜、舍不得，而《爱莲说》中“晋陶渊明独爱菊”的“爱”意思是喜爱，两者意思不同，选项B正确；选项C文中加点的词“千乘”读音为qiān shèng，古代用四匹马拉的一辆兵车叫一乘，周制国家有事，诸侯出车千乘，故以千乘为诸侯的代称，选项C正确；选项D文中加点的词“圭”是古代帝王诸侯朝聘、祭祀、丧葬等举行隆重仪式时所用的玉制礼器，长条形，上尖下方，其名称、大小因爵位及用途不同而异，选项D正确。

3.B

【解析】选项A两个“于”都是介词，第一个“于”引出处所，相当于“在”，但第二个“于”引出对象，相当于“对”，两者意义不同，因此，选项A错误；选项B两个“而”都是连词，表示转折关系，用法和意思都相同，因此，选项B正确；选项C两个“焉”都是代词，第一个“焉”是人称代词，指他，但第二个“焉”是疑问代词，相当于“哪里”，表反问，两者意义不同，因此，选项C错误；选项D第一个“乎”是语气词，表疑问语气，但第二个“乎”是介词，引出处所，相当于“于”，两者用法和意义都不同，因此，选项D错误。

4.C

【解析】根据原文“吾子，楚国之望也。今与王言如响，国其若之何”可知，析父认为子革是楚国有名望的大臣，应该直言劝诫楚灵王，如今却只是一味附和恭维，弃国家社稷于不顾，由此可见，此时的析父对子革是失望的。因此，选项C错误。

5.（1）现在我派人到周国，请求把鼎作为颁赐，周天子会给我吗？

【解析】使：命令、派遣。于：介词，引出处所，相当于“到”。“以为分”是省略句，补充完整后即“以鼎为分”，意思是把鼎作为赏赐。其：副词，表示揣测、估计。

（2）我问他这首诗，他却不知道，如果问他更久远的事，他怎么能知道?

【解析】其:第三人称代词,指他。“而不知也”是省略句,省略主语“他”,翻译时需补充完整。而:连词,表转折,相当于“但”。远:形容词作名词,遥远的事情。焉:句末语气词,不译。其:第三人称代词,指他。焉:怎么,哪里。

6.①欲擒故纵,面对楚灵王的三问随声附和恭维,为之后的批评劝告做准备;②借题发挥,借古讽今,引周穆公遏制欲望以获善终的典故来规劝楚灵王。

子产论政宽猛

1.BDE

【解析】“则”是连词,表承接关系,相当于“那么,就”,在这里连接“政宽”和“民慢”两个短句,因此,A处不能断;整个句子使用顶针修辞,即上句的结尾与下句的开头使用相同的字,如“慢”“猛”“残”,因此,B处、D处、E处需要断;“以猛”是“纠之”的方式,两者关系紧密,因此,C处不能断;同理,“以宽”是“施之”的方式,两者关系紧密,因此,F处不能断。

2.D

【解析】选项A文中加点的词“疾”是名词,泛指疾病,而《三峡》中“虽乘奔御风,不以疾也”的“疾”是形容词,意思是快,两者意思和用法不同,选项A正确;选项B文中加点的词“夫子”是古时对男子的尊称,在这里指子产,选项B正确;选项C文中加点的词“小康”指介于温饱和富裕之间的比较殷实安定的生活状态,这个词最早便出自《诗经》“民亦劳止,汔可小康”,选项C正确;选项D文中加点的词“从”指放纵,但《鸿门宴》中“沛公旦日从百余骑来见项王”的“从”是使动用法,意思是使……跟从,两者意思和用法不同,选项D错误。

3.B

【解析】选项A第一个“为”是动词,指治理,但第二个“为”是介词,表对象,相当于“给”,两者用法和意义都不同,因此,选项A错误;选项B两个“焉”都是兼词,相当于“于此”,两者用法和意义都相同,因此,选项B正确;选项C两个“于”都是介词,第一个“于”引出处所,相当于“在”,但第二个“于”表示比较,相当于“比”,两者意义不同,因此,选项C错误;选项D第一个“以”是介词,表示动作行为所依靠的工具手段,相当于“用”,但第二个“以”是连词,表示并列关系,两者用法和意义都不同,因此,选项D错误。

4.C

【解析】根据原文“大叔为政,不忍猛而宽”及“大叔悔之,曰:‘吾早从夫子,不及此。’”等句可知,大叔一开始未听从子产施行猛政的建议,致使盗贼兴起,之后才后悔,改行猛政。因此,选项C错误。

5.(1)发动步兵攻打萑苻泽中的盗贼,把他们全部杀了,盗贼稍微平息了一些。

【解析】兴:派遣、出动。徒兵:步兵。以:连词,表目的,相当于“来”。之:结构助词,的。尽:全。之:代词,指“萑苻之盗”。少:稍。止:平息。

(2)等到子产死后,孔子听到这个消息,流着眼泪说:“他具有古人仁爱的遗风啊。”

【解析】卒:死亡。涕:眼泪。遗爱:留于后世而被人追怀的德行、恩惠、贡献等。

6.关于施政方案,子产和孔子的观点不完全一致:
①子产认为最理想的施政方案是“以宽服民”,即施行宽政使百姓顺服,但行宽政必是有德之人,一般的政治人物最好施行猛政,由此暗示大叔以猛政治国;②孔子认为最理想的施政方案是“宽以济猛,猛以济宽”,即用宽和来调剂严厉的不当,用严厉来调剂宽和的不足,由此可知,孔子主张宽猛共济。

吴许越成

1.BDF

【解析】“使”意思是派遣,“求之”是派遣椒完成的任务,两者关系密切,因此,A处不能断;“逃奔”的主语已换成少康,因此,B处需要断;“逃奔”的处所是“有虞”,两者关系密切,因此,C处不能断;“为”指担任,“之”代有虞,后需要宾语“庖正”,因此,E处不能断;逃奔到有虞之后,少康继而担任了有虞掌管膳食的官员,即“庖正”,“逃奔有虞”和“为之庖正”是两件事情,因此,D处需要断;“逃奔有虞”和“为之庖正”这两件事情后,少康最终得以免除祸害,“以”是连词,表承接,相当于“而”,因此,F处需要断。

2.A

【解析】选项A文中加点的“报”意思是打击仇敌,但《鸿门宴》中“具以沛公言报项王”的“报”意思是告诉,两者意思不同,选项A错误;选项B文中加点的“行成”读音为xíng chéng,在原文语境中指求和、议和,而《礼记》中“是故德成而上,艺成而下,行成而先,事成而后”的“行成”意思是道德修养达到完善,选项B正确;选项C文中加点的“俟”意思是等待,而《捕蛇者说》中“以俟夫观人风者得焉”的“俟”也是同样的意思，两者意思相同，选项C正确；选项D文中加点的“伯”同“霸”，在这里指诸侯称霸、做诸侯的盟主，选项D正确。

3.B

【解析】选项A“以”都是动词，第一个“以”意思是率领，但第二个“以”意思是认为、以为，两者意义不同，因此，选项A错误；选项B两个“因”都是介词，意思是经由、通过，两者用法和意义都相同，因此，选项B正确；选项C第一个“为”是动词，指担任，但第二个“为”是名词，指行为、心理活动，两者用法和意思都不同，因此，选项C错误；选项D第一个“其”是副词，表示揣测语气，相当于“恐怕”，但第二个“其”是第三人称代词，指“生乎吾前”的人，两者用法和意义都不同，因此，选项D错误。

4.C

【解析】根据原文谏辞，伍员详细描述少康中兴过程，却对勾践事迹简略地轻轻带过，运用烘托手法，以少康中兴影射勾践可能复国，更加警醒动人。因此，选项C错误。

5.（1）少康能广施恩德，开始他的复国计划，收集夏朝的残余部众，给他们封官定爵。

【解析】这句话是省略句，需要依据上下文补充主语“少康”。布：广施。其：第三人称领属代词，他的。德：恩德。而：连词，表承接，不译。兆：开始、萌生。其：第三人称领属代词，他的。谋：谋划、计划。以：连词，相当于“而”，不译。抚：招抚。其：第三人称代词，这里指“夏众”。

（2）在这种情况下战胜越国却不消灭占有它，反而打算让它存在下去，违背天意而壮大仇敌，以后即使后悔，也不可能把它消灭了。

【解析】于：介词，引入时间，相当于“在”。是：近指代词，这。乎：语气词，表停顿，不译。克：战胜。而：连词，表转折，相当于“却”。取：占有、攻取。存：使动用法，使……存在。违天：违背天意。而：连词，表并列，不译。长：助长、壮大。虽：即使。食：消除。

6.①先引用俗语摆明自己的观点“去疾莫如尽”，即除掉祸害没有比消灭干净更重要的；②再借少康中兴的旧事，得出纵虎归山，后患无穷的历史教训，从而印证自己的观点；③最后比况历史和现实，并分析越王勾践的优点，极力劝谏夫差赶尽杀绝，以除后患。

卷三

祭公谏征犬戎

1.BDFH

【解析】“布令”和“陈辞”之间是并列的关系，中间不需要断开，故A处不断；“德”是“增修”的具体内容，所以“增修于德”中间不能断开；“远”是“勤民”的地点，因此E处不可断开；“近无不听”和“远无不服”结构一致，因此G处不可断。最终需要断开的是B、D、F、H四处。

2.A

【解析】A.“我先王不窋用失其官”的“用”的意思是“因此”，而“用心躁也”的“用”是“因为”的意思。两者意思不同，因此选项A错误；B.“庶民弗忍”的“忍”是“忍受”，“人皆有不忍人之心”的“忍”是“狠心”；C.表述正确；D.“自牧归荑”的“归”是通假字，通“馈”。

3.C

【解析】A项“使”，都是介词，让。B项“及”，都是介词，等到。C项第一个“以”是介词，表示凭借，相当于“用”；第二个“以”是连词，表顺承，相当于“而”。D项“无乃”，都是恐怕……吧。

4.C

【解析】原文的意思是：如果发现有不供应日祭的诸侯，天子就应该反思自己的思想；如果发现有不供应月祀的，天子就要检查自己的言论。这是在强调当为政者发现“行有不得者”时，应及时“反求诸已”。C项不是在说“反求诸已”。

5.（1）勉励他们端正自己的德行，敦厚自己的品性，增加他们的财富，满足他们的需求，并让他们能使用好的器具。

【解析】茂：勉励。正：端正。阜：增加。

（2）这并不是先王崇尚武力，而是体恤人民的痛苦，除掉他们的祸害罢了。

【解析】是：这。非：不是。隐：苦难。其：人民的。

6.四匹白狼和四只白鹿是非常微薄的战利品。周穆王穷兵黩武的结果竟只是收获了几只野兽，十分讽刺；战利品的微薄与“自是荒服者不至”的结果形成了强烈对比，突显了周穆王的因小失大和不顾劝谏征伐犬戎的决定之错误。

召公谏厉王止谤

1.BDE

【解析】“宣言”是一个动宾词组，不能断开，因此A处不断；“于是乎兴”的意思是“从此显露”，“乎兴”也无法作为一个句子的开头，因此C处不能断；"阜财用"是一个动宾词组，而"所以阜"这一表达也并不成立，因此F处不能断。所以能断的部分为B、D、E。

2.A

【解析】A."意思相同"错误，"如今有谁堪摘"的"堪"是"能"的意思；B.两个"巫"都是巫师；C."或王命急宣"的"宣"是"宣布"的意思；D."吾谁与归"的"与"是连词，和。

3.C

【解析】A项"以"，用；介词，因此。B项"乃"，副词，竟然；第二人称代词，你的。C项"于"，都是介词，比。D项"之"，助词，位于主谓之间，取消句子独立性；代词。

4.A

【解析】周厉王是让这个卫巫监察说他坏话的百姓，卫巫会向周厉王"打小报告"。周厉王则会把那些说他坏话的百姓杀死。

5.（1）江河被阻塞，一旦溃坝，死伤一定很多，对百姓也是一样。

【解析】川壅：是一个语义被动句，即江河被阻塞。壅，阻塞。溃：溃坝。亦：也。

（2）周厉王不听，于是国都中的百姓没有人敢说话。

【解析】弗：不。国人：国都中的百姓。莫：没有人。

6.（1）虑壅蔽　则思虚心以纳下

（2）《邹忌讽齐王纳谏》运用了类比论证的方法，将妻、妾、客在评价邹忌时会因偏爱、畏惧、有求于人等原因不讲事实使邹忌受到蒙蔽，类比齐国国君也会因同样的原因受到蒙蔽。

本文运用了比喻论证的方法，如"防民之口，甚于防川"，又如"民之有口也，犹土之有山川也"，形象具体。还运用了对比论证的方法，从阻塞言路和打开言路正反两方面的对比来强调打开言路的意义。

襄王不许请隧

1.BDE

【解析】"均分"是一个词组，中间不应断开，故A处不断开；"宁宇"是"有"的宾语，中间不应断开，所以C处不断开。因此B、D、E处需要断开。

2.B

【解析】A."劳师以袭远"的"劳"是"使……劳累困顿"的意思；B."意思不同"错误，两个"虞"都是"料想"的意思；C.两个"度"都是"法度"的意思；D."洗盏更酌"的"更"是"再次"的意思。

3.D

【解析】A.项"以"，连词，表目的，来；介词，因为。B.项"之"，宾语前置句中提宾的标志；结构助词，的。C.项"非"，动词，责备；否定副词，不是。D.项"然"，都是代词，"这样"的意思。

4.B

【解析】周襄王提到周先王是为了说明先王不会享有"私利"，也不会为了满足自己的私欲而破坏各种法度。

5.（1）我就算是逃到边远荒凉的地方，又有什么可说的呢?

【解析】流避：流放。裔土：偏远、荒凉的地方。何辞之有：是宾语前置句，应为"有何辞"，即"有什么可说的呢"。

（2）晋文公于是不敢再提请隧葬的要求，接受土地回国去了。

【解析】遂：于是。请：提出请求，翻译时应补足"请求"的宾语"隧葬"。受：接受。

6.（1）晋文公成功帮助周王复位，并提出想在自己去世后使用天子丧礼"隧葬"。从中可以看出，晋文公帮助周王复位是有目的的，他为了满足自己的私人愿望，无视周礼和周王的权威，侵犯礼制，妄图僭越，是为"谲而不正"。

（2）"柔"体现在周襄王的言语柔和。他不仅一直尊称晋文公为"叔父"、从始至终使用谦辞和敬语，还用委婉的方式告诉晋文公不可僭越。

"刚"体现在周襄工的态度刚硬。他虽然很多时候不直言拒绝，有些时候正话反说，但都传达出了拒绝晋文公用隧礼的强硬态度。他也有强硬的言辞，例如"若犹是姬姓也，尚将列为公侯，以复先王之职，大物其未可改也"，就直接点明礼制的不可更改。

单子知陈必亡

1.BCFG

【解析】单襄公自称"朝"，"不才"的意思是无能，单襄公的自谦之词，因此A处不断；"虽"是"虽然"的意思，表让步，常用在上半句，因此B处需断；"有分族于周"是一个完整的句子，因此C处需断；E后面的"于"是介词，引出地点，与前文联系密切，因此E处不可断；"而"是表转折的连词，引出下句，因此F处需断；"是"是代词，指前文单子奉命来到陈国却没有人接待他，因此G处可断。

2.D

【解析】A. 两个“假”都是“借”的意思；B.角、天根、本、驷、火、斗、牛都是星宿名；C.“行理”和“行李”都是外交使臣；D.“益虔”的“益”意思是“更加”；“益者三友”的“益”意思是“有益处”。

3.B

【解析】A.项“如”，动词，去、到；介词，至于。B.项“莫”，两个都是没有人。C.项“以”，介词，凭借；介词，因为。D.项“其”，助词，表推测，难道；代词，他们的。

4.C

【解析】“敌对的国家”有误，应为“同等地位的国家”。

5.（1）陈侯就算自己没有灾祸，国家也一定灭亡。

【解析】咎：灾祸。必：一定、必然。整句话的前后语义关系（让步）要在翻译中体现出来。

（2）（陈国君臣）扔掉礼服冠冕却戴楚国式样的帽子外出。

【解析】弃：抛弃、扔掉。衮冕：礼服礼帽。而：转折连词，却。南冠：也可以翻译成南方样式的帽子。以：即“而”，表修饰。

6.“此四者”分别指：①“先王之教”：先王的教导；②“先王之法制”：先王订下的法制；③“先王之官”：先王订立的官制；④“先王之令”：先王的命令。

展禽论祀爰居

1.ABCE

【解析】“夫”句首发语词，引出话题“祀”，“国之大节也”是对“祀”的阐述，因此A处可断；“也”是句末语气词，因此B处可断；“而”是连词，连接前后分句，“节”则是后面句子的话题，因此C处需断；“政之所成也”与“国之大节也”结构相同，因此D处不可断；同样“政之所成也”的“也”也是句末语气语，因此E处需断。

2.C

【解析】A.“非能水也”的“水”是名词活用作动词，游水，与文中加点的“水”意义、用法均不同；B.“巧言令色”的“令”意思是美好，与“令德”的“令”意思相同；C.两个“恒”的意思都是总是、常常；D.“信吾过也”的“信”意思是确实，与“信可乐也”的“信”意思相同。

3.B

【解析】A项两个“是”都是代词，这。B项第一个“为”是动词，担任；第二个“为”是动词，是、充当。C项两个“于”都是介词，对。D项两个“而”都是连词，表示并列。

4.C

【解析】前后语句逻辑关系错误。展禽确实认为臧文仲祭祀海鸟的行为越礼了，但“越礼”这一行为并不会招致鲁国附近海域发生大灾。展禽之所以提到海上大灾，是他认为海上有灾难，才导致海鸟来鲁国附近徘徊。

5.（1）臧孙治理政事太越礼了！

【解析】越：越礼。之：处在主谓之间，取消句子独立性，不译。为政：处理政事。整个句子是主谓倒装句。

（2）没有功劳却去祭祀它，不算仁德；不了解却不询问，不算明智。

【解析】两个“而”均表转折，“却”。非：不是。“不知而不问”的“知”是动词，知道。“非知也”的“知”是通假字，通“智”，明智。

6.【答案示例①】我认为孔子可以被祭祀。展禽认为“前哲令德之人，所以为明质也”，意思是说前代有智慧有美德的人，是百姓所信任的，他们应该被祭祀。孔子是春秋时期儒家思想的代表人物，他强调“仁”“礼”等思想的重要性；作为一名教育者，他提倡“有教无类”，打破了教育被贵族垄断的局面。孔的行为符合展禽提出的“前哲令德”这一条件，因而可以被祭祀。

【答案示例②】郑国的子产可以被祭祀。子产在主持郑国政务期间，进行了自上而下的改革措施，又“铸刑书于鼎，以为国之常法”，是中国历史上第一次正式公布成文法，具有重要意义。展禽认为“法施于民则祀之”，即对百姓推行法令，就祭祀他。子产的行为符合这一标准。

若举出其他例子并言之成理，皆可给分。

里革断罟匡君

1.DFG

【解析】“今”即现在，表时间，与后文关系密切，因此A处不断；“方”是副词，“正在”的意思，强调行为正在进行中，而这一行为正是后面的“孕”，即鱼正在产卵，因此B、C处不能断；“教”即“让”“允许”，“不教鱼”句子不完整，应为“不教鱼长”，因此E处不断；“又”表递进，“还要用密网捕捞”，F处可断；“贪无艺也”是对上述行为的批评，因此G处可断。

2.A

【解析】A.两个“罟”都是渔网的意思；B.兽虞的职责就是掌管山林鸟兽；C.“泽不伐夭”的“夭”意思是初生的草木；“莫之夭阏”的“夭”是阻止、阻拦的意思；D.“蕃庶物也”的“蕃”是动词，使……生长、繁殖；“早实以蕃”的“蕃”是形容词，多。

3.A

【解析】A.项两个“于”都是介词，在。B.项第一个“之”是结构助词，的；第二个“之”是动词，到……去。C.项第一个“而”是连词，表承接；第二个“而”是连词，表转折，但是。D.项第一个“为”是介词，替、为；第二个“为”是动词，作为。

4.D

【解析】鲁宣公从善如流，欣然接受了里革的规劝。

5.（1）要让主管官吏收藏起来这个渔网，使我不忘记他的劝谏。

【解析】两个“使”都是介词，让。有司：泛指官吏。谂：规谏、劝告。

（2）保存渔网，不如把里革安排在您身边，那样更不会忘记他的规谏。

【解析】置：本意是安置、放置，在这里引申为安排。于：介词，在。

6.①更相似。里革不满于鲁宣公不顾时令捕鱼，便举出古代以时入山林、以时捕鱼捕兽的事实劝谏鲁宣公，告诫他应依时令行事。链接材料①也强调不能违背农时，不用密网捕鱼，砍伐林木要有定时，这样才可不妨害农作物、鱼鳖和树木的生长，与里革的观点具有一致性。

若选择链接材料③，并能从生态保护的角度来阐释，也可以给分。

选择链接材料②不得分。

敬姜论劳逸

1.CEG

【解析】这段话中有明确的时间线索，“朝”是早上，“昼”是白天，“夕”是傍晚，“夜”是夜晚。所以应在“昼”“夕”“夜”前面断开。“业命”是一个词组，中间不能断开，“国职”“典刑”同理。

2.C

【解析】A.“序八州而朝同列”的“朝”是“使……朝拜”；B.表达正确；C.本文中“晦”是晚上的意思；“戊申晦”的“晦”是农历每月最后一天；D.表达正确。

3.C

【解析】A项两个“其”都是语气词，表示推测，大概。B项两个“则”都是连词，就。C项第一个“为”是动词，在语境中可以翻译成纺织；第二个“为”是介词，替。D项两个“有”都通“又”。

4.D

【解析】不是公父文伯记下了母亲的教导，而是孔子让其弟子记下敬姜的事迹和品质，说敬姜是一个不贪图安逸的人。

5.（1）他（季孙）会认为我不能事奉君长呢！

【解析】以……为：应翻译成“认为……怎么样”。事：事奉。主：主母的简称，对贵族家中女主人的称呼。

（2）贫瘠土地上的百姓没有人不向往道义，是由于他们勤劳。

【解析】莫：没有人。义：指正义、正道。

6.①参与祭祀日神，和三公、九卿一起了解熟悉大地生产万物的情况；②参与祭祀月神，和太史、司载详细记录天象；③考察、处理政事，为百官安排事务。

叔向贺贫

1.BDFG

【解析】“卿之名”是一个完整的偏正结构，整体作“有”的宾语，其间不可断开，故A处不断；“无其实”与“有……之名”是相对的，故C处不可断开；“从二三子”的意思是“跟从晋国其他卿大夫交往”，中间不可断开，故E处不可断；G处和H处无法用语法来判断，“吾是以忧”和“吾是以忧子”的语法皆通，所以要用语义判断。此处，韩宣子忧的并不是“子”，他忧的是自己，故而要在G处断，不可在H处断。综上，需要断开的是B、D、F、G四处。

2.D

【解析】A.文中加点词“艺”的意思是“限度”，与“六艺（礼乐射御书数）”的“艺”不同；B.“修”在本文中的意思是“研究、学习”，但在《过秦论》中的意思是“修理、整治”；C.“离”是“罹”的通假字，遭受的意思；《屈原列传》中“犹离忧也”的“离”也是遭受的意思；D.表述正确。

3.B

【解析】A项“不然”的“然”是这样；“奏刀騞然”的“然”是形容词词尾。B项两个“莫”都是没有人。C项第一个“而”是转折连词，却；第二个“而”是并列连词。D项第一个“之”是提宾的标志，“有何贺”；第二个“之”是助词，的。

4.C

【解析】栾武子的儿子桓子本该遭难，却依靠武子的威望，终生没有遭到祸患。

5.（1）他的尸体摆在朝堂示众，他的宗族在绛地被灭掉。

【解析】两句话都是状语后置句，翻译时应体现出语序上的区别。“宗”是“宗族”的意思。

（2）现在您有栾武子的贫困，我认为您能够奉行他的道德了，因此祝贺。

【解析】吾子：敬辞，“您”的意思。其：指代栾武子。是以：因此。

6.（1）“贺贫”的目的：叔向向韩宣子“贺贫”的目的并不是真的要赞美他的贫困，而是要告诉韩宣子不应过分追求物质财富，担忧财富不足。相反，卿大夫要把精力放在培养品德上，要担忧自己有没有把德行建树好。

（2）采用“贺贫”这一劝谏方式的好处：借反言以显正，亦庄亦谐，用看似诙谐的方式劝说，使听者更易接纳。

王孙圉论楚宝

1.CEG

【解析】“此楚国之宝也”是一个完整的判断句，中间不能断开，因此要在C处断开，不能在A、B处断开；“若夫”是发语词，后面D处没有必要断开，“若夫白珩”恰是这句话的话题，因此要在E处断开。“先王之”的“之”是助词，相当于“的”，后面的“玩”是玩物的意思，“先王之玩”即先王的玩物，结构完整，因此F处不可断。最终需要断的是C、E、G。

2.C

【解析】A.本文中“聘”的意思是“访问、聘问”，《陈丞相世家》中“聘”的意思是以礼物订婚；B.表述正确；C.本文中“相”的意思是保佑；“及时相遣归”中“相”表示动作由一方发出，作用于另一方。两句话中的“相”意思不同；D.表述正确。

3.B

【解析】A项两个“之”都是助词，位于主谓之间，取消句子独立性。B项第一个“其”是语气词，表推测语气，也许；第二个“其”也是语气词，表祈使语气，希望。C项两个“焉”都是句末语气词。D项两个“虽”都是虽然的意思。

4.A

【解析】B项应为“王孙圉不认为大国的执政者应关注珍宝美物。”C项中“观射父”是人名，不是书籍名；D项无中生有，原文中并未写赵简子听完王孙圉的话之后的表现。

5.（1）赵简子佩戴着叮当作响的玉饰辅佐国君执行礼仪。

【解析】“鸣玉”是本句中的难点，“鸣玉”不是敲击玉器的意思，而是“玉器叮当作响”。以：表示修饰的连词。相：动词，“辅佐”之意，赵简子辅佐国君。

（2）山林湖泽的出产足以供给财物用品，就当作珍宝。

【解析】薮：生长着很多水草的湖泽。备：准备、供给。宝：意动用法，“把……当作珍宝”。

6.对国家建设和人民福祉有益处。

诸稽郢行成于吴

1.CEG

【解析】“罢弊其民”是一个完整的动宾结构，中间不能断开，因此要在C处断开，不能在A、B处断开；“天夺”的不是“之”，而是“之食”，意思是“上天夺去他们的粮食（让他们粮食歉收）”，因此D处不可断，要在E处断开。“安受其烬”结构完整，因此F处不能断开。

2.B

【解析】A.“履至尊而制六合”的“履”是登上的意思；B.“币”文中的意思是礼品；C.“属予作文以记之”的“属”通“嘱”，嘱托；D.“道不通，度已失期”的“度”是揣度、推测。

3.D

【解析】A.第一个“以”是连词，表目的，来；第二个“以”是介词，用。B.第一个“见”是遭受的意思；第二个“见”用在动词前，表示对自己怎么样。C.第一个“用”是介词，因此的意思；第二个用是动词，使用的意思。D.两个“敢”都是自言冒昧的谦辞。

4.B

【解析】B项中“不可以轻易地接受他人的命令”表述有误。“授命”此处的意思是“交出自己的性命”，也就是不可以轻易去跟别的国家拼命。

5.（1）天如果厌弃吴国，（吴王）一定同意我们求和而不把我们放在心上。

【解析】若：表假设，应翻译成“如果”。弃：抛弃、厌弃。“必许吾成”前面省略了主语“吴王”，翻译时建议补全。不吾足：宾语前置句，即“不足吾”。

（2）虽然四方的诸侯国（想要事奉吴国），又如何信服而事奉吴国?

【解析】虽：虽然。事：事奉。

6.（1）利：如果吴国不攻打越国，越国就会送来一个嫡亲的女儿和一个嫡亲的儿子服侍吴国，并在每年春秋两季源源不断地送贡品到吴国。

（2）义：吴国曾经培植越国，吴王的明智已经传遍天下了，如果再灭亡越国，天下诸侯便无法信服吴国，无法事奉吴国。

申胥谏许越成

1.BDF

【解析】“君王之盖威以好胜也”整体作“固知”的宾语，所以A处不必断开；“婉约其辞”中间不能断开，“从逸王志”中间不能断开；“淫乐”中间不应断开。因此需在B、D、F处断。

2.D

【解析】D项“越曾足以为大虞乎”的“虞”是忧虑、忧患的意思，“虞美人”的“虞”是姓氏。

3.D

【解析】A项第一个“于”是介词，在；第二个“于”表被动，“不被时拘”。B项第一个“以”表结果关系，以致；第二个“以”是介词，表动作行为的凭借或前提，依、凭。C项第一个“曾”表示反问，难道；第二个“曾”是连……都的意思。D项两个“胡”都是为什么的意思。

4.B

【解析】B项中，吴王并没有认识到越国是一大隐患，吴王始终认为越国不足为惧。

5.（1）越王讲信用，爱护百姓，四方之民都归服他。

【解析】夫：发语词，不必译出。以：表并列的连词。归：归服。

（2）吴王就同意了，（只在口头上达成讲和的协议）没有举行盟誓仪式。

【解析】乃：于是、就。许：动词，同意、应许。荒：空，只空订协议，不举行仪式。

6.（1）首先，伍子胥一针见血地指出越国并非真心想和吴国交好，越国大夫文种能玩弄吴国于股掌之上，让吴国自取灭亡。其次，伍子胥称赞越王勾践讲信用、爱护百姓，四方都归服于他；最后，伍子胥以“虺”和“蛇”作比，说明如果现在错失灭掉越国的良机，将来贻害无穷。

（2）伍子胥劝谏没有成功是因为吴王刚愎自用、固执己见、骄横轻敌。

春王正月

1.BEF

【解析】“长”“贤”并列作谓语，是对鲁隐公的评价，A处不断B处需断；“何以”是疑问代词，为什么的意思，引起下文，“立”是动词，作谓语，“不宜”作状语，所以C、D处不断而E处断句；紧承上文问句，引出“立適”的话题，“以……不以……”从正反两方面做判断，故F处断，G、H处不断。且“立適，以长不以贤”与下句“立子，以贵不以长”结构相同。

2.D

【解析】B.“山不加增，何苦而不平”中“平”的意思是削平、铲平；D.“将以让桓也”中“让”的意思是让给，让位给，“是以太山不让土壤”中“让”是“推辞、拒绝”的意思。

3.B

【解析】A.均为连词，第一个表顺承；第二个表转折，但。B.疑问代词“为什么”；疑问代词“为什么”。C.介词，表原因，“曷为”是为什么；动词，作为。D.助词，取消句子独立性；助词，的。

4.D　错误归因。

不说“即位”是他先代替年幼的弟弟桓公摄政，不是因“地位卑贱，不能成为国君”。

5.（1）为什么要说“王正月”？是为了显示重视天下一统。

【解析】何：为什么。言：说。

（2）《春秋》崇尚礼义，不看重小恩小惠，伸张正义而不扶持邪恶。

【解析】贵：崇尚、看重。信：通“伸”，伸张。

6.材料一，隐公长而卑，故先接受大夫的拥立，将来再还位于桓公。隐公“不言‘即位’”是体现“立子，以贵不以长”的封建宗法制度。

联读材料，认为隐公以兄让弟是不正，是“废天伦而忘君父，以行小惠”的小道，“不言‘即位’”隐含着对隐公的批评。

宋人及楚人平

1.BCF

【解析】“甚矣”是严重的意思，且承上文司马子反“惫矣”的话，可推知“甚矣惫”中间不可断；“虽然”是虽然疲惫极了，有省略，且下文另起新句，故C处应断句。“吾”指楚庄王，“取”为动词，引出宾语“此”，故D、E处不断而F处断句；“然后”相连，“归”为动词，故G、H处不断句。且从文法的角度看，画线句和后文“虽然，吾犹取此，然后归尔”结构相应，可以辅助断句。

2.B

【解析】B项文中加点的“乘”是登上的意思，《过秦论》“因利乘便，宰割天下，分裂山河”中“乘”是趁着的意思。D项《陈情表》中“区区”是拳拳，形容自己的私情。

3.D

【解析】A.都是助词，的。B.都是连词，表顺承。C.都是疑问代词，为什么。D.副词，尚且；副词，仍然、还是。

4.D

【解析】“贬”字意在表明双方大夫之间私下达成和谈，而不是“华元私自向楚国子反求和”。

5.（1）君子看到别人的灾难就会心生怜悯，小人看到别人的灾难就会幸灾乐祸。

【解析】厄：困厄。矜：怜悯、怜惜。幸：幸灾乐祸。

（2）所以君子赞扬两国主动讲和。

【解析】大：形容词作动词，称赞、赞扬。其：指代两国。平：和谈。

6.如华元说宋国“惫矣”，司马子反听了“易子而食之，析骸而炊之”的惨状后说“嘻！甚矣惫！”司马子反回去和楚庄王的对话，说的话又重复之前，前后呼应，形成叙事闭环，让读者在语言的回环中，自然接受作者反对无谓战争的思想。

吴子使札来聘

1.BDG

【解析】“与”在这里是句末语气词，“则”是连词，引起新的句子，故A处不断B处断句；“者也”连用，常用于句末，表判断、强调，故D处需断句。且“从先君之命与”和下句“不从先君之命与”结构照应，故E、F处不断而G处断。

2.D

【解析】“君”名词用作动词，意思是“以……为君，把……当作国君”。

3.A

【解析】A.都是疑问代词，为什么。B.代词，代季子；动词，到……去。C.连词，表修饰；连词，顺承关系。D.动词，作为；介词，“曷为”，为什么。

4.C

【解析】季子拒绝接受君位，体现了他的义。

5.（1）先君之所以不传位给儿子而传位给弟弟，都是因为季子的缘故。

【解析】与：传位、传给。

（2）所以君子认为他不接受君位之事为义，不自相残杀之事为仁。

【解析】受：接受君位。

6.吴王生前想立季札为君，季札坚决推辞。吴王死后，季札的兄长又让位季札，季札一再拒绝。僚即位为君后，季子没有篡位的想法，而是把僚当作国君对待。季札知道阖庐派人刺杀僚后，坚决反对，并离开国都，终身不入吴国都城。

郑伯克段于鄢

1.ADG

【解析】“段”指共叔段，作主语，从语意连贯来看，“也”是句中停顿，“弟”和“弗谓弟”前后对照，可推测出“而”表转折关系，由此可知，“弟也而弗谓弟”是对“段”的判断，故A处、D处断句，B、C处不断。下句“公子也而弗谓公子”和“弟也而弗谓弟”结构相同，“贬之也”是收束总结，故E、F不断，G处断句。

2.A

【解析】原文中加点的“见”读音为xiàn，是显示的意思。“于是入朝见威王”的“见”读音为jiàn，是拜见的意思。

3.A

【解析】A.都是代词，代共叔段。B.介词，因为；连词，表目的。C.连词，表递进；连词，表目的，以便。D.介词，在；介词，比。

4.B

【解析】文中批评郑伯更甚于段，材料一第二段“贱段而甚郑伯也”。

5.（1）缓慢地追击，让坏人逃掉，这就符合与亲人相亲相爱的道理了。

【解析】逸：逃跑。第一个“亲”是动词，对……亲善；第二个是名词，亲人的意思。

（2）因此隐匿其深沉机诈的心，而使共叔段轻忽怠慢。又放任共叔段的贪欲，而使他肆无忌惮，纵容他的恶行，使他成为祸害。

【解析】匿：隐藏。狎：轻忽怠慢。放：放纵、肆无忌惮。成：酿成祸患。

6.（1）纵容共叔段之恶日长：甲兵之强，卒乘之富；百雉之城，两鄙之地。

（2）庄公杀弟之念日增：不顾兄弟之情，设下陷阱，等待时机，一举铲除祸患。

虞师晋师灭夏阳

1.BDG

【解析】断句部分在语意上承前句“彼不借吾道，必不敢受吾币”，“如受吾币而借吾道”中“受”是动词，“吾币”作宾语，“借”是动词，“吾道”作宾语，如果接受了我们的礼物，借道给我们，所以A、C处不断而B、D处断句，且从和上句结构对应的角度考虑，B处应该断句。断句后半部分句子较长，“则”是连词，引起句子。另抓住动词结构“取之……藏之……”“取之……置之……”的对应关系，且“中府”“外府”“中厩”“外厩”在语义上也是明显对应的。故E、F处不断句，G处断，H处不需要断。

2.B

【解析】意思相同，都是侍奉的意思。

3.D

【解析】A.介词，因为；连词，而。B.代词，代虞国；语气词，大概。C.助词，的；代词，代礼物。D.都是连词，表转折。

4.C

【解析】宫之奇忠心进谏不被接受，知国必亡，带领家人投奔曹国。“一气之下”于文无据。

5.（1）宫之奇的为人，明白事理但性情懦弱，而且从小和国君一起长大。

【解析】达：明白、通达。懦：懦弱、软弱。

（2）晋国的使者，言辞卑下而礼品贵重，这一定对虞国不利。

【解析】卑：卑下、谦恭。重：贵重、厚重。“不便于虞”状语后置句。

6.利令智昏、目光短浅、刚愎自用、寡谋而骄、昏庸无能。

晋献公杀世子申生

1.BDF

【解析】“告之以……”“教之以……”两句结构整齐，故A、C处不断，B、D处断句。后面部分“共”通“恭”，“不共是惧”是宾语前置，是“惧不恭”的意思，且“何故”引起问句，故F处断句，E、G、H处不断句。

2.B

【解析】文中加点词“爱”是吝惜的意思。“爱其子，择师而教之”中的“爱”是喜爱的意思。

3.C

【解析】A.代词，自己的；语气词，还是。B.介词，向；与“至”构成“至于”，达到……程度。C.都是助词，的。D.连词，表顺承；连词，表并列。

4.C

【解析】文中没有“怨恨而死”的意思，申生明知父命是错的，仍然顺从自杀。

5.（1）您如果能出面为我们君上谋划，申生就是死了也是受了您的恩惠。

【解析】苟：如果、假如。图：谋划。受赐：受您的恩惠。

（2）国君失去了任命职官的准则，太子统率军队也没有威严，将怎么用兵打仗呢？

【解析】帅：统率、率领。威：威严、威风。焉：疑问代词，怎么。

6.不同意。“恭”是赞其忠孝。

孝：不愿揭发骊姬的奸计，也不愿意逃亡，遵守父命，从容赴死；

忠：不忘“君老矣，子少，国家多难”，恳求狐突“出而图吾君”，可见对晋国的忠心。

同意。申生虽然忠孝，却有懦弱的一面，逆来顺受，委曲求全。身为太子，肩负承继君位的责任，理应以国家大局为重，有所作为，而他却忍辱自杀，于事无补。

曾子易箦

1.BDF

【解析】“革”，危急、严重的意思，作谓语，“矣”是句末语气词，故A处不断B处断；“变”是动词，“不可”表否定，修饰“变”，故C处不断而D处断句；“于”是介词，用在时间词前构成介宾短语，所以E处不断，F处断句。“敬”是恭敬地的意思，修饰后面的动词“易”，故G处不断句。

2.C

【解析】C文中加点词“反”同“返”，意思是再回到席子上。“辗转反侧”的“反”，是“翻转、翻覆”的意思。

3.D

【解析】A.介词，在；介词，引进对象。B.词尾，……的样子；表是肯定的应答之辞，相当于“是的”“对”。C.代词，代草席；助词，取消句子独立性。D.都是连词，表顺承。

4.D

【解析】“但高度赞扬了他的孝顺”不对。“今参事父，委身以待暴怒，殪而不避，既身死而陷父于不义，其不孝孰大焉！”

5.（1）这席子华美而光亮，是大夫用的席子吧？

【解析】华：华美。睆：光亮、明亮。与：句末语气词。

（2）君子是以道德爱护别人，小人是以无原则的宽容爱护别人。

【解析】爱：爱护。姑息：迁就，无原则的宽容。“爱人也以德”“爱人也以姑息”，都是状语后置句。

6.（1）斯季孙之赐也，我未之能易也：这是大夫季孙氏的赏赐，因为病重无法亲自更换。童子的话，让曾子意识到自己违礼了。

（2）我未之能易也。元，起易箦：因病不能自起而易，命曾元扶易。

（3）请敬易之：曾元面对礼制和父命，委婉含蓄地设法拖延，想暂时化解场面的尴尬。

（4）举扶而易之：大家只好合力扶起曾子，换了竹席后，曾子还没躺好就去世了。显示出曾子一生对礼制的恪守。

有子之言似夫子

1.BDF

【解析】“制”是动词，介词“于”和“中都”构成介宾短语，是状语后置句。故A处不断B处断。“四寸之棺”“五寸之椁”结构相同，故C、E处不断而D、F处断句。“知”为动词，“知”的内容为“不欲速朽也”，故G处不断句。

2.C

【解析】《六国论》“至丹以荆卿为计，始速祸焉”的“速”，是招致的意思。

3.D

【解析】A.介词，向；介词，在。B.助词，的；代词，代这件事。C.连词，表转折，却；连词，表顺承。D.都是介词，凭借、根据。

4.B

【解析】材料一孔子说“死之欲速朽”是针对桓司马而说的。

5.（1）太厉害了，有子的话实在很接近夫子（的本意）!

【解析】甚：厉害。似：接近、相像。

（2）大概他先派了子夏，又派了冉有去楚国（进行沟通），因此知道夫子不希望失去官职后很快贫穷。

【解析】申：重申、沟通。

6.①要能分辨一般性和特殊性。对语言文字的理解，不能只从表面出发，必须要了解说话人所处的特定环境与立场，了解其特殊性，不能把特殊情况当作一般规律。

②不能主观、片面地看问题，要找到确切的证据。

③要多方求证，学会周密的辨析，进而做出准确的判断。

公子重耳对秦客

1.CEG

【解析】“虽”是让步关系的连词，引起句子，“俨然”副词作状语，“在忧服之中”即服丧，故A、B处不断而C处断句。“丧亦不可久也”“时亦不可失也”结构相同，故D、F处不断而E处断句。“孺子”作主语，“图”作谓语，“其”是语气词，表示期望，故H处不断句。

2.A

【解析】文中加点词“吊”的意思是吊唁，慰问丧家。《陈情表》“茕茕孑立，形影相吊”的“吊”是安慰、抚慰的意思。

3.D

【解析】A.代词；助词，的。B.介词，在；介词，向。C.介词，把；介词，凭借。D.都是连词，都是表修饰。

4.C

【解析】强加因果。秦穆公称赞重耳是仁人是因为“稽颡而不拜，则未为后也，故不成拜；哭而起，则爱父也；起而不私，则远利也”。

5.（1）如果借机谋取君位，天下之人还有谁能拥戴您呢?

【解析】因：趁机。以为：借此，拿这件事。说：拥戴。

（2）我哪敢有其他想法，有辱贵国君主的情义呢?

【解析】以：来。辱：辱没。

6.重耳听从舅舅子犯的建议，首先感谢秦穆公派人来吊唁，并表明不敢趁国丧而谋取君位；接着又以“稽颡而不拜，哭而起，起而不私”等动作，间接而又清晰地表明自己现在服丧，无心返国即位。措辞文雅，举止得体。

杜蒉扬觯

1.ACF

【解析】“调”指李调，“也”表停顿，“君之亵臣”后的“也”表判断，故A、C处断句，B处不断。“忘”是动词，与“君之疾”构成动宾短语，故D、E处不断句，F处断句。“是以”是因此的意思，“饮”是动词作谓语，所以G处不断句。

2.D

【解析】《登泰山记》“大风扬积雪击面”的“扬”是吹起的意思。

3.A

【解析】A.都是连词，表修饰。B.介词，表原因，与“是”连用，相当于“因此”；介词，表目的，以此作为，用来。C.动词，参与；连词，和。D.代词，……的人；用在时间词后面，无实义。

4.D

【解析】无中生有，强加因果。

5.（1）刚才你心里好像有什么话要启发我，因此我没有和你说话。

【解析】曩：刚刚。开：启发、开导。与：跟、和。

（2）如果我死了，一定不要丢掉这只觯。

【解析】如：如果、假如。废：丢弃。

6.材料一杜蒉是迂回的方式，想要点醒晋平公；材料二师旷是直接动手，想要“撞”醒晋平公。

材料一晋平公在大夫知悼子丧期饮酒作乐，是失礼的举动。杜蒉知道自己的职责是备办酒食，不可越职参与进谏，若正面直说，恐怕失礼。于是以迂回的方式，借对陪侍的师旷和李调失礼失职的批评，及自我越分进谏的赔罪，让晋平公觉悟到自己的过错，并接受罚酒，以此为戒。

联读材料晋平公耽于宴饮享乐，说出无人敢违逆的狂妄自得之言，乐师师旷直接朝着晋平公摔琴过去，平公急忙闪躲，定神之后反问原因，师旷直斥其为小人，令平公警醒，并对师旷不予追究。

晋献文子成室

1.BCF

【解析】“良”是副词，的确的意思，“良已死”即确实已死，故A处不断B处断。“然”是转折关系连词，“乃反在”与前面“良已死”形成对应关系，故D、E不断而C、F处断句。“卒”是最终的意思，“与”是连词，“程婴卒与”后省略“之”（赵氏孤儿），“与”连接“程婴”和“之”，故G处不断句。

2.C

【解析】A.《九歌·国殇》“霾两轮兮絷四马”中的“轮”是车轮的意思；C.文中加点词“谬”是假装、欺诈的意思；《谏太宗十思疏》“恩所加则思无因喜以谬赏”的“谬”是胡乱地、错误地的意思；D.《归去来兮辞》“时矫首而遐观”的“矫”是举起的意思。

3.A

【解析】A.都是介词，在。B.代词，代张老和赵武两人；助词，的。C.连词，和；动词，给。D.介词，用；介词，把。

4.A

【解析】“赵武恳请大夫张老”，于文无据。

5.（1）如果能够在这屋里祭祀时奏乐唱诗，在这里办丧事哭泣，在这里宴请国宾，聚会宗族，那样就可以保全身体和头颈而得善终，跟随祖先们埋葬在九原了。

【解析】歌：祭祀时奏乐唱诗。哭：办丧事时哭泣。全：保全。要：通“腰”。领：脖子。

（2）屠岸贾没有请示国君就擅自与将领们围攻赵氏住宅下宫。

【解析】请：请示。擅：擅自。

6.（1）赵文子品味出张老恰切而合宜的贺词的深层意味：美其事而祝其福，又隐含规劝之意；赵文子就着张老的祝词，直呼自己的名字以示郑重、虔诚，诚挚地祈祷子孙万代能够祭祀于此、居丧于此、宴集于此，还特别增加了祈求免除祸患、保全性命，得以善终的内容，既体现出他对未来的期待，也表现出他居安思危的心理。

（2）联读材料写到赵文子悲惨的身世，家仇雪恨，复为公卿，让他的祝祷有着切身之痛，发自肺腑，有更强的感染力，更能打动人心。

卷四

苏秦以连横说秦

1.BEG

【解析】①“妻侧目而视”跟“侧耳而听”句式相同，看和听两个动作之间需要断开。②“嫂蛇行”是后一句的开始，因此在“嫂”前断开。③“嫂蛇行匍伏”是一个完整的句子，且“匍伏四拜自”不通顺，因此“匍伏”后面需要断开。

2.C

【解析】A.“词义不同”正确。“文章不成者不可以诛罚”的“成”意思是完备，“无以成江海”的“成”意思是汇成、成为。B.“词义不同”正确。“效胜于战场”的“效”意思是实现，“今得杀身自效”的“效”，是贡献、奉献的意思。C.“词义相同”错误。“简练以为揣摩”的“简练”意思是择取精要，反复练习，而现代汉语中所说的“简练”意思是“（措辞）简要精练”，二者词义不同，故C项错误。D.“词义不同”正确。文本中“山东”的意思是崤山以东，而今天的“山东”是我国某一省级行政区。

3.D

【解析】A项“以”，前者为介词，凭借；后者为介词，把。B项“之”，前者为结构助词，主谓之间取消句子独立性；后者为结构助词，的。C项“而”，前者为连词，表修饰关系；后者为连词，表并列关系。D项“于”，前后两者均为介词，可以翻译为在。

4.B

【解析】根据原文“臣固疑大王之不能用也”可以看出，苏秦原本就怀疑秦王不会采用他的建议，只是说他虽然有怀疑，但仍不想轻易放弃而是想继续游说。

5.（1）哪里有游说君主却不能让他拿出黄金宝玉、锦衣绣缎，取得卿相一类高位的呢？

【解析】安，哪里；其，代词，他（代指人主）；取，取得；尊，尊贵的地位。

（2）唉！一个人贫穷的话，连父母都不把他当儿子看，富贵了连亲戚们都有畏惧之心。

【解析】嗟乎，表感叹语气，唉、哎呀；贫穷，钱财匮乏人生困窘；子，把儿子当作儿子；富贵，钱财富足，地位尊贵。

6.示例一：我不认可苏秦的做法。可看出包括苏秦在内的纵横家没有自己的道德坚守和是非对错观念，无论是选择连横还是合纵，都是他们博取功名利禄的手段，显示出浓浓的功利化色彩。这种功利化甚至可能冲击社会文明秩序，这样的投机取巧、热衷名利的行为不值得提倡。

示例二：我理解苏秦的做法，当时这些纵横家们本身就是策士一族，想要获得重用进而出人头地，无可厚非。且孟子说春秋无义战，战国时更是如此，无论是连横还是合纵，反映的是各国君主的意志和利益考量，而这些职业策士只是提出专业化建议，苏秦及时变通，通过自身的刻苦努力获得了成功。

示例三：不能简单地否定或肯定，苏秦只是当时历史环境中历史人物做出各自选择的一个缩影，反映了当时的社会风气。他是我们反思历史、反省自身的一面镜子。苏秦的行为，让我认识到应该成为一个同时拥有学识和品德操守的人。而且我们也能通过他的经历看到了当时社会的世态炎凉。

司马错论伐蜀

1.BDG

【解析】①“按图籍”和前面那句“据九鼎”是同一句式结构，可认为是“动（谓）宾”搭配结构，所以要在“籍”后面断开。②“挟天子以令天下”是一句比较完整的表达，挟持天子来号令天下，而且后面又有“天下”作主语，是下一句的开头，故在第一个“天下”后断开。③“天下莫敢不听”，天下人没有人敢不听从（命令），是一个完整的表达，且“此王业也”，这是总结，“此”跟“王业也”的句义粘连性更强，故而需要在“听”后和“此”前断开。

2.C

【解析】A.“词义不同”正确。“诛周主之罪”的“诛”意思是“声讨”，“洎牧以谗诛”的“诛”意思是“被杀死”。B.“词义不同”正确。“敝兵劳众不足以成名”的“劳”意思是“使劳苦”，“故劳苦倦极”的“劳”，是困苦疲倦的意思。C.“词义不同”错误。“譬如使豺狼逐群羊也”的“譬如”意思和“譬如为山”的“譬如”意思相同，均可以译成“比如”，故C项错误。D.正确。文本中“并力合谋”和“并力西向”中的“并力”的意思是“共同出力”，词义相同。

3.D

【解析】A项“之”，前者为结构助词，的；后者为代词，代指蜀国。B项“而”，前者为连词，表转折关系；后者为连词，表顺承关系。C项“以”，前者为介词，可翻译为用；后者为助词，在能愿动词后类似于词缀，可不译。D项“因”，前后两者均可以翻译为依靠，依赖。

4.B

【解析】根据原文“今夫蜀，西僻之国，而戎狄之长也。敝兵劳众不足以成名，得其地不足以为利”可以看出张仪认为讨伐蜀国并不会带来多少好处，即便取得了蜀国之地仍然算不上获得多大利益，而不是像B选项中所说的“带来很大的名声和利益”，所以本选项错误。

5.（1）要使军力强盛，就必须让百姓生活富足；要成就王者伟业，就必须广施恩德。

【解析】强兵，使军队强大；其，代词，他的；王，成就王业；博，使博大，可以翻译成广施。

（2）蜀国归附以后，秦国就变得更加强大富庶，不把其他诸侯国放在眼里了。

【解析】既，已经；属，归附；益，更加；轻，轻视。

6.①吞并巴蜀之地，既拥有了大片土地和人口，也不会被天下各国认为残暴和贪婪，既占了实际利益，又获得了美好的名声，名利双收。②没有过早地直接暴露出自己的野心，这样不会过多树敌，而自己的实力也在稳扎稳打地变得越来越强大。③让秦国在天下各诸侯中占据了道德上的优势，让天下诸侯国看到秦国的尊王攘夷，有利于提升秦国在诸侯国中的声望和地位。④客观有效做到了土地变得广大，百姓变得富裕，国家变得强大，一举多得，为后来吞并六国统一天下打下了坚实的基础。

范雎说秦王

1.CEG

【解析】①“臣非有所畏而不敢言也”的“也”是句末语气词，往往也是表停顿的标志词之一，故而此处在“也”后面断开。②“知今日言之于前”和后面的“而明日伏诛于后”整体结构句式呈现对应的特点，故而在“前”后面需要断开。③同理，“而明日伏诛于后”，“后”也可以当作是断开的标志词，需要在“后”后面断开。“然臣弗敢畏也”，然而我不敢因此而害怕，句意完整，中间不用断开。

2.B

【解析】A.“词义不同”正确。“见者无不变色易容者”的“易”意思是“改变”，“当与秦相较，或未易量”的“易”意思是“轻易”。B.“词义相同”错误。“而所愿陈者”的“陈”意思是“陈述，进言”，“信臣精卒陈利兵而谁何”的“陈”，是摆出、亮出的意思。C.对“灭覆”含义的理解正确。D.对“不肖”含义的理解正确。

3.B

【解析】A项“以”，前者为介词，用，拿；后者为介词，因为。B项“而”，前者和后者都表转折关系，可翻译成但是。C项“于”，前者为介词，对，对于；后者为介词，引出动作的主体，表被动。D项“之”，前者为结构助词，在主谓之间，取消句子独立性；后者为结构助词，的。

4.D

【解析】根据原文“死不足以为臣患，亡不足以为臣忧”“大者宗庙灭覆，小者身以孤危，此臣之所恐耳！”等句子综合理解分析后，我们可以看出范雎并非是言不由衷，情非得已，而是真的想向秦王尽忠。所以本选项错误。

5.（1）能够对所向往的贤明君主提供一点补益与帮助，这就是我莫大的荣幸，我又有什么可觉得耻辱的呢？

【解析】补，辅佐，帮助；是，代词，这，代指“补所贤之主”一事；何耻，有什么觉得耻辱；乎，疑问句句尾，可翻译成呢。

（2）至于困窘失意受辱的事情，死亡流放的祸患，我是不敢畏惧的。

【解析】若夫，句首发语词，可以翻译成至于；穷辱，人生困窘，失意受辱；死亡，死亡和流放；弗，副词，表示否定。

6.①通过不急于跟秦王陈言，而只是“唯唯”，来勾起秦王急切请教的情绪，欲擒故纵。②精准举例，就“交疏言深”展开有利于自己游说或表达谏言的策略，故作姿态，试探秦王内心真实想法，以退为进。③层层分析自己的死不足患，亡不足忧，狂不足耻，还说担心的是自己因为尽忠而死后其他人不敢再进言，滴水不漏，不管秦王听不听接下来的谏言，范雎都能保住自己的性命。④范雎一路示弱，一路谨小慎微，一路硬话软说，最终让秦王表态完全信任自己，可以看出范雎的语言智慧。

邹忌讽齐王纳谏

1.BDF

【解析】①“今齐地方千里”，如今齐国方圆千里，“千里”与后面的数词“百二十”关联性不大，故而在“千里”之后断开。②“百二十城”，有一百二十座城池，“百二十”用来形容城市的数量，中间不能断开，故而在“城”字之后断开。③“宫妇左右”，宫中嫔妃及左右侍从，“宫妇”“左右”，中间粘连性比较强，一般不用断开，“宫妇左右”和“莫不私王”可以组成主谓宾结构，有的版本没有在此中间断开，而对于本道题，如果写三处的话，那么可以在“左右”之后断，跟后文也形成基本的排比句式。

2.D

【解析】A.“词义不同”正确。“朝服衣冠”中“服”是穿戴；“强国请服”中的“服”是臣服。B.“词义相同”正确。这两句中的“寝”都可以理解为躺在床上休息的意思。C.“意思相同”正确，对于“四境”含义的解释正确，都是指国土四周的边境。D.对“意思不同”错误，二者的含义基本相同，都可以理解为批评议论的意思。

3.C

【解析】A项“而”，前者为连词，表并列，可以翻译成而且，或不译也可；后者为连词，表示修饰关系，展现某个动作行为的状态。B项“之”，前者为结构助词，的；后者为结构助词，在主谓之间取消句子独立性，可不译。C项“以”，两句中的“以”都可以当作动词，认为。D项“于”，前者为介词，引出动作行为的对象，可以翻译为对或向；后者为介词，到。

4.D

【解析】根据原文最后一段可发现D选项表述是无中生有，原文中并未看出齐王内心的不高兴。

5.（1）邹忌不信自己比徐公美，因而又问他的妾说：“我跟徐公，哪个更美？”妾回答说：“徐公怎么能比得过您呢？”

【解析】自信，相信自己比徐公美；复，再、又；孰与，“跟……比，谁更……”，表示二者之间强调其一更加如何。

（2）命令一发出，群臣纷纷上朝谏言，王宫就像集市一样热闹。几个月后，偶尔有人来进谏。一年以后，虽然有人还想进谏，可是已经没什么可说的了。

【解析】初下，开始发出；若，好像；间，间或、偶尔；无可进者，没有什么可进谏陈述的（事情）。

6.①邹忌三问美，邹忌先问其妻，再问其妾，最后问客，三次询问得到的三次回答都是说邹忌比徐公美。但是在邹忌亲自见到徐公，发现自己确实不如徐公美之后，进行了反思。②当邹忌把自身的反思收获联系到齐国国君的治国理政，他向齐王进谏时，把自己的情况由小推大，分别类比对应，即“三比”：把“妻私我”对应“宫妇左右莫不私王”，把“妾畏我”对应“朝廷之臣莫不畏王”，把“客求我”对应“四境之内莫不有求于王”。由此得出齐王被蒙蔽欺骗的程度会比做臣子的或普通人更严重。③进而写齐王听从邹忌的进谏之后颁布政令进行“三赏”

（群臣吏民能面刺寡人之过者，受上赏；上书谏寡人者，受中赏；能谤议于市朝，闻寡人之耳者，受下赏），得到了“三变”“三果”（令初下，群臣进谏，门庭若市；数月之后，时时而间进；期年之后，虽欲言，无可进者）。④整篇行文，由己及人，由己及君，从闺房小语、生活琐态引出国家治理的道理，让我们可以看到邹忌作为臣子的忠诚和善于反思，并未谄媚齐王，而是讽谏齐王；也看到了齐王虚心纳谏的胸怀；可谓由浅入深，层层推进，整散错落有致，又朗朗上口，艺术感染力特别强。

颜斶说齐王

1.BDF

【解析】①“夫斶前为慕势”的“斶前”和“王前为趋士”的“王前”是主谓结构对应关系，“慕势”和“趋士”是动（谓）宾结构对应关系，此两句句式相同，且分说两种情况，“为”分别作为二句的谓语，故在“慕势”和“趋士”后断开。②“与使斶为慕势”和“不如使王为趋士”这两句含有固定搭配“与使……不如……”，可以理解为“与其……倒不如……”，再结合此二句句意，故而需要在此二句中间，即“不如”前断开。

2.D

【解析】A.“词义不同”正确。“宣王不说”的“说”意思是“开心”，“妙处难与君说”的“说”意思是“交谈，表达”。B.“词义相同”正确。前后两句都可以理解为空间的距离。C.对“太牢”含义的解释正确，“少牢”为羊和猪二牲。D.“意思相同”错误。前一句“自虞”是娱乐自己，后面的成语“尔虞我诈”中的“虞”是欺骗。

3.D

【解析】A项“乎”，前者为语气助词，放在疑问句句尾，可译为吗；后者为介词，相当于“于”，可译为在。B项“者”，前者为助词，放在时间名词后，表停顿，可不译；后者为代词，表示“……的人”。C项“焉”，前者疑问代词，怎么，哪里；后者为语气助词，放在句尾，可不译。D项“矣”，前者和后者都是语气助词，表示强调的语气，可以翻译为啊。

4.B

【解析】根据原文“颜斶辞去曰：‘夫玉生于山，制则破焉，非弗宝贵矣，然太璞不完。士生乎鄙野，推选则禄焉，非不尊遂也，然而形神不全。斶愿得归，晚食以当肉，安步以当车，无罪以当贵，清净贞正以自虞。’则再拜而辞去。”可以看出颜斶不想被秦王重用，而是有隐逸的情志。

5.（1）寡人我自取其辱啊！希望先生您接受我做您的学生。

【解析】病，羞辱；愿，希望；请，请求；受，动词，接受。

（2）推选出来做官，不是不尊贵显达，但是形体和精神受到了损伤。

【解析】推选，推荐选择；则，那么，此句需翻译出假设语法关系；尊遂，尊贵显达；形神，形体和精神方面，全，完整。

6.他是一个具有语言艺术和智慧的人：

①不卑不亢，镇定对答，学识渊博，有雄辩之才，有理有节。②不慕名利，不畏权势，具有“富贵不淫，贫贱不移，威武不屈”的大丈夫品格。③坚持认为士比王尊贵，淡泊名利，懂得知足。④追求归于自然，返回纯朴，有古朴隐士之高风。

冯媛客孟尝君

1.BEG

【解析】①“驱而之薛”，“之”是动词，到的意思，“之薛”，即为到达薛地，语句完整，故而在“薛”之后断开。②“使吏召诸民当偿者”，“使”，派遣，“当偿者”，应该还债的人，语句完整，而且，“者”常常是古文语句复句中断句的标志词，需要停顿，故而在“者”后面断开。③“悉来合券”跟上一句是语法上顺承关系，上一句把应该还债的人召集起来后，大家都来核对验证债券，而后债券全都核对验证完毕，故而需要在第一个“券”后断开。

2.B

【解析】A.“词义相同”正确。“揭其剑”的“揭”意思是“举，高举”跟“揭竿为旗”的“揭”意思一样。B.“词义相同”错误。“过其友曰”中的“过”是“拜访”，而“宫车过也”中的“过”是“路过，经过”。C.对“开罪”含义的解释正确。D.“意思基本相同”正确。前后都是谄媚、阿谀奉承。

3.C

【解析】A项“其”，前者为代词，代指他（冯媛）的；后者为语气助词，表示推测，可以翻译成“大概”。B项“为”，前者为介词，替；后者为动词，作为，当作。C项“而”，前者和后者均为连词，表顺承关系。D项“于”，前者为介词，到；后者为介词，表被动。

4.C

【解析】根据原文“孟尝君怪之，曰：‘此谁也？’”“臣窃矫君命，以责赐诸民，因烧其券，民称万岁。乃臣所以为君市义也。”“孟尝君不说”等句可以看出孟尝君一开始并未想起冯煖这个人，所以就不能说记挂着冯煖此人，并且，冯煖到薛地收债，是假托孟尝君的命令而赐债烧券的，孟尝君并未有这样的用意。所以本选项的说法错误。

5.（1）家境贫寒没法养活自己，托人致意孟尝君，表示愿意寄居在他门下做食客。

【解析】贫乏，贫困缺乏；自存，可以当作存自，让自己存活、生存；属，同“嘱”，托人打招呼；寄食门下，寄食于孟尝君之门下。

（2）寡人是不值得一提的，希望您能顾念先王的宗庙，暂且回到朝廷来治理百姓吧！

【解析】不足为，不值得帮助，不值一提；顾，顾念；之，结构助词，的；姑，姑且；反，同“返”，返回来；统，统领、治理。

6.①文本故事情节设计巧妙，众多段落存在明显的反转特点，可读性强，读之有惊喜。②第一段所写的冯煖是一个失败者形象，难以维持生计，托人找到孟尝君，并愿意寄人篱下，只为混一口饭吃。第二段把冯煖刻画得又无能无才又特别狂傲，而到后面写冯煖的才能和政治远见，前后几乎判若两人。文本使用的艺术手法是典型的“欲扬先抑”的手法，通过前后对比，让读者对冯煖这个人物的印象极其深刻，让读者更加赞叹冯煖有才有胆又有识。③不仅冯煖的人物刻画上有波澜式展现，在其他人物比如孟尝君及其遭遇上也是如此，如孟尝君前后对冯煖的态度，可以一窥其为人，其胸怀，可以让读者有多元化解读。

赵威后问齐使

1.BDG

【解析】①“臣奉使使威后”，第一个“使”是名词，命令，使命的意思，第二个“使”，是动词，出使，本句为主谓宾语法结构，语句完整，故而在“后”之后断开。②“今不问王”，和“而先问岁与民”，后面一句“而”表转折，前面一句“今不问王”，“问王”和“问岁与民”是相同句式，故可再“王”之后断开。③“而先问岁与民”跟上一句是语法上转折关系，而且，后一句“岂”字，常常作为句子的开头，往往可以被当作是断句的标志词，故而需要在“民”之后断开。

2.B

【解析】A.“词义不同”正确。“书未发”的“发”意思是“打开，拆封”，而“雄姿英发”的“发”意思为“显现，呈现，显露”。B.“词义相同”错误。“何以至今不业也”中的“业”是动词，成就功业，也可以作使动用法理解，而“蒙故业，因遗策”中的“业”是名词，基业。C.对“索交”含义的解释正确，对原文的解说恰当。D.对“社稷”含义的解释正确。社稷古今都可指国家。

3.B

【解析】A项“而”，前者为连词，表示转折关系，但是、却；后者为连词，表示顺承关系，于是就。B项“者”，前者和后者均为代词，可以翻译成“……的人”。C项“为”，前者为连词，表示目的关系，来；后者为介词，按照。D项“为”，前者为介词，表原因，因为；后者为动词，成为。

4.D

【解析】根据原文“於陵子仲尚存乎？是其为人也，上不臣于王，下不治其家，中不索交诸侯。此率民而出于无用者，何为至今不杀乎？”可以看出赵威后是出于国家发展的考虑，认为於陵子仲追求隐逸不能被齐国国君所用，若不杀可能会造成很多人向於陵子仲学习，也不为国效力的情况，并非是指子仲没跟自己结交，而且也没有说这是最重要的原因。

5.（1）这个人的为人啊，哀怜那些无妻无夫的人，抚恤那些无父无子的人，救济那些困苦贫穷的人，补给那些缺衣少食的人。

【解析】是，这；其为人，他的为人品性；哀，哀怜；鳏寡，无妻无夫的人；恤，体恤、抚恤；孤独，无父无子的人；振，救济、帮助；困穷，困苦困窘不得志的人；补，补助、补给；不足，缺衣少食的人。

（2）得到诸侯信任的就可以成为大夫。诸侯危害国家，就另外改立他人。

【解析】得，得到；为大夫，成为大夫；危，危害；社稷，国家；则，那么；变置，改立，另立他人。

6.①赵威后首先向齐国使者询问年成的好坏和老百姓生活的好坏，最后问齐王国君安好，认为没有好的收成就没有老百姓的跟随，而没有了百姓，国君何谈为国君。

②同：都是秉承“民本”思想，认为民贵君轻。

异：赵威后认为年成要比百姓更加根本。孟子认为“社稷”是第二重要的。“社稷”里面含有的宗教祭祀之义不能轻视，要重视神明或祖先的祭祀典礼，这样可以安定百姓的心灵，让百姓有精神寄托，而这比诸侯国君要更重要，如果诸侯国君危害了土谷之神的祭祀，那么可以废掉或推翻现有的诸侯，改立新的诸侯。但是孟子也并未盲目推崇社稷的重要，他认为如果国君或老百姓提前做好了祭祀准备并按时进行了祭祀，没有得到风调雨顺的话，那么可以改立新的土谷之神，可以看出孟子民本思想中敢于革新的一面。

庄辛论幸臣

1.BEG

【解析】①“今楚国虽小”，现在楚国虽然面积不算大，为主谓语法结构，句式完整。“绝”是下一句的动词，不能在“绝”之后断开，故而在“小”之后断开。②“绝长续短”，“长”和“短”对应，在这里可以理解为形容词作名词；“绝”和“续”对应，在这里作为动词，且“犹”是下一句的开头，故而在“短”之后断开。③“岂”往往是新一句的标志词，故而需要在“千里”之后断开。

2.A

【解析】A.“词义不同”错误。都是动词，都可以翻译为回过头看。B.“词义相同”正确。都是动词，吃。C.对“六翮”含义的解释正确，跟“翅”“翼”意思相同。D.对“右拥”“左抱”的含义解释正确，两者确是为互文关系。

3.D

【解析】A项“而”，前者为连词，表示顺承关系，可以翻译成“于是再”；后者为连词，表示转折关系，可以翻译成“却，但是”。B项“以”，前者为介词，凭借；后者为句末语气助词，同“已”，可不译。C项“之”，前者为代词，代指“甘露”；后者为结构助词，的。D项“乎”，前后两者都是介词，相当于“于”，可以翻译成“在”。

4.C

【解析】根据原文“不知夫子发方受命乎灵王，系己以朱丝而见之也。”可以看出蔡灵侯没想到楚国大夫子发正接受楚灵王的命令，正要用红绳绑着他去见楚王，并未提到楚国派对兵攻打蔡侯，所以本选项错误。

5.（1）白天还在茂树密林中游玩，晚上就被烹煮，刹那间，就落到公子哥儿手里。

【解析】“昼”“夕”，分别指白天和黑夜，形容时间短暂；“游乎茂树”，状语后置，于茂树游，在茂密的树林里游玩；“调乎酸咸”，用酸咸调味，指被烹煮；“倏忽”意指一刹那，忽然；“坠于公子之手”，落到贵族少爷手中。

（2）载着国库的金银，同他们在云梦泽驰骋游乐，却不把国家大事放在心上。

【解析】载，载着；而，却，表转折；以，介词，把；为，当作；为事，当作重要的事情。

6.①以蜻蛉、黄雀、黄鹄等例子来设譬取喻，逐层展开，由小及大，由此及彼，以物比人，比喻精当恰切。②使用类比手法，用蔡灵侯这样的历史史实，来类比现在楚国的困境和楚王可能会面对的结果，类比映衬，最终聚焦于楚襄王身上，过渡自然，说服力极强，让听者和读者，自然而然类推其效果，最终达到游说的预期目的。③善用对比、互文和对偶，“百里昌”“天下亡”“仰”“俯”“左”“右”“南”“北”等等，用字用词，言简意赅，精准讲究，生动传神，颇具感染力，既让读者感受到文辞典雅，又能让读者感受到格韵之美。我们在其游说过程中可以真切感受到庄辛希望楚襄王知耻而后勇，不能追求一时享乐，而要励精图治，重振楚国。

触聋说赵太后

1.CEG

【解析】①“媪之送燕后也”，主谓语法结构，“之”，在此作为主谓之间取消句子独立性的结构助词，“媪”是对老年妇女的尊称，在此代指赵太后；“燕后”在这里指赵太后的女儿，嫁给燕王，故敬称为燕后；“也”在此作为句末语气词，可以作为断句的标志词，故而在“也”后断开。②“持其踵为之泣”，说赵太后握住她女儿的后脚跟，在这里是指赵太后在自己女儿远嫁的时候为其穿鞋，在穿鞋的时候为自己的女儿流眼泪，句意完整，故而在“泣”之后断开。③“念悲其远也”，“也”是本句句末语气助词，往往是断句的标志词，故而需要在“也”之后断开。

2.D

【解析】A.“词义相同”正确。都是动词，道歉、谢罪。B.“词义不同”正确。“太后之色少解”中的“少”是稍微，略微；“少焉，月出于东山之上”中的“少”指不一会儿，没过多久。C.对“贱息”含义的解释正确，跟“犬子”一词的含义相近。D.说“重器”和“神器”含义相近错误，“多予之重器”的“重器”指珍贵的财富宝物，而“人君当神器之重”的“神器”指最高权力、帝位。

3.D

【解析】A项“乃”，前者为副词，才；后者为副词，于是就。B项“而”，前者连词，表示修饰关系；后者为连词，表示转折关系，但是、却。C项“于”，前者为介词，比；后者为介词，到。D项“之”，前后两者都是结构助词，都是在主谓之间，取消句子的独立性。

4.C

【解析】根据原文“左师公曰：‘老臣贱息舒祺，最少，不肖。而臣衰，窃爱怜之。愿令补黑衣之数，以卫王宫，没死以闻。’太后曰：‘敬诺。年几何矣？’对曰：‘十五岁矣。虽少，愿及未填沟壑而托之。’太后曰：‘丈夫亦爱怜其少子乎？’对曰：‘甚于妇人。’太后曰：‘妇人异甚。’”，再加上第四段文意，我们可以看出触龙主要是想通过自己的儿子引出自己对赵太后的进谏建议，而且他也对自己儿子的评价带着谦虚的表达意味，无论从常识还是从文本上我们都不能得出他评价长安君跟自己儿子差不多这个结论。

5.（1）很久没能来拜望您了，私下里原谅自己。然而我害怕太后您贵体欠安，所以希望见到您。

【解析】“不得见久矣”，主语是自己，说自己没有拜见赵太后的时间太长了，可以调整语序为很久没来拜见您了；窃，私下里；自恕，自己原谅自己；恐，担心、害怕；之，结构助词，主谓之间取消句子独立性；有所郄，身体有什么毛病。

（2）难道国君的子孙后代就一定不好吗？只是因为他们地位高贵而没有功勋，俸禄丰厚而没有劳绩，却拥有过高的权位和大量的财富。

【解析】岂，难道，表反问；必不善，一定不好；而挟重器多也，拥有过高的权位和大量的财富。

6.能够感受到。

①触龙精准把握了赵太后对长安君十分疼爱的心理。触龙是在众多劝谏者已经劝谏而无效的情况下，来拜见赵太后的，此时他不能再用一般的劝谏方式，因为赵太后此时正是感情用事最明显之时。②触龙明白首先要安抚赵太后的情绪，缓解朝堂上对立的紧张氛围。触龙首先用自己对小儿子的疼爱引起赵太后的共情。触龙通过请赵太后帮助自己小儿子这样的话语来引起赵太后的兴趣，让赵太后内心感受到有人跟她一样都疼爱小儿子，所以她主动问出男人也像女性那样爱自己的小儿子么，但殊不知，她此时此刻已经被触龙带入到他的劝说节奏中了。③然后，触龙由此引出了“父母之爱子，则为之计深远”的观点。赵太后认为她自己更爱自己的小儿子，但触龙机智地说他认为赵太后更爱女儿燕后，因为赵太后为女儿考虑得十分长远。触龙接下来跟赵太后分析包括赵国在内的各诸侯子孙没有三代之后继续享受尊贵地位的原因。让赵太后明白真正疼爱自己孩子的表现就是为长安君做长远的打算，让长安君为赵国做贡献，才会让他在赵国站稳脚跟。举重若轻，因势利导，娓娓道来，说服赵太后，巧妙化解危机。

鲁仲连义不帝秦

1.ACG

【解析】①“文王闻之”，主谓宾语法结构，句式完整，故而在“之”之后断开。②“喟然而叹”，“喟然”，叹息的样子；“而”，在这里是连词，表修饰关系，本句是偏正语法结构中的状语中心语搭配，故而不能在“然”之后断开，并且“故”往往可以当作下一句开头的标志词，综合分析，应该在“叹”之后断开。③“故拘之于牖里之库百日”，本句较长，首先可以看“牖里之库”，牖里这个地方的牢房，“于”，介词在，无论理解为状语后置，还是按顺序直接翻译，都可以看到完整的表达，把文王囚禁在牖里的牢房中，语句的粘连性很强，而“百日”可以当作本句的补语，表示囚禁关押的时间，故而应该在“日”之后断开。“而”是连词，作为下一句的开头，“欲令之死”，想要让他死，可以意译为想要杀死文王，语法和语义粘连性都比较强，故而不能在中间断开。

2.B

【解析】A.“词义不同”正确。“此时鲁仲连适游赵”中“适”是恰巧，恰逢；“少无适俗韵”中的“适”是适应，迎合。B.“词义相同”错误。“齐、楚固助之矣”中的“固”是原本、本来；“君臣固守以窥周室”中的“固”，是牢固地。C.对“怏然”含义的解释正确。D.对“不肖”含义的解释正确。

3.C

【解析】A项“以”，前者为介词，因为；后者为介词，用、拿。B项“为”，前者介词，可以译成“为，替”；后者为动词，可以理解为施行。C项“而”，前者和后者均为连词，表示转折关系，可以翻译成“但是，却”。D项“则”，前者为连词，表示假设关系，可以翻译成“如果，假如”；后者“然则”可以被视为固定词语，“既然这样，那么”，“则”可以理解为那么。

4.D

【解析】根据原文“秦将闻之，为却军五十里。适会公子无忌夺晋鄙军以救赵击秦，秦军引而去”，可知秦军最终撤退回国，不是因鲁仲连说服了辛垣衍，而是魏公子无忌（信陵君）已经带兵前来援救赵国。

5.（1）那个秦国，是抛弃礼义、崇尚战功的国家。用权诈之术役使它的臣子，像对待俘虏那样驱使百姓。

【解析】彼，指示代词，那个；“彼秦，弃礼义、上首功之国也。”，本句为判断句式；权使，用权诈之术役使；虏使，像对待俘虏那样驱使。

（2）天下的志士所以可贵，在于帮别人排除忧患、消除苦难、排解纷乱而不索取什么。如果索取了什么，那就成了做买卖的商人了，我鲁仲连不愿意这样做。

【解析】“所贵于天下之士者，为人排患、释难、解纷乱而无所取也”，因果复句，“……的原因，是由于……”或“之所以……是因为……”；即，连词，表示假设关系，可以翻译成“如果”。

6. 主要在于鲁仲连的才学和德性。

①鲁仲连学识渊博，他熟知当时天下局势和各诸侯国历史，深谙君侯心理，长于列举历史实例，说服性极强。②鲁仲连极具辩才，思维逻辑严谨，注重细节的说理分析，无论辛垣衍有什么说法，鲁仲连都可以从正反两方面举例来对辛垣衍进行说理或驳斥。善于使用假设论证，由古及今，由今及远，让文中人物辛垣衍和读者们都能感受到他假设论证时的强大说服力。③鲁仲连有政治远见，他能看到尊秦为帝的极大坏处，而且力主抗秦，用实际行动来表达自己的政治主张，知行合一。④坚持道义，不重名利，拒绝给自己的封地和巨大财富，“超然远引”“终身不复见”，功成身退，其高风亮节，几乎无人能及。

鲁共公择言

1.BDG

【解析】①“有一于此”，状语后置句，在这些情况中有一种情况，“于此”，是介宾短语，“此”和“足”在本语境义中不能连在一起，故而在“此”之后断开。②“足以亡其国”，“足以”，足够，完全能够，“亡其国”，是动宾搭配，“亡”是使动用法，就足以使他的国家灭亡，故而应该在“国”之后断开。③“今主君兼此四者”，是主谓宾结构，句式比较完整，现在主君兼有这四样，“者”往往可以当作断句的标志词，“可无戒与”相当于“可无……乎”，固定句式，故而在“者”之后断开。

2.D

【解析】A.“词义不同”正确。“鲁君兴”中“兴”是起身，站起来；“水波不兴”中的“兴”是指水面摇动起来。B.“词义相同”正确。都是指疏远，远离。C.“意思不同”正确。“彷徨四顾”的含义的是徘徊犹豫不决的样子，本文“以临彷徨”中的“彷徨”意思是流连忘返的样子。D.“意思相同”错误。“梁王称善相属”中的“相属”是接连对鲁共公称赞，而“举匏樽以相属”的“相属”是相互劝酒。

3.D

【解析】A项“者”，前者为代词，用在“今”“昔”等时间词后，表示“……时候”，也可不译；后者为代词，表示“……的国家或人”。B项“之”，前者介词，相当于“于”，向、对的意思；后者为代词，可以译为“它”。C项“而”，前者为连词，表示顺承关系；后者为连词，表示并列关系。D项“其”，前者后者均为代词，代指国君他自己的。

4.C

【解析】根据原文“昔者，帝女令仪狄作酒而美，进之禹，禹饮而甘之，遂疏仪狄，绝旨酒”可知夏禹是古代圣王，是夏朝的开创者，要远早于春秋时期。

5.（1）于是发誓不再登上强台，说：“后代一定有因为迷恋高台、池沼而使他的国家灭亡的。”

【解析】盟，盟誓、发誓；以，介词，表原因，因为；亡其国，使他的国家灭亡。

（2）左边的美人白台、右边的美人闾须都是南之威一般的美女；前边有夹林，后边有兰台，有着强台一般的山水之乐。

【解析】“左白台而右闾须，南威之美也”和“前夹林而后兰台，强台之乐也”两句都是判断句，“而”是连词，表并列关系。

6.①鲁共公起身祝酒，却没有说祝酒词，而是列举了四件看似不相干的事件，让人感到意外，因此可称“峰峦特起”。②他先举了夏禹的例子，意在规劝梁惠王戒酒。后举了齐桓公拒绝吃美味，意在规劝梁惠王拒绝美食。接着又列举了晋文公远离美女的例子，意在规劝梁惠王拒绝美色。最后举了楚庄王拒绝再次登台享受美景的例子，意在规劝梁惠王拒绝山水之乐。这四个例子有着内在联系，其实都是在规劝梁惠王要明白美酒佳肴、美色和山水美景的危害，规劝梁王及时警醒，因此被称赞为“层层环抱”。

唐雎说信陵君

1.BDF

【解析】①“赵王自郊迎”，此句为主谓搭配。自，亲自；郊迎，到郊外迎接。“唐雎”并不是被迎接的对象，故而在“郊迎”之后断开。②“曰”，本身可以当作断句的标志词，并且本句“谓……曰”为固定搭配，故而不能在“谓”后断开，应该在“曰”之后断开。③“臣闻之曰”，同样，“曰”可以当作断句的标志词，并且，“臣闻之曰”，我听别人说，这句本身语义粘连性比较强，故而在“曰”之后断开。

2.A

【解析】A.“词义相同”错误。“越陌度阡，枉用相存”中的“存”，意思是探望，拜访。B.“词义不同”正确。“师者，所以传道受业解惑也”中的“受”是通假字，通“授”，意思为传授。C.“意思接近”正确。D.对寡人的解释正确，“孤”也可以用于古代国君的自称。

3.D

【解析】A项“者”，前者为代词，根据具体语境，指代事、情况或情形；后者虽同为代词，但是不指代事情，根据具体语境，指代人，这里的“长者”，意思是年长的人，有德行的人。B项“之”，前者结构助词，在主谓结构之间，取消句子的独立性，可不译；后者为代词，代指公叔痤。C项“于”，前者为介词，可以翻译为“对”；后者为介词，可以翻译为“在”。D项“然”，前者后者均在形容词词尾，可以翻译成“……的样子”。

4.C

【解析】根据原文“公叔痤反走，再拜辞曰：‘夫使士卒不崩，直而不倚，挠而不辟者，此吴起余教也，臣不能为也。前脉地形之险阻，决利害之备，使三军之士不迷惑者，巴宁、爨襄之力也。悬赏罚于前，使民昭然信之于后者，王之明法也。见敌之可也鼓之，不敢怠倦者，臣也。王特为臣之右手不倦赏臣，何也？若以臣之有功，臣何力之有乎？’”，在阅读分析之后，我们不难发现对于说公叔痤想要更多赏赐这种说法，原文本中并未有依据，是无中生有。

5.（1）现在您杀了晋鄙，解救了邯郸，击败了秦军，保住了赵国，这是对赵国的大恩德。

【解析】“杀晋鄙，救邯郸，破秦人，存赵国”都可以被当作动宾结构搭配，“杀了晋鄙，解救了邯郸，击败了秦军，保住了赵国”；“此大德也”是判断句式，应该翻译出判断动词“是”。

（2）又不遗忘贤者的后代，不掩盖能士的功劳，公叔痤怎么能不得到奖赏呢？

【解析】遗，遗忘或者遗漏；之，结构助词，的；后，后代；掩，掩盖、遮掩；迹，功绩；“何……乎”，可以当作为固定搭配，表反问，“怎么可以……呢？”。

6.共通之处和启示：

不要因为有功于别人或国家就居功自傲。谦虚低调，可以先忘掉自己对别人的功劳。不断反省自身，做人不能太骄傲，重视品德修养。

唐雎不辱使命

1.BEG

【解析】①秦国灭掉韩国和魏国，主谓宾结构完整，“且秦”之后不用断开故而在“亡魏”之后断开。②“而君以五十里之地存者”实质上是主谓结构，“以五十里之地”作状语，主干是“君存”，“者”通常是断句的标志词，故而在“存者”之后断开。③“以君为长者，故不错意也”，“以”在这里可以分为两种情况来理解，一种情况是被理解为介词，翻译为“把”，“以君为长者”，即“（我）把安陵君当作年长且有德行的人”，而“故”，可以翻译为“所以”，作为句首关联词，此句为“所以没去打他（安陵君）的主意”。还有另外一种情况，“以”是后面两句表原因的词，直接翻译成“因为”，这时此句也可翻译为“因为他（安陵君）是年长且有德行的人”。至于后面语词“故”，其仍是句首关联词，同样翻译成“所以”，故而都在“故”之前断开。

2.C

【解析】A.“词义不同”正确。“或未易量”中的“易”为容易，轻易。B.“词义不同”正确。“明道德之广崇”的“广”意思为广大。C.“意思不同”错误，两者都指平民。D.“意思相同”正确，“缟素”都指穿白色的丧服。

3.D

【解析】A.项“以”，前者为介词，用；后者为连词，表原因，因为。B.项“虽”，前者可翻译为“尽管”或“虽然”；后者可翻译为“即使”。C.项“而”，前者为连词，表示转折关系，但是；后者为连词，表示顺承关系。D.项“也”，前者和后者均为句尾语气助词，可不翻译。

4.C

【解析】根据原文“秦王怫然怒……”一段我们不难发现“唐雎内心恐惧”是无中生有，唐雎的言行可以看出他镇定自若。

5.（1）我从先王那里继承了这块封地，希望能永远守着它，不敢用来交换。

【解析】受，接受，或继承、承袭；于，介词，可以翻译为“从……”；之，代词，代指安陵这片土地；弗，不；易，交换。

（2）秦王说：“老百姓发怒，也不过甩掉帽子，赤着脚，把头往地上撞罢了。”

【解析】布衣，平民百姓；免冠，摘掉帽子；徒跣，光着脚丫；以，介词，用；抢，撞击；耳，罢了。

6.①文中主要塑造了两个人物，秦王和唐雎，秦王开始时恩威并施，想恐吓安陵君和唐雎，但最后被吓得长跪而道歉，秦王的霸道虚伪、狡诈骄横体现得淋漓尽致。唐雎面对秦王的恩威恐吓，不卑不亢，据理力争，体现出了他的家国大义和机智勇敢。可谓妙人。②秦王仗势欺人，想抢夺安陵君的土地，最后却被一介布衣之士吓到长跪谢罪，出现了很大的反转，令人意想不到，可谓妙事。③本文使用了精妙恰切的语言，灵活运用多种手法，堪称绝妙。细节描写精准到位，秦王在听到唐雎的辩答之后，用“长跪”这一动作的变化，刻画秦王的害怕心理，十分精妙。而且全文使用前后对比的手法，秦王前面的骄横和后面的害怕，秦王的色厉内荏和唐雎的有勇有谋，都对比来呈现，艺术感染力极强，可谓妙文。

乐毅报燕王书

1.BDG

【解析】①抵，遭受；斧质之罪，杀身之罪；“恐抵斧质之罪”可以被视作动宾结构；而“罪”和“以”语句不通，故而在“罪”之后断开。②“以伤先王之明”也可理解为动宾结构，而“明而又害”语句也不通，故而在“明”之后断开。③“害于足下之义”，伤害到您坚持的道义，可以参考前面语句的格式，若“之义故遁”，语句亦不通，故而在“义”之后断开。

2.B

【解析】A.“词义相同”正确。“尽郡县之以属”的“属”跟“名属教坊第一部”的“属”，均是归属于，隶属。B.“词义相同”错误。“士不敢弯弓而报怨”中的“报”意思为报复，报仇。C.“意思不同”正确，“雍也，仁而不佞”中的“不佞”为口才不好。D.对蓄积的解释正确，跟现代的词语“积蓄”意思相同。

3.C

【解析】A项“以”，前者为连词，表目的关系，可以翻译为“来”；后者为介词，凭借。B项“为”，前者介词，替；后者为动词，成为、担任。C项“之”，前者和后者均为代词，第一人称代词，代指“我（乐毅）自己”。D项“于”，前者为介词，跟、和；后者为介词，可以翻译成“比”。

4.D

【解析】根据原文“昔者伍子胥说听乎阖闾，故吴王远迹至于郢。夫差弗是也，赐之鸱夷而浮之江。故吴王夫差不悟先论之可以立功，故沉子胥而弗悔。子胥不蚤见主之不同量，故入江而不改。”不难发现乐毅认为伍子胥没有及时发现国君不如先主有气量，才招来杀身之祸，乐毅自己不愿意学习伍子胥，不愿意像他那样被抛入江中，举这个例子并非为表明自己死也不改主张。

5.（1）所以考察能力而授予官职的，是能成就功业的君主；根据品行来结交朋友的，是能树立名声的贤士。

【解析】故，因而、所以；察能，考察有能力的人；而，连词，表顺承关系；“……者，……也”是判断句式，应该翻译出判断动词“是”；论行，根据品行好坏。立名，建立好的名声，两个“之”均为结构助词，可译成“的”。

（2）我听说古代的君子，与人交情断绝也不说人坏话；忠臣离去，也不为自己的名声辩白。

【解析】交绝，交情断绝；之，结构助词，在主语和谓语之间，取消句子的独立性；洁，使洁净，可译为辩白。

6.认同浦起龙的评价：

①面对燕惠王的指责，乐毅没有逃避指责，承认弃燕奔赵属于“不肖之罪”，但也展露心迹，分析了自己的理由。②在申辩的过程中，他以历史事实为依据，直接表达出自己心中的圣明君主之用人之道，直接不加掩饰地称颂燕昭王，既让我们直接看到明面上的对燕昭王的称颂，又让我们看到他对燕惠王的批评指责。他举伍子胥的例子，看似没明说，实则已经直接表达了自己的心迹，阖闾和夫差的区别不难看出即是燕昭王和燕惠王的区别。③他以忠臣和君子自居，他承认“不肖之罪”，他愿意“不洁其名”，坦坦荡荡，光明磊落如此。

认同过珙的评价：

①乐毅自己当然知道燕惠王实际上就是有用人之失，而且他也肯定知道燕惠王说的很多话都是推脱粉饰之词，但是乐毅并未直接批评燕惠王。燕惠王本是第一责任人，但他却说责任在“左右”，这就是婉切委曲之词。②他在文中处处把燕昭王放在第一位，他越赞扬燕昭王，实质上就越批评贬低燕惠王。③在称颂燕昭王圣明的时候，暗示自己对燕国立下的不朽的功勋，表达自己对燕昭王的忠心和自己内心具备的君子德行。尤其是“善作者，不必善成；善始者，不必善终”暗含着对燕国和燕惠王苛待功臣的批评，全文都是小心翼翼，委婉表达，特别注意用词，可谓委曲之至。

谏逐客书

1.CDG

【解析】①“向使”是假设假如，后面不用断开；“四君却客而不内”属于主谓宾语法结构，在“不内”之后断开。②“疏士而不用”也跟前一句结构一样，为主谓宾结构，故而在“不用”之后断开。③“是使”，这会使；“国无富利之实”，是主谓宾结构，国家没有雄厚富裕的实力，句式完整。也可以参看后面的语句结构，可以得出答案，故而在“之实”之后断开。

2.C

【解析】A.“词义不同”正确。“以浮游尘埃之外”的“浮游”可以理解为漂浮游荡。B.“词义相同”正确。这两句里面的“据”都可以理解为占据、据守。C.“意思不同”错误。这两句里面的“曲直”意思都可以理解为是非对错、有理无理。意思相同。D.“意思相同”正确。“黔首”“黎庶”“黎元”均是指平民老百姓。

3.D

【解析】A项“乃”，前者为副词，于是；后者虽然也是副词，但意思为“却，反倒”，表示转折。B项“而”，前者连词，表示转折关系，可以翻译为“可是，但是”；后者为连词，表示并列关系，可以翻译成“并且，而且”或者不译。C项“以”，前者为介词，凭借；后者为连词，表示目的关系，可翻译成“来”。D项“之”，前者后者都是结构助词，的。

4.D

【解析】根据原文：“臣闻地广者粟多，国大者人众，兵强则士勇。是以泰山不让土壤，故能成其大；河海不择细流，故能就其深；王者不却众庶，故能明其德。是以地无四方，民无异国，四时充美，鬼神降福，此五帝三王之所以无敌也。”以及前面四位秦国先王的例子，可见李斯用严谨的逻辑，缜密的思考推断逐客对秦国的危害，并非添油加醋，也并非故意夸大逐客的危险。所以本选项错误。

5.（1）这几样宝物，一件也不产于秦国，而陛下您却喜爱它们，为什么呢？

【解析】数宝，几样宝贝、宝物；焉，句末语气词，可不译；而，连词，表示转折关系，但是；何也，翻译成“为什么，什么原因呢”。

（2）因此泰山不拒绝任何土壤，所以能成就它的高大；河海不舍弃任何细流，所以能成就它的深广；帝王不拒绝任何百姓，所以能显示他的恩德。

【解析】是以，因此；让，拒绝；其，代词，它的（泰山的）；择，同“释”，舍弃；就，成就；却，拒绝；明，彰明、彰显。

6.①“无法不备”是指文章的论证思路、论证技巧丰富圆融，十分完备。文章围绕驱逐客卿不能让秦国统一天下且对秦国有严重危害一主旨展开，由古及今，由物及人，摆事实讲道理，铺陈排比，反复论证，产生事实胜于雄辩、论据无可辩驳的说服力。②文中作者先摆出秦穆公、孝公、惠王、昭王等四位秦国国君重用客卿而使国家变得富强的历史事实，阐明客卿对秦国发展壮大的贡献。③之后着眼于当下，列举分析今天秦王所拥有的奇珍异宝、妙乐美色均来自其他诸侯国，却要驱逐其他诸侯国来的客卿，这是重享乐而轻人民的做法，指出逐客政令的不当，强调逐客会为秦国带来的危害。④正面论述以强调重用客卿之利，反面推理以突出驱逐客卿之害，使文章论辩有力。

卜居（《宋玉对楚王问》）

1.ADG

【解析】①“不知所从”，是动宾搭配，常常是固定表达；而且“从乃”语义不通，故而在“乃”之前断开。②“乃”往往是新句子开始的标志词，“乃往见太卜郑詹尹曰”，是说屈原于是去见太卜郑詹尹并向他咨询，这句话表达比较紧凑；曰，说，往往是断句的标志词，故而在“曰”之后断开。③“余有所疑”，是主谓宾结构，语义表述完整，而且“疑愿”在本句中语义不通，故而在“疑”之后断开。

2.B

【解析】A.“词义不同”正确。“羡长江之无穷”中的“穷”，意为“尽头，边际”。B.“词义不同”错误。本文中的“絜”和“与陈涉度长絜大”中的“絜”意思均为“度量，衡量”。C.“寓意一致”正确。在屈原笔下，均象征美好品质。D.“意思一致”正确。均指天空。

3.C

【解析】A项“于”，前者为介词，表被动；后者为介词，在。B项“以”，前者连词，表目的，来；后者为介词，用。C项“而”，前者和后者均为连词，表示并列关系。D项“之”，前者为结构助词，的；后者为代词，代指鲲鱼。

4.D

【解析】根据原文“楚襄王问于宋玉曰：‘先生其有遗行与？何士民众庶不誉之甚也？’宋玉对曰：‘唯，然。有之。愿大王宽其罪，使得毕其辞……’”可知宋玉并未直接正面辩解，而是先坦诚承认自身问题，随后主要从侧面设譬取喻。

5.（1）占卜有预见不到的地方，神明有不能通达之处。就按照您的心意，实行您的主张吧。龟壳和蓍草实在不能卜知这些事情。

【解析】数，术数；逮，及、到；神，神明；龟策，龟壳和蓍草；诚，实在是。

（2）圣人有卓越的思想、美好的操行，超尘脱俗，卓尔不群，那些世俗之人又怎能理解我的所作所为呢！

【解析】夫，句首发语词，可不译；瑰意琦行，卓越的思想、美好的操行；超然独处，超尘脱俗地独自立于世间；安，怎么。

6.①屈原之怨：屈原竭忠尽智，忠君爱国，却被贬谪被流放，他看到小人败坏朝纲，最终会危害楚王和整个国家，内心特别痛苦和忧虑，但是他内心的操守和德行让他不能随波逐流，所以他内心充满了幽怨和矛盾。②宋玉之傲：宋玉个性鲜明，学识渊博有辩才。面对楚国宗室和小人们的谗言毁谤，楚王的不怀好意，宋玉通过譬喻，向楚王表达“其曲弥高，其和弥寡”的现状，表明自己之所以不受称赞，是由于自己高于尘世的远大志向和美好品质，不屑于俯就庸众，保持一种高傲之姿，不管外在面对怎样的打击和挫折，内心深处始终有一份傲骨支撑自己超然处世。③共通之处：都情系楚国，心忧苍生。都面对谗言毁谤，面对小人恶毒攻击和君王的昏聩不理解。都保持着高洁的操守，拒绝随波逐流，不愿因迎合世俗而变得圆滑，保持内心的德性和原则。

卷五

五帝本纪赞

1.CEG

【解析】①“浅见寡闻”在材料一中出现，“浅见寡闻者流”，做整个句子的长主语，与后句断开。②“事事轻信”“置不复道”是这些人对前代文献的两种典型态度，且“则”是断句的标志词之一，应断开。③“耳”通常为句尾语，“此作者之大旨也”，是总结句。

2.C

【解析】A.“意思相同”正确。二句中的“百家”均为春秋战国时期的诸子百家。B.解释正确。C.“意思不同”错误。“择其言尤雅者”与“察纳雅言”的“雅”均是“合乎规范，正确”的意思。D.“意思不同”正确。“则尧、舜以前不可考”中“考”的意思是“考察”，成语“如丧考妣”中“考”的意思是“死去的父亲”。

3.A

【解析】A项“固”，均为副词，原本、本来。B项“顾”，前者为连词，表轻微转折，不过；后者为动词，看。C项“以”，前者为连词，因为；后者为连词，才。D项“其”，前者为代词，它、它们；后者为副词，表示祈使。

4.C

【解析】由材料一“至长老皆各往往称黄帝、尧、舜之处，风教固殊焉。总之，不离古文者近是”和材料二“但其事迹风教，表见于长老之口者，既凿凿可据”，可知：各地长老所述的五帝之事，因风俗教化略有不同，但仍有可取之处，可作为依据。

5.（1）总而言之，与古代文献的记载不相背的说法比较接近事实。

【解析】离，背离，相背；是，正确。

（2）《尚书》残缺已经很久了，那些散佚篇章常常见于其他著述。

【解析】《书》，指《尚书》；有间，有一段时间了，这里指很久了；轶，散轶。

6.困难：史料缺乏，真伪难辨。《尚书》缺少尧之前的资料，诸子百家的说法和孔子的《五帝德》《帝系姓》有人认为不可信。

措施：①对史料进行实地考察，搜查可靠、可信的材料。司马迁到黄帝、尧、舜活动过的地方游历，拜访长老，将他们的说法与文献记载相互对照，选择可信的部分记录下来。②对现存的史料进行整理与研究。司马迁考据《春秋》《国语》及“他说”等资料，从中发现有关五帝的记载。

项羽本纪赞

1.BDF

【解析】①根据下文“此所谓妇人之仁也”推测，“此特匹夫之勇耳”与之相对应，故应断在“F”处。②“然”表转折关系，故应断在“D”处。③“项王喑噁叱咤”“千人皆废”两处皆为主谓结构，故断在“B”处。

2.A

【解析】A.文中“暴”的解释和“意思相同”均错误。“何兴之暴也”中“暴”的意思是“突然，急，猛”；成语“暴戾恣睢”中“暴”的意思是“凶狠、残暴”。B.“意思相同”正确。两句中“陇亩”均为“田亩”。C.“意思不同”正确。文中“欲以力征经营天下”的“经营”意思是“统治”；“韩魏之经营”中“经营”指“金玉珍宝等物”D.“妇人之仁”的解释正确。

3.D

【解析】A项“盖”，前者表示推测，相当于“大约、大概”；后者同“盍”，意为“怎么”。B项“以”，前者为介词，用、凭、靠；后者为连词，因为。C项“而”，前者为连词，表并列；后者为代词，你、你的。D项“于”，均表被动。

4.C

【解析】根据文中“陈涉首难”可知，最先起义的是陈涉。

5.（1）项羽夸耀自己的功劳，施展个人的才智而不效法古制。

【解析】矜，夸耀；功伐，功劳、功勋；奋，施展；师古，效法古制。

（2）又违背了义帝的约定，将自己的亲信分封为王，诸侯们愤愤不平。

【解析】有，通“又”；背，违背；亲爱，亲近喜爱的人，这里指亲信；王，动词，分封为王。

6.①扬：项羽在秦末豪杰并起之时，以三年时间统领各路诸侯，成就霸业，分封天下。②抑：项羽称霸天下后战略上放弃关中，怀恋楚地，建都彭城。背弃约定，任用亲信，放逐义帝，自立为王。居功自高，不尊古制，妄图以武力统治天下，失去民心。不能合理利用人才，逞匹夫之勇；吝惜封赏，行妇人之仁。

秦楚之际月表

1.CEG

【解析】①襄公，文公、缪（穆）公、献公、孝公，皆为秦国国君。“起”与“章”是两个阶段，故第一处应断在C处。②“文缪”是“章”的时间状语，“献孝”是“蚕食”的时间状语，因此应断在E处。③“蚕食”意为慢慢吞食，中间不能断开，且“献孝之”不通，故应在G处断开。

2.C

【解析】A.“意思相同”正确。均表示“起事、发动反抗”。B.“意思不同”正确。文中的“祚”指皇位，而“门衰祚薄”的“祚”指福气、福分。C.对两句中的“不期”解释错误，文中“不期而会孟津八百诸侯”意为“没有事先约定就在孟津会聚了八百诸侯”，其中的“不期”与成语“不期而遇”中的“不期”都是“没有约定”之意。D.表述正确。

3.A

【解析】A项“卒”，均为最终的意思。B项“乃”，前者为判断动词，是；后者为副词，竟、竟然。C项“之”，前者为代词，复指前面列举的内容；后者为助词，的。D项“安”，前者表疑问，岂、怎么；后者为哪里。

4.D

【解析】由“乡秦之禁，适足以资贤者为驱除难耳，故愤发其所为天下雄”可知，从前秦国的那些禁令，帮助刘邦创业扫除了阻碍，最终成就帝王基业。

5.（1）（一统天下需要）像虞舜、大禹、商汤、周武王那样推行仁德，像秦国历代国君那样使用武力，可见一统天下是如此艰难。

【解析】若，像；彼，代指虞舜、大禹、商汤、周武王推行仁德的做法；此，代指秦国历代国君那样使用武力的做法；若斯，如此。

（2）然而新帝王的功业，兴起于民间，联合各路诸侯共同讨伐暴秦，声势之大远超夏、商、周三代。

【解析】闾巷，街巷，代指民间；合从，即合纵，这里指联合秦国以外的诸侯国；轶，超过。

6.①第一段介绍秦楚之际天下大势的变化，涵盖陈胜起义、项羽灭秦、刘邦称帝等历史事件，发出汉朝得国之速、之易的感叹。②第二段回顾虞、夏、商、周、秦五朝创建帝业的长久和艰难，作为汉朝得国之速的对照。③第三段列举秦朝统一之后，为了防天下兵争再起，长保帝业的种种举措，指出秦、楚短祚而天下终归汉家的历史必然性，解答了第一段的疑问。

高祖功臣侯年表

1.BEH

【解析】①找出句中几个可做主语的名词“大城名都”“户口”“大侯”“小者”。“大城名都散亡”，主谓结构完整；“户口可得而数者”，定语后置结构做下一个句子的主语，故确定B处必断。②“是以”表示因果关系，确定E处必断。③“大侯不过万家”“小者五六百户”为对应关系，确定H处必断。

2.B

【解析】A.对“社稷”的解释正确。B.对词意的解释错误。文中“国以永宁”中的“国”指诸侯的封地，“去国怀乡”的“国”指国都，二者意思不同。C.对“侯”的解释正确。D.对“兢兢”的解释正确，“意思相同”正确。

3. A

【解析】A项“而”，均为连词，表转折。B项“所以”，前者属于“所以……者”的固定搭配，意为“……的原故”；后者为“用这来、借此来”。C项“或”，前者为代词，有的；后者为副词，间或、有时。D项“为”，前者为动词，作为；后者为介词，向、对。

4.A

【解析】根据“古者人臣功有五品”可判断，第一段介绍的是前代功臣封赏的制度。非自汉代开始。

5.（1）保全自己并充当天子的屏障，这难道不是因为诸侯恪守仁义，遵行天子的法令吗?

【解析】自全，保全自己；蕃，同“藩”，屏障；岂非，表反问；笃，忠实地奉行，恪守；奉上法，遵行天子的法令。

（2）身处当今的社会，记住古时的道理，是为了引以为鉴，提醒自己，古今情况未必完全相同。

【解析】志，记；所以，用来；自镜，引以为鉴，提醒自己。

6.①通过封爵誓词中封国永宁、代代传承的美好期望和现实事与愿违、后裔衰微的比照，引发疑问，为下文分析史实、推究原因作铺垫；②以《尚书》《春秋》所载夏商周时期受封的侯伯传承千年与和汉朝最初被封的侯爵百年间只余五家比照，突出坚守仁义、遵纪守法便可以长久，骄奢淫逸、目无法纪就会自取灭亡的结论。

孔子世家赞

1.ADF

【解析】①根据上下文，“古者《诗》三千余篇”，后收录《诗经》中有“三百五篇”，可知孔子所做工作可概括为两个动词“去”与“取”，去掉重复的部分，选择那些可以用于礼义教化的部分，而“礼义”为一个词，不能拆分。②故应断在A、D处；“上采”与“中述”相对应，故应断在F处。

2.B

【解析】A.对《诗》的解释正确。B.文中“中国言六艺者折中于夫子”可翻译为“在中国谈论六艺的人”，根据文意，此处“六艺”指后者，即六部儒家经典。C.对“唐虞”的解释正确，符合文义和历史事实。D.对“高皇帝”的解释正确，符合文义和历史事实。

3.C

【解析】A项“然”，前者为连词，表转折，但是；后者为代词，这样。B项“以”，前者为介词，按、依；后者为介词，在。C项“则”，前后均为副词，就。D项“至”，前者为副词，极、甚；后者为动词，到。

4.D

【解析】原文“至于为《春秋》，笔则笔，削则削，子夏之徒不能赞一辞”中“不赞一词”指文章写得很好，别人不能再添一句话。选项中误解为“不赞同”。

5.（1）孔子任官审案时，文辞上如有需要与人共同商量斟酌的，他是不肯擅作决断的。

【解析】在位，任职；听讼，审理诉讼案件；可与人共，可以与人商量斟酌；弗，不；独有，独自决断。

（2）弟子以及到墓旁定居的鲁国人，有一百多家，因而管那个地方叫“孔里”。

【解析】鲁人往从冢而家者，为定语后置句；冢，坟墓；家，动词，安家、定居；因，因而；命，命名。

6.①引用诗经名句“高山仰止，景行行止”，盛赞孔子的德行犹如雄伟的高山令世人敬仰，孔子的思想如宽阔的大路引导世人前行，写出自己对孔子的无限景仰。②写由读孔子的书，推知其人，一“读”一“想”，传达出作者对孔子人格的深深憧憬。③到鲁地看到他的遗物、遗风不忍离去，“低回留之”“不能去云”写出了作者眷眷的深情。④用天下君王贤人“没则已焉”，来反衬孔子的久远影响，进而得出孔子为“至圣”的赞誉。

外戚世家序

1.CEG

【解析】①本句“杜钦、谷永之朋方且逆望风旨，揄扬赞颂”，“而张禹、孔光共为持禄计”，亦不对皇帝说实话，此句与下一句“由是”构成因果关系，因此第一处应断在C处。②从汉“雕弱不振”到王莽篡汉，是一个过程，“至于”意为“到了……的时候”，常作为句首词，因而第二处断在E处。③“贼莽”，是对王莽的蔑称，中间不可断，“则”常作为句首词，故第三出应断在G处。

2.A

【解析】A.对“乾”“坤”的解释有误，乾为阳，坤为阴。B.解释符合文义和《诗经》的传统解读。C.解释符合文义和历史典故。D.解释符合文义和古代礼制。

3.B

【解析】A项“也”，均用在句中，表示停顿。B项“与”语气词，通“欤”，表示疑问；后者为动词，亲附、亲近。C项“况”，均为表示更进一层，何况。D项“恶”，均为疑问代词，怎么、哪里。

4.C

【解析】根据材料二第二段，王章、刘向是就外戚专权现象直言正谏君主的大臣。杜钦、谷永、张禹、孔光等是为自身利益不敢进谏的大臣。六人均非外戚。

5.（1）从前吕氏窃取朝政，吕产、吕禄肆意为乱，如果没有太尉掌握兵权，北军帮助平顺，那么天下就危险了。

【解析】盗朝：窃取朝政；不有，如果没有；主兵，掌管兵权；海内，全国、天下。

（2）那时吕氏、霍氏执掌朝政不久，却产生了如此大的祸害，后继者为什么不纠正错误而改变形势呢?

【解析】柄朝，执掌朝政；未几，没有多久；若之何，为什么；矫，纠正。

6.①司马迁《外戚世家序》对“外戚”的态度更客观，他指出成功的君主不仅要品德好，还要仰仗外戚的帮助，因而后妃对于国家兴衰治乱非常重要。既肯定了后妃帮助国君的作用，也点明了国君惑于后妃的恶果；因此国君在婚姻方面必须要慎重。②葛胜仲《外戚论》对外戚的持否定态度。他认为西汉的灭亡是因为外戚专权，批判了吕氏、霍氏、王氏等外戚的篡权和奢侈行为。

伯夷列传（节选）

1.BDF

【解析】①"已平"后面必须加宾语"殷乱"，故断在B处。②"天下宗周"是一个完整的主谓宾结构，故断在D处。③"耻之"，为"以之为耻"，"义"为不"不食周粟"的原因，故断在F处。

2.D

【解析】A.解释正确。B.解释正确。C.解释符合文义和文化常识。D.文中"糟糠不厌"中的糟糠为其本意，即"穷人用来充饥的酒渣、米糠等粗劣食物"，"糟糠不厌"解释为"粗劣的饭食都吃不饱"。

3.A

【解析】A项"盍"，二者都是副词，意思是何不、为什么不。B项"且"，前者为副词，将要；后者为副词，尚且。C项"以"，前者为介词，用；后者为介词，在。D项"与"，前者为动词，帮助；后者为连词，和、跟。

4.A

【解析】A.因果关系错误。根据原文，伯夷叔齐先放弃继承国君之位，然后才决定去投奔西伯昌。

5.（1）盗跖每天都杀害无辜的人，挖人的心肝当肉吃，凶狠残暴、肆意放纵。

【解析】日，每天；不辜。无辜；肝人之肉，挖人的心肝当肉吃。

（2）有些人先选择好地方再迈步，看准时机再讲话，走路不走小路，不公正的事情不肯发愤去做。

【解析】蹈，踩；时，看时机；径，小路。

6.①道德高尚的善人，重视道义品行，而轻视富贵安逸。他们是"求仁得仁"，依据自己的道德准则行事。其结局，不能用富贵来衡量。②整个世道都浑浊的时候，高洁之士坚定自己的信仰，高洁的名声自然会显露出来，他们的名声会因圣人的记载和褒扬而名垂青史。

管晏列传

1.DEG

【解析】①"我"是"赎"的宾语，故断在D出。②两个"知己"相连，一个是前一句的宾语，一个是后一句的主语，故断在E处。③"知己而无礼"和"在缧绁之中"两种情况比较，用"固不如"相连，故应断在G处。

2.D

【解析】A.符合文义和古代文化常识。B.符合文义和古代用法。C.符合文义和古代文化常识。D."意思相同"错误。"谢"在文中意为告辞、告别。成语"闭门谢客"中的"谢"字意思为"拒绝"。二者意思不同。

3.C

【解析】A项"为"，前者为动词，作为、成为；后者为介词，给、替。B项"以"，前者为介词，表原因；后者为动词，认为。C项"之"，均为助词，的。D项"而"，前者为连词，用在偏正结构，连接状语和谓语动词，表修饰；后者为连语，用在主谓结构，连接主语和谓语，表假设。

4.C

【解析】根据原文："既见其著书，欲观其行事，故次其传。至其书，世多有之，是以不论，论其轶事。"司马迁读过二人的著作，便想了解他们的事迹，因此编列了他们的传记。至于他们的著述，世上有很多，因此不再论述，只记载他们的轶事。

5.（1）鲍叔牙不认为我不知羞耻，他知道我不以失小节为羞，而会以功名大业不显扬天下为耻。

【解析】以，认为；无耻，不知羞耻；羞、耻，意动用法，以……为羞，以……为耻。

（2）她丈夫为宰相驾车，头顶遮着大伞盖，鞭策着四匹马，神气十足，非常得意。

【解析】为，给、替；御，驾车；策，鞭策。

6.①鲍叔牙知管仲，晏婴知越石父。②管仲部分着重写他因鲍叔牙的推荐而任齐桓公之相的事，借管仲之口，抒发鲍叔之对他的知遇之情。如对管仲分财多取、为人谋事陷于穷困、三仕被逐、作战退走、被囚降事新主等行为，鲍叔都能原谅、理解管仲，信赖管仲，令管仲高呼"生我者父母，知我者鲍叔也"。③晏婴部分，晏婴知越石父贤能，解马赎救他；听闻越石父"知己无礼"的责备，待其为上宾。

屈原列传（节选）

1.BDF

【解析】①从上下文可知，齐楚联盟，而秦想要说服楚国断绝与齐的联盟。本句先交代秦齐关系，且两个"齐"不能连在一起，故第一处断在B。②且从前文可知"齐与楚从亲"，故应断在D。③第三处应断在齐、秦之间，前后两句构成假设关系。

2.D

【解析】A.解释正确。B."意思不同"正确。"伐"在文中指炫耀，而"摐金伐鼓下榆关"的"伐"指敲击。C."意思相同"正确。文中"咎"指怪罪、责怪，成语"既往不咎"的意思是对过去的错误不再追究或责备，其中的

“咎”与文中的“咎”意思相同。D.“同义”错误。文中“从容”是“委婉得体”的意思，“鲦鱼出游从容”中的“从容”表示悠闲舒缓的状态。

3.D

【解析】A项“为”，前者为动词，做、作；后者为句末语气词，表疑问。B项“见”，前者为动词，看见；后者为介词，表被动。C项“于”，前者为介词，在；后者为介词，被。D项“卒”均为“最终，到底”。

4.B

【解析】根据原文“王怒而疏屈平”，发怒而疏远屈原的为楚怀王。

5.（1）屈原关心国君，想振兴国家，改变楚国的形势，一篇作品中再三表达这种意愿。

【解析】存，关怀；反覆，重振、复兴；之，代指国势；致，表达。

（2）屈原来到江边，披头散发，在水边一边走一边吟咏，他面色憔悴，模样干枯瘦弱。

【解析】被，同“披”；行吟，边走边吟咏；颜色，面色；形容，外貌、形体；枯槁，瘦弱，像干枯的树干。

6.①用上官大夫的嫉贤妒能，对比出屈原的正道直行。②用靳尚、郑袖的贪婪卖国，对比出屈原的无私爱国。③用渔父的明哲保身、随遇而安，对比出屈原的坚贞品德、高尚志行。④用宋玉之徒虽“祖屈原之从容辞令”，但“终莫敢直谏”，对比出屈原的忠贞爱国、正直无畏。

酷吏列传序

1.CEG

【解析】①本句对比秦代法令和汉初法令，繁苛和宽简为一对反义词，故断在C、E两处。②“一番”补充“相形”，“轻重”做“见”的主语，故断在G处。

2.A

【解析】A.“意思相同”不正确。“格”在文中意为“至”或“归服”，而“格物致知”中的“格”意为“推究、探究”。B.符合文义和比喻用法。C.“意思相同”正确。“蒸蒸日上”表示事物蓬勃发展。两句中的“蒸蒸”意思相同，均为兴盛的样子。D.“意思相同”正确。“人文化成”是指通过文化和教育来感化人心，使社会达到和谐与进步。两句中的“化”，均为教化、改变民心的意思。

3.C

【解析】A项“相”，前者为副词，互相，表双方；后者为副词，表示一方对另一方有所施为。B项“若”，前者为“如同，像”；后者为第二人称代词，你。C项“恶”均表疑问，怎么。D项“然”，前者为助词，用作形容词或副词的词尾，表示状态；后者为代词，如此、这样。

4.A

【解析】原文引用老子的话“上德不德，是以有德；下德不失德，是以无德”，意为最有德的人不标榜自己的德行，所以是真正有德；最无德的人标榜自己没有失去德行，所以其实是无德。可见老子不同意“宣扬”道德。

5.（1）法令是治理国家的工具，但并不是决定国家治理得好坏的根本。

【解析】者，判断句的标志；治，治理；具，工具；制，控制，掌握。

（2）将冗繁细密的律条变得简单，法网宽疏得好像能漏过吞舟的大鱼。

【解析】斫，砍削；雕，雕刻的纹饰；朴，本真、质朴；吞舟之鱼，能吞掉船的大鱼。

6.司马迁认为严刑峻法只在一定的条件下有作用，法令是治理国家的工具，但并不是决定国家治理得好坏的根本。因而他反对严刑峻法，主张推行宽简的法令。

游侠列传序

1.CDG

【解析】①本段将拘泥的儒生和侠士做对比，以“岂若”相连，故D处应断。②拘泥的儒生死守狭隘的道义，“抱咫尺之义”为动宾结构，中间不能断开，故应断在C处。③“卑论侪俗”“与世浮沉而取荣名”是两种表现，故应断在G处。

2.C

【解析】A.解释正确。B.解释正确。C.对文中的“轨”字解释不正确，文中“轨”为动词，依循、遵循。“图谋不轨”中的“轨”指正道、规矩，二者意思不同。D.“意思相同”正确，均为吝惜。

3.D

【解析】A项“于”，前者为介词，引进动作、行为的时间、处所，相当于“在”；后者为介词，在被动句中，引进动作、行为的主体，相当于“被”。B项“故”，前者为缘故，原因；后者为故意，存心。C项“苟”，前者为随便，轻率；后者为姑且，暂且。D项“曷”，都同“何”，怎么、为什么。

4.C

【解析】根据原文，本句之前为“且缓急，人之所时有也”，况且急难的事，是人们所常遇到的。进而举历史上诸多有道之人尚且遭遇困厄的例子，来证明常人更时时可能遇到急难需要救助。

5.（1）做到了使遇害者得以生存，却不夸耀自己的本领，羞于吹嘘自己的功德，像这样的游侠，大概也有值得称赞的地方啊！

【解析】存亡死生，使亡者得以复存，使将死者得以复生；矜，夸耀；伐，自夸；盖，大概，恐怕；多，动词，称道。

（2）这些都是儒者们所说的有道德的仁人，尚且遭到这样的灾难，何况是那些仅有中等才能而又碰上乱世中最衰败的时候的人呢？他们所遭受的祸害怎么能够说得完呢？

【解析】犹然，尚且；菑，同“灾”；涉，经历；末流，末世、衰败时期；胜，尽。

6.①以王者亲属之五公子与闾巷之侠相比较。五公子确是贤者，声名如顺风之声浪，可以很容易地传到远方；闾巷之侠修养品格，砥砺德行，也做到了声名普及天下。对此，作者觉得布衣之侠无依托，更难能可贵。②将布衣之侠与暴豪之徒相比较。布衣之侠，虽然常常触犯当时的法律禁令，但他们清廉高洁，谦虚退让；暴豪之徒结党营私，勾结豪强，利用钱财役使穷人，凭借权势暴力欺辱势孤力弱的人，放纵私欲。世俗错认游侠就是暴豪之徒，对此作者非常愤慨。

滑稽列传

1.BEG

【解析】①“隐”为“喜”的宾语，故第一处应断在B处。②“淫乐长夜”为饮的定语，故第二处应断在E处。③“沉湎不治”“委政卿大夫”为两个独立的动宾结构，是齐威王的两种行为，故应断在G处。

2.B

【解析】A.解释符合文义和古代农业习俗。B.“意思相同”不正确。“蕃”在文中意为“茂盛”，而《种树郭橐驼传》中“早实以蕃”的“蕃”意为“繁多”（指果实多）。C.符合文义和古代用法。D.“意思相同”正确。文中与《归去来兮辞》中“引壶觞以自酌”的“觞”均指酒器。

3.D

【解析】A项“且”，前者为副词，将要；后者为副词，尚且。B项“之”，前者为动词，去、到；后者为代词，代一类人。C项“恶”，前者为疑问代词，怎么、如何；后者为动词，厌恶。D项“相”，副词，均为互相。

4.C

【解析】根据原文“故曰酒极则乱，乐极则悲，万事尽然”可以看出，列举饮酒的五个境界，是为了展示“乐极生悲”的道理，使齐威王认识到自己的错误。

5.（1）臣看他拿的祭品太少而想要的太多，所以笑他。

【解析】所持，所欲，均为所字结构，译为名词；狭，少；奢，多。

（2）如果朋友交往，很久没有见面，忽然相逢，欢快地聊着往事，互相说着彼此的情谊，这样喝到五六斗便醉了。

【解析】若，如果；卒然，突然、忽然；故，往事；径，便。

6.①淳于髡用大鸟的隐语，讽谏齐威王，激励齐威王发愤图强。②淳于髡用穰田者持少求多的隐语，讽喻齐威王加送礼物，终为齐国请来赵国的救兵。③淳于髡以饮酒为隐语，使齐威王认识到酗酒的危害，取消长夜之饮的坏习惯。

货殖列传序

1.BDF

【解析】①“于是”前后为因果关系，故应断在F处。②“地潟卤”“人民寡”为两个独立的主谓结构，故应断在B、D处。

2.B

【解析】A.“意思不同”正确。“涂”在文中意为“堵塞”，《齐桓晋文之事》中“行旅皆欲出于王之涂”的“涂”指道路。B.“意思相同”不正确。“渐”在文中意为“渐染”，指逐渐影响，而“防微杜渐”中的“渐”指事物的开端或苗头。C.“意思不同”正确。“中国”在文中指中原地区，《李凭箜篌引》中“李凭中国弹箜篌”的“中国”指国都长安。D.对“女功”的解释正确。

3.D

【解析】A项“为”，前者为动词，当作，作为；后者为介词，由于，为了。B项“而”，前者为连词，表并列关系；后者为连词，表转折关系。C项“以”，前者为介词，用；后者为连词，表目的。D项“之”均为助词，主谓之间，取消句子独立性。

4.D

【解析】文章最后一段突出货殖之事以及财富的重要，并没有提及教化，或与教化比较。

5.（1）因此，对于人民，最好的方法是顺势而为，其次因势利导，再次开导教育，再次约束整治，最下策是与百姓针锋相对。

【解析】因，遵循；道，通“导”，引导；整齐，整顿，这里指约束整治。

（2）所以，齐国制造的帽子、腰带、衣服、鞋子行销天下，渤海、泰山之间的各国诸侯都整理好衣袖恭敬地前来朝拜齐国。

【解析】冠，帽子；带，腰带；履，鞋子；天下，行销天下；敛袂，整理好衣袖，表示恭敬；朝，朝拜。

6.①引用《周书》的话，说明农、工、商、虞四种职业是人民衣食的来源。②举齐国的历史作为例证。太公望在土地贫瘠、人口稀少的齐地因地制宜地实行发展生产的政策，民富国强；管仲相齐桓公，从发展经济着手，使一度衰落的齐国又成为富强的大国，成为春秋五霸之首。

太史公自序（节选）

1.CEG

【解析】①本句阐述"礼""法"的区别，"礼""法"为两个关键词。②四个分句的主语分别为"礼""法""法之所为用者""礼之所为禁者"。③"未然之前""已然之后""易见""难知"构成两对反义词。故应断在CEG三处。

2.B

【解析】A."意思不同"正确。"是非"在文中指褒贬、评论。成语"是非分明"中的"是非"指对错。B."同义"不正确。"人事"在文中指伦理纲常，而《五代史伶官传序》中"岂非人事哉"的"人事"指政治上的得失。C.正确，符合文义和古代文化观念。D.正确，符合文义和古代历法知识。

3.A

【解析】A项"之"均为主谓之间取消句子独立性。B项"者"，前者为定语后置标志；后者为代词，指代"……的人"。C项"则"，前者为副词，就；后者为连词，表转折。D项"乃"，前者为副词，表顺承，于是；后者为副词，竟。

4.A

【解析】B项，原文中"空文"指文章，与"具体功业"相对而言，不是"空洞的史文"的意思。C项，根据文中"非独刺讥而已也"判断，《春秋》不止讽刺。D项，根据文中"于是论次其文"和"七年而太史公遭李陵之祸"判断，司马迁撰写《史记》早于李陵之祸。

5.（1）我想只记载那些空洞的论述，不如将褒贬寓于具体历史事件的记述中，这样才更深刻显明。

【解析】空言，架空背景的论述；行事，具体历史事件；深切著名，深刻显明。

（2）褒扬善良，贬斥丑恶，推崇贤良，鄙薄小人，恢复已经灭亡的国家，延续已经断绝的家族，补救弊政，振兴衰废，这些都是推行王道的重要部分。

【解析】第一个"善""恶""贤"和"贱"均为动词；第二个"善""恶""贤"和"不肖"均为名词；起，振兴。

6.①《春秋》采录善行、贬斥丑恶，推崇夏、商、周三代的盛德，褒扬周王朝，不仅仅是讽刺而已。②自己身为太史令，有记载英明圣主的盛德大业和功臣、世家、贤大夫的功业的职责。完成父亲嘱托，整理世代流传的史料，即《史记》的创作。

报任安书（节选）

1.BEG

【解析】①本句暗含两个主体：主上（汉武帝）和"我"。②主上"召问"，"我""即以此指推言陵之功"。③目的中的"广主上之意""塞睚眦之辞"为两个动宾短语，中间应断开。综上，应断在BEG三处。

2.D

【解析】A.解释符合文义和比喻用法。B.解释符合文义和文化背景。C.解释符合文义和历史制度。D."同义"不正确。"粪土"在文中指肮脏污秽的地方，代指牢狱；而《沁园春·长沙》中"粪土当年万户侯"的"粪土"为"视……如粪土"，表鄙视。

3.A

【解析】A项"其"，均代指自己的。B项"且"，前者为连词，况且；后者为副词，将要。C项"于"，前者为介词，在；后者为介词，比。D项"为"，前者为动词，写；后者为介词，跟、同。

4.A

【解析】A.原文中司马迁提到："人固有一死，或重于泰山，或轻于鸿毛，用之所趣异也。"表明他认为死亡的价值有轻重之分，有时为了死得有意义，需要忍受比死亡还要难受的奇耻大辱。这与A项的描述相符。B.文中提到"夫仆与李陵俱居门下，素非能相善也，趋舍异路，未尝衔杯酒、接殷勤之余欢。"说明司马迁与李陵并没有私交甚密，因此B项描述不正确。C.原文中确实有句式随情感变化的特点，但并没有提到运用大量语气词形成回环往复的抒情美，因此C项描述不正确。D."其次"一词开头的排比句，前几层聚焦于精神层面的尊严；后几层转向肉体与身份的摧毁，逐渐加深受辱的程度，从较轻的受辱形式逐步过渡到最严重的腐刑，因此D项描述不正确。

5.（1）但是我观察他的为人，是个坚守节操的不凡之人，侍奉父母十分孝顺，与朋友交往守信用，对待钱财方正廉洁，索取或给予皆合乎道义，能分别长幼尊卑，和善礼让，恭敬谦卑，礼贤下士，总是想着为国家危难而奋不顾身。

【解析】仆，古代男子的谦称，翻译为“我”；自守，坚守节操；事，侍奉；临财，面临财物，对待财物；取与，索取和给予；让，谦卑礼让；下人，待人谦卑；殉，为……牺牲。

（2）古时那些富贵但死后声名消亡的人，数不胜数，只有那些豪迈不羁、非比寻常的人才能称颂于世。

【解析】磨灭，消亡；胜，尽；倜傥，豪迈不羁；非常，不同寻常；称，被世人称赞，称颂于世。

6.①司马迁总结历史上许多伟人逆境著书的事迹，提出“发愤著书”说。发愤著书，指人内心都有抑郁不平的地方，不能实现自己的理想，因此著书立说，希望后人了解他的想法。所以作品大多是创造者在逆境中完成的，是他们悲愤幽恨的产物。②“愤”包含了个人怨愤的情绪，同时也显示了穷且益坚，在逆境中奋起而不消沉的品格。司马迁正是从这历史和文化的艰难历程中找到了自己的榜样和前驱者，找到了人生的方向和矢志进取的道路。

卷六

高帝求贤诏

1.CEH

【解析】①从“今天下”到“智能”是一个完整的意义单元，是后面提出反问的基础。故而在此处断开。②“乎”表示疑问语气，是一个句子的完结，故而要在其后断开。③“也”是句末语气词，是停顿的标志词，因此在其后断开。

2.A

【解析】A.免，“有而弗言，觉免”的“免”意思是免除官职。“凶年不免于死亡”的免意思是避免。

3.C

【解析】A项“而”，前者为连词，表转折，却；后者为连词，表承接。B项“其”，前者为连词，表假设，如果；后者为语气副词，表祈使语气，一定。C项“之”，前者和后者都是代词，他们。D项“于”，前者为介词，比；后者为介词，在。

4.B

【解析】原文“贤人已与我共平之矣”意思应该是：贤人已和我共同平定天下，而不是平起平坐。

5.（1）现在我依靠上天的神灵庇护、贤士大夫的辅佐平定并拥有了天下，使天下成为一家，希望政权长久保持下去，世世代代供奉汉室宗庙永不断绝。

【解析】以，依靠；定，平定；奉，供奉；亡，同“无”。

（2）如果必须确定是节操高尚的人才能任用，那么齐桓公怎么能称霸呢？

【解析】若，如果；何以，怎么能。

6.①刘邦选拔贤者的标准是“意称明德”，强调美名与品德的相称。②曹操选拔贤者的标准是“唯才是举”，以才华作为唯一标准，不因德行有污点而弃用人才。总之，前者重德后者重才。

文帝议佐百姓诏

1.ACF

【解析】①“天道”和“地利”是两个不同的角度，故而A处断开。②“地利”和“人事”是两个不同的角度，故而C处断开。③“鬼神”和“人事”是两个不同的角度，故而F处断开。

2.B

【解析】B.“不为五斗米折腰”中的“五斗米”，指的是微薄的俸禄，不代指具体官职。

3.D

【解析】A项“者”，前者代词，用于时间词后，表示“……的时候”；后者代词，用于动词形容词后，指人。B项“之”，前者助词，用于主语和谓语之间，取消句子的独立性；后者助词，相当于的。C项“以”，前者介词，因为；后者连词，表结果。D项“其”，前者和后者都是语气副词，表示祈使，一定。

4.C.

【解析】原文“细大之义，吾未能得其中”的“得其中”意思是“知晓问题所在”，而不是“中庸之道”。

5.（1）丈量后，发现田亩没有变少，统计人口，人数也没有增加，按照人口计算土地，尚且比古代还要多，然而百姓的粮食严重不足，问题出在哪呢？

【解析】度，丈量；计，统计；以，用；于，比。

（2）是因为酿酒耗费了太多的粮食，蓄养六畜吃掉太多粮食吗？

【解析】靡，耗费；众，多。

6.①《雨灾求直言诏》对于灾害主要归因于君德和王政有失，比如赏罚、诏令、狱讼、赋役等方面的治理不当。②《文帝议佐百姓诏》对于灾害的归因是多方面的。除了反思王政有所失外，还从天道、地利、人事、鬼神四个方面进行追问。此外，还考虑了土地和人口的比例关系，考虑了百姓是否专心于农事，是否有因酿酒、养殖牲畜造成的粮食浪费问题。

景帝令二千石修职诏

1.BDF

【解析】①“则”表示“那么”，是断句的标志词。②“矣”是句末语气词，是断句的标志词。

2.C

【解析】A.解释正确。B.“攘除奸凶”的“攘”意思是排除、驱除。C.货赂，意思是财物，“以货赂为市”就是谋求财物。D.“化而为鸟，其名为鹏”的“化”意思是变化。

3.B

【解析】A项“者”，前者助词，表判断；后者助词，表停顿。B项“而”，前者和后者都是连词，表转折。C项“以”，前者连词，表目的，来；后者介词，按照。D项“因”，前者介词，根据；后者动词，接着。

4.C

【解析】C.原文“不事官职，耗乱者，丞相以闻，请其罪”中，“请其罪”的意思是，请治这些不称职官员的罪。

5.（1）不接受进献的宝物，减少饮食开支，减轻百姓的徭役赋税，希望天下百姓致力于耕种纺织，平时家中储备粮食，用来防备灾害。

【解析】献：进献的宝物；务，致力，专力从事；素，平时；备，防备。

（2）今年收成不好，百姓粮食非常缺乏，问题出在哪儿？

【解析】不登，收成不好；咎，过失、罪过。

6.①材料一认为，饥寒并至是导致百姓为非作乱的直接原因。进而又分析，根本原因在于各级官吏失职、不作为，甚至侵害百姓。②材料二认为，民不善的原因是吏失职，吏失职的根源是君主不够贤明。

武帝求茂材异等诏

1.ADF

【解析】①“俯仰星云”与“虑一民之遗逸”，都是动宾结构，前者是行为，后者是心理活动，故而A处断开。②“网罗岩穴”与“俯仰星云”相对应，D处断开。③“恐片善之韬藏”是“网罗岩穴”的心理动机，故而F处断开。

2.B

【解析】“父母”文中意思是君王把人民当作自己的儿女对待，强调爱民如子。

3.B

【解析】A项“其”，前者为第三人称代词，代指贤者；后者为第一人称代词，自己。B项“则”，前者和后者都是连词，表承接，就。C项“以”，前者是连词，表目的，来；后者是介词，用。D项“之”，前者是助词，相当于“的”；后者是助词，定语后置的标志。

4.D

【解析】原文“而乃朝廷之内，或未尽于昌言”的意思是，朝堂上很难听到直言进谏、妙计良策。

5.（1）因此，有的骏马勇烈难驯却能日行千里，有的士人遭到世人嘲讽却能建立功名。

【解析】或，有的；奔踶，勇烈难驯；负俗，遭到世人讥讽。

（2）这些狂奔乱跑、不受驾驭的骏马和放荡不羁、不受礼俗约束的士人，都在于如何驾驭和使用罢了。

【解析】跅弛，放荡不羁、不受礼俗约束；御，驾驭。

6.①材料一侧重从帝王自身的雄心和能力出发，陈述了统治者选拔“不平凡”的人才才能成就伟业。因此，对于个性放荡不羁、不合于礼俗约束，但能力出类拔萃的非常规人才，应当宽容并合理使用。②材料二从帝王求贤若渴的角度出发，强调只有尽可能地网罗各种人才，才能治理好国家；用人不必追求全才，可舍短从长，依照某一方面的才能任免。

过秦论上

1.BCF

【解析】①“致”之后表示秦发展的结果，因此需要与前面的“区区之地”断开。②“万乘之权”是秦国力的体现，是“致”的宾语，因而C处需要断开。③“招八州而朝同列”是秦国力强盛的表现，是两个并列的动宾结构，与后文“百有余年”的时间断开。

2.A

【解析】A.“语义相同”错误，解释错误。文中的“爱”，意思是吝惜。《师说》“爱其子，择师而教之”的“爱”，意思是喜爱。B.文中的“策之不以其道”的“策”是驱使的意思。C.“余人各复延至其家”的“延”是邀请的意思。D.解释正确。

3.A凭借

【解析】A项“因”，前者和后者都是凭借。B项“于”，前者介词，在；后者介词，比。C项“以”，前者连词，表目的；后者介词，把。D项“而”，前者连词，相当于“以”，来的意思；后者连词，表结果。

4.B

【解析】依据原文“秦人开关延敌，九国之师逡逃而不敢进。秦无亡矢遗镞之费，而天下诸侯已困矣”分析可知：作者将诸侯与秦国进行对比，诸侯恐惧而结盟、逡逃而不敢进，突出了秦国的强大。

5.（1）秦国有余力找准六国的弱点而制服他们，追逐溃败逃跑的敌军，杀死上百万人，流淌的血液能浮起盾牌。

【解析】制，挟制；北，败走；橹，盾牌。

（2）于是秦始皇废弃了古代帝王的治世之道，焚烧诸子百家的书籍，使百姓陷于愚昧。

【解析】废，废弃；焚，焚烧；愚，"使……愚昧"；黔首，百姓。

6.陈涉形象：①出身卑微。②才能、资质平庸。③力量弱小、条件简陋。

写作意图：证明秦的灭亡不是因为敌人强大，而是由于自身"不施仁义"。

治安策一（节选）

1.BDF

【解析】①"今……也"，"也"表示判断，是句末语气词，因此断开。②"而"表示转折，与前面"释斤斧之用"断开。③"臣以为……"是对于结果的判断，单独成句，因此需要与前面断开。

2.D

【解析】朝委裘，朝拜先帝所穿的衣裘，意思是臣子忠心不二，统治安定。

3.B

【解析】A项"者"，前者代词，"……的人"；后者定语后置的标志。B项"虽"，前者和后者都是即使。C项"以"，前者介词，依据、按照；后者连词，表目的，来。D项"因"，前者介词，凭借；后者动词，沿袭。

4.A

【解析】依据原文"屠牛坦一朝解十二牛……胡不用之淮南、济北？势不可也。"综合理解分析可知："正反对比"的说法有误，此处不存在反面论证。

5.（1）长沙王吴芮仅有两万五千封户，功劳少却得以保全，关系最远而对朝廷最忠心，这不只是因为性情与别人不同，也是形势造成的。

【解析】而，却；完，保全；疏，疏远；独，只；性，性情。

（2）只要采取一项改革措施，就能建立五种功业，陛下又在担心什么而久久不这样做呢？

【解析】动，改革；业，功业；惮，担心。

6.贾谊认为，安天下的方法是：多分封诸侯国而减少他们的势力。好处有五方面：①天下听命，安服稳定，体现皇帝英明；②分封而天子不谋利，体现皇帝廉洁；③臣子没有背叛的心思，天子没有讨伐的念头，体现皇帝的仁德；④政令无阻，阴谋不出，官民向善，体现皇帝的道义；⑤即使幼主执政也会天下太平，后世将称赞皇帝圣明。

论贵粟疏

1.CEG

【解析】①"腹饥不得食"与"肤寒不得衣"，是饥饿、寒冷两个不同的方面，故而C处断开。②"虽"是分层的标志词，故而在E处断开。③上一句谈"慈母"，后一句类比于"君王"，故而G处需要断开。

2. B

【解析】A."刑人如恐不胜"的"胜"意思是尽。B."亡"语义相同，都表示"没有"。C."阡陌交通"的"交通"意思是交错相通。D."除臣洗马"的"除"意思是拜官授职。

3.C

【解析】A项"以"，前者介词，用；后者连词，表目的。B项"所以"，前者即"以所"，意为用来；后者表原因。C项"而"，前者和后者都是连词，表转折，但是。D项"于"，前者介词，从；后者介词，向。

4. A

【解析】依据原文"有石城十仞……而亡粟，弗能守也"综合理解分析后可知：神农氏之教的意思是：对于守城，即便有武备，粟米仍是关键，证明了下文粟米是为政的根本。

5.（1）贫困产生于不富足，不富足产生于不从事农耕，不从事农业生产，百姓就不会定居乡土，百姓不定居就会轻易离开故乡和家园。

【解析】足，富足；农，农耕；著，附着；轻家，轻易离开家园。

（2）人之常情，一天不吃两顿饭就会挨饿，一年到头不做衣服就会受冻。

【解析】人情，人之常情；再食，吃两顿饭；终岁，一年到头。

6.①对比古今，突出今之蓄积不如古；进而指出原因在于农业不兴。②指出人的基本需求在于衣食；进而提出保民关键在于重视农桑。③对比金玉与五谷，指出金玉虽贵而却助长奸邪，败坏风气，而五谷则使民安土重迁，有利于社会稳定。由此提出，明君应"贵五谷贱金玉"

狱中上梁王书（节选）

1.ADG

【解析】①"者"放在主语后，引出判断，因此应在A处断开；②“素宦于朝”“借誉于左右”两个分句结构完整，应在D处断开；③“然后”，这样之后，句首连词，应在G处断开。

2.B

【解析】A.“正身以黜恶”的“恶”意思是邪恶。B.“吾属今为之虏矣”中的“为”表示被动，二者语义相同。C.“保卒余年”的“卒”是动词，完结、完成。D.成语“苛捐杂税”的“捐”意思是赋税。

3.C

【解析】A项“之”，前者动词，往；后者代词，代指苏秦。B项“而”，前者连词，表修饰；后者，连词，表结果。C项“以”，前者和后者都是介词，把。D项“于”，前者介词，在；后者介词，被。

4.A

【解析】根据原文“昔玉人献宝……少加焉。”综合理解分析后，可以看出：玉人、李斯代表忠者，楚王、胡亥代表疑者，突显君臣对比、忠疑对比，而不是臣子忠奸对比。

5.（1）因此苏秦不被天下列国信任，对燕国却像尾生一样信守承诺；白圭在中山国打了败仗，丢了六座城池，后来却帮助魏国攻下了中山国。

【解析】是以，因此；于，被；尾生，像尾生一样（信守承诺）；亡，丢。

（2）所以女子无论美丑，进了宫就会遭到嫉妒；士人无论有没有才能，进了朝堂就会遭到排挤。

【解析】恶，丑；见，被；不肖，没有才能；入朝，进入朝堂。

6.①荆轲慕义刺秦、卫先生为秦谋事。二人的共性是：诚心虽感天动地，但都受到了君主的怀疑，具有悲剧性。②作者意图以二人自比，为自己鸣冤。希望梁王用士信而不疑，不要偏听谗言。

上书谏猎

1.BCF

【解析】①“轻万乘之重”意思是“以万乘之重为轻”，这是一个表义单元，之后断开。②“不以为安”是表示不安于此，之后的内容是乐于冒险，语义不同，应当断开。③“臣窃为陛下不取”是结论，与前面断开。

2.C

【解析】A.“率疲弊之卒”的“卒”意思是士兵。B.“殆有神护者”的“殆”意思是大概。C.“君子固穷”的“固”意思是“固守”。D.“各复延至其家”的“延”意思是邀请。

3.D

【解析】A项“则”，前者名词，准则；后者连词，表承接，就。B项“而”，前者连词，表转折；后者，连词，表承接。C项“以”，前者介词，凭借；后者动词，认为。D项“虽”，前者和后者都是虽然的意思。

4.C

【解析】依据原文“胡、越起于毂下，而羌、夷接轸也……然本非天子之所宜近也”，我们可以看出作者认为打猎危险，就像胡人、越人突然从车下窜出，羌人、夷人紧跟在车后一样。

5.（1）车驾来不及掉头，护卫来不及施展技巧，纵然有乌获、逢蒙的技艺也无法施展，连枯树朽枝都要与您为难了。

【解析】舆，车；还辕，掉头；不暇，来不及；尽，都。

（2）眼前有追逐敏捷野兽的快乐，而心中却毫无预防变故的准备，这样很容易造成祸患！

【解析】利，敏捷的；内，心中；为害，造成祸患。

6.相同之处：两则材料都从打猎具有难以预料的危险性这个角度，劝说君王应当防备变故，为社稷自爱。

不同之处：材料二还从君王应遵守道德礼法的角度进行劝谏。具体而言：①提醒君王国丧未毕，不应行逸乐之事。②作为君王，应当为百姓树立道德榜样，慎重考虑自己的喜好。③君王的举动将会被史官记载，应当爱惜名节，节欲自重。

答苏武书（节选）

1.ABE

【解析】①“陵不死”是句子的主语，此处断开。②“罪也”表示判断。③“岂”引出后面的反问，应与前面断开。

2.D

【解析】A.“余自齐安舟行适临汝”的“适”意思是前往。B.“山川相缪”的“相”意思是互相。C.“三顾臣于草庐之中”的“顾”意思是拜访。D.“当新羁之马”的“当”意思是抵挡。“人君当神器之重”的“当”意思是执掌。

3. A

【解析】A项“而”，前者和后者都是连词，表转折，但是。B项“以”，前者介词，凭借；后者介词，因为。C项“所以”，前者用来；后者原因。D项“之”，前者代词，这；后者助词，定语的标志，的。

4. B.

【解析】“昔高皇帝以三十万众，困于平城……况当陵者，岂易为力哉？”李陵举高帝拥三十万大军尚困于平城的例子，意在表明自己更难取胜。

5.（1）到了兵器耗尽、箭支射完，士兵手无寸铁的时候，他们还是光着头奋力高呼，争着冲锋向前。

【解析】兵，兵器；穷，穷尽；犹，还；先登：冲锋向前。

（2）壮年奉命出使，满头白发才回归，老母已经离世，年轻的妻子也改嫁了，这是世间很少听到的、古往今来所没有发生过的事。

【解析】奉，奉命；终堂，去世；去帷，改嫁；希，少。

6.①先举萧何、樊哙等汉臣有功怀才而被诽谤，遭祸受辱，才能不能施展的例子。②又举先祖李广，功卓义厚而因不合权贵心意，刎颈于边塞的例子，说明汉朝皇帝听信谗言，或因小过而不计大功，对待功臣十分苛刻。③苏武出使匈奴，历尽艰险，守节不移，而只受薄赏，功赏不平衡，更为直接证明汉对待功臣凉薄。三重举例，不断叠加，对苏武的观点构成层层反驳。

尚德缓刑书

1.ACF

【解析】①“而后”表示上下句之间是时间顺序，故而此处断开。②“凤凰集”是上一句“乌鸢之卵不毁”的结果，故而此处断开。③下句的结构与上一句相仿，“而后”是断句的标志词。

2.A

【解析】A.股肱，文中词性为动词，引申为像左膀右臂一样辅佐国家。B.解释正确。C.“李牧连却之”的“却”意思是击退。D.“轩东故尝为厨”的“故”意思是原来、过去。

3.B

【解析】A项“所以”，前者意为用来；后者表原因。B项“而”，前者和后者都是连词，表修饰。C项“以”，前者连词，表目的，来；后者介词，把。D项“则”，前者表转折，却；后者表承接，就。

4.B

【解析】依据原文“臣闻《春秋》正即位，大一统而慎始也”综合分析可知，此处“大一统”意思是尊崇（看重）天下统一。

5.（1）经历时代动荡之后，必定会给人民不同以往的特殊恩泽，这是贤明的圣主用来显示上天授予使命的表现。

【解析】变化：时代动荡；异旧之恩：不同于往日的特殊恩泽；昭，显示；

（2）轻视恪守仁义的人，尊崇判案的官吏，正直的言论被认为是诽谤，告诫、批评的话被说成是迷惑人的言论。

【解析】贱，轻视；贵，尊崇；正言，正直的言论；遏过，防止错误产生，这里指告诫、批评统治者。

6.①分析秦政失天下的原因是，以判案官吏为尊，轻视仁义之士，导致祸患被掩盖。②分析当今之世，没有达到太平安乐的原因就在于刑狱乱象丛生，狱吏草菅人命。③详陈狱政弊端：刑讯逼供、罗织罪名。④引用谚语，强调狱政流毒已经激起民怨。

报孙会宗书

1.BEH

【解析】①“材朽行秽”是一个短语，是杨恽对自己才能人品两个方面的评价，此处断开。②“文质无所底”是对于“材朽行秽”的进一步陈说，主谓结构，因此断开。③“幸赖先人余业”与“得备宿卫”都是动宾结构，两句之间构成因果关系，中间断开。

2.B

【解析】A.两个“见”的意思都是“被”，词义相同。B.“猥”，文中的意思是盲目、随意，《陈情表》中“猥以微贱”中的“猥”表示自谦，二者不同。C.两个“意”的意思都是“意料”，词义相同。D.两个“诚”的意思都是“确实”，词义相同。

3. B.

【解析】A项“而”，前者连词，表转折，却；后者连词，表承接，不译。B项“其”，二者都是第一人称代词，自己的。C项“之”，前者助词，宾语前置的标志；后者助词，在主谓之间，取消句子的独立性。D项“焉”，前者助词，不译；后者兼词，相当于“于是”，在这里。

4.A

【解析】B.原文第三段“恽家方隆盛时，乘朱轮者十人……”说明，杨恽向孙会宗夸耀家室显赫，愤言自己招致谗忌的不平，这并不是自己饮酒歌舞、纵情享乐的原因。C.原文第四段“夫人情所不能止者，圣人弗禁……不知其不可也”，说明杨恽认为，自己目前的生活虽然奢靡恣纵，但没有什么错误。D.原文第五段“顷者，足下离旧土……岂习俗之移人哉”，说明杨恽并非真正认为孙会宗的节操受到民风影响，而是以此来讽刺孙会宗。

5.（1）君子沉浸于道义中，快乐得忘掉了忧愁；小人保全了性命，高兴得忘掉了罪过。

【解析】游，学习、沉浸；全，保全；躯，身体、生命；说，同“悦”，高兴。

（2）那些按照人情不能禁止的事情，圣人也不会禁止。

【解析】夫，那些；止，禁止。

6.①身份不同：杨恽已失爵位，是一个被废退的大臣，成为一个乡野庶人。孙会宗是安定太守，是朝堂士大夫。②志向追求不同：杨恽经商逐利，歌酒自娱，及时行乐，无意于世俗名利。在杨恽看来，孙会宗同于流俗，缺少高远超拔的节操。

光武帝临淄劳耿弇

1.BEG

【解析】①“昔”“今”结构对应的标志词，因此在“今”之前要断开。②“今将军攻祝阿以发迹”表示耿弇的功绩，是一个意义单元，故而在“此”前面断开。③“功足相方”句子的主语是耿弇的功劳，是总结句，因此前面要断开。

2.A

【解析】“落落难合”意思是脱离实际而难以实现。

3.D

【解析】A项“而”，前者连词，表转折，然而；后者连词，表假设，如果。B项，“则”，前者连词，表承接，就、便；后者副词，用于加强判断，相当于“乃”。C项“之”，前者助词，宾语前置的标志；后者代词，他，代指有过错的臣子。D项“于”，前者和后者都是介词，表示比较，相当于“比”。

4.D

【解析】A.根据原文“车驾至临淄，自劳军，群臣大会”可知“车驾”指光武帝刘秀，“劳军”指慰劳将士，不是督战带兵。B.根据原文“昔韩信破历下以开基，今将军攻祝阿以发迹，此皆齐之西界，功足相方”光武帝将耿弇攻克祝阿，与韩信攻破历下并举，是为了称赞耿弇的战功。C.根据原文“此厉廉耻、行礼谊之所致也，主上何丧焉！此之不为，而顾彼之久行，故曰可为长太息者此也。”作者长叹的原因是君主不知用廉耻礼义激励大臣，反而戮辱大臣。

5.（1）并且，田横烹杀了郦生，等到田横投降的时候，高帝刘邦诏告卫尉，不许他与田横结仇。

【解析】烹，烹杀；及，等到；听，允许。

（2）张步之前也杀了伏隆，如若张步前来归降，我也要命令大司徒，让他放下对张步的怨恨。

【解析】归命，投降；诏，命令；释，放下。

6.两则材料所体现的君主驭臣之道的共同点在于：君主对臣子应当予以恩宠礼敬。在材料一中，光武帝将耿弇比之为汉代开国功臣韩信，充分肯定臣子的功劳。在材料二中，君主应当尊重臣子，以礼相待，即使有罪也应顾全颜面，避免使其折辱于小人。

马援诫兄子严敦书

1.BDG

【解析】①“矣”是句末语气词，是断句的标志词，故而此处断开。②“也”是断句的标志词，故而此处断开。③“意遑遑”的主语是“我”，而上文“皆不在目前”的主语是“你们”，因此需要断开。

2.C

【解析】A.“就地正法”的“正法”意思是执行死刑、处决。B.解释正确。C.“清浊无所失”，指什么人都交往。“清浊”，名词，指德行洁净的人和德行污秽的人。D.解释正确。

3.C

【解析】A项“之”，前者助词，相当于“的”；后者助词，主谓之间，取消句子独立性。B项“以”，前者介词，把；后者介词，因为。C项“所以”，前者和后者都表原因。D项“也”，前者句末语气词，表判断和肯定；后者句末语气词，用在疑问句句尾，加强疑问语气。

4.D

【解析】A依据原文“杜季良豪侠好义……吾爱之重之，不愿汝曹效也”可知：马援举杜季良豪侠好义的例子，意在叮嘱侄子不可结交效仿侠客。B依据原文“龙伯高敦厚周慎，口无择言”可知：龙伯高品行敦厚、办事周密谨慎，口无恶言，并非不善言辞。C依据原文“效季良不得，陷为天下轻薄子，所谓画虎不成反类狗者也”，可知“画虎不成反类狗”，意思是仿效季良不得，就会沦落为轻薄放荡之人。

5.（1）学习伯高不成，还可以成为谨慎严肃的人，就像所谓的雕刻天鹅不成尚且还像一只家鸭。

【解析】效，学习；犹，还；类，像。

（2）话要经过思考才能说出，行事要经过详细周密的计划才能行动。

【解析】乃，才；详，详细周密。

6.相同点：①两则材料都涉及了“交友”问题。材料一针对严敦二人与轻浮的侠客交往的情况，建议他们不要仿效杜季良这样的侠客。材料二指出身边朋友选择是得失成败的关键，应当效法高尚之人的志向节操。②两则材料都涉及了“慎言”问题。材料一针对严、敦二人喜欢讥笑议论别人的问题，建议他们不议论他人长短、国家法令。材料二提出应当三思而言的准则。

不同点：材料二还提出了应当珍惜时间，读书做人。

前出师表

1.BEG

【解析】①"后值倾覆"表明受命的时间，此处断开。②"受任于败军之际"与"奉命于危难之间"整体结构句式呈现对应的特点，因此二者中间断开。③"尔来二十有一年矣"表示时间，与前面的内容断开。

2.A

【解析】A.文中的"遗"，意思是给予。《五代史伶官传序》中"此三者，吾遗恨也"的"遗"意思是"遗留"。B."卑鄙无耻"的"卑鄙"意思是品质、言行低级恶劣。C."夙遭闵凶"的"夙"意思是早年。D."而闻者彰"的"彰"意思是明显、清楚。

3.C

【解析】A项"以"，前者连词，表目的，来；后者介词，把。B项"所以"，前者表原因；后者相当于"以所"，意为用来。C项"若"，前者和后者都表示如果。D项"者"，前者代词，用在时间词后，表示"……的时候"；后者代词，指代"……的人"。

4.B

【解析】依据原文"臣本布衣……此臣之所以报先帝而忠陛下之职分也"分析可知：文章追溯先帝知遇之恩以及多年来的奋斗经历是为了引出北伐的原委和目的。

5.（1）赏罚善恶，不应该有差异。

【解析】陟罚，赏罚；宜，应该。

（2）现在南方的叛乱已经平定，武器装备已经充足，应该鼓励率领三军北上平定中原。我希望竭尽自己平庸的才能，去铲除那些奸邪凶恶的敌人，振兴汉室，迁回旧都。

【解析】定，平定；庶，希望；竭，竭尽；攘除：铲除。

6.①诸葛亮建议君主广开言路，"开张圣听"。②建议君主赏罚分明，不能有偏私，不论是作奸犯科还是忠诚善良的人，都应该让主管官吏判定他们的赏罚。③建议君主亲近贤臣，远离小人，任用先帝留下的忠臣，充分发挥他们的才干。吸取先汉兴隆、后汉衰微的历史教训。

后出师表

1.CEG

【解析】①"明并日月"和"谋臣渊深"主语不同，中间断开。②"然"是分层的标志词，表示转折，故前面断开。③"危然后安"是对于最终处境变化的概括总结，前面"涉险被创"是"危"的表现，此处要断开。

2.A

【解析】A.二者的意思都是几乎，差不多。B."吾与子之所共适"中的"适"词义是享受。C."始皇既没，余威震于殊俗"中的"殊"词义是不同。D."本图宦达"中的"图"词义是谋求。

3.C

【解析】A项"以"，前者连词，表目的，来；后者介词，凭借。B项"于"，前者介词，在；后者介词，被。C项"而"，两者都是连词，表转折，然而。D项"所"，前者用在动词之前，构成名词性词组，指代人或事物；后者名词，处所。

4.D

【解析】根据原文"凡事如是，难可逆料……臣鞠躬尽力，死而后已"分析可知：曹操以为天下已定，而先帝联合吴越、攻取巴蜀，北伐而斩杀夏侯渊，说明天下战事成败难以预料，自己只能尽力而为，并非论证北伐合理性。

5.（1）因此五月率军渡过泸水，深入荒芜之地，两天只吃一天的军粮。

【解析】不毛，荒芜之地；并日，两天。

（2）我只愿竭尽全力，至死方休，至于成功还是失败，顺利还是困难，就不是我的聪明才智所能预见的了。

【解析】鞠躬尽力，竭尽全力；已，停止；利顿，顺利还是困难；明，聪明才智；逆睹，预见。

6.①举刘繇、王朗坐守州郡，不征不战，结果被孙策吞并的历史反例，证明偏安如同坐以待毙，必须先发制人。②指出多年纠合的四方精锐部队正不断老化损失，说明未来战斗力将越来越难以拒敌，应当停止偏安，积极北伐。③用曹操历经艰险才平定北方的例子，说明想成就王业就不能贪图一时安乐。④在战事不休的环境中，攻守望成本相当，且一州的资源有限，因此不如主动出击。

卷七

陈情表（节选）

1.ABEG

【解析】找出句子的谓语，仕（做官）、为（担任）、使（出使），可知A处应停顿；"使"前的"数"是数次的意思，可见B处应停顿；"吴"是"使"的宾语，E处应停顿；"才辩"是论辩的才华，F处不应该断开，G处停顿；"吴人称之"是吴人称道他，H处不能断开。

2.B

【解析】B项，"日薄西山"的"薄"是迫近的意思。"厚古薄今"的"薄"是轻视。

3.D

【解析】A项，以：因为；用、凭借。B项，之：主谓间，取消句子独立性；代词，代指李密。C项，尝：副词，曾经；动词，品尝。D项，则：连词，于是，就。

4.B

【解析】B项，“除”是“除旧官任新官”，改任；“出”是从京城到地方任职，为官职调动，都不是升官。

5.（1）臣想遵照诏书策马启程效力朝廷，可是祖母刘氏的病一天比一天重；想暂且顺着私情照顾祖母，可是请求不被允许：臣进退两难，十分狼狈。

【解析】奔驰：策马驰骋；日：一天天地；笃：加重；告诉：报告、申诉。

（2）后来刘氏去世，（李密）丧期结束后，（皇帝）又征召李密到洛阳任洗马。

【解析】服阕：三年之丧满；以：凭借。

6.①对比官府催逼与刘氏病重，表达进退两难、忠孝难全的困境。②感激圣朝以孝治国、优待前朝旧臣，乞求怜悯、同情。③解释辞官并非矜于名节，实则一心想要为朝廷效力、报恩。④极尽渲染情绪，降低姿态，巧用典故，增强说服力。

兰亭集序（《春夜宴桃李园序》）

1.BDF

【解析】“昔人兴感之由”是“览”的宾语，B处断开；“若合一契”，比喻性的谓语结构，主语承前省略，D处断开；“未尝不”“不能”统领两个否定句，F处断开。

2.D

【解析】“金谷”典出晋代石崇《金谷诗序》：“遂各赋诗，以叙中怀，或不能者，罚酒三斗。”金谷是晋代富商石崇修建的园林，此处指按照金谷喝酒赋诗的规矩，不能赋诗的人罚酒三杯。

3.B

【解析】A项，把、用；因为。B项，两者都是“虽然”义。C项，用来；……的原因。D项，去、往；结构助词“的”。

4.B

【解析】A项，所描述的是《兰亭集序》的写作特点，《春夜宴桃李园序》以议论开头，随后展示了春夜欢叙的情景；C项，李白并非不在意生死，而是用及时行乐消解生命短暂之悲；D项，王羲之认为生死是人生大事，将生死等同是荒诞的，这与老庄的观点不同。

5.（1）有的人喜欢反躬自省，满足于一室之内的交谈；有的人寄托于外物，放纵不羁地生活。

【解析】取诸：取之于；晤言：面对面交谈；放浪：不受拘束；形骸：身躯。

（2）诸弟才华出众，个个都如谢惠连；而我吟咏歌诗，自愧不如谢灵运。

【解析】群季：诸弟；吾人：我自己；惠连：谢惠连，南朝宋文学家，李白借此赞美弟弟们的才华；康乐：南朝宋文学家谢灵运，李白以此代指自己。

6.①相同：二人都感叹生命短暂、快乐易逝、光阴难留。②不同：李白通过及时行乐排解生命短暂之悲，在山水之美、宴饮之乐、赋诗之雅中享受秉烛夜游的快乐。适性自然，达观狂放。王羲之由乐而痛，由痛而悲，从良辰美景、流觞雅集想到修短随化、终期于尽的生命苦短，继而感叹老庄生死齐一是虚妄，感叹古今和未来同悲。情感富于变化，更加沉痛。

归去来辞（《五柳先生传（节选）》）

1.BCF

【解析】“屡空”形容“箪瓢”，A处不断，B处断开；“晏如”，安适的样子，“也”断句标志，C处断开；“著”的宾语是“文章”，“自娱”表目的，F处断开；“示”的宾语是“己志”，G处不断开。

2.C

【解析】C项，造是到、去的意思。造饮辄尽，即去喝酒就喝尽兴。

3.B

【解析】B项，“之”是助词，用于主谓结构之间，取消句子的独立性。A项，介词，把；连词，而。C项，转折，相当于“却，然而”；顺承，动作因循相继。D项，代词，什么；句末语气词。

4.A

【解析】A项，归隐是因为心被身体奴役，也即出仕违心、不自由。

5.（1）觉悟过去不能挽回，知道未来可以补救。

【解析】谏：劝阻、挽救；来者：未来的事情；追：弥补。

（2）登上东边的高地放怀长啸，对着清澈的溪流吟诗作赋。

【解析】皋：水边的高地；舒啸：同长啸，放声歌啸。

6.①摆脱官场束缚，不求富贵闻达，安贫乐道。如“富贵非吾愿，帝乡不可期”。②读书会意、文章自娱、山水怡情，独享闲情逸趣。如“好读书，不求甚解”，“常著文章自娱”“乐琴书以消忧”“登东皋以舒啸，临清流而赋诗”。③息交绝游、不吝去留，为人洒脱，任真自得。如与自己志不同、道不合的世俗之人绝交，“请息交以绝游”，与亲友喝酒不在意礼数，随性洒脱，“造饮辄尽，期在必醉，即醉而退，曾不吝情去留”。

桃花源记

1.BDF

【解析】“闭”和“开”描写两处巨石的不同状态，可知B、D两处应停顿；“深”和“广”形容水，F处应停顿。

2.D

【解析】D项，要，同“邀”，邀请；规，打算，计划。

3.D

【解析】D项，“寻病终”的“寻”是副词，不久；“骥之欲更寻索”的“寻”是寻找。B项，“乃不知有汉”的“乃”是竟然；“家祭无忘告乃翁”的“乃”是代词，你的。

4.B

【解析】A项，桃源人避秦时乱是假托，主要体现桃花源躲避战乱的和平宁静，而不是向往秦汉社会。C项，叹惋的是桃源中人，而非渔人。D项，刘子骥也是偶然发现山林中溪涧的，而非特意寻山。

5.（1）芳香的青草鲜嫩美丽，初开的花朵茂密繁多。

【解析】英：花。

（2）田间小路纵横交错，鸡鸣狗叫之声彼此可闻。

【解析】阡陌：田间小路；交通：纵横交错，古今异义。

6.①纪实：《桃花源记》的结尾，刘子骥寻而不得一事，可能参照了刘子骥隐逸山林之事。文章以山水游记的形式编排，描绘逼真，具有写实的风格。②寓意：《桃花源记》描写的桃源世界宁静和谐、民风淳厚，与现实世界的战乱、机巧功利之心形成对比，表达了作者对理想世界的向往，暗含对现实的批判，所以也是一篇寓言文章。

北山移文（节选）（《滕王阁序（节选）》）

1.BDG

【解析】“空空”“玄玄”是叠词，A、C两处不断开，“谈空空于释部，核玄玄于道流”两句对偶，故而B、D处应断开；“何足比”“不能俦”对举，G处应该断开。

2.A

【解析】A项，“亦玄亦史”的“史”是博览史书的意思，“文胜质则史”的“史”是浮夸的意思。

3.B

【解析】B项，都是有时。A项，却；于是。C项，转折；顺承。D项，极尽；远。

4.B

【解析】B项，原文有“屈贾谊于长沙，非无圣主”，可见并不是没有明君。

5.（1）焚烧归隐的衣服，抛弃隐士的生活，驰骋奔向仕途。

【解析】芰：菱叶；荷：荷叶。这里指隐士的衣服。

（2）即使喝下贪泉，心志依然爽豁；即使受困于干涸的车辙中，也能自得其乐。

【解析】而，表示转折关系；酌，喝；涸，干涸；辙，车辙。

6.

标志	其始至	及其鸣驺入谷	至其纽金章
形象	风情张日，霜气横秋；谈空空于释部，核玄玄于道流	形驰魄散，志变神动	常绸缪于结课，每纷纶于折狱
情感	赞美	悲愤	讽刺

标志	兴尽	悲来	所赖
内容	四美具，二难并	时运不齐，命途多舛	君子安贫，达人知命；老当益壮，宁知白首之心；穷且益坚，不坠青云之志
情感	心情舒畅	悲伤失意	自我安慰

谏太宗十思疏

1.CFI

【解析】三个并列句，“而”表转折，应在CFI处断开。

2.A

【解析】A项，“螳臂当车”的“当”是阻挡。

3.B

【解析】B项，都是目的连词，来。A项，助词，用于主谓结构之间，取消句子独立性；代词，指百姓。C项，大；同“影”，影子。D项，表转折，却；表顺承。

4.C

【解析】C项，一劳永逸有误。

5.（1）有好的开始的实在很多，能够保持到最后的实在很少。

【解析】实：实在、确实；繁：多；克：能够；盖：大概；寡：少。

（2）忧虑受到蒙蔽就应该想到虚心接纳下属的谏言，害怕奸人进谗言就应该想到端正自己的品德来斥退恶人。

【解析】壅闭：耳目被堵塞、遮蔽；以：目的连词，来；谗邪：用谗言陷害别人的邪恶之人；黜：排斥、除去。

6.不能。第二段回顾先王攻易守难的历史，进而分析竭诚待下则得民心，纵情傲物则失民心，再用载舟覆舟的比喻说明民心向背对国家治乱影响重大。这一段用正反对比说明居安思危的重要性，从而委婉劝谏君王应虚心接受进谏，为下文具体阐述十条纲目做了很好的铺垫。

为徐敬业讨武曌檄

1.BDF

【解析】注意骈文的四六句节奏，“气愤”后接“风云”，B处断开；“志安”的对象是“社稷”，D处断开；“失望”指失去了期望，F处断开；“宇内”指海内之人，G处不断开。

2.B

【解析】B项，“窥窃神器”中的“神器”指帝位、政权。“天下神器”中的“神器”指兵器。

3.B

【解析】A项，之：助词，表领属关系；位于主谓结构之间，取消句子独立性。B项，良：副词，确实。C项，何：代词，什么；副词，表疑问，岂、怎。D项，或：代词，有的；副词，有时。

4.C

【解析】第二段采用反问语气，指出宋微子悲从中来，袁君山痛哭流涕是有原因的，意在说明兴兵之事刻不容缓。

5.（1）（徐敬业）继承先辈成就的功业，承受本朝的深厚恩泽。

【解析】荷：背着、承受。

（2）如果眷恋没有后援的孤城，在错误的道路上犹豫不决，坐失事先显露的微妙征兆，必定会因迟迟不动而遭受责罚。

【解析】若：如果；坐：因为；昧：昏昧、看不清楚；贻：留下。

6.①先晓大义：“公等或居汉地，或叶周亲，或膺重寄于话言，或受顾命于宣室。言犹在耳，忠岂忘心！一抔之土未干，六尺之孤何托？”从道义的角度，表明身为朝廷重臣，受托于先帝，授命于朝廷，应当辅佐高宗留下的孤儿，对李氏王朝尽忠心。②再许诺封赏：“倘能转祸为福，送往事居，共立勤王之勋，无废大君之命，凡诸爵赏，同指山河。”如果能够共举大事，一定论功行赏。③最后警告刑罚：“若其眷恋穷城，徘徊歧路，坐昧先几之兆，必贻后至之诛。请看今日之域中，竟是谁家之天下！”如果不积极响应，错失良机，一定会受到诛杀。

与韩荆州书

1.ADF

【解析】找动词、抓主干，“以此感激”，语义完整，A处断开；“推赤心”的对象是“诸贤之腹中”，故C处不断，D处断开；“归”的宾语是“他人”，E处不断，F处断开；“委身”的对象是“国士”，G处不断。

2.B

【解析】B项，《南史》中“形入紫闼，而意在青云”的“青云”指隐逸的生活，与文中“显要的地位”意思不同。C项，《论语·宪问》中“贤者辟世，其次辟地”的“辟”，同“避”，意思是避开，远离。

3.A

【解析】A项，焉：语气词，用于句尾，表示感叹，相当于“啊”；代词，相当于“之”，指代草本。B项，安：副词，表示疑问，相当于“岂”“怎么”。C项，敢：副词，表自谦，自言冒昧。D项，庶：副词，也许，或许，表示希望或揣测。

4.D

【解析】李白向韩荆州表示自己擅长谋略与诗文，如蒙其不弃“赐观”，李白愿意回去打扫屋子，缮写上呈，希望像青萍宝剑、结绿美玉那样在伯乐的评鉴下提高身价。文章最后写道，希望韩荆州能举荐自己，大肆奖赏，并无自卑之心，可见“安能自矜”“雕虫小技”之语只是谦辞。

5.（1）希望君侯您不因为自身富庶显贵就傲视他们，也不因他们出身贫寒微贱而忽视他们。

【解析】以：表因为；骄、忽：用作动词，傲视、忽视。

（2）如今天下把君侯您作为裁判文章的权威，衡量人物的标准，一经您的评论，就能成为优秀的俊士。

【解析】以……为：把……当作；之，表结构助词，的。

6.示例：首段列举周公吐哺，李膺提拔后进的例子，意在说明举贤任能自古以来就是君臣的美好德行，而韩荆州也有着周公、李膺般广纳贤才的品质。第三段列举王允、山涛征辟良臣的例子，为韩荆州举荐贤良做铺垫，赞誉韩荆州如同汉晋名臣一样善于推举俊贤。李白将自己比作被征召的佳士，暗含希望得到韩荆州赏识提拔之意。文章大量用典，内容丰富而含蓄有味、进退得体，既表明了李白谋求举荐的愿望，也使行文气势不卑不亢，妥帖韵致，而无卑微求乞之态。

吊古战场文

1.BDF

【解析】“至若”领起四字短语排比句，应在B、D、F处断开。

2.C

【解析】C项，“野竖旄旗，川回组练”的意思是：原野里竖满旌旗，战士沿山川形势列阵。此处“组练”代指军队，与“汉家组练十万”中的“组练”同义。A项，“风悲日曛”是风声悲凉，天色渐暗的意思，“天地曛黑”的“曛”指昏暗。

3.B

【解析】A项，将：连词，或，抑。B项，还：连词，相当于“以”，以来；代词，你。C项，其：副词，表示诘问，难道。D项，既：副词，已经。

4.A

【解析】本篇题为《吊古战场文》，天宝十一年（公元752年），李华以监察御史奉使朔方，途径古战场有感而作。开篇描摹的阴森悲凉的战场环境，是李华在了解事实的基础上的文学性描述。

5.（1）奇兵不同于仁义之师，王道空疏而难以施行于世。

【解析】迂：远；阔：大。此处指不切实际。

（2）军令森严，令人内心惊骇；军威赫赫，生命轻贱。锐利的箭头穿入骨头，狂风吹动的沙砾扑在脸上。

【解析】镞：箭头。

6.①“秦、汉而还，多事四夷”是说秦汉以来，统治者不断征伐四境的夷敌。②“守在四夷”是说要用文德宣扬教化，施行仁义才能使四方民族归服，为天子守卫疆土，避免战争之祸。③在本文中，“守”的字面意思是守卫，守护；“守”的深层含义是即施文教，行仁义，化王道。

陋室铭（《阿房宫赋》）

1.BEF

【解析】“管弦”代指音乐，“呕哑”是嘈杂的声音，形容“管弦”，A处不可断，B处断开；“之”前应有谓语，故C处不断，“言语”是完整语义，故D处不断，E处断开；“而”连接“不敢言”和“敢怒”，形成对比，F处断开。

2.B

【解析】吴质《答东阿王书》中“然后知众山之逦迤也”的“逦迤”与《阿房宫赋》一样，都是连续不断的样子。

3.A

【解析】A项，斯：代词，这；动词，劈，砍。B项，之：动词，往，到。C项，使：连词，如果。D项，而：连词，表示转折关系。

4.B

【解析】阿房宫筑于秦始皇三十五年（公元前212年），秦亡时尚未完成。作者并未见到阿房宫，而是凭借丰富想象，以及杨敬之《华山赋》之造语特色，形成此文。

5.（1）苔痕碧绿，蔓延到台阶上；草色青葱，映入帘中。

【解析】上：蔓延；入：映入。

（2）长廊细如腰般曲折回绕，高翘的檐角像鸟喙在高处啄食；楼阁各自依着地势高低倾斜，四方向核心辐辏，又互相争雄斗势。

【解析】廊腰：像腰一样的走廊；缦回：萦绕曲折；檐牙：屋檐翘起的部分；高啄：像鸟昂首啄食一样；钩心：建筑向中心聚集；斗角：屋角相互对峙。

6.①《陋室铭》举诸葛亮南阳草庐、杨雄西蜀玄亭的例子，最后诵法孔子，用诘问的语气申明陋室不陋。结尾两句一边设置地理映照，一边进行历史追溯，为作者的个人志向找寻历史依据，说明陋室有例可循，为有德君子的居所。如此行文将个体效法先贤，修养德行的追求置于广大的历史长河中，使文章兼具时空之美。②《阿房宫赋》结尾两句的意思是，秦国急速灭亡，秦人来不及为自己哀叹，只有后代的人为其哀叹；如果后代之人哀叹秦亡，而不以之为鉴，也只有让更后来的人再去哀叹后来的人了。《阿房宫赋》借古讽今，论秦之失以垂戒后世，告诉后人应当吸取历史教训，不要重蹈覆辙。“秦人”之后的“后人”绵延无穷，将文章的宗旨在时间上推向无穷远，说理透辟，言有尽而意无穷。

原道（节选）**（《原毁**（节选）**》）**

1.BDF

【解析】从“内”“外”判断对偶句，可知B、D处应该断开；“而”做连词，连接两个短语，E处不必断，F处应断开；“者”是句中停顿，G处不断开。

2.B

【解析】B项，柳亚子《吊刘烈士炳生》诗中“忍看鳞介易冠裳”的“鳞介”也是卑贱小人的意思，意在讽刺小人在民族危亡之时改头换面，谋求私利。D项，“室坏不修”的“修”是修理的意思。

3.C

【解析】A项，而：连词，表承接关系。B项，以：表并列关系，相当于“和”“而”。C项，乃：副词，却；副词，刚刚，才。D项，就：动词，靠近。

4.B

【解析】从“呜呼！其亦不思而已矣”可以看出，韩愈对道家绝圣、弃智、毁制的观点持批判态度。

5.（1）人们住在树上会跌落，住在土穴中会生病，然后就教他们建造房屋。

【解析】两个“而”都表顺承，前面的行为引发后面的结果。

（2）肯定他一个方面，不苛求他别的方面；就他的现在表现看，不追究他的过去。提心吊胆地只怕那个人得不到做好事的益处。

【解析】“取”和“责”反义对比，“取”是肯定的意思，“责”是苛求的意思；“新”和“旧”对比，“新”指现在的表现，“旧”指过去；“恐恐然”是提心吊胆的意思，“然”是形容词词尾。

6.①《原道》：“古之时，人之害多矣。有圣人者立，然后教之以相生相养之道。”“今其言曰：‘圣人不死，大盗不止；剖斗折衡，而民不争。’”韩愈认为，圣人出现，教授人们相生相养之道，解决各类生存问题，促进礼乐文明发展，防范灾祸之事。道家则认为唯有圣人消亡，才能使天下太平。文章对比儒道两家的观念及其具体效用，突出了儒家之“道”教化天下的重要意义，文章在对比中有立有破，或论或驳，说理透彻，气势奔放。②《原毁》：“古之君子，其责己也重以周，其待人也轻以约。”“今之君子则不然。其责人也详，其待己也廉。”

古代的君子要求自己严格而全面，对待他人宽容而简约。今天的君子对待他人详尽且苛刻，对自己的要求则很少。古今形成正反鲜明对照，为引出“毁”之根源埋下伏笔。对比之法的运用使文章语言犀利，自然流畅，又曲尽人情。

获麟解（《杂说四》）

1.CEG

【解析】“麟”做主语，“出”是动词，“为”引出“圣人”，“也”是句末语气词，所以A、B不断而C处断开。“者”表停顿，“知”为动词，引出宾语“麟”，且两个“麟”字中间应断开，故D、F处不断而E、G处需要断开。“之”是助词，取消句子独立性，“为”做谓语，“不详”做宾语，故H处不断开。

2.C

【解析】C项，《屈原列传》“上称帝喾，下道齐桓”的“称”是称述、提到的意思，而非“称扬”。

3.A

【解析】A项，均为连词，即使。B项，连词，然而；助词，……的样子。C项，代词，代“麟”；语气副词，难道。D项，介词，由于、在于；介词，根据。

4.A

【解析】根据原文“角者，吾知其为牛；鬣者，吾知其为……惟麟也不可知。不可知，则其谓之不祥也亦宜”可知，人们不知道麟，一般人认为麟是不吉祥的。

5.（1）如果麒麟没等到圣人在位就出现了，那么把它视为不祥之物也合理。

【解析】出：出现；待：等待；宜：合适。

（2）想要和普通的马一样尚且做不到，怎么能够要求它日行千里呢？

【解析】且：犹，尚且；等：相等。

6.论麟、论马皆是借物以喻贤才，重在自况。《获麟解》从“知”“不知”入手，麟不为一般人所知，唯有待圣人出。比喻贤才内在德行不易为人所知，所以贤才不遇明主，则不得机会施展抱负。作者借麟自比，表达了自己不被明主赏识的怨愤，何等自负，却又何等悲凉！《马说》以马取喻，托物言志，借千里马不遇伯乐而被埋没的悲哀，抨击当时统治者愚昧昏庸，不能发现和重用人才，也抒发了自己怀才不遇、仕途坎坷的深沉感慨。

杂说一

1.BEG

【解析】“然”表转折，“得”是动词，做谓语，“云”是宾语，所以A处不断B处断开。“无以”是固定结构，“神”名作动，做谓语，“矣”是句末语气词，所以C、D处不断而E处断开。抓住动词“失”和“所依凭”所字结构，且“信”是副词修饰“不可”，故F、H处不断而G处断开。

2.A

【解析】A项，《孔雀东南飞》中“儿已薄禄相”的“薄”是微薄、浅薄的意思。

3.C

【解析】A项，动词，成为；动词，是。B项，代词，代“龙”；代词，代“这种做法”。C项，均为代词，……的人。

D项，连词，修饰关系；介词，凭借。

4.D

【解析】根据原文“卿策虽善，朕不取也”可知，皇帝认为进谏之计虽然好，但他并不采纳。并没有说进谏之计是“下策”。

5.（1）龙所凭依的，竟是它自己制造的东西。

【解析】自为：自己制造；为：做，制造。

（2）皇帝自己做着诡诈欺瞒的事情，又凭什么要求臣子们正直无邪呢？

【解析】诈：欺骗；责：要求；直：正直。

6.①相同：都强调君臣相互依存，密不可分。②不同：《杂说一》以“龙”和“云”的关系比喻君臣之道，认为君臣相互依凭，相互作用，贤臣固不可无圣君，而圣君尤不可无贤臣。《唐纪八》中唐太宗认为君臣之间是“源流”的关系，国君是根本，君至诚则臣子直，君浊则臣子不可能清。

卷八

师说

1.ADF

【解析】“好古文”表意完整，故A处断；“六艺经传”是并列短语，共同做“通习”的宾语，中间不能断；“通习之”意思完整，D处应断；“不拘于时”“学于余”分别表达不同的语义，“于”在这两处分别表被动和对象，F处需断。

2.C

【解析】A项，“惑矣”的“惑”是糊涂的意思，“传道受业解惑”的“惑”是疑惑的意思。B项，“或师焉”的“师”是“从师而问”的意思，是动词；“圣人无常师”的“师”是老师的意思，是名词。D项，“其贤不及孔子”的“贤”是名词，才德；“师不必贤于弟子”的“贤”是动词，超过。

3.D

【解析】D项，助词，用于主谓结构之间，取消句子独立性。A项，句中表停顿；句尾表判断。B项，介词，相当于“于”；词气助词，……的样子。C项，代词，那；副词，表推测语气，相当于“也许、大概”。

4.C

【解析】表达的是对士大夫的嘲讽和批评。

5.（1）我学习的是道理，哪里用得着知道他的年龄比我大还是小呢？

【解析】“师”是动词，学习；“道”指道理；“庸”，岂、难道；“知”，知道；“之”，主谓之间取消句子独立性；“于”，比。

（2）以地位低的人为师，就感觉十分羞耻；以地位高的人为师，就感觉近乎谄媚。

【解析】“位卑”指地位低的人；“足”，值得；“羞”，感到羞耻；“官盛”指官位高的人；“谀”，谄媚。

6.示例一：奇怪。士大夫对巫医乐师百工之人很不屑，可是在从师而学上的表现却不如巫医乐师百工之人高明。这很反常，令人奇怪。作者用感叹的语气表达了对士大夫之流的嘲讽和批评。

示例二：不奇怪。韩愈是针对现实有感而发。唐代的贵族子弟无论德行、学问如何均能为官，他们不需要学习，也看不起老师，而且鄙视老师。这种风气到韩愈所处的中唐时代渐趋恶劣。韩愈对这种不良的社会风气深恶痛绝，认为这种风气就根源于“师道之不传”，因而用反问的语气，认为这没什么好奇怪的。

进学解

1.BDFH

【解析】“役役”形容庸庸碌碌，做“踵常途”的补语，A处不断，B处应断；“以”表目的，连接前后内容，中间不断，“窥陈编以盗窃”意思完整，D处应断；“圣主不加诛”“宰臣不见斥”结构对称，语义相对独立，F、H处应断。

2.A

【解析】A项，“拔”在“过蒙拔擢”中的意思是“提拔，提升官职”。

3.D

【解析】D项，都是介词，相当于“在”。A项，连词，表修饰；介词，用。B项，表转折，却；连接修饰语与动词。C项，助词，的；结构助词，取消句子独立性。

4.A

【解析】B项，朝廷公正是反讽。C项，学生肯定了国子先生的“业”与“行”。D项，韩愈对自己的境遇不满，且孟、荀的例子也是为了讽刺当政。

5.（1）然而您在官场上不被人所信用，私下也没人帮助您。

【解析】“见……于……”行为主动者出现在“于”后面，表被动。

（2）而且每个月还耗费朝廷的俸禄，每年消耗仓库的粮食，孩子不会耕种，妻子不会纺织；出行时有马可骑，奴仆跟在后面，安然地坐吃俸禄。

【解析】縻，耗费；廪，米仓；“从”在这里是使动用法，使……跟从。

6.此文假借学生对老师“进学”的反诘和老师的解答，讽刺了当政者的失职。第一段，国子先生教诲学生应在“业”和“行”两方面刻苦努力，只要才能出众，就一定会得到朝廷的重用，“圣贤相逢，治具毕张”表面是赞，其实是讽，为下文学生的质疑埋下伏笔。第二段，写学生针对国子先生的教诲提出质疑，从四个方面进行了有力的反驳，讽刺了真正有“业”“行”的人却没有得到赏识和重用的反常现象。第三段写国子先生针对学生驳诘的辨析，先以工匠、医师为喻，说明“宰相之方”在于用人能兼收并蓄，量才录用，表面是赞，实则是讽刺了宰相的失政。每一段都是在反讽朝廷没有真正重用“业”“行”出众的人才。

圬者王承福传

1.BDG

【解析】“而利天下”是“拔我一毛”的目的，故A处不断，B处应断；“以……为……”是固定结构，C处不断，D处，即“劳心”后应断；“动其心”为使动用法，使其心动，E处不应断，“以畜其妻子”动宾结构，表目的，“妻子”后，D处应断；“其肯劳其心以为人乎哉”，语义独立，G处应断。

2.B

【解析】B项，“舍于市之主人”的“舍”是住宿义，“功在不舍”的“舍”是舍弃义。C项，“理”，在“盛衰之理”中是道理的意思，而“理我所以生者也”的“理”是治理的意思，用法不同。D项，“所以传道受业解惑”的“惑”是名词，指疑惑；而“愈始闻而惑之”的“惑”是动词，感到疑惑，两者用法不同。

3.D

【解析】D项，“其”语气副词，表示推测，大概。A项，顺接连词，从而；转折连词，却、然而。B项，连词，表目的，相当于“用来、去”；介词，用。C项，介词，表被动，相当于“被”；介词，在。

4.D

【解析】D项，“提出了独善其身的主张”错误，文章对王承福独善其身、不同流合污的态度表示认同。

5.（1）根据当时房租、伙食费的高低，来提高或降低他粉刷墙壁的工价，从而交纳食宿费。

【解析】“上下”指增加或减少，“佣”是工价的意思。

（2）干体力活的人被人役使，用脑力干活的人役使人，也是理所应当的。

【解析】“用力者使于人”为被动句，被人役使；“使人”即役使人；“宜”是合理，理所应当的意思。

6.韩愈将王承福与当世人的患得患失，德不配位，“食焉而怠其事”做对比，表达了对这类人的痛恨，并以此自警。柳宗元把郭橐驼与他植者对比，痛恨当世官吏“似爱而实害”的扰民之举，借以阐明自己“顺天致性”的养民主张。

讳辩

1.BDEG

【解析】整句由两个并列分句构成，分句均采用“得如……可以……矣”的固定表达，形成劝勉+肯定的语气。故E处应断，C处、F处不断。“事”作动词，后面应接“父母”，B处应断。“曾参”与“周公孔子”并举，D处、G处断开。

2.D

【解析】A项，“和”都是“应和”义；B项，“为”皆为“是”；C项，“讥”是“批评、斥责”义；D项，“乃比于宦者、宫妾”的“比”是“同类”义，“比权量力”的“比”是“比较”义。

3.D

【解析】A项，将，或者；将要。B项，之，代词；主谓之间，取消句子独立性。C项，见，使……显露；表被动。D项，乃，表转折，却，竟然。

4.C

【解析】C项，“认为‘今世之士’的见识还不如宦者、宫妾”，表述不正确。文章是用宦者、宫妾来讽刺“今世之士”。

5.（1）如果不把这个问题分辨清楚，您和李贺都将获罪（或蒙受坏名声）。

【解析】“若”，如果；“明白”，分辨清楚；“子”，您；“且”，将；“得罪”，获罪。

（2）汉代避汉武帝刘彻的名字，把“彻”改为“通”，没听说还避讳车辙的“辙”字而改用别的字啊。

【解析】“讳”，避讳；“为”，改为；“闻”，听说。

6.第二段引证《礼记》有关律令的“二名律”“嫌名律”的确切定义。“二名律”是只要避讳其中的一个字就行了，没有必要两个字都避讳。“嫌名律”是只需要避讳本字，没有必要再避讳它的同音字。这样，就给名讳做了一个确定的界限。从而证明了以“晋”与“进”同音为由，阻挠李贺去考进士，是根本站不住脚的。从理论上推翻了“毁之者”的所谓“理由”。第三段再次引用经典，对照礼律，核查国家典章，从三个方面，以事实为论据，论证了李贺举进士是合宜的。第四段讽刺了“毁之者”不致力于在行为上向周公、孔子等圣贤看齐，却在“避讳”这方面想要超过周公、孔子等圣贤，是非常荒谬糊涂的。

争臣论（节选）

1.BEF

【解析】“恶讪上者”与“恶为人臣招其君之过而以为名者”为并列宾语，需在“者”后断句，B和E处应断。“故”表因果，引出结果：“虽谏且议”却“使人不得而知”，故在“议”后断句，F处断开。“焉”为句末语气词，强化论断。

2.B

【解析】B项，两个“则”词性不同，第一个“则”为动词，效法，第二个“则”为连词，表假设，若、如果。A项，“居于晋之鄙”的“鄙”是名词，边远地区；“越国以鄙远”的“鄙”是意动用法，把……当作边邑。

3.D

【解析】庶，也许，表希望。A项，表因果，因而，所以；表转折，却，然而。B项，形容词词尾，……的样子；代词，表疑问，什么。C项，语气词，用于形容词后表感叹；介词，于，比。

4.C

【解析】A项，因果关系不成立。B项，阳城的俸禄并非“卑且贫”。D项，韩愈批评的是阳城在其位不谋其政。

5.（1）像《蛊卦》的上九爻，处在无所作为的境地，却要表现出奋不顾身的节操，像《蹇卦》的六二爻，处在臣子的位置，却将不理国事作为高尚的心志，那么冒进的祸患就会产生，对为官不作为现象的指责就会兴起。

【解析】“若”，像；“致”，表现出；“匪躬之节”，奋不顾身的节操；“以”，像；“高”，以……为高尚；“不事之心”，不理国事的心志；“冒进”，盲目进取；“旷官”，为官不作为；“刺”，批评。

（2）况且阳先生的用心，将会使君王讨厌听到自己的过错吧？这是向这方面引导他啊。

【解析】“且”，况且；“君人者”，君主；“恶”，讨厌；“启”，促使。

6.阳城为有道之士的理由：①学广闻多。②不求闻达。③以善德感化人。④身为谏议大夫，却不以为喜。⑤其德不因在朝在野而异。⑥恶居下流而讪上，故不公然揭发国君之过失。

韩愈对于在野时的阳城并无批评。驳斥的是身为谏议大夫的阳城：①驳其德不因在朝与在野而异：引《易经》之言，言在朝与在野的作为当有所不同。又以孔子为例，孔子虽居小官，却不敢旷其职守，以此反衬阳城的不作为。②驳恶居下流而讪上，故不公然揭发国君之过失：宰相与谏官身份不同，故其进谏方法当有所区别。争臣不争，会诱导君王厌恶听到自身过失，文过饰非，也不利于彰显君王从谏如流的风范，自身也难逃尸位素餐、朝廷用人不当之讥。

后十九日复上宰相书

1.BDFH

【解析】“虽”引出身份低微的现状，需在“贱”后断句，B处断开。“犹足以方于此”为转折结论，“此”做介词“于”的宾语，故D处应断；“情隘辞蹙”描述窘迫情状，F处应断；后接结果“不知所裁”，故在H处断开。“虽”“犹”形成让步转折逻辑；“亦惟”表祈使语气，强化恳求意图。

2.D

【解析】A项，“将有介于其侧者”的“介”为动词，处于；“悲江介之遗风”的“介”为名词，边界。B项，“将大其声疾呼而望其仁之”的“仁”是动词，同情、怜悯；“仁者无敌”的“仁”是形容词，有仁德的。C项，“险夷”的“夷”是平坦义，“九夷”的“夷”是夷狄义。

3.B

【解析】B项，“之”用在主谓结构之间，取消句子独立性。A项，总共；凡是。C项，表示转折；表示修饰。D项，岂，难道；暂且。

4.D

【解析】A项，宰相并没有给韩愈回信。B项，与韩愈的意思相反。从原文中“不惟”二字可以看出来。C项是“或谓”者的观点，是韩愈要批驳的。

5.（1）于是我又冒昧地将自己置身于遭受那难以预料的责罚的境地，来给您写信，请求充分陈述我的意见，并向您请教。

【解析】“乃”，于是；“复”，又；“纳”，置身；“不测之诛”，难以预料的责罚；“毕”，尽、充分；“请命”，请求指示；“左右”，对对方的尊称。

（2）五六年前，宰相举荐的贤才，还有从平民百姓中被提拔的，难道说当年与现在，时机不同吗？

【解析】“荐闻”，举荐使……听闻；“尚”，尚且，还；“蒙”，受；“抽擢”，提拔；“岂”，难道。

6.第一段韩愈通过举例子的方式，说明仁者见到有人“蹈水火者”，尽管不是父母兄弟等至亲，也一定会施以援手。第二段韩愈在信中将自己的处境描述为“蹈水火者”，以表露等待回音时的焦急情绪，希望宰相能够稍微帮助一下自己。第三段韩愈针对有人发表的“时不可”（时机不对）的言论，进行了逐层剖析，通过比喻、反问等方式，论证了“时”取决于上位者而非上天，驳斥了“时不可”之论的荒谬，这样就把自己能否被举荐，完全取决于宰相是否“垂怜”上。

后廿九日复上宰相书

1.CEG

【解析】“周公吐哺握发”是周公礼贤下士的典故，做介词“如”的宾语，C处应断。“虽”与“亦宜”构成让步转折，强调即使无法达到周公的境界，也应有基本态度；“引而进之”做“亦宜”的宾语，E处应断。“宜……之”与后文“不宜”形成对比，可推断“察其所以而去就之”后应断开，故G处断。

2.B

【解析】A项，举荐；拿着。B项，美好，喜庆；完结，终结。C项，有职守之人，官员；对对方的敬称，您。D项，同“贽”，礼物，拜见长辈所送的礼物；朴素，质朴。

3.C

【解析】C项，两个“乎”都是介词。A项，“握其发”的“其”是代词，指周公，“其皆出于此乎”的“其”是副词，表揣度，相当于大概。B项，“如周公之心”的“如”是“似、像”；“如五六十”的“如”是“或”。D项，“自进而不知愧”，表转折，却；“择师而教之”表顺承。

4.C

【解析】A项，以叔父之亲，是凭借叔父的亲近地位的意思。B项，韩愈写信求助的宰相和周公的地位相近，而行事相反。D项，韩愈有忧国之心，故无法隐居山林。

5.（1）正因为这样，所以到现在人们还歌颂周成王的德行，而且不停地称赞周公的功绩。

【解析】“维”，因为；“如”，像；“是”，这样；“于今”，到现在；“不衰”，不停。

（2）只因为我生性愚钝，不知道识趣地离开，所以又有上述关于周公的一番议论。

【解析】“惟”，只；“昏愚”，愚钝；“逃遁”，躲避；“复”，又；“说”，说辞，议论。

6.同：都是表达怀才不遇，希望宰相引荐。异：①第一封信婉转曲折，本文却慷慨激昂。在信中，韩愈以古鉴今，用古代周公求贤若渴的风范，与当今宰相对待人才“默默而已”的无作为做对比，衬托出宰相的庸碌，颇有警诫意义；②第一封信主要是描述自己的困穷以感动宰相，希望宰相垂怜；本文主要描写自己报国无门的失望和愤慨，正面说理，暗含讽刺。

与于襄阳书

1.CFH

【解析】“乎”引出志向的落脚点是“立功”，连词“而”表递进，“而”前应断开，故C处应断；后一个“乎”引出“事专”的对象“报主”，故F处应断开；“遇其人”是“虽”的让步条件，G处不得断开，应在H处断开。

2.D

【解析】A项，“士之能垂休光”中的“垂”是流传的意思。“鸣琴垂拱”的“垂”是下垂的意思。B项，“未尝干之”中的“干”是干谒，是请求引荐的意思。“毫不相干”的“干”是指有关系。C项，恒人，在文章中指一般人，普通人。

3.D

【解析】D项，两个句子中的“而”均为连词，表转折。A项，介词，相当于“用、拿、把”；连词，表并列，相当于“而”。B项，介词，引出宾语；介词，于，比。C项，表反问语气；将要。

4.D

【解析】龌龊之人是韩愈不愿请托的对象，磊落奇伟之人指于襄阳，韩愈借此来抬举于襄阳，希望能够引荐自己。

5.（1）能够享有盛名、显耀当世的读书人，没有谁不是依靠德行高、学问深、负有声望的前辈来为他做先导引荐的。

【解析】“士之能享大名、显当世者”这是定语后置句，正常语序是“能享大名、显当世之士”，“之”是定语后置的标志；“莫”，没有谁；“负”，背负、具有；“望”，声望；“前”，做先导、引荐。

（2）我现在正为每天的柴草、粮食、仆从、租金等费用着急，这些只不过花费阁下您一顿早餐的费用就足够了。

【解析】“愈今者惟朝夕刍、米、仆、赁之资是急”是宾语前置句，“惟……是……”是宾语前置的标志，正常语序是“愈今者惟急朝夕刍、米、仆、赁之资”。“资”，费用；“费”，花费；“享”，享用的东西。

6.表层原因：后进之士认为上位的权贵无法攀附，先达之士认为没有后进之士值得举荐。深层原因：在下位的人才自负才华不愿向权贵请求，在上位的权贵不愿意屈尊下顾。先达之士和后进之士都不对。韩愈分析这个问题的目的是为自己向于襄阳请求引荐找到冠冕堂皇的理由。

与陈给事书

1.BEFG

【解析】"始"为时间起点，"之"指韩愈与陈给事的关系，"以"介词，引出"日隔之疏"这一原因，"疏"后，B处应断；连词"加"表递进，"不专之望"和"日隔之疏"相对成文，故"望"后，E处应断；介词"以"继续引出原因是"不与者之心"，"心"后，F处应断；转折连词"而"连接"听忌者之说"，需在G处断开；"由是"意为因此，位于句首，故"由"前应断开。

2.B

【解析】"若闵其穷也"的"闵"是同情，怜悯义；"夙遭闵凶"的"闵"是忧患的意思。

3.D

【解析】"所+动+名"的"所"字结构。"所+动"相当于形容词。A项，表目的，为、为了；在……方面。B项，代词，他的；语气副词，表推测。C项，是；于是。

4.D

【解析】A项，"因贫贱而为衣食奔走"的是韩愈。B项，因果关系不成立。C项，穷指的是仕途上的不如意，而不是贫穷。

5.（1）道德修养没有加强，那么您就不屑同我交往；文章越来越有名，那么同我一起拜访您的人就会妒忌我。

【解析】贤：贤人，您；与：结交；同进：一起上进，一起拜访；忌：妒忌，怨恨。

（2）您对我生性不聪敏的责备，我是没有地方可以逃避的了。

【解析】敏：勤敏；诛：责备；无所：无处。

6.本文围绕"见面"话题展开。最初见面时，陈给事曾经赞扬过韩愈。其后韩愈与陈给事因为身份地位的差距，关系日益疏远。从写信的前一年开始，韩愈与陈给事又见了两面。第一次见面气氛良好，第二次见面时陈给事态度冷淡。韩愈因而推断二人关系的疏远是因为经常不见面的缘故，经过思考后，又站在对方的立场上进行了自我批评，声称自己没有领悟陈给事态度转变的深意。韩愈信中的核心思想是希望缓和二人之间的关系。

应科目时与人书

1.BEG

【解析】"是以"表因果，引出结论"有力者遇之"，"之"后B处应断；"熟视之若无睹也"语义独立，"也"为句末语气词，E处应断；"其死""其生"是并提的两种情况，故"生"后G处应断。

2.D

【解析】"非能水也，而绝江河"的"绝"是横渡、穿越的意思，用作动词。

3.D

【解析】D项，均为表示推测的副词。A项，兼词，于之；代词，他。B项，连词，表修饰；连词，表并列。C项，介词，跟、和；介词，在。

4.B

【解析】怪物是用来喻指自己。把持朝政、刁难人才属于无中生有。

5.（1）尽管没有高山、大丘、远路、险隘的阻隔，可它困在干涸的地方，不能够自己到达水边，因而被水獭这种低级水生动物耻笑，这样的情况十有八九是会发生的。

【解析】"无"，没有；"为"，作为；"关隔"，阻隔；"穷涸"，困厄干涸；"致"，到达；"为"，被；"盖"，大概；"十八九"，十有八九。

（2）像低着头、耷拉着耳朵，摇着尾巴来乞求怜悯的走兽那样的做法，不是我的志向。

【解析】俯：低下，俯首即低下头；帖：同"贴"，耷拉，帖耳指耷拉着耳朵；乞怜：乞求怜悯；志：志向；若：如，好像。

6.开篇点出怪物有着不同于"常鳞凡介"的超凡能力，却不能自己到达水边的怪象；接着提到怪物自负才能出众，宁死泥沙也不向人求助的怪脾气。再写怪物在"有力者"面前尝试鸣号，希望得到帮助的怪作风。本文为自荐文，这样设譬取喻，新颖而有气势，词虽卑而意高亢，出语恳切而不失含蓄。可以避免直接正面谈说的尴尬和无趣。

送孟东野序

1.BDG

【解析】"伊尹鸣殷""周公鸣周"结构对称，均以"鸣"为核心动词，语义相对独立，B、D处应断；"凡载于《诗》《书》六艺"总括前文，"《诗》《书》"与"六艺"并列，同属典籍类别，G处应断。

2.D

【解析】D项，"胜负之数"的"数"是定数的意思。A项，成语"脍炙人口"的"炙"是名词，是菜肴的意思。B项，假是凭借义。和“善假于物”的“假”意义相同。C项，木铎在文中喻指代言人或教化者。

3.B

【解析】“之”均为定语后置的标志词。A项，就；却。C项，表转折，却；表修饰。D项，介词，相当于“于”；语气词，相当于“呢”。

4.B

【解析】A项，物和人是类比，具有相似性。C项，作者对此持毋庸置疑的态度。信是令人相信的意思。D项，张冠李戴。应该是魏晋的文人比不上秦汉两朝文人。

5.（1）或许是上天认为他们的德行丑恶，而不肯眷顾他们吧？为什么不让那些善于表达的人来发声呢？

【解析】将：或许；丑：意动用法。莫之顾：宾语前置，莫顾之。何为：宾语前置，为何。第一个鸣：使……发声，或意译为闻名。第二个鸣：精于表达或者善于文辞。

（2）孟郊这次到江南去做官，好像有无法释怀的情绪，所以我讲这些命运取决于上天的道理来宽慰他。

【解析】役：做官。命于天者：被动句式，被上天安排的命运。解：宽慰。

6.含义：①物被改变了自然的本性，就会发出声音。②人有了不得已之事，就会借助口而发出声音。③人有了不得其平之事，就会借助其最善鸣的手段——文辞来发出声音。④不平在文中是指心的不平静。或是因为鸣国家之盛或是因为愁己之不幸，而借助文辞来抒发。

作用：每个朝代都有善鸣其不平的人物，孟郊是唐代善鸣其不平的代表。“不平则鸣”既是文章的行文线索，也是文章的主旨。作者借以表达对孟郊才华（善鸣）的赞美，同时也表达了对孟郊怀才不遇的同情。

送李愿归盘谷序

1.BDFH

【解析】“利泽施于人”“名声昭于时”是并列结构，故B处、D处应断；“庙朝”做“坐”的补语，F处应断；“进退百官”，动宾结构，表意完整，H处应断。

2.A

【解析】A项，阳，山南水北为阳。D项，“理乱不知”的“理”是形容词，治理得好，“移之官理”的“理”是动词，表示治理。

3.A

【解析】A项，两句中，“于”均表示被动。B项，连词，表示目的；介词，拿、把。C项，表因果；表转折。D项，副词，将要；连词，并且。

4.B

【解析】这种大丈夫得志便猖狂，德不配位，只是命好而已，李愿并不推崇。

5.（1）贤才俊杰全都聚集在他的面前，这些人谈古论今，赞誉他的美好品德，恭维的话频频入耳，也不觉得厌烦。

【解析】道：谈论。誉：称赞。入耳：悦耳，中听。烦：厌烦。

（2）给我的车轴上好油啊，喂好我的马，跟随您到盘谷去啊，让我终生在那里安闲徜徉。

【解析】膏：动词，给……涂油。秣：动词，给马喂草料。从：跟随。终：使动用法。

6.本文共五段。首段言盘谷之美。第二段写达则不可一世的“假丈夫”。这种大丈夫的得志是因为命好而非德行，隐含着作者的讽刺。第三段写穷则独善其身的大丈夫。这种大丈夫虽然无命为官，但德才兼备，是作者赞美的对象。第四段写攀缘权贵的小人。这种人恬不知耻，为作者所深恶痛绝。最后一段以韩愈口吻作歌颂之，以歌作结。全文只有最后一段，是以作者的口吻书写的，其余均为引言，是一大特色。中间三段，以李愿之言还赠李愿，借言以记事状人，道出人品，也道出志向。本文借送别之机缘、李愿之口语，不下一断语，却尽情揭露了当权者的跋扈，嘲笑了趋炎附势者的无耻，实是借他人的酒杯浇自己胸中的块垒，别具一格。

送董劭南序（《送杨少尹序》）

1.ADFH

【解析】“董生举进士”为主语和动作，点明人物身份与行为，A处应断；“连”表多次，所以和“不得志”连接紧密，“于有司”做“不得志”的状语，故“司”后D处应断；“怀抱利器”表意完整，F处应断；“兹土”做动词“适”的宾语，故H处断开。

2.B

【解析】B项，两个“谢”都是告诉的意思。A项，“足下卜之鬼”的“卜”是占卜义。

3.D

【解析】D项，两个“于”均为介词，在。A项，代词，这；用于主谓结构之间，取消句子独立性。B项，表顺接连词，然后；表因果，因而，所以。C项，因为；用。

4.B

【解析】二子，是两位先生的意思。

5.（1）话说像您这样生不逢时的，如果是心慕正义、追求仁道的人，都会珍惜您的，何况燕赵一带的豪杰本就向往仁义呢？

【解析】“夫”，发语词；“以”，因为；“子”，您；“不遇时”，生不逢时；“苟”，如果；“慕义强仁”，心慕正义、追求仁道；“爱惜”，珍惜；“焉”，代词，指您；“矧”，何况；“出乎其性”，出于他们的本性。

（2）汉代的史书已经记载了他们的事迹，后世善于绘画的人又画下了他们的形象，时至今日依旧光彩照人，清楚显耀得就像不久前发生的事一样。

【解析】“既”，已经；“传”，记载；“工”，擅长；“图”，画；“照人耳目”，光彩照人；“赫赫”，显耀的样子。

6.①《送董邵南序》中寄寓了对董邵南怀才不遇的同情。同时还以委托董邵南劝告燕赵的豪杰归顺朝廷的方式，委婉地表达了对董邵南到燕赵藩镇割据之地谋求仕进的否定。②《送杨少尹序》把杨巨源和汉代疏广、疏受叔侄告老还乡，朝野送行的盛况相比，借以称赞杨巨源亦有功成身退的美德，委婉地表达了对那些年纪老迈还尸位素餐，不肯辞官的人的讽刺。

送石处士序

1.BDG

【解析】“书词”是“撰”的宾语，“词”后B处应断；“具马币”同理，“币”后D处应断；“卜日”是占卜选择吉日，“以”连词，表目的，“使者”是名词短语做“受”的宾语，和“求”字应该分开，故G处应断。

2.C

【解析】A项，“若烛照”的“烛”指烛火；《登泰山记》中“明烛天南”的“烛”是名词活用作动词，照耀。B项，辞，在“其何说之辞”中是推辞的意思；“其辞微”中的“辞”是言辞。D项，“无昧于谄言”的“昧”，昏暗，文中引申指不明；“拾金不昧”的“昧”是隐藏，二者不同。

3.C

【解析】C项，“而”均表修饰。A项，难道；大概。B项，“惟义之归”即“惟归义”，宾语前置；“恐美人之迟暮”的“之”用于主谓之间，取消句子独立性。D项，连词，因而；连词，表并列，相当于“而”。

4.B

【解析】A项，乌节度使见面之前就已经听人推荐了石先生，而后才聘请。C项，并非对人生命运无常的慨叹，而是对石先生和乌节度使的期望。D项，是对未来的祝福，而非事实。

5.（1）晚上就沐浴更衣，准备好行李，带上书册，问明白道路怎么走，向经常来往的朋友告别。

【解析】宵：晚上；戒：准备；行李：行装；载：携带；道所由：道路怎么走；告行：告别；常所来往：经常来往的朋友。

（2）希望先生不要在乌大夫那里图谋利益，企图私下趁便满足个人的私欲。

【解析】使：希望；利于大夫：利大夫，使大夫获利；私便：为个人谋利。

6.一方面持支持态度。从从事推荐的言论来看，石处士是在“寇聚于恒，师环其疆”“治法征谋，宜有所出”的背景下被征聘的。从石处士不告诉妻儿和朋友就接受聘请，并借祝酒者“惟义之归”的评语来看，石处士是以道自任而决去就的。而诗中说“钜鹿师欲老，常山险犹恃”，这不仅是宰相之忧，也是“吾徒耻”，可见韩愈是支持有才能的人为国出力的。

一方面持规劝的态度。从祝酒词中“私便其身图”等语来看，规劝石处士作为参谋，要帮助乌大夫去利国利民，而不是借机为自身谋私利，而应以国事为重。

送温处士赴河阳军序

1.CFH

【解析】仔细阅读，可知“相为天子得人于朝廷”“将为天子得文武士于幕下”是两个长并列句，C处、F处应断，“于朝廷”“于幕下”是状语后置；“内外无治”是假设条件，做“求”的宾语，“不可得也”是结论，“治”后H处应断。

2.B

【解析】A项，“苟无良”的“苟”是如果义；C项，“罗而致之幕下”的“罗”是网罗义；D项，“缙绅”在文中指经过洛阳的士大夫，而非辞官的士大夫。

3.B

【解析】B项，两句中“为”都表示被动。A项，虽然；即使。C项，副词，表示祈使语气，大概；代词，它。D项，表时间，相当于“在”；表原因，因为。

4.D

【解析】从文中“为天下贺”可以看出。A项，作者认为“并非虚语”，可见是信的。B项，张冠李戴，先聘了石生，后征温生。C项，是韩愈被二生帮助，而非帮助二生。

5.（1）离开官位而在里巷里居住的士大夫，和谁一起游乐呢？

【解析】定语后置句，宾语前置句都要调整为正常语序。去：离开。巷：名词作状语。

（2）国君处理天下事务时，他所倚重和凭借才力的对象，只有将帅和宰相罢了。

【解析】南面：指国君；听：治理；恃：凭借，依靠。

6.开篇凭空设喻，以“伯乐一过，冀北马空”的例子，来喻指东都洛阳的人才都被选走了，引出石生和温生被大夫乌公选拔之事，可谓奇巧。接着又凭空想象四类人的抱怨：在职的官员，退隐的士大夫，青年后辈，路过的官员都为失去了请益的对象而抱怨，侧面写出温处士的德行和才华。最后，又凭空以自己的嗟怨作结。表面上是写自己对石、温二生的不舍，实质上是表达对乌公能为国家选拔人才的称赞。因此，金圣叹先生说此文“俱是凭空文字”。其实就是以虚写实的表现手法。

祭十二郎文（节选）

1.BFG

【解析】“吾佐戎徐州”为完整主谓宾结构，“徐州”前省略了介词“于”，作状语，B处应断；“者”为代词，构成“使……者”句式，“行”是谓语，“行”后F处应断；“吾又罢去”为独立分句，主语转换，G处应断。

2.C

【解析】诸侯死曰薨，大夫死曰卒，士死称不禄。

3.D

【解析】D项，“而”都表示转折，却。A项，众；兼词，相当于“之于”。B项，代词，这样；结构助词，用于主谓结构之间，取消句子独立性。C项，表示选择的连词，或者；助词，无实义。

4.B

【解析】怀念和痛惜的是侄子而非爱子。

5.（1）我哥哥德行美好，而他的儿子却短命啊！你是纯真聪明、适合继承家业的人，却不能蒙受先父的恩泽啊！

【解析】“盛德”，美好的德行；“夭”，短命；“嗣”，后代；“纯明”，纯真聪明；“业”，继承；“克”，能够；“蒙”，蒙受；“泽”，恩泽。

（2）我的行为辜负了神明，才使你这么早死去；我对上不孝，对下不慈，既不能与你相互照应共同生活，又不能和你相守一块死去。

【解析】“行”，行为；“负”，辜负；“夭”，早死；“不孝不慈”，对上不孝，对下不慈；“相养以生”，相互照顾着生活；“相守以死”，一块死去。

6.作者在行文中常用到正反对比，虚实结合的叙事手法。第一段，回忆嫂言，侄不能复记，是虚写，而我能记忆，是实写。虚实结合。第二段，叙写叔侄聚散离合，往往聚少离多，是回忆，虚写；且终于不果来，而去以殁，事与愿违，遂成恨事，是实写。虚实相生。第三段，从少、长、强、病四字生发，有疑而未信，信而又疑，且疑且信，疑信相参等各种复杂情绪。第四段用假设，假想侄子死而有知和死而无知的各种情形。三、四两段将想象、梦幻、疑惑等假象与实情穿插叙写，虚实相生。第五段，对未来的后事安排进行设想，是虚写；对自己未能尽到叔叔的职责，不能亲自料理后事而自责，是实写。总之，这样虚实相生的手法贯穿始终，把韩愈的丧侄之痛淋漓尽致地表达了出来。

祭鳄鱼文

1.ACG

【解析】“今与鳄鱼约”表意完整，A处应断；“尽三日”是时间状语，“日”后C处应断；“丑类”是“率”的宾语，“南徙于海”是动作目标，“于海”是状语后置，G处断。

2.D

【解析】A项，本文的网是结网的意思。《论语》中的“罔”是不直的意思。B项，本文的嗣是继承的意思。“盛德而夭其嗣”的“嗣”是名词，后代。C项，《劝学》中“驽马十驾，功在不舍”的“驽”，是低劣的意思。

3.C

【解析】A项，名词活用为动词，使……排列。B项，动词使动用法，使……出。C项，形容词用作名词，遥远的地方。D项，形容词活用为动词，使……肥。

4.A

【解析】韩愈派军事衙推秦济投放的，并非亲自投放。

5.（1）当今皇上继承大唐王位，神明圣伟，仁慈英武，四海之外，普天之下，都在他的安抚统辖之下。

【解析】“天子”，皇上；“嗣”，继承；“神圣慈武”，神明圣伟，仁慈英武；“四海”，指天下；“六合”，天地四方；“抚”，安抚；“有”，拥有。

（2）刺史我就要挑选有才干有技能的官吏和民众，操起强硬的弓弩，安上有毒的箭镞，来同鳄鱼作战，一定要把鳄鱼全部杀尽才肯罢休。

【解析】“刺史”，作者自称；“材技吏民”，有才干有技能的官吏和民众；“操”，操起；“毒矢”，有毒的箭；“从事”，作战；“尽杀”，全部杀尽；“乃”，才。

6.虽名为祭文，但不用来表达哀悼之情。文中处处以天子、刺史之威，压服鳄鱼，有如问罪之师，大义凛然，所以可视为声讨鳄鱼的檄文。

柳子厚墓志铭（节选）

1.BDFH

【解析】“所居”的主语是“人”，B处应断；“而”表转折，连接前后对比，“梦得亲在堂”主谓结构，语义独立，D处应断；“梦得之穷”做“不忍”的宾语，F处应断；“白”的对象是“其大人”，H处应断。

2.D

【解析】D项，自力，指尽自己的努力。凭借文章自食其力，与原文不符。

3.D

【解析】D项，“虽”都是即使之义。A项，顺着；因此。B项，才；却。C项，被；给。

4. A

【解析】“其人品性温和儒雅，常以《诗》《礼》自持”没体现，且“尝尽鬻田产助友归葬”于文无据。

5.（1）当地有用子女做人质抵押借钱的风气，约定如果到期不能按时赎回，等到借贷的利息与本钱一样多的时候，债主就把子女没收充当奴婢。

【解析】“俗”，风俗；“以”，用；“质”，抵押；“约”，约定；“不时”，不按时；“赎”，赎回；“子本”，利息和本钱；“相侔”，相等；“没”，没收。

（2）柳宗元年轻的时候，勇于做正直的人，不知道珍重顾惜自己，认为自己能马上成就功名事业，因此就受到牵连而遭遇贬谪。

【解析】“前时”，以前；“勇于为人”，勇于做正直的人；“自贵重顾籍”，珍重顾惜自己；“谓”，认为；“立就”，马上成就；“坐”，因……获罪；“废退”，被贬谪。

6.生平：①少年时期柳宗元博学通达，声誉显扬。②被贬在永州时，学问文章日益精进。被贬在柳州时，能移风易俗，政绩斐然。③从愿意为刘禹锡“以柳易播”之事，可以看出柳宗元重情义。

评价：①对柳宗元少年轻狂，略有微词。②对柳宗元怀才不遇，有些同情。③对柳宗元的文学成就，高度肯定。

卷九

驳复仇议

1.BEG

【解析】“反”，反而，跟“以为”连用，A处不能断开；“戮”，处死；“刑”“礼”并列，可以推测“黩”“坏”并列，“黩刑坏礼”是一体的，C、D处不能断开；“典”，典章制度，做“为”的宾语，F处不能断开。故应选BEG。

2.C

【解析】A项，都是动词，残害。B项，都是动词，道歉。C项，违背、违反；超过、延误。D项，都是动词，吝惜。

3.A

【解析】A项，助词，的。B项，动词，做；动词，是，当作。C项，连词，来；介词，因为。D项，介词，引出动作的对象；介词，在。

4.D

【解析】本文的写作目的是驳斥陈子昂的主张。只不过在一定程度上揭露了吏治黑暗和官官相护的社会现实。

5.（1）追慕节义的人就会迷失方向，躲避刑罚的人就会不知道怎么立身行事。

【解析】趋，追求；向，动词，朝向，所向，所朝向的地方；违，躲避；立，立身处世。

（2）假如探查审定这个案子的真伪，考察核实其是非曲直，推究案件的发端，找到它的原因，那么刑罚和礼法的作用就极其鲜明地区别开了。

【解析】向使，同义词连用，假如；刺，刺探，探查；谳，审判定罪；诚，真实的；考正，考察核实；原始，推究根源，原，推究；判然，明白的样子；离，分开。

6.①刑与礼的本质一致，旌与诛不能同时进行，否则不是滥刑就是坏礼。②赏罚要分明，应以事实为依据，查清是非曲直。③陈子昂对礼的认识模糊，先诛后旌违背《周礼》《春秋公羊传》的礼法规定。④徐元庆之父无罪被杀，徐元庆报仇既合礼又合法，不当杀。

桐叶封弟辨

1.BDG

【解析】“束缚之”“驰骤之”，结构并列，B处、D处应该断开；“使”后面省略了“之”，“然”用于句末，与“若、如”等配合，表比拟，相当于“像……似的”，故F处不断开，G处断开；“急”和“败”之间有因果关系，H处不可断开。

2.C

【解析】A项“意”，都是动词，认为。B项“易”，都是动词，更改、变动。C项“辞”，动词，辩解；名词，言辞。D项“克”，都是动词，约束。

3.D

【解析】A项，介词，给；介词，跟……一起。B项，介词，把；介词，因为。C项，连词，表顺承；连词，表修饰。D项，代词，代指这件事。

4.B

【解析】柳宗元在文中并未批评周公“因维护礼制而做出

不合情理的决定”，相反，他认为周公不会强迫成王履行戏言。

5.（1）周公应该及时地告诉周成王，不必等到他开了玩笑以后，再祝贺促成桐叶封弟的事情。

【解析】宜，应该；贺，祝贺；成，促成。

（2）假如推行得不适当，即便多次改变也没有什么问题。

【解析】设，假如；当，适当；虽，即使；十易，多次改变；病，毛病、问题。

6.先以“吾意不然”提出反对意见。尖锐地批判了“君无戏言”的谬说，鞭挞了逢迎、胁迫君主做坏事的丑行。同时，作者指出大臣辅助君王“宜以道”，“凡王者之德，在行之何若”。这些都是针对封建专制的弊病而提出的深刻见解。

箕子碑

1.CFH

【解析】“向使”，假如；“纣”“武庚”都是人名，“而”的用法有时同“以”，那么“纣恶未稔而自毙”“武庚念乱以图存”二者之间有可能是并列结构，推断在“毙”后、“存”后断句，也就是C处和F处断开。后面的“无”后应接宾语“其人”，故G处不能断开，应在H处断开。

2.C

【解析】A项，意思不同。“呼尔而与之”的“与”是“给”的意思。B项，意思不同。“一一为具言所闻”的“具”是“详细”义。C项，正确。“陨而不息”意为“倒下而不停息”。“请息交以绝游”是“停止交往并断绝交游”。D项，意思相同。“周人得以序彝伦”的“序”是“使有序”，与《过秦论》中“序八州而朝同列”的“序”意思相同。

3.D

【解析】A项，连词，来；介词，因为。B项，介词，被；介词，在。C项，连词，表转折；代词，你的。D项，指示代词，这。

4.C

【解析】从文中“向使纣恶未稔而自毙，武庚念乱以图存”可以看出纣王的罪恶已经达到极点，武庚用叛乱的手段复辟殷商，选项内容是错误的。

5.（1）冒险进谏，以至于舍弃性命，确实称得上仁义，但对于殷人宗族的延续没有帮助，所以箕子不这样做。

【解析】并，同“屏”，舍弃；诚，确实；祀，宗族；为，做。

（2）这样的话，那么箕子克制忍耐地做这些事情，大概是有志于此吧？

【解析】然，这样；则，那么；隐忍，克制忍耐；为，做；其，副词，表推测。

6.①他明哲保身，隐藏谋略。置身底层，表面上昏昏沉沉，骨子里却保持清醒；外观上放浪形骸，骨子里却理想大道永驰不息。这便是“正蒙难”。②箕子终于迎来了大周王朝，这是造福百姓的好时机，他便向武王献出与时俱进的法典章程，而周朝也据以建立了新时代的法律制度。所以在《尚书》中记载，“以箕子归，作《洪范》”。这便是“法授圣”。③箕子受封到朝鲜，弘扬道义、普及教化，不问出身高低、不论地域远近，广施仁爱。此即“化及民”。④他能够成功驾驭如此复杂的局面，且能不忘初心、坚守正道、实现理想，像箕子这样的人担得起“大人”的称号。

捕蛇者说

1.ACE

【解析】“恂恂”修饰“起”的动作，A处断开；“其缶”做“视”的宾语，B处不可断开，应在C处断开；“尚存”做“吾蛇”的宾语，D处不断开，E处断开。

2.C

【解析】A项“戚”，都是形容词，忧愁、悲伤。B项“向”，都是连词，假如。C项“病”，困苦不堪；生病。D项“藉”，都是动词，垫、靠。

3.D

【解析】A项，表转折，却；表修饰，做状语。B项，代词，他们的；副词，表反问语气。C项，主谓之间，取消句子独立性；代词，代指善者。D项，即使，表让步。

4.C

【解析】“以尽吾齿”的意思是“来度过我的一生”。

5.（1）小心地喂养它，到时候献上去。

【解析】食，sì，动词，喂养；时，名词作状语，按照规定的时间；而，表修饰。

（2）现在即便因为捕蛇而死去，比起我乡间邻居的死，已经是很晚了，又怎么敢怨恨（这种差事）呢？

【解析】虽，即使；乎，相当于“于”；毒，怨恨。

6.第一组：蒋氏：吾以捕蛇独存；乡邻：非死则徙尔。第二组：蒋氏：弛然而卧；乡邻：鸡狗不得宁焉。第三组：蒋氏：盖一岁之犯死者二焉，其余则熙熙而乐；乡邻：旦旦有是哉。作用：①强调捕蛇者的不幸比不上缴纳赋税的不幸。②突出乡邻在沉重赋税下的痛苦遭遇。③衬托赋敛之毒。④表现作者对劳动人民的同情。

种树郭橐驼传

1.BDF

【解析】“故”字领起全句，且上下两句“不……而已，非……也”结构整齐，据此可以准确断句，B、F应该断开；两处“也”是句末语气词，故D处应断开。

2.D

【解析】“瞻顾遗迹，如在昨日”的“顾”是回顾的意思。

3.A

【解析】A项，均为连词，表目的。B项，连词，那么、就；连词，却。C项，动词，比得上；副词，好像。D项，连词，表转折；而，代词，你们的。

4.D

【解析】“指责中唐吏治对农民残酷无情的剥削”有误，应是指责中唐吏治扰民伤民。

5.（1）虽然说是爱护它，实际上是害了它；虽然说是担心它，实际上是与它为敌。

【解析】爱，爱护、喜爱；忧，担忧、忧虑；仇，仇敌，与之为敌。

（2）我们这些小百姓，就算不吃早、晚饭来慰劳官吏，都忙不过来，又怎能使我们人口增多、生活安定呢?

【解析】辍，停止；劳，慰劳；蕃，使繁盛。

6.本文主要运用了对比（对举）、类比的说理方法。第二段用正反对比来说明种树“顺木之天，以致其性”的道理。郭橐驼种树顺应树之本性，“其本欲舒，其培欲平，其土欲故，其筑欲密”，四个“欲”字言明种树的方法要顺应树的本性，不像他植者“根拳而土易”，违背树木本性的做法。再者，郭橐驼让树木顺其自然成长，“不害其长”，无为而治，“使木寿且孳”，不像他植者“爱之太殷，忧之太勤”，随意干扰树木成长，“过犹不及”。对比鲜明，说理深刻。第三段用类比的方法把种树之道移之官理，针砭时弊。养树和养人道理相通，作者用“顺木之天”的种树之道类比不要苛政扰民的治民之道，说理透辟。

梓人传（节选）

1.BFH

【解析】“画宫于堵”是状语后置，A处不可断开。“而”，表转折，C、D处不可断开。“计其毫厘而构大厦”的主语应该是梓人，而不是“其制”，所以应该在F处断，而不是E处。“无进退焉”之前应断开，H处断。

2.C

【解析】“过蒙拔擢”的“过”意思是过分、过于。

3.A

【解析】A项，介词，被；介词，在。B项，连词，表并列。C项，动词，治理。D项，表目的，来。

4.B

【解析】前后不是对比关系，是类比。

5.（1）我环视四周，十分震惊，在这以后我才知道他的技术实在是高超博大。

【解析】寰，环；骇，震惊；术，技术；工，精巧、高超。

（2）有技能的人负责具体操作，有智慧的人负责谋划，他大概是有智慧的人吧？这足以作为辅佐天子、治理天下的法则了。

【解析】能，有技能；用，被遣用，指具体操作；彼，代词，他；其，表猜测的语气；是，代词，这；为，作为；相，辅治；法，法则。

6.二者的出发点都是通过管理人而达到服务人的目的。第一，宰相和梓人，均是严密分工，量材而用之。国家设立不同的官职，各司其职；梓人设立不同的分工，各尽其能。第二，梓人根据规矩、绳墨制定标准；宰相制定相应的法律而加以规范。第三，宰相的任务是“择天下之士，使称其职；居天下之人，使安其业。”在朝廷可以知道江湖之事，在江湖可以知道朝廷之事，能够以一域而窥全貌以及天下，就好比梓人通过一张建筑图便可以知道整体构筑物一样。第四，宰相的任务是使能者进，进者不必感恩戴德，不能者退而不会心怀怨恨。不夸耀自己的才能，不汲汲于虚名，不欺凌百官，就好比梓人善于使用众工匠一样。

愚溪诗序

1.CEF

【解析】“嘉木”“异石”做“错置”的主语，所以A、B不应该断开；“皆”，作为总结标记，“者”是句末语气词，可以作为断句的标记，E处应该断开；“以……故”，因为……原因，故F处应该断开。

2.A

【解析】A项“阳”，山的南面，水的北面。B项“居”，动词，占有，占据；平时，平常。C项“适”，副词，正、恰好；往、到。D项“鉴”，动词，照；动词，明察、审查。

3.D

【解析】A项，凭借、按照；因为。B项，代词，它的；反身代词，指自己。C项，那么，表结果；如果，表假设。D项，介词，对于。

4.C

【解析】作者其实是自嘲的说法，并未表达自己的羞愧。

5.（1）我钟爱这条溪水，沿着溪水上溯二三里路，找到一个风景特别好的地方定居在那里。

【解析】是，这；入，沿着往里走；尤，非常；绝，（好）到极点的；家，名词用作动词，定居。

（2）现在我遇上政治清明安定的时代，（所作所为）却违背了道理，有悖于事态，所以愚人当中也没有谁像我这样愚笨吧。

【解析】遭，逢，遇到；有道，根据前文引用的事例，可以理解为政治清明安定；悖，违背；莫，代词，没有人；若，像。莫我若，否定句中疑问代词做宾语要被前置，翻译时要调整语序为“莫若我”。

6.①全文以“愚”字为线索，把自己之“愚”、溪水之“愚”融为一体，互相衬托。②在作者笔下，溪、丘、泉、沟、池、堂、亭、岛（八愚）仿佛全是自己的苦难知己。表面上看，愚溪水位低不能灌溉农田，水流急不能运输，窄而深，在生态上也不能兴起云雨，一无是处。③然而作者在下文肯定了“愚溪”不愚，它虽然对世人没什么帮助，却善于照彻万物，让作者“乐而不能去”，能达到忘我的境界，表现了作者因被贬而不能有所作为的郁愤不平，以及对这些奇山异水的热爱。④可见，作者也并非真“愚”，这“愚”其实是超脱凡尘的大智慧。

永州韦使君新堂记

1.ACEG

【解析】前面三个“其”应是并列结构，“逸其人”“因其地”“全其天”，故A、C、E处断开；“昔”和“今”时间上对举，应该是两个分句，G处应该断开。

2.D

【解析】A项，“度”，动词，测量、规划；动词，推测、估计。B项，“酾”，动词，疏导；动词，滤酒，这里指斟酒。C项，“蓄”，动词活用为名词，这里指积蓄的水；动词，蓄养。D项，“措”，都是动词，放置。

3.B

【解析】A项，连词，才；连词，于是。B项，助词，取消句子独立性；代词，这片地方。C项，均为介词，在。D项，介词，用；连词，表目的，来。

4.A

【解析】“讥刺前任使君劳民伤财，穷奢极欲”，于文无据。

5.（1）有石头的地方，被遮蔽在茂密的荒草丛中，有泉水的地方，被掩埋在污泥之下。

【解析】焉，代词，……的地方；翳，隐蔽；奥，深，这里指茂密的；涂，污泥。

（2）大凡各类事务，无不与地形相呼应、与地势相辅助，在厅堂之下一展风采。

【解析】合，呼应；辅，辅助；伎，同“技”；效，奉献，献出；庑，房屋。

6.本文通过对韦使君修建新堂过程和前后变化的记叙，寓规箴于叙记，赞颂了韦公教化百姓、除恶扬善、反贪立廉、关怀民生的抱负与追求，希望继任者能从韦公身上懂得治民的道理并以之为楷模，同时也表达了作者自己追求政治清明的理想。

钴鉧潭西小丘记

1.BDF

【解析】“突”“怒”“偃”“蹇”，四个形容词并列，形容“石”的状态，A处不可断开，B处应断开；“负土而出”，“而”表修饰，D处要断开；“者”，用在形容词、动词、动词词组或主谓词组之后，组成“者”字结构，这里代指石头，是断句标志，F处需要断开。

2.B

【解析】A项，“寻”，动词，依循；副词，不久。B项，“售”，都是动词，买。C项，“时”，名词作状语，当时；副词，时常。D项，“举”，副词，都；形容词，全。

3.C

【解析】A项，动词，作为；介词，向、对。B项，助词，的；放在主谓之间，取消句子独立性。C项，表修饰。D项，表修饰，同“而”，“由其中”是“望”的方式，作状语；表原因，因为。

4.D

【解析】“不慕名利、虚怀若谷、积极向上的乐观态度”理解有误。

5.（1）不满十天我就发现了两处风景奇异的地方，即使是古代喜好游山玩水的人，或许也未必能够遇到吧。

【解析】匝，周全，满；异，奇异；虽，即使；好事，喜好游山玩水；或，或许。

（2）如今被弃置在这永州，农夫和渔父经过时也会瞧不上它，价格只有四百钱，却接连数年都不能售出。

【解析】是，这；过，经过；陋，动词，鄙视、轻视；岁，年；售，卖出去，与前文的“货”单指“售卖”的行为不同。

6.①问其主，曰：“唐氏之弃地，货而不售。”②问其价，曰：“止四百。”余怜而售之。③皆大喜，出自意外。④农夫渔父过而陋之，价四百，连岁不能售。这些句子明写小丘遭遇，实际上暗写作者自身。同样是被遗弃，作者无辜被贬到永州，怀才不遇，跟小丘的命运何其相似，表达了苦闷的心情，小丘也是作者的情感寄托。

小石城山记

1.CEG

【解析】“其伎”作为名词，大概率做主语或者宾语；如果做宾语，“售其伎”意为展现优美风景；如果“其伎”做主语，那么“是”将无所适从，且“伎劳而无用”搭配不当，所以“其伎”应该属于前文，因此A、B不能断开，D处不能断开，C处应断开。“则”，那么，是断句的标志，G处应断开。倒推可知，“劳而无用”是独立结构，E处应断开。

2.B

【解析】逾黄茅岭而下，下，名词作动词，向下走。日光下澈，下，名词作状语，修饰“澈”。用法不同。

3.C

【解析】C项，非常；的确。A项，代词。B项，介词，用。D项，表并列。

4.D

【解析】应该是唐人写记侧重记景抒情，宋人写记侧重记理议论，如王安石的《石钟山记》。

5.（1）我怀疑究竟有没有造物主已经很久了。等到看了这里的景致，我越发认为确实存在。

【解析】及，等到；是，这里；愈，更加；诚，的确。

（2）天地灵气中的精华部分，不造就伟大的人物，却独独造就这些景物。所以楚地的南部少有杰出的人物，而多有奇异的石头。

【解析】为，动词，作、造就；是，这样。

6.两篇文章的感情基调是一样的，都是借描绘被遗弃在荒远地区的美好风物，寄寓自己的不幸遭遇，倾泻怨愤抑郁的心情。但角度有所不同，《小石城山记》主要抒发作者有报国之才而不能施展又反遭辱没的不平之气，表达了希望被重用的愿望；《小石潭记》虽然在自然美景中获得了快乐，但情绪一转，主要表现作者谪居生活中的孤寂悲凉心境。

贺进士王参元失火书

1.CEG

【解析】“良”，表程度的副词，后面跟动词或者形容词，A处不可断开。如果在B处断开，“恨修”意思表达不完整，需要思考“恨”的宾语是什么。接下来两个“之”字结构并列，可以先确定为断句标记，C处、E处断开，“之”的用法是放在主谓之间取消句子独立性；“而”作为连词有可能是断句标记，后面的“为……所……”是被动结构，所以G处应该断开。“常与孟儿道言而痛之”表意完整。

2.B

【解析】“尔虞我诈”中“虞”与“诈”义同，指欺骗。

3.D

【解析】A项，是，宾语前置的标记。B项，之，定语后置的标记。C项，兼词，相当于“之于”，之是代词，于是介词。D项，表反问语气，难道；表祈使语气，还是。

4.B

【解析】本文重点不是揭示“制度扼杀人才”的社会问题，而是批判当时的社会风气。

5.（1）有的人将要大有作为，才开始遭到种种艰难，受到惊吓，因此会遇到水火的祸殃，遇到小人的怨怒。

【解析】或，代词，有的人；乃，才；孽，祸殃；愠，怨怒。

（2）这是我偏爱自己因而违背公道已经很久了，不只是辜负了您一个人啊。

【解析】是，代词，这；仆，我；私，动词，偏爱；负，违背、辜负；特，只。

6.这是全文的纲，交代了专门致信表示庆贺的缘由。一个“骇”字，表达深切的同情、急切的关注。“疑”是对“骇”的深化，说明愚弄麻醉人的迷信比火灾更为可怕；由此联想社会上的种种弊病。因“疑”释“骇”，由“疑”入“喜”，喜于王参元可以因失火而得以施展才华，寄寓柳宗元对社会深刻的认识。

待漏院记

1.BDF

【解析】前有“独”，则对举的“亦皆”可作为断句标记，B处应断开；“耳”，句末语气词，可作为断句标记，D处断开；“况”引领“夙兴夜寐”，在F处断开。

2.C

【解析】A项“相”，动词，辅佐；动词，察看。B项“制”，名词，制度；名词，规模。C项“陟”，都是动词，升官，提拔。D项“构”，动词，编造；动词，结成、造成。

3.B

【解析】A项，“因”，沿袭。B项，“焉”，代词，此，这里；兼词，于此，在这里。C项，“其”，表推测语气，大概。D项，“而”，表修饰，指动作的伴随状态，“而”字前面的部分做后面动词的状语。

4.A

【解析】"善于治政、精于治政"不是原文的中心，"勤政"是文章的立意所在。全文提出宰相应忠于国事，勤于政务，使国家安定，百姓富庶，阐明了宰相的品行和职责，未提及宰相的执政才能。

5.（1）也许是因为百姓还未定居，思考怎么使他们康泰；四方少数民族还没归附，思考怎么令他们顺服。

【解析】或，也许；兆民，很多的民众；泰、来，使动用法；夷，我国古代中原地区对少数民族的称呼。

（2）还有的人不被毁谤但也不被称赞，跟随众人进退，窃居高位而徒享厚禄，在朝廷充数而只想着保全自身，这样的人也没什么可取之处。

【解析】复，还；毁，毁谤；誉，称赞；旅，众人，这里理解为跟随众人；苟，苟且；备，充数。

6.贤相心中关注的是百姓苍生、天下局势；而奸相关心的则是一己私利，如车马玉帛、人际关系等。贤相关心的是推举贤能，发现人才，罢黜小人，让国家政治清明；而奸相关心的则是如何勾结小人，逐出贤臣。贤相关心的是如何让德行、法度发挥应有的作用；而奸相关注的则是如何歪曲法度，谄媚迷惑君主。贤相忧心忡忡，勤于政务；而奸相私念纷纷，打盹无聊。

黄冈竹楼记

1.BCE

【解析】"贮"，藏；"藏"，指演出；"贮妓女""藏歌舞"，结构一致，B、C处需断开；"不取"的宾语是前一句的"非骚人之事"，E处应断开。

2.A

【解析】A项"比"，形容词，接连的；动词，等到。B项"具"，都是形容词，详尽。C项"素"，都是形容词，白色的。D项"胜"，都是形容词，美好的。

3.B

【解析】A项，这样；形容词词尾，……的样子。B项，同"披"，穿。C项，介词，在；动词，认为。D项，助词，主谓之间，取消句子独立性；助词，的。

4.D

【解析】D项中"直抒胸臆"的说法不对。

5.（1）以竹子做瓦，仅能用十年；如果铺两层，能用二十年。

【解析】稔（rěn），原指庄稼成熟，古代谷物一年成熟、收获一次，所以稔也指一年。覆，铺、盖。

（2）希望后来的人与我有同样的情怀，继续修整它，这座竹楼大概就不会朽坏了吧。

【解析】之，的；同志，同样的情致；嗣，继续；葺，修缮；庶，表示希望发生或出现某事，进行推测；斯，代词，这。

6.①房屋并不华丽，甚至简陋。本文如"竹工破之，刳去其节，用代陶瓦。……以其价廉而工省也"；《陋室铭》中之"陋室"。②景色优美。本文如第2段"远吞山光，平挹江濑"，远眺可以尽览山色，平视可以将江滩、碧波尽收眼底；《陋室铭》中有"苔痕上阶绿，草色入帘青"，阶上是绿色的苔痕，草色映入竹帘，使室内染上青色，幽静美好。③情致高雅。本文作者弹琴、吟诗、下棋、投壶；《陋室铭》中作者"调素琴，阅金经"，弹奏不加装饰的琴，阅读佛经。④情感上，都在被贬谪后，从生活中找到寄托，感到悠然、惬意。本文作者四年间到处游走，不怕竹楼容易毁坏，非常随性；而《陋室铭》作者在"无案牍之劳形"中感到了轻松快意。

书《洛阳名园记》后

1.CEF

【解析】"公卿大夫"做主语，A不可断开，"方进于朝"是个整体，B也不可断开；"乎"，相当于介词"于"，引出"放"的对象，即"一己之私"，故D处不可断开；"天下之治忽"是一个整体，G不可断开。

2.A

【解析】A项"尝"，都是副词，曾经。B项"候"，名词，征兆、标志；名词，时令、时节。C项"废"，动词，废置；动词活用为名词，被废置的事。D项"徒"，副词，白白地；副词，只、仅仅。

3.B

【解析】A项，助词，的。B项，连词，表并列；连词，表顺承。C项，那么，就。D项，介词，在。

4.B

【解析】应该是从洛阳的盛衰看出天下的治乱，而且不是作者纵观洛阳园林得出的，应该是纵观历史得出的结论。

5.（1）据有崤山、黾隘的险阻，正当秦陇间的咽喉要道，赵魏间的交通要冲。

【解析】挟，据有；当，是；走，交通道路；集，汇合。

（2）高亭楼台也都被焚毁，化为灰烬，与唐朝一起灭亡，没有剩余了。

【解析】榭，建在高台上的房子。

6.首先提出洛阳地理位置的重要性，得出洛阳的盛衰是天下太平或战乱的标志。进而论述洛阳名园的兴废意味着王公贵族处境的好坏，进而得出洛阳名园是洛阳盛衰的标志。最后，得出洛阳园林的兴废关系着天下兴亡的结论。

严先生祠堂记

1.ACEF

【解析】“因”，于是，后接动词“偃卧”，故B处不可断，C处断开；“陛下差增于往”是完整主谓结构，A处断开；“光以足加”后接补语“帝腹上”，D处不断，E处断开；“明日”时间状语，表意完整，F处断开；“奏”后接宾语“客星犯御坐甚急”，G、H、I处不断开。

2.D

【解析】侯霸为大司徒，位至鼎足。

3.A

【解析】A项，以，用、把；因为。B项，没有。C项，于是、就。D项，于是。

4.C

【解析】“可见他对故友的欣赏”说法错误。依据文中严光对司徒侯霸的回应可知，他认为身怀仁爱，辅佐正义，天下就会喜悦；阿谀奉承，顺随旨意，就身首异处。他不想私交阿谀。

5.（1）视高官厚禄如粪土，天下有谁能超过他？只有光武帝执礼敬待，甘居其下。

【解析】泥涂，污泥，意动用法，看作污泥；轩冕，本义指高官坐的车子、戴的礼帽，借指官爵；加，超过；下，在其下。

（2）光武帝想着严光有才德，就派人按他的形貌特征访求他。

【解析】思其贤，想着他有才德；以，按照；物色，形貌；乃令以物色访之，省略句，省略介词“以”的宾语“之”，即“乃令以（之）物色访之”，就派人按他的形貌特征访求他。

6.①“少有高名”“帝思其贤”，可见严光有学问，有才干；②“乃备安车玄纁，遣使聘之。三反而后至”以及后文的“士故有志，何至相迫乎”等都可见出严光不慕富贵，不图名利；③“除为谏议大夫，不屈，乃耕于富春山”，反映出严光追求自由，率直随性的特点。

岳阳楼记

1.BDF

【解析】“心旷”和“神怡”并列，A处不可断开，B处断开；“宠辱”做“偕忘”的主语，C处不可断开，D处断开；“把酒临风”，持着酒杯迎着风，E处不可断开，应该在F处断开；“其”，代指前文的状态，“喜洋洋”是叠音词，“洋洋”形容“喜”的程度，G处不可断开；“者矣”，句末语气词连用，不能单独成句，H处不可断开。

2.B

【解析】“举酒属客”的“属”，劝酒义。“欲把西湖比西子”的“把”是将、以之义。

3.B

【解析】A项，副词，用于加强判断，相当于“乃”“即”；连词，那么、就。B项，均为助词，的。C项，代词，有时；副词，或许，也许。D项，副词，多么；代词，什么。

4.A

【解析】第三段和第四段采用对比手法描写洞庭湖阴晴两种天气下的景色及其给一般人的感受，没有体现作者情感的变化。作者写这两种情境是为了突出下文“古仁人”超乎这两者之上的更高的理想境界，即“不以物喜，不以己悲”。

5.（1）虽然如此，那么这里北面通向巫峡，南面直到潇湘，贬谪流放的官吏和多愁善感的诗人，往往在这里汇聚，他们观赏景物的心情，能不有所差异吗？

【解析】极，至，到；多会于此，状语后置；得无，表示反问或推测，恐怕，怎能不。

（2）他们在朝做官，就会为百姓忧虑；处在僻远的江湖，就为会国君而担心。

【解析】居，处在；忧，为……忧虑。

6.三四段互相对照，写“览物之情”，第三段以雨景带出悲情，第四段以晴景引出乐情，写迁客骚人情随境迁，不能自已。最后一段收束上两段，作者在感叹之余，进一步探求“古仁人”之心，他们不同于“迁客骚人”，他们忧乐俱在天下，不以外物改变自己的心志，进而引出全文的主旨：“先天下之忧而忧，后天下之乐而乐”。

谏院题名记

1.BDFH

【解析】“以”，用、把；“天下之政”“四海之众”“得失利病”都是谏官谏言的内容范围，B、D、F处应断开；“萃于一官”的目的是“使言之”，G处不断，H处断开；“任”是“重”的主语，I处不能断开。

2.A

【解析】A项“谋”，都是动词，谋划。B项“责”，动词，责成、要求；动词，责备。C项“议”，动词，议论；动词，主张。D项“直”，形容词，正直；副词，径直。

3.B

【解析】A项，能；得到。B项，才。C项，表转折，却；表修饰。D项，在；比。

4.C

【解析】文章仅记载谏官姓名，而非详细事迹，“通过具体案例示范正直敢言的风气”纯属虚构。

5.（1）做这官的人，要常关注国家大事，略去细枝末节。

【解析】是，代词，这个；志，记；细，细小的事，形容词活用为名词。

（2）那些热衷于名声的人，就好像那些热衷于私利的人一样，这两者之间的差距又有多大呢！

【解析】汲汲，热衷的样子；去，距离、差距。

6.①本文提出“居是官者，当志其大，舍其细；先其急，后其缓；专利国家，而不为身谋”的为官细则，明确官员应该以国家利益为重，忠于职守，体现了作者“大儒”的品质。②文中提出“后之人将历指其名而议之曰：某也忠，某也诈，某也直，某也曲”，将题名石转化为责任明晰的证据，这种“以荣为戒”的写法，将个人名誉与历史评价相绑定，颠覆了传统题名记的颂扬功能，体现了“大儒”的教化智慧。

义田记

1.ACEG

【解析】“殁之日”语义独立，A处断开；“身无以为敛”，“子无以为丧”，结构一致，C、E应该断开；“以”引出宾语“施贫活族之义”，F处不可断开，G处断开。

2.D

【解析】D项，“无乃尔是过与”的“过”是“责备”的意思，“无乃”是“恐怕”的意思，“是”是宾语前置的标志，语序可以调整为“过尔”，全句译为“恐怕应该责备你们吧”。

3.D

【解析】A项，连词，表目的，来。B项，副词，才。C项，结构助词，主谓之间，取消句子独立性。D项，介词，在……方面，对于；介词，到。

4.C

【解析】文章第三段写春秋时齐国宰相晏婴“彰君之赐”的故事，赞扬“晏子好仁”，作者的用意在于由此指出范仲淹设置义田“贤于平仲”，也就是说比晏子还要贤明。范仲淹设置义田千亩，并延及后世子孙的“规模远举”，是晏子无法相比的。

5.（1）他平生乐善好施，挑选那些亲近却贫困、疏远却贤能的人，都予以周济。

【解析】与，给予；而，表转折；施，周济。

（2）范公还没做高官时，就曾打算这样做了，但二十年中一直无力付诸实践。

【解析】尝，曾经；是，这样；逮，达到。

6.①设置义田供养救济族人。田地使用、人员安排、分配制度都规划妥当，运转良好。②嫁娶灾丧措施富有创意。利用当地民情，充分利用闲散资金和民力，使百姓过上安定幸福的生活。

袁州州学记

1.ABDGH

【解析】“始至”，语义独立，A处断开；“进诸生”，使诸生进，可以理解为召见诸生，B处断开；“阙”，代词，代指前文的教育现状，故C处不能断，D处断开；“人才放失”“儒效阔疏”是“大惧”的宾语，E、F、I处不可断开，G处需要断开。“亡以称上意旨”，表意完整，H处断开。

2.D

【解析】D项“相”，都是副词，相互。A项“知”，动词，主持，执掌；动词，了解。B项“次”，名词，次序；名词，军队驻扎的处所。C项“延”，动词，延续；动词，请。

3.D

【解析】A项，动词，肯定；形容词，正确。B项，凭借；因为。C项，表转折；表顺承。D项，用在主谓之间，取消句子独立性。

4.B

【解析】袁州知州祖无泽和陈侁一起为营治学舍相地选材，从下文“尔袁得圣君”（你们袁州人又有一位圣明的知州），可见作者主要赞赏祖无泽和陈侁办学雷厉风行、务实而高效，选项表述不准确。

5.（1）如今遇到圣明神武的皇帝，你们袁州得到了一位圣明的知州，使你们可以通过学校的教化追随古代圣贤的足迹。

【解析】遭，遇到；尔，代词，你们；俾，使；庠序，指学校。

（2）一旦不幸遇乱，尤其应当秉持高尚的节操，做大臣的就为尽忠而死，做儿子的就为尽孝而死。

【解析】仗，秉持；死，为动用法，为……而死。

6.①“制诏州县立学”，皇帝颁发诏书，有自上而下的支持；②从“大惧人材放失，儒效阔疏”看出，知州祖无择认识到了学官不足的危害；③陈君侁“闻而是之，议以克合”，地方为官者也能顺皇帝意图，共同决策；④从

"工善吏勤，晨夜展力"可以看出，这也是工匠们辛勤劳作的结果。

朋党论

1.BDGJ

【解析】"黄巾贼起""汉室大乱"都是主谓结构，A、C不能断开，B、D需要断开；"后"，后来；"方"，才，后接"悔悟"，G处断开；"解……而释之"，"解"和"释"是承接关系，H、I处不能断开，"之"后J处断开。

2.D

【解析】A项，"而望幸焉"的"幸"是"宠幸"的意思。B项，"事不目见耳闻"中"目"是名词作状语，用耳朵。C项，"而绝江河"的"绝"是"横渡"。

3.A

【解析】A项，以，都是"因为"的意思。B项，连词，表选择，或者；副词，或许。C项，表假设，即使；表让步，虽然。D项，表转折，却；表结果，那么。

4.B

【解析】"不害怕被政敌斥责结为朋党"于文无据。

5.（1）用他们来修养品德，就能志趣一致而相互补益；用这些为国家效力，就能同心同德，相互帮助。

【解析】以，用；益，补益；事，效力；济，帮助。

（2）然而周朝却因此兴盛，原因就在于有德之人再多也不会满足呀。

【解析】用，因为；厌，满足。句式是判断句，用于表原因。

6.①作者的观点是"退小人之伪朋，用君子之真朋，则天下治矣"。②举例论证，作者举了尧舜退小人之朋、任用君子之朋而天下大治的事例来正面论证观点。③对比论证，纣王时期亿万人异心，没有朋党却亡国；周有三千人的大朋党却兴盛，用这组对比证明朋党的影响不能一概而论。④最后又举了汉献帝和唐昭宗的事例，证明杀害、囚禁名士这种"退君子之真朋"的行为会带来亡国的后果，再次证明了观点。

纵囚论

1.BDE

【解析】"方"，在；"唐太宗之六年"，是时间状语，B处断开；"大辟"，指死刑，做"囚"的定语，C处不能断开，D处断开；"纵"是释放的意思，"纵使"是释放他们让他们回家，语义完整，E处断开；"以就死"是"自归"的目的，F处不能断开。

2.D

【解析】A项，"其囚及期而卒自归无后者"的"卒"不是死去义，是全部义，"保卒余年"的"卒"是终了、完结义，这里指完整地度过。B项，"竭诚"的"诚"是名词，指诚心。C项，"盗窃乱贼而不作"的"贼"是残害义。D项，"法当斩"的"法"是名词作状语，按照法律。

3.D

【解析】A项，是，这样，以，用。"是以君子之难能"意思是：这样是在用君子都难以做到的事（来期望小人做到）。《出师表》中的"是以"是因此、所以的意思。B项，表目的，用来……；……的原因。C项，介词，在；介词，比。D项，都是语气副词，表示反问。

4.C

【解析】认为小人一定做不到，说法过于绝对。

5.（1）又哪里知道那些囚犯被释放离开，不是料到他们自觉返回一定会获得赦免，因而才返回监狱呢？

【解析】去，离开；意，料到。

（2）不标新立异以表示高明，不违背常情以求取美誉。

【解析】干，求取。

6.①第一段从君子、小人的品格性情上分析释放死囚，并与他们约定来年受刑的时间这一做法的可行性低；②第二段推断了君王和囚犯的心理目的分别是求取赞誉和侥幸求生，接着用唐太宗施行了六年的恩德也未能让小人不犯大罪的事实来证明仅靠一朝一夕的恩德就让人视死如归、坚守信义是不太可能的；③第三段提出了关于"怎么做"的建议，以尧舜禹时期的"大治"来论证治理囚犯需要基于人之常情。

释秘演诗集序

1.BDF

【解析】"其意"做动词"放"的宾语，A处不断；"则"，就，关联词表示结果，可以用作断句标记，B处断开。"布衣野老"是并列短语，不能被断开，只能在"野老"后，即D处断句。"酣嬉淋漓"指的是恣意嬉戏，至于极点，而"颠倒"指的是喝醉酒的样子，在F处断句。

2.D

【解析】A项，"备他盗之出入与非常也"的"非常"是"意外变故"。B项，"学而时习之"的"时"是"按时"。C项，"此非孟德之困于周郎者乎"的"困"是"围困"。D项，"漠然置之"的"漠然"是"冷淡的样子"。

3.B

【解析】A项，"因"，因此。B项，"以"，连词，来；介词，用。C项，“之”，动词，前往、到。D项，“乃”，竟然。

4.A

【解析】“反衬”错误，石曼卿也是一位高人，应该是衬托、映衬。

5.（1）然而他们喜欢写诗来自我消遣。当他们痛饮大醉时，赋诗长歌，纵笑高呼，以求天下最大的欢乐，这样的场景多么壮观啊！

【解析】为，动词作、写；极，顶端；适，达到、享受。

（2）曼卿的诗极为清丽，他尤其称赞秘演的作品，认为它们高雅雄健，有诗人的意趣。

【解析】绝，非常；称，称赞；意，意趣。

6.①正面刻画，如“秘演状貌雄杰，其胸中浩然”；②侧面烘托，如先写曼卿“廓然有大志”“时人不能用其材”，因此“从布衣野老，酣嬉淋漓，颠倒而不厌”，实则是映衬秘演的豪迈狂放。

卷十

梅圣俞诗集序

1.ADG

【解析】“予尝嗜圣俞诗”主谓宾完整，A处要断开；“而患不能尽得之”，从本段内容来看，主要记述《梅圣俞诗集》的编撰经过，这里表达的意思是“担心不能得到全部的诗篇”，D处断开表达了完整的内容；“遽喜谢氏之能类次也”承接上句谢氏把梅圣俞的诗作编为十卷，“类次”的意思是分类编次，本句以语气词“也”结束，G处要断开；“辄序而藏之”，“而”作连词连接前后，不要断开。

2.C

【解析】A项，“凡士之蕴其所有而不得施于世者”中的“施”，译为施展；“愿无伐善，无施劳”中的“施”，意思是夸耀；二者意思不同。A项正确。B项，正确。C项，“殆穷者而后工也”中的“殆”，意思是大概；“且燕赵处秦革灭殆尽之际”中的“殆”意思是几乎、将要；二者意思不同。C项错误。D项，正确。

3.C

【解析】A项“者”，定语后置的标志；……的诗歌。B项“于”，介词，表被动；介词，表对象。C项“其”，代词，他。D项“以”，相当于“而”，译为“来”；介词，因为。

4.B

【解析】B项“在州县生活饱受饥荒之困”错误，原文“困于州县凡十余年”指的是困顿于州县一级的职位已经十多年了。

5.（1）我听世人说诗人很少显达，大多困穷失志，难道真是这样吗？大概因为世间所流传的诗歌，大多是出于古代困穷失志者笔下的缘故吧。

【解析】“达”，通达、显达；“穷”，困穷、困顿、困厄，与“达”相对；“然”，如此、这样；“穷人”，困顿失志的人（古今异义，不是贫穷的人）；“……者……也”表判断，需翻译出“是”。

（2）不肯苟且迎合、取悦世人，因此世人只知道他的诗罢了。

【解析】“苟”，苟且；“说”，同“悦”，取悦；“徒”，只；“而已”，罢了。

6.①首先，批驳“诗人少达而多穷”的观点，指出流传的诗歌多出自困穷失志的诗人。②接着，提出“内有忧思感愤之郁积”方能发而为诗，仕途坎坷、人生困厄，内心郁积了忧思感愤，这是文学创作的动力和源泉。③最后，肯定“愈穷则愈工”，郁积的忧思越深厚，感愤越强烈，越能写出好诗。

送杨寘序

1.ADG

【解析】“取其”“道其”“写其”，句式整齐，结构相似，都是四字动宾结构，应在动词前断开，所以A、D、G处要断开。

2.A

【解析】A项，“及其至也”中的“至”，形容事情的尽善尽美；“起视四境而秦兵又至矣”中的“至”，意思为到达；二者意思不同。A项错误。B项，正确。C项，“道其湮郁”中的“道”是通假字，同“导”，意思是疏导；“来吾道夫先路”中的“道”，也是通假字，意思是引导；二者意思不同。C项正确。D项，“区区在东南数千里外”中的“区区”，形容地方小；“是以区区不能废远”中的“区区”指自己的私情；二者意思不同。D项正确。

3.D

【解析】A项“于”，介词，向；介词，在。B项“之”，主谓之间取消句子独立性；结构助词，的。C项“其”，指示代词，那、那些；如果。D项“以”，相当于“而”，表目的，译为“来”。

4.D

【解析】D项“平复心情，疗养身体，习得精湛的琴技”错误，原文“然欲平其心以养其疾，于琴亦将有得焉”指的是想要平复他的心情，从而疗养他的疾病，弹琴也许对他有所帮助。也未提到“习得精湛的琴技”。

5.（1）节拍急切时音调凄清而又急促，节拍缓慢时音调悠缓而又平和，有时像崖壁坍塌、岩石爆裂，像高山上喷出泉水，像深夜里风雨来临。

【解析】“凄”，凄凉、凄清；“以”，表并列；“促”，急促；“舒”，舒缓、缓慢；“和”，平和。

（2）以他多病的身体，怀着愤愤不平的心情，居住在风俗饮食不相适宜的地方，能够忧伤沉郁地长久支持下去吗？

【解析】“异宜”，不适宜；“其”，表反问；“郁郁”，忧伤、沉郁。

6.①首先，总写琴声千变万化，节拍急切时音调凄清而又急促，节拍缓慢时音调悠缓而又平和。②接着，作者用各种比喻形象地描绘琴声：“如崩崖裂石，高山出泉，而风雨夜至也”，写琴声的高亢、悠扬、凄厉；“如怨夫寡妇之叹息”，写琴声的幽伤、哀怨；“雌雄雍雍之相鸣”，写琴声的婉转、和谐。③又用联想与想象描绘琴声所抒发的感情：琴声所抒发的“忧深思远”，好像舜与文王、孔子流传下来的声音；琴声所抒发的“悲愁感愤”，好像孤儿伯奇、忠臣屈原的叹息。④最后，用类比写琴音的感发力量：琴音那纯净古雅、恬淡宁静的情调与三代的言语、孔子的文章、《周易》的忧患意识、《诗经》中的怨刺没有什么区别，排解内心的抑郁不畅，宣泄心底的忧思，在感动人的同时，让人领悟人生真谛。

五代史伶官传序

1.CFH

【解析】从句式特点来看，本句有一个共同的主语，连续使用多个动词——“系”“函”“入”“还”，因此在动词前断开即可。在D、F、H处断开。

2.D

【解析】“举天下之豪杰”中的“举”，意思是全，是形容词，现代汉语中“举国欢庆”“举世无双”的“举”都是这个用法；“杀人如不能举”中的“举”，意思是尽，是副词；二者意思不同。C项正确。D项，“夫祸患常积于忽微”中的“忽”，指极小的事，“忽”“微”都是中国古代的长度单位，“忽”是一寸的十万分之一；“忽逢桃花林”中的“忽”，意思是忽然；二者意思不同。D项错误。

3.A

【解析】A项“以”，介词，把。B项“与”，介词，和、跟；动词，给。C项“其”，副词，祈使语气，一定；指示代词。D项“于”，介词，由于；介词，被。

4.A

【解析】A项“与天命无关，而在于人事”错误，原文“虽曰天命，岂非人事哉”说的是有天命的因素，但更强调人事。

5.（1）推究庄宗得天下和他失天下的原因，就可以知道了。

【解析】“原”，推究；“所以”，表原因。

（2）或者推究他成功与失败的事迹，都是由于人事呢？

【解析】“抑”，或者；“本”，推究；“迹”，迹象、事迹；“人”，人事（语境意）。

6.①国家的发展和个人的命运取决于“人事”，是可以通过努力和奋斗改变的，而不是被命运所束缚。②做事要居安思危，防微杜渐，不要小看一些微小的事情，那些看似不起眼的事情往往会对大局产生深远的影响。

五代史宦者传论

1.BDG

【解析】承接上文“向之所谓可恃者，乃所以为患也”，之前可以依靠的宦官成了制造祸患的根源，本句“患已深而觉之”讲祸患已经很深，君主才觉察出来，应在B处断开；“欲与疏远之臣图左右之亲近”，意思是想和疏远的大臣商量铲除左右亲近的宦官，表意完整；“缓之则……”“急之则……”，结构相似，应在D、G处断开。

2.D

【解析】D项“则祸斯及矣”的“斯”是连词，意为“于是、就”；“斯亦伐根以求木茂”的“斯”是代词，意为“这”；二者意思不同，D项错误。

3.B

【解析】A项“于”，介词，比；介词，在。B项“以”，介词，用、凭借。C项“去”，距离；除去。D项“而”，连词，表并列；连词，表顺承。

4.B

【解析】B项“宦官会凭借小善行来切合世道人心”错误，原文“能以小善中人之意”，指的是凭借小善迎合君主的心意；“进而用祸患来威吓群臣”错误，原文说的是用祸患来吓唬君主，从而控制君主。

5.（1）因为宦官所担任的事务接近君主，容易与君主形成密切的关系，他们用心专一而又残忍。

【解析】“盖”，表原因；“用事”，所担任的事务；“习”，亲狎；“专”，专一；“忍”，残忍。

（2）还会使奸雄们以此为借口，乘机而起，直到把宦官及其同党逐一挖出，全部杀掉，以大快天下人之心，方才罢手。

【解析】“资”，借口；“抉”，挖出；“种类”，同类；“已”，停止。

6.①惑主:“以小善中人之意，小信固人之心，使人主必信而亲之”；②擅权:“惧以祸福而把持之”；③固宠、弱主:“前后左右者日益亲，则忠臣、硕士日益疏，而人主之势日益孤”；④蓄谋种毒:“安危出其喜怒，祸患伏于帷闼，则向之所谓可恃者，乃所以为患也”；⑤祸患已深:“患已深而觉之”“虽有圣智，不能与谋”“谋之而不可为，为之而不可成”；⑥人主受祸:“大者亡国，其次亡身，而使奸豪得借以为资而起，至抉其种类，尽杀以快天下之心而后已”。

相州昼锦堂记

1.BDG

【解析】“勒之金石”“播之声诗”，结构对称，应在动词前断开，B、D处要断开;“以”表目的，引出并列的“耀后世”“垂无穷”，中间不需断开，G处断开;“而”前后的“公之志”“士亦以此望于公”并列，H处不用断开。

2.C

【解析】“以遗相人”中的“遗”，意思是赠送;“秦无亡矢遗镞之费”中的“遗”，意思是丢失；二者意思不同。C项错误。“矜名誉”中的“矜”，意思是看重;“愿陛下矜悯愚诚”中的“矜”，意思是怜悯；二者意思不同。D项正确。

3.C

【解析】A项“而”，连词，表顺承；连词，表并列。B项“于”，介词，被；介词，在。C项“则”，却。D项“为”，介词，对……来说，引出判断或评价的主体；介词，向。

4.C

【解析】C项“材料中详细记述了昼锦堂的修建过程，描绘了其建筑、装饰和景致之美”错误，材料中没有详细记述和描绘这些内容。

5.（1）由此可见魏国公对待富贵是怎样一种态度，他的志向哪能轻易估量啊!

【解析】“何如”，如何、怎么样;“岂”，难道;“量”，估量。

（2）至于面对重大事件，决策重要议题，他也同样悬垂衣带，端正笏板，不动声色，把天下治理得像泰山一样安稳，真可称得上是能身负国家重任的大臣了。

【解析】“临”，面对;“垂绅正笏”，悬垂衣带，端正笏板，形容沉着稳重的样子;“措”，安排。

6.韩琦并不将“昼锦”视为荣耀；韩琦修建昼锦堂意在警戒自己，不以世俗之荣为夸耀，而以社稷民生为忧念，只有恩及百姓，功在国家，方能名垂青史、光照后代。

丰乐亭记

1.CEI

【解析】“本其”“道其”，是一组并列的动宾结构，在宾语后断开，C、E处要断开;“……者……也”构成判断句，在“者”后要断开，I处要断开，意为“让民众知道他们之所以能够安享丰年的欢乐，是因为有幸生于这太平无事的年代”。

2.C

【解析】C项，“故老”，指的是前朝遗老;“遗老”，指的是经历世变的老人；二者意思实际相同。C项错误。

3.D

【解析】A项“而”，连词，表修饰；连词，表并列。B项“也”，判断句的标志；句末语气词。C项“盖”，表原因，译为“是因为”；发语词，不翻译。D项“之”，主谓之间取消句子独立性。

4.B

【解析】B项“舟车商贾、四方宾客往来不绝”错误，原文的意思是滁州是一个过往车船、商人、四方游客所不到的地方，百姓们不知道外面的事情。

5.（1）自从唐朝政局混乱，国家四分五裂，英雄豪杰全都起兵争夺天下，到处都是敌对的政权，哪能数得清呢?

【解析】“失政”，政治混乱;“所在”，到处;“敌国”，敌对的政权、敌对的势力;“胜”尽、完。

（2）以前那些战争时所凭靠的险要地势，都逐渐被铲除和削平了，近百年间，只能看见处处山高水清。

【解析】“向”，以前;“恃”，依靠、凭借;“漠然”，安静的样子;“徒”，只。

6.①畅游山水之乐：滁州地方僻静，政事简单，民风淳朴，生活安闲，泉水甘甜，山林四时秀美，作者怡然出游，纵情山水；②与民同乐：作者庆幸恰遇民众为谷物丰收而高兴，乐意与他同游；③生逢太平之乐：作者认为之所以能够安享丰年的欢乐，是因为有幸生于这太平无事的年代；④宣扬皇上恩德之乐：作者借此宣扬皇上之圣德，让百姓认识到丰衣足食、社会安宁稳定皆因皇恩，拜谢浩荡皇恩，也是自己作为刺史的职责。

醉翁亭记

1.DGI

【解析】“若夫”是发语词，不能独立使用，A处不可断开;“日出而林霏开”“云归而岩穴暝”，从结构特点来看是平行句式，D、G处断开;“者”“也”作为判断句标志，在

“者”处应该断开，I处断开。

2.B

【解析】“有亭翼然临于泉上者”中的“临”，指的是居高而下；“酾酒临江”中的“临”，意思是面对；二者意思不同。A项正确。“饮少辄醉”中的“辄”，意思是立即、就；成语“动辄得咎”中的“辄”，意思是总是、每次；成语“浅尝辄止”中的“辄”，意思是立即、就；三者意思不同。B项错误。“野芳发而幽香”中的“发”，指的是花开放；“而大声发于水上”中的“发”，意思是发出；二者意思不同。C项正确。“觥”指酒杯，“筹”是“酒筹”。D项正确。

3.B

【解析】A项“谓”，命名；为、是。B项“乎”，相当于“于”，在。C项“之”，代词；主谓之间取消句子独立性。D项“而”，连词，表并列；连词，表修饰。

4.C

【解析】C项“滁人之游，分工合作，等级严明”有误，文章并没有强调等级差异；“宴酣之乐，宴席丰盛，秩序井然”有误，从“起坐而喧哗者，众宾欢也”可以看出，宴会喧哗热闹，并非秩序井然；“体现了太守治下严明”错误，体现了太守与下属关系融洽，与民同乐。

5.（1）野花开放，散发出清幽的香味，好的树木枝繁叶茂，形成浓密的绿荫，天高气爽，霜色洁白，水流减少，石头裸露，这是山中四季的景色。

【解析】“芳”，花；“发”，开放；“秀”，茂盛；“四时”，四季；本句是判断句。

（2）至于背着东西的人在路上歌唱，走路的人在树下休息，前面的呼喊，后面的应答，老人弯着腰，小孩由大人抱着领着，来来往往，络绎不绝的，是滁州人们的出游。

【解析】“负者”，背着东西的人；“涂”，同“途”，路；“休于树”，在树下休息；“伛偻”，指弯腰驼背的老人；“提携”，被牵着手的孩子；本句是判断句。

6.①陶醉于山水美景；②陶醉于与民同乐；③陶醉于政治清明，太平盛世。或（为山水之景而醉，为滁人欢乐而醉，为宴酣之乐而醉）

秋声赋

1.CFJ

【解析】根据“思其”“忧其”“宜其”（或“所不及”“所不能”）判断，句式相似，在谓语前断开，即C、F处断开；“渥然丹者为槁木，黟然黑者为星星”，结构相似，“……然……者……为……”，在J处断开。

2.B

【解析】A项，“烟霏云敛”中的“霏”，意思是飞散、飘散，这句话的意思是烟雾飘散；“若夫日出而林霏开”中的“霏”意思是弥漫的云气；二者意思不同。A项正确。B项，“乃一气之余烈”中的“余烈”，意思为余威，这句话的意思是“能使草木摧折凋零的，是秋气的余威”；“奋六世之余烈”中的“余烈”，意思是遗留的功业；二者意思不同。B项错误。C、D两项说法都正确。

3.B

【解析】A项“以”，相当于“而”，表并列；相当于“而”，表修饰。B项“也”，判断句的标志。C项“乎”，句中停顿；相当于“于”。D项“而”，连词，表并列；连词，表顺承。

4.D

【解析】D项“沿袭传统”“对世事无常的感慨”错误。本文写秋以立意新颖著称，悲秋是中国古典文学的常见主题，但欧阳修选择了从新的角度入手，虽然承袭了写秋天肃杀萧条的传统，但却烘托出人事忧劳更甚于秋的肃杀，使文章在立意上有所创新。

5.（1）它的形貌清新明净，天空高远，日光明亮；它的气息寒冷，刺人肌骨。

【解析】“清明”，清新明净；“晶”，明亮；“慄冽”，犹“凛冽”，寒冷；“砭”，刺。

（2）人作为动物，在万物中又最有灵性，种种忧虑煎熬他的内心，无数事务劳损他的身体，内心有所触动，一定会消耗他的精力。

【解析】“中”，内心；“摇”，耗费、消耗。

6.①秋天万物衰败飘零，由此生发的悲秋之情。②感慨光阴荏苒。本文作于欧阳修回京任职的嘉祐四年（1059）秋天，他当时已经五十三岁。③多年的宦海沉浮，让作者体悟到：人世种种忧虑和无数事物对人身心的伤害比秋气对植物的摧残更为严重。④表达出一种自足自安、豁达超然的人生态度。

祭石曼卿文

1.BFI

【解析】从词意来看，“轩昂”“磊落”意思相近，“突兀”“峥嵘”意思相近，B处需断开，A、C处不断；“而”表语义转折，D处可断可不断，由于本题只需要断开三处，此处不断；“者”是一个断句标志，“意”此处是动词，考量语义，F处需断开；“不化为朽壤”“而为金玉之精”，语义相对，在“而”之前断开，I处需断开。

2.D

【解析】A项，正确。B项，“庶羞”中的“庶”意为众多；“庶竭驽钝”中的“庶”意为希望；二者意思不同。B项正确。C项，正确。D项，“但见牧童樵叟”“但闻黄河流水鸣溅溅”中的“但”，意思都是只、仅仅；二者意思相同。D项错误。

3.B

【解析】A项“其”，指示代词，那；疑问语气中的代词，表示反问。B项“之”，结构助词，的。C项“固”，已经；本来。D项“乎”，形容词后缀；相当于“于”。

4.C

【解析】C项“作者由此不禁想到：自古繁华易逝，盛极必衰”错误，原文讲石曼卿的墓地满目皆是荒凉凄怆的景象，作者由此想到：再过千秋万代，怎知道不会有狐狸、貉子、鼯鼠和黄鼠狼之类在此打洞藏身？自古以来圣贤身后必将凄凉，只剩下旷野上一个接一个的荒坟。

5.（1）那同万物一样有生有死，而最后化为乌有的，是暂时存在的形体；那不与万物一道灭亡，而卓越不朽的，是流传后世的声名。

【解析】“同”，相同、一样；“乎”，相当于“于”，译为和、同；“者”，表判断，需翻译出判断句；“暂”，暂时；“尽”，死亡；“卓”，卓越；“名”，声名。

（2）这也是自古以来圣贤都要遭到的情景，难道没看见那一片片空旷的荒野和残破的坟墓吗？

【解析】“然”，这样；“独”，难道；“夫”，那；“累累”，形容重叠相连，译为一片片；“城”，坟墓。

6.《祭石曼卿文》：①一呼曼卿“生而为英，死而为灵”，称颂好友后世之名，卓然不朽。②二呼曼卿，感慨好友身后墓地凄清冷落的境况。③三呼曼卿，悲凉凄怆，临风陨涕，表达沉痛哀思。

《石曼卿墓表》：①称颂曼卿懂得“自重”，宁愿混日子表示高洁，也不肯稍稍让步以迎合世俗，是成大事、建奇功所需的“自重之士”。②惋惜好友终生默默无闻于困境之中，没有机会为国建功。

泷冈阡表（节选）

1.BEG

【解析】解本题的关键是处理几个动词结构的逻辑关系。“守节”“自誓”是一个意群，写母亲立志守节，B处断开；“居穷”“自力于衣食”是一个意群，写母亲靠自己的力量艰难维持生计，E处断开；“以长”“以教”是一个意群，写母亲对“我”的抚养和教育，G处断开；“俾至于成人”是一个意群，表上述行为的结果。

2.B

【解析】A项，正确。B项，“其子修始克表于其阡”中的“克”与“能克终者盖寡”中的“克”，意思相同，都是能够的意思。B项错误。C项，“屡废而叹”中的“废”，意思是停止；“于是废先王之道，焚百家之言”中的“废”，意思是废除。二者意思不同。C项正确。D项，正确。

3.B

【解析】A项“始”，才；开始。B项“于”，介词，对、对于。C项“其”，哪里、怎么，表反问语气；希望，表祈使语气。D项“然”，这样；对、正确。

4.C

【解析】C项“但是欧阳修的母亲却认为他有养活全家的能力”错误，原文“然知汝父之能养也”指的是知道欧阳修的父亲是能够孝敬父母的。

5.（1）我想为他寻求生路却找不到，那么死者与我就都没有遗憾了。况且现在通过努力确实能找到生路呢？

【解析】“得”，找到；“恨”，遗憾；“矧”，况且。

（2）奉养父母不一定要物质很丰厚，关键是孝敬；恩惠和好处虽然不能遍施于所有的人，最重要的是要心地仁厚。

【解析】“养”，奉养、赡养；“必”，一定；“要”，要点、关键；“利”，好处、恩惠；“得”，能够；“博”，博施。

6.欧阳修的父亲：①廉洁好施。欧阳修的父亲为官廉洁又喜宴宾客，常说“不要让钱财成为‘我’的累赘”，去世后并没有留下让母子可赖以生存的家财。②奉亲至孝。逢年过节祭祀，偶尔吃些酒菜，他都会伤心流泪说，遗憾不能再奉养双亲。服完母丧之后也经常如此，直到去世也没有改变。③为官仁厚。做官处理文书时，经常为死刑犯寻求生路，以免有人被误判。

欧阳修的母亲：俭约治家、安于贫贱。欧阳修的母亲从早年贫寒之时就一直节俭持家，她已料想到自己儿子日后恐有磨难，所以当欧阳修被贬之时，其母亲言笑自若、处之泰然。

管仲论

1.BDF

【解析】“五公子争立”是一个主谓宾完整的句子，主谓之间不用断开，所以A处不断，B处断开；“其祸蔓延”是一个主谓句，主谓之间不用断开，所以C处不断，D处断开；“讫”是动词，意思是截止，“简公”是“讫”的宾语，动宾之间不断，所以E处不断，F处断开；“齐无宁岁”是一句主谓宾完整的句子，G、H处都不断。

2.D

【解析】D项，“且各疏其短”的“疏”是动词，指分条陈述；《谏太宗十思疏》中的“疏”是名词，指一种文体。二者意思不同，D项错误。

3.C

【解析】A项“于”，介词，在；介词，比。B项“以”，连词，表修饰；介词，因为。C项“而”，都是连词，表修饰。D项“之”，助词，的；主谓之间取消句子独立性。

4.C

【解析】“齐威公不能用贤”是因为管仲没有荐贤，所以本文主要不是为了“批评齐威公不能用贤”，而是为了批评管仲不能荐贤。

5.（1）威公是个音乐不停歇于耳，美色不离开眼的人，如果无此三人，就无法满足他的欲望。

【解析】“而”，连词，表假设；“遂”，动词，满足。

（2）贤人不悲痛自己的死亡，而忧虑国家的衰败，因此必须再推选出贤明的人来，然后才可以放心死去。

【解析】“悲”，悲痛；“复”，再。

6.一方面指出大臣的用心，应该像史鳍和萧何那样举贤为重；一方面批评管仲去世前没有举贤自代。

辨奸论

1.BDF

【解析】“而贤者有不知”是一个主谓句，上承“孰与天地阴阳之事”，主谓之间不用断开，所以A处不断，B处断开；“其故何也”是一个主谓问句，主谓之间不用断开，所以C处不断，D处断开；“好恶乱其中”“而利害夺其外也”是回答“其故何也”的两个方面的原因，这两个回答的句子都是主谓句，主谓之间不用断开，所以E处、G处都不用断开，F处断开；“其外”对应前面“其中”，都是偏正短语，所以H处不用断开。

2.D

【解析】D项中“身履夷、齐之行”的“履”是动词，意思是执行、实践；郑人买履中的“履”是名词，意思是鞋子；两句话中的“履”词性不同，意思也不同。D项错误。

3.A

【解析】A项“之”，前后都是助词，的。B项“其”，指示代词，那；人称代词，他的。C项“然”，转折连词，然而；代词，这样。D项“而”，转折连词，然而；假设连词，如果。

4.B

【解析】B项“无赫赫之功”不是指“斯人”不被朝廷重用，从而没有显赫的功劳；而是作者希望“斯人”不被朝廷重用，从而避免给国家人民带来祸患，这样作者批评“斯人”的功劳也就不能显现了。

5.（1）用盖世的好名声，来促成他尚未形成的祸患，虽然有想把国家治好的君主，爱好贤才的宰相，还是会举荐他，任用他的。

【解析】“济”，动词，促成；“举”，动词，举荐；“犹将举而用之”的“之”是代词，这里指“斯人”，可以翻译为“他”。

（2）假使不是这样的，（他受到了重用）天下将要遭受到他的祸害，而我会获得能见微知著、察言识人的美名，那就太可悲了！

【解析】“然”，代词，这样；“被”，动词，遭受。

6.王衍有欺世盗名之才，但没有阴险狡诈之心；卢杞有阴险狡诈之心，但不学无术，没有欺世盗名之才；“斯人”广泛学习孔子、老子、伯夷、叔齐，具备欺世盗名之才，同时有阴险狡诈之心。所以对社会国家的危害超过王衍、卢杞。

心术

1.CEG

【解析】这段话有四句话，可以从四个动词“养”看出来，也可以从四个时间状语“未战”“将战”“既战”“既胜”看出来。四句话都是“状语-谓语-宾语”结构，状语、谓语之间不用断开，所以A处不断；谓语、宾语之间也不用断开，所以B处、D处、F处、H处都不断，只需要在剩下的C处、E处、G处断开。

2.A

【解析】A项“麋鹿兴于左而目不瞬”中的“瞬”是动词，意思是眨眼；《赤壁赋》中“天地曾不能以一瞬”中的“瞬”是名词，意思是瞬间；两个“瞬”词性不同，意思也不同。A项错误。

3.C

【解析】A项“之”，都是助词，的。B项“于”，都是介词，在。C项“而”，前一个是连词，表承接；后一个是连词，表并列。D项“者”，都是助词，译为“……的人”。

4.C

【解析】C项中“扬长避短”是错误的，文章倒数第二段提到“吾之所短，吾抗而暴之，使之疑而却；吾之所长，吾阴而养之，使之狎而堕其中”，意思是将领需要“暴短使敌疑，阴长使敌堕”，而不是“扬长避短”。

5.（1）只有正义能够激愤士气，用正义激愤士气，就可以百战不殆。

【解析】第一个“怒”是使动用法，可以翻译成“激愤”。

（2）（战士们）没有什么顾忌，就知道牺牲了也不值得可惜；有所依靠，就知道不至于一定失败。

【解析】“无所顾”是动宾结构，“顾”本来是动词，加“所”构成所字结构，变成了名词性的短语，作“无”的宾语，可以翻译成“顾忌、顾虑”。

6.①有“泰山崩于前而色不变”的心理素质；②有智慧且严厉；③懂得因地制宜地用兵。

张益州画像记

1.CEG

【解析】“毋养乱”是“状语-谓语-宾语”结构，状语与谓语之间不断，谓语与宾语之间也不断，所以A处不断，B处不断，C处断开；“毋助变”是“状语-谓语-宾语”结构，状语与谓语之间不断，所以D处不断，E处断开；“众言朋兴”是主谓结构，主语与谓语之间不断，所以F处不断，G处断开；“朕志自定”是主谓结构，主语与谓语之间不断，所以H处不断。

2.B

【解析】“无矜容”的“矜”是“矜夸、骄傲”的意思。《陈情表》中“愿陛下矜悯愚诚”的“矜”意思是怜悯。二者意思不同。B项错误。

3.C

【解析】A项“于”介词，在；介词，对。B项“而”，连词，表顺承；连词，表修饰。C项“尔”，两个都是代词，你们。D项“以”，表目的；介词，用。

4.D

【解析】D项无中生有，张公并没有“用霹雳手段镇压蜀地叛乱”。

5.（1）我用对待齐、鲁百姓的方法来对待蜀人，那么蜀人也会认为自己是齐、鲁有教化的人了。

【解析】“以齐、鲁”是介宾短语作状语，“齐、鲁”使用了借代的修辞手法，可以翻译为“对待齐、鲁百姓的方法”。

（2）张公出生于南京，为人充满正气，有高尚的节操，凭借雅量闻名天下。

【解析】“雄”，形容词活用为动词，可以翻译为“扬名、闻名”。

6.①表扬张公帮助国家解决蜀地“将乱”之势；②赞扬张公宽政爱民，善待蜀地人民；③蜀地人民用画像表达对张公的感佩；④表扬张公为人充满正气，有高尚的节操。

刑赏忠厚之至论

1.DFH

【解析】“赏疑从与”是一个假设因果复句，D处断开，A、B、C处不断；“所以广恩也”是一个完整的句子，“也”是句末语气词，“也”后面断开，前面不断，所以F处断开，E处不断；“罚疑从去”的语法结构关系与前面“赏疑从与”是一样的，所以H处断开，G处不断。

2.C

【解析】C项，“而不施于刀锯之所不及也”中的“刀锯”是施刑用的工具，这里代指刑罚，但不局限于宫刑。

3.B

【解析】A项“之”，代词，指他们；助词，主谓之间取消句子独立性。B项“而”，两个都是连词，表转折。C项“以”，介词，用；连词，表目的。D项“者”，代词，意思是“……的时候”；代词，意思是“……的人”。

4.D

【解析】D项中“严格依据事实公正执行，君王不应该干涉”不正确。因为这篇文章主张“赏疑从与”“罚疑从去”，君王这样的干涉是仁爱的表现。

5.（1）罪行轻重有可疑时，宁可从轻处置；功劳大小有疑处，宁可从重奖赏。与其错杀无辜的人，宁可犯执法失误的过失。

【解析】“不辜”，运用了借代的修辞手法，这里指“无辜的人”；“不经”，指不符合法律规定。

（2）君子止息祸乱，难道有异术吗？

【解析】“已”是使动用法，这里指“使……停止”，可以翻译成“止息”；“岂”是反诘副词，可以翻译成“难道”。

6.①“是故疑则举而归之于仁，以君子长者之道待天下，使天下相率而归于君子长者之道。故曰忠厚之至也”；②“《春秋》之义：立法贵严而责人贵宽。因其褒贬之义以制赏罚，亦忠厚之至也”。

范增论

1.CEG

【解析】“物必先腐也”“人必先疑也”是语法结构相同的句子，“也”是句末语气词，所以C处、G处都断开；主谓之间不断，所以A处不断；状中偏正结构之间不断，所以B处、F处都不断；“而后虫生之”“而后馋人之”是语法结构相同的句子，“之”是音节助词，放在句末，所以E处断开；主谓之间不断，所以D处、H处都不断。

2.A

【解析】A项“间疏楚君臣”的“疏”是使动用法，意思是“使……疏远”；《屈原列传》中“王怒而疏屈平”的“疏”是一般动词，意思是“疏远”，动作由主语“王”发出。所以A项错误。

3.A

【解析】A项“以”，介词，因为；介词，在。B项“之”，两个都是助词，主谓之间取消句子独立性。C项“是”，两个都是代词，这。D项“而”，两个都是连词，表转折。

4.C

【解析】C项“认为范增不值得同情”是错误的，因为作者在文末感慨：“虽然，增，高帝之所畏也。增不去，项羽不亡。呜呼！增亦人杰也哉！”可以看出作者对范增有一定的同情。

5.（1）项羽怀疑范增和汉王有私交，逐渐剥夺他的权力。

【解析】“私”是名词，可以翻译为“私交”；“稍”是副词，逐渐。

（2）在项羽杀卿子冠军（宋义）的时候，项羽和范增并肩同位侍奉义帝，还没有确定君臣关系。

【解析】“方”是介词，可以翻译为“在……的时候”；“事”是名词活用为动词，可以翻译为“侍奉”。

6.①“义帝之存亡，岂独为楚之盛衰，亦增之所与同祸福也。未有义帝亡而增独能久存者也”。②“羽之杀卿子冠军也，是弑义帝之兆也”。③“不用其言而杀其所立，羽之疑增，必自是始矣”。④“方羽杀卿子冠军，增与羽比肩而事义帝，君臣之分未定也。为增计者，力能诛羽则诛之，不能则去之”。

留侯论

1.BDF

【解析】“匹夫见辱”是一个被动句，所以B处断开；主谓之间不断，所以A处不断；“拔剑而起”“挺身而斗”是两个状中偏正结构的句子，所以D处、F处断开；两个“而”都是连词，表修饰，连接前面的状语与后面的谓语，“而”前不断，所以C处不断，E处不断。“此不足为勇也”是一个主谓宾结构的句子，“也”是句末语气词，后面断开，前面不断，所以H处不断；“不足”是“为”的状语，状语、谓语之间不断，所以G处不断。

2.B

【解析】B项“其间不能容发”的“发”是名词，头发；《雨霖铃》中“兰舟催发”的“发”是动词，出发。两个“发”词性不同，意思不同，所以B项不正确。

3.B

【解析】A项“而”，两个都是连词，表转折。B项“于”，介词，从；介词，在。C项“者”，两个都是语气词，表停顿。D项“之”，两个都是助词，主谓之间取消句子独立性。

4.C

【解析】C项提到的三件事，“张良狙击秦王”体现张良最初“不能忍”，“进履受书”体现张良在圯上老人的引导下变得“能忍”，“劝说刘邦封韩信为齐王”体现张良还能够劝刘邦“能忍”，三件事情有内在联系。所以C项不正确。

5.（1）古时候被称作豪杰的志士，一定具有过人的节操，人之常情所无法忍受的度量。

【解析】“节”是名词，节操；“忍”是动词，忍受。

（2）如果有向人报仇的志向，却不能做人下人的，这是普通人的刚强而已。

【解析】“志”是名词，志向；“下”是方位名词活用为动词，居……之下。

6.①圯上老人勉励张良进履受书；②郑伯能下人；③越王勾践屈身给吴王做奴仆；④张良劝说刘邦封韩信为齐王。

贾谊论

1.CEG

【解析】“皆负可致之才”是一个动宾结构的句子，所以C处断开；动宾之间不断，所以A处不断；“可致之才”是偏正结构，偏正之间不断，所以B处不断。“而卒不能行其万一者”是一个动宾结构的句子，所以E处断开；动宾之间不断，所以D处不断。“未必皆其时君之罪”可以看作“皆”后省略动词“是”的动宾结构的句子，所以G处断开；“时君”是名词性的偏正结构，偏正之间不断，所以F处不断。“或者其自取也”可以看作“或者”后省略动词“是”的动宾结构的句子，动宾之间不断，所以H处不断。

2.A

【解析】A项的“忍”来自文本“则必有所忍”，这里的“忍”是动词，忍受；《鸿门宴》中“君王为人不忍”的“忍”是形容词，残忍、狠心；两个“忍”词性不同，意思不同，所以A项不正确。

3.B

【解析】A项“所”，两个都是“所”字结构，指代相关事物。B项“之”，助词，的；助词，主谓之间取消句子独立性。C项“然”，两个都是代词，这样。D项“而”，两个都是连词，表顺承。

4.C

【解析】C项“千里马必须争取伯乐的赏识”与最后一段内容不符，“亦使人君得如贾生之臣，则知其有狷介之操”，强调人君需要理解包容像贾谊这样的杰出人才，是伯乐需要理解包容千里马，所以C项不正确。

5.（1）像贾谊这样的人，不是汉文帝不重用他，而是贾谊不能利用汉文帝来施展自己的政治抱负啊!

【解析】“用生”的“用”是动词，任用；“用汉文”的“用”是动词，利用。

（2）贾谊真是志向远大但气量狭小，才力有余但见识不足。

【解析】“量”是名词，气量。

6.①“若贾生者，非汉文之不能用生，生之不能用汉文也”；②不能“下得其大臣，如绛、灌之属，优游浸渍，而深交之，使天子不疑，大臣不忌”；③“贾生志大而量小，才有余而识不足也”。

晁错论

1.BDF

【解析】“天下之患”是一个偏正结构的名词性短语，是后面内容的话题主语，需要断开，所以B处断开；偏正之间不断，所以A处不断。“最不可为者”是一个者字短语，“者”后需要断开，所以D处断开；“最不可”是“为”的状语，状谓之间不断，所以C处不断。“名为治平无事”是一个动宾结构的句子，所以F处断开；“治平无事”是并列短语，作“为”的宾语，并列短语不用断开，所以E处不断。“而其实有不测之忧”是一个动宾短语的句子，“其实”是“有”的状语，状语谓语之间不断，所以G处不断；“不测之忧”是名词性的偏正短语，偏正之间不断，所以H处不断。

2.C

【解析】C项的“砺”来自文本“日夜淬砺”，这里的“砺”是动词，磨砺；《劝学》中“金就砺则利”的“砺”是名词，磨刀石；两个“砺”词性不同，意思不同，所以C项不正确。

3.D

【解析】A项“以”，连词，表目的，可以翻译为“来”；介词，表凭借、依据。B项“于”，向；介词，在。C项“之”，助词，的；助词，主谓之间取消句子独立性。D项“而”，两个都是连词，表转折。

4.B

【解析】B项提到晁错被杀的原因，主要是“七国叛乱给皇帝造成的压力和受到政敌中伤”不正确，因为这些都是客观原因，不是主要原因；本文作者认为的主要原因是晁错自身的因素，“错之所以自全者，乃其所以自祸欤？”

5.（1）自古以来凡是做大事业的人，不仅有出类拔萃的才能，也一定有坚韧不拔的意志。

【解析】“者”是代词，……的人；“志”是名词，意志。

（2）晁错企图保全自己性命的策略，不正是他招致杀身之祸的原因吗？

【解析】“乃”是副词，就、正；“祸”是动词，招致祸端。

6.①“山东诸侯并起，以诛错为名”；②“天子不之察，以错为之说”；③晁错“乃为自全之计，欲使天子自将而己居守”；④袁盎离间。

卷十一

上梅直讲书

1.DFH

【解析】“而欧阳公亦以其能不为世俗之文也而取”是前一句的结句，“是以”是后一句的开始，因此在“是以”前断开；“是以在此”是一个完整的句子，需要断开；“非左右为之先容”“非亲旧为之请属”是相对句式，中间需要断开。

2.B

【解析】A项“颜渊、仲由之徒相与问答”中的“徒”意思是“弟子”，“郯子之徒”中的“徒”意思是“一类人”。A项正确。B项“使尔多财，吾为尔宰”与“使秦复爱六国之人”中的“使”，都是假如的意思。B项错误。C项“其后益壮”的“益壮”意思是长大了几岁，“老当益壮”的“益壮”意思是“斗志更坚，干劲更大”。C项正确。D项正确。

3.C

【解析】A项“而”，表修饰；表并列。B项“以”，介词，凭借、由于；与“何”组成“何以”，表反问，“用什么、凭什么”。C项“与”，都是介词，和、跟、同。D项“必”，一定；如果、假如。

4.A

【解析】“而与之上下其议论”指的是梅尧臣与欧阳修讨论古今，文章并未明确说是一起讨论孟轲、韩愈等人的文章。

5.（1）想象先生们的为人，猜想他们应当是摆脱世俗的乐趣，而自得其乐的。

【解析】“其”，先生们；“意”，猜想；“脱去”，摆脱；“自乐其乐”，自得其乐。

（2）退下来思量这件事，人不可以苟且地贪图富贵，也不可以徒然地沦于贫贱。

【解析】“之”，代词，这件事；“苟”，苟且；“富贵”，贪图富贵；“徒”，徒然；“贫贱”，沦于贫贱。

6.①表达对欧、梅的赞美、敬佩；②表达士遇知己的快乐与感激；③表达自己内心高远的抱负。

喜雨亭记（《放鹤亭记》）

1.BEH

【解析】“今天不遗斯民”，“天”是主语，“遗”是谓语，“斯民”是宾语，因此在“斯民”后断开；“赐之以雨”是一个状语后置句，需要断开；“……者，……也”是判断句标志，应该在“者”后断开。

2.A

【解析】“文中是用来记月”不正确，应该是用来记日。

3.C

【解析】A项“乃”，才；竟然。B项“而”，连词，表修饰；连词，表顺承。C项“若”，比。D项“则”，就；却。

4.B

【解析】根据原文“无麦无禾，岁且荐饥，狱讼繁兴而盗贼滋炽。则吾与二三子，虽欲优游以乐于此亭，其可得耶？”应该是没有麦子、谷子，会导致连年饥荒，诉讼案件就会增多。

5.（1）商人们在集市上一起唱歌，农夫们在田野里一起欢笑，忧愁的人因此而高兴，生病的人因此而痊愈。

【解析】“商贾”，商人；“歌于市”，状语后置；“忭”，欢喜、快乐；“以”，因为。

（2）这是因为鹤的气质清高旷远、悠闲自在，超然于尘世之外，因此《周易》《诗经》都用它来比喻贤人、君子。

【解析】“其”，代指鹤；“清远闲放”，清高旷远、悠闲自在；“尘埃”，尘世；“以”，用。

6.《喜雨亭记》：①表达对百姓的悲悯与爱护；②表达对功名的淡泊心境；③表达对和谐君民关系的向往。

《放鹤亭记》：①对归隐生活的向往；②对仕途的厌倦。

凌虚台记（《超然台记》）

1.CEG

【解析】“然而数世之后”是时间状语，需要断开；“欲求其仿佛”，“求”是谓语，“其仿佛”是宾语，需要断开；“而破瓦颓垣无复存者”中“存”是谓语，应该在“者”后断开。

2.D

【解析】A项“损益”理解正确，是减少或增加。“出入”为偏义复词，偏指入。B项正确，都是丰收的意思。C项正确，都是满一年的意思。D项错误，“雨雪霏霏”中的“雨雪”指的是下大雪，雨，意思是降落、落下。

3.A

【解析】A项“方”，正当。B项“然”，代词，这；连词，然而。C项“之”，主谓之间取消句子独立性；宾语前置的标志。D项“因”，依靠；接着。

4.D

【解析】“说明他们因为超然于物外而成功”，于文无据。

5.（1）如果有人想要以高台向世人夸耀而自我满足，那就错了。

【解析】“或者”，有人；“夸世”，向世人夸耀；“自足”，自我满足；“过”，错。

（2）在这个时候，我的弟弟子由恰好在济南做官，听说这件事，写了一篇赋，并且给这个台子取名“超然”。

【解析】“方”，正当；“是”，这；“适”，恰好；“名”，命名。

6.《凌虚台记》中的“凌虚”，指的是兴废无常，皆是虚幻之物，人应该追求真正能够使人不朽的东西。表现了作者对生活积极乐观和对理想执着追求的一面。

《超然台记》中的“超然”，指的是如果可以超然于物外，就可以无往而不乐。表现了作者无往不乐、随遇而安、超然物外的精神追求。

石钟山记

1.CEF

【解析】“不能言”与“此”分属两句话，故而中间断开；“不传也”的“也”放在句末，是一个完整的句子，需要断开；“考击而求之”是一句话结尾，需要断开。

2.A

【解析】A项“后一位是戊卯”不正确，应该是“戊寅”。

3.A

【解析】A项“之”，定语后置的标志。B项“之”，的。C项“之”，的。D项“之”，宾语前置的标志。

4.B

【解析】由原文“寺僧使小童持斧，于乱石间择其一二扣之，硿硿然。余固笑而不信也。至其夜月明，独与迈乘小舟，至绝壁下”可知是苏轼独与迈乘小舟，并无小童。

5.（1）现在把钟磬放在水中，即使大风大浪也不能使它发出声响，何况是石头呢！

【解析】“以”，介词，把；“虽”，即使；“鸣”，使动用法，使发出声响。

（2）我正心惊想要回去，忽然巨大的声音从水上发出，声音洪亮像不断地敲钟击鼓。

【解析】“方”，正；“欲”，想要；“于水上”，状语后置；“噌吰”，形容钟声洪亮；“绝”，断绝。

6.①文章有生动的比喻，如“声如洪钟”“如猛兽奇鬼”“若老人咳且笑于山谷中者”“如钟鼓不绝”“如乐作焉”“噌吰者，周景王之无射也；窾坎镗鞳者，魏庄子之歌钟也”等；②文章有形象的拟人，如“森然欲搏人”；③文章运用贴切的拟声词，如“铿然”“焉”“磔磔”“噌吰”“窾坎镗鞳”等；④文章对所见所闻做了绘声绘形的描写，创造出独特的意境，“此文的景物描写也因其巧妙的修饰而形象生动见胜”。

潮州韩文公庙碑（节选）

1.DEG

【解析】“公去国万里而谪于潮”有主语、谓语、宾语，且“谪于潮”是状语后置，因此断开；“不能一岁而归”是一个完整的句子，需要断开；“没而有知”后面的“其”是后一句的主语，要在“其”之前断开。

2.B

【解析】A项正确，都是年号；B项“勤学好问”是错误的；C项正确，意思都是全、都；D项正确，听从；允许、同意。

3.D

【解析】A项“为”，做；替。B项“乎”，语气词；介词，于。C项“以”，认为；把。D项“所以”，都是“用来……的”。

4.A

【解析】根据原文“自东汉以来，道丧文弊，异端并起，历唐贞观、开元之盛，辅以房、杜、姚、宋而不能救”。“不能救”指的是房玄龄、杜如晦、姚崇、宋璟这些贤明宰相进行辅佐都不能挽救“道丧文弊，异端并起”的局势。

5.（1）一个普通人却能够成为百世的师表，一句话却能够成为天下人的准则，这样的人都是可以参助天地化育万物、关系国家盛衰兴亡的人。

【解析】“匹夫”，普通人；“而”，却；“法”，准则；“是”，这样的人。

（2）他所倡导的文风振起了自东汉至隋朝已经衰败了八代的文风，他提倡的儒家道统，拯救了沉溺于佛老思想的天下人心，他的忠谏触犯了皇帝使之大怒，他的智勇胜过了三军的统帅。

【解析】“起”，振起；“八代之衰”，衰败了八代的文风，定语后置句；“济”，拯救；“溺”，沉溺；“犯”，触犯。

6.文章对韩愈在儒学、文学和政治方面的成就给予评价。（结合文章具体内容作答即可）

乞校正陆贽奏议进御札子

1.CFH

【解析】“智如”与“辨如”对举，“文则过”与“术不疏”对举，中间需要断开；“上”“下”对举，中间需要断开。

2.C

【解析】中兴指国家由衰退而复兴，并不特指时间长短。

3.A

【解析】A项“莫”，不。B项“但”，只要；只是。C项“诸”兼词，之于；众、各。D项“然”，形容词词尾，“……的样子”；这样。

4.B

【解析】“既有唐德宗严厉刻薄、猜疑嫉妒、穷兵黩武、喜好聚敛财富的原因，也有陆贽劝谏不得法的原因”于文无据。

5.（1）我们觉得唐德宗时的宰相陆贽，论才能本来就是帝王的辅佐，论学问足可成为帝王的老师，他的议论深刻而切中事理，言论从不偏离圣贤的道德规范。

【解析】“伏见”古代在下者对己见的谦辞；“佐”，辅佐；“帝师”，帝王的老师；“深切”，深刻而切中；“离”，偏离。

（2）陆贽真可以说是进献的是苦口的良药，治疗的是危害身体的顽疾。

【解析】“进”，进献；“针”，治疗；“害”，危害；“膏肓”，顽疾，指严重的病。

6.政治方面：①避免严厉刻薄，要忠诚宽厚；②避免猜疑妒忌，对大臣要诚心相待；③学习任用人才、接受意见的方法；④引咎自责从而收拢民心；⑤改正过错以顺应天道；⑥斥逐小人以消除民众的祸患；⑦珍惜官爵以封赏有功之臣。

军事方面：①避免穷兵黩武，要以消除战事作为首要任务；②学习整治边防、驾驭将帅的策略。

经济方面：①避免敛聚财富，要散财于民。

（基于如上10条概括，进行其他方面的概括，言之成理亦可）

前赤壁赋

1.BDF

【解析】“且夫天地之间”与“物各有主”中间断开；“物各有主”是一个完整的句子，需要断开；“苟非吾之所有”与“虽一毫而莫取”形成假设关系，前为条件，后为结果，二者中间断开。

2.B

【解析】A项“斗牛”都指北斗星和牵牛星。B项“暴虎冯河”中的“冯河”意思为“徒步过河”，“冯”同“凭”。C项“东望武昌”的“东”为状语，“向东”。D项“匏”指一种葫芦。

3.C

【解析】A项“所”，所字结构；名词，处所。B项“而”，表修饰；表顺承。C项“之”都是主谓之间取消句子独立性。D项“是”，代词，这；宾语前置的标志。

4.D

【解析】A项根据原文“壬戌之秋，七月既望，苏子与客泛舟游于赤壁之下。清风徐来，水波不兴。举酒属客，诵明月之诗，歌窈窕之章。少焉，月出于东山之上，徘徊于斗牛之间。白露横江，水光接天”可知，月是后出。B项据原文“于是饮酒乐甚，扣舷而歌之。歌曰：‘桂棹兮兰桨，击空明兮溯流光。渺渺兮予怀，望美人兮天一方。’客有吹洞箫者，依歌而和之”可知是苏轼歌而和客之箫声。C项据原文“况吾与子渔樵于江渚之上，侣鱼虾而友麋鹿，驾一叶之扁舟，举匏樽以相属。寄蜉蝣于天地，渺沧海之一粟”可知悲伤的应该是自身的生命之渺小与短暂。D项由原文“自其不变者而观之，则物与我皆无尽也”可知说法正确。

5.（1）苏轼的容色忧愁凄怆，（他）整理好衣襟坐端正向客人问道：“箫声为什么这样哀怨呢？”

【解析】“愀然”，忧愁凄怆的样子；“危坐”，端坐；“何为”，为什么；“然”，代词，这样。

（2）流去的就像这江水（不断地流去永不复返），其实并没有真正流去；时圆时缺的就像那月亮，但最终没有增减的变法。

【解析】“斯”，代词，江水；“往”，逝去；“盈虚”，圆缺；“彼”，代月亮；“卒”，最终。

6.“浮海一粟”更好一些。不仅写出了人世间人之渺小，还写出人生于世的漂泊无依、与世沉浮之意，内涵更加丰富，表达也更生动形象，且容易引起读者的思考。

后赤壁赋

1.ADH

【解析】“矣”是句尾语气词，故断；“畴昔之夜”属于时间状语，断开；“者”是一句话结尾，故断；“非”是下一句开头。

2.D

【解析】“西”和“东”都是名词作动词。

3.C

【解析】A项“于”，到；比。B项“乎”，于；形容词词尾。C项“如”，像。D项“而”，表修饰；表顺承。

4.A

【解析】A项，原文为“将归于临皋”，是苏轼准备回到临皋。

5.（1）距上次游览才相隔多少日子，江山的面貌竟变得认不出来了！

【解析】“曾”，相当于“曾几何时”；“日”“月”，表时光；“识”，认出。

（2）道士回头笑了笑，我也受惊动而醒来。开门一看，已经看不见他到什么地方去了。

【解析】“顾”，回头；“寤”，醒；“处”，地方。

6.表面上是梦中的道士倏然不见了，更深层的内涵却是苏轼对自己前途、理想、追求、抱负的迷茫。

三槐堂铭

1.BEG

【解析】“仁宗皇帝”是“事”的宾语，故从B处断开；“出入侍从将帅三十余年”是完整的一句话，故从E处断开；“位”是主语，“满”是谓语，“其德”是宾语，故从G处断开。

2.D

【解析】“铭”这种文体一般都是用韵的。

3.A

【解析】A项“之”，的。B项“以”，因此；通“已”，停止、不说。C项“何”，为什么；多么。D项“乃”，才；于是。

4.A

【解析】据原文“世之论天者，皆不待其定而求之，故以天为茫茫”可知，世上谈论天的人，都不等到天的意志显示出来就去验证它，所以认为天道渺茫，并不确定。

5.（1）一个国家将要兴盛，一定有世代积德的臣子做了很多好事却没有得到应有的回报，然后他的子孙后代能与遵循先王法度的太平盛世的君主共享天下的福祉。

【解析】“必”一定；“而”，却；“食其报”，得到回报；“守文”，遵循先王法度；“共”，共享。

（2）今天假如把物品寄存在别人那里，第二天就要取回，那么可能取得到，也可能取不到。

【解析】“寓”，寄存；“明日”，第二天；“得”，取得到；“否”，取不到。

6.作者先发出“仁者必有后”的观点，然后记述王祐手植三棵槐树的经过与期待，以及王祐子孙后代多有仁德贤能者的事实，以此印证此观点，同时达到赞美三槐王氏的目的。

方山子传

1.BDG

【解析】“方山子”是主语，“有”是谓语，“勋阀”是宾语，故断开；“当得官”是完整的句子，故断开；“于其间”是状语后置句，之后需要断开。

2.B

【解析】原文中“适”是适逢、恰巧的意思。

3.B

【解析】A项“所”，所加动词，相当于名词；被。B项“而”，连词，表顺承。C项“与”，介词，和；动词，结交、亲附。D项“然”，代词，这样；形容词词尾，……的样子。

4.A

【解析】原文中“与闾里之侠都仰慕”于文无据。

5.（1）方山子也惊讶地问我为什么来到这里，我把原因告诉了他。

【解析】“矍然”，惊讶的样子；“所以”，……的原因；“故”，原因。

（2）我听说光州、黄州一带有很多奇人异士，常常假装癫狂、浑身涂满脏东西，但是无法见到他们。

【解析】“异人”，奇人异士；“佯狂”，假装癫狂；“垢污”，涂抹脏东西。

6.①对于苏轼遭遇默然慨之（对于苏轼遭遇的理解同情）；②对于官场黑暗的淡然，也有早知如此的预料之意。

六国论

1.BDF

【解析】“此”是宾语，故断；“贪……利”是完整的句子，故断；“自相屠灭”的原因是前面两句，因此“以”前需要断开。

2.D

【解析】两处“阴”都是暗中的意思，二者意思相同。

3.B

【解析】A项“之”，助词，主谓之间取消句子独立性。B项“者”，助词，不译；……的原因。C项“于”，介词，被。D项“莫”，不。

4.C

【解析】据原文“而秦之攻燕、赵，未尝有韩、魏之忧，则韩、魏之附秦故也”可知秦国去攻打燕、赵时，不是因为韩、魏不足惧，而是韩、魏归附了秦国。

5.（1）秦国出兵攻打燕、赵，这对秦国是危险的事情。

【解析】“用兵”，出兵；“危事”，危险的事情；判断句，需翻译出“是”。

（2）放弃小小的韩国、魏国，让他们去抵挡如虎狼一样强暴的秦国，他们怎能不屈服而归向秦国呢？

【解析】“委”，放弃；“当”，抵挡；“折”，屈服；“入于秦”，归向秦国。

6.目光短浅、不能团结、贪图小利。

上枢密韩太尉书

1.BEG

【解析】“赐归待选”与“使得”分属两句，故断开；“使得优游数年之间”是完整的句子，故断开；“治其文”与“学为政”是两件事，在“且”前断开。

2.D

【解析】“令”属于敬辞。

3.B

【解析】A项“而”，连词，表递进。B项“乎”，相当于介词，于；形容词词尾。C项“也”，句中停顿。D项“其”，代词。

4.C

【解析】C项应是领兵出征打仗，就像方叔、召虎。

5.（1）况且一个人的学习，如果不志于远大的目标，即使学了很多又有什么用呢？

【解析】“且夫”，况且；“志其大”，志于远大的目标；“虽”，即使；“何为”，有什么用。

（2）所以希望能够一睹贤人的风采，听到您的一句话，以使我心雄志壮，这样就可以说是看尽天下所有盛大壮观的风景人物而没有什么遗憾了。

【解析】“愿”，希望；“壮”，使动用法；“大观”，盛大壮观的风景人物；“憾”，遗憾。

6.①文章是人的气的外在表现；②文章不能单靠学习就能写好，气可以通过修养而得到；③先有气充满内心，而后反映在言辞里，表现在文章中。

黄州快哉亭记

1.BDG

【解析】“与”前后为并列句，“此则人之变也”为判断句，故在B、D、G处断开。

2.C

【解析】C项意思相同，“中”都是“内心”的意思。

3.A

【解析】A项“若”，像；代词，你。B项“所”，助词，所加动词。C项“乃”，竟然、却。D项“然”，代词，这样。

4.B

【解析】据原文可知，烟消云散、阳光普照的时候，渔夫、樵夫的房舍都可以一一指点数清，没有提及“隐居在此处的隐士”。

5.（1）有风吹来，沙沙作响，楚襄王敞开衣襟迎着风，说：“这风多么令人畅快啊！这是我和百姓所共同享受到的吧？”

【解析】“飒然”，形容风吹时沙沙作响；“披”，敞开；“当”，迎着；“快哉此风”，主谓倒装；“共”，共同享有。

（2）这些都是使失意的文人和思乡的士子悲伤憔悴以至于不能忍受的景色，哪能看得出它们是能使人快乐的呢！

【解析】“此……者”，判断句，需翻译出“是”；“所以”，……的原因；“胜”，忍受；“乌”，疑问代词，哪里。

6.①回扣题目“快哉”；②把不以谪居为患，在逆境中自勉之意充分表达出来；③文势宏放，富有气势。

寄欧阳舍人书（《泰州海陵县主簿许君墓志铭（节选）》）

1.CEG

【解析】“作铭者”是主语，“观”是谓语，“其人”是宾语，故在C处断；“苟托之非人”是完整的句子，故在E处断；“则”是另一句的开始，故在“则”前断，在G处断。

2.D

【解析】D项意思相同，“一”都是“全、都”的意思。

3.D

【解析】A项“则”，那么；却。B项“与”，连词，和；赞同。C项，“是”，正确；代词，这。D项“其”，语气副词，表反问语气。

4.B

【解析】铭文出现不实之词，有为人子孙的原因，也有撰写铭文的人的原因。

5.（1）有的是善恶相差悬殊而不能具体指出的，有的实际大过了名声，有的名声超过了实际。

【解析】“悬”，悬殊；“实指”，具体指出；“实”，实际；“名”，名声。

（2）我转念又想到，像我这般学识浅薄、才能愚钝的人，却受到先生的奖掖提拔，先祖命途多舛、穷愁潦倒而死，先生还写了碑铭使他显扬于后世。

【解析】“若”，像；“进”，奖掖提拔；“屯蹶否塞”，翻译出不得志、不顺利的意思即可；“显”，使动用法，使……显扬。

6.①使死者功德、才能、操行等显扬于后世。②生者以此来表达对死者的尊敬之情。③警戒劝勉那些对于后世有所期待、遭受困厄而不后悔的人。（结合“材料”言之成理即可）

赠黎安二生序（《读孟尝君传》《同学一首别子固》）

1.BFH

【解析】“学于斯文”是完整的句子，故在B处断；“以为迂阔”是“笑”的宾语，故在F处断；“子之言”是求的宾语，故在H处断。

2.B

【解析】“使”都是假如、假使的意思。

3.D

【解析】A项“之”，音节助词，不译。B项“庸”，哪里，加强反问语气。C项“何”，多么。D项“相”，互相；偏指一方。

4.C

【解析】据原文“使生持吾言而归”可知是假设，并未真拿文章回去。

5.（1）你们如果不急于消除乡里人的误解，那么在这些问题上，就一定能够经过抉择获得正确的东西。

【解析】“其”，如果；“里人”，乡里人；“于是”，在这个问题上；“取”，获得。

（2）他们学习圣人，那么他们的老师和朋友必定也是学习圣人的。

【解析】省略句，主语是“他们”；“则”，那么；“若”，和；“必”，一定。

6.①《赠黎安二生序》针对黎生提出的写作古文遭到时人非议与讥笑一事，曾巩以自身为例，分析了不合时宜的利与弊，表明自己“信乎古”“志乎道”的态度，委婉告诫他们不要因为害怕他人嘲笑就去迎合世俗，放弃原则，热情鼓励他们要有勇气走自己选定的道路。②《同学一首别子固》开篇简约地介绍曾巩和孙侔言行的一致和志趣的相似，之后说明“二贤人”素无往来，他们的相似，原因是都学圣人，最后说明回赠《同学一首别子固》的意图，是为了互相告诫和互相慰勉。全文表达了作者与友人建立君子之谊、共同研习圣人之道的意图，情深意笃，境界高远。

游褒禅山记

1.ACG

【解析】“又有”是另一句的开始，故在A处断；“悲”是谓语，“夫古书之不存”是宾语，故在C处断；“何可”是另一句的开始，故在G处断。

2.D

【解析】应是古人自称名，来表示谦虚。

3.A

【解析】A项“以”，连词，表修饰。B项“其”，代词，自己；语气副词，婉商语气，还是。C项“而”，转折连词，却；连词，表顺承。D项“所以”，表原因，……的原因；表手段，用来……的。

4.A

【解析】A项应是后洞比前洞寒且深。

5.（1）距离洞口一百多步的地方，有一块石碑倒在路上，上面的碑文已经模糊不清，只有其中几个残存的文字还可以辨识，写的是“花山”。

【解析】“仆道”，仆于道；“漫灭”，模糊不清；“独”，只有；“犹”，还。

（2）有意志与体力，也不随着别人而有所懈怠，但是到了那幽深昏暗使人迷惘的地方，却没有外物帮助辨路，也不能到达。

【解析】“怠”，懈怠；“至于”，到了；“幽暗昏惑”，幽深昏暗使人迷惘的地方；“相”，辅助。

6.①需要志。在险远的地方，需要有意志，才能不随别人止步；②需要力。要有充足的体力来到达险远之处；③需要物。到了幽暗昏惑的地方，还须要外物的辅助来帮助辨路。

卷十二

送天台陈庭学序

1.CEG

【解析】此句前面是“成都，川蜀之要地，扬子云、司马相如、诸葛武侯之所居”，可知这句是描写成都这个地方的。首先根据“之所居”，把“英雄俊杰战攻驻守之迹”“诗人文士游眺饮射赋咏歌呼之所”这两个意义单元断开；“游眺饮射赋咏歌呼”这句中“游眺饮射”是一个意义单元，“赋咏歌呼”是一个意义单元，中间需断开。

2.B

【解析】掾，读音是yuàn。

3.B

【解析】A项“其”，代词；表祈使、希望的语气词。B项“之”，都是助词，的。C项“以”，表目的，来；按照。D项“而”，表转折；表顺承。

4.B

【解析】B选项，“都表现了长辈对后辈的羡慕”错误。

5.（1）游览之后必定要写诗歌抒发情思，来记述那里的景物和时世的变迁，就这样，他的诗越来越好。

【解析】“发为诗”，抒发情思，写成诗篇/写诗歌抒发情思；“益”，更加。

（2）然而我听说古时候的贤士，像颜回、原宪，都是坐守在简陋的房子里，即使蓬草野蒿遮蔽了门户，然而他们的志向意气却总是很充沛，似乎能包容万物（或胸中有包容天地的精神力量）。

【解析】“若”，像；“蓬蒿没户”，蓬草野蒿遮蔽了门户；“充然”，充沛高昂的样子；“囊括于天地”，包罗整个天地/万物。

6.①蜀中山川风景奇特优美，但路途险远，只有仕宦等财力雄厚的人才能到达那里，且身体也需要强健，而且，需要有才气有文采，才能有所收获。对于喜欢奇山异水的人来说，这些条件都达到很困难，所以很遗憾。②陈庭学这些条件都能达到。“能为诗”“纪其景物时世之变”“诗益工”说明他“材有文”“游有所得”；“中书左司掾”“都指挥司照磨”说明他“仕有力”；“从大将北征”“越三年，以例自免归”说明他身体“壮强”，没有“老死于其地”。所以陈庭学游历川蜀有所得。

阅江楼记

1.BEFH

【解析】“斯楼之建”是“知”的宾语，所以应在“斯楼之建”后面断开；“精神”是“发舒”的宾语，所以在“精神”之后断开；“发舒精神”和“因物兴感”是并列关系，在“兴感”之后断开；“致治之思”做“寓”的宾语，所以在“思”后断开。

2.B

【解析】B选项意思是：皇帝御驾亲临，登上高山之巅。

3.B

【解析】A项“以”，表凭借，用；表目的，来。B项“于”，都是“在……地方”的意思。C项“其”，代词，这；语气词。D项“之”，代词；助词，的。

4.A

【解析】A项，首段没有赞扬阅江楼的悠久历史。

5.（1）看到那长江两岸、四面郊野之上，耕作的农夫有晒伤肌肤、冻裂双脚的辛苦，农家女子有采桑养蚕、给在田间耕作的人送饭的劳累，皇帝一定会说：“这是朕从水火中拯救出来，使他们能安居在床席上的人。”

【解析】“炙肤皲足”，晒伤肌肤、冻裂双脚；“捋桑行馌”，采桑养蚕、给在田间耕作的人送饭；“拔诸水火”，从水火中拯救出来；“衽席”，床上的席子。

（2）臣下我愚钝，奉承旨意撰写记文。想着颂扬皇帝废寝忘食、励精图治的功德，将它铭刻在精美的石碑上。

【解析】“宵旰”，宵衣旰食，废寝忘食；“图治”，励精图治；“勒”，刻；“诸”，之于；“贞珉”，精美的石碑。

6.同意。

①“见江汉之朝宗……有以保之”这几句，皇帝思安抚四方，保有国土，有“怀诸侯”之意。②“见波涛之浩荡……有以柔之”这几句，皇帝思德化四方，威及四陲，有“柔远人”之意。③“见两岸之间……有以安之”这几句，皇帝想救万民于水火之中，让他们安居乐业，有“子庶民”之意。

司马季主论卜

1.ADE

【解析】句子前后两部分结构相同，先从D处断开；“昔日之所无”做句子的主语，“今日有之不为过”的“之”是代词，代指“昔日之所无”，“昔日之所有”做句子的主语，“今日无之不为不足”的“之”是代词，代指“昔日之所有”，故在A、E处断开。

2.D

【解析】“象白驼峰”是名贵的食物。

3.D

【解析】A项“何”，什么；哪里、怎么，表反问。B项“者”，……的人；时间词后，……的时候。C项“之”，代词；助词，的。D项“也”，都是表判断。

4.C

【解析】文中没有“今日困窘以后自然会通达”的意思。

5.（1）我听说，水蓄积太满了就要溢漏，闷得太久了就要通气，热到极点就会刮风，壅塞到极点就会畅通。

【解析】“蓄”，蓄积；“泄”，溢出来、漏出来；“闷”，关闭，这里可译成闷；“壅”，壅塞。

（2）人比这些物灵慧，为什么不相信自己而听信物呢？

【解析】“灵于物”，比物灵慧；“自听”，相信自己；“听于物”，听信物。

6.①东陵侯认为“物极必反”，人生穷达和自然循环本应相似，但自己入汉以后，却一直处于困窘中，与此事理相违背，所以心生疑惑，想要通过问卜求解。关心的是自己何时、如何才能重新富贵显达。②司马季主拒卜，是因为他认为“天道何亲？惟德之亲。鬼神何灵？因人而灵”，强调人事不一定像自然现象的盈亏起伏，人生的起伏不定、世事的兴衰看似自然循环，其实还包括了人为的因素。人应该潜心修德。一个人的成败其实在于自己，卜卦只能是参考，不能听天由命，甚至交由鬼神安排，所以拒卜。

卖柑者言

1.ACE

【解析】“吾售之”“人取之”，“之”都是代词，代“柑”，所以从“之”后断开，在A、C处断开；“而”表示转折，“而”前面是别人的态度，后面是对作者态度的疑问，在E处断开。

2.C

【解析】“洸洸乎干城之具也”中“干”的意思是盾牌，干城，像盾牌一样保卫国家；“梦啼妆泪红阑干”中“阑干”的意思是纵横散乱的样子。

3.C

【解析】A项“而”，表并列；表转折。B项“若”，像；人称代词，你。C项“以”，都是表目的，来。D项“乎”，语气词；形容词词尾、……的样子。

4.D

【解析】“类东方生滑稽之流”的意思是像东方朔那类诙谐而能言善辩的人。

5.（1）是准备让人把它装在盘子里供奉祭祀、招待宾客呢？还是炫耀它的外表去欺骗傻子和盲人呢？你这样骗人也太过分了吧！

【解析】“笾豆”，祭祀用的器具；“衒”，炫耀；“瞽”，盲人；“甚矣哉，为欺也！”是倒装句，应该注意语序。

（2）盗贼兴起却不知道抵御，百姓穷困而不知道赈济，官吏为奸犯法却不知道禁止，法律败坏却不知道整顿治理，白拿俸禄却不感到羞耻。

【解析】“御”，抵御、防御；“斁”，败坏；“縻”同“靡”，耗费。

6.“世之为欺者”也是“金玉其外、败絮其中”。表面上戴虎符、坐虎皮椅，或戴高帽、垂大带，气宇轩昂，看起来崇高伟大、声势显赫，令人敬畏，实际上却没有谋略，没有能力，结果是盗贼兴起却不知道抵御，百姓穷困而不知道赈济，官吏为奸犯法却不知道禁止，法律败坏却不知道整顿治理，每天白拿俸禄却不感到羞耻。本质上也是欺骗世人。

深虑论

1.BDEG

【解析】“与”是表疑问的语气词，说明前面是问句，所以在“与”后断开；“盖”领起后面的句子，前半句写人事，后半句写天道，所以在“人事之宜然”后面断开；“者”和“也”一组表判断，所以在两个“者”后断开。

2.B

【解析】原文“剖析”指分割、分解诸侯势力（“分其势”），强调物理层面的切割；“剖析事理”的“剖”指分析、辨析道理，属抽象层面的逻辑分解。

3.A

【解析】A项“而”，都是表转折。B项“之”，助词，的；主谓之间取消句子独立性。C项“于”，在……；表被动。D项“以”，来，表目的；用，表凭借。

4.D

【解析】原文是“不敢肆其私谋诡计”，意思是不敢肆意施展智谋诡计，而不是一点都不用。作者只是希望君王明白积德和诚心是更重要的，而不是完全否定智谋。

5.（1）然而祸患常常产生于那些被忽略的事情当中，变乱常常发生在不被怀疑的事情上。

【解析】“所忽”，所被忽略的事情；“不足疑”，不被怀疑。

（2）然而他们的考虑切中了这一方面，而祸患却从另一方面发生，最终招致动乱、灭亡，这是为什么呢？就是因为人的智慧只能考虑人事，而不能考虑到天道。

【解析】“何哉”，为什么呢；“谋人”，考虑人事；“谋天”，考虑天道。

6.作者先用祸患常起于疏忽不足疑之处来引出主要观点，人能思谋的只是人事，天道是人智慧所不能及的。然后列举秦、汉、晋、唐、宋等朝代的史实，这些朝代都以前朝灭亡的弊端为戒，做了各种补救措施，然而在没有考虑到的地方，又导致了本朝的灭亡，证明了天道是人的智谋考虑所不能及的观点。然后推出本文的中心论点，君王应该积至诚、用大德、结天心才能保江山永固。

豫让论

1.ACDF

【解析】“让应曰”是豫让回答说，这里应断开；豫让的回答对比了中行氏和智氏对待自己的不同态度和自己的不同报答方式，所以在“智伯”前面断开；然后在两个“我”之间断开。

2.A

【解析】原文“俾”意为“使、让”（“使自身保全、君主安定”）；“俾昼作夜”的“俾”亦为“使”（意为“把白昼当作黑夜”）。

3.C

【解析】A项“为”，动词，替、给；动词，做。B项“之”，主谓之间取消句子独立性；结构助词，的。C项“以”，都是表目的，来。D项“而”，表修饰；表转折。

4.D

【解析】无中生有，文章中没有“比没有为主公死的段规、任章还是更好一些”这个意思。

5.（1）豫让的死固然可以称为忠，可惜的是他在处理死亡的方式上有不忠的表现。

【解析】第一个“之”翻译为“的”；“固忠”，固然可以称为忠；“处死之道”，处理死亡的方式，“道”在此非指道理，而是具体的行为方式；“未”，没有完全做到；“忠”，忠诚；“存焉”，存在其中，意思是有不忠的表现。

（2）但是那些早上还是仇敌，晚上就变成君臣，厚颜无耻自以为得意的人，又是豫让的罪人了。

【解析】“朝为……，暮为……”，对比结构；“靦然”，厚颜无耻的样子；“自得”，自以为得意，反讽用法，表面得意实则无耻；“让之罪人”，跟豫让相比，更是罪人，对豫让尚有微词，则对变节者更当口诛笔伐，所以翻译为“又是豫让的罪人了”。

6.①真正的国士应该竭尽智谋，诚恳劝告，善加引导，在祸患还没有形成之时就消除它，在动乱发生之前就维持住政治上的清明安定，既使自己的生命得以保全，也使君主没有危险。②当主公做错事的时候，应该耐心诚恳地竭力劝谏，如果主公不听，就再次劝谏，再次劝谏不听，就三次劝谏，如果第三次劝谏还不听从，就拔剑自刎死谏来使得主公改变心意。

亲政篇

1.ACDE

【解析】前文出现过《泰》和《否》两卦，“交则泰，不交则否”，对比论证，从A、C处断开；“自古皆然”是完整的一句话，从D处断开；“未有如……甚者”是“没有比……更厉害的了”，在“未有”前断开。

2.D

【解析】原文“三垣”指古代天文学中紫微垣、太微垣和天市垣三大星区（《史记·天官书》有载），是天文概念；“断壁残垣”的“垣”指墙壁、矮墙。

3.B

【解析】A项“之”，助词，的；代词，代“三垣”。B项“而”，都是表修饰。C项“以”，介词，引介时间；以之为，认为，把……当作。D项“于”，介词，对；介词，在。

4.C

【解析】文中说“君臣相见，止于视朝数刻，上下之间，章奏批答相关接、刑名法度相维持而已”，可见除了上朝，还有奏章批答等交流手段。

5.（1）下情堵塞，不能上达，君臣隔绝，即使名为国家却像没有国家一样，所以说是“否”。

【解析】“壅阏”，堵塞；“虽”，即使。

（2）外朝制度用来正君臣上下的名分，内朝制度用来沟通远近的情况。如果这样做的话，怎么会有近世上下堵塞隔绝的弊病呢？

【解析】“所以”，所用来；“岂有……哉”，怎么会有……呢？反问句式。

6.①有利于君臣共同参政议政。②使得君王真正亲自处理政事。③沟通君臣的意见和情感。④上下相交后，国家才能长治久安。

尊经阁记

1.BD

【解析】“是阴阳消息之行也”意思是“这些阴阳变化、生长消亡的运作”，在“以至于”前面断开；“邪正之辨也”，“也”是判断句标志词，在“也”后断开。

2.D

【解析】“予既不获辞”的意思是“既然不容推辞”，“获”的意思是“能够”；“收获”的“获”意思为“获得”。这两个“获”意思不同。

3.C

【解析】A项“乎”，介词，相当于“于”；语气词。B项“以”，表凭借；表目的，来。C项“其”，都是代词，他的。D项“之”，助词，的；代词。

4.C

【解析】王阳明认为要想探求本心，就必须尊崇六经。

5.（1）沟通人与万物，贯通天下四方，充满天地之间，贯穿古往今来，没有不具备的，没有不相同的，没有任何改变的，这就是永恒不变的真理。

【解析】“塞”，充满；“亘”，贯穿；“常”，永恒不变。

（2）六经一旦被正确地理解了，那么百姓也就会振作起来，百姓振作起来，就不会有邪恶了。

【解析】“庶民”，老百姓；“兴”，振作；“慝”，邪恶。

6.我同意这种说法。

①王阳明首先认为经是经久不变的真理，然后把心、性、命这个概念说成是一体的，都是真理的体现方式。②王阳明认为六经久存在心中，并分别进行阐述，《易》，就是记述心中的阴阳变化、生长消亡的。《书》就是记述心中的典章制度和国家政事的。《诗》是记述心中情感歌咏的。《礼》是记述心中礼仪制度的。《乐》是记述心中的欣喜和平的心理的。《春秋》是记述心中的真诚诡诈以及邪恶正直的。所以说是“本‘六经皆我注脚’之意而畅发之”。

象祠记

1.ACEG

【解析】两个“而”是表转折，是标志词，A、E处断开；“斥于唐，而犹存于今”和“坏于有鼻，而犹盛于兹土也”句式相同，从C、G处断开。

2.D

【解析】原文“有为”指“有所作为”（象不能自主治理封国）；“视为止，行为迟”的“为”意思为“因为、为了”。二者意思不同。

3.B

【解析】A项“于”，介词，向；从。B项“之”，都是助词，的。C项“见”，看见；表被动。D项“而”，表并列；表转折。

4.B

【解析】“但对象的祭祀却存有异议”在文中没有这个意思。

5.（1）君子如果喜爱一个人的话，就会连这个人所住房屋上的乌鸦也爱，何况对于圣人的弟弟呢？

【解析】“若人”，一个人、某个人；“其屋之乌”，他房屋上的乌鸦；“而况于”，何况是。

（2）象的品行不端，大概只在开始的时候罢了，又怎么知道他最终没有被舜感化了呢？

【解析】“乌知”，怎么知道；“见”，被。

6.①让百姓知道，即使是像象那样不善的人，也是可以改正的。鼓励使不善之人使之有信心改变。②君子道德修养到极致，即便是像象那样不仁的人，也是可以感化的。鼓励君子修德。

瘗旅文

1.BDF

【解析】“今悲伤若此”承接上文，在此断开；“而”表转折，是标志词，在“是吾为尔者重”后断开；“而自为者轻也”是判断句式，在“也”后断开。

2.D

【解析】原文“寓”指居所、住所；“寓情于景”的“寓”意为寄托。

3.B

【解析】A项“之”，动词，去、赴；代词，代吏目等。B项“以”，都是“用”的意思。C项“而”，表修饰；表并列。D项“其”，代词，他的；语气词，表反问语气。

4.B

【解析】作者这样写的目的不是为了表明自己的心态好，从未忧伤过，而是通过与自己有同样遭遇的吏目一家三口客死异乡的事，来抒写自己遭贬后的愤郁。

5.（1）你如果真的贪恋这五斗米而来，就应该高高兴兴地上任，为什么昨天我看见你满面愁容，难过得似乎不堪忍受呢？

【解析】“诚”，果真、真的；“五斗”，指微薄的俸禄；“胡为乎”，为什么；“蹙然”，忧愁的样子；“不胜”，不堪忍受。

（2）自我离开父母家乡来到这里，已经有三年了，经历瘴疠毒气而能勉强保全性命，全凭我不曾有一天忧伤过。

【解析】“去”，离开；“苟能自全”，勉强保全性命；“以”，凭借；“戚戚”，忧伤的样子。

6.我同意这种看法。王阳明在仆人不愿意去埋葬这三个人的时候就说，我们和这三个人是一样的。王阳明自己和这个吏目的遭遇是一样的，不得不千里来到这个蛮荒之地，不知道何时才能返回故乡，随时面临着瘴疠等危险，生活极其艰苦。王阳明对自己的遭遇是郁愤和难过的，也担心自己会有和吏目同样的命运，所以说这篇文章明着是在哀悼吏目，实际是在哀悼自己。

信陵君救赵论

1.BDF

【解析】标志词“而”分开“请救于王”“请救于信陵”这两种做法，所以在“而”前面和“是”前面断开；“知”“不知”这两个标志词也表示这也是转折关系，所以，在“不知”前面断开。

2.A

【解析】“余所诛者”的“诛”意思是责备、指责；“闻诛一夫纣矣，未闻弑君也”的“诛”意思是杀戮，二者意思不同。

3.B

【解析】A项“者”，……的人；……的时候。B项“以”，都表示“用”。C项“为”，介词，引介对象；认为。D项“于”，在……（地方）；对……（人）。

4. D

【解析】“使魏王……悔悟”是假设，“又未辜负魏王”与事实相反。

5.（1）我认为信陵君为自己考虑的话，不如用唇亡齿寒的形势激切地向魏王进谏，魏王如果不接受谏言，就拿出准备和秦军拼死的决心死在魏王面前，魏王一定会醒悟的。

【解析】“自为计”，为自己考虑；“曷若”，不如；“激谏”，激切地进谏。

（2）唉！自从世道衰落以来，人们都习惯了背弃公道、一心服务于朋党私交的行为，而忘记了坚守节操、奉行公事的原则。

【解析】“世之衰”，世道衰落；“背公死党”，背弃公道、一心服务于朋党私交，“死”，为……而死。

6.①如果臣子跟别国君王或者其他臣子有私人的交情，那么臣子就会把私党的利益置于君王利益之上，就会不听君王的，损害君王利益去做事，最终危害到君王，所以信陵君的事可以作为臣子培植私党的警戒。②魏王作为人君，应该将权力握在自己手中。而魏王，首先太过宠信姬妾，使得姬妾不忌惮他，敢于偷窃他的东西。其次，对于臣子，威严不够，过分粗疏，使得臣子敢于偷窃他的兵符，最终导致大权旁落。君王应该掌握大权，使得朝廷内外没有人敢不恭敬，所以魏王可以作为人君丧失权力的警戒。

报刘一丈书

1.ACE

【解析】“固”，本来，本来就自己知道，在“固”前面断开；“至于”表示另提一事，放在句首，在“至于”前面断开；“则”表转折，在“则”前面断开。

2.C

【解析】“又立向所立厩中”中的“向”，意思是“之前”，表时间上的过去；“向壁虚构”的“向”意为“对着、朝向”。二者含义不同。

3.D

【解析】A项“以”，表目的，来；表原因。B项“何”，什么；为什么。C项“而”，表转折；表承接。D项“则”，于是，都是表承接。

4.D

【解析】“从而非常委婉地规劝刘一丈不要像世俗小人一样为谋权利而丧失了人格”一句文章中没有这个意思。

5.（1）那么，现在所说的上下之间相互信任指的是什么呢？从早到晚骑马恭候在权贵之家的门口，看门人故意不进去通报，他便用甜言媚语摆出妇人的姿态，把袖子里藏着的金银暗地里送给他们。

【解析】“且”，那么；“孚”，信任；“何哉”，是什么呢；“不入”，不让进去、不给通报；“袖”，动词，袖子里藏着。

（2）我常常夸口说：“人生自有命运安排，我只要安分守己就行了。”前辈您听了这些话，该不会讨厌我的迂腐吧？

【解析】“大言”，夸口说；“守分”，安分守己；“得无”，该不会；“迂”，迂腐。

6.①守门人：狐假虎威、敲诈勒索等。②钻营者：奴颜婢膝、曲意逢迎、趋炎附势等。③权臣：卖官纳贿、虚伪无耻等。（意思对即可）

吴山图记

1.BDF

【解析】“令诚贤也……”“令诚不贤也……”这是一组对比，所以在两句中间断开，从D处断开；另外从“令诚贤也”“令诚不贤也”的“也”字后断开，从B、F处断开。

2.A

【解析】文中“同年”指古代科举同榜考中的人互称；“同年而语”的“同年”指同一时间。二者含义不同。

3.A

【解析】A项“焉”，都是兼词，于之。B项“其”，代词；祈使语气词。C项“为”，动词，治理、管理；介词，为了、替。D项“之”，助词，的；主谓之间取消句子独立性。

4.C

【解析】“本文用语华丽，描绘风景多用铺陈”错误。用语不事雕琢，也没有大段描写风景，也没有用铺陈。

5.（1）可是魏君既然已经离开了，为什么仍念念不忘这里的山川草木呢？

【解析】“既去”，已经离开；“惓惓”，念念不忘的样子。

（2）由此知道贤能的人对于他所到的地方，不仅使那里的百姓念念不忘，他自己也不会忘怀那里的百姓。

【解析】“所至”，所到的地方；“自忘”，自己忘怀。

6.①本文以“情”贯穿全篇。②第二段，“君之为县有惠爱”“君亦不忍于其民”，是君有情于民。“百姓扳留之不能得”“由是好事者绘《吴山图》以赠”，是民有情于君。③第三段，“尸祝于浮屠、老子之宫”，是民有情。“韩魏公去黄州四十余年而思之不忘”，是韩有情。“子瞻为黄人刻之于石”，是苏有情。④末段，“展玩太息”，是魏有情。“余记之”，是归有光有情。⑤“不忘”“不忍忘”“不能自忘”“如之何能忘”，都是因为有情。

沧浪亭记

1.BDG

【解析】“文瑛”是人名，做主语，在“文瑛”之前断开；“寻”，寻找，“复”，恢复，这两个动词分别接自己的宾语，所以在“复”之前断开；“此”为指示代词，“此大云庵”是下一句的主语，从“此大云庵”前断开。

2.D

【解析】“垂及四世”中的“垂”是“传下去”的意思，表示代代相传；“星垂平野阔”中的“垂”是“垂挂”的意思，形容星星低垂在广阔的原野上。二者意思不同。

3.B

【解析】A项“于”，介词，在……（地方）；介词，引介对象，为……（人）。B项“迨”，意思都是“等到”。C项“为”，成为、变为；表被动。D项“因”，趁机；因为。

4.B

【解析】A项“本文着重描写风景”错误。C项“沧浪亭最初由太伯、虞仲修建”错误。D项“建造一个小小的沧浪亭毫无必要”错误。

5.（1）从前苏子美的《沧浪亭记》，主要是描写亭子的美景，请您在文中记述我修建这个亭子的缘由。

【解析】“胜”，这里指亭子的美景；“所以为亭者”，修建这个亭子的缘由。

（2）由此可见，士人想要千载垂名，而不像冰块那样很快消融，是有原因存在的。

【解析】“不与”，不跟；“澌然”，冰块消融的样子；“则有在矣”，是有原因存在的。

6.①作者追述吴越历史上帝王将相的经历，意在与现实的荒芜形成反差，告诉读者曾经的繁华不能永存。②也和苏子美的沧浪亭被重建形成对比，真正能长留世间，为后人所敬仰的，是超越时空的精神和人格魅力。

青霞先生文集序

1.BDFG

【解析】“哭”是这句的主要动词，父哭子，妻哭夫，兄哭弟，父子、夫妻、兄弟，构成三组对应关系，故在这三处要断开，B、D、F处断开；“往往而是”意思是到处都是，在“往往而是”之后断开。

2.A

【解析】原文“方”，副词，意为“正在”（“宰执正在极力罗织罪名”）；“方六七十”的“方”表示“方圆、纵横”。二者意思不同。

3.B

【解析】A项“以”，介词，表原因；动词，认为。B项“者”，都是“……的人”。C项“之”，助词，的；主谓之间取消句子独立性。D项“而”，连词，表承接；连词，表递进。

4.B

【解析】B项，这些人被撤职并非因为陷害沈青霞。

5.（1）然而孔子之所以不轻易地删掉它们，只是怜悯那些受谗被害的人们，同情他们的志向，他还说“这些诗歌都是发自内心，能以礼义加以约束”“说话的人没有罪，听的人完全可以引以为戒”。

【解析】“遽”，轻易地；“遗”，删除；“矜”，怜悯、同情；“乎”，于。

（2）有朝一日，国家的采诗官员出使各地看到这些诗篇，能把它们遗漏掉吗？

【解析】“他日”，有朝一日；“采风者”，国家的采诗官；“焉”，代指这些诗篇；“其”，表反问。

6.①举孔子删《诗》的例子是为了说明，孔子对于有怨愤讥刺的诗歌，也是不轻易删除，而是保留在《诗》里，让听到的人以此为戒。所以沈青霞写的这些揭露时弊、怨愤讥刺的诗歌也是符合《诗》的旨意，有存在的价值，也是会被孔子肯定的。②举屈原、伍子胥等的例子，是为了说明古代诗人在写作的时候，也有怨愤、激怒、语言过分刚直的表达，都是为大家所接受和赞赏的，沈青霞的诗歌揭露时弊、怨愤讥刺与前代诗人圣贤一样，也是同样应该被大家接受和赞赏的。

蔺相如完璧归赵论

1.BCDE

【解析】“全于璧也，天也”这里两个“也”表判断，在B、C处断开；“劲渑池”“柔廉颇”说的是两件事，从D、E处断开。

2.A

【解析】“予未敢以为信也”的“信”是形容词，意为“真实的、可信的”；“信以为真”的“信”是动词，意为“相信”。二者意思不同。

3.A

【解析】A项“而”，都是表转折。B项“之”，主谓之间取消句子独立性；代词。C项“以”，因为，表原因；来，表目的。D项“于”，介词，对；介词，在……（地方）。

4.B

【解析】“蔺相如骑虎难下，只得让人把和氏璧送回赵国”说法不当。

5.（1）赵国知道这个实情就不给，不知道这个实情就给；知道这个实情而害怕秦国就给，知道这个实情而不害怕秦国就不给。

【解析】“得其情”，知道这个实情；“畏之”，害怕秦国。

（2）赵国想要使错在秦国，就不如放弃和氏璧；如果害怕白白丢了和氏璧，就不如不给。

【解析】“曲”，过错；“予”，给。

6.①开篇以“蔺相如之完璧，人皆称之，予未敢以为信也”直接表明对蔺相如“完璧归赵”行为的质疑，奠定全文批判基调。②接着分析秦、赵双方立场，指出秦国的意图仅是和氏璧，而非借机攻赵。赵国若“得其情”（识破秦意）则无需畏惧，应直接拒绝；若“不得其情”或“畏之”则应果断献璧。蔺相如“既畏而复挑其怒”的行为自相矛盾，既显畏惧又激怒秦国，属失策。③然后提出“曲直”之辩，认为蔺相如暗中送璧归赵反而使赵国“归直于秦”（将道义上的正当性归于秦国）。作者假设蔺相如若能当庭质问秦王失信，逼迫秦王返还和氏璧，才是更高明的策略。而蔺相如“使舍人怀而逃之”的行为显得被动失信，暴露其策略的漏洞。④最后，归因于“天意”，强调其成功并非智略所致，而是因秦无意与赵决裂的偶然性，进一步否定蔺相如行为的合理性。

徐文长传

1.BDF

【解析】“好”“谈”是两个动词，“好”的是奇计，“谈”的是兵，结果是“多中”，那么就在“好”前、“奇计”后和“多中”后断开。

2.A

【解析】“声名籍甚”的“籍”意思是盛大；“杯盘狼藉”的“藉”指杂乱。二者意思不同。

3.C

【解析】A项“之”，助词，的；代词。B项“而”，表并列；表修饰。C项“其”，都是代词，他的。D项“于”，介词，在；表比较。

4.D

【解析】“但有一个小缺点——有一些女子的婉媚之态。所以欧阳公讥刺他的书法”错误，“有一些女子的婉媚之态”，不是缺点，欧阳公没有讥刺的意思，是赞扬的意思。

5.（1）虽然他的诗格调时有不高明的地方，但却独具匠心，具有王者的风范气度，不是那种如同女子侍奉他人般的诗人所敢企及的。

【解析】“体格”，诗的格调；“巾帼”，指女子；“所敢望”，所能企及的。

（2）（文长）偶尔把剩余的精力另外倾注在创作花鸟画上，都画得高超雅致而有情致。

【解析】“间”，偶尔；“其余”，剩余的精力；“旁”，其他、另外。

6.徐文长才奇、事奇、人奇、诗奇、文奇、书奇、画奇、病奇。①运气不好，总是考不过科举，在仕途上不顺。②非常有才华，总是有奇计奇谋。③诗文奇，匠心独出，有王者气。④书画奇，书法苍劲有媚姿，花鸟画超逸有致。⑤病奇，忧愤得狂病。

五人墓碑记

1.BDHJ

【解析】“富贵之子”和“慷慨得志之徒”是两类人，在中间断开，故在B处断；“其疾病而死”和“死而湮没不足道者”是两个结果，在H、J处断开；在D处断开，将两层意思分开。

2.A

【解析】“《诗》《书》之训”的“训”指教诲；“训练有素”的“训”是“训练”。二者含义不同。

3.A

【解析】A项“者”，都是“……的人”的意思。B项“以”，介词，来；介词，表原因。C项“之”，主谓之间取消句子独立性；动词，到。D项“而”，表承接；表转折。

4.C

【解析】“比周顺昌还要荣耀”之说无据。

5.（1）他们可耻的人品和卑贱的行为，和这五人的牺牲精神相比，轻重到底如何呢？

【解析】“视”，比较；“固”，本来、到底。

（2）否则的话，让五个人都保全了脑袋，老死在家里，度过平稳完整的一生，人们都可以把他们当作奴仆来使唤，怎么能使豪杰之士为之屈身于他们坟前，扼腕痛心地抒发志士仁人的悲痛之情呢？

【解析】“不然”，否则；“首领”，脑袋；“户牖之下”，指家中；“隶使之”，把他们当作奴仆来使唤；“屈”，使动用法；“扼腕墓道”，用手握腕，表示激动或惋惜的样子。

6.本文通过述说为五人立碑的经过，盛赞五位烈士不畏强暴、视死如归的英雄行为，也借以说明死生的重大意义，平民对于国家也有重大作用。